Allgemeine Gerichtsordnung für die Preußischen Staaten.

Zweiter Theil.
Verfahren in nicht streitigen Angelegenheiten.

Dritter Theil.
Pflichten der Justizbedienten.

Neue Ausgabe.

Berlin,
bei G. Reimer.
1822.

Inhaltsverzeichniß

von dem Zweiten und Dritten Theile der Allgemeinen Gerichtsordnung.

Zweiter Theil.

Von dem gerichtlichen Verfahren in nicht streitigen Angelegenheiten.

Dritter Theil.

Von den Pflichten der bei der Justiz angesetzten Personen.

Allgemeine
Gerichtsordnung
für
die Preußischen Staaten.

Zweiter Theil.
Von dem gerichtlichen Verfahren in nicht streitigen Angelegenheiten.

Außer der Instruktion und Entscheidung der eigentlichen Prozesse ist den Gerichten auch die Besorgung anderer rechtlicher Angelegenheiten der Einwohner des Staats aufgetragen. Dahin gehört besonders

I. die Sorge für diejenigen Personen, welche nach den Gesetzen unter Vormundschaft genommen werden müssen;

II. die Direction des Hypothekenwesens, und Führung der Hypothekenbücher, in denjenigen Provinzen, wo dieses Geschäft nicht etwa, vermöge besonderer Landesverfassungen, Ständischen Kollegien anvertraut ist;

III. die Verwaltung des gerichtlichen und vormundschaftlichen Depositorii;

IV. die Besorgung der sogenannten Actuum voluntariae jurisdictionis.

Ueber die Angelegenheiten der drei ersten Klassen sind die Gerichte in den ergangenen Vormundschafts-, Hypotheken- und Deposital-Ordnungen mit der nöthigen Anweisung versehen. Ueber das Verfahren aber bei den Handlungen der freiwilligen Gerichtsbarkeit sollen gegenwärtig nähere Vorschriften ertheilt werden.

Erster Titel.

Von Handlungen der freiwilligen Gerichtsbarkeit überhaupt und was dazu gehöre.

---

§. 1.

Was Handlungen der freiwilligen Gerichtsbarkeit sind.

Zu den Handlungen der freiwilligen Gerichtsbarkeit werden hier sowohl diejenigen gerechnet, welche, ob sie gleich keine Prozesse sind, dennoch nach vorhandenen gesetzlichen Vorschriften vor Gerichten vollzogen werden müssen; als diejenigen, zu deren gerichtlicher Vollziehung die Partheien sich, mehrerer Gewißheit und Beglaubigung wegen, aus freiem Willen entschließen.

§. 2.

Einige derjenigen Handlungen, deren gerichtliche Vollziehung die Gesetze verordnen, müssen nothwendig bei dem gehörigen Richter vorgenommen werden; bei anderen steht es den Partheien frei, dieselben bei einem jeden gehörig besetzten Gerichte vorzunehmen. Endlich giebt es auch einige solche Handlungen, bei welchen die Gesetze den Partheien die Wahl lassen: ob sie dieselben gerichtlich, oder vor einem Justizkommissario und Notario vollziehen wollen.

§. 3.

Welche Handlungen A. nothwendig gerichtlich, und zwar I. vor dem Richter der Sache,

Zu den Handlungen, welche nothwendig vor dem gehörigen Gerichte vollzogen werden müssen, gehören:

I. Diejenigen, welche die Veräußerung, Verpfändung oder Belastung eines Grundstücks, oder einer andern zur Eintragung in das Hypothekenbuch qualificirten unbeweglichen Sache betreffen.

In so fern

1) durch Verträge oder andere dergleichen Verhandlungen über das Eigenthum eines solchen unbe-

weglichen Guts verfügt werden soll, muß der Vertrag selbst, nach der Wahl der Partheien, entweder vor irgend einem besetzten Gerichte (wenn es auch nicht das ordentliche Gericht der Sache wäre), oder vor einem Justizkommissario und Notario aufgenommen und vollzogen werden. In allen Fällen aber müssen die Partheien dergleichen Verträge und Verhandlungen demjenigen Richter, unter dessen Jurisdiktion die Sache liegt, vorzeigen, und sich dazu nochmals bekennen, auch in Provinzen, wo es hergebracht ist, die förmliche Bestätigung darüber nachsuchen (A. L. R. Th. I. Tit. X. §. 6—17.). Wo über gewisse Güter und Grundstücke das Hypothekenbuch nicht von demjenigen Gerichte, unter dessen Real-Jurisdiktion sie stehen, sondern von einer andern Behörde geführt wird, geschieht die Vorlegung solcher Kontrakte oder sonstiger Verhandlungen dieser letztgedachten Behörde, welche dabei alles das, was in der Folge dem Richter in Ansehung solcher Geschäfte wird vorgeschrieben werden, ebenfalls beobachten muß. Diese Behörde muß dem eigentlichen Richter der Sache von der vorgefallenen Besitzveränderung, sobald dieselbe im Hypothekenbuche wirklich eingetragen ist, von Amts wegen Nachricht geben; und versteht es sich übrigens von selbst, daß auch solche Hypothekenbuchführende Kollegien, wenn sie auch keine eigentliche Gerichte sind, dennoch mit Subjekten, welche die erforderlichen Rechtskenntnisse besitzen, und zur Justiz gehörig verpflichtet worden, besetzt seyn müssen.

Anh. §. 412. Kontrakte über Domainenpertinenzen, welche von den Finanzbehörden aufgenommen und bestätigt sind, bedürfen der gerichtlichen Verlautbarung nur in so fern, als der Richter gegründete Veranlassung findet, von Amts wegen dagegen Erinnerungen zu machen, und die Kontrahenten deshalb näher zu vernehmen, um künftigen Streitigkeiten und anderen nachtheiligen Folgen pflichtmäßig vorzubeugen.

Anh. §. 413. Wenn Verträge wegen Veräußerung, Verpfändung, oder Belastung liegender Gründe, bei dem Gericht aufgenommen worden, in dessen Gerichtsbezirke solche belegen sind, und Alles enthalten, was bei der nach den Provinzialgesetzen zum völligen Abschluß nothwendigen Verlautbarung erfordert wird; so ist eine nochmalige gerichtliche Anerkennung und Verlautbarung des Vertrages nicht erforderlich, vielmehr genügt es, wenn am Schlusse des Protokolls bei dem Vermerk der erfolgten Vorlesung und Genehmigung desselben hinzugefügt wird, daß dadurch zugleich die Verlautbarung bewirkt werde.

Anh. §. 414. Auch die von Kommissarien des Realrichters mit der obigen Maaßgabe aufgenommenen Kontrakte sind für verlautbart zu achten.

2) Von anderen Verträgen über Immobilien bedürfen nothwendig einer Vollziehung und Verlautbarung vor dem Richter der Sache:

a. Verträge über die Verjährung (A. L. R. Th. I. Tit. IX. §. 566.);
b. die Austhuung eines Grundstücks in Erbzins oder Erbpacht (Th. I. Tit. XVIII. §. 691 u. f.);
c. die Bestellung eines nutzbaren Pfandrechts auf ein Grundstück (Th. I. Tit. XX. §. 227 u. f.).

Was hingegen

3) alle andere Verträge und Verhandlungen über Immobilien betrifft, wodurch eine unbewegliche Sache mit einer Hypothek, einer Dienstbarkeit oder einer andern bleibenden Reallast belegt werden soll; so können dieselben zwar auch außergerichtlich vorgenommen, sie müssen aber, wenn sie die Eigenschaft eines dinglichen Rechts wirklich begründen sollen, der das Hypothekenbuch führenden Behörde angezeigt und in das Hypothekenbuch wirklich eingetragen werden (A. L. R. Th. I. Tit. XX. §. 8 — 10. §. 411 u. f. Tit. XXI. §. 18 — 24. Allgemeine Hypothekenordnung.)

Uebrigens versteht es sich von selbst, daß, wenn dergleichen eine unbewegliche Sache betreffende

Handlungen, bei Gelegenheit eines andern Hauptgeschäfts, und als ein Theil desselben vorkommen, z B wenn bei Gelegenheit einer Erbsonderung über die zum Nachlasse gehörigen Grundstücke und deren Vertheilung unter die Erben, Verfügungen getroffen werden, die Natur und Eigenschaft des Hauptnegotii zwar darüber entscheide: ob dasselbe nothwendig bei dem Richter der Sache vorgenommen werden müsse. Wenn aber auch dieses nicht wäre, so muß dennoch derjenige Theil des Geschäfts, welcher das Grundstück betrifft, bei dem Richter der Sache zur Bestätigung verlautbart oder resp. zur Eintragung in das Hypothekenbuch angezeigt werden.

Anh. §. 415. Sind Urkunden von Behörden, deren Beamten zwar keine gerichtliche aber doch öffentliche Glaubwürdigkeit gebührt, ausgestellt und besiegelt worden; so bedarf es der gerichtlichen Beglaubigung der Unterschrift einer solchen öffentlichen Behörde zum Behuf der Eintragung ihrer Erklärungen in das Hypothekenbuch nicht.

§. 4.

Wenn zwischen Gutsherrschaften und Unterthanen neue Dienstregister und Urbarien errichtet worden sind, so müssen dieselben demjenigen Gerichte, unter dessen Jurisdiktion das adliche Gut gehört, zur Prüfung und Bestätigung eingereicht werden (A. L. R. Th. II. Tit. VII. §. 141 u. f.).

§. 5.

II. Handlungen, wodurch über das Eigenthum eines Seeschiffes verfügt oder dasselbe verpfändet werden soll, gehören, wenn sie an Orten vorkommen, wo Seegerichte sind, vor diese; an anderen Orten aber können sie vor einem jeden Gerichte oder auch vor einem Justizkommissario und Notario vollzogen werden. Vor die Seegerichte gehört auch die Ausfertigung der Beylbriefe, der Certificate, II. vor Seegerichten,

Seeproteste und anderer Schiffsurkunden (A. L. R. Th. I. Tit. XX. §. 300 u. f. Th. II. Tit. VIII. §. 1392 u. f. §. 2408.).

§. 6.

III. vor dem ordentlichen persönlichen Richter,

III. Vor dem ordentlichen persönlichen Richter müssen vollzogen werden

1) die Verträge, wodurch die Gütergemeinschaft unter Eheleuten an Orten, wo sie nach den Gesetzen nicht Statt findet, eingeführt, oder da, wo sie Statt findet, ausgeschlossen werden soll (A. L. R. Th. II. Tit. I. §. 356 — 359. §. 422 — 426.).

Anh. § 416. Die Bestätigung der Verträge, wodurch die Gütergemeinschaft unter Eheleuten eingeführt oder ausgeschlossen werden soll, gehört vor den Richter des Orts, wo die Verlobten nach geschlossener Ehe ihren Wohnsitz nehmen, und im Zweifel vor den persönlichen Richter des Bräutigams.

2) Die Errichtung von Familienstiftungen und beständigen Fideikommissen; jedoch mit Vorbehalt der Verlautbarung dieser letzteren, in so fern sie Grundstücke betreffen, vor dem Richter der Sache, in so fern derselbe von dem persönlichen Richter verschieden ist. Liegen die zum Fideikommisse gewidmeten Sachen unter verschiedenen Gerichtsbarkeiten, so muß die Verlautbarung bei einer jeden derselben erfolgen (Ebend. Tit. IV. §. 29 — 33. §. 62 — 71.).

3) Die Aussetzung eines Altentheils oder Auszugs (Th. I. Tit. IX. §. 602 — 605.).

4) Die Erklärung eines Vaters, wodurch sein noch minderjähriger Sohn der väterlichen Gewalt entlassen werden soll (Th. II. Tit. II. §. 216. 217.)

5) Die Ertheilung der Certificate über die Wechselfähigkeit eines Menschen, der sonst nach seinem Stande und Gewerbe keine gültige Wechselverpflichtung übernehmen kann (Th. II. Tit. VIII. §. 731 — 747.).

6) Die Vergleiche über künftige Verpflegungsgelder (Th. I. Tit. XVI. §. 413.).

§. 7.

IV. Es giebt ferner einige Handlungen, welche nur von dem Obergerichte der Provinz gültig vollzogen werden können. Dahin gehört

IV. vor dem Obergerichte der Provinz vollzogen werden müssen.

1) die Bestätigung des Ehekontrakts bei einer unter landesherrlicher Erlaubniß zu schließenden Ehe zur linken Hand (Th. II. Tit. I. §. 838.);

2) die Bestätigung einer Annahme an Kindesstatt (Th. II. Tit. II. §. 667.).

§. 8.

Die Legitimationen unehelicher Kinder, und die Majorennitätserklärungen noch nicht volljähriger Pflegebefohlenen, müssen zwar, der Regel nach, und wenn nicht durch besondere Provinzialverfassungen dergleichen Aktus einer andern Behörde ausdrücklich übertragen sind, bei Hofe ausgefertigt werden. Die Untersuchungen aber, welche zur nähern Prüfung eines solchen Gesuchs erforderlich sind, gehören vor den ordentlichen persönlichen Richter, welcher dieselben, wenn es einen Pflegebefohlenen betrifft, dem Obervormundschaftlichen Gerichte überlassen muß (A. L. R. Th. II. Tit. II. §. 601 — 611. Tit. XVIII. §. 713 — 727.). Wegen der bloßen Legitimationen, zum Behufe des bessern Fortkommens, hat es bei der gesetzlichen Vorschrift Th. II. Tit. II. §. 664. sein Bewenden.

§. 9.

Eine zweite Klasse von Handlungen der freiwilligen Gerichtsbarkeit machen diejenigen aus, wo die Gesetze zwar die Vollziehung vor Gericht erfordern, den Partheien aber die Wahl lassen, an welches gehörig besetzte Gericht sie sich deshalb wenden wollen. Dahin gehören besonders

B. Handlungen, die überhaupt nur eine gerichtliche Vollziehung erfordern.

1) die Verträge der Blinden und Taubstummen (Th. I. Tit. V. §. 171.).
2) Erbschaftskäufe (Ebend. Tit. XI. §. 473.).
3) Verkäufe künftiger Sachen, sobald der Kaufpreis die Summe von 100 Thaler übersteigt, und nicht beide Kontrahenten Kauf- und Handelsleute sind (Ebend. §. 582. 583.).
4) Schenkungen, wenn sie die Kraft und Wirksamkeit der gerichtlichen haben sollen (Ebend. §. 1063—1069. §. 1094—1096.).
5) Testamente (Ebend. Tit. XII. §. 66—207.).
6) Erbverträge (Ebend. §. 621—623.).
7) Bürgschaften der Frauenspersonen (Ebend. Tit. XIV. §. 221—244.).
8) Verträge zwischen Eheleuten in stehender Ehe, wodurch die Frau zu etwas, wozu sie nach den Gesetzen nicht verpflichtet ist, dem Manne, oder, zu dessen Vortheile, einem Dritten verbindlich gemacht werden soll; z. B. Bürgschaften, Expromissionen, Abtretung der Vorrechte des Eingebrachten (Th. II. Tit. I. §. 198—201. §. 272. 273.).
9) Die Bestellung eines Erbschatzes in Grundstücken oder Kapitalien (Ebend. §. 282.).
10) Die Errichtung einer Einkindschaft (Th. II. Tit. II. §. 721.).

§. 10.

C. Handlungen die entweder gerichtlich, oder vor einem Justizkommissario vollzogen werden müssen.

Endlich giebt es Handlungen, bei welchen die Gesetze zwar eine bloße außergerichtliche Vollziehung nicht für hinreichend achten; wo sie aber dennoch den Partheien die Wahl lassen: ob sie dieselbe gerichtlich oder nur vor einem Justizkommissario und Notario vornehmen wollen. Dahin gehören besonders

1) die Verträge derjenigen, welche des Schreibens unkundig, oder daran verhindert, oder der Sprache, in welcher der Kontrakt abgefaßt wer-

den soll, nicht mächtig sind (A. L. R. Th. I. Tit. V. §. 172 — 184.).

2) Die Ausstellung von Schuldinstrumenten, aus welchen der exekutivische Prozeß Statt finden soll (Gerichtsordn. Th. I. Tit. XXVIII. §. 2.).

3) Verpachtungen von Landgütern, sobald der jährliche Pachtzins die Summe von 200 Thaler übersteigt (Allg. L. R. Th. I. Tit. XXI. §. 403 u. f.).

4) Ehegelöbnisse, in so fern das Aufgebot mit beider Theile Bewilligung noch nicht erfolgt ist (Th. II. §. 82 — 94.).

5) Eheberedungen und Verträge, welche vor vollzogener Ehe über das Vermögen der künftigen Eheleute, insonderheit der Frau, dessen Einbringung, Verwaltung und Nießbrauch geschlossen werden (A. L. R. Th. II. Tit. I. §. 82 u. f. §. 440. 441.). Auch wenn in solchen Verträgen über die künftige Erbfolge unter den Eheleuten etwas verabredet wird, werden sie dennoch, in Rücksicht auf die Form, nicht als Erb-, sondern nur als Eheverträge beurtheilt.

6) Alle Urkunden, welche, auch ohne vorher gegangene Rekognition, Glaubwürdigkeit und Beweiskraft in Gerichten haben sollen (Gerichtsordn. Th. I. Tit. X. §. 127 — 130.).

§. 11.

In wie fern in allen diesen Fällen (§. 3 — 10.) die Unterlassung der gerichtlichen oder von einem Notario beglaubigten Vollziehung die Handlung selbst nichtig und unkräftig mache, oder nur eine Verbindlichkeit der Partheien, das Verabsäumte nachzuholen, entstehe, ist in Ansehung eines jeden Geschäfts in den Gesetzen besonders bestimmt. Im zweifelhaften Falle ist keinesweges die gänzliche und absolute Nichtigkeit des Geschäfts, sondern nur eine

Verbindlichkeit der Partheien, das Verabsäumte nachzuholen, sobald diese Nachholung noch Statt finden kann, anzunehmen (Allg. L. R. Th. I. Tit. III. §. 40. 41.).

§. 12.

D. Handlungen, die aus freiem Willen der Partheien gerichtlich vollzogen werden.

In Ansehung der übrigen Handlungen, bei welchen weder das allgemeine Landrecht, noch die Provinzialgesetze oder Statuten, eine gerichtliche oder andere öffentliche Vollziehung oder Beglaubigung ausdrücklich erfordern, hängt es bloß von dem Gutfinden der Partheien ab; in wie fern sie dieselben bloß außergerichtlich vornehmen, oder sich dabei, mehrerer Gewißheit und Feierlichkeit halber, des richterlichen oder des Amts eines Justizkommissarii und Notarii bedienen wollen.

Zweiter Titel.

Von dem Verfahren bei den Handlungen der freiwilligen Gerichtsbarkeit überhaupt.

§. 1.

Actus voluntariae jurisdictionis müssen

Wenn eine Handlung der freiwilligen Gerichtsbarkeit vor Gerichten gültig vorgenommen werden soll, so wird dazu erfordert

I. daß die Handlung vor versammeltem Gerichte, oder vor einzelnen, dazu ausdrücklich deputirten Gerichtspersonen vollzogen werde;

II. daß das Gericht zur Vornehmung einer solchen Handlung an sich qualificirt, und daß es gehörig besetzt sey.

§. 2.

1) vor versammeltem Gerichte oder ge-

Vermöge des erstern Erfordernisses sind einzelne Gerichtspersonen eigenmächtig, ohne ausdrücklichen Auftrag des Gerichts oder seines Vorgesetzten, eine solche Handlung vorzunehmen, nicht berechtigt; vielmehr hat ein solcher Aktus gar keine gerichtliche Kraft; und derjenige, welcher durch eigenmächtige Uebernehmung desselben, die Partheien zu dem irrigen Wahne: als ob die Handlung gerichtlich vorgenommen sey, verleitet hat, muß ihnen für den dadurch verursachten Schaden gerecht werden.

hörig bestellten Deputirten vorgenommen werden.

§. 3.

Die Deputation einzelner Gerichtspersonen geschieht in der Regel nur für einen gewissen bestimmten Fall. Es können aber auch, besonders an größeren Orten, und bei zahlreicher besetzten Gerichten, zu gewissen Arten von Handlungen beständige Deputationen ein- für allemal ernannt werden.

§. 4.

Ausnahmen, wo einzelne Gerichtspersonen, auch ohne Auftrag, solche Handlungen gültig vornehmen können.

Von der Regel, daß einzelne Gerichtspersonen, ohne dergleichen allgemeinen oder besondern Auftrag, keine Handlungen der freiwilligen Gerichtsbarkeit gültig vornehmen können, findet hier nur eine Ausnahme in Ansehung solcher Handlungen Statt, die entweder der bloßen Beglaubigung wegen, aus freiem Willen der Partheien, gerichtlich vollzogen werden sollen (Tit. I. §. 12.); oder bei welchen die Gesetze den Partheien die Wahl lassen, dieselben auch vor einem Justizkommissario und Notario zu vollziehen. Wenn zur Vollziehung eines solchen Aktus die Partheien sich bei einzelnen Gerichtspersonen, zu einer Zeit, da das Gericht nicht versammelt ist, und unter Umständen melden, wo die im Verzuge obwaltende Gefahr die Abwartung der nächsten Gerichtssession, oder die Ausbringung eines förmlichen Auftrags an ein Mitglied des Gerichts nicht verstattet; so soll die Handlung selbst bloß von daher, weil die Gerichtsperson, vor welcher sie vollzogen worden, dazu nicht ausdrücklich deputirt gewesen, an ihrer Rechtsgültigkeit nichts verlieren.

§. 5.

Damit jedoch hiervon kein Mißbrauch gemacht, und, unter dem bloßen Vorwande einer im Verzuge obwaltenden Gefahr, von der gesetzlichen Ordnung ohne Noth abgewichen werde; so muß

1) die Gerichtsperson, welche dergleichen Aktum ohne besondern Auftrag besorgt hat, davon dem Gerichte, unter Vorlegung des Protokolls, unverzüglich Anzeige machen.

2) Wenn die Umstände so beschaffen sind, daß eine Wiederholung des Aktus Statt finden kann, und die Partheien, welche denselben vorgenommen haben, sich noch am Orte, oder doch in der Nähe befinden; so muß entweder der Aktus selbst vor versammeltem Gerichte, oder einem dazu ausdrücklich bestellten Deputirten, jedoch ohne Verursachung neuer Kosten für die Partheien, wiederholt, oder wenigstens diesen letzteren das aufgenommene Protokoll solchergestalt zum Anerkenntnisse vorgelegt, und dieß Anerkenntniß sodann unter das vorige Protokoll verzeichnet werden.

3) Wenn dergleichen Wiederholung oder Anerkenntniß nach der Natur der Sache, oder wegen Abwesenheit und Entfernung der Partheien, nicht Statt finden kann; so muß das Gericht die angegebenen Gründe und Umstände, welche die vorzügliche Beschleunigung des Aktus nothwendig gemacht, und die Abwartung einer Session oder förmlichen Deputation, verhindert haben, von Amtswegen prüfen, und die Richtigkeit derselben unter das Protokoll, und unter die Ausfertigung des etwa aufgenommenen Dokuments, verzeichnen und attestiren.

4) So oft sich findet, daß eine Gerichtsperson ohne Noth und unter dem bloßen Vorwande einer obwaltenden Gefahr im Verzuge, dergleichen ihr, vermöge ihres Amts, nicht zukommendes Geschäft, ohne den Auftrag des Gerichts abzuwarten, eigen-

mächtig vorgenommen habe, soll dieselbe, außer dem §. 2. verordneten Schadensersatze, nach Bewandtniß der Umstände und des sich etwa zugezogenen Verdachts des Eigennutzes, oder gar einer Unrichtigkeit in der Sache selbst, willkührlich, jedoch nachdrücklich, bestraft werden.

§. 6.

Uebrigens folgt aus der Bestimmung des §. 4. von selbst, daß solche Handlungen, welche nach den Vorschriften der Gesetze nothwendig vor Gerichten zu vollziehen sind (Tit. I. §. 3 — 9.), wohin besonders die Auf- oder Annahme der Testamente gehört, in keinem Falle, selbst nicht bei obwaltender Gefahr im Verzuge, vor einer einzelnen dazu nicht deputirten Gerichtsperson gültiger Weise vorgenommen werden können.

§. 7.

2) Das Gericht muß zu solchen Handlungen befugt seyn.

Zur Gültigkeit einer Handlung der freiwilligen Gerichtsbarkeit wird ferner erfordert, daß das Gericht, vor welchem sie vollzogen werden soll, zu dergleichen Handlungen befugt seyn müsse. In wie fern gewisse Handlungen nur vor dem kompetenten Gerichte der Person, der Sache oder des Geschäfts vollzogen werden können, ist bereits im vorigen Titel bestimmt. Außerdem aber ist jedes gehörig besetzte Gericht auch zu Handlungen der freiwilligen Gerichtsbarkeit für berechtigt anzusehen; und findet dabei nur in Ansehung derjenigen Gerichte, welche bloß für gewisse Arten der Geschäfte bestellt worden (fora specialia causae), eine Ausnahme Statt, da vor diesen nur solche Handlungen der freiwilligen Gerichtsbarkeit, die ein Geschäft derselben Art unmittelbar zum Gegenstande haben, gültiger Weise vollzogen werden können (A. L. R. Th. II. Tit. XVII. §. 49.).

Anh. §. 417. Vormundschaftskollegia können Handlungen der freiwilligen Gerichtsbarkeit, welche solche Personen und Sachen, die den Gegenstand ihres

Wirkungskreises ausmachen, betreffen, z. B. Erb- und Schenkungsverträge, Verträge über künftige Verpflegungsgelder, Entlassung eines minderjährigen Sohnes aus der väterlichen Gewalt, rechtsgültig vornehmen.

Anh. §. 418. Bei den mobil gemachten Truppen können von der Zeit ihrer Mobilmachung bis zur Zeit ihrer Demobilisirung förmliche Testamente der Militärpersonen von einem kommandirten Kriegsgerichte aufgenommen werden; wobei es übrigens bei den gesetzlichen Vorschriften von den privilegirten militärischen Testamenten sein Bewenden behält.

Auch sind die Brigade- und übrigen Auditeurs der mobil gemachten Truppen befugt, einseitige Handlungen der freiwilligen Gerichtsbarkeit solcher Militärpersonen, welche zu den gedachten Truppen gehören, ohne Zuziehung eines zu kommandirenden Offiziers aufzunehmen und zu beglaubigen.

§. 8.

Von Dorfgerichten und

Dorfgerichte können Handlungen der freiwilligen Gerichtsbarkeit für sich allein und ohne den Gerichtshalter, in der Regel gültiger Weise nicht vornehmen. Doch findet eine Ausnahme in Ansehung solcher Handlungen Statt, die keine Rechtskenntniß, sondern bloße Beglaubigung erfordern; in so fern nämlich

1) die Dorfgerichte mit einem gehörig vereideten Gerichtsschreiber versehen sind, und

2) bei der Handlung selbst Gefahr im Verzuge dergestalt obwaltet, daß weder die Herbeiholung des Gerichtshalters, noch die Verwendung an ein anderes ordentliches Gericht, abgewartet werden kann.

Doch müssen auch in einem solchen Falle die Dorfgerichte die von ihnen aufgenommene Verhandlung dem Justitiario ohne Zeitverlust vorlegen; welcher wegen der Wiederholung oder Anerkennung des Aktus, oder wenn diese nicht Statt finden, wegen Prüfung und Attestirung der die Gefahr im Verzuge

zuge begründenden Umstände, die Vorschriften §. 4. No. 2. 3. beobachten muß (A. L. R. Th. II. Tit. VII. §. 82 — 84.).

Ist die Stelle des Justitiarii vakant, so muß die obgedachte Anzeige, von Seiten der Gerichte, dem Gerichtsherrn selbst, oder dem, der dessen Stelle vertritt, geschehen; und dieser muß, bei eigener Vertretung, unverzüglich dafür sorgen, daß allenfalls eine andere vereidete Gerichtsperson zur Besorgung des Vorgeschriebenen requirirt werde.

In wie fern übrigens Verträge gemeiner Landleute, die des Schreibens und Lesens unkundig sind, ingleichen Ehegelöbnisse derselben, und überhaupt Testamente, von Dorfgerichten gültig aufgenommen werden können, ist in den Gesetzen besonders vorgeschrieben (A. L. R. Th. I. Tit. V. §. 173. Tit. XII. §. 93 — 99. Th. II. Tit. I. §. 83.).

§. 9.

Was von Dorfgerichten verordnet ist, gilt auch von den Polizeimagisträten in kleinen Städten, wenn dieselben mit keiner zur Justiz verpflichteten Gerichtsperson versehen sind; oder wenn bei ihnen nur Eine zur Verwaltung des Richteramts bestellte Person vorhanden ist, und in deren Abwesenheit eine Handlung der freiwilligen Gerichtsbarkeit mit bloßer Zuziehung des Stadtsekretärs vollzogen werden soll. Polizeimagisträten.

§. 10.

Der Ort, wo die Handlung vorgenommen wird, und ob es an gewöhnlicher Gerichtsstätte oder in einem Privathause geschieht, macht in Ansehung der Gültigkeit keinen Unterschied. Auch schadet es der Kraft der Handlung an sich nicht, wenn der sie vornehmende Richter aus seinem Gerichtssprengel heraus und in einen fremden übergegangen ist. Doch 3) Die Handlung muß am gehörigen Orte, und

wird derjenige Richter, welcher ohne Noth und erhebliche Ursachen einen Aktus in einem fremden Gerichtssprengel vorzunehmen sich angemaaßt hat, nach näherer Bestimmung der Gesetze, nicht nur seiner Gebühren verlustig, sondern er hat auch willkührliche fiskalische Strafe verwirkt (Allgem. L. R. Th. I. Tit. XII. §. 73 — 81. Th. II. Tit. XVII. §. 60.).

Anh. §. 419. Ein Gerichtsherr kann Geschäfte der willkührlichen Gerichtsbarkeit vor seinem Justitiario an jedem Orte vollziehen.

§. 11.

4) zur gehörigen Zeit vorgenommen werden.

Auch die Zeit, wann eine Handlung der freiwilligen Gerichtsbarkeit vorgenommen worden ist, hat auf die Gültigkeit derselben keinen Einfluß. Doch sollen die Gerichte dergleichen Aktus an Sonn- und Festtagen, besonders während des Gottesdienstes, nicht ohne Noth vornehmen, und wenn es die Umstände gleichwohl erfordern, allen öffentlichen Anstoß oder Störungen mit möglichster Vorsicht vermeiden.

Anh. §. 420. In keinem Falle soll an einem Sonn- oder Festtage eine gerichtliche Auktion gestattet werden.

§. 12.

5) Das Gericht muß gehörig besetzt seyn.

Das Gericht, vor welchem eine Handlung der freiwilligen Gerichtsbarkeit vorgenommen werden soll, muß gehörig besetzt seyn.

§. 13.

Wenn bei größeren, aus mehreren Personen bestehenden Gerichten eine Handlung an gewöhnlicher Gerichtsstelle, während einer der ordentlichen Versammlungen des Gerichts, vollzogen wird; so kommt es nicht darauf an: ob alle oder nur etliche Mitglieder anwesend sind, und ob der gewöhnliche Dirigent des Gerichts gegenwärtig ist, oder seine Funktion einem Andern übertragen hat. Doch wird auch in diesem Falle die Anwesenheit von wenigstens zwei Gerichtspersonen erfordert.

§. 14.

Kleinere Gerichte, ingleichen Deputationen, vor welchen Handlungen der freiwilligen Gerichtsbarkeit gültig sollen vollzogen werden können, müssen wenigstens aus Einer richterlichen Person, und Einem Aktuario oder vereideten Protokollführer bestehen.

§. 15.

Der Aktuarius kann, auch bei solchen Handlungen, die Stelle des Richters nicht vertreten, noch von dem Richter eigenmächtig substituirt werden.

Doch kann bei kleineren Gerichten, die nur aus Einem Richter und dem Aktuario bestehen, das Landesjustizkollegium der Provinz einem solchen Aktuario, der zur Justiz vollständig qualificirt und gehörig verpflichtet ist, den allgemeinen Auftrag ertheilen, in dringenden Fällen, wenn der Richter durch Krankheit, Abwesenheit und sonst verhindert wird, die Funktion desselben zu übernehmen, und den Aktus auf die unten (§. 18.) näher zu bestimmende Art, mit Zuziehung von Schöppen oder Beisitzern, zu besorgen. Ein solcher Aktuarius muß jedoch in dem aufzunehmenden Protokolle sowohl der Verhinderung des Richters, als des ihn legitimirenden Auftrags, unter Allegirung des Dati, ausdrücklich gedenken und dem Richter von dem Vorgange, sobald es nach gehobenem Hindernisse geschehen kann, Anzeige machen: damit, wenn ja bei den Legalitäten der Handlung noch etwas zu erinnern seyn sollte, der Richter das Erforderliche zu deren Ergänzung in Zeiten verfügen könne.

§. 16.

Die Regel, daß ein Gericht oder eine Deputation, zur gültigen Vollziehung eines Aktus der freiwilligen Gerichtsbarkeit, wenigstens aus Einem Richter und Aktuario oder Protokollführer bestehen müsse, findet auch in denjenigen Fällen Statt, wo nach §. 4. einzelne Gerichtspersonen einen solchen Aktus, ohne vorhergegangenen Auftrag, übernehmen können.

§. 17.

Dagegen giebt es einige Fälle der Ausnahme, wo entweder eine einzelne Gerichtsperson ohne Zuziehung eines Aktuarii oder Protokollführers die Handlung gültig vornehmen kann, oder wo andere Personen die Stelle des fehlenden Protokollführers vertreten können.

Anh. §. 421. Der Zuziehung eines Protokollführers bedarf es nur dann, wenn Testamente, letztwillige Dispositionen, Erbverträge oder solche Ehestiftungen errichtet werden, worin die künftige Erbfolge bestimmt wird. Bei allen anderen gerichtlichen Verhandlungen haben die von einer Gerichtsperson allein aufgenommenen, von den Interessenten oder ihren Stellvertretern unterschriebenen Protokolle volle Glaubwürdigkeit, und können unter dem Vorwande der unterlassenen Zuziehung eines Protokollführers nicht angefochten werden.

Was der Richter in den Fällen, wo es der Zuziehung eines Protokollführers nicht bedarf, zu beobachten hat, ist §. 68. u. f. des Anhangs zu §. 19. Tit. X. Th. I. umständlich vorgeschrieben.

§. 18.

Fälle, wo andere Personen die Stelle des Aktuarii vertreten.

Zu den Ausnahmen der letztern Art, wo nämlich auch andere Personen die Stelle des Protokollführers vertreten können, gehört zuvörderst: wenn die Gerichtsperson, bei Vornehmung des Aktus, zwei vereidete Gerichtsschöppen zugezogen hat, und von diesen das Protokoll mit unterschrieben ist. Wie dergleichen Gerichtsschöppen beschaffen und vereidet seyn müssen, und in wie fern bei dringenden Fällen die Stelle des zweiten Gerichtsschöppen auch durch einen bloßen Zeugen ersetzt werden könne, ist im Ersten Theile, Tit. XXV. §. 51 — 56. verordnet.

§. 19.

Wenn bei Handlungen, die nur einseitig sind, die Parthei, welche sie vornimmt, oder auch der Richter, welcher den Aktus vollzieht, einen gehörig aufgenommenen und verpflichteten Justizkommissarius und Notarius zugezogen hat; so ersetzt die Anwesenheit und Mitunterschrift desselben die Stelle des ermangelnden Protokollführers.

Ein Gleiches findet Statt, wenn die Handlung von zwei oder mehreren Partheien zu vollziehen, und dabei von jeder Seite ein Justizkommissarius und Notarius gegenwärtig ist.

Ist aber nur von der einen Seite ein Justizkommissarius zugegen, so muß entweder ein Protokollführer, oder wenigstens ein vereideter Gerichtsschöppe zugezogen werden.

Bei Testamenten und eigentlichen Erbverträgen können Justizkommissarien und Notarien, als solche, die Stelle des Gerichtsaktuarii oder Protokollführers nicht vertreten.

§. 20.

Fälle, wo es keines Aktuarii oder Protokollführers bedarf.

Zu den Fällen, wo es weder der Zuziehung eines Protokollführers, noch anderer Personen an seiner Stelle bedarf, sondern auch eine einzelne Gerichtsperson den Aktus gültig vornehmen kann, gehört:

1) wenn der Gegenstand desselben nur Funfzig Thaler oder weniger beträgt;

2) wenn die Partheien, welche den Aktus vornehmen, ausdrücklich erklären, daß sie die Zuziehung eines Protokollführers nicht verlangen.

§. 21.

So wie aber in diesem letztern Falle die Vorschriften des Ersten Theils Tit. XXV. §. 57. auch bei Handlungen der freiwilligen Gerichtsbarkeit beobachtet werden müssen, so findet übrigens diese Ausnahme bei Testamenten, Erbverträgen und anderen letztwilligen Verordnungen, gar keine Anwendung.

§. 22.

Was der Richter bei einem solchen Aktus zu beobachten hat:

Bei einer jeden Handlung der freiwilligen Gerichtsbarkeit müssen von den Gerichten folgende allgemeine Vorschriften beobachtet werden.

Zuvörderst muß das Gericht sich überzeugen, daß die Handlung vor ihm gültiger Weise vorgenommen werden könne, und nicht etwa nach ihrer Natur und nach Vorschrift des Ersten Titels, vor ein anderes in Ansehung der Person, der Sache oder des Geschäfts kompetentes Gericht gehöre; in welchem letztern Falle die Partheien an dieses Gericht sofort verwiesen werden müssen.

§. 23.

1) in Ansehung der Personen, ihrer Identität,

Hiernächst muß das Gericht sich vergewissern, daß die Partheien, welche die Handlung vornehmen wollen, diejenigen wirklich sind, für die sie sich ausgeben. Wenn daher fremde und im Gerichte von Person nicht hinlänglich bekannte Partheien sich zur Vollziehung eines Aktus melden, so muß der Richter darauf bestehen, daß ihm andere bekannte und unverdächtige Leute gestellt werden, welche die Identität der sich angebenden Partheien aus eigener Kenntniß bezeugen; oder er muß sich auf andere glaubwürdige Art von dieser Identität versichern.

§. 24.

Legitimation,

Wenn die Partheien die Handlung nicht in Person, sondern durch Bevollmächtigte vollziehen wollen, so muß der Richter sich die Vollmachten derselben zu den Akten einreichen lassen, und dieselben mit gehöriger Sorgfalt prüfen; auch auf die Vorschriften der Gesetze, in Ansehung der Fälle, wo gerichtliche oder doch besondere Specialvollmachten erfordert werden, gehörige Rücksicht nehmen.

§. 25.

Fähigkeit zu solchen Handlungen.

Ferner muß der Richter sich genau und sorgfältig erkundigen: ob die Partheien, welche die Handlung vornehmen wollen, die dazu in den Gesetzen vorgeschriebenen Fähigkeiten und Erfordernisse besitzen. Er muß sich daher diese gesetzlichen Vorschriften, sowohl wegen der Willenserklärungen überhaupt, als wegen der Verträge und ihrer verschiedenen Arten, so wie in Ansehung der Testamente und anderer letztwilligen Dispositionen, beständig gegenwärtig erhalten.

§. 26.

Wenn die Parthei, welche die Handlung vornehmen will, dazu nach den Gesetzen des Beitritts, der Autorisation oder der Einwilligung irgend eines Dritten bedarf, so muß der Richter dafür sorgen, daß auch diesem gesetzlichen Erfordernisse ein Genüge geleistet werde.

§. 27.

Wie zu verfahren, wenn bei diesen persönlichen Erfordernissen ein Anstand sich findet.

Wenn bei dieser Prüfung der persönlichen Fähigkeit und Qualifikation der Partheien zu der von ihnen vorzunehmenden Handlung (§. 23 — 26.) irgend ein Zweifel oder Anstand sich findet, so muß der Richter den Fortgang des Geschäfts so lange aussetzen, bis demselben hinlänglich abgeholfen worden ist. Wenn jedoch die Parthei auf der Fortsetzung der Verhandlungen, wegen einer im Verzuge obwaltenden Gefahr ausdrücklich besteht und sich bestimmt erklärt: wie und binnen welcher Frist sie das Bedenken heben wolle; auch bei Handlungen, zu welchen mehr als Eine Person gehört, der andere Theil damit zufrieden zu seyn ausdrücklich äußert; so kann zwar der Richter in der Sache weiter fortfahren, er muß aber den obgewalteten Anstand, so wie die von der Parthei zu dessen Erledigung übernommene Verpflichtung, in dem Protokolle deutlich und bestimmt bemerken. Die auf dieses Protokoll zu veranlassende Ausfertigung muß in der Regel so lange, bis dem Bedenken wirklich abgeholfen ist, ausgesetzt bleiben. Wenn aber auch hierunter, wegen der besonderen Umstände des Falles, kein Verzug ohne erheblichen Nachtheil der Partheien Statt finden könnte; so muß dennoch der obgewaltete Anstand, und was zur Hebung desselben etwa noch geschehen oder beigebracht werden müsse, in der Ausfertigung selbst ausdrücklich angeführt werden.

§. 28.

2) Wegen Prüfung der Legalität und Zulässigkeit der Handlung selbst.

Außer diesen Prüfungen der persönlichen Fähigkeit der Partheien muß der Richter auch die vorzunehmende Handlung selbst in so weit untersuchen, ob sie nach den Gesetzen erlaubt sey, und an sich rechtsbeständiger Weise vorgenommen werden könne. Denn obgleich den Gerichten nicht zugemuthet werden kann, für die Gültigkeit und Rechtsbeständigkeit der von den Partheien geschlossenen Verträge oder sonstigen Willenserklärungen zu haften, sondern sie eigentlich nur für die gehörige Beobachtung der gesetzlich vorgeschriebenen Form verantwortlich sind; so liegt ihnen dennoch ob, mit möglichster Sorgfalt zu verhüten, daß vor ihnen keine gesetzwidrige oder ungültige Aktus vorgenommen, und das Vertrauen des Publici auf die Legalität und Sicherheit gerichtlicher Handlungen nicht gemißbraucht werde.

§. 29.

Wenn daher der Richter bei der Vollziehung eines solchen Aktus wahrnimmt, daß dadurch über Gegenstände, die einer solchen Verfügung der Partheien nicht unterworfen sind, disponirt; oder daß Verabredungen oder Maaßregeln, die nach den Vorschriften der Gesetze nicht bestehen können, festgesetzt werden wollen: so muß er den Partheien diese ihnen entgegenstehenden Vorschriften bekannt machen, und sie darnach gehörig bedeuten: übrigens aber mit einem solchen ungültigen Geschäfte sich nicht weiter befassen.

§. 30.

Finden sich Spuren von Unrichtigkeit oder Unlauterkeit in dem Betragen eines oder beider Theile, daß z. B. einer den andern durch falsche Vorspiegelungen, Simulationen, wucherliche Kunstgriffe oder andere unredliche Mittel, zu einem Vertrage oder zu gewissen Bedingungen dabei verleitet habe; oder daß das ganze Geschäft zur Hintergehung oder widerrechtlichen Verkürzung eines Dritten abziele: so müssen die Gerichte die Verwendung ihres Amts zu einem dergleichen gesetzwidrigen Geschäfte schlechterdings versagen; vielmehr den Partheien das Unerlaubte und Strafbare ihres Vorhabens nachdrücklich vorhalten; ihnen die in den Gesetzen gegen solche Betrügereien bestimmten Strafen bekannt oder erinnerlich machen; auch in Fällen, wo die Gesetze schon die Unternehmung eines solchen Unfugs mit Strafen belegen, die erforderliche Untersuchung gegen diejenigen, welche sich eines dergleichen Attentati schuldig gemacht haben, entweder selbst verhängen, oder, wenn dieselbe nicht vor sie gehört, dem kompetenten Richter davon Nachricht geben.

§. 31.

3) wegen Belehrung und Certioration der Partheien.

In welchen Fällen eine besondere Belehrung der Partheien über die Natur und rechtlichen Folgen eines Geschäfts schlechterdings nothwendig sey, z. B. bei den Bürgschaften der Frauenspersonen, bei Ertheilung der Certifikate über die Wechselfähigkeit ꝛc., ist in den Gesetzen verordnet. Aber auch außer diesen Fällen ist der Richter schuldig, wenn er es besonders mit Partheien zu thun hat, welche der Rechte nicht kundig, oder in Geschäften unerfahren sind, oder bei denen er, während der Verhandlungen selbst, inne wird, daß sie von dem vorzunehmenden Geschäfte keinen ganz richtigen Begriff, oder von den rechtlichen Folgen desselben keine vollständige Kenntniß haben, solche Partheien auf die Vorschriften der Gesetze, auf die Verpflichtungen, welche sie durch den Aktus übernehmen, und auf die Nachtheile, welche ihnen daraus erwachsen können, aufmerksam zu machen; und auch auf diese Art allen Uebereilungen und allen Uebervortheilungen, zu welchen listige und verschmitzte Partheien ihre minder unterrichteten oder erfahrenen Mitkontrahenten nur allzuoft verleiten, nach Möglichkeit vorzubeugen.

§. 32.

Wenn bei einer solchen Handlung gewissen Einwendungen oder Rechtswohlthaten entsagt werden soll, so muß der Richter von Amtswegen dafür sorgen, daß dem Entsagenden dasjenige, worauf er Verzicht thun will, nach seinem wahren Inhalte und ganzen Umfange bekannt, und er auch davon unterrichtet seyn möge, daß er eine solche gerichtliche Entsagung unter keinerlei Vorwande zurücknehmen könne. Es müssen daher auch, in so fern nicht beide Theile Rechtsverständige sind, die Einwendungen und Rechtswohlthaten, denen entsagt wird, nicht bloß mit den juristischen Kunstworten, sondern so ausgedrückt werden, daß man aus der Fassung selbst sieht, es sey den Partheien möglich gewesen, das zu verstehen und richtig zu begreifen, worauf von ihnen Verzicht geleistet worden ist.

§. 33.

Inzwischen muß doch auch der Richter, bei Befolgung dieser Vorschriften (§. 31. 32.), den Abweg vermeiden, daß er den Partheien seine Meinungen und Bedenklichkeiten, gegen ihre eigenen, freien und überlegten Entschließungen, nicht aufdringe, noch sie in einem solchen Vorhaben durch theilnehmendes Zurathen oder Abmahnen irre mache. Sobald er wahrnimmt, daß eine Parthei von dem Geschäfte, das sie vornehmen will, dessen Natur und rechtlichen Folgen, einen hinlänglich klaren Begriff habe, und es ihr an der nöthigen Fähigkeit, ihr Vorhaben zu überlegen, nicht gebreche; so muß er dieselbe ihren freien Entschließungen lediglich überlassen, und sich darauf einschränken, die Handlung so vorzunehmen und zu verzeichnen, wie es der Intention der Partheien wirklich gemäß ist.

§. 34.

Die Hauptpflicht des Richters ist es daher, daß er den eigentlichen Sinn und die wahre Meinung der Partheien deutlich und umständlich zu vernehmen suche, und allem Irrthume, Mißverständnissen oder Zweideutigkeiten, mit möglichster Sorgfalt vorbeuge.

4) wegen Ausforschung des wahren Sinns und der Meinung der Partheien,

§. 35.

Findet es sich, daß die Partheien einander nicht recht verstanden haben, oder über gewisse Haupt- oder Nebenpunkte noch nicht einig sind; so muß der Richter auf eine nähere gegenseitige Herauslassung darüber dringen, und die Partheien über die noch streitigen Umstände zu vereinbaren suchen.

§. 36.

Der Richter muß sich daher, wenn ihm von den Partheien eine Punktation oder ein anderer vorläufiger Aufsatz, nach welchem sie die vorzunehmende Handlung eingerichtet wissen wollen, vorgelegt wird, niemals damit begnügen, das Protokoll und die Ausfertigung nach diesem Aufsatze zu fassen; sondern er muß denselben mit den Partheien Punkt für Punkt durchgehen, sich überzeugen, daß jeder Punkt ihrer wahren Absicht und Meinung wirklich gemäß sey; und wo er irgend Undeutlichkeit, Unbestimmtheit oder Unvollständigkeit wahrnimmt, diesen Mängeln durch nähere Vernehmung und Vereinbarung der Partheien abzuhelfen bedacht seyn.

§. 37.

besonders solcher, die der deutschen Sprache nicht mächtig sind.

Wenn einer oder beide Theile, welche die Handlung vornehmen wollen, der deutschen Sprache nicht mächtig sind, so kommt es darauf an: ob die beiden Gerichtspersonen, von welchen die Handlung aufgenommen wird, die fremde Sprache der Partheien hinlänglich verstehen, und sich darin verständlich ausdrücken können; oder ob es diesen oder auch nur Einem von ihnen, an einer solchen Kenntniß und Fertigkeit ebenfalls ermangele. Erstern Falls kann der Aktus von diesen Gerichtspersonen allein gültig vorgenommen werden. Letztern Fälls hingegen, wie auch überhaupt, wenn eine der deutschen Sprache nicht mächtige Parthei es verlangt, muß, außer dem Richter und Protokollführer, auch noch ein vereideter Dollmetscher zugezogen werden. Dieser muß die Anträge der Partheien in der Sprache, deren sie mächtig sind, von ihnen aufnehmen; sie dem Richter in der deutschen Sprache erklären, nach seiner Anweisung die Partheien weiter vernehmen; und solchergestalt die zur gehörigen Vollziehung des Aktus nöthigen Nachrichten und Willenserklärungen herbeischaffen. Wenn alsdann der Richter zur Aufnehmung des Protokolls schreitet, so muß zu gleicher Zeit, da er dasselbe dem Protokollführer deutsch in die Feder diktirt, der Dollmetscher eben dasselbe in der Sprache der Partheien niederschreiben; diese Uebersetzung muß demnächst den Partheien vorgelesen, und von ihnen, mit dem deutschen Protokolle zugleich, unterzeichnet werden. Eben so muß, wenn beide der fremden Sprache hinlänglich mächtige Gerichtspersonen den Aktus ohne Dollmetscher vornehmen, die Verhandlung von dem einen in der deutschen, und zugleich von dem andern in der fremden

Sprache niedergeschrieben; mit der Vorlesung und Unterzeichnung aber es eben so, wie in dem vorgedachten Falle, gehalten werden.

Anh. §. 422. Siehe §. 75. des Anhangs zu §. 19. u. f. Tit. X. Th. I.

Testamente und Kodicille der Wenden dürfen nicht in wendischer, sondern nur in deutscher Sprache niedergeschrieben werden. Bei der Aufnahme derselben muß jedesmal, außer dem wendischen Prediger, ein dieser Sprache mächtiger Schulze oder Gerichtsmann zugezogen werden, welche beide auf ihren Amtseid zu verweisen sind. Durch diese wird der Wille des Testators vernommen, dem Richter bloß mündlich übersetzt, und von Letzterm deutsch niedergeschrieben; die Vorlesung oder Vorhaltung aber erfolgt durch den Prediger in wendischer Sprache, und es muß, wie alles dieß geschehen, im Protokolle registrirt, auch dieses Protokoll von dem Prediger und dem zweiten zugezogenen Sprachkundigen mit unterschrieben werden.

§. 38.

Daß bei Aufnehmung der Testamente von Personen, welche der deutschen Sprache nicht kundig sind, zwei Dollmetscher, oder wenigstens ein Dollmetscher und Ein Zeuge, zugezogen, und wie überhaupt dabei verfahren werden müsse, ist im Landrechte vorgeschrieben (Th. I. Tit. XII. §. 124—132.).

§. 39.

Bei Handlungen unter Lebendigen ist die Zuziehung Eines Dollmetschers hinreichend, wenn eine der kontrahirenden Partheien der deutschen Sprache mächtig, oder wenn eine der Gerichtspersonen der fremden Sprache kundig ist; oder wenn der Gegenstand nur hundert Thaler oder weniger beträgt; oder wenn beide der deutschen Sprache unkundige Partheien sich über einen gemeinschaftlichen Dollmetscher vereinigen. Außer diesen Fällen müssen, wenn zwei oder mehrere Partheien nicht Deutsch verstehen, eben so, wie bei Testamenten, zwei Dollmetscher, oder doch Ein Dollmetscher und ein Zeuge, zugezogen werden.

§. 40.

Bei größeren Gerichten, wo die Fälle, daß Handlungen in einer fremden Sprache aufzunehmen, und Uebersetzungen aus einer solchen Sprache zu veranstalten sind, öfterer vorkommen, müssen dazu ordentliche Dollmetscher förmlich bestellt, und ein- für allemal vereidet werden. Die Gerichte müssen dazu Subjekte aussuchen, die wegen ihrer Kenntniß der fremden Sprache, so wie in Ansehung ihrer Rechtschaffenheit und untadelhafter Aufführung, in allgemein gutem Rufe, oder mit glaubwürdigen Attesten versehen sind. Diese Subjekte müssen von Männern, deren Sprachkenntniß unbezweifelt ist, ordentlich geprüft; diese Prüfung aber nicht bloß darauf: ob der Kandidat die fremde Sprache nur nothdürftig verstehe und sprechen könne, sondern darauf gerichtet werden: ob seine Kenntniß beider Sprachen dergestalt vollständig und gründlich sey, daß er nicht bloß in alltäglichen Geschäften des gemeinen Lebens, sondern auch in wichtigeren und minder gewöhnlichen Fällen den Sinn der Partheien, oder den Verstand der Dokumente, richtig fassen, und dem Richter eben so, zuverlässig und bestimmt, erklären und darlegen könne. Dergleichen Dollmetscher müssen von Obergerichten dem Chef der Justiz, von Untergerichten aber dem Landesjustizkollegio der Provinz, mit Beifügung der beigebrachten Atteste und des Examinationsprotokolls, vorgeschlagen, und nach erfolgter Approbation dahin vereidet werden:

daß sie die in der fremden Sprache vorgetragenen Angaben, Erklärungen und Antworten der Partheien, ingleichen den Inhalt der in dieser Sprache abgefaßten Schriften und Urkunden, in die deutsche Sprache; eben so aber auch die den Partheien vorzulegenden Fragen, Bekanntmachungen und Andeutungen, oder den solchen Partheien zu eröffnenden Inhalt deutscher Schriften und Dokumente, aus der einen in die andere Sprache treu, richtig, vollständig, ohne etwas dazu oder davon zu thun, übersetzen, und mit gewissenhafter Sorgfalt dahin sehen wollen, daß in jedem Falle der wahre Sinn und die eigentliche Meinung der Partheien, oder der wahre Inhalt der zu übersetzenden Schriften dem Richter, so wie die Aeußerungen und Erklärungen des Richters den Partheien, bekannt werden.

§ 41.

Bei Gerichten, wo keine beständige vereidete Dollmetscher angestellt sind, muß der in jedem besondern Falle zuzuziehende Sprachkundige von dem Richter, mit Beihülfe eines Sachverständigen, geprüft, und mit vorstehendem Eide, nach Beschaffenheit des Falles selbst, belegt werden.

§. 42.

Aufnehmung des Protokolls.

Wenn auf vorstehende Art sowohl in Ansehung der persönlichen Qualität und Fähigkeit der Partheien zur Vollziehung eines solchen Aktus das Erforderliche besorgt und berichtigt, als auch der Wille und die eigentliche Intention derselben mit hinlänglicher Zuverlässigkeit und Vollständigkeit erforscht worden ist; so muß alsdann über die ganze Verhandlung ein richtiges Protokoll aufgenommen werden.

§. 43.

Erfordernisse desselben.

Dieses Protokoll muß enthalten:

1) Ort und Zeit, wo und wann der Aktus vorgenommen worden ist.

2) Wer die Partheien, die ihn vorgenommen haben, ihrem Namen, Stande und Charakter nach,

sind; ob das Gericht sie persönlich kenne, oder durch welche Mittel es sich nach Vorschrift §. 23. von der Identität der Personen versichert habe.

3) Wenn die Partheien die Handlung durch einen Bevollmächtigten vornehmen, so muß der Name und die Qualität dieses Bevollmächtigten ebenfalls im Protokolle bemerkt; die von demselben übergebene Vollmacht muß allegirt und dem Protokolle beigefügt; und in so fern dabei noch etwas zu erinnern gefunden worden, dieses bemerkt; wenn er aber in zulässigen Fällen die Vollmacht nachzubringen versprochen hat, so muß dieses Angelöbnisses im Protokolle ebenfalls gedacht werden.

4) Wenn in Ansehung der Fähigkeit der Partheien, einen solchen Aktus vorzunehmen, ein Bedenken obgewaltet hat; so ist dessen, und wie es gehoben worden, im Protokolle ebenfalls Erwähnung zu thun. Hat das Bedenken nicht sogleich gehoben, und doch auch der Aktus selbst nicht ausgesetzt werden können; so ist die Vorschrift des §. 27. genau zu befolgen.

5) Wenn der Richter nach Anleitung §. 28 — 31. nöthig gefunden hat, den Partheien über die Natur und Folgen der Handlung, welche sie vornehmen wollen, oder über gewisse dahin einschlagende Dispositionen und Verabredungen, Bedeutung oder Vorhaltung zu thun; so muß dessen, und was etwa dabei vorgekommen ist, im Protokoll ebenfalls Erwähnung geschehen.

6) Vornehmlich aber muß die Verhandlung selbst, mit allen dahin gehörenden Erklärungen, Haupt- und Nebenbestimmungen, Abreden und Bedingungen, umständlich, in klaren und bestimmten Ausdrücken niedergeschrieben; alle Dunkelheit und Zweideutigkeiten müssen sorgfältig vermieden; und

Alles

Alles muß, nach der wahren Willensmeinung der Partheien, so deutlich und genau, als es nur immer möglich und nöthig ist, gefaßt werden.

7) Wenn gegen den Kontrakt oder die Disposition gewisse Einwendungen oder Rechtswohlthaten Statt finden würden, und denselben von der Parthei entsagt wird; so muß nach Anleitung des §. 32. die geschehene Erklärung und Entsagung, nebst den dabei beobachteten Solennitäten, in so fern dergleichen nach den Gesetzen erforderlich gewesen, ausdrücklich und umständlich zum Protokolle niedergeschrieben werden.

§. 44.

Dieß Protokoll muß in gewöhnlichen Fällen, wenn wenigstens Eine Gerichtsperson, und außer ihr noch ein Aktuarius oder Protokollführer bei der Verhandlung zugegen sind, der Richter dem Aktuario oder Protokollführer laut in die Feder diktiren; oder wenn nur Gerichtsschöppen oder Beisitzer zugezogen worden sind, es selbst niederschreiben. In beiden Fällen aber muß der Richter das Protokoll den Partheien langsam und deutlich vorlesen und sie befragen: ob sie den Inhalt desselben der eigentlichen Verhandlung und ihrer Willensmeinung gemäß finden. Vorlesung.

Wird bei dieser Gelegenheit von den Partheien noch etwas erinnert oder nachgetragen; so muß der Richter dergleichen Erinnerung und Zusatz, am Schlusse des Protokolls, mit der Bemerkung, daß diese Erklärung von der Parthei bei Gelegenheit der Vorlesung abgegeben worden sey, beifügen lassen. Durchstreichungen oder Zusätze am Rande des Protokolls müssen in der Regel nicht gemacht werden. Wenn es aber ja die Umstände erfordern, und es nicht eine ganz unbedeutende Kleinigkeit betrifft; so muß die am Rande beizusetzende Registratur eben so, wie wegen des Protokolls selbst sogleich verordnet werden wird, unterzeichnet werden.

Anh. §. 423. Wenn die Vorlesung des Protokolls unterlassen, oder, daß solche geschehen, nicht bemerkt worden ist; so folgt daraus die Ungültigkeit der Verhandlung nicht.

§. 45.

Unterschrift.

Wenn nämlich die Partheien bei dem Inhalte des Protokolls nichts mehr zu erinnern finden, so muß der Richter dasselbe schließen; es den Partheien zur Unterschrift vorlegen, und es sodann mit dem Aktuario oder dem Protokollführer, oder den Beisitzern, ebenfalls unterzeichnen.

§. 46.

Ist die eine oder die andere Parthei des Schreibens nicht mächtig, so muß sie an die Stelle, wo ihr Name hingehört, Kreuze oder ihr sonstiges gewöhnliches Handzeichen setzen. Der Protokollführer, oder ein Schöppe, muß ihren Namen dabei schreiben, und der Richter muß bei seiner Unterschrift attestiren, daß diese Zeichen von der Parthei, weil sie des Schreibens unkundig sey, statt ihrer Unterschrift beigefügt worden.

§. 47.

Daß in den nach §. 21. zulässigen Fällen, wenn die Handlung, auf ausdrückliches Verlangen der des Schreibens vollkommen kundigen Partheien, nur von Einer Gerichtsperson, ohne Zuziehung von Protokollführern oder Gerichtsschöppen, vorgenommen worden ist, dergleichen Partheien das Protokoll selbst lesen, und daß dieses geschehen, bei ihrer Unterschrift eigenhändig attestiren müssen, ist in der am angeführten Orte allegirten Vorschrift enthalten.

§. 48.

Bei Landesjustizkollegien und Obergerichten, ingleichen bei größeren Untergerichten, die ein formirtes Kollegium ausmachen, und bei welchen Justizkommissarien angesetzt sind, kommen, besonders in Beziehung auf das Hypothekenwesen, mancherlei Aktus vor, die nicht den Abschluß irgend eines neuen Geschäfts betreffen, sondern nur gewisse feierliche Erklärungen, Anerkenntnisse oder Verlautbarungen über einen vorhin schon gehörig errichteten Kontrakt, oder andere dergleichen Handlung enthalten. Wenn solche Vorträge, welche bloß der Form und Feierlichkeit wegen erfolgen, von den Justizkommissarien, in Gegenwart des versammelten Gerichts, dem protokollirenden Referendario laut in die Feder diktirt worden sind; so bedarf es keiner Vorlesung des Protokolls, und auch keiner Unterzeichnung von Seiten der Gerichtspersonen oder der Justizkommissarien, sondern es ist genug, wenn dasselbe nur von dem Protokollanten unterschrieben wird.

§. 49.

Ausfertigung.

Auf den Grund des gehörig aufgenommenen Protokolls erfolgt sodann die gerichtliche Ausfertigung.

Außer dem Falle, wo Testamente oder andere letztwillige Dispositionen, zum Protokoll aufgenommen werden, und wo, nach den unten folgenden näheren Vorschriften, das Protokoll selbst versiegelt in gerichtliche Verwahrung niedergelegt werden muß, wird die Ausfertigung von dem Richter, sogleich nach geschlossenem und unterzeichnetem Protokolle, verfügt.

Doch muß bei Gerichten, die ein formirtes Kollegium ausmachen, das aufgenommene Protokoll zuvörderst einem andern Mitgliede, als dem, der den Aktus vollzogen hat, zum Vortrage im versammelten Kollegio zugestellt werden. Dieser Decernent muß gehörig prüfen: ob dabei noch irgend etwas zu erinnern oder nachzuholen sey, und solchenfalls das Erforderliche nach dem Beschlusse des Kollegii verfügen. Findet sich aber weiter nichts zu erinnern, so muß die Ausfertigung von ihm veranlaßt werden.

§. 50.

In wie fern diese Ausfertigung mit Inserirung des Protokolls selbst geschehe, oder in wie fern nur der Inhalt desselben der zu expedirenden Urkunde, mit Beziehung auf das Protokoll, einverleibt werde, desfalls hat es, nach Verschiedenheit der Fälle, bei dem Gerichtsbrauche eines jeden Kollegii oder andern Gerichts, auch noch ferner sein Bewenden. Wenn aber auch nicht das ganze Protokoll in extenso eingerückt, sondern nur der Inhalt desselben in eine besondere Ausfertigung gefaßt wird; so muß dennoch bei dieser das Protokoll lediglich zum Grunde gelegt, von den darin enthaltenen Erklärungen, Abreden und Bedingungen in keinem Stücke abgewichen, nichts denselben hinzugethan oder davon weggelassen, und im übrigen die Ausfertigung so gefaßt werden, wie es die Natur des Geschäfts und die vorhandenen gesetzlichen Vorschriften mit sich bringen.

§. 51.

Bei Abfassung solcher Urkunden und Ausfertigungen müssen die Gerichte und Expedienten sich einer guten deutschen und allgemein verständlichen Schreibart befleißigen; alle, nur Sachverständigen nach ihrem eigentlichen Sinne bekannte Kunstwörter möglichst vermeiden, und sich, statt deren, lieber einer deutlichen und richtigen Umschreibung bedienen, den Terminum technicum aber in einer Parenthese beifügen; sich des verworrenen, dunkeln und weitschweifigen sogenannten alten Kanzelleistyls, so wie aller Affektationen, und der Würde einer gerichtlichen Handlung nicht geziemenden Künstelei und Neuerungssucht in der Sprache, gänzlich enthalten;

die Perioden nicht in einander schieben, noch den Zusammenhang durch lange und häufige Parenthesen unterbrechen; keine Pleonasmen und unnütze Wiederholungen, welche nur zu Mißdeutungen und Verdrehungen Anlaß geben können, einfließen lassen; und mit Einem Worte dafür sorgen, daß sowohl die Partheien, als jeder andere, dem daran gelegen ist, das, was eigentlich verhandelt worden, aus der Ausfertigung deutlich, bestimmt und zuverlässig entnehmen können.

§. 52.

Außerdem müssen dergleichen Ausfertigungen mit unnützen, zur Sache nicht gehörenden, oder unverständlichen, in der Folge wohl gar zu Zweifeln und Bedenklichkeiten Anlaß gebenden Klauseln, oder mit Renunciationen, die von keiner rechtlichen Wirkung seyn können, z. B. mit Entsagung der Exceptionis doli, vis, metus, usurariae pravitatis, restitutionis in integrum ex capite aetatis etc. etc., nicht überladen werden; sondern es ist bloß die Begebung solcher Einwendungen und Rechtswohlthaten beizufügen, die sonst dem Geschäfte wirklich entgegen gesetzt werden könnten, deren Entsagung den Rechten nach zulässig, und denen in dem Protokolle wirklich entsagt worden ist.

§. 53.

Dergleichen Ausfertigung muß allemal erst koncipirt, und das Koncept in dem Falle des §. 49. von dem Decernenten revidirt, auch nach erfolgter Ausreichung des Mundi, darauf: daß, wenn, und an wen diese geschehen sey, bemerkt; sodann aber das Koncept bei den Akten, in der Registratur des Gerichts, nach näherer Vorschrift des Kanzellei- und Registraturreglements, aufbewahrt werden.

§. 54.

Das Mundum selbst wird von dem Gerichte unterschrieben und besiegelt. Ob die Unterschrift von dem Vorgesetzten allein, oder auch von allen, oder von einigen Mitgliedern des Gerichts geschehe; und ob dabei ein besonderes größeres, oder nur das ordinaire Gerichtssiegel gebraucht werde, desfalls hat es bei der Verfassung eines jeden Kollegii und Gerichts lediglich sein Bewenden.

Dritter Titel.

Von dem Verfahren bei Aufnehmung und Bestätigung der Verträge und anderer Verhandlungen unter Lebendigen.

Anh. §. 424. Bei der Veräußerung der den Stadtgemeinen zugehörigen Grundstücke ist die Vorschrift der Städte-Ordnung vom 19ten November 1808. §. 189. zu befolgen.

Anh. §. 425. Wenn Verträge über Grundstücke geschlossen werden, wobei sich Bergwerke befinden; so muß die Verhandlung jedesmal auf die Bergwerke ausdrücklich mit gerichtet und die Kontrahenten müssen wegen der erforderlichen Verlautbarung bei dem Bergamte gehörig belehrt werden.

Anh. §. 426. Justizkommissarien oder andere Justizbediente, welche bei Schließung von Kaufkontrakten oder auch nur Punktationen über Grundstücke und bei der darauf erfolgenden Naturalübergabe zugezogen werden, müssen bei 10 bis 50 Rthlr. dafür haften, daß von den Kontrahenten das abgeschlossene Geschäft binnen 14 Tagen nach erfolgter Naturalübergabe bei der Hypothekenbehörde angezeigt werde.

§. 1.

Verträge werden entweder vor Gerichten geschlossen und aufgenommen, oder sie werden denselben nur zur Bestätigung eingereicht.

§. 2.

I. Aufnehmung der Verträge.

Bei der gerichtlichen Aufnehmung eines Vertrages müssen zuvörderst die allgemeinen Anweisungen des vorhergehenden Titels genau beobachtet werden. Was dabei zu beobachten.

§. 3.

Wenn besonders der eine oder der andere kontrahirende Theil mit einem Naturfehler behaftet ist, wodurch derselbe zwar zum Kontrahiren noch nicht ganz unfähig wird, dennoch aber die Deutlichkeit und Gewißheit in seinen Willensäußerungen zweifelhaft werden könnte; so muß der Richter vorzügliche Mühe anwenden, um nicht nur sich selbst von der wahren Intention einer solchen Parthei vollkommen zu überzeugen, sondern auch zu verhüten, daß die Gültigkeit oder der Sinn des Vertrages nicht etwa in der Folge, unter dem Vorwande dieses Mangels einer deutlichen oder gewissen Willensäußerung, angefochten werden möge. A. In Ansehung der Person der Kontrahenten, besonders

§. 4.

Wenn ein Tauber einen Kontrakt schließen will, so muß der Richter die Vorschläge und Erklärungen des andern Kontrahenten, so wie die Fragen, die Er selbst an ihn ergehen zu lassen, und die Bedeutungen, die er ihm zu thun nöthig findet, von Wort zu Wort niederschreiben, und ihm zum Lesen vorlegen; und eben so seine Antworten und Gegenerklärungen wörtlich niederschreiben: also, daß die mündlichen Unterhandlungen und Traktaten, von denen in gewöhnlichen Fällen nur die Resultate zum Protokolle genommen zu werden pflegen, demselben in einem solchen Falle in extenso einverleibt werden müssen. Das Protokoll selbst muß allemal, statt des gewöhnlichen Vorlesens, dem Tauben zum eigenen Durchlesen gegeben, und, daß solches geschehen, von ihm bei seiner Unterschrift ausdrücklich attestirt werden. a) bei Tauben;

§. 5.

Wenn ein Kontrahent stumm ist, so muß der- b) bei Stummen;

selbe seine Vorschläge und Erklärungen, seine Aeußerungen auf die Anträge des andern Theils, und seine Antworten auf die Fragen und Bedeutungen des Richters, eigenhändig in das Protokoll niederschreiben.

§. 6.

Bei Personen, die taub und stumm zugleich sind, muß der Richter die Vorschriften beider vorhergehenden Paragraphen beobachten.

§. 7.

c) bei Taubstummen;

Taubstumme (A. L. R. Th. II. Tit. XVIII. §. 15. 16.), die nicht schreiben und Geschriebenes lesen können, sind in der Regel nicht fähig, Verträge zu schließen, sondern müssen unter Vormundschaft genommen, und ihre Angelegenheiten durch ihre Vormünder besorgt werden.

Wenn jedoch in besonderen Fällen behauptet wird, daß ein solcher Mensch, bei übrigens gehörig entwickelten Verstandeskräften, durch die Zeichensprache von dem, was man ihm zu wissen thun will, hinlänglich unterrichtet werden, und eben so seinen Willen, durch Zeichen, deutlich und verständlich genug äußern könne; der Fall aber so beschaffen ist, daß entweder die vorzunehmende gerichtliche Handlung durch den Vormund allein nicht vollzogen werden kann, sondern die eigene Mitwirkung der Parthei selbst nothwendig erfordert wird; oder wenn bei der Sache dergestalt Gefahr im Verzuge ist, daß auf die förmliche Bevormundung damit nicht gewartet werden kann: so muß der Richter vor allen Dingen, im erstern Falle, den bestellten Vormund dennoch zuziehen; im letztern aber der Parthei, welche noch nicht förmlich bevormundet ist, einen besondern Kurator zu der gegenwärtigen Handlung zuordnen. Sodann muß er wenigstens zwei von denjenigen Personen, die mit einem solchen Menschen täglich oder doch oft zusammen kommen und Umgang pflegen, bei der vorzunehmenden Handlung aber kein solches eigenes Interesse haben, welches ihre Glaubwürdigkeit zweifelhaft machen könnte, darüber: ob und woher sie wissen, daß derselbe durch Zeichen hinlänglich verständigt werden, und seinen Willen auf eben die Art mit Deutlichkeit und Gewißheit äußern könne, an Eides Statt, und mit dem Bedeuten, daß sie sich zur eidlichen Bestärkung ihrer Angaben, auf Erfordern, bereit halten müßten, vernehmen; hiernächst den Gemüthszustand einer solchen Parthei überhaupt, und die Richtigkeit der Angaben von ihrer Fähigkeit, Zeichen zu verstehen, und sich durch Zeichen zu erklären, insonderheit, sorgfältig prüfen; sich davon, durch wiederholte Proben, so vollständig als möglich, überzeugen, und die dießfälligen Verhandlungen umständlich zum Protokolle niederschreiben lassen. Sodann muß zur Sache selbst geschritten, und es müssen dabei wenigstens zwei Personen, welche der mit der Parthei zu redenden Zeichensprache mächtig und seiner Zeichen kundig sind, zugezogen werden. Unter diesen Dollmetschern kann auch der Vormund oder Kurator, wenn sonst die übrigen Erfordernisse bei ihm zutreffen, mit begriffen seyn; doch muß überhaupt der Richter die Vorsicht brauchen, daß er sich bald des einen, bald des andern bediene, um der Parthei die Fragen vorzulegen, oder ihre Erklärungen einzuziehen. Am Schlusse des Protokolls muß der Inhalt desselben, so weit er die vorzunehmen gewesene Handlung selbst betrifft, der Parthei durch den Weg der Zeichensprache nochmals vorgehalten, und ihre Genehmigung darüber auf eben die Art eingeholt werden. Das Protokoll aber müssen, außer den gewöhnlichen Unterschriften, auch diejenigen, durch deren Zeugniß der Richter sich von der hinlänglichen Fähigkeit der Parthei versichert, und deren er sich bei dem Aktus als Dollmetscher bedient hat, mit unterzeichnen. Der Vormund oder Kurator muß, wenn er auch nicht als Dollmetscher mit gebraucht worden, dennoch bei der ganzen Verhandlung zugegen seyn, und statt der Parthei das Protokoll unterschreiben.

§. 8.

d) bei Blinden;

Wenn ein Blinder kontrahiren will, so muß der Richter sich besonders davon, daß derselbe die Person, mit welcher der Kontrakt geschlossen werden soll, wirklich kenne, und daß dabei kein Irrthum vorwalte, hinlänglich überzeugen; und wie er zu dieser Ueberzeugung gelangt sey, in dem Protokolle bemerken. Auf eben die Art muß der Richter, wenn Gegenstände vorkommen, die gewöhnlich nur durch den Sinn des Gesichts erkannt werden, sich versichern, daß, und auf welchem andern Wege, der Blinde davon die zu einer gewissen Willenserklärung nöthige Kenntniß erlangt habe; und wie dieß geschehen, ebenfalls niederschreiben lassen. Uebrigens muß dem Blinden zu der ganzen Verhandlung ein Beistand zugeordnet werden, durch welchen ihm am Ende das Protokoll vorgelesen wird, und der dasselbe an seiner Statt unterzeichnet.

§. 9.

e) bei Leuten, die zuweilen ihres Verstandes nicht mächtig sind.

Personen, die auch nur zuweilen und mit gewissen Abwechselungen an einer Abwesenheit des Verstandes leiden, müssen in der Regel zu Schließung lästiger Verträge nicht zugelassen, sondern unter Vormundschaft gesetzt werden. Wenn aber besondere Fälle vorkommen, wo eine solche Person in einem lichten Zwischenraume einen Vertrag schließen soll, und die Sache dergestalt dringend ist, daß die förmliche Bevormundung, ohne ihren eigenen Nachtheil, nicht abgewartet werden kann; so muß der Richter sich auf das vollständigste, allenfalls unter Zuziehung eines Arztes, überzeugen, daß der Kontrahent jetzt wirklich in einem solchen lichten Zwischenraume stehe, und daß seine Verstandeskräfte in sich noch ungeschwächt genug sind, um seine Handlungen und deren Folgen gehörig überlegen zu können. Sodann muß er diesem Kontrahenten zu dem Aktus selbst einen Beistand zuordnen, und bei der Vollziehung der Handlung die Vorschriften des zweiten Titels §. 27. 28., wegen der einer solchen Parthei zu ertheilenden Belehrungen und Bedeutungen, mit vorzüglicher Sorgfalt beobachten; das Protokoll aber so umständlich fassen, daß aus selbigem die Ueberzeugung, wasmaaßen der Aktus wirklich in einem lichten Zwischenraume vorgenommen und vollzogen worden ist, zu allen Zeiten entnommen werden könne.

Sollte übrigens das Geschäft, vor gänzlicher Abschließung und Vollziehung des Protokolls, durch einen wiederholten Anfall der Gemüthskrankheit eines solchen Kontrahenten unterbrochen werden; so sind nicht nur alle bis dahin vorgefallene Verhandlungen, wie sich schon von selbst versteht, unverbindlich, sondern sie werden auch als gar nicht vorgefallen angesehen; und muß daher der Aktus, wenn er nach erfolgter Wiederherstellung des Kontrahenten dennoch vor sich gehen soll, nicht bloß da, wo er das erste Mal unterbrochen worden, wieder aufgenommen, sondern ganz von vorn angefangen werden.

§. 10.

B) In Ansehung des Inhalts; besonders

Bei den verschiedenen Arten der Kontrakte muß der Richter, vor welchem sie geschlossen werden sollen, darauf sehen, daß dasjenige, was die Gesetze, nach der Natur eines jeden Kontrakts, zur Gültigkeit und Vollständigkeit desselben erfordern, genau beobachtet; und daß besonders den Streitigkeiten und Prozessen, die bei der Erfüllung desselben entstehen könnten, durch deutliche und bestimmte

Verabredungen der Kontrahenten nach Möglichkeit vorgebeugt werde. Der Richter muß sich daher die gesetzlichen Vorschriften über die Natur, Erfordernisse und Wirkungen eines jeden Kontrakts, und über die Ausflüchte, welche wider die Erfüllung desselben gemacht zu werden pflegen, stets gegenwärtig erhalten, und durch richtige zweckmäßige Anwendung einer gründlichen Rechtstheorie, dem Haupttheile seiner Obliegenheit, welcher in Verhütung künftiger Prozesse besteht, ein Genüge zu leisten, sich angelegen seyn lassen.

§. 11.

1) bei Kaufkontrakten,

Besonders muß bei Kauf- und anderen Veräußerungskontrakten, über Grundstücke und Gerechtigkeiten, der Richter sich von dem zu verkaufenden Immobili einen Hypothekenschein vorlegen lassen, um daraus zu entnehmen: ob der Verkäufer seinen Besiztitel gehörig berichtigt habe; und ob aus der im Hypothekenbuche bemerkten Qualität des Grundstücks, oder aus den in der ersten und zweiten Rubrik des Hypothekenbuches eingetragenen Vermerken, irgend etwas hervorgehe, wodurch die Befugniß des Verkäufers, über die Substanz der Sache solchergestalt zu disponiren, eingeschränkt werde. Kommt nach Provinzialgesetzen, oder bei dem Gerichte bekannten Verträgen, oder anderen Dispositionen, irgend jemandem ein Vorkaufs- oder Näherrecht zu; so muß der Richter sich erkundigen und nachweisen lassen: ob diesen Berechtigten das Anbieten gehörig geschehen sey, ob und wohin sich dieselben erklärt haben, und in wie fern, nach dieser Erklärung, das Geschäft mit dem Käufer gültig und zuverlässig abgeschlossen werden könne. Soll das Anbieten und die Aufforderung zur Ausübung des Vorkaufs- oder Näherrechts erst nach geschlossenem Kontrakte erfolgen, so muß der Richter die Vorschrift Tit. II. §. 23. genau beobachten, und darauf sehen, daß die dießfälligen Obliegenheiten des Verkäufers, die Frist, in welcher dieselben von ihm erfüllt werden müssen, die rechtlichen Folgen der unterbliebenen Erfüllung, und was Statt finden solle, wenn nach der Erklärung des Vorkaufsberechtigten der gegenwärtige Kontrakt außer Wirkung gesetzt würde, in dem Vertrage selbst, so genau und bestimmt als möglich, verabredet werden.

wegen Festsetzung des Kaufgeldes,

Bei Festsetzung des Kaufgeldes muß der Richter den Partheien die gesetzlichen Vorschriften, nach welchen der Käufer unter gewissen Umständen eine Verletzung über die Hälfte vorschützen kann, bekannt machen; und wenn der Käufer sich dieser Einwendung begeben will, demselben die rechtlichen Folgen einer solchen Verzicht ausdrücklich vorhalten.

wegen des Beilasses,

Besonders muß der Richter genau darauf sehen, daß bestimmt werde: ob der Käufer die Sache mit oder ohne Beilaß erhalten solle. Wenn Ersteres ist, und der Beilaß nach einem Inventario übergeben werden soll; so muß der Richter die Kontrahenten auffordern, dieses Inventarium dem Kontrakte beizufügen; und nur dann, wenn sie erklären, daß sie dieses nicht wollen, sich dabei beruhigen; die Weigerung aber, und was die Partheien etwa sonst wegen dieses Punktes verabredet haben, in dem Protokolle ausdrücklich bemerken. Soll der Käufer die Sache in Ansehung des Beilasses, wie sie steht und liegt, übernehmen; so muß der Sinn und die gesetzliche Wirkung dieses Ausdrucks den Partheien gehörig erklärt werden.

wegen der Pertinenzstücke,

Gehören unbewegliche Pertinenzstücke zu der verkauften Sache, so muß der Richter darauf sehen: ob dieselben auf Ein Folium im Hypothekenbuche mit der Hauptsache eingetragen sind; oder ob sie ein besonderes Folium haben. Ist Ersteres, so muß er dafür sorgen, daß derselben in dem Kontrakte ausdrücklich, wenigstens relative auf den Hypothekenschein, gedacht werde. Ist letzteres, so muß darüber entweder ein besonderer Kontrakt errichtet, oder doch in dem Hauptkontrakte bestimmt werden: wie viel von dem bewilligten Kaufgelde auf dieses Pertinenzstück zu rechnen sey.

wegen der Gewährsleistung,

Eben so muß, in Ansehung der zu leistenden Gewähr, auf genaue und bestimmte Festsetzungen gedrungen werden: da die Erfahrung lehrt, daß besonders wegen der Gewährsmängel die weitläufigsten und kostbarsten Prozesse entstehen. Wenn also das Immobile nach einem Anschlage verkauft wird, so muß der Richter dafür sorgen, daß der zum Grunde gelegte Anschlag dem Kontrakte beigefügt werde; und daß dieser Anschlag so beschaffen sey, damit, bei entstehendem Streite, hinlänglich feste Grundsätze sowohl darüber: was zu gewähren, als darüber: wie bei eintretendem Eviktionsfalle die Entschädigung zu bestimmen sey, entnommen werden können. Nur dann, wenn die Partheien, von dieser richterlichen Anweisung und Belehrung keinen Gebrauch machen zu wollen, sich ausdrücklich erklären, muß der Richter zwar weiter fortfahren, zugleich aber jene Weigerung, zu seiner eigenen künftigen Deckung, in dem Protokolle gehörig bemerken.

Soll das Gut in Pausch und Bogen verkauft seyn, so ist den Partheien der Sinn und Umfang dieser Klausel gehörig zu erklären und ihnen bekannt zu machen: in wie fern dieselbe eine Verzicht auf die Gewährsleistung enthalte, und was, derselben ungeachtet, dennoch von dem Verkäufer zu vertreten seyn würde. Soll entweder auf alle und jede, oder auf gewisse Arten der Gewährsleistung Verzicht gethan werden; so muß der Richter den Käufer von der Wichtigkeit und den Folgen einer solchen Renunciation sattsam belehren, und ihm sowohl, als dem Verkäufer, bekannt machen: was für Gewährsmängeln nach den Gesetzen entweder gar nicht entsagt werden könne, oder bei welchen eine ausdrückliche und bestimmte Entsagung nöthig sey.

Sind auf dem Grundstücke Schulden eingetragen, so muß der Richter den Käufer bedeuten, daß dieselben mit der Sache zugleich auf ihn übergehen. Werden dergleichen Schulden auf Rechnung des Kaufgeldes übernommen, so muß der Verkäufer erinnert werden, daß dadurch seine bisherige persönliche Verbindlichkeit gegen den Gläubiger nicht wegfalle, und es daher seine Sache sey, dafür zu sorgen, daß entweder der Käufer die übernommenen Schulden berichtige, oder die Erklärung der Gläubiger, ihn seiner persönlichen Verpflichtung entlassen zu wollen, herbeischaffe. Auch muß der Richter darauf sehen, daß die Partheien unter sich verabreden: ob ein Aufgebot des Grundstücks in Ansehung der unbekannten Realprätendenten veranlaßt werden; auf wessen Kosten es geschehen; ingleichen, ob und wie viel von den Kaufgeldern, zur Sicherheit des Käufers, bis nach ergangener Präklusion stehen bleiben solle. wegen der eingetragenen Schulden,

Sollen dem Kaufkontrakte Nebenverträge beigefügt werden, so muß der Richter dabei vorzüglich auf genaue bestimmte Fassung derselben Rücksicht nehmen. Insonderheit muß er, wenn ein Wiederkaufsrecht vorbehalten werden soll, bei Prüfung und Fassung der dießfälligen Verabredungen, mit genauer Sorgfalt und beständiger Rücksicht auf die Vorschriften des Landrechts Th. I. Tit. XI. §. 296 — 330. zu Werke gehen: damit eines Theils nicht Wucher und Uebervortheilungen hinter einem solchen Geschäfte versteckt, und andern Theils die Gelegenheiten und Veranlassungen zu Prozessen, welche bei künftiger Ausübung des Wiederkaufsrechts um so leichter entstehen können, je ein längerer Zeitraum etwa seit dem ersten Kaufe verstrichen ist, nach Möglichkeit verhütet werden. wegen der Nebenverträge.

§. 12.

2) Bei Pachtkontrakten, Bei Aufnehmung von Pachtkontrakten über Landgüter muß der Richter sein Augenmerk vornehmlich darauf richten:

wegen des Beilasses; 1) daß, wenn das gepachtete Grundstück mit einem Beilasse übergeben werden soll, darüber eben so, wie bei Käufen, ein ordentliches und richtiges Inventarium aufgenommen, die Beilaßstücke taxirt, und das Inventarium dem Pachtkontrakte beigefügt werde, um dasselbe bei der künftigen Rückgewähr mit Zuverlässigkeit zum Grunde legen zu können.

wegen der Gewährsleistung; 2) Wird die Pacht nach einem Anschlage geschlossen, so muß dieser Anschlag dem Kontrakte ebenfalls beigefügt werden; und der Richter muß, so wie bei Käufen, darauf sehen, daß der Anschlag zweckmäßig und bestimmt genug sey, um bei entstehendem Streite über Gewährsmängel hinlängliche Data darin zur Beurtheilung und Entscheidung anzutreffen. Wird in Pausch und Bogen gepachtet, so ist die Natur und der Umfang dieser Klausel, besonders dem Pächter, gehörig zu erklären; und da auch alsdann der Verpächter dennoch das gewöhnliche Zubehör des Guts gewähren muß, so ist dafür zu sorgen, daß wenigstens ein Verzeichniß der unbeweglichen mitverpachteten Pertinenzstücke, welche nicht etwa mit dem Hauptinbegriffe der Ländereien in einem Strich und Umkreise zusammen, sondern von demselben abgesondert liegen, dem Kontrakte beigefügt werde.

wegen der Remissionen; 3) Besonders muß, bei größeren und auf mehrere Jahre zu schließenden Verpachtungen, der Punkt wegen der Remissionen, wegen der Kriegsschäden, und wegen der sonst dem Pächter von dem Verpächter zu leistenden Vergütungen, mit möglichster Sorgfalt bestimmt werden. Zu dem Ende muß der Richter den Kontrahenten die darüber vorhandenen

nen Vorschriften der Gesetze bekannt machen; er muß von ihnen vernehmen: in wie fern sie dabei stehen bleiben oder davon abgehen wollen; er muß die dießfälligen Verabredungen so genau und bestimmt als möglich zu fassen suchen, und dabei besonders darauf sehen, daß, wenn es in dem einen Stücke bei den Vorschriften der Gesetze gelassen, in dem andern aber davon abgegangen wird, daraus nicht Widersprüche, Dunkelheiten und Verwirrungen, welche zu den größten Weiterungen Anlaß geben können, entstehen mögen. Wenn die Partheien sich bei diesen Punkten auf gewisse andere Festsetzungen, z. B. auf die bei den Königlichen Aemtern angenommenen Remissionsprincipia, beziehen wollen; so muß der Richter dieselben aufmerksam darauf machen: ob auch bei der Pachtung ein solcher Anschlag, wie bei den Königlichen Aemtern gewöhnlich ist, zum Grunde gelegt worden; damit nicht, wenn demnächst jene Principia auf einen bei dieser Pachtung vorkommenden Remissionsfall angewendet werden sollen, es an den zu einer solchen Anwendung nöthigen Datis und Voraussetzungen fehlen möge.

4) Wenn der Pächter, wie oft zu geschehen pflegt, sich zu einer Vorausbezahlung der Pacht versteht, also, daß er z. B. in dem letzten Jahre, und bei seinem Abzuge, keine Pacht mehr zu entrichten habe; oder wenn er dem Verpächter eine baare Kaution bestellt, deren Betrag er sich successive, oder auch von der letzten Pacht, wieder inne behalten soll: so muß der Richter den Pächter bedeuten, daß durch ein solches Abkommen den zur Zeit des Kontrakts auf dem Gute schon eingetragenen Gläubigern ihr vorzügliches Recht, sich wegen ihrer Zinsen an die Früchte und Nutzungen des Guts zu halten, nicht entzogen werden könne; und was er wegen Vermerkung seines Kompensations- oder Innebehaltungs-

wegen der Pachtanticipationen;

rechts im Hypothekenbuche zu veranstalten habe, wenn er sich gegen die Ansprüche später einzutragender Gläubiger decken wolle.

wegen der Onerum;

5) Auch wegen der Lasten, Abgaben und sonstigen Zahlungen, die nach allgemeinen oder Provinzialgesetzen ein Pächter auf Rechnung des Pachtzinses, oder noch außer und über denselben zu entrichten hat, muß den Partheien die nöthige Bedeutung geschehen, und alle Verabredungen, wodurch sie von diesen gesetzlichen Bestimmungen abweichen wollen, müssen deutlich und genau verzeichnet werden.

wegen des Abstandes;

6) Wenn das Recht des Verpächters nur an seine Person oder Lebenszeit, oder an gewisse Umstände und Begebenheiten, von denen man: ob und wann sie eintreten werden, nicht voraus sehen kann, gebunden ist, z. B. wenn er das Gut nur als Nießbraucher auf Lebenszeit besitzt, und also der Fall sich ereignen kann, daß der Pächter noch vor dem Ablaufe der kontraktmäßigen Zeit räumen muß; so sind auf diesen Fall besondere möglichst bestimmte Verabredungen über die Entschädigung zu treffen, welche der Pächter von dem Verpächter oder aus dessen Nachlasse erhalten soll.

wegen der Meliorationen;

7) Besonders sind dergleichen bestimmte Verabredungen nöthig, wenn der Pächter gewisse Verbesserungen in dem Gute zu machen übernommen hat. Dabei muß nicht nur der Umfang seiner Verbindlichkeit gehörig festgesetzt, sondern auch verabredet werden: was Statt finden solle, wenn der Pächter seiner übernommenen Obliegenheit nicht nachkäme; oder wenn er, mit oder ohne seine Schuld, unter der kontraktmäßigen Zeit von dem Gute abziehen müßte.

§. 13.

3) bei Darlehnsverträgen;

Bei gerichtlich aufzunehmenden Darlehnskontrakten muß der Richter sich die möglichste Verhütung alles Wuchers und aller Uebervortheilungen des

Schuldners, besonders zum Augenmerk nehmen. Er muß sich daher genau erkundigen: ob und wie die Valuta berichtigt worden, oder noch berichtigt werden solle. Wird angezeigt, daß die Berichtigung der Valuta schon erfolgt sey, so muß er sich von dem Schuldner die Art, wie es geschehen, die Zeit und den Ort bestimmt angeben lassen; ihn gehörig bedeuten, welche nachtheilige Folgen ein dergleichen wiederholtes gerichtliches Empfangsbekenntniß, wenn es der Wahrheit nicht gemäß seyn sollte, für ihn haben würde, und dieses alles in dem Protokolle gehörig niederschreiben lassen. Erfolgt die Zahlung der Valuta in seiner Gegenwart, so muß er auch dieses, mit Bemerkung der Münz- und Geldsorten, in das Protokoll eintragen, und dahin sehen, daß der Schuldner das hingelegte oder hingezählte Geld wirklich in seine Gewahrsam erhalte. Soll aber, wie bei Hypothekendarlehnen gewöhnlich ist, die Valuta erst nach geschehener Eintragung berichtigt werden; so muß der Richter dem Schuldner, auf den Grund der Hypothekenordnung, eröffnen, was er zu thun, und was er zu seiner Sicherheit bei dem Hypothekenbuche zu beobachten habe, wenn der Gläubiger mit der Berichtigung der Valuta, wider Verhoffen, zurückbleiben sollte.

§. 14.

4) bei antichretischen Pfandkontrakten;

Soll dem Gläubiger, zur Sicherheit eines Darlehns oder einer andern Forderung, ein nutzbares Pfandrecht auf ein Grundstück eingeräumt werden, so muß der Richter die Vorschriften der Gesetze, wegen Verhütung des bei solchen Geschäften sehr oft versteckt liegenden Wuchers, sorgfältig beobachten (A. L. R. Th. I. Tit. XX. §. 228. u. f.). Er muß sich also von dem Ertrage des zu verpfändenden Gutes und dessen Zu- oder Unzuverlässigkeit, glaubwürdige Nachrichten so weit zu verschaffen suchen, als es nöthig ist, um die Gesetzmäßigkeit des Verhältnisses zwischen dem Ertrage, und den verabredeten zulässigen Zinsen zu beurtheilen. Auch müssen in einem solchen Kontrakte die Verhältnisse des Pfandinhabers, wegen der mit oder ohne sein Zuthun an der Substanz sich ereignenden Verbesserungen oder Verschlimmerungen, ingleichen seine Obliegenheiten wegen Konservation der Substanz und der darauf zu verwendenden Kosten, mit Sorgfalt bestimmt werden.

§. 15.

5) bei Vollmachten;

Wenn eine Vollmacht gerichtlich aufgenommen werden soll, so muß der Richter, wenn besonders von einer Generalvollmacht die Rede ist, sich darnach erkundigen: ob und zu welcher von denjenigen Handlungen, wobei die Gesetze eine Specialvollmacht erfordern, der bestellte Mandatarius berechtigt seyn solle; damit dergleichen Handlungen in der Vollmacht selbst gehörig ausgedrückt werden können. Auch muß er nachfragen: ob und in wie fern der Bevollmächtigte einen Substituten zu bestellen das Recht haben solle. Wie bei Aufnehmung der Vollmachten von Korporationen und Gemeinen zu verfahren sey, ist im Ersten Theile Tit. III. §. 39 u. f. vorgeschrieben.

§. 16 a.

6) bei Bürgschaften;

Die Aufnehmung von Bürgschaften erfordert von Seiten des Richters vorzügliche Sorgfalt und Vorsicht. Er muß daher besonders nach der persönlichen Fähigkeit des sich angebenden Bürgen, einen solchen Kontrakt zu schließen, genaue Nachfrage halten, und wenn es eine Frauensperson oder gar eine verheirathete Frau ist, die Vorschriften der Gesetze wegen der Vorhaltung und Verwarnung, die ihr geschehen muß, pünktlich befolgen (A. L. R. Th. I. Tit. XIV. §. 221 u. f. Th. II. Tit. I. §. 341. u. f.).

Außerdem muß er sowohl dem Bürgen, als demjenigen, welchem durch die Bürgschaft Sicherheit geleistet werden soll, die verschiedenen Einwendungen und Rechtswohlthaten, welche die Gesetze einem Bürgen gestatten, bekannt machen; und wenn denselben entsagt werden soll, den Entsagenden über die rechtlichen Folgen davon deutlich belehren.

§. 16 b.

Wenn eine Frau sich für ihren Ehemann verbürgen will, und also ein rechtskundiger Beistand zugezogen werden soll; an dem Orte aber, wo das Gericht seinen Sitz hat, kein Rechtsverständiger, der dieß Geschäft übernehmen könnte, vorhanden ist: so kann auch ein anderer verständiger, erfahrener, und in den Geschäften des bürgerlichen Lebens nicht ungeübter Mann als Beistand der Frau zugelassen werden. Der Richter muß aber, so wie überhaupt, also besonders in diesem Falle, dahin sehen, daß die Zuziehung eines solchen Assistenten nicht in eine bloße Formalität ausarte; vielmehr derselbe, dem Zwecke der Zuordnung gemäß, sich überzeuge, daß die Frau eine solche Bürgschaft, ohne Zwang und Ueberlistung, freiwillig, und mit hinlänglicher Kenntniß der Sache und ihrer Folgen, übernehme.

§. 17.

Da der Grund, warum nach gesetzlichen Vorschriften alle Schenkungen, wenn sie verbindliche und unwiderrufliche Kraft haben sollen, gerichtlich geschehen müssen, darin besteht, damit Leichtsinn und unbesonnene Uebereilungen möglichst verhütet werden; so muß der Richter bei Aufnehmung eines Schenkungsvertrages diesen Gesichtspunkt besonders vor Augen haben. Wenn er nach den ihm bekannten persönlichen Familien- und Vermögensumständen des Geschenkgebers, in Vergleichung mit den Verhältnissen, in welchen sich derselbe gegen den Ge-

7) bei Schenkungen;

schenknehmer befindet, oder mit den Bewegungsgründen, welche der Erstere zu seiner vorhabenden Freigebigkeit anführt, in seinem Gewissen Grund findet, zu besorgen, daß diese Freigebigkeit eine bloße Verschwendung sey; daß sie dem Geschenkgeber durch listige Kunstgriffe und Schmeicheleien abgelockt worden; daß derselbe sich dadurch außer Stand setzen dürfte, seinen Pflichten gegen die Seinigen ein Genüge zu leisten; oder daß die Schenkung gar zur Verkürzung der Rechte eines Dritten, z. B. der Gläubiger des Geschenkgebers, abzielen möchte: so muß er dergleichen Bedenklichkeiten dem Geschenkgeber ohne Rückhalt eröffnen, und die allgemeine Vorschrift Tit. II. §. 27. gewissenhaft befolgen; jedoch auch hier mit Vorsicht und Behutsamkeit zu Werke gehen, damit er seinen Rath und seine Meinung der Parthei, gegen ihre eigene Einsicht und Ueberzeugung, nicht aufdringe, und sich dadurch einer Uebertretung der Vorschrift Tit. II. §. 33. schuldig mache.

Wenn dem Einwande, daß das Geschenk übermäßig sey, entsagt, oder das Geschäft als eine belohnende Schenkung aufgenommen werden soll; so sind die Vorschriften des Landrechts Th. I. Tit. XI. §. 1094. 1095. und §. 1173. gehörig zu beobachten.

§. 18.

8) bei Ehepakten; Sollen Ehepakten errichtet, und dadurch Veränderungen in den gesetzlichen Bestimmungen, wegen des eingebrachten und vorbehaltenen Vermögens der Frau, vorgenommen werden; so muß der Richter dafür sorgen, daß diese Verabredungen, in so fern sie Grundstücke oder Kapitalien betreffen, in Ansehung der ersteren im Hypothekenbuche bemerkt, in Ansehung der letzteren aber durch Umschreibung des Schuldinstruments, oder Vermerkung auf demselben, und Bekanntmachung an den Schuldner, zur

Wissenschaft eines jeden, dem daran gelegen ist, gebracht; solchergestalt aber allen Irrungen oder Verleitungen des Publici möglichst vorgebeugt werde. Wird in den Ehepakten zugleich die künftige Succession der Eheleute bestimmt, so muß der Richter darauf sehen, daß diese Bestimmung auf beide Fälle, wenn bei dem Absterben des einen Ehegatten Nachkommen aus dieser Ehe vorhanden seyn sollten, oder nicht, mit der nöthigen Deutlichkeit gerichtet werde. Soll die überlebende Frau nach einem solchen Vertrage weniger erhalten, als ihr nach den Gesetzen gebühren würde; so muß der Richter vorzüglich aufmerksam seyn, daß nicht etwa die Frau, aus bloßem Leichtsinn, Schwäche und Mangel an Ueberlegung, zu einem solchen ihr nachtheiligen Uebereinkommen verleitet seyn möge. Eben diese Vorschrift muß auch alsdann beobachtet werden, wenn Ehepakten, die zum Vortheile der Frau gereichen, mit gegenseitiger Einwilligung beider Eheleute wieder aufgehoben werden sollen (A. L. R. Th. II. Tit. I. §. 215, 216, 441, 442.).

§. 19.

Wenn die Gemeinschaft der Güter unter Eheleuten durch Vertrag eingeführt werden soll, so muß der Richter nicht nur, in Ansehung der Form, die Vorschriften des Gesetzbuchs Th. II. Tit. I. §. 357. 358. gehörig befolgen, sondern auch dafür sorgen, daß in Ansehung der Grundstücke die nach den Gesetzen erforderliche Eintragung in das Hypothekenbuch erfolge (Ebend. §. 365 — 369.). 9) bei Verträgen über die Gütergemeinschaft;

Wird die Kommunion durch einen Vertrag ausgeschlossen oder aufgehoben; so ist der Richter für die vorschriftmäßige Bekanntmachung zu sorgen verbunden (Ebend. §. 422 — 426.).

Wird eine Gemeinschaft des Erwerbs errichtet, so muß der Richter die Eheleute, zur Aufnehmung des vorgeschriebenen Verzeichnisses über das von jeder Seite in die Kommunion gebrachte Vermögen, ausdrücklich anweisen (Ebend. §. 397 — 399.).

§. 20.

10) bei anderen Arten von Verträgen.

Da übrigens hier nicht alle Arten der Kontrakte aufgezählt werden können, so werden die Gerichte nochmals erinnert, so oft Partheien zur Errichtung von Verträgen einer gewissen Art bei ihnen sich melden, sich die gesetzlichen Vorschriften darüber stets gegenwärtig zu erhalten, und mit möglichster Sorgfalt darauf zu sehen, daß durch deutliche, bestimmte und vollständige Fassung künftigen Ungewißheiten und Irrungen möglichst vorgebeugt werde.

§. 21.

II. Konfirmation von Verträgen.

Obige Vorschriften, §. 2 — 20., betreffen hauptsächlich den Fall, wenn ein Kontrakt gerichtlich aufgenommen und geschlossen werden soll.

Wenn aber ein schon errichteter Kontrakt bloß zur gerichtlichen Konfirmation übergeben wird, so ist wiederum ein Unterschied zu machen: ob derselbe bloß außergerichtlich, oder ob er vor einem andern Gerichte, oder doch vor einem Justizkommissario und Notario geschlossen worden sey.

§. 22.

a) Wenn der Vertrag nur außergerichtlich, oder

Ist der zur Bestätigung eingereichte Kontrakt bloß außergerichtlich geschlossen, so muß der Richter den Inhalt desselben, nach den Vorschriften Tit. II. und Tit. III. §. 2 — 20., gehörig prüfen und beurtheilen: ob sowohl in Ansehung der persönlichen Fähigkeit der Kontrahenten, als in Ansehung des Gegenstandes, oder der Deutlichkeit, Bestimmtheit und Vollständigkeit der Verabredungen, ein Bedenken obwalte. Findet sich kein dergleichen Bedenken, und ist der Kontrakt nicht etwa von der Art, daß die gerichtliche Abschließung zu seiner Gültigkeit nothwendig ist; so wird bloß ein Termin auf einen der gewöhnlichen Gerichtstage anberaumt, und die Partheien werden dazu vorgeladen, um in diesem Termine persönlich oder durch gehörig legitimirte Bevollmächtigte ihre Unterschrift zu rekognosciren; sich zu dem Inhalte desselben zu bekennen, und dessen Festhaltung wiederholt anzugeloben. Ist dies geschehen, so kann alsdann die Konfirmation ohne weitern Anstand ausgefertigt werden. Ist aber der Kontrakt von der Art, daß er nothwendig gerichtlich abgeschlossen werden muß, und findet der Richter bei Prüfung des eingereichten Privatkontrakts noch Bedenklichkeiten; so muß mit vorläufiger und specieller Eröffnung derselben ein Termin vor einem Deputirten des Gerichts anberaumt werden, welchen die Partheien in der Regel persönlich abwarten müssen, und wo mit vollständiger Aufnehmung des Kontrakts verfahren, oder die Hebung der obgewalteten Bedenklichkeiten gehörig bewirkt werden muß. Ob wegen der Zusätze oder Abänderungen, welche hieraus bei dem ursprünglichen Privatkontrakte entstehen, mit gänzlicher Beiseitesetzung dieses letztern, ein neuer Kontrakt abzufassen, oder ob es hinreichend sey, diese Zusätze oder Abänderungen dem ursprünglichen Privatkontrakte, auf dem oder den Originalien desselben, durch einen Nachtrag beizufügen, bleibt der richterlichen Beurtheilung nach Bewandtniß der Umstände vorbehalten.

Wenn der Kontrakt auf die eine oder die andere Art berichtigt ist, so muß darüber von den Partheien eben so, wie in dem vorhergehenden Falle, das feierliche Anerkenntniß durch den Deputirten abgenommen, und sodann die Konfirmation von dem Gerichte ertheilt werden.

§. 23.

b) wenn er gerichtlich geschlossen worden ist.

Wenn hingegen der zur Konfirmation eingereichte Kontrakt selbst, entweder gerichtlich, oder doch vor einem Justizkommissario und Notario, geschlossen ist; so darf es, da das Gericht oder der Justizkommissarius, welche den Kontrakt aufgenommen haben, für die Beobachtung der Vorschriften sorgen müssen, keiner so genauen Prüfung desselben; sondern es ist genug, wenn nur keine in die Augen fallende Nullität oder Gesetzwidrigkeit darin bemerkt wird. Bei einem solchen Kontrakte würde es auch an sich einer Rekognition der Unterschriften eigentlich nicht bedürfen. Da inzwischen dem Geschäfte selbst, durch den Hinzutritt der gerichtlichen Bestätigung, ein höherer Grad von Festigkeit und Unverletzbarkeit nach der Absicht der Partheien ertheilt werden soll; so müssen, der mehrern Feierlichkeit wegen, die Partheien entweder in Person, oder durch gehörig legitimirte Bevollmächtigte, sich vor versammeltem Gerichte zu dem Kontrakte und dessen Inhalte nochmals ausdrücklich bekennen, und die Festhaltung angeloben; worauf sodann die Konfirmation ausgefertigt wird.

§. 24.

Wie viel Exemplare von einem Kontrakte und dessen Konfirmation zu expediren sind, hängt von der Bestimmung der Partheien ab. Der Richter aber muß dafür sorgen, daß sämmtliche Exemplare genau mit einander übereinstimmen; und daß aus den Akten zu entnehmen sey, wie vielfach der Kontrakt ausgefertigt, und wem jedes Exemplar zugestellt worden.

§. 25.

III. Einseitige Actus inter vivos.

Bei Aufnehmung einseitiger gerichtlicher Handlungen unter Lebendigen, z. B. von Quittungen, Entsagungen, Verzichten u. s. w., finden eben die Vorschriften, wie bei Aufnehmung der Kontrakte, Statt; mit dem aus der Sache selbst fließenden Unterschiede, daß, da der Richter es bei solchen Handlungen nur mit Einer Person zu thun hat, von jenen Vorschriften, die, welche das Verhältniß zwischen zwei oder mehreren Kontrahenten voraussetzen, von selbst hinweg fallen.

§. 26.

Von der gerichtlichen Aufnehmung der Kontrakte und anderer Instrumente, ingleichen von der Konfirmation derselben, ist die vor Gericht erfolgende bloße Rekognition der Unterschriften unter einem bereits ausgestellten Instrumente verschieden. In einem solchen Falle ist der Richter nicht schuldig, um den Inhalt des Instruments, oder um die Legalität des dadurch vollzogenen Geschäfts, sich zu bekümmern; er muß vielmehr, wenn die Partheien es ausdrücklich verlangen, sich aller Einsicht des Instruments selbst gänzlich enthalten, und nur mit Vorzeigung der Unterschrift sich begnügen. IV. Gerichtliche Rekognitionen.

In allen dergleichen Fällen einer bloßen gerichtlichen Rekognition nimmt daher der Richter nur über die Erklärung der Partheien, daß sie die unter dem Instrumente befindliche Unterschrift als die ihrige anerkennen, ein Protokoll auf, und vermerkt, mit Beziehung auf den Inhalt desselben, die geschehene Rekognition unter dem Instrumente selbst, durch eine Registratur, welche von ihm und dem Protokollführer, oder den Gerichtsschöppen, unterschrieben, und mit Beidrückung des Gerichtssiegels bekräftigt wird. Ist das Attest der geschehenen Rekognition selbst in der Form eines Protokolls abgefaßt, und mit den legalen Erfordernissen desselben versehen, so bedarf es außerdem keines besondern Protokolls.

Ein solcher Aktus hat aber auch nur die rechtliche Wirkung, daß das Instrument nachher nicht mehr eidlich diffitirt werden kann. In allen übrigen Stücken erlangt dasselbe keinesweges die Eigenschaft und Wirksamkeit eines gerichtlichen Instruments.

Anh. §. 427. Wenn in dem über die gerichtliche Rekognition ausgefertigten Atteste keine Erwähnung von dem darüber besonders aufgenommenen Protokolle geschehen ist, so zieht dieß gleichwohl die Nichtigkeit des Rekognitionsakts nicht nach sich.

§. 27.

V. Vidimationen.

Wenn die Ausfertigung beglaubter Abschriften von schon vorhandenen Urkunden bei Gerichten nachgesucht wird, so muß die Gerichtsperson, welcher der Auftrag dazu geschieht, sowohl das Original als die Abschrift aufmerksam durchlesen, dieselben von Zeile zu Zeile sorgfältig mit einander vergleichen, und, bei richtigem Befunde, die Uebereinstimmung der Abschrift mit dem Originale unter der erstern attestiren; auch wenn im Originale sichtbare Mängel, als Rasuren, Korrekturen, Interlineationen und dergleichen, befindlich sind, dieselben am Rande der Abschrift, oder unter ihr, durch eine umständliche Registratur genau bemerken.

Zu einer dergleichen bloßen Vidimation ist die Zuziehung eines Aktuarii oder Protokollführers, oder besonderer Gerichtsschöppen, nicht erforderlich, sondern die bloße Unterschrift derjenigen Gerichtsperson, welche die Vergleichung angestellt hat, und die Beidrückung des Gerichtssiegels, ist hinreichend.

§. 28.

Soll jedoch eine dergleichen vidimirte Abschrift die Stelle des Originals vertreten, und mit demselben gleiche Kraft haben, so ist es an einer bloßen Vidimation nicht in allen Fällen genug; sondern es kommt alsdann darauf an: ob das Instrument selbst bei eben dem Gerichte, wo die Vidimation geschehen soll, aufgenommen oder bestätigt worden; oder ob die Ausfertigung bei einem andern Gerichte geschehen; oder gar nur von einem bloßen außergerichtlichen Privatinstrumente die Rede sey. Erstern Falls hat eine gerichtlich ausgefertigte vidimirte Abschrift mit dem Originale allerdings gleiche Kraft. Letztern

Falls aber muß eine von den Partheien zu leistende und nach §. 26. aufzunehmende Rekognition ihrer Unterschriften vorher gehen. Wenn diese erfolgt, und in der unter die Abschrift zu setzenden Registratur sowohl die geschehene Rekognition des Originals, als die Uebereinstimmung der Abschrift mit selbigem attestirt, und diese Registratur von der Gerichtsperson, welche den Aktus vorgenommen hat, mit Zuziehung eines Aktuarii oder Protokollführers, oder der Gerichtsschöppen, unterschrieben und mit dem Gerichtssiegel bestärkt worden ist; so kann alsdann erst eine solche Abschrift die Stelle des Originals bei allen Gelegenheiten vertreten.

§. 29.

VI. Renovationen.

Wenn Urkunden, welche wegen Alters, oder durch andern Zufall schadhaft geworden sind, oder sonst unleserlich zu werden Gefahr laufen, mit der Wirkung erneuert werden sollen, daß die neue Ausfertigung in allen Stücken die Stelle des bisherigen Originals vertrete; so muß dieses mit Zuziehung aller derjenigen, die bei der Sache zu und dem Gegenstande der Urkunde ein bekanntes Interesse haben: z. B. bei Grenzrezessen mit Zuziehung sämmtlicher Grenznachbaren, bei Lehnsurkunden mit Zuziehung des Lehnsherrn und aller Mitglieder der belehnten Familie geschehen. Diese müssen daher zu einer solchen Handlung ordentlich vorgeladen, und ihnen muß angedeutet werden, daß bei ihrem Ausbleiben mit der Renovation dennoch verfahren, und in der Folge auf den Einwand, daß dieselbe ohne ihre Zuziehung geschehen sey, nicht mehr geachtet werden solle. Dabei versteht sich jedoch von selbst, daß, wenn es in dem einen oder dem andern Falle nicht möglich wäre, sämmtliche Interessenten auszuforschen, oder ihnen die Vorladung insinuiren zu lassen, der Aktus dennoch seinen Fortgang behalte;

nur mit dem Unterschiede, daß gegen die nicht zugezogenen, oder nicht gehörig vorgeladenen Interessenten, der renovirten Urkunde die Kraft und Wirksamkeit des Originals nicht in gleichem Grade, wie gegen die übrigen, beigelegt werden könne; vielmehr Ersteren ihre etwanigen Einwendungen gegen die Richtigkeit und Authenticität des Renovati vorbehalten bleiben. Bei der Renovation selbst wird nach der Vorschrift §. 27. wie bei Anfertigung einer vidimirten Abschrift, welche die Kraft des Originals haben soll, verfahren. Kommen Stellen vor, die, weil die Schriftzüge nicht mehr ganz deutlich sind, von den Interessenten verschieden gelesen werden; so ist diejenige Lesart, welche dem renovirenden Richter mit den noch vorhandenen Schriftzügen am besten übereinzustimmen scheint, in den Kontext aufzunehmen; alle übrige aber müssen, wenn die Partheien sich darüber nicht vereinigen können, in besonderen, am Rande beizufügenden Registraturen ebenfalls angeführt, und dabei bemerkt werden: von welchem der Interessenten eine jede derselben als die richtige behauptet worden sey. Doch müssen dabei weder die Partheien noch das Gericht, auf Erörterungen oder Streitigkeiten über die Erklärung oder Ausdeutung solcher Stellen sich einlassen; da dergleichen nicht zu der Handlung der Renovation, sondern allenfalls zur prozeßmäßigen Instruktion und besondern Entscheidung im ordentlichen Wege Rechtens gehören.

Uebrigens versteht es sich von selbst, daß über den ganzen Aktus ein vollständiges Protokoll aufgenommen werden müsse, welches der Ausfertigung der erneuerten Urkunde in beglaubter Abschrift beigeheftet, oder doch daraus in den Eingang der Ausfertigung das Erforderliche, wegen der Interessenten, mit deren Zuziehung die Renovation geschehen, wegen des dabei beobachteten Verfahrens, und wegen der von dem einen oder dem andern Interessenten etwa gemachten Bemerkungen, Vorbehalte oder Protestationen, übernommen wird.

Die alte Urkunde selbst muß nicht kassirt werden, sondern zum etwanigen künftigen Gebrauche in gerichtlicher Verwahrung bleiben.

§. 30.

VII. Wechselcertifikate.

Wegen der Ausfertigung der Certifikate über die Wechselfähigkeit solcher Personen, die an sich zur Ausstellung von Wechseln nach den Gesetzen nicht qualificirt sind, sind die umständlichen Vorschriften des Landrechts Th. II. Tit. VIII. §. 731 — 738., ingleichen §. 746. 747., genau zu beobachten.

Zur Erläuterung derselben wird hier noch Folgendes beigefügt:

a) Wenn derjenige, welcher die Wechselfähigkeit sucht, sich darum in einer eigenhändig geschriebenen, oder doch unterschriebenen Vorstellung meldet, und seine Hand im Gerichte hinlänglich bekannt ist; so kann eine solche Anmeldung für hinreichend angenommen werden (§. 732.).

b) Die §. 733 — 735. vorgeschriebene Untersuchung ist nur dann erforderlich, wenn die auszumittelnden Umstände nicht schon bei dem Gesuche selbst hinlänglich bescheinigt, oder dergestalt notorisch sind, daß über deren Richtigkeit kein vernünftiger Zweifel Statt findet.

c) Da den §. 737. bemerkten Personen eine Certioration geschehen soll, so folgt daraus, daß ihnen das Certifikat niemals auf ein bloß schriftlich, oder durch einen Bevollmächtigten angebrachtes Gesuch ertheilt werden könne. Vielmehr müssen dergleichen Personen allemal vor dem Gerichte oder einem Deputirten desselben, persönlich erscheinen; auch muß die geschehene Certioration in dem Protokolle gehörig bemerkt werden.

d) Da jedoch Fälle vorkommen können, daß eine solche Person, welche das Certifikat verlangt, sich zu der Zeit, wo sie desselben bedürftig ist, eben nicht an ihrem gewöhnlichen Wohnorte aufhält; so kann sie sich in einem solchen Falle auch bei einem andern Gerichte melden und certioriren lassen. Wenn alsdann das darüber aufgenommene Protokoll dem schriftlichen Gesuche um die Ausfertigung des Certifikats in beglaubter Form beigefügt wird, so kann das Erforderniß des §. 737. für erfüllt angenommen werden.

e) Das §. 746. 747. vorgeschriebene Verzeichniß ist nach alphabetischer Ordnung unter folgenden Kolonnen zu führen:

1) Stand, Namen und Charakter des Extrahenten;
2) Datum der Ausfertigung des Certifikats;
3) ob und wenn dasselbe zurückgenommen oder mortificirt worden;
4) Signatur der Akten, worin die zur Sache gehörigen Verhandlungen sich befinden.

Dieß Verzeichniß muß der Richter zwar in genauer und sorgfältiger Verwahrung halten; er kann aber die Inspektion desselben, und Atteste daraus, niemandem, der ein scheinbares Interesse dabei anzuführen hat, versagen.

Vierter Titel.

Von dem Verfahren bei Aufnehmung der Testamente und anderer letztwilliger Verordnungen.

---

§. 1.

Von Testamenten. Außer den allgemeinen, bei den Handlungen der freiwilligen Gerichtsbarkeit überhaupt zu beobachtenden

den Vorschriften des zweiten Titels, enthält das Landrecht selbst Th. I Tit. XII. §. 66 — 241. die umständlichsten Anweisungen: wie bei der Auf- und Abnehmung der Testamente und bei deren Publikation zu verfahren sey; also, daß es wiederholter Verordnungen darüber allhier nicht bedarf.

§. 2.

Nur wegen des Verfahrens bei der Niederlegung und Aufbewahrung der Testamente, welche nach der gesetzlichen Vorschrift, bis zur erfolgenden Publikation, im gerichtlichen Deposito verbleiben müssen, sind folgende nähere Bestimmungen erforderlich.

§. 3.

1) Wenn der Testator seinen letzten Willen vor versammeltem Gerichte mündlich zum Protokolle erklärt, so wird das gehörig aufgenommene und unterschriebene Protokoll in seiner Gegenwart sogleich versiegelt und überschrieben. Ersteres geschieht mit dem Gerichtssiegel, welchem der Testator sein eigenes oder ein anderes selbst gewähltes Petschaft beidrücken kann. Die Ueberschreibung geschieht mittelst einer kurzen Registratur, in welcher blos bemerkt wird:

Von solchen, die mündlich vor versammeltem Gerichte, oder

daß hierin die letztwillige Disposition des N. N. enthalten sey, welche derselbe, unter dem Dato der Registratur, vor versammeltem Gerichte zum Protokolle erklärt habe.

Diese Registratur wird, bei Kollegien, von dem Vorgesetzten, bei kleineren Gerichten aber von dem Richter, und in beiden Fällen von dem Aktuario oder sonstigen Protokollführer, welcher das Protokoll aufgenommen hat, unterschrieben.

Außerdem wird eine ebenfalls nur kurze, bei den Akten bleibende Registratur aufgenommen, in welcher blos bemerkt wird:

daß unter dem Dato derselben der N. N. vor versammeltem Gerichte erschienen sey, und seinen letzten Willen zum Protokolle erklärt habe; daß das hierüber aufgenommene Protokoll in seiner Gegenwart versiegelt und überschrieben, und zur gerichtlichen Verwahrung angenommen worden sey.

Dieser Registratur wird die Ueberschrift des eingesiegelten Protokolls wörtlich eingerückt, und zugleich bemerkt: mit welchen, und mit wie viel Siegeln dasselbe versehen worden.

Alsdann ergeht eine Verordnung an die Depositarien, das versiegelte Testament in das gerichtliche Depositum anzunehmen und daselbst zu verwahren. Ueber die wirklich geschehene Niederlegung in den Testamentsdepositalkasten, wird von den Depositarien ein Protokoll, so wie bei anderen Ablieferungen in das Depositum, aufgenommen, und der Niederleger erhält eine unter dem Gerichtssiegel ertheilte Abschrift dieses Protokolls, als Rekognition über die erfolgte Niederlegung.

§. 4.

vor einer Deputation errichtet werden.

2) Will der Testator seinen letzten Willen vor einer dazu erbetenen gerichtlichen Deputation in einer Privatwohnung zum Protokoll erklären, so muß er die Ernennung einer solchen Deputation, nach Vorschrift des Landrechts a. a. O. §. 68., durch eigenhändig unterschriebene Vorstellung, oder durch zwei Abgeordnete nachsuchen. Die Originalvorstellung, oder das über das Anbringen der Abgeordneten aufgenommene Protokoll, wird mit der darauf von dem Vorgesetzten des Gerichts, wegen Ernennung der Deputation getroffenen Verfügung, dieser Deputation zugestellt.

Die Deputation muß, nach berichtigtem Punkte, die Identität der Person betreffend, es ihr erstes Geschäft seyn lassen, den angegebenen Testator zu vernehmen: ob es wirklich seine Absicht sey, ein Testament zu machen, und ob es mit seinem deshalb angebrachten Gesuche seine Richtigkeit habe.

Sodann verfährt die Deputation mit vorschriftsmäßiger Aufnehmung des Protokolls über die letzte Willenserklärung des Testators. Wenn das Protokoll gehörig abgeschlossen und unterschrieben ist, so besorgt sie die Einsiegelung und Ueberschreibung auf die §. 3. angegebene Art, und wird die auf den versiegelten Umschlag zu setzende Registratur von sämmtlichen Mitgliedern der Deputation unterschrieben. Sodann überreicht dieselbe das versiegelte Protokoll dem Gerichte, mittelst einer schriftlichen Anzeige, die eben das enthalten muß, wie die am angeführten Orte beschriebene besondere Registratur. Auf diese Anzeige wird die Verordnung zur Annahme in das gerichtliche Depositum erlassen, und nach deren Erfolg dem Testator der Extrakt des Depositalprotokolls, statt der Rekognition, zugestellt.

§. 5.

3) Wenn ein Testator sein selbst angefertigtes Testament dem versammelten Gerichte verschlossen übergeben will, so muß er sich entweder an einem der ordentlichen Sessionstage persönlich melden, oder, wenn die Anmeldung in der Zwischenzeit schriftlich oder mündlich geschieht, zu einem solchen Sessionstage persönlich beschieden werden.

Von schriftlichen Test menten, d dem Geric te, oder

Wenn er sich nun solchergestalt bei versammeltem Gerichte gestellt, so wird mit der Abnehmung des Testaments von ihm, und mit der Aufnahme eines vollständigen Protokolls darüber, in welchem die Beschaffenheit des Testaments, die ihm von dem Testator etwa gegebene Ueberschrift, und die Zahl der Siegel bemerkt seyn muß, nach Vorschrift des Landrechts a. a. O. §. 100 — 103. verfahren.

Das übergebene Testament wird demnächst von dem Vorgesetzten des Gerichts präsentirt, und nach Vorschrift §. 3. überschrieben. Auf das Protokoll wird die Verordnung wegen der Annahme des Testaments in das gerichtliche Depositum erlassen, und wenn dieses geschehen ist, dem Testator die gewöhnliche Rekognition nach §. 3. zugestellt.

§. 6.

einer Deputation desselben übergeben werden.

4) Wenn der Testator eine gerichtliche Deputation zur Abnahme des von ihm verfertigten und verschlossen zu übergebenden Testaments verlangt, so finden die Vorschriften des §. 4. überall Anwendung, mit der sich von selbst verstehenden Maaßgabe, daß wegen der Vernehmung des Testators nur die Vorschriften des Landrechts a. a. O. §. 100 — 103 zu beobachten sind; übrigens aber in dem Protokolle selbst eine genaue Beschreibung des übergebenen Testaments, nach Anweisung des vorstehenden §. 5. enthalten seyn muß. Dagegen ist in der schriftlichen Anzeige, womit das aufgenommene Protokoll, nebst dem übergebenen Testamente, dem Gerichte überreicht wird, eine Wiederholung desjenigen, was in dem Protokolle schon stehen muß, nicht erforderlich.

§. 7.

Vom Verbote der Siegelung und Inventur.

Wenn der Testator bei der Aufnahme oder Uebergabe seines Testaments die gerichtliche Siegelung und Inventur seines Nachlasses verbittet, so muß dessen nicht nur, wie sich schon von selbst versteht, in dem Protokolle gedacht, sondern auch dieser Erklärung in der auf den Umschlag des Testaments zu setzenden Registratur, und in der dem Testator zu ertheilenden Rekognition, ausdrücklich erwähnt werden.

§. 8.

Aufbewahrung der Testamente.

Die gerichtlich aufgenommenen und übergebenen Testamente bleiben, nach Vorschrift der Gesetze, in so fern sie nicht von dem Testator selbst zurückgefordert werden, der Regel nach bis zur erfolgenden Publikation, in gerichtlicher Verwahrung.

Dergleichen Testamente müssen also entweder in einem besonders dazu gewidmeten Behältnisse, oder in einer besondern Abtheilung des Depositalkastens aufbewahrt werden; und wegen der äußern Sicherheit, sowohl des Behältnisses selbst, als des Orts und Gelasses, in welchem dasselbe steht, sind alle Vorschriften der Depositalordnung, in Ansehung anderer zum gerichtlichen Deposito gehöriger Urkunden, zu beobachten.

Eben so finden, wegen der Annahme, Aufbewahrung und Zurückgabe solcher Testamente, alle Vorschriften der Depositalordnung, bloß mit den aus der Natur der Sache sich von selbst ergebenden Maaßgaben, Anwendung.

Doch müssen die Gerichte über die Testamente ein besonderes Mandatenbuch, und eben so die Depositarien ein besonderes Protokollbuch, halten; dergestalt, daß die Testamente mit den anderen Depositis nicht vermischt werden.

Anh. §. 428. Wenn dem Testator aus besonderen Gründen daran liegt, die Existenz seines Testaments geheim zu halten; so kann von dem gewöhnlichen Verfahren, wonach der Vortrag wegen des Testaments durch den Siegelzettel, das Expeditionsbuch- und Depositalprotokoll gehen muß, in einzelnen Fällen eine Ausnahme gemacht werden. Auch muß der Vorgesetzte des Gerichts die Sache dergestalt einleiten, daß die Handlung nur den Mitgliedern des Kollegii und dem Sekretär, welche zur Aufnahme des Testaments deputirt worden, und sonst keinem Andern, bekannt werden.

§. 9.

Da einem jeden Testator frei steht, seine letztwillige Disposition zu ändern und zurückzunehmen; so soll es damit folgendergestalt gehalten werden. Zurückgabe.

Das Gesuch um die Zurücknahme kann der Testator persönlich zum Protokolle, oder durch einen mit gewöhnlicher Vollmacht versehenen Mandatarius, oder auch schriftlich anbringen.

Auf das solchergestalt angebrachte Gesuch muß aber ein Termin zur Zurückgabe schriftlich anberaumt, und der Testatar vorgeladen werden, in diesem Termine entweder in Person, oder durch einen mit gerichtlicher Specialvollmacht versehenen Mandatarius zu erscheinen; das Testament aus den Händen des Gerichts zurück zu empfangen; und die wegen geschehener Niederlegung erhaltene Rekognition zurück zu geben, oder dieselbe zu amortisiren. Zugleich mit dieser Vorladung muß auch eine Verordnung an die Depositarien erlassen werden, in dem anberaumten Termine das Testament aus der gerichtlichen Verwahrung heraus zu nehmen, und an das Gericht abzuliefern.

Befindet sich der Testator an dem Orte selbst, wo das Gericht seinen Sitz hat; so muß er den Termin in Person abwarten, oder die Rückgabe in seiner Behausung, zu eigenen Händen, durch eine Deputation, nachsuchen. Nur für abwesende Testatoren können Specialbevollmächtigte zugelassen werden.

Wenn nun in dem Termine der Testator gehörig erscheint, so muß ihm das versiegelte Testament zur Erklärung: ob es wirklich dasjenige sey, welches von ihm ehemals niedergelegt worden, vorgezeigt; ihm sodann zurückgegeben, über die ganze Verhandlung ein Protokoll aufgenommen, und selbiges von dem Testator, oder seinem gerichtlichen Specialbevollmächtigten, mit unterschrieben werden.

Da nach diesen Vorschriften zwischen der Rückforderung eines Testaments, und dessen wirklicher Zurückgabe, doch immer einige Zeit verlaufen kann, und nach der Vorschrift des Landrechts Th. I. Tit. XII. §. 569. ein Testament durch die bloße Zurückforderung allein noch nicht entkräftet wird; so müssen die Gerichte sich die vorzüglichste Beschleunigung aller dergleichen, die Retradition eines Testaments betreffenden Verfügungen ganz besonders angelegen seyn lassen.

Anh. §. 429. Soll die Zurückgabe eines Testaments durch eine Kreis-Justizkommission erfolgen, so kann derselben das Testament mit der Post übersendet werden.

§. 10.

Die Fälle, in welchen die Publikation eines Testaments, nach notorisch erfolgtem oder gehörig nachgewiesenem Absterben des Testators, auf das Ansuchen eines Interessenten, oder auch von Amtswegen zu verfügen; was für Personen dabei zuzuziehen, und wie bei der Publikation selbst zu verfahren sey, sind in den Gesetzen umständlich vorgeschrieben (A. L. R. a. a. O. §. 209 — 225.). Es muß also, wenn der Termin zur Publikation eines Testaments anberaumt wird, zugleich den Depositarien die Herausgabe desselben an das Gericht nach der Verordnung §. 9. anbefohlen werden. Publikation.

Anh. §. 430. Verlangt ein überlebender Ehegatte aus besonderen Gründen, daß ein von ihm und dem Verstorbenen errichtetes wechselseitiges Testament nach geschehener Publikation anderweit wieder bis zu seinem Ableben versiegelt deponirt werde; so kann demselben nach vorher gegangener vorschriftsmäßiger Bekanntmachung an sämmtliche darin benannte Erben und Legatarien gewillfahrt werden.

§. 11.

Auch wegen der, nach erfolgter Publikation, durch den Richter von Amtswegen zu verfügenden Bekanntmachungen, hat es bei den Vorschriften des Landrechts a. a. O. §. 230 — 239. sein Bewenden.

§. 12.

In Ansehung der bei dem Kammergerichte bisher Statt gefundenen, auf die Lokalität gegründeten

Verfassung, wegen Annahme der Testamente in die gerichtliche Verwahrung, deren Asservation und Herausgabe, wird es bei dem Reskripte vom 12. Sept. 1791 vor der Hand noch ferner belassen.

§. 13.

Publikation anderer letztwilliger Verordnungen.

Wenn nach der gesetzlichen Vorschrift des Allgemeinen Landrechts Th. I. Tit. XII. §. 241. eine außergerichtliche Disposition den Gerichten zur Publikation eingereicht wird, so muß derjenige, der dieselbe bisher in Händen gehabt hat, sofort umständlich vernommen werden: wie er zu dieser Gewahrsam gekommen, und was ihm von dem Hergange und den Umständen, welche bei Errichtung der Disposition vorgefallen sind, etwa bekannt sey. Das hierüber aufgenommene Protokoll muß, nach erfolgter Publikation der Verordnung selbst, denjenigen, welche bei der Sache ein Interesse haben, von Amtswegen vorgelegt oder abschriftlich mitgetheilt werden.

§. 14.

Testamentsakten.

Ueber die Verhandlungen wegen eines bei den Gerichten niedergelegten Testaments, müssen für ein jedes besondere Testamentsakten gehalten, und diesen alle Vorstellungen, Protokolle und Verfügungen, welche dieß Testament betreffen, vollständig beigeheftet werden. Zu diesen Akten gehört auch das Originaltestament, nach erfolgter Publikation desselben; und sind daher diese Akten mit vorzüglicher Sorgfalt in dem Archive des Gerichts aufzubewahren.

§. 15.

Von Erbverträgen.

Wegen Aufnehmung gerichtlicher Niederlegung und Aufbewahrung der Erbverträge finden die Vorschriften des Allgemeinen Landrechts a. a. O. §. 621 — 623., übrigens aber die obigen Anweisungen, unter den, aus der Natur eines Vertrags, und der dabei

Statt findenden Mitwirkung zweier Kontrahenten, von selbst fließenden Maaßgaben, Anwendung. Die bei Verträgen überhaupt den Gerichten im Zweiten und Dritten Titel zur Pflicht gemachten Prüfungen, müssen bei Erbverträgen, wenn zu deren Aufnehmung eine Deputation erbeten worden, nur von dieser angestellt werden; also, daß ein Vortrag darüber im versammelten Gerichte, dergleichen sonst bei anderen Kontrakten in der Regel geschehen muß, bei Erbverträgen nur alsdann Statt findet, wenn es die Kontrahenten ausdrücklich verlangen. Daß übrigens bei Erbverträgen unter Eheleuten, die in einem und eben demselben Instrumente mit dem eigentlichen Ehevertrage errichtet werden, überall nur die Form der letztern zu beobachten sey, ist bereits im Ersten Titel vorgeschrieben.

Anh. §. 431. Wenn die den Vertrag schließenden Eheleute die Geheimhaltung desselben nicht verlangen, sondern solchen zur richterlichen Prüfung und Bestätigung vorlegen; so kann damit wie bei einem andern Vertrage verfahren, und den Paciscenten auf ihr Verlangen eine Ausfertigung ertheilt werden.

Jedoch wird dadurch, daß der Erbvertrag unversiegelt den Gerichten übergeben worden, die Versiegelung und überhaupt die bei den Testamenten vorgeschriebene Form nicht ausgeschlossen.

Fünfter Titel.

Von dem Verfahren bei Siegelungen und Inventuren in Sterbefällen.

---

§. 1.

Von Erbschaften überhaupt; von dem Anfalle derselben; von Antretung der Erbschaft mit oder ohne den Vorbehalt der Rechtswohlthat des Inventarii; von deren Entsagung; von der dem Erben zur Erklärung hierüber zu Statten kommenden Ue- Pflichten des Richters bei Sterbefällen überhaupt;

berlegungsfrist; von den rechtlichen Folgen der Erbschaftsantretung mit oder ohne Vorbehalt; von den Rechten und Verbindlichkeiten eines Beneficialerben insonderheit; von seiner Befugniß, auf Eröffnung eines erbschaftlichen Liquidationsprozesses anzutragen; von dem Rechte der Gläubiger, den Erben dazu anzuhalten, wenn derselbe, unter dem Vorwande der besorglichen Unzulänglichkeit des Nachlasses, ihnen die Zahlung ihrer Forderungen vorenthält; so wie von dem gerichtlichen Verfahren bei Erbtheilungen und erbschaftlichen Liquidationsprozessen, sind die nöthigen Vorschriften theils im Allgemeinen Landrechte, theils in der Prozeßordnung enthalten (A. L. R. Th. I. Tit. IX. §. 350. u. f. Prozeßordn. Tit. XLVI. LI. Abschn. II.).

§. 2.

besonders wegen Belehrung der Erben.

Damit nun niemand, aus Unwissenheit der Gesetze, gegen diese Verordnungen in vorkommenden Fällen handeln, und dadurch sich selbst in Schaden und Nachtheil setzen, oder auch zu Verdunkelungen und Verwirrungen der Erbschaftsangelegenheiten Anlaß gegeben werden möge; so müssen die Gerichte, besonders an Orten, wo keine Justizkommissarien bestellt sind, und wenn die Erben unter die Klasse der gemeinen in Geschäften unerfahrenen Leute gehören, denselben diese Vorschriften, besonders die rechtlichen Folgen der mit oder ohne Vorbehalt geschehenen Antretung der Erbschaft, die im letztern Falle nothwendige baldige Anfertigung und Niederlegung des Inventarii, und die Nachtheile, die aus dessen Unterlassung für sie entstehen könnten, bekannt machen und deutlich erklären; auch, wie dieses geschehen, zum Protokolle vermerken.

§. 3.

Was der Richter zu thun habe, wenn die Erben eines Nachlasses unbekannt, ungewiß, oder abwesend und weit entfernt sind; ingleichen, wenn sich zu einem solchen Nachlasse gar keine Erben finden, mithin derselbe als erbloses Gut zu betrachten ist, wird ebenfalls in den Gesetzen umständlich vorgeschrieben (A. L. R. Th. I. Tit IX. §. 465. u. f.).

Es ist also im gegenwärtigen Titel nur noch von dem gerichtlichen Verfahren bei Siegelungen und Inventuren zu handeln.

§. 4.

A. Von Siegelungen. Wenn dieselben von Amtswegen zu verfügen.

Siegelungen werden von dem Richter entweder von Amtswegen, oder auf das Ansuchen eines Interessenten verhängt. Von Amtswegen muß der Richter die Siegelung veranlassen:

1) wenn die vermuthlichen nächsten Intestaterben unbekannt, ungewiß, oder sämmtlich von dem Orte, wo der Erblasser verstorben, abwesend sind;

2) wenn die vermuthlichen nächsten Erben sämmtlich fremde, und nicht Königliche Unterthanen sind;

3) wenn unter den vermuthlichen nächsten Erben Minderjährige, Wahn- oder Blödsinnige, oder gerichtlich erklärte Verschwender sich befinden, und der Verstorbene keinen Ehegatten hinterlassen hat.

§. 5.

Auch in anderen Fällen ist der Richter befugt, die Siegelung von Amtswegen zu veranlassen, wenn besondere Zeit- oder andere Umstände es nothwendig machen; mit vorzüglicher Sorgfalt zu verhindern, daß nichts aus dem Nachlasse weggebracht, vielmehr Alles in dem Stande, worin es sich zur Zeit des Todes befunden hat, erhalten werde.

Anh. §. 432. Baare Gelder, geldwerthe Papiere und Pretiosen sind in der Regel zum gerichtlichen Deposito zu nehmen.

§. 6.

Wenn der Verstorbene ein solcher Königlicher

oder anderer öffentlicher Bedienter gewesen, welcher entweder Briefschaften oder Gelder, die zu seinem Amte gehören, in Händen gehabt; so kann, ohne Unterschied: ob der übrige Nachlaß gerichtlich gesiegelt wird oder nicht, dasjenige Kollegium, bei welchem, oder unter welchem der Verstorbene wegen seines Amts gestanden hat, die Versiegelung der Briefschaften und Gelder vornehmen.

§. 7.

In wie fern auch in Fällen, wo die Siegelung von Amtswegen zu verfügen wäre, dieselbe wegen eines von dem Erblasser geschehenen Verbots unterbleiben müsse, ist in den Gesetzen bestimmt (A. L. R. Th. II. Tit. XVIII. §. 372 – 375.); wobei sich jedoch von selbst versteht, daß auch ein solches Verbot den Richter nicht hindern könne, mit der Siegelung zu verfahren, wenn es die Sicherheit des Staats, oder die Erhaltung der zu dem Amte des Verstorbenen gehörenden Gelder und Briefschaften erfordern.

§. 8.

Auf wessen Instanz sie zu veranlassen.

In Fällen, wo eine Versiegelung von Amtswegen nicht erforderlich ist, kann selbige nur auf den Antrag eines Interessenten, er sey einer der Erben, ein Verwandter, ein Hausgenosse oder auch ein Fremder, verhängt werden. Derjenige, welcher sich darum meldet, muß sein Interesse bei der Sache anzeigen. Wenn inzwischen dieses Interesse nicht ganz offenbar ungegründet und nicht klar ist, daß die Siegelung bloß aus Chikane verlangt werde; so muß der Richter das Gesuch, wenn es kurz nach dem Todesfalle angebracht wird, nicht leicht ablehnen, sondern demselben gemäß verfügen; da in dergleichen Fällen, wo gemeiniglich Gefahr im Verzuge vorwaltet, die Zeit nicht hinreicht, sich auf weitläufige Erörterungen über das Recht und Interesse des Extrahenten, oder auf Nachforschungen, ob schon ein Besitzer der Erbschaft vorhanden sey, einzulassen; vielmehr es allemal unbedenklicher ist, mit der Siegelung zu verfahren, als den Nachlaß dem Anlaufe, dem Abbringen und unbefugten Besitzesergreifungen auszusetzen.

§. 9.

Wenn hingegen die Siegelung erst nachgesucht wird, nachdem schon einige Zeit nach dem Ableben des Verstorbenen verstrichen ist, und sich schon jemand als Erbe im Besitze des Nachlasses notorisch befindet; so kann dieselbe nur verhängt werden, wenn der Erbe sich des Durchbringens der Erbschaft verdächtig macht, oder überhaupt für einen solchen zu achten ist, gegen den, oder dessen Vermögen, den Rechten nach, Arrest oder Sicherheitsbestellung gesucht werden kann.

§. 10.

In einem solchen Falle muß derjenige, welcher auf die Siegelung anträgt, sein Interesse, und die bei dem Besitzer der Erbschaft obwaltende Unsicherheit bescheinigen; und es muß sowohl bei der vorläufigen Prüfung eines solchen Gesuchs, als wegen Verhängung der Sperre selbst, des über die Rechtmäßigkeit derselben zu veranlassenden Verfahrens, der Wiederaufhebung der Sperre gegen Kaution, und sonst überall, die Vorschrift des XXIXsten Titels der Prozeßordnung, von Arresten, beobachtet werden.

§. 11.

Wenn die Forderung eines Erbschaftsgläubigers so beschaffen ist, daß deswegen auf das Vermögen des Erblassers selbst ein Arrest Statt gefunden haben würde; so kann ein solcher Gläubiger auch gegen den Erben auf die Siegelung des Nachlasses, oder eines solchen Theils desselben, als zur

Besonders auf Instanz der Gläubiger.

Deckung seines Anspruchs erforderlich und hinreichend ist, antragen.

§. 12.

Eben so kann ein Gläubiger des Erben, dessen Forderung zum Arreste qualificirt ist, die Verhängung desselben in den seinem Schuldner zugefallenen Nachlaß suchen; doch bleibt den Gläubigern des Erblassers die Befugniß, auf die Absonderung des Nachlasses von dem eigenen Vermögen des Erben anzutragen, vorbehalten.

§. 13.

Wenn mehrere Erben sind.

Sind mehrere Erben vorhanden, und die §. 10., 11., 12. angeführten Gründe, die Siegelung nachzusuchen, treten nur gegen einen oder etliche unter ihnen ein; so kommt es darauf an: ob die sämmtlichen Erben sich im gemeinschaftlichen Besitze des noch ungetheilten Nachlasses befinden; oder ob gewisse Theile des Nachlasses von diesem, andere aber von jenem Erben besessen werden.

Im ersten Falle kann die Versiegelung der ganzen Erbschaft gesucht werden; es wäre denn, daß die Miterben dem Extrahenten tüchtige Kaution, wegen alles Weg- oder Durchbringens von Seiten ihres in Anspruch genommenen Mitgenossen, und für alle Folgen davon, bestellten.

Im zweiten Falle ist nur derjenige Theil des Nachlasses unter die Sperre zu nehmen, welcher von demjenigen Erben, gegen den der Antrag gerichtet ist, besessen wird.

Verlangen die anderen Miterben die Wiederaufsiegelung, und daß ihnen der Besitz, mit Ausschluß des in Anspruch genommenen Konsorten, überlassen werde; so ist ihnen darunter zwar zu willfahren; sie müssen aber, bei Vermeidung doppelter Erstattung, diesem Erben, ohne Vorwissen und Genehmigung des Extrahenten, oder des Gerichts, nichts aus dem Nachlasse verabfolgen.

§. 14.

Die Versiegelung kann in der Regel nur bei demjenigen Gerichte, unter welchem der Erblasser seinen persönlichen Gerichtsstand gehabt hat, nachgesucht, und nur von diesem verfügt werden. Welchem Gerichte die Siegelung zukomme.

§. 15.

Wird also die Siegelung bei einem andern Gerichte nachgesucht, und das kompetente Gericht befindet sich an eben dem Orte; so muß ersteres sich aller Verfügung enthalten, und den Supplikanten an den kompetenten Richter lediglich verweisen.

Wird aber an einem Orte, wo das kompetente Gericht sich nicht aufhält, die Versiegelung des daselbst befindlichen Nachlasses, oder eines Theils davon, bei dem ordentlichen Richter desselben Orts nachgesucht; so muß dieser zwar damit einstweilen verfahren, zugleich aber dem eigentlich kompetenten Richter davon unverzüglich Anzeige machen.

Hat der Verstorbene außer seinem Wohnorte, und außer dem Jurisdiktionsbezirke seines persönlichen Gerichts, Häuser oder Landgüter besessen; so ist das Gericht, unter welchem diese Grundstücke liegen, die Siegelung auf denselben vorzunehmen befugt und schuldig; doch muß auch von ihm dem persönlichen kompetenten Gerichte Anzeige darüber geschehen.

§. 16.

In Provinzen, wo, wegen des beträchtlichen Umfangs der den Landesjustizkollegien angewiesenen Jurisdiktionsbezirke, Justizräthe oder andere Commissarii perpetui des Landesjustizkollegii angesetzt sind, muß die Siegelung in denjenigen Fällen, wo sie von Amtswegen Statt findet (§. 4., 5.), von diesen Kommissarien veranlaßt werden; und hat es Besonders bei Sterbefällen der Eximirten.

desfalls bei den für dergleichen Kommissarien besonders ergangenen Reglements und Instruktionen sein Bewenden.

Auch sind in diesen sowohl, als in den übrigen Provinzen, die Magiſträte und Gerichte derjenigen Orte, wo das Landesjustizkollegium, oder ein Kommissarius desselben, sich nicht aufhält, bei Sterbefällen eximirter Personen schuldig, zur Abwendung der möglichen Gefahr, die aus dem Verzuge entspringen möchte, zur interimistischen Siegelung der an ihrem Orte befindlichen Verlassenschaft, sobald dieselbe von Amtswegen geschehen muß (§. 4., 5.), auch unersucht zu schreiten; davon aber auch dem Landesjustizkollegio sofort Anzeige zu machen.

Anh. §. 433. Bei Versiegelungen des Vermögens oder Nachlasses eines Regierungsoffizianten muß die betreffende Regierung davon benachrichtigt werden, welcher freisteht, an diejenigen Zimmer und Behältnisse, worin Amtsakten zu vermuthen sind, ihre Siegel ebenfalls anlegen zu lassen.

§. 17.

Der Militärpersonen.

Bei dem Absterben solcher Personen, die unter Militärgerichtsbarkeit bis an ihren Tod gestanden haben, muß derjenige Nachlaß, welchen sie bei und um sich gehabt haben, von den Kriegsgerichten versiegelt werden. Wegen des übrigen Nachlasses hingegen kommt die Siegelung demjenigen Civilgerichte zu, unter dessen Jurisdiktion, vermöge des Standes und Ranges der verstorbenen Militärpersonen, ihr Nachlaß aus der durch den Tod aufgehobenen Militärgerichtsbarkeit zurück fällt.

Anh. §. 434. Die Versiegelung des Nachlasses der Militärpersonen gebührt den Civilgerichten, unter welchen der Verstorbene bei seinem Tode gestanden hat.

Anh. §. 435. Die in dem Nachlasse eines Offiziers sich vorfindenden Montirungs- und Equipagestücke sind jedesmal so schleunig als möglich dem Regiments-

oder

oder Bataillonschef zu überliefern, damit sie der in die Stelle des Verstorbenen eintretende Offizier für die gerichtliche Taxe annehmen könne.

§. 18.

War der Verstorbene im Felde oder auf Kommando, an einem Orte, wo kein Kriegsgericht sich befindet; so liegt dem kommandirenden Offizier ob, für den Nachlaß, welchen er bei und um sich hat, zu sorgen. Ist auch kein kommandirender Offizier vorhanden, so sind die Civilgerichte des Orts zu dieser Obsorge verpflichtet.

§. 19.

Von Siegelungen der Dorfgerichte.

Auch Dorfgerichte müssen, in Abwesenheit des Gerichtshalters, den am Orte befindlichen Nachlaß versiegeln; sie müssen aber davon dem Gerichtshalter, zur weitern Besorgung und Verfügung, schleunigst Anzeige machen.

§. 20.

Der Notarien.

Notarien sind Siegelungen vorzunehmen nicht berechtigt; es wäre denn, daß sie entweder von dem Verstorbenen darum ersucht worden, oder das Gesuch zwar nur von Erben, Gläubigern oder anderen Interessenten angebracht würde, zugleich aber kein Richter sich am Orte oder in der Nähe befände. Alsdann können sie zwar, mit Beobachtung der zu einem Notariatsinstrumente gehörigen Förmlichkeiten, zur Versiegelung schreiten; sie müssen aber auch den Vorfall, mit Einsendung des aufgenommenen Protokolls, dem kompetenten Gerichte sofort anzeigen.

§. 21.

Von Versiegelungen durch inkompetente Behörden.

Wenn von einem nicht kompetenten Gerichte gesiegelt worden ist, ohne daß selbiges dazu eine in den obigen Vorschriften (§. 15. 16.) gegründete Veranlassung gehabt hätte; so kann dasselbe dafür keine Gebühren fordern, und der kompetente Richter ist berechtigt, sobald er den Vorfall in Erfahrung bringt, sein Siegel dem bereits vorhandenen beizudrücken; auch kann er, wenn es demnächst zur Wiederaufsiegelung kommt, das Siegel des inkompetenten Gerichts, ohne dessen Zuziehung, mit dem seinigen zugleich abnehmen.

Ist aber die Siegelung von dem inkompetenten Richter auf den Grund der Vorschriften des §. 15. 16. erfolgt, so hängt es von dem Befinden des kompetenten Gerichts, nach Beschaffenheit der Umstände, ab, es dabei entweder zu belassen, oder sein Siegel beizudrücken. Doch muß in diesem Falle die Abnehmung der Siegel allemal mit Zuziehung desjenigen, der die erste Siegelung verrichtet hat, geschehen.

Eben das findet Statt, wenn der Verstorbene selbst vor seinem Tode auch nur einen Notarius oder einen Freund, auf welchen er Vertrauen setzt, ersucht hat, seinen Nachlaß zu versiegeln.

§. 22.

Wenn gesiegelt werden müsse.

In Fällen, da die Siegelung von Amtswegen zu verfügen ist, muß der Richter dieselbe sogleich, als er den Sterbefall in Erfahrung bringt, ohne den geringsten Verzug veranlassen. Erfolgt der Tod des Erblassers an eben dem Orte, wo das Gericht sich befindet; so muß die Siegelung noch an demselben Tage, außerdem aber, sobald es nach der Entfernung möglich ist, ins Werk gerichtet werden.

§. 23.

Da aber in weitläufigen Jurisdiktionsbezirken, und besonders in den Departements der Landesjustizkollegien, die sich ereignenden Sterbefälle, und die dabei eintretenden Umstände, welche eine Versiegelung von Amtswegen nothwendig machen, dem Richter nicht immer sogleich bekannt werden können; so liegt den im Sterbehause gegenwärtigen Verwandten oder Hausgenossen des Verstorbenen, ingleichen seinem Hauswirthe ob, dieserhalb mündliche oder schriftliche Anzeige bei den Gerichten zu thun, wenn sie sich gegen die Erben, oder die Gläubiger des Verstorbenen, außer Verantwortung setzen wollen.

§. 24.

Zur Versiegelung selbst kann auch nur Eine gehörig vereidete Gerichtsperson, z. B. ein Sekretarius oder Aktuarius, abgeordnet werden; doch muß derselbe bei dem Aktus die im Sterbehause befindlichen Verwandten oder Hausgenossen des Verstorbenen, oder allenfalls den Hauswirth, zuziehen. Durch wen?

§. 25.

Bei der Siegelung muß in der Verlassenschaft nichts gerührt, noch ein Inventarium darüber aufgenommen werden. Der Siegelnde muß sich vielmehr darauf einschränken, daß er die Gewölbe, Stuben, Kammern, Schreibtische, Schränke, Spinden, Kasten, wie nicht weniger die Boden, Scheuren und Keller, und überhaupt alle Behältnisse, in welchen etwas, so zum Nachlasse gehört, befindlich ist oder vermuthet werden kann, mit dem Gerichtssiegel versiegele. Verfahren bei der Siegelung.

Nur diejenigen Stuben und Kammern, welche zur Leiche und zum Gebrauche der etwa im Hause bleibenden Verwandten, Freunde und Bedienten nöthig sind, werden offen gelassen; die in selbigen befindlichen Meublen aber, die nicht niet- und nagelfest, oder zum Gebrauche unentbehrlich sind, besonders die in den offen bleibenden Gelassen sich befindenden Schränke, Schreibtische, Kasten, Kommoden und andere dergleichen Behältnisse, werden in ein Zimmer, dessen Thüren verschlossen und versiegelt werden können, gebracht. Ueber die in den offen bleibenden zurückgelassenen Sachen wird ein richtiges Verzeichniß aufgenommen; die Aufsicht darüber jemandem von den gegenwärtigen Personen übertragen, und diesem das Verzeichniß zur Mitunterschrift vorgelegt.

§. 26.

Sachen, die außer der Sperre zu lassen sind.

Von den vorgefundenen Geldern und Vorräthen, an Eßwaaren, Getränken, Viehfutter, Leinenzeug, Betten und was sonst zur täglichen Nothdurft gehört, wird nur so viel, als zum Begräbniß, oder auf eine kurze Zeit zur Unterhaltung des Gesindes und vorräthigen Viehes oder auch zu den nöthigsten Bedürfnissen des etwa gegenwärtigen Erben erforderlich ist, herausgelassen, und jemandem unter den Gegenwärtigen zur Aufsicht und künftigen Berechnung, nach einem darüber aufzunehmenden und von ihm mit zu unterschreibenden Verzeichnisse anvertraut. Auch Sachen, die nicht unter die Sperre genommen werden können, z. B. lebendige Thiere, müssen in ein Verzeichniß gebracht, und die Aufsicht darüber muß irgend einer sichern Person anvertraut werden.

§. 27.

Sachen, die dem Verderben unterworfen sind.

Finden sich in dem Nachlasse Sachen, welche, bei längerer Aufbewahrung, dem Verderben unterworfen sind; so muß der Siegelungskommissarius dieselben zwar ebenfalls vor der Hand unter die Sperre nehmen, zugleich aber dem Gerichte, von welchem er seinen Auftrag hat, ohne den geringsten Zeitverlust, zur schleunigen Verfügung davon Anzeige machen. Ist die Gefahr des Verderbens so dringend, daß wegen der Entfernung von dem auftragenden Gerichte die Verfügung desselben nicht abgewartet werden kann; so muß der Siegelungskommissarius selbst dafür sorgen, daß dergleichen Sachen unverzüglich so vortheilhaft, als es nach den Umständen möglich ist, veräußert, oder auf andere Art untergebracht werden.

§. 28.

Von der Siegelung auf einem Landgute.

Ist die Siegelung auf einem Landgute zu verrichten, so muß der Kommissarius, wegen der im Wohnhause befindlichen Sachen, nach obigen Vorschriften verfahren; sich von dem Wirthschaftsbeamten den letzten Monatsschluß vorlegen lassen; den vorhandenen Kassenbestand revidiren; davon nicht mehr, als zur Fortsetzung der Wirthschaft erforderlich ist, zurück lassen; und das Uebrige in einem möglichst sichern Behältnisse, im Wohnhause, unter dem Siegel niederlegen; die Getreidebestände und andere Wirthschaftsvorräthe revidiren, und davon so viel, als zur Wirthschaftsnothdurft auf eine kurze Zeit erforderlich ist, absondern, und dem Beamten zur Verwaltung und Berechnung übergeben; das Uebrige aber in den Behältnissen, worin es sich befindet, gleichergestalt versiegeln; sich das Inventarium über das vorhandene Vieh und Wirthschaftsgeräthe aller Arten vorzeigen lassen, und Abschrift davon nehmen; wenn dergleichen Inventarium nicht vorhanden ist, ein vollständiges Verzeichniß darüber anfertigen; übrigens aber den Beamten, zur Fortsetzung der Wirthschaft, auf den bisherigen Fuß, bis auf weitere Verordnung anweisen.

Hat der Verstorbene die Wirthschaft durch sich selbst, und ohne Zuziehung von Wirthschaftsbedienten, geführt; so muß deren vorläufige Fortsetzung dem zurückgebliebenen Ehegatten, oder einem etwa gegenwärtigen majorennen Kinde, oder in deren Ermangelung einem benachbarten sichern Manne und Einwohner des Orts, allenfalls gegen Zusicherung einer verhältnißmäßigen Belohnung, aufgetragen werden.

Ist das Gut verpachtet, so bedarf es nur der Siegelung der etwa daselbst befindlichen, dem Verstorbenen zugehörigen Sachen; da für Alles, was zur Wirthschaft gehört, der Pächter haften muß.

§. 29.

bei Kaufmanns-handlungen,

Eine zum Nachlasse gehörende Handlung darf der Richter nicht versiegeln, sondern er muß deren Fortsetzung dem von dem Erblasser angenommenen Disponenten übertragen, und nur diesen, wenn es etwa nicht schon geschehen wäre, zur treuen und ordentlichen Verwaltung verpflichten. Ist kein besonderer Disponent vorhanden, so muß sofort ein Aufseher bestellt und gehörig verpflichtet werden. Einem von dem Erblasser schon bestellten Disponenten wird die Fortsetzung der Handlung völlig auf den bisherigen Fuß überlassen; einem Aufseher hingegen welchen der Richter von Amtswegen bestellt, wird nur eine gewisse Quantität der vorräthigen Waaren, nach einem darüber aufzunehmenden Verzeichnisse, verabfolgt; das übrige Waarenlager aber mit unter die Sperre genommen.

§. 30.

bei Professionen und Handwerken,

Hat der Erblasser eine Profession, ein Handwerk, oder sonst ein Gewerbe getrieben; so muß die Fortsetzung desselben durch die Siegelung in der Regel nicht gänzlich gehemmt, vielmehr nur ein Aufseher darüber bestellt; von den vorhandenen Materialien und Geräthschaften so viel, als auf einige Zeit zum fortgesetzten Betriebe erforderlich ist, außer der Sperre gelassen, und auch darüber, nach Vorschrift §. 26., ein Verzeichniß aufgenommen werden.

§. 31.

bei öffentlichen Geldern, Papieren und Briefschaften.

Geschieht die Versiegelung nur deswegen, weil der Verstorbene, als ein Königlicher oder anderer öffentlicher Bedienter, Gelder oder Briefschaften vermöge seines Amts in seiner Gewahrsam gehabt hat; so darf nur die Kasse, die Schreibstube, der Schrank, oder das sonstige Behältniß, in welchem dergleichen Sachen sich befinden oder zu vermuthen sind, unter die Sperre genommen werden.

§. 32.

Thut sich bei der Versiegelung eine Anzeige oder Muthmaaßung hervor, daß etwa an einem Orte ein Testament, oder andere letztwillige Verordnung des Erblassers, oder eine Rekognition über ein gerichtlich niedergelegtes Testament vorhanden sey; so muß derjenige, welcher die Siegelung verrichtet, mit Zuziehung der gegenwärtigen Verwandten, Freunde, oder Bedienten des Verstorbenen, an dem Orte, wo es zu seyn vermuthet wird, darnach suchen; und wenn er etwas dergleichen findet, es dem Gerichte zur weitern Verfügung einliefern.

Aufsuchung einer vorhandenen letztwilligen Disposition.

§. 33.

Ueber die richtig geschehene Versiegelung muß ein genaues Protokoll, mit Specificirung der Anzahl der Siegel, welche nöthig gewesen, so wie mit Benennung der gegenwärtig gewesenen Personen, gehalten, und mit den nach obigen Vorschriften etwa aufgenommenen Verzeichnissen der außer der Sperre gebliebenen Sachen, zu den Akten gebracht werden. Dieß Protokoll muß der Kommissarius in der Regel sogleich im Sterbehause aufnehmen. Wenn jedoch die Kürze der Zeit, oder die Umstände des Falles dieß nicht gestatten; so muß er sich wenigstens die Data zu diesem Protokolle, z. B. die Namen der gegenwärtig gewesenen Personen, die Zimmer und Behältnisse, welche versiegelt worden, die Zahl der angelegten Siegel, die Arten und Quantitäten der aus der Sperre gelassenen Sachen rc., auf der Stelle vorläufig notiren, und daraus das Protokoll selbst noch an eben demselben, oder spätestens am folgenden Tage, zu Hause abfassen. Bei dem Protokolle, welches eigentlich nur eine Anzeige über den vorgenommenen Aktus der Siegelung enthält, ist die Mitunterschrift der dabei zugezogenen Personen nicht nothwendig. Hingegen müssen die Verzeichnisse

Aufnehmung des Protokolls über die Siegelung.

der außer der Sperre gebliebenen Sachen, von demjenigen, dessen Verwahrung oder Berechnung sie anvertraut worden, unterzeichnet seyn.

§. 34.

Vorsichtsregeln bei Anlegung und Verwahrung der Siegel.

Der Kommissarius muß die Siegel dergestalt befestigen, daß sie nicht von selbst abfallen, noch ohne Gewalt abgerissen und wieder aufgeklebt werden können. Auch die Fenster und andere Zugänge, die, außer den Thüren, in die versiegelten Behältnisse führen könnten, müssen hinlänglich verwahrt; die Schlüssellöcher mit anzusiegelnden Streifen bedeckt, und die Schlüssel besonders eingesiegelt werden. Auch muß der Kommissarius die nöthige Vorsicht brauchen, um nicht Thüren und andere Meublen von Werth durch das Lack zu verderben, und sich statt dessen, bei solchen Behältnissen, dünnen grünen Wachses bedienen.

Bleiben Erben, Verwandte oder Freunde im Sterbehause, oder doch am Orte gegenwärtig; so muß der Kommissarius diesen, sonst aber einer andern dazu tauglichen und schicklichen Person, z. B. dem Hauswirthe, die besondere Aufsicht über die Siegel, und daß sie nicht abgerissen werden, auftragen; auch, wie dieses geschehen, im Protokolle bemerken.

§. 35.

Verfahren in der Zwischenzeit, bis zur Wiederaufsiegelung.

Die einmal angelegte Siegelung muß in der Regel so lange liegen bleiben, bis nach den unten folgenden Vorschriften die Wiederaufsiegelung und Ausantwortung des Nachlasses, mit oder ohne Inventur, erfolgen kann. In der Zwischenzeit darf sich der Richter keiner Verfügungen über den Nachlaß von Amtswegen anmaaßen; außer was etwa auf die Anzeige des Kommissarii, wegen vorhandener, dem Verderben unterworfener Sachen, nach §. 27., oder wegen anderer unvermeidlicher und dringender Umstände, zur Konservation des Nachlasses nothwendig geschehen muß. Dergleichen nothwendige Verfügungen kann auch ein nicht kompetentes Gericht in Fällen, wo dasselbe nach §. 15, 16. die Siegelung verrichtet hat, treffen. Was aber bei Siegelungen, die bloß zur Sicherheit minorenner, oder sonst unter Vormundschaft stehender Erben verhängt worden, in dieser Zwischenzeit von dem vormundschaftlichen Gerichte zu besorgen sey, ist in den Gesetzen bestimmt (A. L. R. Th. II. Tit. XVIII. §. 363—367.).

§. 36.

Die Wiederaufsiegelung findet überhaupt alsdann Statt, wenn die Ursache der angelegten Sperre aus dem Wege geräumt ist. Sie ist also in der Regel sogleich zu verfügen, als die Erben, oder der in den gesetzlich bestimmten Fällen (A. L. R. Th. I. Tit. IX. §. 461 u. f. §. 475. u. f.) bestellte Verlassenschaftskurator, dieselbe nachsuchten. Von der Wiederaufsiegelung; wenn und

§. 37.

Die Wiederaufsiegelung kann nur von dem Gerichte, welchem der Verstorbene in Ansehung seiner Person unterworfen gewesen, verfügt werden. Jedes andere Gericht, auch wenn es nach Vorschrift §. 15, 16. zur Anlegung der Siegel an sich berechtigt gewesen, muß dennoch, wegen der Wiederaufsiegelung, die Verfügung des kompetenten persönlichen Gerichts abwarten. In wie fern dabei das andere Gericht, welches etwa zuerst gesiegelt hat, zugezogen werden müsse, ist §. 21. verordnet. von wem sie geschehen müsse.

Anh. §. 436. Bei der Entsiegelung des Nachlasses eines Regierungsoffizianten müssen die Akten und Papiere, so sich darunter befinden, dem zuzuziehenden Abgeordneten der Regierung ausgehändigt werden. Auch ist in einem solchen Falle die Entsiegelung vorzüglich zu beschleunigen.

Diese Vorschrift ist gleichfalls zu beobachten, wenn der Verstorbene zwar an sich ein Justizbedienter, aber in anderer Rücksicht einer Regierung zugleich untergeordnet war, und Geschäfte in Händen hatte, welche zu ihrem Ressort gehören.

§. 38.

Strafe unbefugter oder zu frühzeitiger Aufsiegeluug.

Wer sich unterfängt, ohne Verfügung des kompetenten Gerichts die aufgedrückten Siegel abzureißen, soll, wenn auch die Verlassenschaft unberührt geblieben wäre, nach Bewandtniß der Umstände, mit 10 bis 50 Rthlr. fiskalischer Geld- oder verhältnißmäßiger Gefängnißstrafe belegt werden. Ist die Verlassenschaft sogar berührt und eröffnet worden, so muß er, außer der Strafe, den Erben allen Verlust, den sie durch das Juramentum in litem erhärten können, vergüten. Hat er aus dem Nachlasse etwas entwendet, so finden die Vorschriften der Kriminalgesetze wider ihn Anwendung.

Selbst wenn sämmtliche Erben sich unter einander vereinigen, den gerichtlich versiegelten Nachlaß unter sich ohne gerichtliche Uebergabe oder Aufsiegelung theilen zu wollen; oder wenn ein Erbe gegen den andern die Verlassenschaft erstritten hätte: so sollen nichts desto weniger der- oder diejenigen, die sich unterfangen, die gerichtlichen Siegel eigenmächtig abzunehmen oder abnehmen zu lassen, mit vorgedachter fiskalischer Geld- oder Gefängnißstrafe belegt werden.

§. 39.

Verfahren bei der Wiederaufsiegelung.

Die Wiederaufsiegelung besteht in Abnehmung der aufgedrückten Siegel. Diese müssen daher zuvor: ob sie noch alle unverletzt sind, nach Anleitung des Siegelungsprotokolls, untersucht, und der Befund in dem über die gegenwärtige Handlung aufzunehmenden Protokolle bemerkt werden. Ist von dem Kollegio, welchem der Erblasser in Ansehung seines Amts unterworfen war, besonders gesiegelt worden; und will dieses, ohne die allgemeine Aufsiegelung abzuwarten, die unter die Sperre genommenen Amtssachen heraus nehmen: so muß es der Behörde, von welcher die allgemeine Siegelung veranlaßt worden, davon Nachricht geben; damit dieses seine Siegel, so weit es nöthig, abnehmen, und dieselben, nach erfolgter Separation und Herausgabe der Amtssachen, wiederum aufdrücken könne.

§. 40.

Ausantwortung des Nachlasses, mit oder ohne Inventur.

An wen der aufgesiegelte Nachlaß verabfolgt werden, und ob die Ausantwortung desselben mit oder ohne Inventur erfolgen solle, ist nach Unterschied der Fälle, und nach den darauf gerichteten gesetzlichen Vorschriften zu bestimmen. Allgemein wird hier nur festgesetzt:

a) Daß, wenn der Erbe selbst, oder auch nur Einer unter mehreren Miterben, die gerichtliche Inventur verlangt, dieselbe ohne den geringsten Anstand verfügt werden müsse.

b) Daß, wenn zur Zeit der Wiederaufsiegelung ein Streit über die Erbschaft, es sey zwischen mehreren Erbschaftsprätendenten, oder auch zwischen den Erben und Gläubigern vorwaltet, der Richter die Inventur von Amtswegen veranlassen könne, sobald er pflichtmäßig findet, daß sie nöthig sey, um der Verdunkelung oder Schmälerung des Nachlasses, bis zum Ausgange des Prozesses, vorzubeugen.

§. 41.

Soll kein Inventarium aufgenommen werden, so geschieht die Abnehmung der Siegel auf einmal und zu gleicher Zeit. Das darüber angefertigte Protokoll muß aber von dem, welchem der Nachlaß ausgeantwortet wird, mit unterschrieben werden.

§. 42.

Soll die Inventur zugleich geschehen, so muß die Aufsiegelung dergestalt vorgenommen werden, daß die in den aufzusiegelnden Behältnissen befindlichen Sachen nach und nach aufgeschrieben, und, bis dieses vollständig geschehen, die Behältnisse oder Zimmer, worin sie befindlich sind, wieder versiegelt werden. In diesem Falle kann also die Entsiegelung nicht auf einmal geschehen.

§. 43.

Infentur. Durch wen sie vorzunehmen;

Die Aufnehmung eines gerichtlichen Inventarii muß durch eine dazu abgeordnete vereidete Gerichtsperson, mit Zuziehung eines gehörig verpflichteten Protokollführers, geschehen. Doch können die Gerichte dergleichen Handlung auch einem Justizkommissario und Notario auftragen, welcher dabei die gewöhnlichen Instrumentszeugen zuziehen muß.

Ueber den Nachlaß gemeiner Leute auf dem Lande, so wie in Städten, wo keine eigene Gerichte sind, können die Verzeichnisse durch die Dorfgerichte, oder durch ein Mitglied des Polizeimagistrats, unter Direktion und nach der Anweisung des Gerichtshalters, aufgenommen werden.

§. 44.

besonders bei Militärpersonen.

Wenn der Nachlaß, welchen eine Militärperson bei ihrem Absterben um und bei sich gehabt hat, von den Kriegsgerichten nach Vorschrift §. 17. versiegelt worden ist; so gebührt denselben auch die Absonderung der zum Dienste des Verstorbenen gehörenden Stücke; sie müssen aber von diesen ein Verzeichniß dem kompetenten Civilgerichte zustellen, und demselben die Inventur der außerdem vorhandenen Sachen überlassen.

§. 45.

Wer dabei zuzuziehen.

Von der vorzunehmenden Inventur muß den bekannten, und in der Nähe des Orts befindlichen Erben oder Miterben Nachricht gegeben werden. Ist es noch nicht bekannt, wer Erbe sey, so geschieht die Benachrichtigung an die nächsten bekannten anwesenden Verwandten. Sind auch diese nicht bekannt, so muß ein Verlassenschaftskurator bestellt seyn, welcher also der bevorstehenden Inventur beiwohnen muß. Sind die Erben zu weit entfernt, als daß sie bei der nicht füglich länger auszusetzenden Inventur persönlich erscheinen, oder einen Bevollmächtigten dazu ernennen könnten; so muß ihnen zu dieser Handlung ein Mandatarius ex officio bestellt werden.

§. 46.

Wenn von den vorstehend bezeichneten Interessenten jemand auch schon nach angefangener Inventur sich meldet, so muß derselbe unbedenklich zugelassen werden. Außer diesen aber, und außer den vereideten Taxatoren, muß der Kommissarius keinen fremden Personen die Gegenwart bei der Inventur gestatten.

§. 47.

Alle an dem Orte, wo der Erblasser gewohnt hat, gestorben ist, oder ein unbewegliches Gut besessen hat, befindliche Mobilien und Effekten, sie mögen Namen haben wie sie wollen, müssen genau, mit Bemerkung des Maaßes, des Gewichts, der Anzahl und Beschaffenheit, auch der von den Taxatoren geschehenen Würdigung, aufgezeichnet werden; ohne daß der Kommissarius sich einer Entscheidung: ob etwa dieses oder jenes zur Erbschaft nicht gehöre, anmaaßen, und es aus diesem Grunde aus dem Inventario weglassen darf; doch muß er die desfalls etwa geschehenen Anzeigen in dem Inventario mit bemerken.

Verfahren bei der Inventur überhaupt;

Die Aufzeichnung geschieht übrigens, nach Anweisung §. 42., von Zimmer zu Zimmer, so wie die Mobilien und Effekten in einem jeden derselben sich befinden, und mit Bemerkung ihrer Lage. Aus diesen Lokalverzeichnissen werden hiernächst, in dem Inventario selbst, die Sachen von einerlei Art unter gewisse Titel zusammen geschrieben; die Taxe eines jeden Stücks wird ausgeworfen; und die Summe des Werths nach der Taxe, von jedem Titel, bei dem Abschlusse desselben, zusammen gezogen.

§. 48.

insonderheit bei Zubehörungen,

Bewegliche Sachen, die als Zubehör zu einer unbeweglichen Sache, oder zu einer Gerechtigkeit gehören, z. B. das Wirthschaftsinventarium eines Grundstücks, die Geräthschaften von Fabriken, Kramladen, Apotheken ꝛc., werden besonders verzeichnet, und diese Verzeichnisse dem Hauptinventario beigelegt.

§. 49.

bei Büchern,

Bücher brauchen nicht taxirt zu werden, sondern es ist genug, wenn nur die Titel derselben, mit der Angabe des Formats, der Edition und des Bandes verzeichnet sind. Auch ist es, wenn weitläufige Bibliotheken vorhanden sind, nicht nöthig, den Abschluß des Inventarii so lange, bis der Katalogus geendigt worden, auszusetzen.

§. 50.

bei Häusern, Landgütern und anderen unbeweglichen Sachen.

Häuser, Landgüter und andere unbewegliche Sachen, werden nur nach ihrem Namen, ihrer Qualität, ihrer Lage und Beschaffenheit, in das Inventarium eingetragen. Erhellet aus den Erwerbungsurkunden ein gewisser Werth, oder ist sonst dergleichen Werth im Hypothekenbuche eingetragen, so wird selbiger ausgeworfen. Konstirt kein solcher Werth, das Gut ist aber verpachtet, so wird nach dem Ertrage des Pachtgeldes der auszuwerfende Werth bestimmt. Ist auch auf diese Art kein Werth auszumitteln, so kann der Kommissarius keinen im Inventario auswerfen; denn die Aufnehmung einer Taxe findet bei Gelegenheit der Inventur niemals Statt, sondern es ist die Sache der Interessenten, wenn sie dergleichen in der Folge nöthig finden, das Erforderliche deshalb bei dem Richter nachzusuchen.

§. 51.

Die vorhandenen Urkunden und Briefschaften muß der Kommissarius mit möglichster Aufmerksamkeit durchgehen, und diejenigen, welche auf den statum activum et passivum des Nachlasses irgend einige Beziehung haben, von den übrigen Papieren absondern. Bei Briefschaften und Skripturen;

Letztere müssen, so weit es nöthig ist, sortirt, und ihrer in dem Inventario nur unter gewissen allgemeinen Titeln, z. B. Wirthschafts- oder Hausrechnungen, Familienkorrespondenz, gelehrte Korrespondenz rc., gedacht werden.

Dabei muß jedoch der Kommissarius sich hüten, daß er nicht aus übertriebener Aengstlichkeit zu weit gehe, oder gar aus unbescheidener Neugier, unter dem Vorwande der Inventur von vertrauten Familien- und anderen das Vermögen des Erblassers gar nichts angehenden Korrespondenzen Kenntniß nehmen zu wollen, sich anmaaße. Hat daher der Erblasser in seinen Papieren eine gewisse Ordnung beobachtet, und seine Korrespondenzen in gewisse Pakete oder Fächer, nach Unterschied der Gegenstände oder Subjekte, zusammen gelegt; so müssen dergleichen Pakete bei der Inventur undurchsucht bleiben, und im Inventario, obgedachtermaaßen, nur unter allgemeinen Rubriken aufgeführt werden.

Hingegen sind diejenigen Dokumente, welche entweder das Eigenthum, die Gerechtsame, Lasten oder Pflichten der zum Nachlasse gehörigen oder anderer Grundstücke, auf welche dem Verstorbenen ein Anspruch zustand, betreffen; oder woraus Aktivforderungen desselben an Andere, sie seyen von welcher Art sie wollen, hervor gehen, umständlich, mit Bemerkung der Person des Ausstellers, der Zeit und des Orts, auch einer kurzen Angabe ihres wesentlichen Inhalts, im Inventario zu verzeichnen.

Betreffen dergleichen Dokumente Geldforderungen, so muß die verschriebene Summe im Inventario ausgeworfen werden.

Finden sich Umstände, aus welchen zu erhellen scheint, daß eine solche Forderung zweifelhaft oder inexigibel sey; so sind auch diese dabei zu bemerken.

§. 52.

wegen der Schulden.

Die auf dem Nachlasse haftenden Schulden muß der Kommissarius ebenfalls, so viel es sich thun läßt, vollständig verzeichnen. Er muß daher, wenn Immobilien vorhanden sind, sich Hypothekenscheine darüber ertheilen lassen; die darin vermerkten Schulden in das Inventarium eintragen, und die Scheine selbst beilegen. Er muß die eingegebenen Rechnungen, Mahnbriefe, die von dem Verstorbenen selbst geführten Rechnungsbücher und andere schriftliche Nachrichten und Anzeichnungen über die Passivschulden, genau nachsehen; auch von den Erben, Verwandten, Hausgenossen und Domestiken sich dasjenige anzeigen lassen, was ihnen von Schulden und Ansprüchen an die Verlassenschaft bekannt sey. Aus allen diesen Nachrichten muß er ein Verzeichniß der angezeigten, oder sonst sich hervor gethanen Schulden anfertigen; dasselbe in einem besondern Titel dem Inventario anhängen; und mit Absonderung der liquiden Posten von den noch illiquiden oder ungewissen, bei jeder der letzteren die Ursachen anzeigen, warum sie vor der Hand noch als ungewiß zu betrachten sey.

§. 53.

Form des Inventarii.

Alle gerichtliche Inventaria sollen nach dem hier beigedruckten Formulare angefertigt und abgeschlossen werden.

§. 54.

Der Kommissarius muß über den ganzen Aktus der Inventur ein genaues Protokoll halten, und darin die Personen, die sowohl als Interessenten, als in der Eigenschaft von Taxatoren und Sachverständigen, der Inventur beigewohnt haben; die Verpflichtung der Letzteren, in so fern sie nicht etwa (welches ebenfalls zu bemerken) ein- für allemal vereidet sind; die Ordnung, wie bei der Aufzeichnung verfahren worden; was, wenn die Inventur mehrere Tage gedauert hat, an jedem Tage geschehen sey; die Aussagen und Angaben der Erben, der Hausgenossen und Domestiken, der sich gemeldeten Kreditoren und Anderer, welche über den oder jenen den Aktiv- und Passivzustand des Nachlasses betreffenden Punkt vernommen worden sind, und andere dergleichen zur Sache gehörige Nachrichten, treulich verzeichnen. Protokoll über die Inventur.

Aus diesem Protokolle wird hiernächst das Inventarium selbst formirt, und nebst dem Protokolle dem Gerichte übergeben.

§. 55.

Wenn der Verstorbene an mehr als Einem Orte Vermögen zurück gelassen hat, z. B. wenn er einen doppelten Wohnsitz hatte, oder wenn er, außer seinem gewöhnlichen Wohnorte, Landgüter besaß, auf welchen ein Theil seiner Mobilien und Effekten, seiner Briefschaften u. s. w. sich befand; so wird dennoch, wenn die ganze Inventur einem und eben demselben Kommissario aufgetragen ist, nur Ein Inventarium errichtet, in welchem die an den verschiedenen Orten aufgenommenen Verzeichnisse, unter den gehörigen Titeln, mit der Bemerkung: an welchem Orte diese Stücke sich befinden, zusammen geschrieben werden. Haben hingegen mehrere Kommissa- Von mehreren Specialinventariis.

rien ernannt, und also auch mehrere Inventaria aufgenommen werden müssen; so hängt es, nach Beschaffenheit der Umstände, von dem Gutbefinden des Erben, und dem Ermessen des Richters ab: in wie fern es nöthig sey, alle diese besonderen Inventaria in Ein einziges allgemeines Inventarium zusammen zu fassen. Wenn aber auch dieß nicht geschehen soll, so muß dennoch, um einen Abschluß des ganzen Nachlasses zu erhalten, in demjenigen Specialinventario, welches die meisten und hauptsächlichsten Vermögensstücke enthält, ein Extrakt aus den übrigen Inventariis, sowohl in Ansehung der das Aktivvermögen betreffenden Titel, als in Ansehung des Titels der Schulden, hinzugefügt; darnach der Abschluß gemacht, und die übrigen Specialinventaria diesem Hauptinventario beigeheftet werden.

§. 56.

Genaue Beobachtung obiger Vorschriften.

Wenn die Verfertiger des Inventarii obigen Vorschriften nicht völlig nachgekommen sind, so ist zwar das Inventarium nicht für ganz ungültig zu achten; ist aber die Unterlassung aus Vorsatz, grobem oder mäßigem Verschulden geschehen, so müssen sie für den Schaden haften, welcher daraus den Interessenten entstehen kann. Auch sind diese sowohl, als die Gerichte selbst, befugt, dergleichen verdächtigen oder sorglosen Kommissarien den Manifestationseid abzufordern.

Inventarium

des

Nachlasses

des, den in verstorbenen

N. N.

verfertigt, den

von N. N.

Inventarium.

Tit. I. An unbeweglichen Gütern und liegenden Gründen.

Unter diesen Titel gehören Landgüter, Haus, Hof, Aecker, Mühlen, Gärten, Wiesen, Teiche, Weingärten, Kothe, Pfannen- oder Soolengüter und dergl

Wobei so viel möglich aus den Briefschaften der Besitztitel mit Anführung der Urkunden anzumerken.

Summa .

Tit. II. An Aktivis und ausstehenden Forderungen.

1

2

Summa .

Tit. III. An baarem Gelde.

Hierbei müssen die Münzsorten genau angemerkt, und von jeder Art besondere Posten verzeichnet werden.

1 An

2 An

Summa .

Tit. IV. An goldenen, silbernen und anderen Medaillen und seltenen Münzen.

1

2

3

Summa .

Tit. V. An Juwelen und Kleinodien.

1

2

3

Summa .

Tit. VI. An Uhren, Tabatieren und anderen kleinen kostbaren oder künstlichen Stücken.

1
2
3

Summa .

Tit. VII. An Gold- und Silbergeschirr.

1
2
3

Summa .

Tit. VIII. An Porzellan.

1
2
3

Summa .

Tit. IX. An Gläsern.

1
2

Summa .

Tit. X. An Zinn, Kupfer, Metall, Messing, Blech und Eisen.

1
2
3

Summa .

Tit. XI. An Leinenzeug und Betten.

1
2
3

Summa .

Tit. XII. An Meubles und Hausgeräthe.

1
2
3

Summa .

Tit. XIII. An Kleidungsstücken.

1
2
3

Summa .

Tit. XIV. An Wagen und Geschirr.

1
2
3

Summa .

Tit. XV. An Pferden.

1
2
3

Summa .

Tit. XVI. An allerhand Vorrath zum Gebrauch.

1
2
3

Summa .

Tit. XVII. An Vorrath und Waaren, zum Verkauf und Handel.

Wenn deren viel vorhanden, z. B. bei einem Kaufmann, Handelsmann, Krämer rc.; so ist es bequemer, davon ein ganz besonderes Inventarium aufzunehmen, und nur die Summe davon in dem Generalinventario anzumerken.

Summa .

Tit. XVIII. An Gemälden, Zeichnungen, Kupferstichen und mathematischen Instrumenten und Gewehren.

1
2
3

Summa .

	Tit. XIX. An Büchern und Manuskripten.		
1			
3			
	Ist der Büchervorrath ansehnlich, so ist es bequemer, einen besondern Katalogus davon zu machen, und dem Generalinventario nur den Betrag davon einzurücken.		
	Summa .		
	Tit. XX. An Briefschaften und Dokumenten.		
1			
2			
3			
	Summa .		
	Tit. XXI. An Passivis und Schulden.		
1			
2			
3			
	Diese sind entweder, wenn sie aus den Briefschaften und Rechnungen offenbar sogleich erhellen, oder wie sie angegeben werden, zu verzeichnen.		
	Summa .		

Sollten sich bei einer ansehnlichen Erbschaft Sachen finden, so unter keinem dieser Titel zu bringen; so sind besondere Titel dieserwegen einzurücken. Es sind auch die Titel in besondere Abtheilungen sodann abzusondern, wenn z. B. bei dem Titel X, XI, XII, XVI, XVII, XVIII. von jeder Art der darunter gerechneten Sachen sehr viele vorhanden sind.

Bei einer geringen Verlassenschaft können diejenigen Titel ganz ausgelassen werden, wovon nichts vorhanden ist. In Ansehung des Tit. I, II, III,

XX, XXI. aber ist jederzeit nothwendig, daß ausdrücklich im Inventario angeführt werde, ob etwas oder nichts davon vorhanden sey.

Recapitulatio.

Tit. I. pag.			
Tit. II. pag.			
Tit. III. pag.			
Tit. IV. pag.			
Tit. V. pag.			
Tit. VI. pag.			
Tit. VII. pag.			
Tit. VIII. pag.			
Tit. IX. pag.			
Tit. X. pag.			
Tit. XI. pag.			
Tit. XII. pag.			
Tit. XIII. pag.			
Tit. XIV. pag.			
Tit. XV. pag.			
Tit. XVI. pag.			
Tit. XVII. pag.			
Tit. XVIII. pag.			
Tit. XIX. pag.			
Tit. XX. pag.			
Summa Summarum .			
Hiervon geht ab Tit. XXI.			
Verbleibt Summa des Nachlasses .			

Sechster Titel.
Von dem Verfahren bei Aufnehmung gerichtlicher Taxen.

§. 1.

Gerichtliche Taxen werden hauptsächlich zum Behufe eines zu veranlassenden gerichtlichen Verkaufs, außerdem aber auch bei Auseinandersetzungen zwischen Miterben und anderen Miteigenthümern oder Gesellschaften; ingleichen zur Bestimmung der an einer Sache entstandenen Beschädigungen, oder der dabei sich findenden Meliorationen oder Deteriorationen, aufgenommen.

Veranlassungen zur Aufnehmung von Taxen.

§. 2.

Sowohl Landgüter als Häuser und andere Grundstücke, einzelne für sich bestehende Gerechtigkeiten, Schiffe und andere bewegliche Sachen, können der Gegenstand solcher Taxen seyn.

Gegenstände.

§. 3.

Die Aufnehmung einer jeden gerichtlichen Taxe muß unter Direktion einer vereideten Gerichtsperson geschehen; die Zuziehung eines besondern Protokollführers ist dabei nicht nothwendig.

Von wem gerichtliche Taxen aufzunehmen.

§. 4.

Dagegen müssen allemal sachverständige Taxatoren zugezogen werden.

Wer dabei zuzuziehen. Taxatoren.

Dergleichen Taxatoren müssen

1) in Ansehung ihrer Tüchtigkeit und Sachkenntniß durch eine bei der Behörde angestellte Prüfung, oder durch glaubwürdige Zeugnisse, oder durch notorische davon abgelegte Proben legitimirt; sie müssen

2) in Ansehung ihrer bei der Taxe zu beobachtenden Sorgfalt, Gewissenhaftigkeit und Unparthei-

lichkeit gehörig vereidet seyn. Diese Vereidung geschieht ein- für allemal, wenn gewissen Personen die Aufnehmung aller bei einem Gerichte, oder an einem Orte und in einer Gegend, vorkommenden Taxen gewisser Objekte, als ein wirkliches Amt übertragen wird. Wenn es aber irgendwo an dergleichen förmlich bestellten Taxatoren ermangelt, so muß der gerichtliche Kommissarius die von ihm auszuwählenden Sachverständigen zu der gegenwärtigen Handlung besonders verpflichten.

Der Eid, mit welchem die gerichtlichen Taxatoren zu belegen sind, ist in der Prozeßordnung vorgeschrieben (Th. I. Tit. X. §. 202.).

§. 5.

Die bei Aufnehmung einer Taxe zuzuziehenden Sachverständigen müssen mit keinem der Partheien oder Interessenten, in Ansehung der Verwandtschaft, und sonst, in einem solchen Verhältnisse stehen, daß sie im Prozesse, als Zeugen für oder wider denselben, verwerflich seyn würden.

§. 6.

Zahl derselben.

Die Zahl der zuzuziehenden Taxatoren ist nach den Umständen und Erfordernissen der verschiedenen vorkommenden Fälle zu bestimmen. Bei Inbegriffen mehrerer ungleichartiger Sachen müssen zu jeder Art derselben besondere mit der nöthigen Sachkenntniß versehene Taxatoren gebraucht werden. In Fällen, wo die Bestimmung des Werths nicht sowohl auf festen und sicheren, aus Vermessungen, Rechnungen, Zeugenaussagen rc., Maaß, Gewicht u. s. w. zu entnehmenden Datis, als vielmehr auf einem nach dem Augenscheine, besonderer Kunstkenntniß, Kunstgefühle rc. sich bestimmenden Arbitrio beruhet, sind wenigstens drei Taxatoren erforderlich; die entweder über den anzunehmenden Werth sich vereinigen müssen, oder aus deren verschiedenen zusammen zu rechnenden Angaben der Werth, nach einem Durchschnitte, festgesetzt wird.

Wo es bisher üblich gewesen, daß zu gewissen Abschätzungen mehrere Klassen, oder sogenannte Schütten von Taxatoren, deren jede aus drei Personen besteht, gebraucht worden, hat es auch ferner dabei sein Bewenden.

In allen Fällen ist die Zuziehung auch nur Eines vereideten Taxators hinreichend, wenn die Kosten der Zuziehung mehrerer, mit dem wahrscheinlichen Werthe des Objekts in keinem Verhältnisse stehen möchten.

§. 7.

Bekanntmachung des Termins zur Taxe an die Interessenten.

Der zur Abschätzung anberaumte Termin muß den Interessenten bekannt gemacht, und dieselben müssen dazu vorgeladen werden. Diese Vorladung hat jedoch bloß zur Absicht, die Interessenten von der bevorstehenden Abschätzung zu benachrichtigen. Wenn also dieselben in dem anberaumten Termine weder persönlich, noch durch zulässige Bevollmächtigte erscheinen; so muß das Geschäft, ohne weiter auf sie zu warten, dennoch seinen Fortgang erhalten. Daß dieses geschehen werde, ist den Interessenten in der Vorladung ausdrücklich anzudeuten.

§. 8.

Obliegenheiten des gerichtlichen Kommissarii.

Der gerichtliche Kommissarius muß die ganze Handlung der Taxation dirigiren. Er muß darauf sehen, daß den Sachverständigen die abzuschätzenden Objekte gehörig und vollständig vorgelegt oder angewiesen werden; und daß dieselben die gehörige Sorgfalt und Genauigkeit anwenden, um sich von der Beschaffenheit des Objekts und denjenigen Eigenschaften, Vorzügen oder Mängeln desselben, welche auf die Bestimmung seines Werths Einfluß haben können, vollständig zu unterrichten. Wenn Data und Nachrichten, woraus bei einem Gegenstande, oder bei einer Rubrik, die Gründe der nähern Bestimmung zu entnehmen sind, durch Zeugen ausgemittelt werden sollen; so muß der gerichtliche Kommissarius selbst diese Zeugen ordnungsmäßig abhören; dabei aber entweder die Taxatoren mit zuziehen, oder sich doch von ihnen die Thatsachen, worauf es ankommt, und die den Zeugen etwa besonders vorzulegenden Fragen, an die Hand geben lassen. Wenn diese Data aus Rechnungen, Wirthschaftsregistern oder anderen Schriften zu entnehmen sind; so muß er für deren Aufsuchung und Herbeischaffung sorgen, überhaupt aber dahin sehen, daß die vorgeschriebene Taxordnung von den Taxatoren genau und gewissenhaft befolgt, und keins der vorhandenen Hülfsmittel, die zu einer wahren und richtigen Bestimmung des Werths befördерlich seyn können, übersehen und vernachlässigt werde.

Dagegen muß der Kommissarius sich nicht anmaaßen, die Taxatoren in einer gewissenhaften, nach ihrer eigenen freien Einsicht und Ueberzeugung zu machenden Anwendung ihrer Sach- und Kunstkenntniß im geringsten einschränken, oder ihnen dabei etwas vorschreiben zu wollen. Er muß ihnen aus vermeintlicher eigener Kenntniß keine Suggestionen machen; ihnen bei Niederschreibung ihrer Angaben nicht in die Rede fallen oder sie sonst irren; vielmehr sich damit begnügen, diese ihre Angaben treulich zu verzeichnen, und ihnen, wo es nöthig ist, besonders aber, wenn etwas Ungewöhnliches dabei vorkommt, oder, wenn die Angaben mehrerer zu einerlei Objekt bestellter Taxatoren beträchtlich von einander abweichen, die Gründe davon abzufordern und niederzuschreiben.

§. 9.

Taxationsprotokoll.

Der Kommissarius muß über den ganzen Aktus der Abschätzung ein vollständiges Protokoll halten, und darein verzeichnen:

1) Was für Personen, sowohl an Taxatoren als Interessenten, der Verhandlung beigewohnt haben.

2) Ob die Taxatoren schon überhaupt, und wo sie solchergestalt vereidet sind, oder wie sie zu der gegenwärtigen Handlung verpflichtet worden.

3) In dem Protokolle muß ferner eine genaue Beschreibung des abzuschätzenden Gegenstandes, nach solchen Eigenschaften und Merkmalen, woran derselbe von anderen gleicher Art unterschieden werden kann; ingleichen die Veranlassung der aufzunehmenden Taxe, ob sie z. B. des Verkaufs oder der Auseinandersetzung wegen, aufgenommen werde, enthalten seyn.

4) Es muß historisch angeführt seyn: in welcher Ordnung, und nach welcher Methode bei der Aufnehmung der Taxe überhaupt verfahren, und wenn die Handlung mehrere Tage gedauert hat, was an jedem derselben gethan worden.

5) Es muß ferner angezeigt seyn, wie in Ansehung eines jeden besondern Objekts, oder einer jeden einzelnen Rubrik, bei der Ausmittelung des Werths oder Ertrags, ingleichen der von letzterm zu machenden Abzüge, verfahren; woher die Data zu deren Bestimmung entnommen; was z. B. für Zeugen vorgeschlagen, wie sie abgehört, und was von ihnen ausgesagt; welche Rechnungen, und aus was für Jahren sie zugezogen worden, was aus diesen Rechnungen sich ergeben habe, was etwa in Beziehung auf die Vollständigkeit, Glaubwürdigkeit oder Zuverlässigkeit dieser Rechnungen besonders zu bemerken vorgenommen; wohin bei jedem Objekt oder bei jeder Rubrik, die Angaben der Taxatoren ausgefallen; wenn besonders diese Angaben verschieden sind, was ein jeder zu Begründung der seinigen angeführt habe, und was etwa noch sonst für Umstände,

die auf das vorliegende Geschäft und dessen Beurtheilung Einfluß haben, vorgekommen sind.

6) Rechnungsextrakte, Saattabellen, Erndte-, Dresch- und Hebungsregister, Charten und Vermessungsregister, sind Beilagen dieses Protokolls, welche in dem Protokolle selbst, da, wo Nachrichten und Data, so aus ihnen entnommen sind, vorkommen, bestimmt allegirt werden müssen.

7) Das Protokoll muß von dem Kommissario und den zugezogenen Taxatoren, ingleichen von den etwanigen Zeugen, unterschrieben werden. Auch die gegenwärtigen Interessenten sind zur Mitunterschrift aufzufordern; doch ist dieselbe nicht nothwendig.

§. 10.

Taxationsinstrument.

Aus diesem Protokolle muß der Kommissarius das Taxationsinstrument selbst entwerfen, und dasselbe mittelst Berichts dem Gerichte übergeben. Finden sich bei dieser Ausarbeitung Anstände und Zweifel, so muß er mit den Taxatoren darüber Rücksprache nehmen, und die nöthigen Erläuterungen von ihnen fordern. Bei weitläufigen Taxen, wo es auf Berechnung mehrerer Positionen, in Ansehung des Ertrags, der Abzüge u. s. w. ankommt, muß er sich zur Anfertigung des Taxationsinstruments der Hülfe eines vereideten Rechnungsverständigen bedienen.

§. 11.

Aufnehmung desselben.

Das eingereichte Taxationsinstrument wird von dem Gerichte unter seinem größern Insiegel ausgefertigt. Ob und an welche Interessenten Kommunikation davon geschehen müsse; in wie fern den Interessenten frei stehe, Erinnerungen gegen die Taxe zu machen; und wie darauf weiter zu verfahren sey, ist nach Verschiedenheit der Fälle und Veranlassungen, wozu die Taxe aufgenommen worden, in den Gesetzen und in der Prozeßordnung bestimmt.

§. 12.

So viel insonderheit I. die Taxen adlicher Güter betrifft, so sollen dieselben allemal nach dem wahren und wirklichen Ertrage aufgenommen werden. 1) Von Abschätzung adlicher Güter.

Der Kommissarius muß dabei eine vollständige Beschreibung des abzuschätzenden Gutes, nach seiner Qualität, seiner Lage, seinen Grenzen, seiner Entfernung von großen, mittleren und kleineren Städten, von schiffbaren Kanälen und Flüssen, und nach anderen Umständen, welche etwa die Kultur oder den Absatz der Produkte besonders erleichtern und begünstigen, oder hindern und erschweren, vorausschicken. Die Beschaffenheit der Gebäude und ihr Baustand muß im Allgemeinen beschrieben, und eben so der Zustand der Gutseinwohner, und ihr Verhältniß gegen den Gutsbesitzer, ob sie z. B. dienstpflichtig sind oder nicht, ob ihre Stellen, Gebäude und Inventarium ihnen eigenthümlich, oder in wie fern sie der Herrschaft gehören; ob die Unterhaltung der Gebäude und des Inventarii ihnen selbst, oder der Herrschaft obliege, im Allgemeinen angegeben werden. Auch ist nachzufragen und im Protokolle zu bemerken: ob die Aecker, Wiesen, Hütungen und Holzungen der Gutsherrschaft von denjenigen, welche den Unterthanen gehören, separirt sind, oder mit ihnen noch im Gemenge liegen. Besonders ist anzumerken: ob die Grenzen richtig sind; oder ob und mit welchen Nachbarn Grenzstreitigkeiten obwalten; ob dem Gute Hutungs-, Holzungs-, Mastungs-, Jagd- oder andere dergleichen Gerechtigkeiten auf benachbarte Güter zustehen; oder ob dergleichen an das Gut im Wege Rechtens prätendirt werden. Auch solche Regalien und besondere Gerechtsame des Guts, welche keinen nach Gelde zu berechnenden Ertrag gewähren, sind in dem Protokolle mit aufzuführen und umständlich zu beschreiben. Eben so muß der Kommissarius die ihm zukommenden Nachrichten von dem ehemaligen Werthe, wofür das Gut in den letzten Jahren gekauft, oder in der Erbtheilung übernommen worden, von den vorgewesenen Verpachtungen und von anderen Ereignissen, wodurch der Zustand des Guts neuerlich eine wesentliche Veränderung erlitten hat, in dem Protokolle historisch bemerken.

Anh. §. 437. Wenn aus dem Hypothekenbuche oder aus anderen unverdächtigen Angaben hervorgeht, daß das zu subhastirende adliche Gut einen Werth von 500 Thaler nicht übersteigt; so können der Schulze oder die Gerichtsleute des Orts, wo das zu veräußernde Grundstück belegen ist, oder in Ermangelung der Gerichtsleute zwei dazu ausersehene Wirthe dieses oder eines benachbarten Ortes, über die Beschaffenheit, den Ertrag und den Werth des von ihnen zu diesem Behuf genau zu besichtigenden Grundstücks eidlich vernommen werden, welche Vernehmung alsdann die Stelle der Taxe vertritt.

§. 13.

Was die Grundsätze betrifft, nach welchen die verschiedenen Wirthschaftsrubriken in der Einnahme, und die bei einer jeden zu machenden Abzüge; die von dem ganzen Ertrage abgehenden Onera und Ausgaben; der dem Kapital hinzutretende Werth der Wohngebäude und anderer keinen eigentlichen Ertrag gewährenden, aber doch den Kaufswerth erhöhenden Regalien und Zubehörungen; ingleichen die von dem Kapital der Taxe abzuziehenden Bau-, Reparatur- und Retablissementskosten, ausgemittelt und angeschlagen werden sollen: so können darüber hier keine allgemeine Vorschriften ertheilt werden. Da schon in den meisten Provinzen Kreditsysteme errichtet, und die Justizkollegia angewiesen sind, die Taxen adlicher Güter entweder durch die Kreditdirektionen aufnehmen, oder doch die Abschätzungsprincipia derselben dabei zum Grunde legen zu

lassen;

lassen; so hat es dabei auch ferner sein Bewenden. In den übrigen Provinzen aber sollen die Stände aufgefordert werden, sich mit den Landesjustizkollegien zusammen zu thun, und vollständige, den Umständen und der Landesverfassung angemessene Taxordnungen zu entwerfen. Bis dahin hat es bei der bisherigen Observanz einer jeden Provinz ebenfalls sein Bewenden.

§. 14.

a) Anderer Landgüter.

Anlangend II. die Taxen anderer Landgüter, die zwar nicht adlicher Qualität, aber doch ein freies Eigenthum ihrer Besitzer, und keiner Gutsherrschaft unterthänig sind, so sind dabei im Wesentlichen eben die Grundsätze anzuwenden, welche bei der Abschätzung adlicher Güter in der Provinz zur Richtschnur dienen; wobei die Verschiedenheiten und Abweichungen, aus der verschiedenen Qualität der Güter, sich von selbst ergeben.

Unterthänige Bauergüter, die ihren Besitzern eigenthümlich gehören, und nach der Landesart mit beträchtlichen Realitäten an Ackerwerk, Viehzucht ꝛc. versehen sind, werden eben so nach dem Ertrage taxirt.

Bei solchen Bauerstellen aber, die entweder Laßgüter sind, oder sonst ihren Besitzern nicht eigenthümlich gehören; ingleichen bei allen kleinen Rustikalbesitzungen, auf welchen kein Gespann gehalten wird, findet keine eigentliche Ertragstaxe Statt. Dagegen muß eine richtige und vollständige Beschreibung des Guts, nach den dazu gehörenden Realitäten, Gebäuden, Inventarienstücken u. s. w., ingleichen den davon zu entrichtenden Abgaben, Diensten und Pflichten, aufgenommen, und aus diesen Datis, mit gehöriger Rücksicht auf den am Orte, oder in der Gegend gewöhnlichen Kaufpreis der

Grundstücke von dieser Art und Beschaffenheit, ein ungefährer Werth nach dem pflichtmäßigen Ermessen der Taxatoren bestimmt werden.

In Provinzen, wo in Ansehung der Rustikalgüter gewisse Grundtaxen eingeführt sind, nach welchen dieselben von einem der Söhne des bisherigen Besitzers übernommen, und die übrigen Kinder abgefunden werden, hat es dabei auch ferner sein Bewenden.

Anh. §. 438. Wenn bei der Taxe eines Guts, welches dem Besitzer nur auf gewisse Jahre zur Kultur und Benutzung gegeben war, die Frage entsteht: wie der durch eine gewöhnliche Taxe ausgemittelte reine Ertrag nach der Dauer des Nutzungsrechts zu Kapital zu schlagen sey; so muß der Kapitalswerth durch die Revenüensumme mit Abrechnung des Interusurii bestimmt werden.

§. 15.

3) Der Häuser in den Städten.

So viel III. die Häuser in den Städten anlangt, so können dieselben nicht nach dem bloßen Ertrage gewürdigt werden.

Ist die Taxe eines Hauses aufzunehmen, so muß

1) der Kommissarius dasselbe nach seiner Lage, Beschaffenheit, Länge, Breite und Höhe, nach seinem Baustande, nach der Anzahl und Einrichtung der darin befindlichen Wohnungen und anderer Behältnisse, umständlich beschreiben.

2) Die zum Hause gehörenden Pertinenzstücke, an Gärten, Wiesen, Aeckern, &c. ingleichen die damit verbundenen Gerechtigkeiten, z. B. das Reihebrauen, die Befugniß, eine gewisse Anzahl Vieh auf die gemeine Stadtweide mit vorzutreiben, den ganzen Holzbedarf, oder eine gewisse Quantität desselben, aus der gemeinen Stadthaide zu nehmen, &c. müssen bestimmt angegeben werden.

3) Eben so muß der Kommissarius nach den auf dem Hause haftenden oder daran prätendirten

Dienstbarkeitsrechten und Servituten sich sorgfältig erkundigen.

4) Die von dem Hause zu entrichtenden Abgaben, öffentliche und gemeine Lasten, müssen ebenfalls möglichst genau verzeichnet werden.

5) Sodann sind die in dem Hause befindlichen Materialien, Kunst- und Handwerksarbeiten aller Art, nach dem gegenwärtigen Zustande derselben, durch vereidete Werkmeister zu revidiren und abzuschätzen. Eben so ist,

6) besonders in großen Städten, der bisherige Ertrag der Miethen nach einem mehrjährigen Durchschnitte auszumitteln. Aus diesen Datis muß

7) durch die Taxatoren eine Taxe des Hauses, in seinem gegenwärtigen Zustande, nach einem vernünftigen und billigen Ermessen derselben bestimmt, übrigens aber

8) die zu dem Hause gehörigen, und nach Nr. 2. ausgemittelten unbeweglichen Pertinenzstücke oder Gerechtigkeiten besonders angeschlagen, und der Taxe des Hauses selbst zugesetzt werden.

§. 16.

4) Anderer Grundstücke.

IV. Bei den Taxen anderer Grundstücke kommt es darauf an: ob der gemeine Werth derselben in dem Nutzen bestehe, den sie ihrem Besitzer gewähren; oder ob sich der davon zu erwartende Vortheil hauptsächlich nur auf Vergnügen und Annehmlichkeiten einschränke.

Bei Grundstücken der ersten Art, z. B. bei Mühlen, nutzbaren Obst-, Küchen- und Gemüsegärten, muß der reine Ertrag ausgemittelt, und darnach der Anschlag bestimmt werden.

Bei Grundstücken der zweiten Art, z. B. bloßen Lust- und Ziergärten, findet keine gerichtliche Taxe Statt; sondern es tritt an deren Stelle eine umständliche Beschreibung nach der Länge, Größe und innern Einrichtung. Nach diesen Datis, und zugleich mit Rücksicht auf die am Orte vorhandene Bevölkerung, auf den Grad der Wohlhabenheit und des Luxus unter den Einwohnern, und auf den gewöhnlichen Preis, welchen solche Grundstücke an diesem Orte zu gelten pflegen, muß ein ungefährer Werth von den Taxatoren, nach vernünftigem Ermessen, bestimmt werden.

Die bei einem solchen Grundstücke befindlichen Gebäude müssen ebenfalls beschrieben, und, wenn dazu Orangerie oder seltene Gewächse gehören, muß ein Verzeichniß derselben, mit einer ungefähren Angabe des Werths der einzelnen Stücke, der Taxe beigefügt werden.

§. 17.

5) Von Gerechtigkeiten.

V. Bei einzelnen, für sich bestehenden Gerechtigkeiten ist darauf Rücksicht zu nehmen: ob dieselben an und für sich einen gewissen Ertrag gewähren, oder ob sie dem Besitzer bloß eine Gelegenheit darbieten, sich durch Anwendung seiner Wissenschaft, Kunst und Industrie Vortheile zu verschaffen; oder endlich, ob es bloße Ehrenrechte sind, mit welchen kein nach Gelde zu bestimmender Vortheil verbunden ist.

Bei Gerechtigkeiten der ersten Art, z. B. Zollgerechtigkeiten; Fischereigerechtigkeiten, ꝛc. wird der Ertrag ausgemittelt, und die Taxe darnach bestimmt. Bei Gerechtigkeiten der zweiten Art, z. B. Barbier- und Badstuben, Krug- und Schankgerechtigkeiten, Kramgerechtigkeiten, Apotheken, ꝛc. findet keine eigentliche Ertragstaxe Statt; sondern es müssen in einer aufzunehmenden Beschreibung die näheren Bestimmungen und der Umfang eines solchen Rechts angegeben, und mit Rücksicht auf den gewöhnlichen Werth, den dergleichen Gerechtigkeiten an einem Orte, nach dem Verhältniß der Bevölkerung und des Wohlstandes, so wie auch der mehr oder weniger eingeschränkten Zahl der Berechtigten, zu haben pflegen, ein ungefähres Taxquantum von den Sachverständigen angegeben werden. Gehören zu einer solchen Gerechtigkeit gewisse bewegliche Zubehörungen, Utensilien und Geräthschaften, so ist ein Verzeichniß derselben der Taxe beizufügen; Vorräthe von Waaren, Materialien ꝛc. werden besonders taxirt.

Auf eben die Art wird bei der Abschätzung von Gerechtigkeiten, die keinen nach Gelde zu berechnenden Vortheil gewähren, sondern in bloßen Ehrenrechten bestehen, verfahren.

§. 18.

6) Von Schiffen.

VI. Schiffe können niemals nach ihrem Ertrage, sondern sie müssen lediglich nach dem Werthe der darin befindlichen Materialien, an Holz, Eisen, Kupfer, ꝛc. ingleichen des Zubehörs an Tauen, Segeln, Ankern, ꝛc. durch Sachverständige abgeschätzt werden. Dabei sind jedesmal die Bauart des Schiffes, der Ort, wo, und die Zeit, wann es erbauet worden, zu bemerken. Von den obgedachten Zubehörungen ist der Taxe ein Verzeichniß beizufügen.

§. 19.

7) Von beweglichen Sachen.

VII. Bei beweglichen Sachen kann nur die Substanz der Stücke selbst abgeschätzt werden. Gold und Silber wird nach dem Gewichte taxirt, und dabei die Probe bemerkt. Bei Juwelen und Kostbarkeiten, ingleichen bei Kunstwerken, bei welchen es weniger auf die Materie, als auf die Form und künstliche Bearbeitung ankommt, müssen, wenn der wahrscheinliche Werth nicht unbeträchtlich ist, zur Abschätzung wenigstens drei Sachverständige gebraucht, und die Taxe muß nach dem Durchschnitte ihrer Angaben bestimmt werden. Bei anderen beweglichen Sachen ist die Zuziehung auch nur Eines Taxators, welcher von Gegenständen dieser Art die nöthige Sachkenntniß besitzt, hinreichend.

Wenn mehrere Stücke von gleicher Art vorhanden sind, z. B. mehrere brillantene Ringe, 2c. so müssen denselben, mittelst eines an jedem Stücke mit dem Gerichtssiegel zu befestigenden Fadens, Nummern dergestalt angehängt werden, daß keine Verwechselung erfolgen könne.

Allgemeine
Gerichtsordnung
für
die Preußischen Staaten.

Dritter Theil.
Von den Pflichten der bei der Justiz angesetzten Personen.

Erster Titel.

Von den Landesjustizkollegien überhaupt, deren Verrichtungen und Pflichten.

§. 1.

Die von Sr. Königlichen Majestät zur Justizpflege in Höchstdero Staaten verordneten Landeskollegia bestehen: Zusammensetzung der Justizkollegien.

1) aus Vorgesetzten, welche den Namen der Präsidenten und Direktoren führen;

2) aus Mitgliedern, oder Räthen und Beisitzern;

3) aus den zum Betriebe der Geschäfte erforderlichen Subalternen;

4) sind dabei junge Leute angesetzt, die, als Auskultatoren und Referendarien, zu gerichtlichen Geschäften und Bedienungen vorbereitet und ausgebildet werden sollen.

§. 2.

Die Bestimmung der solchergestalt formirten Landesjustizkollegien ist: Bestimmung derselben.

1) daß sie den ihrer Gerichtsbarkeit unmittelbar unterworfenen Personen, und in den an sie gewiesenen Sachen, Justiz administriren sollen;

2) daß sie die Aufsicht über die Untergerichte ihres Departements führen; zu dem Ende sowohl überhaupt auf eine ordnungsmäßige Rechspflege bei selbigen halten, und, um sich davon zu versichern, fleißig Justizvisitationen anstellen, als auch insonderheit die gegen die Verfügungen und Aussprüche

sothaner Untergerichte, es sey durch den Weg der Appellation, oder des bloßen Rekurses, an sie gelangten Beschwerden untersuchen, und denselben, wenn sie gegründet sind, abhelfen sollen;

3) daß sie die ihnen besonders angewiesenen Geschäfte, in Vormundschafts-, Hypotheken- und anderen zur streitigen Gerichtsbarkeit nicht gehörigen Angelegenheiten dirigiren und betreiben sollen.

§. 3.

1. Extrajudicialia.

Was für Geschäfte dieser letztern Art dem einen oder dem andern Justizkollegio angewiesen sind, ist bei jedem von ihnen, nach den verschiedenen Verfassungen der Königlichen Provinzen, besonders festgesetzt; und was die Kollegia dabei zu thun und zu beobachten haben, ist im zweiten Theile der gegenwärtigen Gerichtsordnung vorgeschrieben.

§. 4.

2. Aufsicht über die Untergerichte.

Was den Kollegien in Ansehung des zweiten Hauptgegenstandes ihrer Bestellung, nämlich der Aufsicht über die Untergerichte zu thun obliegt, davon wird theils gelegentlich in den nachfolgenden Titeln, theils und vornehmlich aber in dem weiter unten vorkommenden Achten Titel, von Untergerichten, gehandelt werden.

§. 5.

3. Jurisdictio contentiosa.

In Ansehung des ersten Hauptgegenstandes ihrer Bestimmung, nämlich der Ausübung der ihnen anvertrauten unmittelbaren landesherrlichen Jurisdiktion, haben die Justizkollegia theils gewisse allgemeine, theils die Personen, aus welchen sie bestehen, gewisse besondere Pflichten zu beobachten. Letztere werden in den folgenden Titeln, wo von den verschiedenen Amtsverrichtungen dieser Personen die Rede ist, umständlich vorgeschrieben.

§. 6.

Die allgemeine Pflicht der Landesjustizkollegien ist, daß sie den bei ihnen Recht nehmenden Partheien eine gründliche, schleunige, und durchaus unpartheiische Justizpflege widerfahren lassen sollen. Pflichten der Justizkollegien.

§. 7.

Es müssen also die Landesjustizkollegia in allen für sie gehörigen Angelegenheiten die Klagen und Vorstellungen der bei ihnen Recht suchenden Partheien unweigerlich annehmen; dieselben sorgfältig und aufmerksam prüfen; die Sachen nach Vorschrift der gegenwärtigen Ordnung gehörig untersuchen, und nach den Gesetzen entscheiden; einen jeden bei seinem Rechte schützen, oder ihm dazu mit Nachdruck verhelfen; die Untersuchungen und Instruktionen fleißig und ununterbrochen betreiben; die Entscheidungen möglichst beschleunigen; und dabei weder selbst den geringsten unnöthigen Aufenthalt oder Verzug sich zu Schulden kommen lassen, noch daß dergleichen von Anderen gemacht werde, verstatten.

§. 8.

Insonderheit müssen die Justizkollegia sich bei ihren Amtsverrichtungen der strengsten Rechtschaffenheit und gewissenhaftesten Unpartheilichkeit befleißigen: dergestalt, daß sie einem jeden, ohne Unterschied des Ranges, Standes, Geschlechts, Ansehens oder Vermögens, lediglich nach Beschaffenheit und Lage der Sache, und nach den Vorschriften der Gesetze, sein Recht widerfahren lassen; insonderheit aber Armen und Niedrigen, gegen unrechtmäßige Bedrückungen und Beeinträchtigungen reicher, mächtiger und angesehener Gegner, nachdrücklichen Schutz und Hülfe verschaffen.

§. 9.

Damit nun besagte Kollegia im Stande seyn mögen, diesen ihren Pflichten und Verrichtungen ge- Rechte und Autorität derselben.

hörig nachzukommen; so haben Se. Königl. Majestät ihnen das Recht beigelegt, die Justiz in Allerhöchstderoselben Namen zu administriren, und befehlen jedermänniglich, ohne Unterschied und Ausnahme, den Verordnungen und Verfügungen des ihm vorgesetzten Landesjustizkollegii, in den zu dessen Amte gehörigen Angelegenheiten, eben die willige, prompte und gehorsame Folge zu leisten, wozu er Sr. Königl. Majestät selbst, als höchstem Landesherrn und oberstem Richter, verpflichtet ist; wollen auch mehr erwähnte Kollegia bei dieser ihnen ertheilten Macht und Ansehen nachdrücklich schützen, und den gegen sie bewiesenen Ungehorsam und Widersetzlichkeit auf das strengste geahndet und bestraft wissen.

§. 10.

Höchstdieselben autorisiren daher auch oftbesagte Landesjustizkollegia, ihren auf die Gesetze und gegenwärtige Ordnung gegründeten Verfügungen, nöthigenfalls durch rechtliche Zwangsmittel, Gehorsam und Folge zu verschaffen; die Widerspenstigen durch den Fiskus zur Verantwortung ziehen zu lassen; und mit den in den Kriminalgesetzen geordneten Strafen wider sie zu verfahren (Allg. L. R. Th. II. Tit. XX. §. 166. u. f.).

§. 11.

Aufsicht über dieselben.

Damit aber auch diese Kollegia die ihnen anvertraute Macht und Gewalt nicht mißbrauchen, sollen sie nicht allein unter beständiger ununterbrochener Aufsicht gehalten, und durch oftmalige Justizvisitationen von ihrem Betragen bei Verrichtung ihres Amts zuverlässige Kenntniß eingezogen; sondern es soll auch den Partheien mit ihren Beschwerden wider sie, das erforderliche Gehör niemals versagt werden.

§. 12.

Untersuchung der wider

Beschwerden über die Justizkollegia und Gerichte gehen entweder nur gegen den Inhalt einer von ihnen getroffenen, dem Beschwerdeführer vermeintlich nachtheiligen Verfügung; oder sie enthalten zugleich persönliche Anschuldigungen wegen verletzter oder vernachlässigter Amtspflichten. sie einkommenden Beschwerden.

§. 13.

Beschwerden der erstern Art, in so fern sie gegen wirkliche Urtel, oder mit denselben gleiche Kraft habende Resolutionen gerichtet sind, müssen durch die im Vierzehnten und Funfzehnten Titel beschriebenen ordentlichen Rechtsmittel der Appellation und Revision angebracht und ausgeführt werden. Betrifft aber die Beschwerde irgend eine andere gerichtliche Verfügung, so muß dieselbe, wenn sie gegen ein Untergericht erhoben wird, bei dem unmittelbar vorgesetzten Obergerichte, und wenn sich jemand über ein Obergericht oder Landesjustizkollegium beschweren zu müssen glaubt, bei dem Justizdepartement des Staatsministerii angebracht werden. Auch bleibt einem jeden, welcher sich bei den Verfügungen des Justizdepartements nicht beruhigen zu können vermeint, der Zutritt zu Sr. Königl. Majestät Allerhöchsten Person unverschlossen.

Anh. §. 439. In rechtskräftig abgeurtelten Rechtsstreitigkeiten dürfen die Partheien Se. Königl. Majestät und das Ministerium gar nicht mit Beschwerden behelligen.

§. 14.

Es muß aber ein jeder, welcher dergleichen Beschwerden anbringen will, die Sache deutlich, der Wahrheit gemäß, und mit gebührender Bescheidenheit vortragen; auch seinen Beschwerden jedesmal die letzte Resolution der unmittelbar vorher gehenden Behörde beilegen.

Anh. §. 440. Bei der Unterschrift der Eingaben muß bemerkt werden, ob der Supplikant die Vorstellung selbst verfertigt und unterschrieben hat, oder von wem dieses geschehen; und bei Vorstellungen, die im Namen ganzer Gemeinden eingereicht werden, müssen insbesondere diejenigen Wirthe oder Gemeindeglieder, welche die Vorstellung veranlaßt haben, ihre eigenen Namen darunter setzen.

Diejenigen, welche Vorstellungen nicht deutlich fassen und schreiben können, und, der erfolgten Warnung ungeachtet, nicht unterlassen, solche für Andere zu fertigen und zu schreiben, werden mit Gefängnißstrafe von 14 Tagen bis 4 Wochen, oder mit verhältnißmäßiger Geldstrafe belegt, und sollen diese Strafen im Wiederholungsfalle verdoppelt werden.

Diejenigen aber, die solche Vorstellungen für Verwandte, Freunde und Bekannte fertigen dürfen, dieses aber nicht in der gehörigen Form thun, oder eine schon zurück gewiesene Vorstellung wiederholen, sollen zuerst mit 8 bis 14tägiger Strafe in einem Gefängnisse, Arbeits- oder Besserungshause bestraft, und im Wiederholungsfalle mit der doppelten Strafe belegt werden. Bei ferneren Wiederholungen soll die vorher ausgestandene Strafe jedesmal mit 8 bis 14 Tagen erhöhet werden.

Anh. §. 441. Die Bittsteller sollen durch die ordentlichen Posten ihre Gesuche abschicken, nicht aber solche selbst überbringen und durch persönliches Suppliciren lästig werden.

§. 15.

Wer entweder die hierin vorgeschriebene Ordnung in Anbringung seiner Beschwerden nicht beobachtet, sondern, mit Uebergehung des vorgesetzten Landeskollegii, das Justizdepartement, oder, mit Uebergehung des letztern, Se. Königl. Majestät unmittelbar behelliget (§. 13.); oder wer seiner Vorstellung die von der vorher gehenden Behörde erhaltene letzte Vorbescheidung nicht beifügt, und solchergestalt eine günstigere Resolution zu erschleichen sucht (§. 14.), der hat zu gewärtigen, daß er ohne weitere Verfügung sofort wird abgewiesen werden.

Anh. 442. Wer mit Uebergehung einer Behörde oder mit Unterlassung der bestimmten Form Beschwerden und Gesuche anbringt, hat zu gewärtigen, daß ihm seine Vorstellung ohne Verfügung zurück gegeben wird.

Wer sich dadurch nicht bedeuten läßt, und sein unförmliches Gesuch wiederholt, desgleichen, wer einmal beschieden worden, und sein Gesuch ohne besondern Grund wiederholt, soll zur Strafe auf 14 Tage bis 4 Wochen in ein Gefängniß, Arbeits- oder Besserungshaus gebracht werden.

Im Wiederholungsfalle wird die ausgestandene Strafe verdoppelt, und bei jeder fernern Wiederholung wird die vorher ausgestandene Strafe wieder mit 14 Tagen bis 4 Wochen erhöht.

Bei Vermögenden wird eine verhältnißmäßige Geldstrafe festgesetzt.

Diese Strafen werden von dem betreffenden Ministerium unmittelbar oder von der Behörde durch ein bloßes Dekret festgesetzt, so bald die verbotene Wiederholung des Gesuchs durch Vernehmung des Beschwerdeführers oder auf andere Weise festgestellt worden, und es werden solche durch die Behörde zum Vollzug gebracht, welcher deshalb Auftrag geschieht.

Anh. §. 443. Diejenigen, welche Seine Königliche Majestät oder das Ministerium mit persönlichem Suppliciren belästigen, und sich nicht bedeuten lassen, in ihre Heimath zurück zu kehren und daselbst die Resolution abzuwarten, werden dahin durch die Polizeibehörden zurück gebracht. Wenn sie dennoch sich wieder einfinden, und das Suppliciren fortsetzen; so werden sie nach den in §. 442. des Anhangs enthaltenen Bestimmungen bestraft und behandelt.

Gemeinden und Gemeinde-Deputirte, die ihren Wohnort verlassen, um bei Seiner Königlichen Majestät oder dem Ministerio Vorstellungen selbst zu überreichen und persönlich zu suppliciren, sollen von den Gerichts- und Polizeibehörden, deren Bezirk sie passiren, angehalten und in ihre Heimath zurück geschafft werden, nachdem zuvörderst die Vorstellung, die sie eingeben wollen, ihnen abgenommen, sie nach Befinden über den Inhalt derselben näher zu Protokoll vernommen, und solche zur Post gegeben worden. Wenn sie dennoch sich persönlich einfinden, um zu suppliciren; so werden sie mit den vorerwähnten Gefängniß- oder Geldstrafen belegt.

§. 16.

Damit niemand über Mangel an Gelegenheit, seine Gesuche oder Beschwerden gehörigen Orts anzubringen, mit Grunde klagen dürfe; so ist nicht nur den Justizkommissarien, nach den unter Tit. VII. erfolgenden näheren Bestimmungen, zur besondern Pflicht gemacht, den Partheien, welche sich über widerrechtliche Verfügungen und Bedrückungen der Gerichte beschweren wollen, so bald sie, nach näherer Prüfung des Anliegens, die Beschwerde nicht ungegründet, widerrechtlich oder unerheblich finden, mit ihrem Rathe und Amte ohne alle Menschenfurcht und Ansehen der Person an die Hand zu gehen; sondern es muß auch bei allen Kollegien und Gerichten die Veranstaltung getroffen werden, daß Leute von gemeinem Stande, welche sich des Beistandes eines Justizkommissarii aus Unvermögen nicht bedienen können, an gewöhnlicher Gerichtsstelle jemanden finden, bei dem sie ihre Gesuche oder Beschwerden mündlich zum Protokolle vortragen können; und müssen von den dazu ein- für allemal, nach der Beschaffenheit und Verfassung eines jeden Gerichts oder Kollegii, bestellten Personen die Anträge solcher Partheien unweigerlich und unentgeldlich aufgenommen werden.

Wenn auch eine Parthei gegen das Landesjustizkollegium ihrer Provinz selbst Beschwerden hätte, und weder einen Justizkommissarius zu deren schriftlicher Anbringung finden, noch eine der von Zeit zu Zeit bei diesem Kollegio anzustellenden Justizvisitationen abwarten könnte; so soll derselben frei stehen, sich bei dem nächstgelegenen Landesjustizkollegio zu melden, und um Aufnehmung ihrer Beschwerde zum Protokolle zu bitten; worunter ihr ohne allen Anstand gewillfahrt, und dergleichen Protokoll, mit Beilegung der letzten, dem Supplikanten abzufordernden

dernden Resolution, an das Justizdepartement unverzüglich eingesendet werden muß.

§. 17.

Die Landesjustizkollegia müssen die bei ihnen gegen Untergerichte ihres Departements angebrachten Beschwerden unweigerlich annehmen; nach den unten (Tit. III.) erfolgenden näheren Vorschriften sorgfältig prüfen; denselben, in so fern sie gegründet sind, mit Nachdruck abhelfen; wenn aber das Anbringen ungegründet befunden wird, den Supplikanten mit Glimpf, Mäßigung und Herablassung, zu seinen Fähigkeiten und Begriffen zu bedeuten und zurecht zu weisen, sich unermüdet angelegen seyn lassen.

§. 18.

Beschwerden gegen Militärgerichte gehören zwar an sich lediglich für die ihnen vorgesetzten Militärbehörden; in wie fern jedoch die Civilgerichte sich ihrer Jurisdiktionsgesessenen, in Rechtsangelegenheiten derselben, bei den Militärgerichten anzunehmen verbunden sind, ist im Ersten Theile dieser Allgemeinen Gerichtsordnung Tit. II. §. 52. festgesetzt.

§. 19.

Beschwerden, welche nicht bloß den Inhalt einer getroffenen gerichtlichen Verfügung angehen, sondern zugleich persönliche Anschuldigungen, wegen verletzter oder vernachlässigter Amtspflichten enthalten, sind entweder gegen einzelne Mitglieder oder Subalternen eines Kollegii, oder sie sind gegen ein ganzes Kollegium, oder den Präsidenten oder Chef desselben gerichtet.

§. 20.

Beschwerden gegen einzelne Mitglieder und Subalternen eines Justizkollegii, in Sachen, welche die Amtsführung derselben betreffen, müssen, der Regel nach, bei dem Präsidenten oder Chef des Kollegii angebracht werden.

Dieser muß dieselben, allenfalls mit Zuziehung des Direktors oder vorsitzenden Raths, genau und sorgfältig untersuchen; den Denuncianten oder Querulanten zum Protokolle umständlich hören; den denuncirten Rath oder Subalternen über die Beschuldigung gleichergestalt zum Protokolle vernehmen; alle dabei vorkommende Thatsachen oder Umstände genau erörtern, und hiernächst von der Sache, mit Beischluß des Protokolls und Beifügung seines Gutachtens, an den Chef der Justiz pflichtmäßig berichten.

§. 21.

Von diesem wird alsdann das Weitere verfügt, und entweder der Beschwerde führende Theil beschieden; oder, wenn aus dieser vorläufigen Untersuchung hinlängliche Anzeigen von wirklichem pflichtwidrigen Betragen gegen einen solchen Justizbedienten hervorgehen, die förmliche Inquisition wider ihn, nebst der etwa erforderlichen Suspension von seinem Amte, veranlaßt.

§. 22.

Beschwerden in Amtssachen gegen ganze Kollegia oder deren Präsidenten, müssen unmittelbar bei dem Chef der Justiz angebracht, und zugleich jedesmal gehörig bescheinigt werden. Der Chef der Justiz hat alsdann, wegen näherer Untersuchung solcher Beschwerden, das Erforderliche, nach Beschaffenheit der Umstände, zu veranlassen.

§. 23.

Strafen pflichtwidriger Justizbedienten.

Wenn bei diesen Untersuchungen sich veroffenbaret, daß ein solcher Justizbedienter wirklich seine Pflicht vernachlässigt oder aus den Augen gesetzt eine Ungerechtigkeit verübt, den Vorschriften der

Gesetze und den Obliegenheiten seines Amtes zuwider gehandelt habe; so soll derselbe zuvörderst, allen der Parthei dadurch verursachten Schaden sofort zu ersetzen, ohne prozessualische Weitläufigkeiten, mittelst Exekution angehalten, außerdem aber mit den nach Beschaffenheit und Größe des Vergehens, und der dabei zum Grunde liegenden Absicht, in den Kriminalgesetzen näher bestimmten scharfen und unerläßlichen Strafen belegt werden (Allgem. L. R. Th. II. Tit. XX. §. 366. u. f.).

§. 24.

Se. Königliche Majestät wollen daher alle und jede Dero höhere und niedere Justizbedienten hierdurch ernstlich warnen, sich nach vorstehenden Anweisungen und Bedeutungen auf das genaueste zu achten; nicht nur vor allen groben und vorsätzlichen Ungerechtigkeiten sich sorgfältig zu hüten, sondern auch bei Besorgung der ihnen aufgetragenen Amtsgeschäfte alle und jede Leidenschaften von sich entfernt seyn zu lassen; selbst den Schein der Partheilichkeit und Animosität mit gewissenhafter Aufmerksamkeit zu vermeiden; von keiner Parthei, welche bei dem Kollegio einen Prozeß oder sonst etwas zu suchen hat, etwas an Gelde oder Geldeswerth, es habe Namen wie es wolle, unter keinerlei Prätext weder selbst anzunehmen, noch durch ihre Angehörigen, Dienstboten oder Andere annehmen zu lassen; allen familiairen Umgang und Verbindungen mit solchen Partheien gänzlich zu vermeiden, und mit Einem Worte keine Rücksicht oder Betrachtung in der Welt, es sey Menschenfurcht, Vorurtheil des Ansehens, Freundschaft, Feindschaft, Haß, Neid oder irgend sonst aus Leidenschaften, Privatinteresse oder anderen Nebenabsichten herfließende unlautere Bewegungsgründe, sich von der genauen Beobachtung ihrer,

Gott und dem Staate, und der Justiz so theuer angelobten Pflichten abwendig machen oder zurückhalten zu lassen.

§. 25.

Wenn ein Justizbedienter überführt wird, von einer Parthei Geschenke angenommen zu haben, so soll dieß allein schon hinreichend seyn, ihn zur Kassation und weitern Bestrafung zu qualificiren; gesetzt auch, daß er um dieser Geschenke willen, das Recht selbst gebeugt zu haben, nicht überwiesen werden könnte.

§. 26.

Wenn eine Parthei sich beikommen läßt, einem Justizbedienten Geschenke zu versprechen oder wirklich anzubieten; so soll ein solcher Justizbedienter, bei schwerer Verantwortung, schuldig seyn, dergleichen Ansinnen dem Präsidenten oder Chef des Kollegii sofort anzuzeigen; und dieser soll den Fiskus gegen einen solchen Menschen unverzüglich excitiren, damit derselbe dieses seines Unternehmens halber zur gebührenden Verantwortung gezogen, und nach Befinden der Umstände nachdrücklich bestraft werden möge.

§. 27.

Wer durch Geschenke und Bestechungen bei den Gerichten eine ungerechte Verfügung oder Erkenntniß erschlichen hat; ingleichen derjenige, welcher sich dazu auf irgend eine Art als Unterhändler hat gebrauchen lassen, soll zur Inquisition gezogen; und wenn er der Beschuldigung überführt wird, ihm nicht allein in allen seinen künftigen gerichtlichen Verhandlungen alle Glaubwürdigkeit und alle Fähigkeit zur Ableistung eines nothwendigen oder Zeugeneides abgesprochen, sondern er soll auch noch über alles dieses an Leibe oder Gütern, nach Vorschrift der Kriminalgesetze (Allg. L. R. Th. II. Tit. XX. §. 370.), empfindlich bestraft werden.

Uebrigens bleibt derselbe, wie es sich schon von selbst versteht, dem Gegentheile, wegen alles durch die bewirkte Ungerechtigkeit entstandenen Schadens, mit dem strafbaren Justizbedienten zugleich, und in solidum, verhaftet.

§. 28.

Strafen erdichteter Beschwerden, und Beleidigungen der Justizkollegien.

So wie aber Se. Königl. Majestät Höchstdero sämmtlichen Unterthanen gegen alle unrechtmäßige Bedrückungen und Beeinträchtigungen nachdrücklichen Schutz gehalten, und die dahin abzielenden Vergehungen aller und jeder Justizbedienten mit Ernst und Strenge geahndet wissen wollen; so sind jedoch auf der andern Seite Höchstgedachte Se. Majestät eben so wenig gemeint, denjenigen, welche sich über die Verfügungen ihrer Obrigkeit ohne Grund und Ursach beschweren, und sich ihres Unrechts nicht bedeuten oder belehren lassen, in ihrem Ungehorsame nachzusehen, oder wohl gar Dero Justizkollegia und Bediente den Verläumdungen boshafter, aufgebrachter und mißvergnügter Partheien Preis zu geben; vielmehr soll denselben gegen dergleichen ungegründete Beschuldigungen eben so nachdrücklicher Schutz widerfahren, und Genugthuung verschafft werden.

§. 29.

Da einem jeden nach §. 16. hinlängliche Gelegenheit angewiesen ist, seine Beschwerden und Gesuche auf eine gesetz- und regelmäßige Art anzubringen; so haben diejenigen, welche davon keinen Gebrauch machen, sondern dennoch zu Winkelschriftstellern und unbefugten Konsulenten ihre Zuflucht nehmen, zu gewärtigen, daß auf ihre schriftlichen Vorstellungen, die von keinem Justizkommissario unterschrieben und legalisirt sind, gar keine Rücksicht genommen, sondern ihnen dieselben ohne weitere Verfügung zurückgegeben werden.

§. 30.

Diejenigen Partheien, welche sich der vorgeschriebenen Ordnung nicht unterwerfen, sondern entweder die Kollegia und deren Vorgesetzte mit offenbar grundlosen und widerrechtlichen Beschwerden gegen bessere Wissenschaft und Ueberzeugung belästigen; oder nachdem sie ihres Unrechts gehörig bedeutet worden, mit ihren Klagen dennoch fortfahren, und durch wiederholtes ungestümes Suppliciren, etwas, so gegen Recht und Ordnung ist, durchzusetzen und zu erzwingen suchen; oder die endlich gar das Justizdepartement, oder Sr. Königl. Majestät Allerhöchste Person mit falschen und unrichtigen Darstellungen ihrer Angelegenheiten, oder mit unwahren und erdichteten Beschuldigungen und Verunglimpfungen der Kollegien und Gerichte zu behelligen sich unterfangen, *sollen als muthwillige* oder boshafte Querulanten *angesehen*, ihnen der Prozeß gemacht, und über ihre Bestrafung rechtlich erkannt werden.

§. 31.

Gegen einen solchen unbefugten Querulanten soll, nach Beschaffenheit der Umstände, des mehr oder minder offenbaren Ungrunds seiner Beschwerden, und des dabei erwiesenen Grades von Bosheit und Hartnäckigkeit, Gefängniß-, Festungs- oder Zuchthausstrafe von 14 Tagen bis zu sechs Monaten Statt finden.

§. 32.

Persönliche Anschuldigungen gegen Justizkollegia und Bediente, wegen verletzter oder vernachlässigter Amtspflichten, haben, wenn sie bei gehöriger Untersuchung ungegründet befunden werden, die in den Kriminalgesetzen (Th. II. Tit. XX. §. 207 — 209.) bestimmten Strafen verwirkt; welche allenfalls bis zu zweijähriger Festungs- oder Zuchthausstrafe geschärft werden sollen, wenn Justizkollegia und Bediente der

Bestechung, oder einer aus Animosität oder Privatleidenschaft vorsetzlich begangenen Ungerechtigkeit und Partheilichkeit, ohne Grund beschuldigt worden sind.

§ 33.

Wie diejenigen zu bestrafen, welche, ohne dazu gesetzmäßig berechtigt zu seyn, sich damit abgeben, den Partheien schriftliche Vorstellungen und Eingaben zu verfertigen; besonders aber diejenigen, welche ein Gewerbe daraus machen, unwissende oder boshafte Partheien zur Widersetzlichkeit oder zu unnützem und widerrechtlichem Queruliren aufzumuntern, Schriften und Suppliken für selbige anzufertigen, oder ihnen auf irgend eine andere Art in ihrem gesetzwidrigen Beginnen beiräthig und behülflich zu seyn, ist in den Kriminalgesetzen verordnet (Th. II. Tit. XX. §. 176. 177.).

§. 34.

Wenn unruhige und unbedeutsame Partheien sich an Winkelschriftsteller und Konsulenten wenden, die sich außerhalb Landes an den Grenzen aufhalten, und denen daher durch die einländischen Gerichte unmittelbar nicht Einhalt geschehen kann; so sollen die Landesjustizkollegia, wenn dergleichen Fälle zu ihrer Kenntniß gelangen, die auswärtige Behörde sofort requiriren, daß einem solchen Menschen alles fernere Verkehr dieser Art mit hiesigen Unterthanen ernstlich, und bei verhältnißmäßiger Bestrafung, untersagt; auch diese Strafe, bei erfolgender Uebertretung des Verbots, wirklich vollzogen werde. Geschieht dieser Requisition kein Genüge, so muß davon an das Justiz- zur weitern Rücksprache mit dem Auswärtigen Departement berichtet werden. Wäre aber auch auf diesem Wege dem fernern unbefugten Einmischen solcher fremder Konsulenten in hiesige Rechtssachen nicht Einhalt zu thun; so hat die einländische Parthei, welche sich derselben bedient, schon dadurch allein verhältnißmäßige Geld- oder Gefängnißstrafe verwirkt (Th. II. Tit. XX. §. 35.).

§. 35.

Rang und Ordnung in dem Betriebe der Geschäfte.

Bisher ist von der Einrichtung der Justizkollegien, ihrer Bestimmung, und ihren Pflichten überhaupt, gehandelt worden. Nunmehr soll noch die Ordnung vorgeschrieben werden, in welcher die diesen Kollegien obliegenden Geschäfte vorzunehmen und zu betreiben sind.

§. 36.

Diese Geschäfte sind entweder solche, welche von dem versammelten Kollegio besorgt werden müssen; oder solche, die einzelnen Mitgliedern desselben für sich allein obliegen.

§. 37.

Was bei den Geschäften der letztern Art zu beobachten sey, davon wird unten, in den besonderen, die Pflichten der Mitglieder und Subalternen des Kollegii betreffenden Titeln, gehandelt werden.

§. 38.

Zu den Geschäften, welche von dem versammelten Kollegio zu besorgen, sind gewisse Zusammenkünfte oder Sessionen bestimmt. Diese müssen ein- für allemal fixirt seyn, und jederzeit an den nämlichen Tagen vor sich gehen. Wie viel aber dergleichen Sessionen in der Woche gehalten, und was für Tage dazu festgesetzt werden sollen, hängt von der besondern Verfassung eines jeden Kollegii, und dem Umfange der Geschäfte desselben ab.

§. 39.

Diesen Sessionen müssen alle Mitglieder und Subalternen des Kollegii, ingleichen die Referendarien und Auskultatoren, beiwohnen. Niemand kann davon zurück bleiben, ohne erhebliche Ursachen, die er jedoch dem Präsidenten oder Vorgesetzten des

Kollegii schriftlich anzeigen muß. Wer ohne gegründete Entschuldigung von einer Session zurück bleibt; oder dem Präsidenten davon nicht gehörige Anzeige gemacht hat; oder sich dabei zu spät einfindet, soll deshalb in eine proportionirliche Geldstrafe genommen; bei öfteren Wiederholungen und vergeblichen Warnungen aber, dergleichen Betragen, als eine pflichtwidrige Widersetzlichkeit gegen die Ordnung, dem Chef der Justiz zur weitern Ahndung einberichtet wird.

§. 40.

Es müssen daher bei den Kollegien, wie bisher schon gewöhnlich gewesen, ordentliche Präsenztabellen gehalten, und in selbigen, von jedem Sessionstage, die außengebliebenen Mitglieder, Subalternen und Referendarien, nebst den Ursachen ihres Außenbleibens, verzeichnet werden.

§. 41.

Damit auch die Mitglieder des Kollegii an der Beiwohnung der Sessionen desto weniger gehindert seyn mögen, so sollen, der Regel nach, keine Instruktionstermine auf den Vormittag eines Sessionstages angesetzt werden.

§. 42.

Die Sessionen sollen um acht Uhr früh ihren Anfang nehmen, und so lange dauern, als erforderlich ist, um die auf diesen Tag angewiesenen Geschäfte zu besorgen und abzuthun.

§. 43.

Was nun die Geschäfte selbst, und die Ordnung, in welcher sie vorgenommen werden sollen, betrifft; so wird I. mit Publikation der vom Hofe eingelaufenen Rescripte, welche nicht einzelne Prozeßangelegenheiten, sondern Generalia betreffen, der Anfang gemacht.

§. 44.

Sodann werden II. die Memorialien vorgetragen, welche entweder solche Generalia, oder Vormundschafts-, Hypotheken-, Konsistorial- und andere dergleichen, nach Maaßgabe §. 3. dem Kollegio zur speciellen Bearbeitung etwa angewiesene Sachen zum Gegenstande haben.

In so fern daher zu diesen Arten von Geschäften gewisse Personen, die sonst keine Mitglieder des eigentlichen Justizkollegii sind, z. B. besondere Konsistorial- oder Pupillenräthe, konkurriren, müssen diese sich am Anfange der Session mit einfinden, und dabei so lange gegenwärtig bleiben, bis die zu diesem ihren speciellen Departement gehörigen Geschäfte beendigt sind.

§. 45.

Nach diesem werden III. die Justizkommissarien und Andere, welche in Sachen, die nicht zu einem Prozesse oder sonst zur streitigen Gerichtsbarkeit gehören, Termine abzuhalten, oder etwas mündlich zum Protokoll vorzutragen haben, vorgelassen.

Dahin gehören also Ableistungen von Homagialeiden, Belehnungen, Verpflichtungen von Offizianten und Vormündern, Bestellung von Hypotheken, gerichtliche Anerkenntnisse und Vollziehung von Kontrakten und anderen dergleichen Handlungen der willkührlichen Gerichtsbarkeit.

Doch steht den Kollegien frei, wenn dadurch die Session allzu lange verzögert, und die Zeit zu den übrigen Geschäften zu kurz werden sollte, dergleichen Handlungen und Verträge durch einen Deputirten, mit Zuziehung eines oder zweier Referendarien, in einem Nebenzimmer vor- und aufnehmen zu lassen. Durch diesen Deputirten werden alsdann auch die Urtelspublikationen, der Vorschrift Th. I. Tit. XIII. §. 44. u. f. gemäß, besorgt.

§. 46.

Wenn solchergestalt die ad Extrajudicialia gehörigen Angelegenheiten abgethan sind; so wird IV. mit dem Vortrage derjenigen Memorialien fortgefahren, welche ad jurisdictionem contentiosam gehören, z. B. die Anmeldungsprotokolle der neuen Klagen; die Berichte, Anzeigen und Anfragen der Deputirten in Instruktionssachen; die Beschwerden über Untergerichte; die Berichte und Anfragen derselben, u. s. w.

§. 47.

Nach beendigtem Memorialienvortrage werden V., in so fern die Zeit dazu noch hinreicht, die mündlichen und schriftlichen Relationen in den zum Spruch geschlossenen Sachen vorgenommen.

§. 48.

Bei Kollegien, welche aus mehreren Senaten bestehen, müssen, wenn der Memorialienvortrag ad IV. geendigt ist, diese Senate sich trennen, und jeder von ihnen die für ihn gehörigen Spruchsachen besonders vornehmen.

§. 49.

Wenn in den ordentlichen Sessionstagen die Zeit zum Ablesen der Relationen zu kurz würde, so müssen dazu außerordentliche Versammlungen, nach Beschaffenheit der Umstände, von dem Präsidenten angesetzt werden.

§. 50.

Obige Vorschriften bestimmen die Ordnung der Geschäfte in den Sessionen nur der Regel nach; die Abweichungen und Ausnahmen davon, welche die besondere Verfassung dieses oder jenes Kollegii etwa erfordern könnte, sind, nach Maßgabe dieser Verfassung, durch specielle Instruktionen für jedes Kollegium bestimmt.

§. 51.

Ferien. Diese ordentlichen Sessionen oder Versammlungen bleiben während der Gerichtsferien ausgesetzt. Es sollen aber dergleichen Ferien künftig nur Statt finden:

1) an jedem der drei hohen Feste, nämlich Ostern, Pfingsten und Weihnachten, auf vierzehn Tage;

2) in der Erndte auf vier Wochen.

§. 52.

In diesen Gerichtsferien können also, der Regel nach, keine Instruktions- und andere zum Prozesse gehörige Termine, welche die Partheien selbst abzuwarten haben, anberaumt; während derselben keine Urtel publicirt, und keine Exekutionen vollstreckt werden.

Anh. §. 444. Wenn durch öffentliche Vorladung oder Bekanntmachung ein Termin aus Versehen auf einen Tag in den Gerichtsferien anberaumt ist, so ist deswegen das Verfahren nicht für nichtig zu achten, und bedarf es daher auch keiner Wiederholung der Vorladung oder Bekanntmachung.

§. 53.

Hiervon sind jedoch ausgenommen: Wechsel-, Aliment-, Arrest- und andere dergleichen Sachen, wo Gefahr bei dem Verzuge obwaltet, ingleichen Exekutionsvollstreckungen in den Th. I. Tit. XXIV. §. 25. näher bestimmten Fällen. Auch müssen sowohl die außergerichtlichen, zur Direktion des Kollegii gehörigen Geschäfte, als die Instruktion der Prozesse selbst, in so fern dabei die Gegenwart der Partheien nicht erforderlich ist, ihren ununterbrochenen Fortgang behalten.

§. 54.

Zur Bearbeitung dieser Angelegenheiten muß während der Ferien ein Tag in der Woche bestimmt, und wenn in der Zwischenzeit Sachen, die eine vorzügliche Beschleunigung erfordern, einkommen, so müssen, zu deren Abmachung, die gegenwärtigen Mitglieder des Kollegii außerordentlich zusammen berufen werden.

Zweiter Titel.

Von dem Amte der Präsidenten und Direktoren.

---

§. 1.

Die Präsidenten und Direktoren der Justizkollegien werden von Sr. Königl. Majestät unmittelbar bestellt. Ihre Introduktion geschieht durch den Chef der Justiz, oder wem er dazu den Auftrag zu machen befindet, und sie werden zu ihrem Amte nach dem beigedruckten Formulare vereidet. Bestellung.

§. 2.

Ihre Hauptpflicht besteht darin, daß sie die in den Kollegien eingeführte gute Ordnung beständig unterhalten; allen sich einschleichenden Mißbräuchen mit Eifer und Nachdruck steuern; und überhaupt auf eine gründliche, schleunige und rechtschaffene Justizpflege ihr ununterbrochenes Augenmerk richten sollen. Pflichten.

§. 3.

Ihnen kommt es zu, die vorfallenden Geschäfte und Arbeiten unter die Mitglieder des Kollegii zu vertheilen, und einem jeden diejenigen anzuweisen, zu deren zweckmäßiger Ausrichtung er nach seinen Kräften, Fähigkeiten und übrigen Verhältnissen am geschicktesten ist. 1. Vertheilung der Geschäfte.

§. 4.

Ob also wohl die Präsidenten, bei Vertheilung der Arbeit, im Ganzen genommen, die möglichste Gleichheit beobachten, und alle Prägravationen deseinen für den andern sorgfältig vermeiden müssen; so sind sie doch schuldig und befugt, bei der Anweisung der verschiedenen Arten von Geschäften, auf die persönlichen Umstände und Talente der Arbeiter selbst Rücksicht zu nehmen; und also den einen bei den Instruktionen der Prozesse, einen andern bei Abfassung der Dekrete, Relationen und Urtel; und einen dritten bei den zur Bearbeitung des Kollegii gehörenden außergerichtlichen Geschäften u. s. w. mehr oder weniger, ohne Rücksicht auf die Länge der Dienstjahre, oder sonstigen Vorrang im Kollegio, zuzuziehen.

§. 5.

Hieraus folgt, daß eine Hauptobliegenheit der Präsidenten sey, die Mitglieder ihres Kollegii, nach ihren verschiedenen natürlichen Talenten, erworbenen Geschicklichkeiten und moralischen Eigenschaften, so genau als möglich kennen zu lernen.

§. 6.

2. Aufsicht über die Mitglieder und Subalternen.

Auf das Betragen der Mitglieder und Subalternen des Kollegii in ihren Amtsgeschäften müssen die Präsidenten ein wachsames Auge haben; sie dabei, so viel als möglich ist, kontrolliren; einen jeden zu seiner Pflicht mit Glimpf und Freundlichkeit, nöthigen Falls aber mit Ernst und Nachdruck, anhalten; auch zugleich dahin sehen, daß ein jeder in den Schranken des ihm angewiesenen Berufs verbleibe, und keiner sich in das, was seines Amts nicht ist, mische, oder dem Andern Eingriffe thue.

§. 7.

Auch das Privatleben und die Konduite der Mitglieder und Subalternen des Kollegii müssen die Präsidenten zum Gegenstande ihrer Aufmerksamkeit machen. Ob es ihnen also gleich weder zugemuthet noch gestattet werden kann, sich in die Privat- und Familienangelegenheiten der ihnen subordinirten Justizbedienten einzudringen; so müssen sie dennoch darauf Acht haben, daß dieselben äußerlich einen ordentlichen und anständigen Lebenswandel führen; alle zum Aergernisse und Anstoße des Publici, und zur Entehrung ihrer Würde gereichende Ausschweifungen und Niederträchtigkeiten sorgfältig vermeiden; und überhaupt nichts vornehmen oder beginnen; wodurch das ihnen sonst gebührende, und zur Ausrichtung ihres Amts nothwendige Ansehen und Achtung vor der Welt herunter gesetzt, oder gar verloren werden könnte.

§. 8.

Eben um dergleichen Aergerniß und Anstoß zu vermeiden, müssen die Präsidenten, wenn Mitglieder des Kollegii unter einander selbst, über Angelegenheiten, welche ihr Privatinteresse betreffen, in Streit gerathen, dergleichen Streitigkeit gütlich beizulegen sich alle Mühe geben; beide Theile, allenfalls mit Zuziehung von ein paar anderen Räthen, gegen einander hören; sie zum Vergleiche oder Kompromisse zu vermögen suchen; und also möglichst verhüten, daß dergleichen Streitigkeiten nicht zu förmlichen Prozessen ausschlagen dürfen.

§. 9.

Auf diejenigen Mitglieder oder Subalternen des Kollegii, welche sich in übertriebenen, ihrem Stande, Vermögen und Einkünften nicht angemessenen Aufwand einlassen; ingleichen auf diejenigen, von welchen verlautet, daß sie mit Schulden beladen sind, müssen die Präsidenten besonders genau Acht haben; da dergleichen in ihren häuslichen und Vermögensumständen zerrüttete Leute nicht nur gemeiniglich alle zu sehr zerstreut und beunruhigt sind, als daß sie ihren Amtsgeschäften mit der erforderlichen Aufmerksamkeit und Applikation obliegen könnten; sondern auch Justizbediente, die durch Verschwendung und Schulden in Verlegenheit gerathen, ihre Pflichten den Versuchungen des Eigennutzes und der Korruption aufzuopfern, am ersten bewogen werden können.

§. 10.

Wenn ein Mitglied oder Subaltern des Kollegii es in Beobachtung seiner Pflichten an etwas ermangeln läßt, so müssen die Präsidenten ihm solches zuerst privatim vorhalten, und ihn zu künftiger besserer Wahrnehmung seiner Schuldigkeit ernstlich anmahnen; diese Admonition nöthigenfalls, mit Zuziehung des Direktors oder ein paar anderer Räthe wiederholen; und wenn diese Mittel zur Besserung des fehlerhaften Subjekts nicht hinreichend sind, oder das Vergehen von der Art ist, daß es eine vorsätzliche Verletzung wesentlicher Amtspflichten, besonders der Rechtschaffenheit und Integrität, enthält, solche Vorfälle, nach der Anweisung des vorher gehenden Titels §. 20., von Amts wegen gehörig untersuchen, und von dem Befunde an den Chef der Justiz pflichtmäßig berichten.

§. 11.

Subalternen, die ihre Pflichten aus Leichtsinn, Trägheit oder Fahrlässigkeit verletzen, können von den Präsidenten, auf geschehenen Vortrag im Kollegio, mit Ordnungsstrafen an Gelde, oder durch Gefängniß belegt, und Mitglieder des Kollegii, welche die ihnen zugetheilten Spruchsachen, Vorträge, oder Instruktionen liegen lassen, können von ihnen durch Geldstrafen zu ihrer Schuldigkeit angehalten werden.

§. 12.

Sollten wider Verhoffen alle, oder doch mehrere Mitglieder des Kollegii sich gemeinschaftlicher Unordnungen oder Kontraventionen in ihrem Amte, oder in ihrem Privatleben schuldig machen; und daher der Präsident nöthig finden, ihnen gemeinschaftlich

im

im versammelten Kollegio Vorhaltung zu thun: so müssen alsdann die in der Session gegenwärtigen Referendarien, Auskultatoren und Subalternen, einen Abtritt zu nehmen angewiesen werden.

§. 13.

Konduitenlisten.

Die Präsidenten müssen von dem ihrer besondern Aufmerksamkeit empfohlenen Betragen ihrer subordinirten Justizbedienten, sowohl in als außer ihren Amtsgeschäften, akkurate, vollständige und gewissenhafte Konduitenlisten halten, und dieselben zu Ende jeden Jahres an den Chef der Justiz einsenden.

§. 14.

Auf den Grund dieser Konduitenlisten sollen denjenigen Räthen des Kollegii, welche sich durch geschickte, fleißige und ordentliche Instruktionen in mehreren wichtigen und weitläufigen Sachen vorzüglich vor den Anderen ausgezeichnet haben, verhältnißmäßige Prämien und Douceurs bestimmt und angewiesen werden. Es folgt also von selbst, daß die Präsidenten dergleichen Listen besonders umständlich, getreu, und ohne die mindeste Partheilichkeit, halten und einsenden müssen.

§. 15.

2. Direktion in den Sessionen und bei dem Votiren.

Bei den Sessionen des Kollegii führen die Präsidenten den Vorsitz, und sorgen dafür, daß die Geschäfte in der bestimmten Ordnung vorgenommen und abgethan, die Vorträge deutlich, richtig und vollständig gemacht, die nöthige Aufmerksamkeit von den übrigen Mitgliedern des Kollegii darauf verwendet, in den Sessionen keine Nebendinge getrieben, und überall Stille, Ernst und Anstand beobachtet werde.

§. 16.

Wenn bei einer Sache die Meinungen in dem

Kollegio getheilt sind, so müssen die Präsidenten die Vota darüber einsammeln, bei dem untersten Rathe den Anfang machen; darauf sehen, daß jeder seine Stimme mit hinlänglicher Kenntniß der Sache, aus eigener freier Ueberzeugung, abgebe; sodann aus der Mehrheit der Stimmen das Konklusum herausziehen, und dafür sorgen, daß das Dekret oder Urtel diesem Konkluso gemäß abgefaßt werde.

§. 17.

Wie weit die Präsidenten ohne das Kollegium etwas verfügen können.

Die Präsidenten sind also in der Regel nicht berechtigt, irgend eine Verfügung für sich selbst, eigenmächtig und ohne Zuziehung des Kollegii zu erlassen; viel weniger sollen sie sich im Kollegio selbst eines despotischen Ansehens anmaaßen, den Räthen ihr freies Votum verschränken, oder gar ihre Meinung gegen das Conclusum Collegii durchsetzen wollen. Ihnen kompetirt vielmehr dabei nur ihre Stimme, gleich den übrigen Mitgliedern des Kollegii; doch soll, wenn in einer Sache gleiche Vota von beiden Seiten vorhanden sind, das Votum des Präsidenten den Ausschlag geben.

§. 18.

Es steht jedoch nicht nur dem Präsidenten frei, bei Gelegenheit der Revision der Akten, Instruktions- und Prozeßlisten, Verfügungen und Excitatoria, welche bloß die Beschleunigung der Sache und deren Fortgang in dem eingeleiteten Wege zum Gegenstande haben, auch ohne Vortrag im Kollegio zu erlassen; sondern er kann auch in Fällen, wo es darauf ankommt: wie eine Sache eingeleitet und betrieben werden solle, wenn er glaubt, daß der nach Mehrheit der Stimmen abzufassende Beschluß mit dem Sinne und dem Inhalte der Prozeßordnung, oder sonst vorgeschriebenen Verfahrungsart, nicht übereinstimme, die Fassung des Konklusi darüber aussetzen, und die Sache auf eine deshalb mit Beifügung der Gründe und Gegengründe an die vorgesetzte Behörde zu machende Anfrage richten. Auch ist es dem Präsidenten erlaubt, wenn ihm noch bei der Revision oder Unterzeichnung der beschlossenen Verordnungen entweder gegen die Fassung, und ob selbige der Meinung des Kollegii wirklich gemäß sey, Zweifel beifallen, oder ihm bei eigener Nachsehung der Akten, oder sonst Umstände in facto vorkommen, die er für erheblich hält, und die bei dem Vortrage im Kollegio übergangen worden, eine solche Sache in der nächsten Session, durch einen andern Rath, nochmals zum Vortrage bringen zu lassen. Dagegen muß er sich in allen Fällen, welche Materialien und wirkliche Entscheidungen streitiger Rechte betreffen, bei dem einmal gefaßten Beschlusse des Kollegii schlechterdings beruhigen, und wenn er es nöthig findet, sein etwaniges abweichendes Votum schriftlich zu den Akten geben.

§. 19.

Wenn außerhalb der Sessionstage Geschäfte vorfallen, die eine schleunige Ausrichtung und Verfügung erfordern; so muß der Präsident, nach Beschaffenheit und Wichtigkeit der Umstände, entweder eine außerordentliche Zusammenkunft des Kollegii veranlassen, oder die Sache zum schriftlichen Votiren unter den gegenwärtigen Mitgliedern befördern.

§ 20.

Vollziehung der Ausfertigungen.

In wie fern die im Namen des Kollegii zu erlassenden Verfügungen von dem Präsidenten allein, oder auch zugleich von anderen Mitgliedern vollzogen werden, desfalls hat es bei der hergebrachten Observanz und Verfassung sein Bewenden.

§. 21.

Subordinationsverhältnisse.

Alle Mitglieder und Subalternen des Kollegii sind in Amtssachen dem Präsidenten subordinirt, und daher schuldig, den Anweisungen desselben Folge zu leisten; die von ihm zugetheilten Verrichtungen unweigerlich zu übernehmen; ihm von ihrem Betragen und Verhalten dabei auf Erfordern Rechenschaft zu ertheilen; Ermahnungen und Verweise von ihm anzunehmen, und solchen williges Gehör zu geben; und sich überhaupt gegen ihn, in allen Stücken, der einem Vorgesetzten gebührenden Achtung und Ehrerbietung gemäß zu verhalten.

§. 22.

Wenn daher auch ein Rath oder Subaltern des Kollegii glauben sollte, daß der Präsident sich eines zu weit getriebenen Ansehens und Autorität anmaaße; oder überhaupt die ihm vorgeschriebenen Pflichten und Schranken seines Amtes überschreite; oder daß er ihm für seine Person zu gegründeten Beschwerden Anlaß gebe; so muß er dennoch dadurch sich zur Verletzung der schuldigen Subordination, oder gar zur Widersetzlichkeit gegen die Anordnungen des Präsidenten, nicht hinreißen lassen; viel weniger Andere zu eben dergleichen Unterfangen aufwiegeln. Es steht ihm aber frei, seine Anzeigen oder Beschwerden dem Chef der Justiz in geziemenden Ausdrücken vorzutragen; worauf er sodann die weitere Verfügung oder Vorbescheidung ruhig abwarten muß.

§. 23.

4. Sorge für den ununterbrochnen Betrieb der Geschäfte.

Eine der Hauptbeschäftigungen des Präsidenten ist die ihm obliegende Aufmerksamkeit auf den ununterbrochenen Betrieb der bei dem Kollegio schwebenden Prozesse; mit welcher er dafür sorgen muß, daß dieselben in beständigem Gange erhalten, niemals liegen gelassen, und weder von den Partheien, noch von deren Bevollmächtigten, oder von den Instruenten und Referenten verschleppt werden.

§. 24.

Um den Präsidenten in Stand zu setzen, daß er alle kurrente Sachen gehörig übersehen, und auf deren vorschriftsmäßigen Betrieb Acht haben könne, sollen bei jedem Kollegio gewisse Instruktionslisten gehalten werden. Instruktionslisten.

§. 25.

Die Listen müssen folgende Kolonnen haben:

1) Namen der Partheien und Objekt des Prozesses;
2) Namen des Decernenten;
3) Namen der Rechtsbeistände oder Bevollmächtigten;
4) Namen des Instruenten;
5) Lage der Sache.

Für jede Kolonne ist ein angemessener Platz zu bestimmen, und also, wie sich von selbst ergiebt, zu der fünften der beträchtlichste Raum auszusetzen.

§. 26.

In diese Tabellen werden die Prozesse nach den Namen der Kläger eingetragen. Bei Kollegien, wo wegen ihres weitläufigen Jurisdiktionsbezirks die Prozesse sehr zahlreich sind, können sie, der Bequemlichkeit halber, in mehrere Volumina oder Bücher eingetheilt werden.

§. 27.

Sobald daher eine neue Klage einkommt, muß der Decernent die Sache in die Instruktionsliste eintragen, und alle darin weiter erfolgende Verfügungen und Fortschritte, so wie sie vorkommen, gehörig bemerken. Während der Zeit, da die Sache sich in den Händen des Instruenten befindet, liegt es diesem ob, den Gang der Sache in der Liste nachzutragen.

§. 28.

Die Vermerke müssen kurz, jedoch verständlich, geschehen; und jedesmal, wenn die Sache einen von der Regel abweichenden Aufenthalt erleidet, muß die Ursach davon mit wenigen, doch deutlichen Worten beigefügt werden.

§. 29.

Die Instruktionslisten müssen beständig auf dem Sessionstische liegen, und die Nachtragung in selbigen muß unverzüglich ohne allen Zeitverlust geschehen. Der Instruent muß dieselbe in der Regel selbst besorgen; doch steht ihm frei, am Schlusse jeden Termins den ihm zugeordneten Referendarius anzuweisen, daß er, nach Maaßgabe der auf das Protokoll abgefaßten Resolution, das Erforderliche in der Liste nachtrage, und wie es geschehen, bei der Resolution bemerke. Auch die Decernenten müssen die Eintragungen in der Regel selbst verrichten; doch wird nachgegeben, daß bei größeren Kollegien ein paar fleißige und akkurate Referendarien ernannt werden mögen, denen jeder Decernent, sobald er ein in der Lage der Sache oder dem Fortgange des Prozesses etwas veranlassendes Decret abgefaßt hat, dasselbe zur ungesäumten, noch in der Session selbst zu besorgenden Eintragung zustelle.

§. 30.

Die Instruktionslisten müssen paginirt, und mit einem Register, in welchem, auf den Namen eines jeden Mitglieds, die von ihm als Decernenten oder Instruenten zu bearbeitenden Sachen, mit Allegirung der Pagina der Liste, bemerkt sind, von der Registratur versehen werden.

Uebrigens bleibt eine Sache so lange in der Instruktionsliste, bis darin rechtskräftig erkannt ist.

§. 31.

Diese Instruktionstabellen muß der Präsident den Nachmittag eines jeden Sessions- oder auch den folgenden Tag nachsehen; wo er nichts zu erinnern findet, bloß sein Vidi dabei vermerken; wo sich aber, besonders wegen Verzögerung der Instruktion, irgend einiger Anstand oder Bedenken hervorthut, den Instruenten darüber vernehmen; denjenigen, welcher dabei einer Nachlässigkeit oder Unbetriebsamkeit schuldig befunden wird, ernstlich zu seiner Pflicht anhalten; sobald aber der Anstand, oder die Ursach des Verzugs an den Partheien oder deren Bevollmächtigten, oder in der Sache selbst zu liegen scheint, die Akten auf die nächste Session durch den ordentlichen Decernenten zum Vortrage befördern, und sich, mit Zuziehung des Kollegii, alle ersinnliche Mühe geben, Mittel und Wege ausfindig zu machen: wie die Sache zusammengefaßt; den etwa anscheinenden Verschleppungen der Partheien mit Nachdruck begegnet; die aus der Sache selbst entstehenden Verzögerungen gehoben; die Wahrheit auf die kürzeste und zuverlässigste Art heraus gebracht; und solchergestalt der Abschluß der Instruktionen möglichst, jedoch ohne Nachtheil einer gründlichen und vollständigen Entwickelung des Fakti, beschleunigt werden könne.

§. 32.

Am Schlusse eines jeden halben Jahres müssen Extrakte aus diesen Listen, in Ansehung aller Sachen, welche seit länger als sechs Monaten von dem Tage an, da der erste Instruktionstermin abgehalten worden, unter der Instruktion begriffen sind, an den Chef der Justiz eingesendet werden.

§. 33.

So wie der Präsident sich durch dieses Mittel von dem gehörigen Betriebe der unter der Instruktion stehenden Prozesse von Zeit zu Zeit unterrichten kann und muß; so muß er eine gleiche Aufmerksamkeit auch auf diejenigen Sachen verwenden, welche, nach abgeschlossener Instruktion, in der Registratur des Gerichts, oder bei dem Referenten befindlich sind; wobei er die Prozeßlisten und Distributionsbücher zum Grunde zu legen hat.

§. 34.

Besonders muß der Präsident gegen Ende des Jahres seine Aufmerksamkeit auf diejenigen Sachen, welche entweder noch im vorigen, oder in den ersten Monaten des laufenden Jahres ihren Anfang genommen haben, und noch nicht beendigt sind, verdoppeln; sich die Akten davon vorlegen lassen; dieselben allenfalls anderen Räthen des Kollegii, als den bisherigen Decernenten, zum Vortrage zuschreiben; dabei den Ursachen des Verzugs genau nachforschen; sie in den nach Hofe einzusendenden Prozeßlisten gewissenhaft und unverholen anzeigen; übrigens aber die nöthigen Maaßregeln zur ungesäumten Beendigung solcher veralteter Sachen, nach Vorschrift §. 31., mit dem Kollegio in Ueberlegung nehmen, und vorkehren lassen.

§. 35.

5. Aufsicht über die Untergerichte.

Ueber die Untergerichte und deren Amtsführung müssen die Präsidenten ebenfalls mit möglichster Sorgfalt wachen; die über selbige einkommenden Klagen und Beschwerden, so viel es ihre übrigen Geschäfte zulassen, selbst prüfen; daß dergleichen Beschwerden, und die darüber erstatteten Berichte, ingleichen die in der Appellationsinstanz oder bei anderer Gelegenheit, von den Untergerichten einkommenden Akten von den Räthen, denen sie zum Vortrage zugetheilt sind, fleißig revidirt, sorgfältig geprüft, die dabei vorkommenden Mängel und Ausstellungen angezeigt, und die nöthigen Weisungen darüber ertheilt werden, Sorge tragen; insonderheit aber, so oft es möglich, vornehmlich bei solchen Untergerichten, über welche die meisten Beschwerden vorkommen, oder bei deren eingehenden Akten die meisten und wichtigsten Fehler bemerkt werden, Justizvisitationen veranlassen.

§. 36.

Damit auch arme Partheien, welche in ihren Rechtsangelegenheiten etwas suchen, anzeigen oder beschwerdeführend anbringen wollen, solches aber schriftlich abzufassen, wegen Mangels der erforderlichen Kenntniß und Fertigkeit, nicht selbst im Stande sind, sich deshalb an unwissende und eigennützige Winkelkonsulenten zu wenden, nicht verleitet werden mögen; so muß der Präsident, der Vorschrift des Tit. I. §. 16. gemäß, die Veranstaltung treffen, daß auch außer den Sessionstagen einer oder etliche Referendarien in der Registratur des Gerichts gegenwärtig sind, welche dergleichen sich meldenden Partheien mit ihrem Anbringen zum Protokolle vernehmen, und solchergestalt die Sachen zu weiterm Vortrage befördern können.

§. 37.

6. Ueber Registratur und Kanzellei.

Auf Ordnung und regelmäßigen Betrieb in den Geschäften der Registratur und Kanzellei, so wie auf vorschriftsmäßige Verwaltung der Deposital- und Sportulkassen, müssen die Präsidenten gleichergestalt ihr ununterbrochenes Augenmerk richten.

§. 38.

Dispensation der Präsidenten von Bearbeitung einzelner Sachen.

Da solchergestalt die Präsidenten für die Aufrechthaltung der Ordnung bei dem Kollegio, und für den vorschriftsmäßigen Betrieb aller Geschäfte desselben vorzüglich haften müssen; und Se. Königliche Majestät Sich deshalb an sie halten werden: so müssen sie der vollständigsten und gewissenhaftesten Erfüllung dieser ihrer vorbeschriebenen Pflichten ihre ganze Zeit und Aufmerksamkeit widmen; und sollen dagegen sich mit Bearbeitung einzelner Sachen und Angelegenheiten, als Decernenten, Instruenten oder Referenten, zu befassen nicht verbunden seyn.

§. 39.

Urlaubsgesuche.

Es ist ihnen also auch nicht erlaubt, sich von dem Orte, wo das Kollegium seinen Sitz hat, ohne Vorwissen und Genehmigung des Chefs der Justiz, auf längere Zeit, als von einer Session zur andern, zu entfernen; viel weniger die Verrichtungen ihres Amts einem Andern zu übertragen.

§. 40.

Stellvertretung.

Wenn der Präsident, durch Krankheit oder andern Zufall, sein Amt zu versehen auf eine kurze Zeit verhindert wird; so muß der zweite Präsident oder Direktor, in so fern dergleichen vorhanden, oder, bei deren Ermangelung, der vorsitzende Rath seine Stelle vertreten. Ist aber im Voraus abzusehen, daß die Verhinderung eine längere Zeit dauern werde, so muß davon sofort an den Chef der Justiz berichtet, und dessen Anordnung, wegen einstweiliger Verwaltung des Postens, abgewartet werden.

§. 41.

Alles, was in Vorstehendem von den Pflichten und Befugnissen der Präsidenten verordnet worden, gilt auch von denjenigen Kollegien, wo die Vorgesetzten nicht den Titel eines Präsidenten, sondern eines Direktors, oder eine andere dergleichen Benennung führen.

§. 42.

Von dem zweiten Präsidenten oder Direktor.

An Orten hingegen, wo zwei Präsidenten, oder ein Präsident und ein Direktor bestellt sind, müssen di• im Vorstehenden beschriebenen Obliegenhpiten und Verrichtungen, nach der hergebrachten Verfassung des Kollegii, und nach dem Gutfinden des Chefs der Justiz, unter sie vertheilt werden.

§. 43.

Die Präsidenten und Direktoren sollen bei dem Antritte ihres Amtes mit nachstehendem Eide belegt werden: Verpflichtung.

Ich : : : schwöre zu Gott dem Allmächtigen und Allwissenden einen leiblichen Eid, daß, nachdem ich zum Präsidenten (Direktor) des : : : Kollegii bestellt worden, ich zuvörderst Sr. Königlichen Majestät von Preußen, meinem allergnädigsten Herrn, getreu, gehorsam und gewärtig seyn; Höchstdero Bestes und Interesse aus allen Kräften suchen und befördern, Schaden und Nachtheil aber nach meinem äußersten Vermögen hindern und abwenden will.

Ich gelobe und schwöre ferner, mich den in den Gesetzen und in der Prozeßordnung beschriebenen Pflichten und Obliegenheiten eines Präsidenten mit möglichstem Fleiß und Eifer zu unterziehen; jeder männiglich prompte und rechtschaffene Justiz zu administriren, und darauf, daß solches auch von Anderen geschehe, unablässig Acht zu haben; mich besonders der Armen und Unterdrückten gegen übermächtige und ungerechte Widersacher treulich und standhaft anzunehmen; für die Aufrechthaltung der Ordnung in dem Kollegio und bei den Geschäften desselben, unermüdet zu wachen; einen jeden zu seiner Pflicht mit Nachdruck anzuweisen; allen Unordnungen und Mißbräuchen ernstlich zu steuern; die mir subordinirten Justizbedienten unter beständiger Aufsicht zu halten; die einzusendenden Konduitenlisten treu, gewissenhaft, und der Wahrheit völlig gemäß zu führen; und mich von Beobachtung aller dieser Pflichten durch kein Ansehen der Person, durch kein Interesse, durch keine Leidenschaften oder andere Nebenabsichten, hindern und abhalten zu lassen.

So wahr ꝛc. ꝛc. ꝛc.

Anh. §. 445. Der von den Präsidenten und Direktoren bei dem Antritte ihres Amts abzuleistende Diensteid ist folgender:

Ich : : : schwöre zu Gott dem Allmächtigen und Allwissenden einen leiblichen Eid, daß, nachdem ich zum Präsidenten (Direktor) des : : : bestellt worden, Seiner Königlichen Majestät von Preußen, meinem allergnädigsten Herrn, ich treu und gehorsam seyn, alle mir vermöge meines Amtes obliegende Pflichten gewissenhaft und genau erfüllen, auch mich davon durch kein Ansehen der Person, keinen Vortheil, keine Leidenschaften oder andere Nebenabsichten abhalten lassen will.

Ferner schwöre ich, allen Fleiß anzuwenden, daß die Gerechtigkeit nach Vorschrift der Gesetze gehandhabt, und jedermann schnelle und unpartheiische Justiz administrirt werde.

Insbesondere gelobe ich, sämmtliche mir subordinirte Justizbediente in beständiger Aufsicht zu halten, und unermüdet dahin zu sehen, daß ein jeder derselben den ihm obliegenden Amtspflichten schuldiges Genüge leiste.

Endlich schwöre ich, in allen Fällen, wo es die Dienstverfassung erfordert, strenge Verschwiegenheit zu beobachten, und mich in allen Stücken so zu verhalten, wie es einem rechtschaffenen Königlichen wohl ansteht und gebührt.

So wahr mir Gott helfe durch Jesum Christum.

Wegen des bei Abnahme dieses Eides, so wie aller von Justizoffizianten zu leistenden Diensteide, zu beobachtenden Verfahrens, sind die Vorschriften der Verordnung vom 26sten Oktober 1799 zu befolgen.

Dritter Titel.

Von dem Amte der Räthe bei den Justizkollegien.

---

§. 1.

Bestallung. Die Räthe bei den Justizkollegien sollen aus der Zahl der daselbst angesetzten Assessoren und Referendarien, welche sich zu dergleichen wichtiger Bedienung, auf die im nachfolgenden Titeln umständlich beschriebene Art, durch mehrjährige Uebung und ausgestandene scharfe Prüfung gehörig qualificirt haben, genommen, und Sr. Königl. Majestät von dem Großkanzler vorgeschlagen werden.

§. 2.

Allgemeine Pflichten

Die den Räthen obliegenden Pflichten sind theils allgemeine, welche sie in ihrem ganzen Betragen in- und außerhalb ihres Dienstes, und bei allen Geschäften desselben wahrnehmen müssen; theils besondere, welche sie bei jeder von den verschiedenen Amtsverrichtungen zu beobachten haben.

§. 3.

in ihrem Amte;

Zu ihren allgemeinen Pflichten gehört hauptsächlich ein rechtschaffener und lebhafter Eifer für die Beförderung einer Gott gefälligen, prompten, soliden und unpartheiischen Justiz; vermöge dessen sie ihr äußerstes Bestreben dahin richten müssen, daß einem jeden ohne Unterschied des Standes, Ranges oder Vermögens, gleiches Recht widerfahre; die Unschuld und Armuth gegen Bosheit, Gewalt und Uebermacht nachdrücklich geschützt; und den Vorschriften der Gesetze überall der schuldige Gehorsam geleistet werde.

§. 4.

Sie müssen sich also auch der vollkommensten Unpartheilichkeit befleißigen, und sorgfältig Acht haben, daß durch sie niemandem, wer es auch sey, aus Vorsatz oder Verschulden, Gewalt und Unrecht geschehen möge. Vor allen Bestechungen, sie haben Namen wie sie wollen, und unter welchem Vorwande sie auch versteckt werden möchten; ingleichen vor allen Leidenschaften, die auf eine kaltblütige Unpartheilichkeit in ihren Urtheilen und Verfügungen einen nachtheiligen Einfluß haben könnten, müssen sie sich äußerst hüten; eben so wenig aber auch aus

Leichtsinn, Uebereilung oder Fahrlässigkeit, die gewissenhafte Beobachtung der Gesetze und ihrer Pflichten verabsäumen.

§. 5.

außerhalb desselben.

Auch außerhalb ihres Amts müssen sie sich eines anständigen, gesitteten und regelmäßigen Lebenswandels befleißigen; nicht nur grober, ihr Amt entehrender Ausschweifungen sich enthalten; sondern auch ihr ganzes Betragen Anderen zum Muster der Redlichkeit, Uneigennützigkeit, Verträglichkeit und aller übrigen bürgerlichen und christlichen Tugenden dienen lassen.

§. 6.

Auch in ihrer häuslichen Oekonomie müssen sie sich der Ordnung und Regelmäßigkeit befleißigen, und vor Schuldenmachen sorgfältig hüten. Sollte es mit einem Rathe bei der Justiz, den Präsidenten mit eingeschlossen, so weit kommen, daß er, durch das Zudringen seiner Gläubiger, auf einen Indult, eine Behandlung, oder die Rechtswohlthat der Vermögensabtretung zu provociren genöthigt würde; oder daß sein Schuldenwesen zur Konkurseröffnung sich anließe; oder daß Personalarrest gegen ihn verhängt werden müßte: so kann er seine Justizbedienung nicht ferner beibehalten, sondern es muß bei Sr. Königlichen Majestät auf seine Entlassung angetragen werden.

§. 7.

Subordinationsverhältnisse.

Alle von dem Präsidenten oder Vorgesetzten des Kollegii ihnen zugetheilte Arbeiten müssen sie willig übernehmen, fleißig und unverdrossen ausrichten; vornehmlich aber den Sessionen ordentlich beiwohnen, ohne erhebliche Ursache keine derselben verabsäumen; falls sie aber daran wirklich verhindert wären, dem Präsidenten davon geziemend Anzeige machen.

§. 8.

Ohne Vorbewußt und Genehmigung desselben müssen sie sich von dem Orte, wo das Kollegium seinen Sitz hat, niemals über Nacht entfernen; viel weniger ordentliche Reisen in der Provinz unternehmen. Urlaubsgesuche.

§. 9.

Wenn sie eine Reise außerhalb der Provinz zu thun haben, so müssen sie sich ebenfalls zuerst bei dem Präsidenten melden; demselben die Ursachen und Nothwendigkeit dieser Reise vorlegen; ihn ersuchen, die nöthigen Anstalten zu treffen, daß durch ihre Abwesenheit der Gang und Betrieb der Geschäfte nicht leiden möge; sich von ihm ein Attest darüber ertheilen lassen, und selbiges an den Chef der Justiz einsenden; von welchem sie alsdann die weitere Vorbescheidung zu erwarten haben.

Anh. §. 446. Die als Mitglieder eines Kriminalkollegii angestellten Justizkommissarien, welche Reisen außerhalb der Provinz, jedoch innerhalb der Königlichen Staaten vornehmen wollen, bedürfen dazu nur der Erlaubniß des ihnen vorgesetzten Präsidenten.

§. 10.

Bei allen solchen Gelegenheiten, wo ein Rath des Kollegii entweder in seinen eigenen, oder auch in seinen Amtsgeschäften, es sey inner- oder außerhalb der Provinz, zu verreisen genöthigt ist, muß derselbe, wenn während der Zeit seiner vermuthlichen Abwesenheit Termine vor ihm anstehen, dem Präsidenten davon besonders Anzeige machen; dieser aber muß dafür sorgen, daß ihm dazu ein anderes Mitglied des Kollegii substituirt, und dieses den Partheien von Amtswegen bekannt gemacht; auch dieselben, wenn sie sich melden, an den Substituten gehörig verwiesen werden.

§. 11.

Vermeidung aller Konnexionen mit Partheien und Justizkommissarien.

Die Räthe der Justizkollegien müssen sich ferner aller Konnexionen und vertrauten Umgangs mit den Partheien, welche vor dem Kollegio zu rechten, oder sonst etwas zu suchen haben, ingleichen mit den zur Prozeßpraxis bei dem Kollegio angesetzten Justizkommissarien, enthalten; von ihnen, außer den zu den Instruktionen und Informationseinziehungen bestimmten Tagen und Zeiten, keine Visiten annehmen, oder dergleichen bei selbigen ablegen; und sich mit ihnen, außerhalb dieser Amtszusammenkünfte, in anderen Privatgesellschaften, über ihre Sache und Gesuch in keine Unterredungen oder Kontestationen einlassen.

§. 12.

Alles Rathgebens und sonstiger Einmischungen in die Privathändel und Angelegenheiten Anderer müssen sie sich gänzlich enthalten; wenn aber entweder sie selbst, oder jemand der Ihrigen bei einem Prozesse interessirt sind, dieses dem Präsidenten sofort getreulich anzeigen; sich dabei keines Voti anmaaßen; vielmehr, wenn dergleichen Sachen in dem Kollegio vorkommen, sich sofort entfernen, und während des Vortrags derselben abtreten.

§. 13.

Enthaltung des Voti in ihren und der Ihrigen Rechtssachen.

Jedes Mitglied eines Justizkollegii oder Gerichts muß in Sachen seiner Ehegattin und solcher Partheien, mit denen er in Auf- oder absteigender Linie, oder bis zum vierten Grade der Seitenlinie verwandt oder verschwägert ist, sich seines Stimmrechts und aller übrigen Einmischungen gänzlich enthalten. In weiteren Graden, bis zum sechsten mit eingeschlossen, ist ihm zwar sein Votum nicht gänzlich benommen; doch kann er dadurch; wenn die Stimmen getheilt sind, zum Besten seines Verwandten niemals den Ausschlag geben.

§. 14.

§. 14.

Wenn ein Mitglied eines Kollegii oder Gerichts, als Verwandter oder Freund von Hause, Familienangelegenheiten besorgt, z. B. Privaterbtheilungen regulirt, Ehepakten oder Testamente abgefaßt, Vergleiche gestiftet hat u. s. w., und es entsteht darüber in der Folge ein Prozeß; so muß er sich darin eben so, wie in dem Falle des §. 12. 13., auch wenn ihm sonst der Grad der Verwandtschaft nicht entgegen stünde, keines Voti, oder irgend einer andern Ausübung seines richterlichen Amts, anmaaßen.

§. 15.

In Fällen, wo der Rath eines Kollegii nach den Vorschriften §. 12, 13, 14. sich seines Voti enthalten muß, ist er dennoch nicht befugt, die Instruktion als Konsulent, Rechtsbeistand oder Bevollmächtigter zu betreiben. Nur wenn der Prozeß die Ehegattin, Eltern, Kinder oder Geschwister betrifft, kann ihm gestattet werden, Informationen für deren Rechtsbeistand oder Bevollmächtigten aufzunehmen und Schriften zu verfertigen.

§. 16.

Sollte es sich fügen, daß ein Mitglied des Gerichts mit einem dabei zur Prozeßpraxis angesetzten Justizkommissario in auf- oder absteigender Linie, oder als Bruder oder Schwager verwandt wäre; so muß der Vorgesetzte des Kollegii darauf sehen, daß ein solches Mitglied in keiner durch diesen Justizkommissarius bearbeiteten Sache zum Decernenten, Instruenten oder Referenten bestellt werde.

§. 17.

Wenn der Rath dergleichen Verbindungen zwischen ihm und einer prozeßführenden Parthei, oder dem derselben assistirenden Justizkommissario, oder das bei der Sache selbst für ihn obwaltende Interesse, nicht anzeigt, oder wohl gar läugnet; so soll der Präsident die Sache, auf Anmelden des Gegentheils, sofort selbst gehörig untersuchen; und wenn dabei die Angabe gegründet befunden wird, dem Rathe nicht nur alle fernere Theilnehmung daran, und alles Votiren nachdrücklich untersagen; sondern auch dem Chef der Justiz von dem Vorfalle und den Umständen desselben Bericht abstatten: damit nach Bewandtniß des Grades vom Verdachte, den eine solche Gerichtsperson, durch die unterlassene Anzeige, oder gar abgeläugnete Angabe dieser ihrer Verbindung mit einer solchen prozeßführenden Parthei, oder ihres dabei habenden Interesse, gegen ihre Redlichkeit und Unpartheilichkeit rege gemacht hat, das weitere verfügt werden könne.

§. 18.

Pflicht der Verschwiegenheit.

Sämmtliche Räthe müssen über alle im Kollegio vorkommende Angelegenheiten, besonders aber über ihre eigene sowohl, als über die Vota der anderen Mitglieder, in streitigen Rechtssachen, ein gewissenhaftes Stillschweigen beobachten; die ihnen zugekommenen Akten, Dokumente, Schriften und Eingaben sorgfältig verwahren; selbige weder von den Ihrigen, noch von Fremden lesen lassen; am allerwenigsten aber die ihnen zugetheilten Arbeiten und Geschäfte Anderen übertragen, oder deren Meinung, Rath und Gutachten darüber privatim einholen.

§. 19.

Nebenbedienungen.

Da die Räthe der Justizkollegien ihre ganze Zeit und Aufmerksamkeit einer treuen und prompten Besorgung ihrer Amtsgeschäfte zu widmen schuldig sind, und zu dem Ende durchgehends mit auskömmlichen Salarien versorgt werden sollen; so müssen sie ohne Genehmigung des Präsidenten, und ohne Erlaubniß des Chefs der Justiz, keine Nebenbedienungen annehmen; viel weniger sich mit Besorgung der Privat- und außergerichtlichen Angelegenheiten der Partheien, mit Konsuliren in Prozeßsachen, wenn selbige gleich bei anderen Gerichten schweben, oder sonst mit dergleichen zerstreuenden Nebengeschäften, abgeben.

§. 20.

Die besondern Pflichten der Räthe bei den Justizkollegien sind von vierfacher Art: Besondere Pflichten

I. Die Besorgung der Instruktionen bei Prozessen, in der Qualität von Assistenten.

II. Die Abwartung der Instruktionen selbst, in der Qualität von Instruenten.

III. Das Dekretiren, oder der mündliche Vortrag der eingekommenen schriftlichen Vorstellungen und Anzeigen, und die Abfassung der Verfügungen darauf.

IV. Das Referiren, oder die Ausarbeitung der Relationen und Urtel, über die zum Erkenntnisse gediehenen Rechtssachen.

§. 21.

I. In denjenigen Fällen, wo eine Parthei, statt sich einen Bevollmächtigten oder Rechtsbeistand unter den Justizkommissarien selbst zu wählen, um die Zuordnung eines Assistenten von dem Richter bittet (Th. I. Tit. III. §. 14 u. f.), muß ein solcher Assistent, er sey ein Mitglied des Gerichts oder nur ein dabei angestellter Referendarius, die am angeführten Orte ertheilten, und in der Folge den Justizkommissarien noch näher zu ertheilenden Vorschriften gehörig beobachten. Von einem solchen Justizkommissario unterscheidet er sich hauptsächlich nur darin, daß er keiner Vollmacht von seiner auch abwesenden Parthei bedarf; sondern seine Legitimation bloß durch die von ihm zu haltenden Manualakten, und die darin liegenden Informationsprotokolle, Korrespondenzen u. s. w., begründet wird. I. der Assistenten.

§. 22.

II. Der Instruenten.

II. Bei den wirklichen Instruktionen der Prozesse müssen die Instruenten den Hauptendzweck der ganzen Prozeßordnung:

daß nämlich die Wahrheit der bei einem Rechtsstreite zum Grunde liegenden, oder zur richtigen Beurtheilung desselben gehörigen Thatsachen so genau und vollständig, als es nur irgend die Natur der Sache verstattet, zugleich aber auch mit dem mindest-möglichen Zeit- und Kostenverluste für die Partheien, eruirt und ausgemittelt werden solle,

unablässig vor Augen haben.

§. 23.

So wie sie desfalls überhaupt auf die Vorschriften des Ersten Theils dieser Gerichtsordnung verwiesen werden; so müssen sie insonderheit bei der Vernehmung der Partheien sich aller Geduld und Sanftmuth befleißigen; die Vorträge und Erzählungen derselben ruhig und aufmerksam anhören; sie darin ohne Noth nicht unterbrechen; über die zur Sache gehörigen Umstände, wovon die Partheien sich unverständlich, unzusammenhängend oder zweideutig ausgedrückt haben, durch nähere Nachfrage die gehörige Kenntniß von ihnen einziehen, und nicht eher ablassen, als bis sie von jedem Theile eine vollständige und zusammenhängende Erzählung des Fakti, so viel ihm davon bekannt ist, heraus gebracht haben.

§. 24.

Dabei müssen sie sich jedoch vor allen Suggestionen sorgfältig hüten; und dahin sehen, daß sie den eigentlichen Sinn und Meinung der Partheien richtig fassen; darunter kein Mißverständniß begehen; und nicht etwa ihre eigenen Vorstellungen und Vermuthungen denselben, als ihre Angaben und Geständnisse, unterschieben.

§. 25.

Bei der Einziehung dieser Erkundigungen müssen sie sich jedoch weder durch eine unschickliche Neugier, noch durch andere unlautere Bewegungsgründe verleiten lassen, den Partheien mit Fragen zuzusetzen, welche zur Sache nicht gehören, die Ehrbarkeit beleidigen, auf unnöthige Erforschung der persönlichen und Familienumstände oder anderer Geheimnisse der Partheien abzielen; oder durch deren Beantwortung denselben Verdruß, Schade und andere Unannehmlichkeiten, ohne Noth würden zugezogen werden.

§. 26.

Wenn daher eine Parthei unter dem Vorwande, daß eine ihr vorgelegte Frage von dieser Art sey, deren Beantwortung verweigert; so muß der Instruent, wenn er sie darüber nicht glimpflich verständigen und bedeuten kann, deshalb nicht weiter in sie dringen; vielmehr den Umstand und die Gründe, warum die Parthei die Beantwortung versagt, er aber seines Orts dieselbe als zur Sache gehörig ansieht, dem Kollegio pflichtmäßig anzeigen, und dessen Vorbescheidung abwarten.

§. 27.

Wenn auch bei den Instruktionen wirklich erhebliche Thatsachen vorkämen, gegen deren umständliche Entwickelung beide Theile protestiren; und es sind dieselben darin einig, daß das Faktum an sich zugestanden werde; so muß der Instruent sich damit begnügen, daß er selbiges nur allgemein, so wie es von den Partheien vorgetragen und eingestanden wird, aufnehme, ohne auf die speciellen Umstände desselben genauer einzugehen. Wenn also z. B. in einer Ehescheidungssache der klagende Ehegatte behauptet, was gestalten der beklagte Theil sich eines verdächtigen Umgangs mit anderen Personen schuldig gemacht habe; der Beklagte aber so viel einräumt, daß er zu dergleichen Verdachte wirklich Anlaß gegeben; so darf der Instruent den speciellen Umständen, mit wem und wie weit solcher Umgang getrieben worden u. s. w., nicht weiter nachforschen; es wäre denn, daß der eine Theil auf die gesetzlichen Strafen der Ehescheidung antrüge, der andere sich derselben nicht schuldig geben wollte, und daher, um zu beurtheilen, in wie fern diese Strafen wirklich Anwendung finden, unumgänglich nothwendig wäre, die Gründe der Ehescheidung genauer und umständlicher auseinander zu setzen.

§. 28.

Wenn hingegen außerdem die zu Instruktionen verordneten Räthe Grund haben, zu argwöhnen, daß eine Parthei mit der Wahrheit vorsätzlich zurück halte, oder gar mit Lügen und Falschheit umgehe; so müssen sie dieselbe an die in der Prozeßordnung bestimmten Strafen des frevelhaften Läugnens und gerichtlich behaupteter Unwahrheiten fleißig erinnern; sie durch Vorhaltung der wider sie streitenden Vermuthungen, der in ihren Angaben sich findenden Lücken und Widersprüche ꝛc. ꝛc., ihres Unfugs zu überzeugen, und zum Geständnisse der Wahrheit zu bringen suchen: solchergestalt aber die Sachen in facto zwischen den Partheien selbst, ohne daß es erst der Aufnehmung weitläufiger und kostbarer Beweise bedarf, so viel irgend möglich ist, zu entwickeln und aufzuklären sich angelegen seyn lassen.

§. 29.

Wenn besonders Thatsachen von Partheien in Person, die mit Rechtsbeiständen nicht versehen sind, eingestanden werden; so muß der Instruent mit vorzüglicher Vorsicht und Behutsamkeit zu Werke gehen; um, ehe er ein solches Geständniß niederschreibt, sich zu überzeugen, sowohl daß er selbst die wahre Meinung der Parthei richtig gefaßt, als daß diese das Geständniß nicht etwa bloß aus Einfalt, Leichtsinn, Uebereilung, Unkunde der gesetzlichen Folgen rc. rc., wider ihre eigene Wissenschaft und Ueberzeugung abgegeben habe (Th. I. Tit. X. §. 26.). In wie fern es, besonders bei einfältigen und gemeinen Leuten, nöthig sey, ihnen die rechtlichen Folgen eines solchen Geständnisses ausdrücklich zu erklären, muß der gewissenhaften Beurtheilung und Vorsicht des jedesmaligen Instruenten überlassen werden; damit auf der einen Seite die Parthei durch ein unrichtiges Geständniß an ihrem wirklichen Rechte nicht verkürzt, auf der andern aber auch, durch unmittelbare Darstellung der ihr nachtheiligen Folgen, von der Einräumung der Wahrheit nicht abgeschreckt, oder gar zum augenblicklichen Widerrufe verleitet werde.

§. 30.

Wie weit der Instruent den Partheien Exceptiones und Beneficia juris von Amts wegen an die Hand geben müsse, ist im Ersten Theile Tit. IX. §. 11. bestimmt. Ist die Parthei mit keinem rechtsverständigen Assistenten versehen, so erstreckt sich die Verbindlichkeit des Instruenten, ihrem Mangel an Rechtskunde dabei zu Hülfe zu kommen, weiter, als in dem entgegengesetzten Falle; wo es der Instruent in der Regel dem Assistenten überlassen muß, die seiner Parthei zu Statten kommenden Rechtsausflüchte und Wohlthaten anzuführen und geltend zu machen. Nur wenn er wahrnimmt, daß der Assistent aus Fahrlässigkeit, Flüchtigkeit, oder vielleicht aus anderen unzulässigen Nebenabsichten, einen Rechtseinwand, von welchem in dem entwickelten Fakto ganz deutliche Spuren vorkommen, nicht rüge, und daher der Richter künftig in Verlegenheit gerathen dürfte, in wie fern auf eine solche Exceptionem juris, über welche gleichwohl der andere Theil mit seinen etwanigen Erwiederungen gar nicht gehört worden, von Amts wegen Rücksicht zu nehmen sey, muß der Instruent den Assistenten, allenfalls ohne Beiseyn der Partheien, an einen solchen vermuthlich übersehenen Umstand erinnern; und wenn dieser denselben gleichwohl nicht rügen will, über die desfalls angeführten Ursachen ein besonderes Protokoll aufnehmen.

§. 31.

Die Vorträge und Angaben der Partheien müssen die Instruenten in Gegenwart derselben, und in Ausdrücken, die ihrem eigentlichen Sinne gemäß, und den Partheien selbst verständlich sind, dem Protokollanten laut und deutlich in die Feder diktiren.

§. 32.

Sie müssen jedoch bei dieser Vernehmung der Partheien auch dahin sehen, daß selbige nicht in ein wildes Geschrei und unnützes Gezänke unter ihnen ausarte; wodurch die Zeit fruchtlos verschwendet, die Erbitterung der Gemüther vermehrt, und am Ende, unter einer Menge von irrelevanten Nebenumständen, persönlichen Vorwürfen und unnützen Wiederholungen, die Hauptsache und die Fakta, worauf es dabei eigentlich ankommt, gar aus dem Gesichte verloren werden.

Wenn es also die instruirenden Räthe, besonders in Ehescheidungsprozessen, mit Partheien zu thun haben, die von heftigem Gemüthscharakter, oder sonst gegen einander persönlich animirt sind, so werden sie wohl thun, jeden derselben absonderlich, ohne Beiseyn des Andern, zu vernehmen, und sie nur erst alsdann zusammen zu stellen, wenn sie sich aus den gegenseitigen Erzählungen derselben von den Umständen, worüber sie einig sind oder nicht, deutliche Kenntniß verschafft haben, und diese Zusammenstellung ein Mittel seyn kann, hinter die Wahrheit zu kommen, und die Partheien über den eigentlichen Hergang dieses oder jenes streitigen Fakti zu vereinbaren.

§. 33.

Da die Th. I. Tit. X. §. 28 u. f. beschriebene Regulirung des Status controversiae eines der wichtigsten Geschäfte bei der Instruktion ist; so müssen die instruirenden Räthe dabei vorzüglich mit größtem Bedacht, Aufmerksamkeit und Beurtheilungskraft zu Werke gehen und mit möglichster Sorgfalt dahin sehen: daß auf der einen Seite alle und jede bei der Vernehmung vorgekommene Fakta, woraus dem einen oder dem andern Theile eine zur gegenwärtigen Streitsache gehörige Befugniß oder Verbindlichkeit erwachsen; ingleichen diejenigen Nebenumstände, wodurch das Hauptfaktum aufgeklärt, erläutert und näher bestimmt werden kann, in den Statum controversiae mit aufgenommen, auf der andern Seite aber auch derselbe mit unbedeutenden, irrelevanten, zur gegenwärtigen Streitsache nicht gehörigen Faktis und Umständen nicht überladen werde.

§. 34.

Ueberhaupt muß jeder Instruent, bei der Einleitung und Führung der Instruktion, nicht auf bloßes Gerathewohl, sondern nach einem festen und wohl überlegten Plane zu Werke gehen. Einen solchen Plan muß er sich entwerfen, so bald er aus den ersten Vernehmungen der Partheien ungefähr ersehen kann, wo die Sache hinaus wolle; und darnach muß er in die ganze Folge seiner Operationen Ordnung und Zusammenhang zu bringen suchen. Er muß aber auch auf diesem Plane nicht mit Eigensinn bestehen, sondern wenn er in der Folge der Verhandlungen wahrnimmt, daß Umstände zum Vorschein kommen, die auf eine andere Entwickelung des streitigen Geschäfts, als bisher zu vermuthen war, führen könnten; so muß er denselben aufmerksam nachgehen, und darnach seinen Plan zur Fortsetzung und Beendigung des Instruktionsgeschäfts berichtigen. Sein Hauptzweck muß immer seyn, die Wahrheit der Thatsachen vollständig und zusammenhängend zu entwikkeln; aber auch durch möglichste Vermeidung aller unnützen, zur Sache nicht gehörigen, und deren Aufklärung um nichts befördernden Nebenumstände, Zeit und Kosten möglichst zu sparen.

§. 35.

Eine sorgfältige Vorbereitung zur Instruktion und zu jedem abzuhaltenden Termine, vornehmlich aber auch zur Regulirung des Status causae et controversiae, ist eine Hauptpflicht des Instruenten. Er muß daher, besonders im Fortgange der Instruktion, den Termin niemals eröffnen, ohne sich vorher aus den früheren Verhandlungen den Zusammenhang der Sache, so weit er bisher entwickelt ist, wiederum in das Gedächtniß zurück zu rufen, und wohl zu überlegen, wie nun, dem entworfenen Plane gemäß, darin weiter fortzufahren, und worauf es in dem abzuhaltenden Termine eigentlich ankommen werde.

§. 36.

Zu dieser Vorbereitung gehört es auch, daß der Instruent, vornehmlich wenn von Geschäften, die nicht alle Tage vorkommen, die Rede ist, die Theorie der ein solches Geschäft bestimmenden gesetzlichen Vorschriften sorgfältig rekapitulire, und sich stets gegenwärtig erhalte, damit er immer im Stande sey, sogleich zu bemerken und zu beurtheilen: was von den mancherlei Thatsachen und Umständen, welche von den Partheien vorgebracht worden, wirklich zur Sache gehöre, oder auf die künftige Entscheidung derselben Einfluß haben könne, und daher näher aufgenommen und erörtert werden müsse.

§. 37.

Für den ununterbrochenen Betrieb aller unter ihrer Instruktion stehenden Sachen zu sorgen, ist eine Hauptpflicht der dazu deputirten Räthe. Sie müssen daher den Gang aller und jeder solcher Angelegenheiten unablässig vor Augen haben; bei Anberaumung der Termine alle Umstände der Sache reiflich erwägen, und die Partheien zwar damit nicht übereilen, sie aber auch nicht ohne Noth, um ihrer bloßen Bequemlichkeit oder Privatgeschäfte willen, allzuweit hinaus setzen; darauf, daß Partheien und Assistenten die Termine gehörig abwarten müssen, mit Ernst und Nachdruck halten; es zu solchem Ende an keinen Erinnerungen und Warnungen fehlen lassen; wenn aber ihre alleinigen Bemühungen zur zweckmäßigen Beschleunigung der Sachen nicht hinreichend sind, dem Kollegio von dem entstehenden Verzuge und dessen Ursachen, pflichtmäßig, ohne allen Rückhalt, Anzeige machen: damit dieses durch richtige Anwendung der gesetzlichen Vorschriften die nöthige Beschleunigung der Sache bewirken, und allen auf deren Verschleppung abzielenden Winkelzügen und Chikanen nachdrücklichst Einhalt thun möge.

§. 38.

Daß die zu den Instruktionen deputirten Räthe die im Kollegio zu haltenden Instruktionstabellen richtig fortführen; die Präsidenten selbige fleißig revidiren, und auf den Grund derselben nach denjenigen Sachen, welche liegen zu bleiben und verschleppt zu werden scheinen, besondere Nachfrage halten müssen, ist oben Tit. II. §. 29 u. f. verordnet. Wenn sich bei dieser Gelegenheit findet, daß der Instruent selbst, ohne sich eben eines strafbaren Betragens schuldig zu machen, aus übertriebener Aengstlichkeit, vorgefaßter Meinung, Anhänglichkeit an ein gewisses, sich selbst, ohne hinreichenden Grund, von dem Zusammenhange des Fakti formirtes System, oder aus einer zur Sache oder wider dieselbe gewonnenen Affektion, welche aus bloßem Mangel gehöriger Wachsamkeit über sich selbst, auch einen sonst redlichen und unbescholtenen Mann übereilen kann, die Instruktion nicht gehörig angreife; sie nicht richtig und passend genug eingeleitet habe; sich bei unbedeutenden Nebenumständen zu sehr aufhalte; den Partheien zu viel Nachsicht und Umzüge verstatte u. s. w.: so muß der Präsident ihm diese Instruktion abnehmen, sie einem andern Mitgliede des Kollegii übertragen, und statt derselben dem vorigen Instruenten andere Beschäftigungen anweisen.

§. 39.

Ob auch gleich ein solches Versehen an und für sich noch nicht hinreichend seyn soll, die Redlichkeit und Brauchbarkeit eines Raths zweifelhaft zu machen; so müssen jedennoch die Räthe sich sorgfältig hüten, nicht zu wiederholtenmalen in den nämlichen Fehler zu verfallen; maaßen sie sich sonst den gegründeten Verdacht eines Mangels an Fleiß, Geschicklichkeit und Scharfsinn, Gleichmüthigkeit, und anderer dergleichen bei einer richterlichen Person unentbehrlichen Eigenschaften zuziehen, und es am Ende sich selbst beizumessen haben würden, wenn sie wegen solcher Untüchtigkeit ihrer Dienste gänzlich entlassen werden müßten.

§. 40.

Von Familien- und anderen dergleichen Geheimnissen der Partheien, welche bei Gelegenheit der Instruktionen zu ihrer Kenntniß gelangen, müssen die dazu deputirten Räthe, den Anweisungen §. 25 — 27. gemäß, nur alsdann mit möglichster Schonung Gebrauch machen, wenn die Bekanntwerdung derselben unumgänglich nothwendig ist, um die Wahrheit rein, unverfälscht und vollständig darzustellen, und den Richter in Stand zu setzen, daß er das Faktum, worauf es bei der Entscheidung des Rechtsstreits ankommt, gehörig übersehen und richtig beurtheilen könne.

Außer diesem Falle müssen die Räthe dergleichen Geheimnisse unter dem Siegel der unverbrüchlichen Verschwiegenheit bewahren, und sich besonders, bei Strafe der unvermeidlichen Kassation, alles zu ihrem Privatnützen und zum Schaden der Parthei abzielenden Gebrauchs derselben schlechterdings enthalten.

§. 41.

III. Die dritte Hauptbeschäftigung der Räthe bei den Justizkollegien ist das Dekretiren, oder der mündliche Vortrag der eingekommenen schriftlichen Vorstellungen und Anzeigen, und die Abfassung der Verordnungen darauf.

III. Der Decernenten.

§. 42.

Dabei müssen die Räthe vor allen Dingen die ihnen vor jeder Session zugestellten Memorialien, Protokolle und Anzeigen fleißig lesen; deren Inhalt mit den etwa schon vorhin in der Sache verhandelten Akten sorgfältig vergleichen; sich dadurch von dem eigentlichen Gegenstande und den Gründen des Gesuchs oder Antrags richtige und vollständige Kenntniß verschaffen; dieselben nach den Vorschriften der Gesetze prüfen und beurtheilen, und sich also zum Vortrage im Kollegio selbst gehörig vorbereiten; auch die nach dieser Präparation etwa zu erlassenden Dekrete zu Hause entwerfen: damit sie durch deren Abfassung in der Session, an der nöthigen Aufmerksamkeit auf die Vorträge der anderen Räthe nicht gehindert werden mögen.

§. 43.

Den Vortrag selbst müssen sie zwar kurz und ohne unnütze Weitläufigkeit, jedoch aber auch vollständig und deutlich thun: dergestalt, daß das ganze Kollegium verstehen könne, was eigentlich gesucht oder angetragen werde, und was für Umstände und Gründe dafür oder dawider vorhanden sind. Dem Vortrage müssen sie jedesmal ihr Votum nach dem projektirten Dekrete beifügen, und zugleich die aus der Natur und Lage der Sache, oder aus gesetzlichen Anordnungen herzunehmenden Gründe desselben anführen.

§. 44.

Die Dekrete selbst müssen sie deutlich, wo es die Sache fordert, umständlich und mit Gründen, jedesmal aber schlechterdings dem Beschlusse des Kollegii gemäß abfassen, und also die sich zu Hause gemachten Entwürfe, wenn sie von dem Kollegio nicht genehmigt würden, nach dem Konkluso umändern.

§. 45.

Die Räthe müssen keine dergleichen ihnen zum mündlichen Vortrage zugeschriebene Sachen bei sich liegen lassen, noch auch mit Beförderung der schon abgefaßten Dekrete zur Expedition in Rest bleiben.

Nur bei sehr weitläufigen, die Aufsuchung von älteren Akten erfordernden, sonst aber keine Gefahr im Verzuge bei sich führenden Sachen, kann der Präsident nachgeben, daß der Vortrag derselben bis zur nächsten Session ausgesetzt bleibe; er muß aber auch darauf sehen, daß sie alsdann gehörig nachgeholt, und, ehe zu den übrigen auf diesen Tag eigentlich distribuirten Memorialien geschritten wird, vorgetragen und abgemacht werden.

§. 46.

Was die Decernenten in Prozeßsachen bei dem Vortrage der Anmeldungsprotokolle, der Klageberichte und deren Beantwortungen, der Anfragen der Instruenten, der Anzeigen oder Beschwerden der Assistenten oder Partheien, der Appellationsanmeldungen und Berichte rc. zu beobachten haben, ist im Ersten Theile dieser Gerichtsordnung umständlich genug vorgeschrieben.

Die Räthe der Kollegien werden also hier nur noch überhaupt erinnert,

1) bei den Vorträgen der Klagen und Beantwortungen, besonders wenn dieselben, nach Tit. V. §. 16. und Tit. IX. § 15. im Ersten Theile, schriftlich eingebracht worden, die Vollständigkeit derselben, und der von den Justizkommissarien darüber eingezogenen Informationen, nach den allemal beizulegenden Manualakten, mit vorzüglicher Sorgfalt zu prüfen: damit im Verfolge der Instruktion die Verzögerungen und Verwirrungen, welche unvermeidlich sind, wenn erst alsdann viele neue unvorhergesehene und unvorbereitete Umstände zum Vorschein kommen, möglichst vermieden werden;

2) bei der Anberaumung der Instruktionstermine die im Ersten Theile Tit. IX. §. 36. u. f. näher beschriebene Vorbereitung mit vorzüglicher Sorgfalt und Aufmerksamkeit zu besorgen;

3) wenn von dem Instruenten Anfragen oder Anzeigen, mit Beilegung der bisherigen Verhandlungen geschehen, sich nicht bloß an das zu halten, was etwa der Instruent in seinem Promemoria über die Lage der Sache und der Instruktion angeführt hat; sondern in die Verhandlungen selbst einzugehen; dieselben aufmerksam zu prüfen; und wenn sie bei dieser Gelegenheit Fehler, Mängel oder Irrthümer bei der Einleitung und Führung der Instruktion bemerken, dieselben dem Kollegio ohne Rückhalt anzuzeigen; damit der Instruent deswegen gewarnt und zurecht gewiesen werden könne.

§. 47.

Wenn Beschwerden über Untergerichte einkommen, so müssen die Decernenten vorzügliche Aufmerksamkeit darauf verwenden; sich auf die darüber abgestatteten Berichte nicht schlechterdings verlassen, sondern diese mit der Beschwerde selbst genau vergleichen; so bald durch den Bericht aller scheinbare Verdacht eines ordnungswidrigen und unregelmäßigen Betragens nicht gänzlich entfernt wird, oder sonst ein Bedenken bei der Sache übrig bleibt, vornehmlich aber, wenn die Beschwerde gegen ein Untergericht geführt wird, welches sich schon in anderen Fällen der Verschleppung und Unordnung verdächtig gemacht hat, auf Abforderung der Akten antragen; selbige, und das darin enthaltene Verfahren des Unterrichters ebenfalls genau prüfen, und sodann wegen Abhelfung der gegründeten Klagen, oder wegen Vorbescheidung der Supplikanten, das Nöthige bei dem Kollegio in Vorschlag bringen.

§. 48.

Besonders müssen die Decernenten und Kollegien auf Verhütung, Abstellung und ernstliche Bestrafung der von solchen Untergerichten begangenen Sportulexcesse vorzüglich aufmerksam seyn, und Erstere müssen dergleichen Excesse, wenn sie sie in den Akten bemerken, auch ohne daß sie von den Partheien ausdrücklich gerügt werden, von Amts wegen ahnden.

§. 49.

Sind die Beschwerden gegründet, so muß denselben auf Kosten des schuldigen Unterrichters abgeholfen; dieser, den Partheien allen verursachten Schaden zu ersetzen, nachdrücklich angehalten; auch überdieß, nach Bewandtniß der Umstände, entweder mit einer proportionirlichen Geldstrafe wider ihn verfahren, oder auch, wenn das Vergehen von großer Wichtigkeit, oder schon zum öftern wiederholt und vergebens geahndet worden ist; vornehmlich aber, wenn dabei gründliche Anzeigen einer vorsätzlichen Ungerechtigkeit, Partheilichkeit, Animosität oder Bestechung sich hervorthun, die förmliche Inquisition gegen

gegen einen solchen Richter verhängt, und hiernächst über seine Bestrafung nach den im ersten Titel §. 23. enthaltenen Vorschriften ordentlich erkannt werden.

§. 50.

Sind hingegen die Beschwerden ungegründet, so müssen die Supplikanten damit, unter Anführung richtiger, ihren Fassungskräften gemäß auseinander gesetzter und vorgetragener Gründe, nachdrücklich abgewiesen werden. Auch müssen die Landesjustizkollegia dafür sorgen, den unter ihrer Aufsicht stehenden Untergerichten, gegen Verläumdungen und ungebührliche Zudringlichkeiten boshafter und unbedeutsamer Querulanden, Schutz und Genugthuung nach Vorschrift Tit. I. §. 31 u. f. zu verschaffen.

§. 51.

IV. Das vierte Hauptgeschäft der Räthe bei den Justizkollegien ist das Referiren aus den zum Spruch geschlossenen Akten, und die Abfassung der darauf zu publicirenden Urtel. IV. Der Referenten.

§. 52.

Die allgemeinen Regeln, welche bei Ausarbeitung der Relationen beobachtet werden müssen, sind Th. I. Tit. XIII. §. 7 u. f. enthalten. Bestimmtere Vorschriften über die Methode zu referiren, können nicht gegeben werden, weil es dabei zu sehr auf die speciellen Umstände jeder vorliegenden Sache ankommt.

§. 53.

In wichtigen Sachen, welche nach Art des ordentlichen Prozesses instruirt worden, müssen die Relationen, der Regel nach, schriftlich abgefaßt werden. Qualificirt sich aber auch eine Sache zum bloßen mündlichen Vortrage, so muß dennoch der Referent, wenn er zuvörderst den von dem Instruenten formirten Statum causae mit den Vernehmungsprotokollen verglichen, sorgfältig geprüft, und dabei richtig aufgenommen gefunden hat, selbigen dem Kollegio vorlesen; ein Gleiches in Ansehung der Dokumente, besonders der Stellen daraus, auf welchen die Entscheidung beruht, der Zeugenaussagen, und der über die Okularinspektion aufgenommenen Protokolle beobachten; sodann aber sein schriftliches Votum, mit Beifügung der Zweifels- und Entscheidungsgründe, gehörig abgeben.

§. 54.

Besteht eine Sache aus mehreren Punkten, so muß jeder derselben auf vorstehende Art besonders vorgetragen und erörtert werden.

§. 55.

Ob eine Sache nur mündlich vorgetragen, oder ob schriftlich darin referirt werden solle, hängt lediglich von der Bestimmung des Präsidenten ab. In Sachen, welche von diesem zum schriftlichen Referiren ausgestellt worden, muß der Referent sich eines bloß mündlichen Vortrags nicht eigenmächtig anmaaßen.

§. 56.

Wenn ein Korreferent bestellt ist, so muß in der Regel auch dieser eine ordentliche vollständige Relation abfassen. Doch kann in der ersten und zweiten Instanz, vornehmlich bei Kollegien, welche mit Geschäften sehr überhäuft sind, nachgegeben werden, daß der Korreferent statt einer förmlichen Relation ein bloßes schriftliches Votum, mit Zweifels- und Entscheidungsgründen, ausarbeite. In der dritten Instanz hingegen müssen allemal, auch wenn die Sache wegen einer in Vorschlag gekommenen Abänderung zweier gleichförmiger Urtel, neuen Referenten zugestellt wird, von sämmtlichen Referenten ordentliche und vollständige Relationen angefertigt werden.

§. 57.

Der Re- und Korreferent müssen einander die

Relationen nicht mittheilen, noch über das abzugebende Votum mit einander Privatverabredungen treffen; vielmehr müssen alle Relationen dem Präsidenten versiegelt eingehändigt werden.

In so fern aber den Auskultatoren und Referendarien Spruchsachen nur noch zur Uebung distribuirt werden, kann der Präsident die Relation, wenn sie eingekommen und präsendirt ist, dem Korreferenten zustellen: damit dieser nach abgefaßter Korrelation dem Referenten seine Bemerkungen und Anweisungen über die Relation mittheilen könne.

§. 58.

Während des Vortrags und Ablesens der Relationen müssen die anderen Mitglieder des Kollegii ihre ganze Aufmerksamkeit auf die vorhabende Sache richten; sich also mit anderen Gegenständen und Verrichtungen nicht distrahiren, und sich solchergestalt in den Stand setzen, daß sie ihr Votum pflichtmäßig, gewissenhaft, aus Ueberzeugung und mit Gründen abgeben können.

§. 59.

Wenn aus Untergerichtsakten referirt wird, so muß der Referent, wegen Prüfung und Rügung der dabei vorkommenden Fehler und Mängel, die den Instruenten und Decernenten oben §. 47. gegebenen Vorschriften auch seines Orts wahrnehmen.

§. 60.

Die Räthe müssen die ihnen zum Referiren zugeschriebenen Akten nicht liegen lassen, sondern sie unverzüglich bearbeiten. Die Referenten, denen mehrere Sachen zu gleicher Zeit zugeschrieben worden, müssen dieselben nach den Nummern des Distributionsbuches vornehmen; es wäre denn, daß die eine oder die andere darunter, nach der Natur des dabei Statt gefundenen Prozesses, eine vorzügliche Beschleunigung forderte. Wenn ein Referent in Bearbeitung der ihm zugetheilten Sachen saumselig ist, so muß er seiner Schuldigkeit von dem Präsidenten ernstlich erinnert, allenfalls seine Reste ihm abgenommen, und auf seine Kosten durch einen Assessor oder geschickten Referendarius expedirt; bei beharrlicher und wiederholter Trägheit und Saumseligkeit aber dem Chef der Justiz davon pflichtmäßig Anzeige gemacht werden.

§. 61.

Was bei Abfassung der Urtel selbst zu beobachten sey, ist im Ersten Theile Tit. XIII. §. 3. u. f. vorgeschrieben.

§. 62.

Von Assessoren.

Außer den Räthen können bei den Justizkollegien, besonders in Zeiten, wo das eine oder das andere derselben mit Arbeiten vorzüglich überhäuft ist, von dem Großkanzler Assessoren bestellt, und dem Kollegio zu Hülfe gegeben werden. Solche Assessoren müssen eben so, wie die Räthe, qualificirt seyn, und haben eben dieselben Pflichten zu beobachten. Doch wird ihnen nur in denjenigen Sachen, die ihnen als Decernenten oder Referenten zum Vortrage zugeschrieben sind, ein volles Votum, in anderen Sachen aber nur ein Votum consultativum beigelegt.

Diese Assessoren erhalten noch keine fixirte Besoldungen; doch können denjenigen unter ihnen, welche sich durch Fleiß und Brauchbarkeit auszeichnen, von den Sachen, in welchen sie als Instruenten oder Urtelsfasser gearbeitet haben, nach Beschaffenheit der Umstände, die ganzen oder halben Instruktions- oder Urtelsgebühren durch den Großkanzler angewiesen werden.

Uebrigens ist auf dergleichen Assessoren, bei Besetzung erledigter Rathsstellen, vorzüglich Rücksicht zu nehmen.

§. 63.

Die Räthe bei den Justizkollegien werden bei dem Antritte ihres Amtes mit folgendem Eide belegt: Verpflichtung.

Ich . . . schwöre etc. etc. Nachdem Se. Königl. Majestät von Preußen mich zum Rath bei Dero . . . bestellt und angenommen haben, daß Höchstgedachter Sr. Königl. Majestät ich zuvörderst treu, hold und gewärtig seyn; Dero Bestes und Interesse aus allen Kräften suchen und befördern, Schaden und Nachtheil aber möglichst verhüten und abwenden wolle.

Ferner schwöre ich, in meinem Amte die Gerechtigkeit, nach Vorschrift der Gesetze, und meiner besten Kenntniß und Ueberzeugung, zu befördern und zu handhaben; jedermann, ohne Ansehen der Person und Unterschied des Standes, unpartheiische Justiz, so viel an mir ist, zu administriren; und mich davon weder durch Geschenke, Gunst und Gaben, noch durch Freundschaft, Feindschaft, Menschenfurcht oder andere unlautere Bewegungsgründe, und überhaupt durch keine Nebenrücksichten abwenden zu lassen.

Ich gelobe ferner, den Sessionen des Kollegii ordentlich und aufmerksam beizuwohnen; die von dem Kollegio, oder dessen Präsidenten, mir aufgetragenen Arbeiten willig zu übernehmen, und nach meinem besten Vermögen prompt und unverdrossen auszurichten, auch dem Präsidenten in Amtssachen die schuldige Subordination und Folge zu leisten.

Insonderheit schwöre ich, bei der Instruktion der Prozesse allen meinen Fleiß, Mühe und Bestreben auf die vollständige und gründliche Entdeckung der Wahrheit, und zugleich auf die möglichste Beschleunigung der Sachen, zu verwenden; und es meines Orts an nichts fehlen zu lassen, wodurch die Königliche landesväterliche Intention, zur Verschaffung einer soliden, prompten und unpartheiischen Rechtspflege, befördert und erreicht werden kann; überhaupt aber mich in allen Stükken so zu verhalten, wie es einem getreuen und rechtschaffenen Königl. Rath und Justizbedienten wohl ansteht und gebührt. So wahr rc. rc.

Anh. §. 447 Der von den Räthen der Justizkollegien abzuleistende Eid ist nach dem §. 445. des Anhangs zu § 43. Titel II. Theil III. vorgeschriebenen Formular einzurichten; nur muß statt der Worte:

„Insbesondere gelobe ich — — Genüge leiste“ gesetzt werden:

„Insbesondere gelobe ich meinen Vorgesetzten in Amtssachen, der Subordination gemäß, schuldige Folge zu leisten.“

Vierter Titel.

Von dem Amte der Referendarien und Auskultatoren.

§. 1.

Bestellung der Auskultatoren.

Junge Leute, welche sich der Justiz widmen wollen, müssen sich, nach absolvirten Studien, bei dem Präsidenten oder Chef eines Justizkollegii schriftlich melden, beglaubte Zeugnisse ihres Fleißes und Wohlverhaltens auf Akademien beibringen; und sich zugleich zu der vorschriftsmäßigen Prüfung erbieten. Dergleichen Zeugnisse müssen nicht bloß von einzelnen Professoren, oder anderen akademischen Lehrern ausgestellt seyn, sondern der Studirende muß dergleichen Atteste, vor seinem Abgange von der Akademie, dem Rektor oder Prorektor derselben vorlegen, und sich von diesem sowohl über seinen dadurch nachgewiesenen Fleiß, als über sein während des Aufenthalts auf der Akademie beobachtetes sittliches Betragen, ein pflichtmäßiges Zeugniß unter dem Siegel der Universität ertheilen lassen.

Anh. §. 448. Jeder Rechtskandidat, welcher als Auskultator angestellt zu werden wünscht, muß ein Zeugniß der Universität nicht nur über die §. 1. dieses Titels enthaltenen Gegenstände, sondern auch darüber beibringen, daß er drei Jahre hindurch auf Universitäten studirt habe. Wer sich nicht über die Vollendung des dreijährigen akademischen Kursus vollständig ausweiset, darf ohne ausdrückliche Erlaubniß des Chefs der Justiz zu der §. 3. dieses Titels verordneten Prüfung gar nicht zugelassen werden. Wenn jedoch solche Umstände eintreten, die in ganz besonderen Fällen eine Ausnahme von der Regel begründen könnten; so haben die Landesjustizkollegia an den Chef der Justiz zu dessen weiterer Entschließung zu berichten.

Anh. §. 449. Dem Gesuch um Zulassung zur Prüfung muß ein von dem Kandidaten selbst in lateinischer Sprache abgefaßtes und von ihm geschriebenes curriculum vitae beiliegen, worin sein Name, sein Alter, der Ort seiner Herkunft, der Name und Stand seiner Eltern, und die kurze Geschichte seiner Ausbildung auf Schulen und Universitäten enthalten ist. Dieses curriculum vitae muß auch den nachherigen Berichten über die Zulassung zum Referendariat und zur dritten Prüfung beigefügt werden.

§. 2.

Ein solcher Kandidat muß hiernächst von Mitteln und Unterstützung nicht ganz entblößt seyn, damit er während der zu seiner Vorbereitung und Prüfung erforderlichen Zeit sich seinen Unterhalt verschaffen, und die Gelegenheit zu seiner Versorgung abwarten könne.

§. 3.

Die Prüfung solcher Kandidaten muß der Präsident einem oder zwei Räthen des Kollegii auftragen. Es darf jedoch dieselbe nur darauf gerichtet werden: ob der Kandidat gute natürliche Fähigkeiten und eine gesunde Beurtheilungskraft besitze, und ob er sich in der Theorie der Rechtsgelehrsamkeit gründliche und zusammenhängende Kenntnisse erworben habe. Die Examina müssen übrigens nicht allen Räthen, ohne Prüfung.

Unterschied und nach der Reihe, aufgetragen werden; sondern der Präsident muß dazu ein oder zwei Mitglieder des Kollegii, welche, außer den nöthigen Kenntnissen, zugleich die zu einem solchen Geschäfte erforderlichen Naturgaben besitzen, aussuchen, und dieselben dem Großkanzler als beständige Examinatoren bei dem Kollegio vorschlagen.

Anh. §. 450. Bei der Prüfung muß besonders darauf gesehen werden, ob der Kandidat die lateinische Sprache versteht. Findet sich, daß er diese auch dem Geschäftsmanne unentbehrliche Sprache vernachlässigt habe, so soll ihm das Zeugniß der Brauchbarkeit nicht ertheilt werden. Auch ist die Prüfung nicht auf das bloße bürgerliche Privatrecht zu beschränken, sondern auf die Theorie der Rechtswissenschaft überhaupt zu erstrecken, und besonders zu erforschen, ob der Kandidat von dem Staats- und Völkerrecht wenigstens so viele Kenntnisse erlangt habe, daß er sich durch fortgesetztes Studium darin so ausbilden könne, wie es seine künftige Amtslage und Verhältnisse erfordern.

§. 4.

Leute, welchen es an dem einen oder dem andern der §. 3. bemerkten Erfordernisse ermangelt, müssen ohne alle Nachsicht oder übel angebrachtes Mitleiden abgewiesen werden; weil es besser ist, daß sie noch in Zeiten zu einem andern nützlichen Gewerbe greifen, als daß sie den Kollegien und dem Staate zur Last fallen, oder am Ende wohl gar sich in Bedienungen einschleichen, wo sie durch ihre Untüchtigkeit dem gemeinen Wesen schädlich werden.

§. 5.

Wenn hingegen bei der Prüfung eines Kandidaten sich findet, daß derselbe seine Zeit auf Akademieen wohl angewendet habe, gründliche theoretische Kenntnisse besitze, und gute Fähigkeiten und Anlagen zu einem künftigen brauchbaren Justizbedienten zeige; so kann das Kollegium seine Ansetzung und Verpflichtung zum Auskultator verfügen; und bedarf es dazu künftig keiner besondern Approbation vom Hofe. Doch werden die Präsidenten ernstlich erinnert, bei der Zulassung solcher Auskultatoren, und bei deren Prüfung, die obigen Vorschriften pflichtmäßig zu beobachten, und die Kollegia mit untauglichen Subjekten nicht zu belästigen.

§. 6.

Diesen Auskultatoren muß das Kollegium, und besonders der Präsident, alle Gelegenheit verschaffen, sich von Betreibung der Rechtsangelegenheiten praktische Kenntnisse zu erwerben; ihnen Akten von allerhand Art zum Lesen zustellen lassen; sie anweisen, daß sie sich den Gang der Sachen, und die Bearbeitung der Geschäfte in der Registratur, bekannt machen; auch sie zur fleißigen und aufmerksamen Gegenwart bei den mündlichen Vorträgen, und Ablesung der Relationen im Kollegio anhalten. Beschäftigung.

§. 7.

Die Vorgesetzten der Kollegien müssen die dabei bestellten Auskultatoren, in so fern deren eine hinlängliche Anzahl vorhanden ist, unter die Mitglieder des Kollegii dergestalt vertheilen, daß jedem Rathe einer oder etliche solcher junger Leute angewiesen werden, deren er sich bei Aufnehmung der Informations- und Instruktionsprotokolle als Protokollführer bedienen kann; die er aber auch zu den Geschäften anzuführen und auszubilden, sich besonders angelegen seyn lassen muß.

Auch müssen dergleichen Auskultatoren, wenn sie besonders schon einige Zeit bei dem Kollegio gestanden haben, zur Vernehmung der Supplikanten, und Anderer, die bei dem Kollegio etwas mündlich anzubringen haben, gebraucht werden.

Die Auskultatoren und Referentarien müssen sich bei Niederschreibung der Protokolle einer guten und leserlichen Hand möglichst befleißigen, damit nicht durch ihre Vernachlässigung und Sorglosigkeit die Akten mit unleserlichen Schreibereien angefüllt, und deren fernere Bearbeitung dadurch erschwert werde.

§. 8.

Die Auskultatoren müssen unterdessen auch für sich selbst die Prozeßordnung fleißig studiren, und sich mit den in dem Departement des Kollegii bestehenden Provinzial- und Statutarischen Rechten näher bekannt machen.

§. 9.

Prüfung zum Referendariat.

Wenn ein Auskultator bei diesen vorläufigen Uebungen und Geschäften Beweise von Fähigkeiten, Fleiß und Applikation gegeben hat; so müssen ihm Akten zur Anfertigung einer Proberelation daraus zugestellt; diese Relation aber von dem zweiten Präsidenten oder Direktor, oder von einem Rathe des Kollegii eigends censirt, und über den Befund dem Kollegio Vortrag gemacht werden.

§. 10.

Sodann wird mit dem Kandidaten ein nochmaliges Examen, besonders aus der Prozeßordnung und den Provinzial- und Statutarischen Rechten vorgenommen; und hiernächst, wenn er darin bestanden hat, wegen seiner Ansetzung zum Referendario, mit Beischluß der Proberelation und deren Censur, ingleichen des über sein Examen aufgenommenen Protokolls an den Chef der Justiz Bericht abgestattet.

§. 11.

Nach erfolgter Approbation wird derselbe als Referendarius introducirt, und auf den bei seiner Annehmung zum Auskultator bereits geleisteten Eid nochmals verwiesen.

§. 12.

Ein wesentliches Erforderniß bei der Zulassung zum Referendariat ist jedoch ein ordentlicher Lebenswandel und ein nach den Vorschriften der gesunden Vernunft und des Christenthums eingerichtetes Betragen. Leute also, welche sich liederlichen oder niederträchtigen Ausschweifungen ergeben haben, müssen nicht zugelassen werden, wenn es ihnen auch sonst an der erforderlichen Geschicklichkeit nicht mangeln sollte; und die Kollegia müssen von dem Charakter und der Aufführung der bei ihnen sich meldenden Kandidaten sichere Nachricht einzuziehen suchen; auch was sie dadurch in Erfahrung gebracht haben, jedesmal in ihrem Berichte anzeigen.

§. 13.

Beschäftigung der Referendarien.

Diese Referendarien müssen nun fernerhin zu künftigen richterlichen Bedienungen vorbereitet, und ihnen alle Gelegenheit verschafft werden, in den verschiedenen, bei dem Kollegio vorkommenden Geschäften praktische Kenntniß und Erfahrung zu erlangen.

Anh. §. 451. Die Präsidenten müssen mit Nachdruck darauf halten, daß die Auskultatoren und Referendarien den Sessionen des Kollegii pünktlich beiwohnen, ihre Geschäfte prompt und gründlich verrichten, sich einer deutlichen Handschrift befleißigen, das Subordinationsverhältniß strenge beobachten und einen sittlich guten Lebenswandel führen.

§. 14.

Es müssen ihnen also nicht nur Akten zum Referiren zugestellt, und jedesmal, besonders im Anfange, geschickte Korreferenten beigegeben; sondern sie müssen auch zum Memorialvortrage und Dekretiren, unter der Kontrolle der Räthe, gehörig angewiesen werden.

§. 15.

Eben so sind sie nach wie vor zur Führung aller Arten von Protokollen, in den Sessionen selbst, bei mündlichen Anmeldungen der Klagen, bei Vernehmungen der in Person erscheinenden Supplikanten u. s. w., zu gebrauchen; insonderheit aber bei wichtigeren und verwickelteren Instruktionen den dazu deputirten Räthen als Protokollführer beizugeben: damit sie solchergestalt von der Art, die Sachen einzuleiten und zu behandeln, mit den Partheien umzugehen, aus den Erzählungen derselben eine deutliche und vollständige Speciem facti heraus zu ziehen, und wesentliche, zur Sache gehörige Umstände von unnützen und irrelevanten abzusondern, einen richtigen Statum controversiae festzusetzen, und die Beweismittel zweckmäßig aufzunehmen, deutliche und praktische Begriffe erlangen mögen.

§. 16.

Je nachdem die Referendarien auf diese Art sich mehr Fertigkeit und Uebung in solchen Geschäften erworben haben, muß das Kollegium sie allmählig zu wichtigeren Arbeiten zuziehen; sie in Fällen, wo Partheien die Zuordnung von Rechtsbeiständen bei dem Kollegio nachsüchen, oder ihnen dergleichen ex officio beigegeben werden müssen, solchen Partheien als Assistenten, anfänglich unter Aufsicht, nachher aber auch, bei nicht gar zu weitläufigen und verwickelten Sachen, allein, anweisen; sie in dergleichen Sachen zu Instruenten bestellen; sie bei auswärtigen Kommissionen, zuerst unter Direktion eines andern zuverlässigen und geübten Kommissarii, hiernächst aber, in Sachen von minderer Wichtigkeit, ebenfalls allein, gebrauchen; bei allen diesen Verrichtungen aber auf ihr Betragen, ihre Art, sich dabei zu nehmen; ihre Geschicklichkeit, Applikation und Betriebsamkeit beständig Acht haben.

§. 17. a.

Die Referendarien müssen aber ihre Zeit und Aufmerksamkeit nicht bloß auf Justizsachen anwenden, sondern sich auch in anderen bei einem Justizkollegio vorkommenden Arten von Geschäften, z. B. im Vormundschafts- und Hypothekenwesen, zu üben bemüht seyn: den Vorträgen in dergleichen Angelegenheiten ordentlich beiwohnen; Akta, so dahin gehören, fleißig lesen; sich bei Kommissionen, z. B. bei Rechnungsabnahmen, Erbsonderungen rc. rc. gebrauchen lassen; sich nähere Kenntnisse von der Verfassung und Administration des Depositi zu erwerben suchen; die Einrichtung der Registratur, die Führung der Bücher und Repertorien, und die in den dießfälligen Geschäften zu beobachtende Ordnung und Akkuratesse sich so viel als möglich praktisch bekannt machen; und mit Einem Worte keine Gelegenheit verabsäumen, wo sie in allen und jeden zum richterlichen Amte gehörigen Geschäften ihre Begriffe erweitern und berichtigen, und sich immermehr Uebung und Fertigkeit darin erwerben können.

§. 17 b.

In Provinzen, wo Justiz- und Kammerkollegia an einem Orte sich befinden, kann solchen Referendarien, die schon eine Zeit lang bei dem Justizkollegio gearbeitet haben, und sich nunmehr auch in den Geschäften des Kammerressorts praktische Kenntnisse zu erwerben wünschen, gestattet werden, ihre Ansetzung in eben dieser Qualität, auch bei der Krieges- und Domainenkammer nachzusuchen. Doch müssen alsdann unter den Vorgesetzten beider Kollegien Einrichtungen verabredet werden, wornach diesen bei beiden Kollegien angesetzten Referendarien bei dem einen nur solche Geschäfte, und diese nur zu einer solchen Zeit aufgetragen werden, daß sie an gehöriger Abwartung der Geschäfte des andern Kollegii nicht behindert werden mögen.

§. 18.

Allgemeine Pflichten.

Uebrigens müssen die den Justizbedienten überhaupt vorgeschriebenen Pflichten der Rechtschaffenheit, Akuratesse, Arbeitsamkeit und Verschwiegenheit auch von den Referendarien heilig beobachtet werden; und sie müssen während der Zeit, da sie auf dieser Stufe stehen, sich einer fortgesetzt regelmäßigen und stillen Aufführung befleißigen; widrigenfalls, wenn sie sich zum unordentlichen Leben, Schuldenmachen und anderen Excessen hinreißen lassen, oder sonst die von ihnen geschöpfte Hoffnung ihrer künftigen Brauchbarkeit durch unverbesserlichen Leichtsinn, Trägheit oder Zerstreuungen vereiteln, die Präsidenten auf die Ausstoßung solcher unwürdiger und untauglicher Subjekte, sonder Anstand oder Schonung, in Zeiten anzutragen schuldig sind.

§. 19.

Versorgung der Referendarien

Diejenigen hingegen, welche sich durch Fleiß, Applikation, Lust zur Arbeit, stilles und ordentliches Betragen auszeichnen, sollen zu wirklichen Justizbedienungen, nach dem Maaße ihrer Talente und übrigen Kenntnisse, befördert werden.

§. 20.

1) mit Stellen bei Landesjustizkollegien.

Diejenigen unter ihnen, welche mit den obgedachten Qualitäten zugleich einen vorzüglichen Grad von Scharfsinn, praktischer Beurtheilungskraft, Rechtskenntniß, Deutlichkeit und Präcision des Vortrags verbinden, sollen bei den Landesjustizkollegien als Assessoren und Räthe bestellt werden.

§. 21.

Vorbereitung und Prüfung.

Dergleichen Subjekten müssen, wenn sie sich durch Führung der Protokolle, und durch selbst eigene Abhaltung einiger leichter Instruktionen, in dieser Arbeit schon einigermaaßen geübt haben, drei oder vier Instruktionen in wichtigen und verwickelten Sachen aufgetragen; ihnen aber dabei jederzeit ein im Instruktionsgeschäfte vorzüglich geschickter und geübter Rath zugeordnet werden.

Anh. §. 452. Die Zulassung zu den Vorbereitungsarbeiten zum dritten Examen sollen die Präsidenten nur alsdann verfügen, wenn sie sorgfältig geprüft haben, ob der zur Probeinstruktion sich meldende Referendarius auch die §. 19. 20. dieses Titels angezeigten Eigenschaften besitze, ingleichen, ob er hinlängliche Proben seiner Fertigkeit in mündlichen Vorträgen abgelegt habe.

Anh. §. 453. Als solche Sachen, welche sich zur Probeinstruktion eignen, können auch erhebliche Untersuchungen angesehen werden.

§. 22.

Dieser muß dem Referendario die eigene Führung der Instruktion zwar überlassen, und ihn dabei nur so weit leiten und dirigiren, daß die Sache selbst, und die Gerechtsame der Partheien durch etwanige Fehler derselben nicht leiden mögen; er muß aber den Terminen, wenigstens denjenigen, in welchen die Aufnehmung der Klage, die Beantwortung derselben, die Regulirung des Status causae et controversiae, und die Vernehmung der Zeugen erfolgt, selbst beiwohnen, und sein Benehmen bei Examinirung der Partheien, bei Abfassung der Protokolle, bei der Auseinandersetzung der Thatsachen und bei der Absonderung der erheblichen von den unerheblichen, genau beobachten.

Anh. §. 454. Die zur Aufsicht bei den Probeinstruktionen bestellten Räthe haben darauf zu sehen, daß die Instruktion nicht aus den Manualakten zusammen geschrieben, oder die Einlassung von den Justizkommissarien zum Protokoll diktirt werde. Das über die Probeinstruktion zu ertheilende Attest muß auch hierüber die pflichtmäßige Bescheinigung enthalten.

§. 23.

Dieser Aufseher muß hiernächst über den Grad des Fleißes, der Akkuratesse und Sorgfalt, des Scharfsinns, der Beurtheilungskraft und Ueberlegung, welche der Kandidat bei diesen Probearbeiten erwiesen hat, ein umständliches Attest, seiner Pflicht und seinem geleisteten Amtseide gemäß, ausstellen.

§. 24.

In der Zwischenzeit muß sich ein solcher Referendarius nach wie vor im Dekretiren und Referiren fleißig zu üben fortfahren; und es müssen ihm dabei vorzüglich geschickte und akkurate Korreferenten zugegeben werden.

§. 25.

Wenn nun das Kollegium pflichtmäßig dafür hält, daß der Kandidat sich durch alle diese Proben zu dem gesuchten Posten eines Raths hinlänglich geschickt bewiesen habe; so muß der Präsident ein umständliches Zeugniß darüber ausstellen, und selbiges nebst dem §. 23. beschriebenen Atteste, und einigen schon abgethanen und reponirten Akten, worin er als Instruent gearbeitet hat, an den Chef der Justiz einsenden. An Orten, wo besondere Pupillenkollegia sind, muß der Kandidat von deren Vorgesetzten ebenfalls ein Attest seines bei selbigem erwiesenen Fleißes, und der auch in diesem Fache sich erworbenen praktischen Kenntnisse, beibringen.

§. 26.

Der Kandidat muß sich hiernächst bei dem Chef der Justiz persönlich melden, und die erforderliche Verordnung wegen seiner Prüfung an die dazu von Seiner Königlichen Majestät verordnete Immediatkommission nachsuchen.

§. 27.

Diese Kommission muß

1) die von dem Chef der Justiz ihr zugefertigten §. 25. erwähnten Probeakten einem ihrer Mitglieder zur genauen Censur übergeben; sie muß
2) dem Kandidaten Acta zu einer doppelten Proberelation zustellen, und dazu weitläufige, wichtige, auf mehreren Quaestionibus facti et juris beruhende Sachen ganz eigentlich aussuchen. Der Kandidat muß bei Ausarbeitung dieser Relationen nicht allein von seiner gründ-

gründlichen Rechtskenntniß, sondern auch von seiner Gabe, eine verwickelte Sache deutlich und richtig auseinander zu setzen, und bei deren Beurtheilung den rechten Punkt zu treffen, ablegen; zu dem Ende auch das Verfahren bei der Instruktion in den ihm vorgelegten Akten genau prüfen; die etwanigen dabei vorgefallenen Mängel gehörig anmerken, und seine Meinung, wie denselben vorgebeugt, oder die Sache kürzer und doch vollständiger, oder sonst zweckmäßiger hätte zusammengefaßt werden können, abgeben; übrigens aber eine schriftliche an Eides Statt ausgestellte Versicherung, daß er diese Proberelationen selbst ohne fremde Beihülfe verfertigt habe, beifügen. Endlich und

3) muß die Kommission ein strenges Examen in der Theorie der Rechtsgelehrsamkeit mit dem Kandidaten anstellen, und dabei ihre Fragen dergestalt einrichten, daß nicht bloß sein Gedächtniß, sondern auch der ihm beiwohnende Grad von Scharfsinn und Beurtheilungskraft dadurch auf die Probe gestellt werden.

§. 28.

Von dem Ausfalle dieser Prüfung muß die Kommission treu und umständlich an den Chef der Justiz berichten, und diesem Berichte sowohl die Censur über die Probeakten, als auch die Proberelationen und deren Censur beilegen.

§. 29.

Die Kommission muß diesen ihren Bericht hauptsächlich darauf richten:

ob der Kandidat bei allen mit ihm angestellten Proben eine so vorzügliche Geschicklichkeit bewiesen habe, daß er vor Anderen als Rath bei einem Landesjustizkollegio bestellt zu werden verdiene;

oder

ob er nach dem Maaße seiner Fähigkeiten und Kenntnisse nur zu einer minder wichtigen Justizbedienung qualificirt sey.

§. 30.

Diejenigen Referentarien, welche sich solchergestalt zu Rathsstellen gehörig legitimirt haben, sollen bei erster Gelegenheit versorgt, allenfalls vorläufig nach §. 62. Tit. III. zu Assessoren bestellt, und ein jeder von ihnen dahin gewiesen werden, wo seine Dienste, nach Beschaffenheit der Umstände, dem gemeinen Wesen am nöthigsten und nützlichsten seyn können.

§. 31.

Ohne dergleichen Vorbereitung und Prüfung aber soll niemand, wer es auch sey, ohne Unterschied des Standes, der Geburt und seiner vorhin etwa schon bekleideten Aemter und Würden, zu einer Rathsstelle bei einem Landesjustizkollegio gelassen, und jedes Gesuch um Dispensation davon, soll als ein Beweis und Geständniß der Unfähigkeit angesehen werden.

§. 32.

2) Bei Untergerichten.

Referendarien, die zwar ebenfalls eine gründliche Kenntniß der Gesetze, und eine gute Fertigkeit in Anwendung der Vorschriften der Prozeßordnung sich durch mehrjährige Uebung erworben, auch sich durch Fleiß und Applikation, und durch einen stillen regelmäßigen Lebenswandel ausgezeichnet haben, denen aber ein geringeres Maaß an natürlichen Fähigkeiten zu Theil geworden ist; oder deren häusliche und Familienumstände es nicht gestatten, daß sie die Versorgung bei einem Landesjustizkollegio abwarten können, sollen nach dem Verhältniß ihrer Tüchtigkeit, als Räthe bei minder wichtigen Justizkollegien, als Justizbeamte, Bürgermeister, Richter, Syndici, Assessoren, Justitiarien u. s. w., bei Magisträten,

Stand-, Land-, Amts- und Patrimonial- oder anderen Untergerichten, wo sie unter der Aufsicht höherer Kollegien stehen, und von denselben dirigirt werden können, ihre Versorgung erhalten.

Anh. §. 455. Den Referendarien kann gestattet werden, Justitiariate zu übernehmen, in so fern sie dadurch nicht abgehalten werden, ihren Obliegenheiten als Referendarien zu genügen.

§. 33.

Denn es ist Seiner Königlichen Majestät Allerhöchste und ernstliche Willensmeinung, daß in Höchstdero Landen niemand zu irgend einer Justizbedienung, sie habe Namen wie sie wolle, und gehöre zu einem Departement, wohin sie wolle, zugelassen werden soll, welcher sich nicht zuvor bei einem Justizkollegio praktisch formirt hat; und dabei in Ansehung seiner Talente und Kenntnisse sowohl, als in Ansehung seiner moralischen Grundsätze und Konduite, hinlänglich geprüft worden ist.

§. 34.

Wer das Referendariatsexamen mit Beifall ausgestanden hat, bedarf wegen seiner Qualifikation zu einer ordinairen Untergerichtsbedienung keiner nochmaligen Prüfung; sondern es ist hinreichend, wenn er sich über sein ferneres Wohlverhalten durch ein Zeugniß des Kollegii, bei welchem er bisher gestanden hat, legitimirt.

Nur zu Stellen bei Mediatregierungen und bei Stadt- und anderen größeren Gerichten in Haupt- und wichtigern Handlungsstädten, ist eine dritte Prüfung erforderlich, bei welcher die Vorschriften des §. 27. und 28. zu beobachten sind. Doch ist es nicht nothwendig, daß diese Prüfung bei der Immediat-Examinationskommission erfolge, sondern sie kann auch dem Landesjustizkollegio der Provinz aufgetragen werden.

§. 35.

3) Als Justizkommissarien. Referendarien, welche sich nicht zu einer richterlichen Bedienung, sondern zum Justizkommissariat bestimmen, sollen dazu, nach der unten Tit. VII. näher zu bestimmenden Qualifikation, zugelassen werden.

§. 36.

4) Mit Subalternbedienungen. Diejenigen endlich, denen es zu wirklichen richterlichen Bedienungen, oder zum Justizkommissariat, an natürlichen oder erworbenen Eigenschaften fehlt, oder deren Umstände es nicht erlauben, eine solche Versorgung abzuwarten; die jedoch von gutem Verstande, auch einiger Kenntniß und Uebung in den Vorschriften der Prozeßordnung, insonderheit aber von Fleiß, Applikation, Liebe zur Ordnung und rechtschaffener Denkungsart hinlängliche Proben abgelegt haben, sollen mit Sekretär-, Registrator- und anderen dergleichen Subalternstellen bei Ober- und Untergerichten versorgt werden.

§. 37.

Verpflichtung. Die Auskultatoren müssen bei ihrer Annahme folgenden Eid ableisten:

Ich ... schwöre rc. rc. Nachdem ich bei ... zu einem Auskultator bestellt und angenommen worden, daß ich Seiner Königlichen Majestät von Preußen, meinem allergnädigsten Herrn, getreu, gehorsam und unterthänig seyn wolle.

Ferner schwöre ich, die Protokolle getreu, richtig und akkurat zu führen; die mir von dem Kollegio und dessen Präsidenten aufgetragenen Geschäfte willig, fleißig und unverdrossen auszurichten; die mir zugeschriebenen Akten sorgfältig zu referiren; über alle Vorfallenheiten im Kollegio, und besonders über die Vota der Räthe, ein gewissenhaftes Stillschweigen zu beobachten; die Gelegenheit, mich zu einer Justizbedienung zu qualificiren, nach bestem Vermögen zu nutzen; und mich überall so zu verhalten, wie es einem fleißigen und getreuen Auskultator und Referendarius wohl anstehet und gebühret. So wahr ꝛc. ꝛc.

Anh. §. 456. Der von den Referendarien und Auskultatoren bei ihrer Annahme zu leistende Eid ist nach dem im §. 445. des Anhangs zu §. 43. Tit. II. Theil III. vorgeschriebenen Formular einzurichten. Statt der Worte:

„Insbesondere gelobe ich — — — Genüge leiste"

muß gesetzt werden:

„Insbesondere gelobe ich, die Protokolle getreu und richtig zu führen; die mir von meinen Vorgesetzten aufgetragenen Geschäfte willig zu übernehmen, und nach meinen Kräften mit genauer Beobachtung der gesetzlichen Vorschriften gewissenhaft zu besorgen, auch diesen meinen Vorgesetzten in Amtssachen, der Subordination gemäß, schuldige Folge zu leisten."

Fünfter Titel.

Von den Subalternen bei den Justizkollegien.

---

§. 1.

Zu den Subalternen der Justizkollegien gehören:

1) Sekretarien;

2) Archivare und Registratoren;

3) Kanzellisten und Kopisten;

4) Kanzleidiener oder Botenmeister und Boten;

5) Exekutoren.

§. 2.

Die allgemeine Pflicht aller dieser Subalternbedienten ist: daß sie ihres Amts treu und fleißig wahrnehmen; die Vorschriften der Prozeßordnung, so weit solche sie angehen und auf ihre Dienstgeschäfte Beziehung haben, genau beobachten; sich aller Begünstigung oder Verkürzung der Partheien, aller Konkussionen und Absorderung ihnen nicht gebührender, oder den vorgeschriebenen Satz übersteigender Sporteln, bei schwerer Strafe und Kassation gänzlich enthalten; übrigens aber wegen der durch ihre Hände gehenden Sachen und Geschäfte, und über die zu ihrer Kenntniß gelangenden Vota, Beschlüsse und Verfügungen des Kollegii, ein genaues Stillschweigen beobachten, und besonders von letzteren niemandem, weder den Partheien selbst, noch Anderen, vor der Zeit etwas eröffnen oder kommuniciren sollen.

§. 3.

Die jedem von ihnen obliegenden Verrichtungen sind in den folgenden Abschnitten im Allgemeinen bestimmt; nähere Vorschriften aber, wie die Registratur-, Expeditions- und Kanzelleiarbeiten betrieben werden, und was für ein Mechanismus dabei Statt finden solle, sind aus dem angehängten Registratur- und Kanzelleireglement zu entnehmen.

Alle diese Vorschriften enthalten inzwischen nur die Regel, deren in der besondern und eigenthümlichen Verfassung einzelner Kollegien und Gerichte gegründete Ausnahmen durch besondere Instruktionen festgesetzt sind.

Erster Abschnitt.

Von dem Amte der Sekretarien.

---

§. 4.

Bestellung

Zu Sekretarien sollen keine andere, als solche Leute genommen werden, die bei einem Gerichte als Referendarien gestanden, und daselbst von gerichtlichen Angelegenheiten, insonderheit von dem ordnungsmäßigen Betriebe der Prozesse, gute Begriffe erlangt, übrigens aber sich durch Fleiß, Akkuratesse und untadelhafte Konduite ausgezeichnet, auch eine richtige deutliche Schreibart in ihrer Gewalt haben.

§. 5.

Sie erhalten ihre Bestallung, auf den Vorschlag des Kollegii, von dem Chef der Justiz, und werden bei dem Antritte ihres Amts mit dem zu Ende dieses Abschnitts vorgeschriebenen Eide verpflichtet.

§. 6.

Diese Sekretarien können, nach dem Befund des Kollegii und Präsidenten, zu allerlei Arten von Geschäften, z. B. zu Siegelungen, Inventuren, Testamentsabnahmen und anderen Kommissionen, desgleichen, in Ermangelung einer hinlänglichen Anzahl von Referendarien, zu Führung der Protokolle mit gebraucht werden. Obliegenheiten.

§. 7.

Ihre Hauptverrichtung aber ist die schriftliche Ausfertigung und Extension der von dem Kollegio und dessen Mitgliedern, auf die eingekommenen Memorialien, oder sonst dekretirten Verordnungen, Befehle und Resolutionen. Bei dem Expediren.

§. 8.

Dabei müssen sie sich nach dem Inhalte des Dekrets genau achten; nichts davon auslassen oder eigenmächtig hinzuthun; den wahren und richtigen Sinn der Verordnung bestimmt und deutlich ausdrücken; wenn sie aber in dem Dekrete selbst eine Dunkelheit, Zweideutigkeit oder Unvollständigkeit wahrzunehmen glauben, dergleichen Bedenken dem Decernenten geziemend anzeigen, und nähere Erläuterung von ihm darüber erwarten.

§. 9.

Die Sekretarien müssen sich dabei einer guten, reinen und deutlichen Schreibart befleißigen, und die darüber Th. I. Tit. VII. §. 1. gegebenen Anweisungen aufmerksam befolgen.

§. 10.

Sie müssen auch die einem jeden zukommenden Titulaturen, und sonst bei dem Kollegio hergebrachten Kurialien gehörig beobachten, darin eigenmächtig nichts ändern, und die Adressen so einrichten, daß ein jeder gleich wissen könne: ob der Befehl ihn oder jemand andern angehe; weshalb der Vor- und Zuname der Partheien, ingleichen ihr etwaniger Charakter oder bekleidendes Amt, in diesen Adressen so viel als möglich ausgedrückt werden müssen.

§. 11.

Besonders müssen die Sekretarien den mit ausländischen Kollegien hergebrachten Stylum Curiae sorgfältig beobachten, damit diese, unter dem Vorwande eines dabei begangenen Verstoßes, nicht Gelegenheit nehmen, die Antwort oder Befolgung der Requisition zu versagen.

§. 12.

Auf dem Koncepte der Expedition müssen die Sekretarien bemerken: ob und was dafür an Gerichtstaxen zu bezahlen sey, und was für ein Stempelbogen zur Ausfertigung des Mundi genommen werden solle; wobei sie die Vorschriften der Sportultaxe und des Stempeledikts genau und pflichtmäßig zu beobachten haben.

§. 13.

Unter dem Dekrete müssen sie bemerken, wann ihnen dasselbe zur Expedition zugestellt worden ist, und wann sie diese zur Revision des Decernenten abgegeben haben.

§. 14.

Alle von ihnen gefertigte Expeditionen müssen sie in das, nach näherer Anweisung der Beilage, zu führende Expeditionsbuch, unter dem Dato, wo eine jede wirklich koncipirt worden, gehörig eintragen, und den, nach eben dieser Anweisung, aus dem Expeditionsbuche zu fertigenden Siegelzettel gehörig revidiren und attestiren.

§. 15.

Kontrasigniren.

Die in der Kanzellei gefertigten Munda der Dekrete müssen die Sekretarien mit den Koncepten kollationiren, und nach richtigem Befund gehörig kontrasigniren.

§. 16.

Haltung des Gerichtskalenders.

Die Termine, welche nicht vor einzelnen Mitgliedern und Deputatis, sondern vor dem versammelten Kollegio anstehen, müssen die Sekretarien in einen des Endes zu haltenden Gerichtskalenders eintragen. Aus diesem Gerichtskalender muß an jedem Sessionstage ein Extrakt dem Präsidenten vorgelegt werden, damit derselbe darauf Acht haben könne, daß die anstehenden Termine vor sich gehen, und die Sachen nicht liegen bleiben.

§. 17.

Depositalwesen.

Worin die Pflichten und Verrichtungen der Sekretarien bei dem Depositalwesen bestehen, ist in der Depositalordnung näher bestimmt.

§. 18.

Aufsicht über die Kanzellei.

Die Sekretarien sind schuldig und berechtigt, auf Ordnung und Akkuratesse in der Kanzellei zu halten, und die Kanzellisten zu ihren Pflichten anzuweisen. Wenn sie also Unordnungen oder Unrichtigkeiten dabei wahrnehmen, müssen sie es dem Präsidenten, zur nähern Untersuchung und Remedur, sofort anzeigen. Was dabei die Obliegenheit des Protonotarii und Kanzelleidirektors sey, bestimmt das beigedruckte Reglement.

§. 19.

Allgemeine Pflichten.

Die Sekretarien müssen sich täglich, Sonn- und

Festtage allein ausgenommen, um Acht Uhr Vormittags auf dem Kollegienhause und in dem ihnen darin angewiesenen Expeditionszimmer einfinden, und ihren Verrichtungen obliegen; auch dasjenige, womit sie Vormittags nicht fertig werden können, den Nachmittag nachholen.

§. 20.

Ohne Erlaubniß des Präsidenten dürfen sie nicht zurück bleiben, noch weniger sich über Nacht von dem Orte, wo das Gericht seinen Sitz hat, entfernen, oder gar Reisen unternehmen.

§. 21.

Die Expeditionen müssen sie möglichst beschleunigen: dergestalt, daß, der Regel nach, alle bei einer Session dekretirte Sachen noch an eben dem, oder spätestens am folgenden Tage, zur Revision der Decernenten gelangen können.

§. 22.

Die Sekretarien müssen sich bei dem Antritte ihres Amtes mit folgendem Eide verpflichten:

Ich : : : schwöre 2c. 2c. Nachdem ich bei : : : zum Sekretario ernannt und angenommen worden, daß ich Sr. Königlichen Majestät von Preußen, meinem allergnädigsten Herrn, treu, gehorsam und unterthänig seyn wolle.

Ferner schwöre ich, die Pflichten des mir anvertrauten Amts gewissenhaft zu beobachten; alle von dem Kollegio und desselben Präsidenten mir aufgetragene Verrichtungen willig zu übernehmen, und nach bestem Vermögen getreulich zu besorgen; die Protokolle getreu und richtig zu führen; die Expeditionen der Dekrete fleißig, akkurat und prompt anzufertigen; die Gebühren und Stempelgelder nach Vorschrift der Sportultaxe und Stempeledikte richtig anzusetzen; über die durch meine Hände gehenden, oder sonst zu meiner

Kenntniß gelangenden Geheimnisse der Partheien, oder des Kollegii, ein unverletztes Stillschweigen zu beobachten; die meiner Verwahrung anvertrauten Schriften, Briefschaften und Urkunden sorgfältig zu verwahren; mich vor allen genaueren Konnexionen mit den Partheien und Sollicitanten zu hüten; keine Geschenke noch Gaben von ihnen zu nehmen, noch auch von den Meinigen nehmen zu lassen; keiner Parthei wider die andere Warnung zu thun, Nachricht zu geben oder zu rathen; und mich überall so zu verhalten, wie es einem rechtschaffenen Justizbedienten und getreuen Sekretario wohl anstehet und gebühret. So wahr ꝛc. ꝛc.

Anh. §. 457. Die Sekretarien werden bei dem Antritte ihres Amts mit dem im §. 456. des Anhangs zum §. 37. Titel IV. Theil III. vorgeschriebenen Eide belegt.

Zweiter Abschnitt.

Von dem Amte der Registraturbedienten.

---

§. 23.

Die Registratoren müssen gute Schulstudia besitzen; mit den Vorschriften der Gesetze und Prozeßordnung bekannt seyn; in den Registraturgeschäften als Referendarien, Auskultatoren oder Registraturgehülfen bereits einige praktische Kenntniß und Uebung erlangt haben; und wegen dieser Eigenschaften bei dem Antritte ihres Amtes, so weit es nöthig ist, geprüft werden. Bestellung

§. 24.

Sie erhalten ihre Bestallung auf den Vorschlag des Kollegii von dem Chef der Justiz, und müssen sich zu ihrem Amte durch den am Ende dieses Abschnitts vorgeschriebenen Eid verpflichten.

§. 25.

Allgemeine Pflichten.

Sie müssen täglich, Sonn- und Festtage allein ausgenommen, früh um Acht Uhr in der Registratur erscheinen, und darin, so lange die Session dauert, außerdem aber bis um Ein Uhr, gegenwärtig bleiben; des Nachmittags um Drei Uhr sich wieder daselbst einfinden, und die Registratur vor Abends um Sechs Uhr nicht verlassen.

§. 26.

Sie können also auch keinen Tag ohne Vorwissen und Genehmigung des Präsidenten zurückbleiben, viel weniger ohne dergleichen Permission über Nacht von dem Orte des Gerichts abwesend seyn.

§. 27.

Bei den einkommenden Sachen.

Die Vorstellungen, Eingaben und Berichte an das Kollegium von Personen, die am Orte gegenwärtig sind, müssen in der Registratur abgegeben werden. Der Registrator muß den Tag, wenn sie eingekommen sind, und, in Hypothekensachen, auch die Stunde darauf vermerken; und jedes Stück an dem gehörigen Orte, nach den in der Beilage folgenden näheren Anweisungen, unverzüglich eintragen.

§. 28.

Sind von der Sache, die eine solche Eingabe betrifft, schon Akten vorhanden, und ist also schon ein Decernent darin bestellt, so muß der Registrator die Akten sofort aufsuchen. Ist es aber eine neue Sache, so muß er sie dem Präsidenten, zur Ernennung eines Decernenten, ungesäumt vorlegen.

§. 29.

Die mit der Post oder sonst versiegelt eingehenden Sachen werden dem Präsidenten zur Erbrechung und Präsentation zugestellt. Dieser aber muß sie ohne Aufenthalt dem Registrator einhändigen lassen, und der Registrator muß damit eben so, wie mit den bei ihm unmittelbar übergebenen Sachen, verfahren.

§. 30.

Bei deren Vertheilung unter die Decernenten.

Er muß dafür sorgen, daß die zu einer Session gesammelten Vorträge den Decernenten zu rechter Zeit nach Hause geschafft werden. Er muß denselben die zu jeder Sache gehörigen Akten beifügen; er muß aber auch bei dem in der Beilage beschriebenen Tagezettel richtig notiren: was für Akten an die Decernenten solchergestalt ausgegeben worden sind.

§. 31.

Einsammlung der dekretirten Stücke.

Nach geendigter Session muß er die Akten auf dem Sessionstische zusammen suchen; eine jede wieder an ihren gehörigen Ort bringen; nach den fehlenden sich erkundigen; und wenn sie bei den Decernenten zurückgeblieben, oder von den Sekretarien an sich genommen worden sind, fleißig Acht geben, daß sie zu rechter Zeit wieder in die Registratur abgeliefert werden.

§. 32.

Bei den Spruchsachen.

Wenn Prozeßakten zum Spruche geschlossen sind, muß er sie in das Distributionsbuch sofort eintragen; dieses Buch dem Präsidenten zur Ernennung des Urtelsfassers vorlegen; und hiernächst die Akten versiegelt an denselben befördern.

§. 33.

Verwahrung und Vervollständigung der Akten.

Außer den Mitgliedern des Kollegii und den Sekretarien, muß der Registrator, ohne ausdrückliche Verordnung des Präsidenten, niemandem Akten verabfolgen lassen. Auch den erstgenannten Personen muß er sie auf ihr Verlangen nicht anders, als gegen einen schriftlichen Empfangschein zustellen.

§. 34.

Ueberhaupt muß ein jeder Registrator für alle zu seiner Registratur gehörige Akten und Pieçen haften, und sich also beständig gefaßt halten, sie nach den Repertorien in guter Ordnung vorzeigen, die fehlenden aber richtig nachweisen zu können.

§. 35.

Sobald die im Vortrage gewesenen Sachen und die darauf ergangenen Expeditionen entweder durch den Botenmeister, oder aus der Kanzellei an ihn abgeliefert worden sind, muß er unverzüglich dafür sorgen, daß jede Pieçe den Akten, zu welchen sie gehört, beigeheftet werde.

§. 36.

Er muß also dafür stehen, daß keine zur Registratur gehörige Pieçe verloren gehe, oder ungeheftet liegen bleibe, und dadurch die Akten unvollständig werden. Wenn er daher bemerkt, daß die eine oder die andere einmal zur Registratur gekommene, und aus selbiger zum Vortrage, oder sonst ausgegebene Sache zurück bleibe, und ihm nicht wieder abgeliefert werde; so muß er sorgfältig Erkundigung anstellen, wo sie geblieben sey; und wenn er sie solchergestalt nicht entdecken oder zurück erhalten kann, dem Präsidenten davon unverzüglich Anzeige machen.

§. 37.

Eintheilung der Registratur.

Der Registrator muß ferner dafür sorgen, daß die verschiedenen Arten von Registraturen, welche bei einem Landesjustizkollegio existiren können, von einander gehörig abgesondert; jede in zweckmäßiger Ordnung gehalten, und über jede vollständige und akkurate Repertoria geführt werden.

§. 38.

Bei einem Landesjustizkollegio können nachstehende besondere Arten von Rigistraturen vorhanden seyn:

I. die Prozeßregistratur;
II. die Konkursregistratur;
III. die Kriminalregistratur;
IV. die Generalregistratur;

V. die Pupillenregistratur;

VI. die Registratur über das Lehns- und Hypothekenwesen;

VII. die Registratur über andere zum Lehns- und Hypothekenwesen nicht gehörige Actus voluntariae jurisdictionis;

VIII. die Konsistorialregistratur.

Da jedoch verschiedene Kollegia mit einigen der vorstehend benannten Geschäfte nichts zu thun haben, sondern dieselben von Anderen bearbeitet werden; so ergiebt sich von selbst, daß darüber bei solchen Kollegien auch keine Registraturen zu halten sind.

§. 39.

I. Die Prozeßregistratur theilt sich in zwei Sektionen, nämlich die kurrente und reponirte. Prozeßregistratur.

§. 40.

In die kurrente Prozeßregistratur gehören alle bei dem Kollegio wirklich im Gange befindliche Prozeßakten, welche nach dem Anfangsbuchstaben von dem Namen des Klägers, in den einem jeden Buchstaben nach alphabetischer Ordnung angewiesenen Fächern verwahrt werden.

§. 41.

In die reponirte Prozeßregistratur gehören alle abgethane und beendigte Sachen. Sie werden dahin gebracht, so bald Repositio actorum dekretirt worden ist; und die Akten werden, zum Unterschiede von den kurrenten, mit gewissen äußerlichen Merkzeichen, z. B. mit eingehefteten blauen Nummerzetteln, versehen. Uebrigens werden sie gleichergestalt in besonderen, nach den Buchstaben, womit der Name des Klägers sich anfängt, eingetheilten Fächern, in alphabetischer Ordnung registrirt.

§. 42.

II. Die Konkursregistratur theilt sich ebenfalls in zwei Sektionen, nämlich in die kurrente und reponirte. Konkursregistratur.

§. 43.

Da bei einem Konkurs so mancherlei Angelegenheiten von ganz verschiedener Natur vorkommen, so müssen dieselben in mehrere Akten sorgfältig von einander abgesondert werden. Es gehören also zu jedem Konkurs gewisse General- und gewisse Special-Volumina.

General-Volumina müssen formirt werden:

A. Von Konstituirung der Passivmasse, wohin die Verfügungen wegen Eröffnung des Konkurses, Bestellung des Kurators und Konvokation der Gläubiger, das Konnotations- und Inrotulationsprotokoll, die Klassifikatoria, das Protokoll wegen Regulirung der Appellationen u. s. w. gehören.

B. Von Konstituirung der Aktivmasse, worin das Inventarium; der offene Arrest; die an die Schuldner der Masse ergangenen Inhibitionen; die Auktionsprotokolle und Berichte; die Anzeigen auf Exhibita, mittelst welcher die zur Masse gehörigen Gelder in das Depositum offerirt werden; alle die Administration der Güter, die Handlung und die ausstehenden Aktiva betreffende Nachrichten, Vorstellungen und Berichte, die Rechnungen des Kurators u. s. w. enthalten sind.

In wichtigen Konkursen, wo die Aktivmasse aus verschiedenen Arten des Vermögens, aus mehreren beträchtlichen Grundstücken ꝛc. ꝛc. besteht, können mehrere dergleichen General-Volumina angefertigt, und jedem Objekt, z. B. der Handlung, den Grundstücken, den Aktivis, besondere Aktenstücke gewidmet werden (Th. I, Tit. L. §. 93.).

C. Von der Subhastation der Immobilien, in

so

so fern dergleichen in der Masse vorhanden sind. Endlich

D. von der Distribution der Masse.

Außer diesen Generalakten müssen auch in Ansehung eines jeden Liquidanten, dessen Anspruch einer besondern Erörterung und Instruktion bedurft hat, Specialvolumina formirt, und darin, was einen jeden solchen Liquidanten besonders angeht, z. B. der Bericht über seine Forderung; das Instruktionsprotokoll; ein Extrakt des Klassifikationsurtels; der Bericht über die dagegen von dem Liquidanten selbst, von dem Kurator oder von Mitgläubigern eingewandte Appelation, das weitere Instruktionsverfahren im Appelatorio u. s. w. zusammengefaßt werden.

§. 44.

Nach eben diesen Vorschriften, wie im Konkurs, sind auch, je nachdem die Natur der Sache es mit sich bringt, die in einem Liquidationsprozesse vorkommenden Pieçen zu ordnen und einzutheilen.

§. 45.

Jedem Konkurs- und jedem Liquidationsprozesse und den dazu gehörigen General- und Specialakten muß in der Registratur ein besonderes Fach angewiesen werden.

§. 46.

III. Die Kriminalregistratur theilt sich ebenfalls in die kurrente und reponirte. In beiden müssen die Akten nach alphabetischer Ordnung gehörig geordnet seyn, und über beide müssen akkurate und vollständige Repertoria gehalten werden. Die besonderen Vorschriften wegen Einrichtung derselben gehören zur Kriminalordnung. Kriminalregistratur.

§. 47.

IV. Die Generalregistratur enthält alle bei einem Kollegio vorkommende Geschäfte und daraus Generalregistratur.

erwachsende Akten, welche zu keiner der übrigen speciellen Registraturen gehören.

Darunter sind vornehmlich zu rechnen:

1) Acta generalia, welche die Verfassung und Einrichtung des Kollegii; die Bestellung der Mitglieder und Subalternen desselben; die Verfassung und Besetzung der Untergerichte; das Sportul-, ingleichen das Depositalwesen, die dahin gehörigen Extrakte, Rechnungen und Berichte; die allgemeinen Verordnungen in Justizsachen, nach allen den verschiedenen Branchen derselben; die Publikationen solcher Verordnungen; die darüber von Untergerichten bei dem Kollegio, oder von diesem bei Hofe geschehenen Anfragen; die bei dem Kollegio vorgewesenen Justizvisitationen, und andere dergleichen allgemeine, das Justizwesen im Ganzen, dessen Einrichtung bei dem Kollegio und in dem Departement desselben überhaupt, betreffende Angelegenheiten enthalten.

Wie viel dergleichen Generalakten formirt werden sollen, leidet keine allgemeine Vorschrift; sondern ist nach der Anzahl und Verschiedenheit der bei jedem Kollegio vorkommenden Materien dieser Art, von dem Registrator, unter der Anweisung des Präsidenten oder Direktors, vernünftig zu beurtheilen; übrigens aber dahin zu sehen, daß die Anzahl dieser Voluminum nicht ohne Noth vervielfältigt werde.

2) Acta generalia über die Korrespondenz mit anderen Kollegien und Gerichten in- und außerhalb Landes, in solchen Angelegenheiten, worüber in irgend einer andern speciellen Registratur keine besondere Akten existiren. Dahin gehören z. B. die Requisitionen von fremden Gerichten wegen Insinuationen, Zeugenabhörungen, Eidesabnahmen rc. rc. in Prozessen, welche bei diesem Gerichte schweben; die Ersuchschreiben derselben, um die Affixion der von ihnen erlassenen Ediktalcitationen und Subhasta-

tionspatente; die Verhandlungen in Privatstreitigkeiten zwischen beiderseits Jurisdiktionseingesessenen, die nicht zum förmlichen Prozesse gediehen sind; Intercessionsschreiben, Compulsoriales u. s. w. Für jedes solches fremdes Kollegium oder Gericht, mit welchem dergleichen Korrespondenz geführt wird, ist ein besonderes Volumen auszusetzen, und ein akkurates Verzeichniß darüber zu halten, in welchem die Akten in alphabetischer Ordnung, nach dem Namen des fremden Judicii oder Kollegii, specificirt werden.

3) Acta generalia, die Aufsicht über die Untergerichte, und die gegen selbige geführten Beschwerden betreffend. Für die wichtigeren Untergerichte, bei welchen dergleichen Beschwerden oft vorkommen, müssen besondere Volumina bestimmt; bei kleineren aber können deren mehrere, welche an Einem Orte, oder in einerlei Kreise oder Distrikte existiren, in Ein Volumen zusammen gefaßt werden. Es wird darüber gleichergestalt ein vollständiges Verzeichniß nach alphabetischer Ordnung gehalten.

4) Acta generalia von Supplikantensachen, wohin alle einzelne Gesuche von Partheien in solchen Angelegenheiten gehören, welche weder einen bei dem Kollegio verhandelten Prozeß oder Konkurs, noch eine Beschwerde über ein Untergericht, noch andere dergleichen Gegenstände betreffen, welche in diese oder jene specielle Registratur einschlagen. Dahin sind z. B. zu rechnen, die Anmeldungsprotokolle von Klagen, bei welchen es nicht zum wirklichen Prozesse gekommen ist, sondern wo der Kläger die Sache hat liegen lassen, oder durch ein bloßes Dekret ab- und an ein anderes Forum verwiesen worden; die über das Kollegium selbst in Fällen, wovon keine Specialakten existiren, bei Hofe geführten Beschwerden, darauf ergangene Reskripte und abgestattete Berichte u. s. w. Ueber dergleichen einzelne Pieçen wer-

den Generalakten in alphabetischer Ordnung, nach den Anfangsbuchstaben von den Namen der Supplikanten formirt, und ein vollständiges Verzeichniß darüber gehalten.

§. 48.

Bei dieser Generalregistratur muß der Registrator mit vorzüglicher Ordnung und vernünftiger Beurtheilungskraft zu Werke gehen; auch sich sorgfältig hüten, daß Pieçen, welche zu der einen oder der andern Specialakte gehören, nicht in die Generalakten, wo sie nicht so geschwind wieder heraus zu finden sind, verheftet werden.

§. 49.

Andere Arten der Registraturen.

Anlangend V. die Pupillar-, VI. die Lehns- und Hypotheken-, VIII. die Konsistorialregistratur; so wird den Registratoren hier nur überhaupt Ordnung, vernünftige Separation der Sachen, und Haltung richtiger vollständiger Repertorien darüber, empfohlen. Die specielle Einrichtung dieser Registraturen wird in der Beilage vorgeschrieben.

§. 50.

Endlich müssen VII. von den zum Lehns- und Hypothekenwesen nicht gehörigen actibus voluntariae jurisdictionis, ebenfalls besondere Akten nach den Jahren, in einem oder mehreren Bänden formirt, und darüber richtige Verzeichnisse gehalten werden.

§. 51.

Vorstehende allgemeine Verordnungen wegen Einrichtung des Registraturwesens bei den Landesjustizkollegien enthalten die Regel, wornach durchgehends und im Ganzen verfahren werden muß.

Ausnahmen davon und genauere Bestimmungen, welche nach der besondern Verfassung dieses oder jenes Kollegii nothwendig sind, oder Anwendung finden, werden der einem jeden Kollegio zu ertheilenden Specialinstruktion vorbehalten.

§. 52.

Sämmtliche zu jeder Registratur gehörige Akten müssen ordentlich foliirt, und denselben ein vollständiger Rotulus, oder Verzeichniß der darin enthaltenen Pieçen, vorgeheftet werden. Einrichtung der Akten.

§. 53.

Zu den Prozeßakten wird dieser Rotulus nach der Vorschrift Th. I. Tit. XII. §. 9. durch den bei der Instruktion das Protokoll führenden Referendarium angefertigt; muß aber sodann, und wenn die Akten in die Registratur kommen, von dem Registrator gehörig fortgesetzt werden. Zu den anderen Akten muß der Registrator für die Anfertigung und Fortführung der Rotulorum selbst sorgen; wobei ihm jedoch nöthigen Falls Auskultatoren zur Hülfe gegeben, und diesen solchergestalt zugleich die Gelegenheit, Akten kennen zu lernen, verschafft werden soll. Rotuli.

§. 54.

Außer den zu obgedachten verschiedenen Registraturen gehörigen Listen und Repertorien muß der Registrator auch Listen.

1) den Tagezettel, oder das Journal;
2) das Distributionsbuch,

nach den in der Beilage enthaltenen Vorschriften, führen.

§. 55.

Ein Registrator muß bei dem Antritte seines Amts nachstehenden Eid ableisten:

Ich - - - schwöre ꝛc. ꝛc. Nachdem ich bei dem - - - Kollegio zum Registrator angestellt worden, zuvörderst Sr. Königl. Majestät von Preussen, meinem allergnädigsten Herrn, getreu und unterthänig zu seyn; dem Kollegio und dessen Präsidenten die schuldige Folge und Subordination zu leisten; mir die Pflichten meines Amtes, nach den in der Allgemeinen Gerichtsordnung, dem Kanzellei- und Registraturreglement, und den hiesigen Specialinstruktionen enthaltenen Anweisungen, mit allem Fleiße, Eifer und Treue angelegen seyn zu lassen; die Registratur in gehöriger Ordnung zu erhalten; alle einkommende Sachen sofort richtig zu präsentiren und gehörigen Orts einzutragen; die Listen und Repertorien akkurat und vollständig zu führen; niemandem außerhalb dem Kollegio, ohne ausdrückliche Verordnung des Präsidenten, Akten zu verabfolgen, Abschriften daraus zuzustellen, oder von dem Inhalte derselben etwas zu eröffnen; und mich durchgehends so zu verhalten, wie es einem getreuen, fleißigen und ordentlichen Registrator wohl ansteht und gebührt. So wahr rc.

Anh. §. 458. Die Registratoren werden bei dem Antritte ihres Amts mit dem im §. 456. des Anhangs zum §. 37. Titel IV. Theil III. vorgeschriebenen Eide belegt.

Dritter Abschnitt.

Von dem Amte der Kanzellisten.

---

§. 56.

Bestellung. Zu Kanzellisten sollen keine andere Subjekte genommen werden, als welche von ehrlicher Herkunft sind; eine gute Erziehung genossen haben; eine stille und regelmäßige Konduite beobachten; zugleich aber eine leserliche, orthographisch richtige, und gut in die Augen fallende Hand schreiben; auch einen lateinischen Terminum verstehen.

§. 57.

Dergleichen Subjekte werden in vorkommenden Fällen von den Kollegien geprüft und vorgeschlagen; ihre Bestallung aber erhalten sie von dem Chef der Justiz.

§. 58.

Sie müssen sich alle Tage um Acht Uhr auf der Kanzellei einfinden, und die den Vormittag nicht fertig gewordenen Munda den Nachmittag nachholen. Obliegenheiten.

§. 59.

Ihre Verrichtung ist, daß sie die von dem Kollegio abgefaßten, und von den Sekretarien expedirten Dekrete, Reskripte, Resolutionen, Berichte und sonstige Verordnungen, abschreiben und mundiren müssen.

§. 60.

Diese Munda müssen sie rein, korrekt und ordentlich schreiben; sie mit den Koncepten fleißig kollationiren; und dafür sorgen, daß jedem Mundo die dazu gehörigen und darin allegirten Beilagen und Kopeien richtig beigefügt werden.

§. 61.

Sie müssen sich dabei zwar einer deutlichen, zierlichen und gut in die Augen fallenden Hand befleißigen, jedennoch aber auch aller ungebührlichen, aus bloßer Gewinnsucht, zu Häufung der Kopialien, herrührenden Ausdehnung der Wörter und Buchstaben gänzlich enthalten. Auf jeder Seite müssen also wenigstens 24 Zeilen, und in jeder Zeile 12 Sylben enthalten seyn.

§. 62.

Sie müssen Alles in der Kanzelleistube schreiben, und nichts mit nach Hause nehmen; wenn ihnen aber solches in besonderen Fällen, wegen vorzüglich dringender Beschleunigung verstattet wird, so sind ihnen dennoch nicht die ganzen Akten, sondern nur das Stück, oder die Pieçe, welche mundirt oder abgeschrieben werden soll, zu verabfolgen.

§. 63.

Sie müssen die Fertigung der Mundorum und Abschriften fleißig betreiben: dergestalt, daß die an einem Gerichtstage dekretirten Verordnungen bis zum nächstfolgenden mundirt, und an die Behörde abgegeben seyn können.

§. 64.

Zu ihrer Legitimation deshalb müssen sie unter das Koncept des Sekretarii den Tag und die Stunde, wann ihnen selbiges zugestellt, und wann es von ihnen mundirt und weiter befördert worden ist, jedesmal gehörig vermerken.

§. 65.

Wenn wegen Menge der Sachen die Kanzellisten mit den Mundis von einem Gerichtstage zum andern nicht fertig werden können, so muß der Präsident und das Kollegium dafür sorgen, daß ihnen zur Hülfe gewisse Kopisten angesetzt, und gehörig vereidet werden.

§. 66.

Wenn zu gewissen Zeiten die ordinairen Kanzelleiverwandten zur Bestreitung der Arbeit nicht hinreichen, so kann das Kollegium denselben einige extraordinaire Assistenten zu Hülfe geben. Diese werden zwar ebenfalls auf Treue, Richtigkeit und Verschwiegenheit verpflichtet; erhalten auch einen gewissen Antheil an den Schreibgebühren der ordinairen Kanzelleiverwandten, denen sie assistiren; ihre Funktion aber ist kein eigentliches Amt, und dauert nur so lange, als die Umstände ihre Beibehaltung nothwendig machen.

§. 67.

Wie die Arbeit unter die Kanzellisten und Kopisten zu vertheilen, und was für Ordnung sowohl bei dieser Vertheilung, als bei der Ablieferung der Mundorum zu beobachten sey, wird in der Beilage vorgeschrieben.

§. 68.

Die Kanzellisten müssen sich aller familiairen Verbindungen mit den Partheien und Sollicitanten oder deren Angehörigen enthalten; selbigen den Inhalt der Dekrete, Berichte und anderer Mundorum, vor deren legaler Insinuation nicht eröffnen; viel weniger ihnen vor- oder nachher die Originalien in die Hände geben; niemandem, es sey wer es wolle, Abschriften von solchen Mundis oder anderen Aktenstücken ohne Vorwissen und Genehmigung des Präsidenten ertheilen; und überhaupt von den durch ihre Hände gehenden oder sonst zu ihrer Kenntniß gelangenden Geheimnissen der Partheien oder des Kollegii ein gewissenhaftes Stillschweigen beobachten.

§. 69.

Kein Kanzellist soll außer den in der Sportultaxe festgesetzten Gebühren einiges Geschenk, es habe Namen wie es wolle, wenn es ihm auch aus freien Stücken angeboten würde, nehmen; keiner Parthei dienen, noch für dieselbe solicitiren; noch in Amtssachen einen Briefwechsel mit ihr unterhalten; bei Vermeidung der unfehlbaren Kassation und anderweitiger nachdrücklicher Ahndung.

§. 70.

Die Deposital- und Sportulkassenrendanten, ingleichen die diesen Letzteren gesetzten Kontrolleurs, sind ebenfalls Mitglieder der Kanzellei. Ihre Amtsverrichtungen und Obliegenheiten aber werden in den besonderen Deposital- und Sportulkassenordnungen vorgeschrieben.

§. 71.

Die Kanzellisten werden bei ihrer Ansetzung mit folgendem Eide belegt:

Ich : : : schwöre rc. rc. Nachdem ich bei dem : : : Kollegio zum Kanzellisten angenommen worden, Sr. Königlichen Majestät von

Preußen rc. rc. getreu und unterthänig, dem Kollegio und dessen Präsidenten aber gehorsam und gewärtig zu seyn; die in der Gerichtsordnung, dem Allgemeinen und dem hiesigen besondern Kanzelleireglement vorgeschriebenen Pflichten, nach meinem besten Vermögen, genau zu beobachten; die mir zugestellten Koncepte fleißig, richtig und ordentlich zu mundiren; niemandem außerhalb dem Kollegio, von den durch meine Hände gehenden, oder sonst zu meiner Kenntniß gelangenden Sachen und Geschäften etwas zu offenbaren; mich mit den ausgesetzten Schreibgebühren zu begnügen, und außer denselben nicht das Geringste von irgend jemandem, es habe Namen wie es wolle, zu fordern oder anzunehmen; auch mich durchgehends so zu verhalten, wie es einem ordentlichen und getreuen Kanzellisten eignet und gebührt. So wahr rc. rc.

Eben dieser Eid muß auch von den Kopisten bei ihrer Annehmung geschworen werden.

Anh. §. 459. Die Kanzellisten, Kanzelleidiener, Botenmeister und Boten, ingleichen die Landreiter und Exekutoren haben folgenden Diensteid zu leisten:

Ich — — — schwöre zu Gott dem Allmächtigen und Allwissenden einen leiblichen Eid, daß, nachdem ich zum — — — angenommen worden, Seiner Königlichen Majestät von Preußen, meinem allergnädigsten Herrn, ich treu und gehorsam seyn, die in Dienstsachen von meinen Vorgesetzten erhaltenen Befehle willig und unweigerlich befolgen, mich den erhaltenen Anweisungen gemäß betragen, über alle zu meiner Kenntniß gelangende geheim zu haltende Dienstangelegenheiten ein unverbrüchliches Stillschweigen beobachten, an Gebühren nicht mehr als die vorschriftsmäßigen Sätze fordern oder annehmen, auch von gewissenhafter Verwaltung meines Amtes mich durch Geschenke, Freundschaft, Feindschaft, Versprechungen oder Drohungen nicht abhalten lassen, sondern vielmehr mich überall in Ausrichtung meines Dienstes treu, ordentlich, nüchtern und unverdrossen betragen will. So wahr mir Gott helfe zur ewigen Seligkeit!

Vierter Abschnitt.

Von dem Amte der Kanzelleidiener, Botenmeister und Boten.

§. 72.

Die Kanzelleidiener und Botenmeister müssen von ehrlichem Herkommen, von vorzüglich guter Aufführung und geprüfter Treue seyn. Sie müssen fertig schreiben und rechnen können, und es müssen dazu vorzüglich Leute, die in Königlichen Militairdiensten als Unteroffiziere, Korporale, Wachtmeister u. s. w. gestanden, und als Invaliden Abschied und Versorgungsscheine erhalten haben, sonst aber noch hinlängliche Kräfte und Munterkeit zu diesem Amte besitzen, erwählt werden. Bestellung.

§. 73.

Die Kollegia müssen daher bei entstehender Vakanz über die Auswahl solcher Subjekte, wenn ihnen dergleichen nicht schon selbst bekannt sind, mit der Behörde korrespondiren; sie durch einen Sekretarius über ihre Fähigkeiten prüfen lassen; und sodann den tauglichsten darunter dem Chef der Justiz vorschlagen; als von welchem demselben die erforderliche Bestallung ausgefertigt wird.

§. 74.

Die Kanzelleidiener und Botenmeister sind überhaupt schuldig, alle von dem Kollegio oder dessen Präsidenten in Dienstgeschäften ihnen ertheilte Befehle nnd Aufträge willig zu übernehmen, und fleißig und getreu auszurichten. Obliegenheiten.

§. 75.

Insonderheit müssen sie bei den Sessionen des Kollegii und in den Instruktionsterminen die Aufwartung versehen; die etwa geforderten Akten aus der Registratur herbei holen; die Partheien vorrufen; die vorgetragenen und dekretirten Sachen an die Sekretarien zur Expedition abliefern; die Akten aber, und die keiner schriftlichen Ausfertigung noch besondren Insinuation bedürfenden Pieçen, ungesäumt wieder zur Registratur befördern.

§. 76.

Wenn ein Dekret abgefaßt worden ist, welches zwar keiner schriftlichen Expedition bedarf, das aber einer Parthei, einem Justizkommissario oder sonst jemandem zur Nachricht vorgezeigt werden soll, so müssen sie diese Vorzeigung baldigst besorgen; wie es geschehen, von der Parthei unter das Dekret vermerken lassen oder selbst vermerken, und sodann dergleichen Pieçe unverzüglich zur Registratur abliefern.

§. 77.

Die von den Sekretarien gefertigten Expeditionen müssen sie von selbigen nach der Nummer übernehmen, und zur Re- und Superrevision befördern; sie sodann in die Kanzellei, ebenfalls nach der Nummer abliefern; die Munda von den Kanzellisten oder dem Kanzelleiinspektor eben so übernehmen; sie den Sekretarien zur Revision und Kontrasignirung, alsdann aber der Behörde zur Vollziehung vorlegen; die Siegelung besorgen, und die gesiegelten Sachen nach Verschiedenheit derselben und nach der Verfassung eines jeden Kollegii, entweder an den Sportulrendanten abliefern, oder unter die Boten zur weitern Abgabe vertheilen.

§. 78.

Bei allen diesen Verrichtungen müssen sie sich,

nach näherer Bestimmung des Kanzelleireglements, der möglichsten Akkuratesse und Sorgfalt befleißigen; sich genau nach der Ordnung des Siegelzettels achten; wann und an wen jedes Dekret abgegeben worden, auf dem Koncepte richtig bemerken; und die Koncepte von einem Siegelungstage zum andern, gleichergestalt nach den Nummern, in die Registratur gehörig abliefern.

§. 79.

Zu ihrem Amte gehört auch die Af- und Refixion der von dem Kollegio erlassenen, oder von einem andern ihm zugeschickten Ediktalcitationen, Subhastationspatente und anderer öffentlicher Proklamatum zu besorgen; und müssen sie sorgfältig dahin sehen, daß dergleichen Proklamata die vorgeschriebene Zeit hindurch aushängen, folglich den Tag, wann sie angeschlagen und wann sie wieder abgenommen worden sind, auf den Originalien derselben pflichtmäßig vermerken.

§. 80.

Die Kanzelleidiener und Botenmeister haben die Aufsicht über die Boten; müssen die Arbeit unter sie vertheilen, und einen jeden zu seiner Schuldigkeit anhalten.

§. 81.

Ihnen werden die Schlüssel zu den Sessionszimmern anvertraut; und sie müssen dafür sorgen, daß diese Zimmer reinlich und sauber gehalten, auch die darin befindlichen Geräthschaften nicht ruinirt oder entwendet werden. Wird etwas davon schadhaft, so müssen sie solches dem Präsidenten anzeigen, und nach dessen Anweisung die Reparatur veranstalten.

§. 82.

Sie müssen alle Tage, die Sonn- und Festtage allein ausgenommen, sowohl Vor- als Nachmittags, an dem Orte, wo das Kollegium seine Versammlungen hält, sich einfinden, ihre Geschäfte daselbst besorgen, und die sich meldenden Partheien gehörig anweisen.

§. 83.

Sie müssen sich durchgehends eines rechtschaffenen, vernünftigen und regelmäßigen Betragens befleißigen; sich mit den in der Sportultaxe ihnen ausgesetzten Gebühren begnügen; und ein Mehreres von den Partheien, bei Strafe der Kassation, weder abfordern noch annehmen.

§. 84.

Sie müssen bei ihrer Ansetzung schwören: daß sie dem Kollegio und dessen Präsidenten allen schuldigen Gehorsam und Folge leisten; ihre Pflichten nach der gegenwärtigen Vorschrift sorgfältig wahrnehmen; die ihnen aufgetragenen Verrichtungen treu, unverdrossen und akkurat besorgen; von den Partheien über ihre ausgesetzten Gebühren nichts fordern noch annehmen; von den zu ihrer Kenntniß gelangenden Heimlichkeiten der Partheien oder des Kollegii niemanden etwas entdecken; und sich überall so verhalten wollen, wie es einem getreuen und ehrlichen Kanzelleidiener (Botenmeister) eignet und gebührt.

§. 85.

Bei größeren Kollegien, wo wegen des weitläufigen Umfanges der Geschäfte ein besonderer Kanzelleidiener und ein besonderer Botenmeister angesetzt sind, müssen die im Vorstehenden beschriebenen Verrichtungen unter dieselben vertheilt werden.

§. 86.

Bestellung der Boten.

Zu Boten bei den Justizkollegien müssen ebenfalls vorzüglich Invaliden, welche treu und ehrlich gedient haben, annoch hinlängliche Kräfte, und die zu ihren Geschäften nöthige Munterkeit des Körpers besitzen; von stiller und ordentlicher Lebensart, auch des Schreibens und Lesens nicht ganz unkundig sind, ausgesucht und bestellt werden.

§. 87.

Sie sind überhaupt schuldig, die ihnen von dem Kollegio und dem Präsidenten gemachten Aufträge willig und fleißig auszurichten, und die Aufwartung in den Sessionen, so wie bei den Instruktionsterminen, nach der Anweisung des Botenmeisters mit zu besorgen.

§. 88.

Insonderheit werden sie gebraucht, die Akten aus der Registratur an die Decernenten und Referenten abzutragen; die eingegangenen Sachen von der Post abzuholen; und diejenigen, welche abgehen sollen, dahin zu befördern. Obliegenheiten.

§. 89.

Ihre Hauptverrichtung aber ist die Insinuation der Citationen und anderer Verordnungen an die Partheien, bei welcher sie die Vorschriften des Ersten Theils Tit. VII. zu beobachten haben. Diese Vorschriften müssen ihnen also gleich bei ihrer Annehmung durch einen Sekretarius bekannt gemacht und erläutert, auch sie derselben in der Folge von Zeit zu Zeit erinnert, und in vorkommenden Fällen, wie sie sich dabei zu verhalten haben, instruirt werden.

§. 90.

Sie müssen sich, in so fern sie nicht auf auswärtigen Verschickungen begriffen sind, täglich, die Sonn- und Festtage allein ausgenommen, in der Kanzellei und Registratur des Kollegii einfinden, und ihre Verrichtungen abwarten.

§. 91.

Von den Partheien und Sollicitanten müssen sie

sich zu Bestellungen und Erkundigungen nicht gebrauchen lassen; ihnen so wenig als Anderen, von dem, was bei dem Kollegio vorgeht, und ihnen bekannt wird, Nachrichten mittheilen; sich mit den ihnen ausgesetzten Gebühren begnügen, und von niemandem, es sey unter welchem Prätext es wolle, ein Mehreres verlangen oder abfordern.

§. 92.

Sie müssen bei dem Antritte ihres Amts schwören: daß sie den Verordnungen des Kollegii und dessen Präsidenten, wie auch den Anweisungen des ihnen unmittelbar vorgesetzten Botenmeisters, gehorsame und willige Folge leisten; die ihnen geschehenen Aufträge fleißig ausrichten; die Insinuationen der Citationen und Verordnungen gehörig verrichten; davon getreuen und der Wahrheit gemäßen Bericht abstatten, und sich in allen Stücken treu, ordentlich, nüchtern und unverdrossen beweisen wollen.

Fünfter Abschnitt.

Von dem Amte der Landreiter und Exekutoren.

§. 93.

Die Exekutoren müssen aus den Invaliden, die nach treu geleisteten Diensten ihren ehrlichen Abschied erhalten haben, ausgesucht werden. Sie müssen zu dergleichen Amte annoch hinlängliche Munterkeit und Kräfte besitzen; von bekannter, vernünftiger, ordentlicher und nüchterner Aufführung seyn; fertig lesen und schreiben können; auch zum wenigsten einige Kenntniß und Uebung im Rechnen erlangt haben.

§. 94.

Wie es mit ihrer Ansetzung und Bestellung zu halten sey, deshalb hat es bei der eingeführten speciellen

ciellen Verfassung einer jeden Provinz und Kollegii lediglich sein Bewenden.

§. 95.

An Orten, wo diese Exekutoren in fixirten Besoldungen stehen, und wo es nicht immer möglich ist, daß sie die eingezogenen oder beigetriebenen Gelder unmittelbar nach deren Empfange an die Behörde abliefern können, müssen sie zu Bestellung einer proportionirlichen Kaution angehalten werden.

§. 96.

Obliegenheiten.

Die Exekutoren müssen sich, bei Strafe der Kassation, nicht unterfangen, eigenmächtig oder auf das Privatansuchen einer Parthei irgend einige Exekutionen zu vollstrecken; sondern sie müssen dazu den ausdrücklichen Befehl des ihnen vorgesetzten Kollegii abwarten.

§. 97.

Nach diesem Befehle müssen sie sich aber auch genau und pünktlich achten; davon eigenmächtig nicht abgehen, oder sich einer Ausdeutung desselben anmaaßen; dem Inhalte des Befehls in Ansehung der Zeit der Vollstreckung, der Art desselben, des Quanti, worauf die Exekution zu richten, und der übrigen darin enthaltenen Anweisungen prompt und durchgängige Folge leisten; und von der Vollziehung des Auftrages an das Kollegium verständlich und der Wahrheit gemäß berichten.

§. 98.

Bei Vollstreckung der Exekutionen selbst müssen sie die Vorschriften der im Ersten Theile Titel XXIV. enthaltenen Exekutionsordnung gehörig befolgen; und sich daher diese Vorschriften sorgfältig und genau bekannt machen.

§. 99.

Bei diesen Exekutionsvollstreckungen müssen sie

durchaus vorsichtig und pflichtmäßig zu Werke gehen; dem Schuldner keine Gelegenheit noch Raum verstatten, durch Umzüge, Dilationen, Verheimlichung oder Wegschaffung der Objekte der Exekution, solche zu vereiteln, und sich überhaupt, weder durch Geschenke, List, Widerspruch oder Drohungen des Schuldners, noch durch unzeitiges Mitleiden oder andere persönliche Rücksichten, von Beobachtung ihrer Amtspflichten und Befolgung ihres Auftrags abwendig machen lassen.

§. 100.

Auf der andern Seite müssen sie aber auch sich in den gehörigen Schranken halten; bei Vollstreckung der Exekutionen sich vernünftig, nüchtern und bescheiden aufführen; alle Schimpfreden, Grobheiten und andere Insolentien unterlassen; sich keiner unnöthigen Härte und Grausamkeit gegen unglückliche Debitoren schuldig machen, und vielmehr das Schicksal derselben, so viel es ihnen, ohne Verletzung ihrer Pflichten und des erhaltenen Auftrages, möglich ist, zu erleichtern bereit seyn.

§. 101.

Wie die Exekutoren sich wegen Ablieferung der beigetriebenen, oder aus den gepfändeten Sachen, bei der Auktion gelöseten Gelder, zu verhalten haben, ist in vorallegirter Exekutionsordnung §. 65. 66. 80 und 90. umständlich vorgeschrieben.

§. 102.

Wie sie gegen die Widersetzlichkeiten eines Exequendi sich Beistand und Verstärkung verschaffen, und wie die, bei Verrichtung ihres Amtes, ihnen zugefügten Beleidigungen geahndet werden sollen, ist eben daselbst §. 148 — 150. verordnet.

§. 103.

Die Exekutoren müssen, außer den in der Sportultaxe bestimmten Gebühren, Warte und Meilengeldern, und wenn sie Exekutionen über Land verrichten, dem freien Quartier, und Heizung zur Winterszeit, schlechterdings und unter keinerlei Prätexte, er habe Namen, wie er wolle, weder von dem Extrahenten der Exekution, noch von dem Exequendo selbst, ein Mehreres an Gelde oder Geldeswerth, abfordern oder annehmen, und auch allen Schein der Erpressung oder Korruption auf das sorgfältigste vermeiden.

§. 104.

Alle Beschwerden gegen Exekutoren, wegen verübter Plackereien und Insolentien; wegen ungebührlicher Begünstigung des Exequendi; wegen Ueberschreitung der Schranken ihres Auftrags; wegen unterschlagener oder in ihren Nutzen verwendeter Gelder u. s. w., müssen die Kollegia genau und nach aller Strenge untersuchen lassen, und, bei richtigem Befunde der Beschwerde, dergleichen Excesse um so mehr mit Ernst und Nachdruck ahnden, da diese Leute ihre meisten Verrichtungen in der Provinz, und es dabei sehr oft mit gemeinen, einfältigen und furchtsamen Partheien zu thun haben; folglich die Kontraventionen derselben leichter vorfallen und seltener zur Wissenschaft des Gerichts gelangen können, als bei anderen Subalternen, die ihre Amtsgeschäfte unter den Augen des Kollegii selbst verrichten.

§. 105.

Ein Exekutor muß bei dem Antritte seines Amts schwören:

daß er die von dem Kollegio ihm aufgetragenen Exekutionen prompt und unverdrossen vollstrecken; dabei lediglich nach den Vorschriften der Exekutionsordnung, und des an ihn ergangenen Dekrets verfahren; die ihm darin vorgeschriebenen Grenzen nicht überschreiten; dagegen aber auch von Vollziehung seines Auftrags, sich weder durch Furcht noch Geschenke, weder durch Drohungen noch Versprechungen, abwendig machen lassen; sich vor allen Excessen sorgfältig hüten; die beigetriebenen Gelder, nach dem jedesmaligen Inhalte des Dekrets, unverzüglich und treulich abgeben; sich mit seinen ausgesetzten Gebühren, ohne Mehreres zu fordern oder anzunehmen, begnügen, und sich überall so verhalten wolle, wie es einem getreuen und rechtschaffenen Exekutor wohl ansteht und gebührt.

Sechster Titel.

Von dem Amte der fiskalischen Bedienten.

§. 1.

Bestellung.

Fiskalische Bediente müssen die gemeinen und Landesgesetze wohl inne haben; eine genaue und praktische Kenntniß von den Vorschriften der Prozeßordnung besitzen, und bei dem Kollegio, wo sie die fiskalischen Angelegenheiten besorgen sollen, wegen ihres Fleißes, Liebe zur Ordnung, regelmäßigen, gesetzten und rechtschaffenen Betragens vortheilhaft bekannt seyn.

§. 2.

Es sind daher zu solchen Bedienungen vorzüglich Leute zu wählen, welche bereits bei einem Landesjustizkollegio als Referendarien gestanden, und sich daselbst nach obigen Erfordernissen qualificirt haben. Insonderheit können auch Justizkommissarien dergleichen Stellen füglich übernehmen.

§. 3.

Obliegenheiten.

Die Verrichtungen der fiskalischen Bedienten sind von doppelter Art. Die ersteren betreffen die Ausführung und Vertheidigung der dem höchsten Landesherrn und dessen Fisko zukommenden Rechte, sobald sie von einer Privatparthei oder sonst einem Dritten, beeinträchtigt oder bestritten werden. Die zweiten haben Verbrechen und Kontraventionen gegen die Gesetze zum Gegenstande, auf welche die fiskalischen Bedienten wachsam seyn, sie ordnungsmäßig untersuchen, und auf deren Bestrafung gehörig antragen sollen.

§. 4.

Die speciellen Obliegenheiten derselben, in Ansehung beider Arten von Verrichtungen, sind im Ersten Theile Tit. XXXV. hinlänglich auseinander gesetzt.

§. 5.

Ueberhaupt aber müssen die fiskalischen Bedienten, in so fern sie die Rechte des Landesherrn und seiner Kassen in Civilprozessen ausführen oder vertheidigen, davon aus den Registraturen und Akten desjenigen Kollegii, welchem die Wahrnehmung und Verwaltung des streitigen Rechts oder Sache aufgetragen ist, zuverlässige und vollständige Informationen einzuziehen, sich nach bestem Vermögen angelegen seyn lassen; sie müssen ihr eifrigstes Bestreben dahin richten, daß dem Fisko, so wie jeder andern Parthei, sein Recht widerfahre; sie müssen aber auch dabei sich aller Chikane, vorsätzlichen Zurückhaltung, Verdunkelung, Verdrehung der Wahrheit, falscher und unrichtiger, ihrer eigenen Ueberzeugung zuwider laufender Behauptungen und frevelhaften Läugnens sorgfältig enthalten; allermaaßen, wenn sie sich eines dergleichen ordnungswidrigen Betragens schuldig machen, solches an ihnen mit den gesetzlichen Strafen, gleich als an anderen Partheien und deren Bevollmächtigten, ohne die geringste Nachsicht geahndet werden soll.

§. 6.

Nach dem zweiten Theile ihres Amts sind die Fiskäle Wächter der Gesetze; welchen obliegt, auf eine durchgängig genaue Beobachtung derselben Acht zu haben; sobald ihnen Vermuthungen von Kontraventionen dagegen bekannt werden, selbigen mit Fleiß, Vorsicht und unablässigem Eifer näher nachzuforschen; wenn dadurch der geschöpfte Verdacht bestätigt wird, davon gehörigen Orts unverzüglich pflichtmäßige Anzeige zu machen, und auf weitere rechtliche Verfügung, wegen Untersuchung und Bestrafung derselben, anzutragen.

§. 7.

Von Beobachtung dieser ihrer Hauptpflicht müssen sich die Fiskäle durch keine Konsideration in der Welt, am allerwenigsten durch Menschenfurcht oder Ansehen der Person, abhalten lassen; da Se. Königliche Majestät, wenn sie durch gewissenhafte Wahrnehmung ihres Amtes sich Haß, Feindschaft, Neid oder Verfolgung zuziehen sollten, sie dagegen nachdrücklich schützen und sicher stellen werden.

§. 8.

Hauptsächlich müssen die Fiskäle auf das Betragen der sämmtlichen höheren und niederen Justizbedienten in ihrem Amte ein wachsames Auge haben; und, wenn sie bei selbigen Verabsäumung oder Verletzung ihrer Pflichten wahrnehmen, davon, nach Bewandtniß der Umstände, dem Präsidenten des Kollegii, oder dem Chef der Justiz, freimüthig und ohne Rückhalt Anzeige machen.

§. 9.

Sie müssen aber auch in diesem Theile ihres Amts sich vor allen Chikanen und Animositäten sorgfältig hüten, und niemanden ohne hinreichenden Grund, aus bloßem Privathaß oder anderen Nebenabsichten, durch ihre Angaben und Denunciationen in Verdruß und Verlegenheit setzen.

§. 10.

Bei den ihnen aufgetragenen Untersuchungen müsen sie mit aller Aufmerksamkeit, Akkuratesse und Legalität zu Werke gehen, sich nach den Vorschriften des Ersten Theils Tit. XXXV. genau achten; alle in den Gesetzen angewiesene und erlaubte Mittel, zur Entdeckung und vollständigen Ausmittelung des Verbrechens oder der Kontravention, mit unverdrossenem Eifer aufsuchen und anwenden; dabei aber auch die für den Denunciaten oder Inkulpaten streitenden Vertheidigungsgründe mit gleicher Sorgfalt zu erforschen und ins Licht zu setzen bemüht seyn.

§. 11.

In so fern den Fiskälen, vermöge ihres Amts und Bestallung, noch gewisse specielle Verrichtungen obliegen, müssen sie sich nach den ihnen darüber ertheilten Instruktionen pflichtmäßig achten.

§. 12.

Die fiskalischen Bedienten stehen zwar, gleich anderen Justizbedienten, unter der allgemeinen Aufsicht desjenigen Landeskollegii, in dessen Departement sie angesetzt sind; außerdem aber sind sie auch der nähern Direktion des Generalfiskals subordinirt, welchem sie zu gewissen Zeiten von der Beschaffenheit und Lage der unter ihrem Betriebe stehenden Prozesse und Untersuchungen Bericht abstatten müssen. Amt des Generalfiskals.

§. 13.

Der Generalfiskal ist schuldig, die ihm untergebenen Fiskäle in beständiger Aufsicht und Ordnung zu halten; darauf zu sehen, daß sie ihren Pflichten, und insonderheit der obliegenden Wachsamkeit auf die Beobachtung der Gesetze und Bestrafung aller Uebertretungen derselben, gehörig nachkommen, und diejenigen, welche sich dabei der Chikane und Durchstechereien, oder auch nur einer inkorrigiblen Nachlässigkeit und Schläfrigkeit schuldig machen, zur Kassation gehören Orts anzuzeigen.

§. 14.

Er selbst muß auch an seinem Theile seine Pflichten, als Wächter der Gesetze, treulich wahrnehmen; besonders auf die Amtsführung bei den Landesjustizkollegien, und auf einen ununterbrochenen vorschriftsmäßigen Betrieb der bei selbigen schwebenden Prozesse fleißig Acht haben; seine desfalls gemachten Bemerkungen dem Chef der Justiz gebührend anzeigen; wenn Kontraventionen von anderer Art zu seiner Wissenschaft gelangen, selbigen durch die ihm untergebenen Fiskäle näher nachforschen, und die Sache durch sie weiter gehörig betreiben lassen.

§. 15.

Dahingegen ist er für seine Person nicht schuldig, in einzelnen Fällen selbst Untersuchungen zu unternehmen; es wäre denn, daß ihm solche, wegen großer Wichtigkeit der Sache, von dem Landesjustizkollegio, in dessen Departement er seinen Sitz hat, oder unmittelbar vom Hofe aufgetragen würden.

§. 16.

Belohnung der Fiskäle.

In so fern die fiskalischen Bedienten die Rechte des Fisci in Civilprozessen ausführen oder vertheidigen, erhalten sie dafür die ihnen ausgesetzten Besoldungen, und haben, wenn der Gegentheil in die Kosten verurtheilt wird, eben die Gebühren, wie Rechtsassistenten der Privatpartheien, zu fordern. In so fern sie Untersuchungen führen, kommen ihnen deshalb, wenn der Denunciat schuldig befunden wird, und des Vermögens dazu ist, die in der Sportultaxe ausgemessenen Gebühren zu; und in so fern besonders durch ihre Wachsamkeit und Zuthun fiskalische Strafen festgesetzt und beigetrieben werden, gebührt ihnen davon eine gewisse Quote, welche nach Beschaffenheit des Objekts, und der verschiedenen Verfassung einer jeden Provinz und Kollegii, an jedem Orte näher bestimmt ist.

Anh. §. 460. Von einem im Wege der Gnade vor der Einziehung erlassenen Konfiskate ist der fiskalische Bediente die fiskalische Quote zu fordern nicht berechtigt.

§. 17.

Die fiskalischen Bedienten müssen bei dem Antritte ihres Amtes folgenden Eid ableisten:

Ich ... schwöre rc. Nachdem ich bei dem ... Kollegio zu einem Fiskal bestellt worden, daß ich zuvörderst Sr. Königlichen Majestät von Preußen, meinem allergnädigsten Herrn, jederzeit treu, unterthänig und gewärtig seyn; Höchstdero Bestes und Interesse aus allen meinen Kräften suchen, beobachten und fördern, Schaden und Nachtheil aber, so viel an mir ist, warnen, verhüten und abwenden wolle.

Insonderheit schwöre ich, daß ich in den Angelegenheiten, wo mir die Ausführung oder Vertheidigung fiskalischer Gerechtsame aufgetragen wird, davon gründliche und vollständige Information, mit möglichstem Fleiß und Sorgfalt einziehen; bei der Instruktion solcher Sachen das Interesse des Königlichen Fisci, der Wahrheit und Gerechtigkeit gemäß, treulich wahrnehmen, und nichts, was solchem zuwider läuft, weder selbst thun, noch daß es von Anderen geschehe, willigen und gestatten wolle. Ich gelobe ferner, über einer genauen Befolgung der Gesetze und landesherrlichen Verordnungen unermüdet zu wachen; allen Kontraventionen dagegen eifrig und unverdrossen nachzuforschen, und sie zur gebührenden Bestrafung anzuzeigen; dabei auf kein Ansehen der Person, Furcht, Zuneigung oder andere Konsiderationen zu achten; mich aber auch aller Chikane und Bedrückungen gegen die Unterthanen des Staats gewissenhaft zu enthalten; die mir aufgetragenen Untersuchungen mit pflichtmäßiger Treue, Sorgfalt und Betriebsamkeit zu führen, und mich durchgehends so zu verhalten, wie es einem getreuen, wachsamen und rechtschaffenen fiskalischen Bedienten eignet und gebührt. So wahr ꝛc. ꝛc.

Anh. §. 461. Der von den fiskalischen Bedienten bei dem Antritt ihres Amts zu leistende Eid ist nach dem §. 445. des Anhangs zu §. 43. Titel II. Theil III. vorgeschriebenen Formular einzurichten. Statt der Worte:

„Insbesondere gelobe ich ꞉ ꞉ ꞉ Genüge leiste"

muß gesetzt werden:

„Insbesondere gelobe ich, den Vortheil des Königlichen Fisci überall nach meinem Vermögen wahrzunehmen und möglichst zu verhüten, daß in keinem Falle zum Nachtheil desselben gehandelt werde, über die genaue Befolgung der landesherrlichen Verordnungen unermüdet zu wachen, allen etwanigen Kontraventionen eifrig und unverdrossen nachzuforschen, und solche ohne Ansehen der Person zur gebührenden Bestrafung anzuzeigen, die mir aufgetragenen fiskalischen Prozesse und Untersuchungen vorschriftsmäßig zu führen und baldmöglichst zur Endschaft zu befördern, die aufzunehmenden Protokolle genau und richtig niederzuschreiben, und meinen Vorgesetzten in Amtssachen, der Subordination gemäß, schuldige Folge zu leisten.

Siebenter Titel.

Von dem Amte der Justizkommissarien und Notarien.

---

§. 1.

Bestimmung der Justizkommissarien.

Außer den eigentlichen Prozessen fallen im bürgerlichen Leben häufig Geschäfte vor, bei welchen, wenn sie auf eine gültige und gesetzmäßige Art vollzogen werden sollen, die Unterthanen und Einwohner des Staats den Rath und die Assistenz eines Rechtsverständigen nicht entbehren können.

Da von einer ordentlichen, zuverlässigen und legalen Besorgung solcher Angelegenheiten die Sicherheit und der Wohlstand der Unterthanen größtentheils mit abhangen; so kann es dem Staate nicht gleichgültig seyn, was für Leute zu solchen Besorgungen gebraucht werden, sondern er muß dazu Männer von geprüfter Geschicklichkeit und Rechtschaffenheit aussuchen, und dem Publiko als solche, an die es sich in seinen Privatangelegenheiten mit Zuversicht wenden könne, bezeichnen.

§. 2.

Aus diesem Grunde haben Se. Königliche Majestät resolvirt, in den verschiedenen Oertern und Gegenden von Höchstdero gesammten Provinzen, dergleichen Personen anzusetzen, welche dazu bestimmt und autorisirt sind, den Einwohnern und Unterthanen, sowohl in ihren Prozessen als Rechtsbeistände oder Bevollmächtigte zu dienen; als ihnen in ihren keinen Prozeß betreffenden Rechtsangelegenheiten, mit ihrem Rath und Beistande, auf Verlangen, an die Hand zu gehen.

§. 3.

Diesen Justizbedienten wird der Name von Justizkommissarien, und denjenigen unter ihnen, welche zugleich die den Notariis publicis angewiesenen Geschäfte mit besorgen sollen, die Benennung von Notarien beigelegt. In so fern sich der eine oder der andere unter ihnen durch treue, fleißige und rechtschaffene, dem Publiko geleistete Dienste besonders auszeichnen würde, behalten Se. Königliche Majestät Sich vor, denselben mit dem Charakter eines Justizkommissionsraths begnadigen zu lassen.

Anh. §. 462. Die Justizkommissarien und Notarien sind als wirkliche Staatsdiener anzusehen.

§. 4.

In wie fern bei Prozessen auch Andere, als Justizkommissarien, zu Rechtsbeiständen oder Bevollmächtigten der Partheien zugelassen werden können, ist im Ersten Theile Tit. III. §. 14 und 22. u. f. verordnet. Zu den übrigen §. 1. benannten Geschäften sind sie dergestalt ausschließend befugt, daß außer ihnen, in der Regel, niemand dergleichen Geschäfte als ein Gewerbe treiben darf, und daß daher keine Vorstellungen und Eingaben in Sachen dieser Art, welche nicht von den Partheien selbst kundbar angefertigt, oder von recepirten Justizkommissarien unterschrieben und legalisirt sind, bei den Kollegien angenommen oder Verfügungen darauf erlassen werden sollen. Es wird dagegen aber auch dafür gesorgt werden, daß in allen Gegenden des Landes eine hinlängliche Anzahl solcher öffentlich autorisirter Personen, an die ein jeder sich in vorkommenden Fällen wenden könne, zu haben seyn möge.

§. 5.

An welchen Orten Justizkommissarien, und wie viele derselben an einem Orte zu bestellen, muß nach Erforderniß der Umstände, der Bevölkerung, des Verkehrs und Gewerbes, der häufiger oder seltener vorkommenden mehr oder minder wichtigen Prozesse, und der daraus sich ergebenden größern oder geringern Bedürfniß des Publici bestimmt; dabei aber dahin gesehen werden, daß es auf der einen Seite dem Publiko an einer hinlänglichen Auswahl solcher Männer, deren es sich in seinen Rechtsangelegenheiten bedienen könne, nicht gebreche, auf der andern Seite aber auch durch eine zu große Vermehrung derselben, und den daraus entstehenden Mangel hinlänglicher Subsistenz, zu Erregung und Unterhaltung der Streitsucht unter den Einwohnern, zu Betrügereien und Unterschleifen und zu anderen dergleichen unerlaubten Handlungen, wozu Nahrungslosigkeit und Noth mannigfaltigen Reiz enthalten, kein Anlaß gegeben werde.

§. 6.

In größeren Städten, wo mehrere Gerichte sind, bei welchen viele Prozesse schweben, sind die Justizkommissarien in Ansehung der Prozeßpraxis unter diese Gerichte dergestalt zu vertheilen, daß einem jeden derselben eins oder etliche davon angewiesen werden, bei welchen allein er nur Prozesse, als Rechtsbeistand oder Bevollmächtigter, betreiben kann.

§. 7.

Ueberhaupt ist die Prozeßpraxis eines jeden Justizkommissärs auf den Ort oder Distrikt eingeschränkt, wo er dazu in seiner Bestallung angesetzt worden ist. In Ansehung seiner übrigen auch der Notariatsgeschäfte hingegen, erstreckt sich seine Befugniß über den ganzen Gerichtsbezirk des Landesjustizkollegii, bei welchem er bestellt ist.

§. 8.

Kollegia der Justizkommissarien.

Die in einem Departement bestellten Justizkommissarien stehen unter der Aufsicht und Direktion des dem Departement vorgesetzten Justizkollegii. Damit jedoch dieses sie desto zuverlässiger übersehen und in Ordnung halten könne; so sollen sie, nach Gelegenheit jeden Orts und Distrikts, in gewisse Kollegia zusammen gezogen, und jedem dergleichen Kollegio soll ein gemeinschaftlicher Direktor vorgesetzt werden.

§. 9.

Von Justizkommissarien, die zugleich Notarien sind.

Die Funktion eines Justizkommissarii und die eines Notarii dürfen nicht nothwendig mit einander verbunden seyn; vielmehr erfordert dieses letztere Amt, außer der nöthigen Geschicklichkeit und gewöhnlich gutem moralischem Charakter, einen vorzüglichen

Grad von Erfahrung, Geschäftskenntniß, und durch mehrjährige Beobachtung geprüft erfundenen Rechtschaffenheit und Zuverlässigkeit. Es sollen daher junge Leute, von denen man sich wegen dieses letztern Erfordernisses noch nicht so überzeugend versichert halten kann, vorerst nur als Justizkommissarien angesetzt, und ihnen das Notariat erst in der Folge, wenn sie sich dazu noch mehr qualificirt haben, anvertraut werden.

§. 10.

Nebenbedienungen der Justizkommissarien.

Die Justizkommissarien können zwar bei solchem ihrem Amte zugleich andere Nebenbedienungen übernehmen; damit aber hieraus kein Mißbrauch entstehen, die Justizkommissarien sich mit solchen Nebenarbeiten nicht zu sehr überladen und distrahiren; dadurch aber sich außer Stand setzen mögen, dem Publiko ihre Dienste mit der erforderlichen Applikation, Genauigkeit und Promptitude zu leisten: so sollen sie, ohne Vorwissen und Genehmigung des Landesjustizkollegii, dergleichen Nebenbedienungen anzunehmen nicht berechtigt seyn.

§. 11.

Damit auch sowohl das Publikum wissen möge, in welchen Vorfallenheiten und Geschäften es sich an die Justizkommissarien zu verwenden habe; als auch diese selbst von den Obliegenheiten ihres Amtes, und den Schranken desselben, sich richtige und vollständige Begriffe bilden können; so soll im gegenwärtigen Titel näher gehandelt werden:

I. von Ansetzung und Bestellung der Justizkommissarien;

II. von ihren Verrichtungen und Pflichten;

III. von der Einrichtung und Verfassung ihrer Kollegien.

Erster Abschnitt.
Von Ansetzung und Bestellung der Justizkommissarien und Notarien.

§. 12.

Es soll niemand zu einem Justizkommissario bestellt werden, der nicht zuvor eine Zeit lang bei einem Justizkollegio als Referendarius gestanden; unverdächtige Proben von Geschicklichkeit und Betriebsamkeit abgelegt; und sich übrigens jederzeit eines stillen, regelmäßigen und durchaus rechtschaffenen Verhaltens beflissen hat. Erfordernisse.

§. 13.

Wer dergleichen Amt erlangen will, muß sich bei dem Landesjustizkollegio des Departements darum melden, und sich, auf Erfordern, einer nochmaligen Prüfung, oder doch der Anfertigung gewisser Probearbeiten über Materien, die sich auf die Notariatsfunktion näher beziehen, unterwerfen.

Anh. §. 463. Die Prüfung geschieht, wie es in Absicht der Mitglieder der Landesjustizkollegien §. 21—25. Titel IV. Theil III. vorgeschrieben ist, von der Immediatkommission zu Berlin. Der Chef der Justiz kann jedoch in einzelnen Fällen davon dispensiren.

Der Prüfung der Justizkommissarien von Seiten der Immediatkommission bedarf es nicht, wenn sie bei Gerichten angestellt werden sollen, deren Direktoren oder Mitglieder sich der Prüfung bei der Immediatkommission zu unterwerfen nicht schuldig sind.

§. 14.

Bei dieser Prüfung sollen die Kompetenten über die nach dem folgenden Abschnitte zu ihrem Amte gehörigen Verrichtungen, insonderheit über die Lehre von Kontrakten und Testamenten, deren wesentlichen und zufälligen Stücken, den darin vorkommenden Klauseln und deren Wirkungen; ingleichen über Prüfung.

die Lehre von Hypotheken und deren Erfordernissen, die Verfassung des Hypothekenwesens, und die Art, wie die dahin einschlagenden Geschäfte nach Vorschrift der Landesgesetze zu betreiben; wie nicht weniger über andere in die Notariatsgeschäfte einschlagende Materien, examinirt; sodann ihnen von den Examinatoren Fälle, worüber Kontrakte oder Testamente zu errichten sind, vorgelegt; und darnach von ihnen in Gegenwart der Examinatoren ein Protokoll, nachher aber ein Instrument entworfen; überhaupt aber bei diesem Examen auf die dem Kandidaten beiwohnende Akkuratesse und Ueberlegung, so wie auf Ordnung und Deutlichkeit des Vortrags, Rücksicht genommen werden.

§. 15.

Bestellung.

Wenn nun ein solcher Kompetent bei der vorgenommenen Prüfung zu dem Amte eines Justizkommissarii tauglich befunden worden ist, so soll das Kollegium wegen seiner Bestellung dazu an den Chef der Justiz berichten.

§. 16.

Die Justizkommissarien und Justizkommissionsräthe erhalten ihr Patent unter dessen Vollziehung, und müssen zugleich, wenn sie auch zu Notariatsgeschäften autorisirt seyn sollen, bei dem Kollegio, in dessen Departement sie angesetzt worden sind, als Notarii publici ordentlich immatrikulirt werden.

Zweiter Abschnitt.

Von den Verrichtungen der Justizkommissarien und ihren Pflichten.

---

§. 17.

Die Verrichtungen der Justizkommissarien sind von dreifacher Art:

I. daß

I. daß sie den Partheien in ihren rechtlichen Angelegenheiten, auf Verlangen, mit Rath und Gutachten an die Hand gehen;

II. daß sie von denselben in dergleichen Geschäften, besonders wenn dieselben gerichtlich vollzogen werden sollen, Aufträge und Vollmachten übernehmen;

III. daß sie in wirklichen Prozessen die Angelegenheiten der Partheien als deren Rechtsbeistände oder Bevollmächtigte besorgen;

IV. daß sie als Notarii Kontrakte und andere Instrumente errichten und unter den Partheien vollziehen, welche den Glauben und die Kraft öffentlicher Urkunden haben sollen.

§. 18.

Die Justizkommissarien haben bei diesen Verrichtungen theils gewisse allgemeine, theils bei den verschiedenen Arten derselben gewisse besondere Pflichten und Obliegenheiten zu beobachten. Allgemeine Obliegenheiten.

§. 19.

Zu ihren allgemeinen Pflichten gehört:

1) eine genaue und sorgfältige Beobachtung der Gesetze überhaupt;

2) eine strenge und gewissenhafte Redlichkeit;

3) eine unverdrossene Bereitwilligkeit, dem Publiko mit ihrem Amte zu Statten zu kommen.

§. 20.

In Ansehung der ersten Hauptpflicht sind die Justizkommissarien schuldig, sich die Vorschriften der Gesetze sorgfältig bekannt zu machen, und dieselben bei allen ihren Amtsverrichtungen beständig vor Augen zu haben. Gesetzmäßigkeit.

§. 21.

Sollte daher ein Justizkommissarius etwas vornehmen, und insonderheit bei Gerichten nachsuchen oder antragen, was den klaren Vorschriften der Gesetze zuwider wäre; so soll er deshalb mit einer proportionirlichen Geldstrafe belegt, im Wiederholungsfalle aber auf seine Entlassung angetragen werden.

§. 22.

Wenn ein Justizkommissarius in seinem Amtsgeschäften, es sey aus Unwissenheit, oder aus Leichtsinn und Fahrlässigkeit, solche Fehler begeht, woraus Nullitäten in den von ihm vollzogenen Handlungen, oder irgend ein anderer Nachtheil für die Partheien, welche sich und ihr Interesse ihm anvertraut haben, entsteht; so soll derselbe nicht nur schuldig seyn, allen solchergestalt verursachten Schaden zu erstatten, sondern es soll auch bei einem daraus sich veroffenbarenden höhern Grade von Unwissenheit, Faulheit oder Nachlässigkeit, darauf, daß er seines Amtes, als dazu untüchtig, entsetzt werde, gehörigen Orts der Antrag geschehen.

§. 23.

Redlichkeit.

Die gewissenhafte Redlichkeit, deren sich ein Justizkommissarius in allen seinen Geschäften befleißigen muß, verbindet denselben, das Interesse derjenigen Parthei, die ihn zu ihrem Konsulenten oder Bevollmächtigten erwählt hat, treu und eifrig wahrzunehmen; wenn Partheien einen Aktus vor ihm in der Qualität eines Notarii vollziehen wollen, bei Abfassung der Protokolle und Instrumente, den Hergang der Sache richtig, vollständig und der Wahrheit gemäß darin vorzutragen, und die Versprechungen, Angelöbnisse und Verabredungen der Interessenten nach ihrem eigentlichen Sinne und Meinung zu verzeichnen; solchen Partheien die Vorschriften der Gesetze deutlich und richtig zu erklären, und sie vor deren Uebertretung oder Verabsäumung, ingleichen vor allem andern Schaden und Nachtheil, ehrlich und freimüthig zu warnen; von den bei solchen Gelegenheiten zu seiner Kenntniß gelangenden Geheimnissen der Familien, und der Interessenten selbst, nichts zu verrathen, noch sonst einen übeln Gebrauch davon zu machen; vielmehr darüber die unverbrüchlichste Verschwiegenheit zu beobachten; insonderheit aber sich unter keinerlei Vorwande als ein Werkzeug der Bosheit, der Arglist, der Chikane, des Betrugs, des Wuchers oder anderer dergleichen unerlaubter Kunstgriffe, gebrauchen zu lassen.

§. 24.

Vergehungen wider diese Hauptpflicht müssen um so strenger und nachdrücklicher geahndet werden, je nothwendiger es ist, den Bürgern des Staats, die sich in ihren wichtigsten und geheimsten Angelegenheiten der Redlichkeit und Sorgfalt dieser Justizkommissarien anvertrauen sollen, dabei Sicherheit und Zuverlässigkeit zu verschaffen. Wenn daher nur irgend ein Verdacht eines hinterlistigen, betrügerischen oder sonst unlautern Betragens gegen einen Justizkommissarius sich hervorthut; so muß das Gericht dem Grunde desselben von Amts wegen sofort näher nachforschen; die Verantwortung des Verdächtigen erfordern; den Vorfall, welcher zu dergleichen Argwohn Anlaß gegeben hat, genau und sorgfältig, doch ohne die Förmlichkeiten eines ordentlichen Inquisitionsprozesses untersuchen; und von dem Befunde, mit Beischluß der darüber aufgenommenen Protokolle, an den Chef der Justiz gutachtlich berichten; welcher letztere sodann, nach Bewandtniß der Umstände, bestimmen wird, wie dergleichen Vergehen bestraft, und ob der beschuldigte Justizkommissarius seines Amts, als dessen unwürdig, sofort entsetzt; oder ob gegen ihn, wenn die Sache sich nach Vorschrift des Allgemeinen Landrechts, Th. II. Tit. XX. §. 1334. zu einer noch härtern Bestrafung qualificirt, der förmliche Inquisitionsprozeß verhängt, unterdessen aber er von seinen Funktionen suspendirt werden solle.

Anh. §. 464. Damit geschickte, fleißige und rechtschaffene Justizkommissarien der verdienten Auszeichnung genießen, so sollen die Ober- und größeren Untergerichte sie denjenigen Partheien, welche die Auswahl eines Rechtsfreundes nachsuchen, nicht nur ausschließlich empfehlen, sondern auch in die Ediktalcitationen, in welchen die Vorgeladenen an Justizkommissarien verwiesen werden, nur die Namen solcher Männer einrücken, welche jene Eigenschaften besitzen.

§. 25.

Bereitwilligkeit.

Vermöge der den Justizkommissarien, als ihre dritte Pflicht, obliegenden Bereitwilligkeit, dem Publiko mit ihrem Amte zu dienen, müssen dieselben jedermänniglich, welcher sich an sie wendet, damit auf eine gesetzliche Art zu Statten kommen; und ihre Assistenz aus bloßer Bequemlichkeit, Menschenfurcht oder anderen Nebenrücksichten, niemandem versagen.

Eben dieß sind sie auch gegen arme Partheien unentgeldlich zu thun verbunden, wenn sich diese an sie wenden, oder von den Gerichten oder dem Direktor, an sie verwiesen werden.

§. 26.

Nur in folgenden Fällen sind sie nicht nur befugt, sondern auch schuldig, die Partheien abzuweisen, und sich mit den Angelegenheiten derselben nicht zu befassen.

a) Wenn Partheien die Assistenz und den Dienst eines Justizkommissarii zu einer widerrechtlichen, betrüglichen, und auf die Verkürzung eines von ihnen, oder auch eines Dritten, abzielenden Handlung begehren sollten.

Anmuthungen dieser Art müssen die Justizkommissarien nicht nur standhaft abweisen, sondern auch den Requirenten das Unerlaubte und Strafbare ihres Vorhabens nachdrücklich vorhalten; übrigens aber von einem dergleichen Vorfalle dem Direktor ihres Kollegii unverzüglich Anzeige machen, welcher alsdann die übrigen Justizkommissarien davon sofort benachrichtigen und sie warnen muß, sich mit dergleichen Partheien in einer solchen Sache durchaus nicht einzulassen.

b) Wenn in Prozessen der Justizkommissarius von dem Ungrunde der Forderung oder Weigerung einer an ihn sich wendenden Parthei überzeugt ist, so muß er eine solche Sache gegen seine eigene Einsicht und Ueberzeugung nicht übernehmen; vielmehr eine solche Parthei durch Vorstellungen und Belehrungen, vom ungegründeten oder wohl gar strafbaren Prozessiren abzuhalten suchen. Nur wenn das vorgesetzte Kollegium ihn einer Parthei zum Beistande oder Bevollmächtigten zuordnet, muß er die Vertretung derselben übernehmen; und wenn er sie von der Unstatthaftigkeit ihres Anspruchs oder ihrer Einwendungen nicht überzeugen kann, von den zu deren Unterstützung ihm an die Hand gegebenen Gründen treulich Gebrauch machen.

c) Wenn ein Justizkommissarius mit Amtsgeschäften dergestalt überladen ist, daß er neue ihm zukommende Requisitionen und Aufträge, mit der erforderlichen Sorgfalt, Attention und Bedachtsamkeit; nicht würde befolgen noch ausrichten können; so muß er sich durch den Eigennutz nicht verleiten lassen, mehr Geschäfte, als er bestreiten kann, zu übernehmen; sondern er muß dergleichen Partheien an andere seiner Kollegen verweisen; und soll, wenn er in einer Sache etwas versieht oder vernachlässigt, der Vorwand überhäufter Arbeiten ihm niemals zu einiger Entschuldigung gereichen.

d) Wenn ein Geschäft zwischen zwei Partheien abzuthun ist, welche dabei ein gegeneinander laufendes Interesse haben; und es hat ein Justizkommissarius sich mit der einen Parthei, als ihr Konsulent oder

Bevollmächtigter, bereits vorhin eingelassen; so muß er, wenn der Gegentheil sich an ihn wendet, und die Sache einen Prozeß betrifft, darin von diesem Gegentheile keinen Auftrag annehmen, noch demselben mit seinem Rathe und Gutachten beistehen; am allerwenigsten aber von den Nachrichten und Geheimnissen, die ihm etwa vorhin von dem andern Theile anvertraut worden, zu dessen Schaden, bei Strafe der Prävarikation, irgend einigen Gebrauch machen.

Soll in einer andern Angelegenheit, worin der Justizkommissarius dem einen Interessenten vorher beiräthig gewesen ist, eine Notariatshandlung von ihm vorgenommen werden; so muß er dieß Verhältniß dem andern Interessenten ohne Rückhalt eröffnen. Findet dieser dennoch keinen Anstand dabei, die Handlung durch ihn vollziehen zu lassen, so kann er dieselbe zwar unbedenklich vornehmen, er muß aber dabei, so bald er als Notarius handelt, die Rechte beider Theile mit gleicher Sorgfalt wahrnehmen, und, bei Strafe der Kassation, sich nicht dazu gebrauchen lassen, den einen Theil zu Gunsten des andern zu übervortheilen.

Noch weniger ist es für eine Prävarikation zu achten, wenn Partheien in einer solchen Angelegenheit mit gutem Vorbedacht und Ueberlegung, sich an einen und eben denselben Justizkommissarius wenden, und ihn um die Vollziehung eines Aktus gemeinschaftlich requiriren; oder wenn sie auf denselben als ihren Schiedsrichter kompromittiren; in welchem letztern Falle derselbe die Obliegenheiten eines solchen Schiedsrichters genau beobachten muß. Uebrigens versteht es sich von selbst, daß in Fällen, wo Justizbediente überhaupt, wegen naher Verwandtschaft oder bei der Sache habenden Interesse, sich ihres Amts zu enthalten schuldig sind, auch ein Justizkommissarius sich keiner Notariatsverrichtungen anmaaßen dürfe.

§. 27.

Bisher ist von den Verrichtungen und Pflichten der Justizkommissarien überhaupt gehandelt worden. Nunmehr sollen die verschiedenen Arten ihrer Geschäfte, und ihre besonderen Obliegenheiten bei jedem derselben, näher bestimmt werden.

Besondere Pflichten der Justizkommissarien.

I) Als Konsulenten der Partheien sind sie berechtigt, denjenigen, welche sich an sie wenden, in allen Arten von außergerichtlichen Angelegenheiten, mit ihrer Rechtswissenschaft und Rathschlägen an die Hand zu gehen. Sie müssen aber ihren Rath und Gutachten nicht eher, als nach eingezogener vollkommener Kenntniß der Sache, und nach reiflicher Erwägung aller dabei vorkommender Umstände ertheilen; und sich sorgfältig hüten: daß sie dadurch die Partheien nicht irre führen, noch zum unnöthigen oder ungegründeten Prozessiren verleiten; den Frieden und die Eintracht der Familien nicht stören; noch irgend eine gesetzwidrige Handlung dadurch veranlassen oder begünstigen.

I. Als Konsulenten.

§. 28.

II) Das zweite Hauptgeschäft der Justizkommissarien besteht darin, daß sie den Partheien in allen ihren rechtlichen Angelegenheiten, welche keinen Prozeß betreffen; sie mögen nun, ihrer Natur und den Vorschriften der Gesetze nach, eine gerichtliche Verhandlung erfordern, oder nach der Intention der Partheien, mehrerer Sicherheit und Festigkeit halber, solchergestalt vollzogen werden, die Partheien vertreten, und als Bevollmächtigte derselben erscheinen.

II. Als Bevollmächtigte und Rechtsbeistände.

§. 29.

Zu solchen Angelegenheiten gehören vornehmlich:

1) Der Betrieb der Exekution eines rechtskräftigen Urtels, auch wenn die Instruktion des Prozesses ohne Zuziehung eines Justizkommissarii erfolgt ist.

2) Das Amt eines Curatoris bonorum.

3) Die Besorgung der Deposital-Angelegenheiten, wobei Privatpartheien interessiren, z. B. Annehmungs- und Auszahlungsgesuche, Einbringung der Gelder in das gerichtliche Depositum, deren Erhebung u. s. w.

4) Ueberhaupt alle und jede Angelegenheiten und Geschäfte, wo, außer wirklichen Prozessen, bei Gerichten etwas anzuzeigen, nachzusuchen oder zu besorgen ist.

§. 30.

In allen vorstehenden Fällen müssen die Partheien sich der Assistenz der bei dem Gerichte angesetzten und recipirten Justizkommissarien schlechterdings bedienen, und können dazu keine andere Personen, als welche selbst in einem Prozesse nach der Vorschrift des Ersten Theils Tit. III. §. 25. 26. nicht auszuschließen seyn würden, admittirt werden. Nur allein in den unter Nr. 3. bemerkten Depositalangelegenheiten soll den Interessenten frei stehen, zur Ablieferung oder Erhebung der Gelder auch jemand andern zu bevollmächtigen.

§. 31.

Uebrigens müssen die Justizkommissarien sich bei allen diesen Geschäften hauptsächlich nach den Gesetzen, und nach den oben ihnen allgemein vorgeschriebenen Pflichten; hiernächst aber nach dem Auftrage und der Intention ihrer Mandanten lediglich achten; auch alle Ueberschreitung der Grenzen ihrer Vollmacht und Instruktion sorgfältig vermeiden.

§. 32.

Hauptsächlich aber gehören zu den Verrichtungen der Justizkommissarien, in so fern sie Bevollmächtigte der Partheien sind:

5) Die Besorgung aller und jeder Handlungen der nichtstrei igen Gerichtsbarkeit, sie mögen nun das Hypothekenwesen, oder andere Geschäfte

der Bürger und Einwohner des Staats betreffen; in so fern dergleichen Aktus nicht zum Prozesse gehören; gleichwohl aber, entweder nach gesetzlichen Vorschriften, oder nach dem Entschlusse und der Verabredung der Interessenten, gerichtlich vollzogen werden sollen.

§. 33.

In beiderlei Angelegenheiten können die Justizkommissarien nach einem doppelten Verhältnisse mitwirken, nämlich:

1) in so fern sie die dazu gehörigen Kontrakte und Instrumente aufnehmen und verfertigen;

2) in so fern sie dieselben gerichtlich einreichen und vollziehen.

§. 34.

Was die Justizkommissarien in beiderlei Verhältnissen zu beobachten haben, wird ihnen unten umständlich vorgeschrieben; hier aber nur allgemein verordnet: daß sie, so wie in allen übrigen in der Qualität von Bevollmächtigten ihnen obliegenden Geschäften, also auch in diesem, die Vorschriften der Gesetze, und hiernächst den Inhalt der ihnen aufgetragenen Vollmacht, zur Richtschnur ihres Verhaltens annehmen müssen.

§. 35.

Zu solchen §. 32. beschriebenen Verhandlungen können gleichergestalt keine andere, als approbirte, und bei dem Gericht aufgenommene Justizkommissarien zugelassen werden; weil nur sie allein von dem Gericht gehörig übersehen werden können; wegen ihrer Fähigkeit und Geschicklichkeit dazu sich vorschriftsmäßig legitimirt haben; und für die Richtigkeit und Legalität einer solchen Handlung, so weit als sie daran Theil nehmen, mit haften müssen.

Anh. §. 465. Generalbevollmächtigte sind gerichtliche Handlungen für ihre Machtgeber zu vollziehen befugt.

ohne sich dazu der Hülfe eines bei dem Gericht, wo die Handlung vollzogen wird, angestellten Justizkommissarii zu bedienen.

§. 36.

Ferner können

6) die Justizkommissarien auch als Curatores der Abwesenden, ingleichen als Curatores in litem, bei vorkommenden Fällen gebraucht werden, wo sie sodann die mit diesen Funktionen, nach den Gesetzen und der Vormundschaftsordnung, verbundenen Pflichten sorgfältig wahrzunehmen haben.

§. 37.

Eben so steht es

7) majorennen Erben frei, wenn dieselben von einem ihnen zugefallenen Nachlasse ein ordentliches Inventarium aufnehmen lassen wollen, sich dazu der Assistenz eines Justizkommissarii zu bedienen. Dergleichen Inventarium hat jedoch keine mehrere Kraft und Wirkung, als jede außergerichtliche Privatspecifikation; und in so fern solchem die Effekte eines gerichtlichen Inventarii beiwohnen sollen, müssen die Vorschriften des folgenden §. 107. beobachtet werden.

§. 38.

Endlich

8) kann jeder, welcher ein Testament, oder andere letztwillige Disposition errichten will, selbige durch einen Justizkommissarius aufsetzen lassen, der dabei die gehörige Beobachtung der in den Gesetzen vorgeschriebenen Erfordernisse einer solchen Disposition pflichtmäßig wahrzunehmen hat. Es versteht sich jedoch von selbst, daß eine dergleichen Disposition durch die bloße Zuziehung eines Justizkommissarii noch nicht die volle äußere Rechtsbeständigkeit erhalte; sandern es müssen zu solchem Ende auch die übrigen in den Gesetzen bestimmten Erfordernisse beobachtet werden.

§. 39.

III) Der dritte Haupttheil der den Justizkommissarien beigelegten Geschäfte betrifft die Vertretung der Partheien in wirklichen Prozessen, als Rechtsbeistände oder Bevollmächtigte derselben. III. Als Bevollmächtigte und Assistenten in Prozessen.

Anh. §. 466. Wenn ein Justizkommissarius mehr Geschäfte übernimmt, als er nach seinen Kräften zu bestreiten im Stande ist, und wenn besonders die Instruktionslisten ergeben, daß er mit den Deduktionen, Defensionen oder anderen Arbeiten im Rückstande bleibt; so soll demselben auf eine von dem Chef der Justiz zu bestimmende Zeit die Annahme neuer Aufträge gänzlich untersagt, und dieses durch einen Aushang zur Kenntniß der litigirenden Partheien gebracht werden. Wenn die solchergestalt bestimmte Frist von dem säumigen Justizkommissarius nicht dazu genutzt wird, die vorhandenen Rückstände aufzuarbeiten oder wenn, dem Verbote zuwider, dennoch neue Sachen angenommen, oder die in dieser Zeit sich meldenden Partheien nicht, wie es sich gebührt, unverzüglich an andere Justizkommissarien verwiesen worden sind; so soll, auf deshalb eingehende Anzeige des Präsidii, die Inhibition verlängert, und wenn auch dieses fruchtlos seyn sollte, dem Befinden nach, einem nicht zu bessernden Justizkommissarius die fernere Praxis gänzlich entzogen werden.

§. 40.

In diesem Verhältnisse liegt den Justizkommissarien überhaupt ob, die Rechte ihrer Partheien mit Treue, Sorgfalt und unermüdeter Aufmerksamkeit wahrzunehmen; sich davon durch keine Menschenfurcht oder andere Nebenrücksichten abhalten zu lassen; besonders den Deputirten des Gerichts bei den Instruktionen fleißig zu kontrolliren; dagegen aber auch weder selbst die Wahrheit zu verdrehen oder zu verdunkeln, noch ihren Partheien dazu zu rathen, oder sie darin zu bestärken; vielmehr diese, wenn sie sich wissentlicher Behauptungen von Unwahrheiten oder des frevelhaften Läugnens verdächtig machen, an die gesetzlichen Strafen ernstlich zu erinnern, und gegen die Verwirkung derselben zu warnen.

§. 41.

Wegen ihrer besonderen Obliegenheiten in Rücksicht der einzureichenden Informationen, bei der Instruktion selbst, bei Anfertigung der Deduktionen, Einwendung und Ausführung der Rechtsmittel ꝛc. sind die nöthigen Vorschriften im Ersten Theile dieser Gerichtsordnung, vornehmlich Tit. III. §. 15—20. §. 71—77. Tit. V. §. 1—11. §. 16—19. Tit. VIII. §. 28. 29. 36. Tit. IX. §. 1—12. §. 15. 16., ingleichen Tit. X. §. 12—15. enthalten.

§. 42.

Eben daselbst sind die Obliegenheiten des Richters, wegen der bei den Instruktionen über die Justizkommissarien zu führenden Aufsicht, und die Mittel, welche ihm die Gesetze verleihen, den durch Schuld derselben entstehenden Umzügen und Verzögerungen vorzubeugen oder dieselben zu ahnden, näher bestimmt. Zu diesen Mitteln gehören vornehmlich Ordnungsstrafen von 2, 5 bis 20 Thaler, und Einlegung des Exekutors. Wenn aber ein Justizkommissarius es zur Gewohnheit bei sich werden läßt, bei Einziehung der Information leichtsinnig, flüchtig, ohne Umsicht und Ueberlegung zu verfahren; saumselig und nachlässig darin zu seyn; unvorbereitet in den Terminen zu erscheinen; durch verschuldete Unvollständigkeit der Instruktionen zu Prorogationsgesuchen und Unterbrechungen der Instruktion Anlaß zu geben; die zur Einreichung der Schriften und Deduktionen bestimmten Fristen zu verabsäumen, und dadurch entweder den Prozeß zu verzögern oder das Interesse seiner Partheien zu vernachlässigen; und wenn er solcher Fehler und Vergehungen wegen schon dreimal mit den gewöhnlichen Ordnungsstrafen belegt worden ist: so muß der Vorgesetzte des Gerichts, mit Zuziehung eines Raths, ihn deswegen zum Protokolle zur Verantwortung ziehen; ihm die aktenmäßigen Fälle solcher Pflichtvernachlässigungen vorhalten; ihn vernehmen, was er dabei noch zu seiner Entschuldigung oder Rechtfertigung anführen zu können vermeine; alsdann die Sache im Kollegio vortragen, und die weitere Verfügung des Chefs der Justiz darüber, mit Beilegung des Protokolls, allenfalls auch der darin in Bezug genommenen Akten, nachsuchen. Dieser muß alsdann, wenn er findet, daß bei einem solchen untauglichen oder nachlässigen Subjekte keine wahrscheinliche Hoffnung der Besserung mehr vorhanden sey, ihn durch ein Reskript von der fernern Prozeßpraxis ausschließen, und auf die übrigen Geschäfte des Justizkommissariats einschränken.

§. 43.

Außer der Haltung richtig und vollständiger Manualakten (Th. I. Tit. III. §. 77.) müssen die Justizkommissarien auch eine fleißige Korrespondenz mit ihren abwesenden Partheien unterhalten, und dieselben über die Lage ihres Prozesses von Zeit zu Zeit benachrichtigen, damit besonders mißtrauische und ängstliche Partheien durch Mangel an Nachricht zu unnützen Behelligungen der Gerichte, der höheren Behörden, oder gar der Königlichen Allerhöchsten Person, nicht verleitet werden mögen.

§. 44.

Da den Justizkommissarien die vollständige Prozeßpraxis wiederum eingeräumt ist, so können sie sich nicht entbrechen, an Oertern, wo keine besondere besoldete Armenassistenten vorhanden sind, auch unvermögenden Partheien, nach einer unter ihnen festzusetzenden Reihe als Rechtsbeistände und Bevollmächtigte zu dienen; wie ihnen denn auch in gleicher Art die Uebernehmung der Defensionen für unvermögende Inquisiten, nach näherer Bestimmung der Kriminalordnung, obliegt.

§. 45.

IV. Als Notarien. IV) Es ist nunmehro noch der Vierte Theil von dem Amte der Justizkommissarien übrig, wo sie eigentlich als Notarien anzusehen sind, vor welchen gewisse Handlungen dergestalt vorgenommen werden können, daß denselben durch ihre Zuziehung öffentliche Glaubwürdigkeit erworben und beigelegt wird.

§. 46.

Welche Handlungen dieser Art von Justizkommissarien, als Notarien, auf Verlangen der Partheien vorgenommen werden können; und welche, in so fern nicht die Interessenten den Weg der gerichtlichen Vollziehung wählen wollen, nothwendig von einem Justizkommissario und Notario aufzunehmen sind, ist im Zweiten Theile dieser Gerichtsordnung im Ersten Titel näher bestimmt.

§. 47.

Die Justizkommissarien konkurriren dabei in einer dreifachen Rücksicht; in so fern sie nämlich dergleichen Kontrakte oder andere Instrumente, als Konsulenten der Partheien entwerfen und anfertigen; in so fern sie, als Mandatarien derselben, deren gerichtliche Vollziehung und Konfirmation, wo solche nöthig ist oder verlangt wird, besorgen; und in so fern sie dergleichen Kontrakt, dessen gerichtliche Konfirmation weder nothwendig, noch von dem Kontrahenten beliebt ist, vor sich selbst, in der Qualität von Notarien, unter gewissen Feierlichkeiten vollziehen lassen.

Um also diese Materie, und die dabei von den Justizkommissarien wahrzunehmenden Pflichten vollständig abzuhandeln, müssen:

a) die Aufnehmung des Kontrakts;

b) die Anfertigung des Instruments darüber;

c) die Vollziehung desselben von den Partheien, von einander unterschieden werden.

§. 48.

Bei der Aufnehmung solcher Handlungen und der Protokolle darüber; bei deren Vorlesung und Unterschrift; ingleichen bei der Abfassung der Kontrakte und sonstigen Urkunden selbst, müssen die Justizkommissarien die in gleicher Beziehung den Gerichten im Zweiten und Dritten Titel des Zweiten Theils gegebenen allgemeinen und besonderen Vorschriften und Anweisungen ebenfalls beobachten.

1) Bei Aufnehmung der Handlung;

§. 49.

Da jedoch den bloßen Protokollen der Justizkommissarien und Notarien der gerichtliche Glaube nicht beigelegt ist; auch die öffentliche Glaubwürdigkeit nicht diesen Protokollen, sondern nur den daraus abgefaßten, und von den Partheien gehörig vollzogenen Urkunden selbst beiwohnt; die Protokolle daher eigentlich nur zur Bestärkung und Erläuterung der Urkunden dienen: so folgt daraus, daß diejenigen der vorgedachten Vorschriften, welche die Form der Handlung, als einer gerichtlichen, betreffen, von den Justizkommissarien bei Aufnehmung ihrer Protokolle nicht nothwendig zu beobachten sind; und daß es dabei der Zuziehung eines besondern Protokollführers nicht bedürfe. Nur wenn eine Parthei des Schreibens nicht mächtig ist, muß bei der Vorlesung des Protokolls und dessen Unterschrift, jedesmal, entweder ein zweiter Justizkommissarius, oder wenigstens ein Zeuge (welches auch der Protokollführer, wenn er eine von dem Justizkommissario verschiedene Person ist, seyn kann), zugezogen werden. Alsdann muß nach geschehener Vorlesung, der des Schreibens unerfahrene Kontrahent an die Stelle, wo sein Name hingehört, Kreuze oder sein sonst gewöhnliches Handzeichen setzen; der zweite Justizkommissarius oder der

Zeuge, muß den Namen dabei schreiben; und hinter den gesammten Unterschriften muß durch eine besondere, von dem zweiten Justizkommissario oder dem Zeugen mit zu unterzeichnende Registratur attestirt werden, daß diese Zeichen von der Parthei, weil sie des Schreibens unerfahren, statt ihrer Unterschrift beigefügt worden.

§. 50.

2) bei Ausfertigung des Instruments;

Wenn der Justizkommissarius aus dem Protokolle das Instrument selbst, unter Beobachtung der Th. II. Tit. II. §. 51. 52. ertheilten Vorschriften entworfen hat; so muß er, wenn nicht die Partheien ausdrücklich ein Anderes verlangen, die Reinschrift besorgen; dazu des vorschriftsmäßigen Stempelpapiers sich bedienen; in dem Mundo keine Rasuren, Ausstreichungen, Interlineationen, Einschaltungen oder andere Korrekturen, welche den Sinn verstellen, oder zweifelhaft machen könnten, dulden; und sodann das Instrument nach selbst vorgenommener genauer Revision, den Partheien zur Vollziehung vorlegen.

§. 51.

3) bei dessen Vollziehung,

Anlangend nun die Vollziehung selbst, so ist dabei ein Unterschied zu machen:

ob einer von den Fällen obwalte, wo der Kontrakt gerichtlich übergeben und konfirmirt werden soll;

oder

ob eine dergleichen gerichtliche Konfirmation nicht hinzu kommen solle.

§. 52.

a) in so fern es gerichtlich bestätigt werden, oder

Im ersten Falle, wenn nämlich die gerichtliche Konfirmation hinzu kommen soll, geschieht die Vollziehung des Instruments von den Partheien vor dem Justizkommissario, welcher solches aufgenommen und koncipirt hat, allein, in seiner Qualität als Notarius; und er hat dabei Nachstehendes zu beobachten.

§. 53.

§. 53.

Zuvörderst muß das Instrument den Kontrahenten vorgelegt werden, um es selbst durchzulesen, und sich also zu überzeugen, daß dasselbe durchgehends ihrer Intention und Vereinbarung gemäß abgefaßt sey.

§. 54.

Finden sie dabei nichts zu erinnern, so müssen sie das Instrument mit ihrem ausgeschriebenen Namen unterzeichnen, und dabei eigenhändig attestiren, daß sie es durchgelesen und richtig befunden haben.

§. 55.

Ist das Instrument bloß über einen einseitigen Kontrakt errichtet, so versteht es sich von selbst, daß selbiges nur von demjenigen Theile, welcher sich darin zu etwas verbindlich macht, z. B. ein Hypothekeninstrument bloß von dem Schuldner unterzeichnet werden dürfe.

§. 56.

Nach erfolgter Unterschrift der Kontrahenten wird von dem Notario unmittelbar hinter derselben eine Registratur beigefügt: daß der Kontrakt von den Partheien obstehendermaaßen vor ihm, und mit seiner Zuziehung errichtet und geschlossen, auch nach vorhergängiger Durchlesung unterschrieben worden sey. Diese Registratur muß der Notarius selbst, mit seinem vollständigen Namen, unter Bemerkung seiner Qualität und des Kollegii, wo er immatrikulirt ist, unterschreiben und sein Notariatssiegel beidrucken.

§. 57.

Kann ein kontrahirender Theil nicht Geschriebenes lesen, so muß bei der Vollziehung des Instruments eben so, wie bereits oben §. 49. in Ansehung des Protokolls verordnet ist, ein zweiter

Justizkommissarius oder wenigstens ein Zeuge zugezogen werden

Dieser muß solchem Kontrahenten das Instrument langsam und deutlich vorlesen; der Kontrahent muß sodann selbiges unterschreiben, und der Notarius muß in der nach §. 56. beizufügenden Registratur die geschehene Vorlesung attestiren; auch diese Registratur von demjenigen, welcher die Vorlesung verrichtet hat, mit unterzeichnen lassen.

§. 58

Kann ein solcher Interessent auch nicht seinen Namen schreiben, so muß nach Vorschrift §. 49. wie bei dem Protokolle verfahren werden.

§. 59.

Nach solchergestalt vollständig berichtigten Unterschriften muß der Notarius die Partheien anweisen, sich nunmehro bei den Gerichten zu melden, und einen Termin zur gerichtlichen Vollziehung und Konfirmation des Kontrakts nachzusuchen.

§. 60.

Deklariren dabei einer oder beide Theile, daß sie diese gerichtliche Verhandlung nicht persönlich vornehmen können oder wollen, sondern entweder ihn selbst, oder einen andern, zum Bevollmächtigten deshalb zu ernennen gesonnen sind; so muß er zugleich die Ausstellung der Vollmacht gehörig besorgen; dieselbe von dem Mandanten auf eben die Art, wie das Instrument selbst, vollziehen lassen; und die Partheien, sofern es nöthig ist, weiter anweisen.

Soll die Vollmacht auf den Justizkommissarius selbst, welcher die Handlung als Notarius vorgenommen hat, gerichtet werden; so muß die Vollziehung derselben von einem andern Justizkommissario attestirt werden; es wäre denn, daß zu der gerichtlichen Verhandlung auch eine bloße Privatvollmacht hinreichend seyn würde.

§. 61.

Wenn nun ein solches Instrument bei Gerichten eingereicht wird, so müssen diese, in so fern sie bei dem Inhalte und der Form desselben nichts Wesentliches zu erinnern finden, einen Termin zur gerichtlichen Vollziehung und Konfirmation, mit Vorladung der Interessenten, anberaumen, und das Weitere nach Vorschrift der Gesetze besorgen und veranlassen.

§. 62.

b) als ein Instrumentum publicum extrajudiciale gelten soll.

Bisher ist von dem Falle gehandelt worden, wenn ein Kontrakt zur gerichtlichen Konfirmation gelangen soll. Wenn sich aber derselbe hierzu weder nach seiner Natur und Gegenstande, noch nach einer Verabredung der Partheien qualificirt, sondern nur die Kraft und Wirkung eines vollkommen glaubwürdigen Notariatsinstruments erhalten soll; so müssen bei Vollziehung desselben nachstehende Vorschriften beobachtet werden.

§. 63.

Erstlich muß bei dieser Vollziehung allemal, und ohne Unterschied der Fälle, ein zweiter Notarius, oder statt dessen zwei Zeugen gegenwärtig seyn; welche letztere die in den Gesetzen vorgeschriebenen Requisita gültiger Instrumentszeugen haben, lesen und schreiben können, vornehmlich aber dem Notario als Leute von unbescholtenem Rufe bekannt, und in Königlichen Landen angesessen seyn oder daselbst ein Amt bekleiden, oder Handlung, oder sonst ein ehrliches Gewerbe treiben müssen.

Anh. §. 467. Der bei der Vollziehung zuzuziehende zweite Notarius darf mit demjenigen, welcher den Akt aufnimmt, nicht in solchen Verhältnissen stehen, die die Ablegung eines rechtsgültigen Zeugnisses des einen für den andern ausschließen.

§. 64.

In Gegenwart dieses zweiten Notarii oder dieser Zeugen, muß **Zweitens** die §. 53. beschriebene Durchlesung des Instruments von den Kontrahenten, und die Unterschrift derselben, nach Maaßgabe §. 54. erfolgen.

§. 65.

Drittens muß in der §. 56. beschriebenen Registratur die in Gegenwart beider Notarien oder der Zeugen erfolgte Durchlesung und Unterschrift attestirt, und diese Registratur auch von dem zweiten Notario oder den Zeugen mit unterschrieben werden.

§. 66.

Ist ein zweiter Notarius zugezogen, so muß derselbe, gleich dem ersten, sein Notariatssiegel beidrükken; sind aber nur Zeugen adhibirt, so müssen sie ihre Petschafte hinzufügen, oder wenn sie keine führen, dieß bei ihres Namens Unterschrift mit bemerken.

§. 67.

Kann ein Kontrahent nicht Geschriebenes lesen, so geschieht die §. 57. geordnete Vorlesung von dem zweiten Notario oder einem Zeugen. Kann er auch seinen Namen nicht schreiben, und muß also, nach Maaßgabe §. 58., an dessen Stelle nur Kreuze machen, so muß der zweite Notarius oder ein Zeuge desselben Namen beisetzen. Wie und von wem die Vorlesung und die Unterschrift geschehen, muß alsdann in der Schlußregistratur ausdrücklich mit bemerkt werden.

§. 68.

Wenn nun solchergestalt das Instrument gehörig vollzogen ist, so muß solches dem Direktor des Notarienkollegii, nebst dem Koncepte, vorgelegt; von besagtem Direktor, wenn er Alles richtig und gehörig beobachtet findet, das Siegel des Notarienkollegii, nebst seiner Unterschrift, beigesetzt, und sodann das Instrument dem- oder denjenigen, für welche es bestimmt ist, ausgehändigt werden.

Anh. §. 468. Die Beobachtung dieser Vorschrift ist nur alsdann erforderlich, wenn der Extrahent ausdrücklich darauf anträgt.

Anh. §. 469. Justitiariate anzunehmen, ist den Justizkommissarien nicht erlaubt.

§. 69.

Ein dergleichen Kontrakt, welcher nach den gegenwärtigen Vorschriften eingerichtet und abgefaßt ist, hat nach Maaßgabe des Ersten Theils Tit. X. §. 130 — 132. alle Glaubwürdigkeit und Beweiskraft einer öffentlichen außergerichtlichen Urkunde; und wenn er ein Darlehn betrifft, so findet daraus der Tit. XXVIII. beschriebene exekutivische Prozeß Anwendung.

§. 70.

Uebrigens hängt es von der Natur des Geschäftes, außerdem aber von der Willkühr der Parthei ab, in wie fern über einen solchen Kontrakt nur ein oder mehrere Exemplarien ausgefertigt werden sollen. Geschieht letzteres, so müssen bei jedem Exemplar, in Ansehung der Unterschrift und Vollziehung, die obigen Anweisungen beobachtet werden, und der Notarius muß auf jedem Exemplar bemerken, wie viele dergleichen ausgefertigt, und wem jedes davon zugestellt worden.

§. 71.

Auf eben die Art, wie nach diesen Vorschriften alle andere Kontrakte vor den Notarien dergestalt vollzogen werden können, daß die darüber errichteten Instrumente die Kraft und Wirkung von öffentlichen Urkunden haben, kann ein Gleiches auch in Ansehung der Erbsonderungen geschehen, in so fern dabei nur lauter majorenne Interessenten oder solche Minderjährige Theil nehmen, welche bloß unter väterlicher Gewalt stehen.

Wenn aber

a) ein unbewegliches Grundstück zur Erbschaftsmasse gehört, so muß in Ansehung desselben auch hier, so wie sonst überall, die gerichtliche Konfirmation hinzu kommen. Wenn

b) einer oder mehrere unter den Interessenten, als Minderjährige, Blödsinnige, Verschwender oder aus anderen Ursachen, unter gerichtlich bestellter Vormundschaft und Kuratel stehen; so muß die ganze Erbsonderung nach näherer Vorschrift der Vormundschaftsordnung angelegt werden; und wenn

c) unter den Interessenten, sie mögen majorenn oder minorenn seyn, Streit entsteht, so ist die Vorschrift Th. I. Tit. XLVI. gehörig zu befolgen.

§. 72.

Schließlich ist noch zu bemerken, daß, wenn an Orten, wo kein Kollegium oder Deputation von Notarien etablirt, und also auch kein Direktor gegenwärtig ist, ein Kontrakt dergestalt, daß er die Kraft einer öffentlichen Urkunde habe, aufgenommen werden soll, alsdann die Kontrahenten sich entweder an das Gericht wenden, oder, wenn sie dieses nicht wollen, sich gefallen lassen müssen, daß der Justizkommissarius, welchen sie einer solchen Handlung wegen requiriren, das Koncept mit dem Protokolle und die Reinschrift an den Direktor zur Revision und Siegelung einsende.

§. 73.

Bei Actibus unilateralibus.

2) Eben so, wie vorstehend wegen Aufnehmung und Vollziehung der Kontrakte und Verträge aller Arten verordnet ist, können auch andere Handlungen, welche kein eigentlicher Kontrakt sind, z. B. Quittungen, Renunciationen, Vollmachtsausstellungen u. dgl., vor den Notarien vollzogen werden.

Ein Notarius hat alsdann, wegen der Aufnehmung eines solchen Aktus, und Ausfertigung des Instruments darüber, eben das zu beobachten, was oben wegen der Kontrakte vorgeschrieben ist, und wegen der Art der Vollziehung derselben finden nach Unterschied der Fälle, ob nämlich gerichtliche Konfirmation hinzu kommen soll oder nicht, die Vorschriften §. 51. u. f. Anwendung.

§. 74.

Die Differenz zwischen solchen bloß einseitigen Actibus und wirklichen Kontrakten besteht also bloß darin: daß der Notarius es hier nur mit Einer Person zu thun hat; und daher von den allegirten Dispositionen alle diejenigen, welche das Verhältniß zwischen zwei oder mehreren Kontrahenten voraus setzen, hier von selbst wegfallen.

§. 75.

Ganz verschieden von der den Notarien zustehenden Aufnehmung solcher Handlungen ist: (Aufnehmung von Rekognitionsattesten.)

3) die vor ihnen erfolgende bloße Rekognition der Unterschriften unter einem bereits ausgestellten Instrumente.

In allen Fällen nämlich, wo Kontrakte und andere verbindliche Handlungen von den Kontrahenten bloß unter sich vollzogen und schriftlich abgefaßt werden, hängt es von den Interessenten ab, dergleichen Privatinstrumente einem Notario vorzulegen, und sich vor selbigem zu ihrer Unterschrift zu bekennen.

§. 76.

In diesem Fall ist der Notarius weder schuldig noch befugt, sich um den Inhalt des Instruments oder um die Legalität der darin vollzogenen Handlung zu bekümmern; sondern er nimmt bloß über die geschehene Rekognition der Hand- und Unterschrift ein Protokoll auf, und vermerkt auf den Grund dieses Protokolls die geschehene Rekognition unter dem

Instrumente selbst, durch eine Registratur, welche von ihm, mit Zuziehung eines zweiten Notarii oder zweier Zeugen, ausgefertigt und unterschrieben wird.

§. 77

Es hat jedoch diese Handlung bloß den Effekt, daß dergleichen Instrument von den Partheien nachher nicht eidlich diffitirt werden kann. In allen anderen Stücken behält es die Qualität und Wirkung eines bloßen Privatinstruments.

§. 78.

Von Wechselprotesten.

4) Eine vierte Art von Geschäften, die den Justizkommissarien in der Qualität von Notarien zukommt, ist die Aufnehmung von Wechselprotesten. Dabei müssen die Vorschriften des Allgem. Landrechts Th. II. Tit. VIII. §. 1035 u. f. beobachtet; übrigens aber die bisher üblichen Formulare, woran besonders die Ausländer einmal gewöhnt sind, ferner beibehalten werden.

§. 79.

Von Vidimationen und Renovationen der Instrumente.

5) Können die Justizkommissarien als Notarien auch zum Vidimiren und Kollationiren der Instrumente gebraucht werden.

Wenn ihnen dergleichen aufgetragen wird, so müssen sie Beides, Original und Abschrift, aufmerksam durchlesen, von einer Periode zur andern mit einander sorgfältig vergleichen, und bei richtigem Befunde die Uebereinstimmung unter der Abschrift attestiren; auch wenn im Originale sichtbare Mängel, als Rasuren, Korrekturen, Interlineationen u. dgl. befindlich sind, dieses am Rande der Abschrift oder unter derselben durch eine umständliche Registratur genau bemerken.

§. 80.

Zu einer dergleichen bloßen Vidimation ist die Zuziehung eines zweiten Notarii oder der Zeugen nicht erforderlich, sondern die bloße Unterschrift des vidimirenden Notarii und die Beidrückung seines Siegels hinreichend.

Uebrigens finden auch dabei die Vorschriften des Zweiten Theils Tit. III. §. 27—29. Anwendung.

§. 81.

Vidimationen und Renovationen gerichtlich aufgenommener und konfirmirter Instrumente können mit voller Wirkung nur gerichtlich erfolgen. Privatinstrumente hingegen können auch durch einen Notarius mit vollem Effekt der Gleichstellung mit dem Original vorgenommen werden, wenn dieser dabei die in der angeführten Stelle den Gerichten ertheilten Vorschriften beobachtet.

§. 82.

Von Zeugenverhören.

Unter die Verrichtungen, wozu die Justizkommissarien in der Qualität von Notarien gebraucht werden können, gehören auch

6) die Zeugenverhöre.

Mit diesen können sich jedoch dieselben nur in gewissen besonderen Fällen einlassen, und müssen sich außerdem davon gänzlich enthalten: weil, wenn Zeugen bloß auf einseitige Abgaben, ohne richtige und vollständige Kenntniß von dem ganzen Zusammenhange des Fakti, abgehört werden, daraus nur Irrthümer und Verwirrungen entstehen, niemals aber dadurch die Wahrheit sicher und zuverlässig ausgemittelt werden kann.

§. 83.

Die Fälle also, wo Zeugenverhöre von den Notarien vorgenommen werden können, sind:

a) wenn ihnen dieselben von den kompetenten Gerichten aufgetragen werden;

b) wenn dadurch in possessorio sumariissimo bloß der gegenwärtige Besitzstand bescheinigt werden soll;

c) wenn eine prozeßführende Parthei, zum Behuf eines Prorogationsgesuchs, die persönlichen Hindernisse oder Ehehaften, welche dieß Gesuch begründen sollen, zu bescheinigen hat;

d) wenn die Abhörung zum Behuf eines bei einem fremden Gericht außerhalb Landes schwebenden Prozesses verlangt wird.

§. 84.

Im ersten Falle muß der Notarius die Vorschriften des Ersten Theils Tit. X. §. 188 u. f. beobachten, und den §. 218. ebend. beschriebenen statum causae dabei zum Grunde legen.

§. 85.

Im zweiten und dritten Falle muß der Notarius zuvörderst dergleichen statum causae, über das Faktum, welches bescheinigt werden soll, mit der bei ihm sich meldenden Parthei aufnehmen, und sodann mit Abhörung der von selbiger sistirten Zeugen nach der Anweisung des Ersten Theils, Tit. X. §. 188 u. f. gehörig verfahren.

§. 86.

Die Zeugen werden jedoch in diesen beiden Fällen nicht eidlich, sondern nur an Eides Statt, und so wie sie ihre Aussagen allenfalls eidlich bestärken können, abgehört.

Das darüber aufgenommene Protokoll kann also auch nur in dem Falle sub c) §. 83., wenn es auf die Begründung eines bloßen Prorogationsgesuchs ankommt, zur Bescheinigung hinlänglich seyn. In dem Falle sub b) aber hat es in der Sache selbst keine eigentliche Beweiskraft, sondern kann bei deren Instruktion bloß zur Erläuterung des streitigen Fakti dienen.

§. 87.

Im letztern Falle sub d) finden eben diese Vorschriften Anwendung. Doch kann der Notarius dergleichen Zeugen alsdann eidlich abhören, wenn bei dem fremden Gerichte, wo der Prozeß schwebt, auf dergleichen Notariatszeugenverhöre, in so fern sie eidlich aufgenommen sind, nach dasigem Gerichtsgebrauche reflektirt wird.

§. 88.

Von Siegelungen und Inventuren.

7) Können den Justizkommissarien, in der Qualität von Notarien, auch Siegelungen und Inventuren von den Gerichten aufgetragen werden. Geschieht dieses, so müssen sie bei Vollziehung des Auftrags einen vereideten Protokollführer gebrauchen; übrigens aber alle gesetzliche Solennitäten und Erfordernisse eines solchen Aktus gehörig beobachten.

Unter dieser Voraussetzung hat das von einem Notario aufgenommene Inventarium alle Kraft und Wirkung eines gerichtlichen. Es muß jedoch dasselbe von dem kommittirenden Gerichte genau revidirt, sodann bestätigt, und in der Konfirmation des ergangenen Auftrags ausdrücklich erwähnt werden.

In welchen Fällen ein Notarius ohne dergleichen Auftrag ein Inventarium aufnehmen könne, und was solches für Wirkung habe, ist oben §. 37. verordnet; und in welchen Fällen Siegelungen von ihnen vorgenommen werden können, ist im Zweiten Theile Tit. V. §. 20. festgesetzt.

§. 89.

Von anderen gerichtlichen Aufträgen.

Eben so können

8) die Justizkommissarien, als Notarien, von den Gerichten auch noch zu Besorgung anderer Aufträge, z. B. zu Insinuationen, Eidesabnahmen, Dirigirung von Exekutionen, Auktionen u. s. f. gebraucht werden; wobei sie die solche Geschäfte bestimmenden Vorschriften der Gesetze gehörig beobachten müssen.

Dritter Abschnitt.
Von den Kollegien der Notarien, deren Einrichtung und Verfassung.

---

§. 90.

Von den Kollegien der Justizkommissarien.

Da aus dem Inhalte des vorigen Abschnitts sattsam erhellet, wie wichtig das Amt der Justizkommissarien und Notarien für das Publikum, und wie viel also der Sicherheit desselben daran gelegen sey, daß diese Klasse der Justizbedienten von den Landeskollegien gehörig übersehen und in Ordnung gehalten werde; so ist bereits oben §. 8. festgesetzt, daß sie in gewisse Kollegia zusammen gezogen, und ihnen ein gemeinschaftlicher Direktor vorgesetzt werden solle.

§. 91.

Dergleichen Kollegium befindet sich an eben dem Orte, wo das Landesjustizkollegium eines Departements seinen Sitz hat. Diejenigen Notarien, welche zur mehrern Bequemlichkeit des Publici, in anderen Orten und Gegenden der Provinz vertheilt werden, sind, dieses ihres auswärtigen Aufenthalts ungeachtet, dennoch Mitglieder eben desselben Hauptkollegii, und müssen daher bei dem Landesjustizkollegio der Provinz gleich den übrigen immatrikulirt seyn.

§. 92.

Die Mitglieder eines solchen Notarienkollegii sind zu allen Geschäften und Verrichtungen ihres Amts ohne Unterschied, bei welchem Gerichte solche verhandelt werden sollen, innerhalb der Grenzen des Departements, bloß mit der wegen der Prozeßpraxis §. 6 und 7. verordneten Einschränkung, berechtigt. Außer ihnen aber soll von nun an niemand weiter, ohne Unterschied oder Ausnahme, dergleichen Geschäfte zu respiciren befugt seyn; viel weniger bei irgend einem Gerichte dazu angenommen oder verstattet werden.

§. 93.

Wenn das Departement eines Landesjustizkollegii von sehr weitläufigem Umfange ist, und sich in selbigen mehrere große Städte, wo eine beträchtliche Handlung getrieben wird, befinden; so können in solchen Provinzen auch mehrere Deputationen errichtet werden, welche zwar ihre besonderen Direktoren haben, dennoch aber an sich zu einem und eben demselben Hauptkollegio gehören.

§. 94.

Damit ein jeder, welcher sich in seinen gerichtlichen oder außergerichtlichen Angelegenheiten des Amts und Beistandes eines Notarii bedienen will, wissen möge, wohin er sich zu wenden habe, soll in allen größeren Orten, an gewöhnlicher Gerichtsstätte, ein Verzeichniß aller im Departement angesetzten Justizkommissarien und Notarien, mit ihren Wohnungen, ausgehängt; auch dieß Verzeichniß alle Jahre erneuert und berichtiget werden.

§. 95.

Wo hinlänglicher Raum dazu vorhanden, ist dem Kollegio der Notarien ein Zimmer in dem Gerichtsgebäude zu seinen Versammlungen und zur Aufbewahrung seiner Registratur anzuweisen. Wo aber dieß nicht angeht, muß zu gleichem Behuf ein solches Zimmer in einem Privathause auf gemeinschaftliche Kosten gemiethet und eingerichtet werden. Von deren Registratur.

§. 96.

Jeder Notarius ist schuldig, die Originalprotokolle, Koncepte, Korrespondenzen und übrige Beilagen, über jeden von ihm in dieser Qualität vorgenommenen Aktus, und die zu jedem gehörigen Papiere, nach Ordnung der Zeitfolge, in einen, oder, wenn deren sehr viele sind, auch in mehrere Bände zusammen zu heften; ein Verzeichniß darüber nach dem Dato und den Namen der Partheien anzufertigen; dieß Verzeichniß statt eines Rotuli jedem Bande vorzuheften, und solchergestalt die Akten in die Registratur abzuliefern.

§. 97.

In dieser Registratur hat jeder Notarius seine gewissen ihm angewiesenen Fächer, in welche dergleichen Akten, nach den Jahren, in möglichster Ordnung reponirt werden.

§. 98.

Die in §. 97. beschriebenen jährlichen Verzeichnisse vertreten dabei die Stelle des Repertorii; in dem nach selbigen, wenn nur der Name der einen Parthei, und das Jahr, wo der Aktus vollzogen worden, bekannt sind, eine jede Sache in der Registratur, ohne große Mühe und Zeitverlust, heraus gesucht werden kann.

§. 99.

Wenn es die Partheien ausdrücklich verlangen, können dergleichen Akten auch versiegelt reponirt werden; doch müssen alsdann auf dem Umschlage das Jahr, der Tag und die Namen der Partheien vermerkt seyn.

§. 100.

Auch die außerhalb des Sitzes des Kollegii in der Provinz angesetzten Notarien sind schuldig, am Ende jeden Jahres ihre Akten, nebst der vorgeschriebenen Konsignation, in die Registratur des Kollegii abzuliefern.

§. 101.

Diese Registratur steht unter der Aufsicht des Direktors, welcher allein den Schlüssel dazu hat, und keinem Fremden, ja selbst keinem Notario, ohne sein Beiseyn, den Zutritt zu selbiger verstatten muß.

§. 102.

Wenn jemand von einem in dieser Registratur deponirten Protokolle oder einer Urkunde Abschrift verlangt, so muß er sich darum bei dem Direktor melden. Dieser muß untersuchen: ob der Requirent eine von den Partheien selbst, welche den Aktus vollzogen haben, oder deren Erbe sey; und wenn er dieß findet, muß er das Protokoll oder das Koncept nebst den Beilagen aufsuchen, und die verlangte Abschrift davon in der Kanzellei besorgen lassen.

§. 103.

Außer den Interessenten und deren Erben ist der Direktor nicht befugt, irgend jemandem dergleichen Abschrift eigenmächtig mitzutheilen; sondern er muß dazu den Befehl des vorgesetzten Landesjustizkollegii, welches die dießfällige Befugniß des Imploranten näher zu beurtheilen hat, abwarten.

§. 104.

Von deren Direktor und dessen Obliegenheiten.

Der Direktor des Kollegii der Notarien wird aus der Mitte derselben von dem Landeskollegio der Provinz, dem Chef der Justiz in Vorschlag gebracht. Da er als Notarius schon vereidet ist, so muß er nur bei Uebernehmung seines Direktorii von dem Präsidenten oder Deputirten des Landesjustizkollegii auf diesen seinen Eid nochmals verwiesen, und auf die Vorschriften des gegenwärtigen Titels mittelst Handschlags verpflichtet werden.

Anh. §. 470. Die Besetzung der Direktorstelle ist nicht schlechterdings erforderlich. In den wenigen Fällen, in welchen auf ausdrückliches Verlangen der Partheien eine Mitunterschrift des Direktors nothwendig wird, kann der Senior der Justizkommissarien dessen Stelle vertreten.

§. 105.

Ein jeder ist schuldig, dieß ihm aufgetragene Amt zu übernehmen; doch kann er zu dessen Beibehaltung auf längere als Jahresfrist nicht gezwungen werden.

§. 106.

Das Amt des Direktors besteht: 1) in einer fleißigen und sorgfältigen Aufsicht über sämmtliche zu dem Kollegio gehörige Personen, und einer scharfen ununterbrochenen Beobachtung ihres Betragens, in ihren verschiedenen Amtsverrichtungen.

Sobald ihm dabei die geringste Nachricht oder Vermuthung zukommt, daß der eine oder der andere Notarius es an einer genauen und rechtschaffenen Wahrnehmung seiner Pflichten ermangeln lasse, ist er schuldig, solchem näher nachzuforschen, und wenn durch dergleichen Erkundigung der Verdacht nicht völlig gehoben wird, dem Landesjustizkollegio oder dessen Chef, davon, zur weitern Verfügung, ungesäumt Anzeige zu machen.

§. 107.

2) Liegt ihm ob, wenn Kontrakte und Verträge vor Notarien geschlossen werden, das ihm eingereichte Protokoll und Koncept des Instruments, nach der §. 68. ertheilten Anweisung, zu revidiren; die Legalität der vollzogenen Handlung, die Uebereinstimmung des Instruments mit dem Protokolle, und die Fassung desselben in Absicht der Deutlichkeit und Präcision, gehörig zu prüfen; wenn er dagegen noch etwas zu erinnern findet, allenfalls nähere Nachricht und Auskunft darüber zu fordern, oder den Notarius gehörig anzuweisen.

Es muß jedoch der Direktor in allen Fällen, wo ihm dergleichen Kontrakte zur Revision und Siegelung vorgelegt werden, dieselben schleunigst, mit Beiseitsetzung aller übrigen Beschäftigungen, expediren, damit die Partheien, wegen solcher oft sehr dringenden Angelegenheiten, nicht ohne Noth durch seine Schuld aufgehalten werden.

§. 108.

3) Wenn unvermögende Partheien sich bei ihm melden, oder von den Gerichten an ihn verwiesen werden, so muß er denselben die zur unentgeldlichen Vollziehung ihrer Geschäfte benöthigten Notarien nach einer gewissen Reihe anweisen.

Wenn auch andere Partheien aus Mangel der Bekanntschaft sich an ihn wenden, und um Anweisung von Notarien zur Vollziehung dieses oder jenes Aktus bitten; so muß er denselben, wenn er die Besorgung nicht selbst übernehmen kann oder will, ein anderes dazu qualificirtes Subjekt aus den Mitgliedern seines Kollegii, ebenfalls nach einer gewissen Folgeordnung, vorschlagen.

§. 109.

4) Da auch jederzeit Leute von vorzüglich geprüfter Rechtschaffenheit und Erfahrung zu Direktoren bestellt werden sollen; so können die übrigen Notarien in vorkommenden zweifelhaften Fällen sich des Raths und Gutachtens eines solchen Direktors bedienen, womit er ihnen nach seiner besten Wissenschaft und Einsicht an die Hand zu gehen verbunden ist.

§. 110.

5) Der Direktor hat das Recht, bei solchen und ähnlichen Veranlassungen, oder wenn er es sonst wegen gemeinschaftlicher Angelegenheiten des gesammten Kollegii nöthig findet, Konferenzen anzusetzen, und sämmtliche am Orte gegenwärtige Mitglieder des Endes zu versammeln.

§. 111.

Endlich 6) liegt ihm die Aufsicht über die Registratur ob, wobei er die Vorschriften §. 96. u. f. gehörig beobachten muß.

§. 112.

Die Emolumente, welche ihm dagegen zu gute kommen, bestehen darin:

a) daß er, so lange sein Amt dauert, von unentgeldlicher Bearbeitung der Armensachen frei ist;

b) daß er, wenn Partheien von den Gerichten an ihn verwiesen werden, oder aus Mangel der Bekanntschaft, sich um Bestellung eines Notarii an ihn wenden, die Handlung, wenn er will, selbst besorgen, und die Gebühren davon einziehen kann;

c) sollen ihm von den nach Maaßgabe §. 103. aus der Registratur des Kollegii zu ertheilenden Abschriften die Aufsuchungs- und Vidimationsgebühren allein, und endlich

d) von den einkommenden taxmäßigen Siegelgeldern die Hälfte zu gute kommen.

§. 113.

Wenn der Direktor durch Krankheit oder andere Ehehaften sein Amt zu verrichten auf einige Zeit verhindert wird, so soll ihn derjenige von den am Orte gegenwärtigen Justizkommissarien, welcher seiner Bestallung nach der älteste ist, vertreten.

§. 114.

Eben dieser muß in Fällen, wo der Direktor als Notarius Kontrakte aufnimmt, und vor sich vollziehen läßt, die Obliegenheit des Direktors an dessen Stelle besorgen.

§. 115.

Von den Kanzellisten.

Bei jedem Notarienkollegio soll ein gemeinschaftlicher Kanzellist bestellt werden, welcher unter der Aufsicht des Direktors die Registratur in Ordnung hält, die Munda der Instrumente und Abschriften der Protokolle anfertigt, und die sonst etwa vorkommenden Verrichtungen eines Kanzellei- und Registraturbedienten wahrnimmt.

Das Mundiren der Notariatsinstrumente geschieht in der Regel durch diesen Kanzellisten; doch steht es den Partheien frei, das Mundiren auch durch den Notarius, welcher den Aktus vorgenommen hat, oder dessen Privatschreiber, oder auch durch einen Dritten, worüber sie sich vereinigen, besorgen zu lassen.

§. 116.

Gebühren der Justizkommissarien.

Die Gebühren, welche die Justizkommissarien als Bevollmächtigte oder Rechtsbeistände der Partheien, und in der Qualität von Notarien erhalten sollen, sind in der ihnen vorgeschriebenen Sportultaxe festgesetzt.

Nach dieser müssen sich dieselben schlechterdings achten, und unter keinerlei Vorwande, bei Strafe zehnfachen Ersatzes, oder im Wiederholungsfalle bei Vermeidung der Kassation, den Partheien ein Mehreres abfordern.

§. 117.

In so fern hingegen die Justizkomissarien den Partheien bloß als Konsulenten, in anderen, als wirklich schwebenden Prozeßangelegenheiten assistiren, oder bei Privatgerichtsherren Justitiariate besorgen, läßt sich die ihnen dafür zukommende Belohnung nach keinem gewissen Satze bestimmen; sondern es kommt lediglich darauf an, wie sie sich deshalb mit den Partheien oder Kommittenten vereinigen.

§. 118.

Schließlich müssen die Justizkommissarien nachstehenden Eid ableisten:

Ich : : : schwöre ꝛc. ꝛc. Nachdem ich zum Justizkommissario und Notario publico bei dem Kollegio des : : : Departements bestellt worden, daß ich zuvörderst Sr. Königlichen Majestät von Preußen, meinem allergnädigsten Herrn, treu, unterthänig und gewärtig seyn, Dero Bestes und Interesse befördern, Schaden und Nachtheil aber, so viel an mir ist, abwenden wolle.

Ferner schwöre ich, mich bei meiner Amtsführung einer genauen und sorgfältigen Beobachtung der Gesetze, einer strengen und gewissenhaften Redlichkeit, und einer unverdrossenen Bereitwilligkeit zum Dienste des Publici eifrigst zu befleißigen; den Partheien, welche sich in ihren Angelegenheiten meines Raths bedienen wollen, damit nach reiflicher Ueberlegung, und meiner besten Wissenschaft und Einsicht zu assistiren; meine Rathschläge aber auch jederzeit der wahren Lage der Sache und den Vorschriften der Gesetze gemäß einzurichten; die Partheien zu unnützen und ungegründeten Prozessen nicht zu verleiten noch aufzuhetzen; ihnen keine Mittel oder Kunstgriffe zur Verdrehung und Verdunkelung der Wahrheit an die Hand zu geben; sie zum frevelhaften und vorsätzlichen Läugnen nicht aufzumuntern noch zu veranlassen; vielmehr wenn ich inne werden sollte, daß dergleichen Partheien mit solchen unerlaubten Wendungen und Kunstgriffen umgehen, sie davon ernstlich abzumahnen, und ihnen die in den Gesetzen darauf verordneten Strafen gehörig bekannt zu machen.

Ich gelobe ferner, die von den Partheien mir, als ihrem Bevollmächtigten, gemachten Aufträge getreu, akkurat, sorgfältig, eifrig und mit gehöriger Rücksicht auf die Vorschriften der Gesetze auszurichten; vornehmlich aber in Fällen, wo dergleichen Partheien die Ausübung meines Amtes als Notarius von mir verlangen, dabei die Anweisungen der Allgemeinen Gerichtsordnung genau und pünktlich zu befolgen; die Protokolle und Instrumente dem wahren Hergange der Sache, dem Vortrage und der Meinung der Partheien gemäß, mit der strengsten Akkuratesse, sorgfältigsten Legalität und möglichsten Deutlichkeit aufzunehmen und abzufassen; dabei, so viel an mir ist, nicht zu gestatten, daß ein Theil von dem andern hintergangen, übereilt oder sonst verkürzt werde; mich auf keine Weise zum Werkzeuge des Betrugs oder der Bosheit gebrauchen zu lassen; vielmehr, wenn ich finden sollte, daß Partheien mit dergleichen unerlaubten Begünstigungen umgehen, sie ihres strafbaren Unfugs ernstlich zu bedeuten, nöthigen Falles dem Direktor des Kollegii oder den Gerichten davon Anzeige zu machen; in allen anderen Fällen hingegen, wo Partheien sich meines Amtes bedienen, über dergleichen Angelegenheiten ein genaues, gewissenhaftes und unverbrüchliches Stillschweigen zu beobachten; und mich durchgehends so zu verhalten, wie es einem getreuen, gewissenhaften und glaubwürdigen Justizkommissario und Notario wohl ansteht und gebührt. So wahr rc.

Anh. §. 471. Der von den Justizkommissarien und Notarien abzuleistende Diensteid ist nach dem im §. 445. des Anhangs zu §. 43. Tit. II. Theil III. vorgeschriebenen Formulare einzurichten. Statt der Worte:

„Insbesondere gelobe ich —— Genüge leiste“ ist zu setzen:

„Insbesondere gelobe ich, den Partheien, welche sich meines Raths bedienen, nach meiner besten Wissenschaft und Einsicht zu assistiren, sie vor Anstellung ungerechter Klagen oder Abläugnung gegründeter Ansprüche zu warnen, ihnen die gesetzlichen Vorschriften bekannt zu machen, diese, auch selbst bei Ausrichtung der erhaltenen Aufträge, genau zu befolgen, die Protokolle getreu und richtig zu führen, die Notariatsinstrumente mit der größten Sorgfalt nach den gesetzlichen Anweisungen auszufertigen, und in allen auf mein Amt Beziehung habenden Angelegenheiten meinen Vorgesetzten, der Subordination gemäß, schuldige Folge zu leisten.“

Achter Titel.

Von den Justizbedienten bei Untergerichten, und deren Pflichten.

§. 1.

Eintheilung der Untergerichte.

Die Untergerichte, unter welchen hier überhaupt alle und jede Kollegia, Gerichte und richterliche Personen, welche kein Landeskollegium ausmachen noch dazu gehören, ohne Unterschied ihrer sonstigen Würde und Benennung, gemeint sind, werden der Vorschrift des Ersten Theils Tit. XXV. §. 3. zu Folge, nach dem Umfange ihres Jurisdiktionsbezirks, und der mehrern oder mindern Anzahl der bei ihnen vorkommenden wichtigen Rechtssachen, in zwei Klassen eingetheilt; und es soll in jeder Provinz besonders bestimmt werden: welche von den daselbst befindlichen Untergerichten zur ersten, und welche zur zweiten Klasse zu rechnen sind.

§. 2.

Diese Eintheilung soll jedoch dem Range, den Vorrechten und Prärogativen, welche einem Untergericht vor den übrigen sonst etwa zustehen, ganz unschädlich seyn; und es soll darunter bei der bisherigen Verfassung überall sein Bewenden haben.

§. 3.

In so fern Magisträte zur ersten Klasse der Untergerichte gehörig sind, soll so viel, als es die Umstände nur irgend verstatten, darauf gesehen werden, daß an Orten, wo es noch nicht geschehen ist, die Bearbeitung der Justizsachen von den übrigen Oekonomischen, Polizei- und Städtischen Angelegenheiten abgesondert, und zu erstgenanntem Geschäfte gewisse Mitglieder dergestalt ausschließungsweise bestimmt und angewiesen werden, daß sie sich derselben allein widmen können, und von anderen sie zerstreuenden Verrichtungen gänzlich frei bleiben.

§. 4.

Besetzung derselben.

Zu Justizbedienungen bei den Untergerichten soll, der Vorschrift Tit. IV. §. 33. gemäß, niemand zugelassen oder angenommen werden, der nicht zuvor als Referendarius bei einem Landesjustizkollegio gestanden, und solchergestalt die nöthige praktische Kenntniß und Fertigkeit in den verschiedenen Geschäften des richterlichen Amtes und in dem zweckmäßigen Betriebe derselben erlangt; auch von einem guten und rechtschaffenen moralischen Charakter unverdächtige Proben abgelegt hat.

§. 5.

Allgemeine Obliegenheiten.

Alle Justizbedienten bei Untergerichten, ohne Unterschied und Ausnahme, haben eben dieselben Pflichten eines pünktlichen Gehorsams und Folgsamkeit gegen die Gesetze; eines ernstlichen Eifers, Fleißes und aufmerksamen Bestrebens zur Beförderung der gottgefälligen Justiz; einer unverdrossenen und anhaltenden Betriebsamkeit in Ansehung aller und jeder zu ihrem Amte gehörigen Verrichtungen; einer durchaus untadelhaften Rechtschaffenheit und strengen Unpartheilichkeit zu beobachten, welche in den vorigen Titeln den bei den Landesjustizkollegien angesetzten Personen umständlich vorgeschrieben worden ist.

§. 6.

Alle Verletzungen dieser Pflichten, sie mögen nun entweder bei Gelegenheit der von den Partheien darüber geführten Beschwerden an Tag kommen, oder sonst von dem vorgesetzten Landesjustizkollegio entdeckt und wahrgenommen werden, sind mit eben der Strenge zu untersuchen, und mit eben dem Nachdrucke zu ahnden, als in Ansehung der Justizbedienten bei Obergerichten in den vorigen Titeln verordnet worden ist.

§. 7.

Von Untergerichter der ersten,

Die Untergerichte der ersten Klasse bestehen:

1) aus einem Dirigenten, welcher den Namen eines Präsidenten, oder Direktors, oder Justizburgemeisters u. s. w. führt;
2) aus gewissen Mitgliedern, welchen nach Verschiedenheit des Orts und des sonstigen Ranges eines solchen Untergerichtskollegii, der Name von Räthen, Rathmännern, Assessoren, Syndicis u. s. w. beigelegt wird;
3) aus den nöthigen Kanzellei- und Registraturbedienten und anderen Subalternen;
4) sollen bei den beträchtlicheren Untergerichten dieser Klasse auch einige junge Leute als Auskultatoren und Referendarien angesetzt werden.

§. 8.

Die Dirigenten, Mitglieder und Subalternen dieser Untergerichte haben in Ansehung der speciellen Obliegenheiten ihres Amtes eben das zu beobachten, was oben Tit. II. III. V. den Präsidenten, Räthen und Subalternen der Landesjustizkollegien vorgeschrieben ist.

§. 9.

Auskultatoren und Referendarien können die Untergerichte zwar annehmen; sie müssen aber selbige dem vorgesetzten Obergerichte zur Prüfung und Approbation präsentiren.

§. 10.

Diese Auskultatoren und Referendarien haben eben das zu thun und zu beobachten, was denen bei den Obergerichten Tit. IV. vorgeschrieben ist.

Wenn sie sich solchergestalt eine Zeit lang in gerichtlichen Geschäften geübt haben, so müssen sie entweder in Subalternposten, oder kleinen Untergerichtsbedienungen ihre Versorgung suchen; oder sie müssen sich bei einem Obergerichte in gleicher Qualität noch eine Zeit lang gebrauchen lassen, und sich dadurch zu wichtigeren Aemtern qualificiren.

Anh. §. 472. Können sie jedoch ein vortheilhaftes Zeugniß ihrer Brauchbarkeit beibringen, und wird dieses Zeugniß durch eine demnächst mit ihnen anzustellende Prüfung bestätigt, so sind sie zu wichtigeren Aemtern eben so zuzulassen, als wenn sie wirklich bei einem Landesjustizkollegio gestanden hätten.

§. 11.

Bei kleinen Untergerichten können Rechtskandidaten als Protokollführer angenommen und gebraucht werden. Diese müssen aber, wenn sie auch in der Folge bei der Justiz ihr wirkliches Unterkommen finden wollen, sich dazu durch fernere Arbeiten, als Auskultatoren oder Referendarien, bei einem Obergerichte qualificiren. Doch soll ein solcher Kandidat, der schon eine Zeit lang bei einem kleinern Untergerichte gestanden hat, wenn er bei der Prüfung dazu tüchtig befunden wird, mit Uebergehung des Zwischengrades als Auskultator, sogleich zum Referendario bestellt werden können. der zweiten Klasse.

§. 12.

Da bei Untergerichten der zweiten Klasse der Richter es ganz allein mit den Partheien zu thun hat, und bei den einzelnen Verhandlungen mit ihnen von niemandem unmittelbar kontrollirt werden kann; auch besonders in Prozeßsachen die Obliegenheiten des Decernenten, des Instruenten und des Urtelsfassers in seiner Person vereinigen muß: so ist bei einem solchen Manne die strengste Redlichkeit und die sorgfältigste Entfernung von allem Eigennutz, Habsucht, Partheilichkeit und anderen Affekten, die unentbehrlichste Eigenschaft. Die Obergerichte müssen daher, bei ihrer Aufsicht über diese Klasse von Untergerichten, dieselben vornehmlich aus diesem Gesichtspunkte betrachten; jeden sich ereignenden Verdacht gegen die Rechtschaffenheit und Unpartheilichkeit derselben mit der äußersten Aufmerksamkeit prüfen und untersuchen; und wenn sie dergleichen Vergehungen schuldig befunden werden, dieselben, ohne die geringste Nachsicht, noch strenger und nachdrücklicher ahnden, als andere Fehler gegen die Vorschriften der Gesetze und der Prozeßordnung, in welche dergleichen Unterrichter, wegen Mittelmäßigkeit ihrer Talente und Einsichten, in der einen oder der andern Sache etwa verfallen möchten.

§. 13.

Wie die Unterrichter der zweiten Klasse sich zu verhalten haben, wenn Prozesse mit abwesenden und entfernten Partheien zu instruiren sind, ist Theil I. Tit. XXV. §. 48. verordnet.

§. 14.

Subordination gegen das Landesjustizkollegium.

Jedes Untergericht ist dem ihm vorgesetzten Landesjustizkollegio Gehorsam und Subordination schuldig. Es muß Befehle von demselben annehmen; seinen Anweisungen in Justizsachen prompte Folge leisten; ihm von seinem Verhalten auf Erfordern Rechenschaft geben, und seine Akten zur Einsicht und Prüfung unweigerlich vorlegen; übrigens aber sich in diesen Amtsgeschäften nach keinen anderen Vorschriften und Verordnungen achten, als die ihm entweder von diesem vorgesetzten Obergerichte, oder auch unmittelbar von Hofe aus, zukommen.

Uebrigens hat es wegen der von den Untergerichten an ihre vorgesetzten Obergerichte einzusendenden

Prozeß-, Vormundschafts- und Depositaltabellen bei der bisherigen Verfassung überall sein Bewenden.

§. 15.

Aufsicht über die Untergerichte.

Wie die Justizkollegia in vorkommenden einzelnen Fällen auf das Verfahren der Untergerichte Acht geben; dasselbe prüfen; den erhobenen und gegründet befundenen Beschwerden, oder auch den ex officio entdeckten Mißbräuchen abhelfliche Maaße verschaffen, und jedes pflichtwidrige Betragen mit Ernst und Nachdruck, ohne alles Ansehen der Person, strafen sollen, ist bereits oben Tit II. §. 35. Tit. III. §. 47. 59. umständlich verordnet.

§. 16.

Visitationen,

Außerdem aber müssen die Landesjustizkollegia von Zeit zu Zeit Justizvisitationen bei ihren Untergerichten veranlassen.

§. 17.

Zu dergleichen Justizvisitationen bei Untergerichten der ersten Klasse muß jedesmal ein wirklicher Rath des Kollegii deputirt werden. Bei denen von der zweiten Klasse bleibt es den Landeskollegien überlassen, dieselben entweder ebenfalls einem Rathe aus ihrer Mitte, oder auch einem andern Justizbedienten oder Referendario von vorzüglicher Geschicklichkeit und Erfahrung, und von geprüfter Rechtschaffenheit, zu übertragen.

§. 18.

Dergleichen Justizvisitationen sind entweder ordentliche und gewöhnliche, oder es sind außerordentliche.

§. 19.

ordentliche.

Was die ordentlichen und gewöhnlichen Visitationen betrifft, so sollen die sämmtlichen zu dem Departement eines Landesjustizkollegii gehörigen Untergerichte, nach Verhältniß des Umfangs eines solchen Departements und nach der Lage der Oerter, in gewisse Distrikte eingetheilt, für jeden Distrikt ein beständiger Revisor ernannt; jedoch mit der Person dieser Revisoren, und mit den einem jeden von ihnen angewiesenen Distrikten von Zeit zu Zeit abgewechselt; übrigens aber ein jeder Revisor in den gegen die Untergerichte seines Distrikts, und deren Urtel, eingehenden Beschwerden und Appellationen, der Regel nach, zu Decernenten bestellt werden.

§. 20.

Diese Revisoren müssen die ihrer speciellen Aufsicht anvertrauten Untergerichte zum öftern, und wenigstens, wo es die Umstände nur irgend erlauben, jährlich einmal besuchen; dazu zwar vorzüglich die Gerichtsferien, wo sie von ihren eigenen Amtsgeschäften am leichtesten abkommen können, erwählen; sich aber an keine gewisse Zeit binden, noch das zu visitirende Gericht von ihrer bevorstehenden Ankunft benachrichtigen.

§. 21.

Sie müssen es ihr erstes Geschäft seyn lassen, die Depositalschlüssel abzufordern; die Rechnung abschließen zu lassen; selbige nachzusehen, und mit den an das Obergericht eingesandten Tabellen und Extrakten zu vergleichen; die Bestände zu revidiren; und sich solchergestalt von der richtigen und ordentlichen Verwaltung des Depositalwesens zu überzeugen.

§. 22.

Sie müssen ferner den Sessions- und Gerichtstagen beiwohnen; auf das Verfahren dabei, und wie die Richter in den dabei vorkommenden Geschäften überhaupt, insonderheit aber bei den Instruktionen der Prozeßsachen zu Werke gehen, genau Acht geben; die etwa vorkommenden Mißbräuche und Unregelmäßigkeiten sorgfältig bemerken; wenn sie wahrnehmen, daß selbige nur aus Mißverstand, Irrthum, eingeschränkter Kenntniß oder Mangel an Uebung herrühren, den Richtern mit deutlichen praktischen Anweisungen dabei zu Statten kommen; wenn aber dergleichen Mißbräuche in einer groben Ignoranz, in der Faulheit und Fahrlässigkeit, oder gar in einer unredlichen, partheiischen oder animirten Denkungsart eines solchen Unterrichters ihren Grund haben, denselben näher nachspüren, und wenn sich die Sache zu einer förmlichen Untersuchung qualificirt, dem Kollegio davon unverzüglich Anzeige machen.

§. 23.

Alle kurrente Prozeß-, Konkurs- und die wichtigeren Vormundschaftsakten müssen sie sich vorlegen lassen; nachsehen, ob dieselben in gehörigem Gange befindlich sind, und wodurch die Beendigung der schwebenden Prozesse etwa noch aufgehalten wird; auch was dabei zu thun, und wie die Sache, um ihre Endschaft zu beschleunigen, einzuleiten sey, fleißig erinnern und an die Hand geben.

§. 24.

Sie müssen sich ferner das Hypothekenbuch vorlegen lassen, und prüfen, ob selbiges getreu, akkurat und ordentlich geführt werde.

§. 25.

Sie müssen die bei ihnen etwa angebrachten Beschwerden gegen das Untergericht hören; dieselben mit den Akten vergleichen; von dem Gerichte Auskunft und Erläuterung darüber fordern; wenn die Beschwerde offenbar ungegründet ist, den Supplikanten umständlich bedeuten; wenn sie offenbar erheblich wäre, das Gericht wegen deren Abhelfung gehörig anweisen; in bedenklichen Fällen aber die weitere Beurtheilung und Verfügung dem Kollegio vorbehalten.

§. 26.

Nach beendigter Revision muß der Revisor von dem Befunde an das Kollegium berichten, und sein dabei aufgenommenes Protokoll beilegen.

§. 27.

außerordentliche.

Außer diesen ordentlichen und gewöhnlichen müssen auch von Zeit zu Zeit außerordentliche und speciellere Justizvisitationen bei solchen Untergerichten veranlaßt werden, gegen welche häufige Beschwerden einkommen, oder bei welchen in einzelnen Fällen Spuren von Unordnungen, Plackereien oder Verschleppungen bemerkt worden sind.

§. 28.

Dergleichen Justizvisitation ist dem Untergerichte, bei welchem sie geschehen soll, in Zeiten bekannt zu machen; auch muß dieselbe entweder durch Ablesung von den Kanzeln, oder durch öffentlichen Aushang, oder auf eine andere schickliche Art zur Wissenschaft des Publici und der Jurisdiktionseingesessenen gebracht werden.

§. 29.

Der Visitationskommissarius muß sich vor allen Dingen von der Beschaffenheit und innern Verfassung des Gerichts; von den Qualitäten der Mitglieder desselben: ob sie zu dem bekleidenden Posten auf die vorgeschriebene legale Art geprüft und bestellt worden; von der Vertheilung der Geschäfte und Departements unter sie, und von der eingeführten Ordnung bei den Sessionen nähere Kenntniß verschaffen.

§. 30.

Er muß hiernächst diesen Sessionen, und besonders den Instruktionen der Prozesse fleißig beiwohnen; dabei Alles beobachten, was den Revisoren oben §. 23. vorgeschrieben ist; die etwa eingeschlichenen

Mißbräuche sorgfältig bemerken; und auf den eigentlichen Grund derselben zu kommen bemüht seyn.

§. 31.

Sämmtliche kurrente Prozeß-, Konkurs- und Vormundschaftsakten muß er genau und mit aller Aufmerksamkeit revidiren; dabei nicht allein auf die gegenwärtige Lage derselben, und was nach selbiger zu ihrer zweckmäßigen Fortsetzung und Beendigung etwa zu verfügen sey, Rücksicht nehmen; sondern auch das ganze Verfahren des Gerichts in solchen Sachen vom ersten Anfange an, genau prüfen; die Fehler desselben umständlich vermerken; dem Grunde und der Veranlassung davon näher nachforschen; die Verantwortung des Gerichts darüber erfordern; und um sich von dem Betragen desselben in den verschiedenen Arten der Rechtssachen vollständig zu unterrichten, in Fällen, wo die kurrent gefundenen Akten dazu nicht hinreichend sind, auch auf ältere bereits abgethane und reponirte zurück gehen.

§. 32.

Die Verwaltung des Depositi muß er eben so sorgfältig untersuchen; sich desfalls nach der den Revisoren oben §. 22. ertheilten Anweisung achten; dabei aber auch in diesen Gegenstand noch genauer und umständlicher, als wegen Kürze der Zeit bei den gewöhnlichen Revisionen geschehen kann, eingehen.

§. 33.

Nicht nur das Hypothekenbuch muß der Kommissarius in Augenschein nehmen, sondern sich auch die Grundakten, Protokoll- und Signaturbücher vorlegen lassen, und ganz eigentlich untersuchen: ob die Vorschriften der Hypothekenordnung mit schuldiger Sorgfalt und Akkuratesse beobachtet werden.

§. 34.

Auch die Verfassung der Registratur und Kanzellei bei einem solchen Untergerichte muß der Kommissarius in Augenschein nehmen und nachsehen: ob dabei überall Ordnung, Akkuratesse und Betriebsamkeit anzutreffen sey.

§. 35.

Die bei ihm sich meldenden Supplikanten muß er mit ihren Beschwerden umständlich zum Protokoll vernehmen; dabei die den ordentlichen Revisoren gegebenen Vorschriften §. 26. ebenfalls genau befolgen; aber auch auf solche Untersuchungen, nach Bewandtniß der Sache, noch genauer und eigentlicher sich einlassen, als von diesen in der Regel geschehen kann.

§. 36.

Auf die Beobachtung der Untergerichts-Sportultaxe muß der Kommissarius besonders aufmerksam seyn; die dabei wahrgenommenen Mißbräuche und Excesse fleißig anmerken; das Gericht darüber zur Verantwortung ziehen, und den Grund eines solchen Excesses gehörig ins Licht setzen.

§. 37.

Sollte der Kommissarius bei seiner Visitation entdecken, daß ein Mitglied des Gerichts sich solcher pflichtwidriger Handlungen schuldig gemacht habe, woraus wahrscheinlicher Weise dessen Kassation, oder wohl gar noch härtere Bestrafung folgen dürfte; so muß er davon sofort, und noch während der Visitation, dem Kollegio Bericht abstatten; die ein solches Subjekt betreffenden Protokolle, Vermerke und Nachrichten beifügen; auf seine Suspension und die Veranlassung einer förmlichen Inquisition wider ihn antragen; und wegen interimistischer Versehung seines Amts Vorschläge machen.

So

So lange, bis die weitere Verfügung des Kollegii auf diesen vorläufigen Bericht eingeht, ist der Visitationskommissarius berechtigt, dem verdächtigen Subjekte die fernere Ausübung seines Amtes zu untersagen, und die nöthigen Anstalten zu treffen, daß er sich der Inquisition und Bestrafung durch die Flucht nicht entziehen könne.

§. 38.

Nach geendigter Visitation muß der Kommissarius davon umständlich berichten; die aufgenommenen Akten übergeben; auch den Entwurf eines Visitationsbescheides, worin die bemerkten Mängel und Unordnungen aufgenommen, und die nöthigen Vorschriften und Anweisungen, wegen Abstellung und Verbesserung derselben ertheilt sind, beifügen.

§. 39.

Dieser Bericht und Entwurf müssen im Kollegio umständlich vorgetragen, genau erwogen, und nach erfolgter Approbation oder Rektificirung des Visitationsbescheides, derselbe nach Hofe zur Genehmigung eingesendet, sodann aber dem visitirten Untergerichte zum Nachverhalt zugefertigt werden.

§. 40.

Was die Kosten dieser Visitation betrifft, so muß den ordentlichen Revisoren sowohl, als den besonders ernannten Visitationskommissarien, die freie Fuhre verschafft werden.

Ersteren ist für ihre Arbeit eine verhältnißmäßige fixirte Belohnung auszusetzen; die Justizkollegia müssen auf die Ausmittelung eines Fonds dazu bedacht seyn, und darüber, in Ansehung der Magisträte, mit der Kriegs- und Domainenkammer des Departements in Korrespondenz treten.

Bei außerordentlichen und speciellen Visitationen erhalten die Kommissarien Diäten, welche von den dabei einer Unordnung, pflichtwidrigen Betragens, und zu Beschwerden gegebenen Anlasses überführten Gerichtspersonen, aus eigenen Mitteln bezahlt werden müssen. Hat sich aber bei der Visitation kein dergleichen legaler Anlaß, die Kosten dem visitirten Gerichte zur Last zu legen, hervor gethan; so werden die Diäten, bei Magisträten und Justizämtern, aus dem auf die Etats gebrachten Diätenfonds bezahlt, und zu dem Ende muß mit der Kriegs- und Domainenkammer Rücksprache gehalten werden.

Allgemeines Registratur- und Kanzellei-Reglement für sämmtliche Landesjustiz-Kollegia.

Se. Königliche Majestät von Preußen, Unser allergnädigster Herr, haben zwar in der publicirten Allgemeinen Gerichtsordnung hinlängliche Vorschriften, wegen künftiger Einrichtung des Registratur- und Kanzelleiwesens bei den Landesjustizkollegien, und wegen der Geschäfte und Obliegenheiten der dabei angestellten Subalternen überhaupt, ertheilen lassen.

Da aber seit Einführung der neuen Prozeßordnung, und bei den darauf vorgenommenen Justizvisitationen sich ergeben hat, daß die bisherige, fast bei allen Kollegien auf einen verschiedenen Fuß eingerichtete, und größtentheils schon an und für sich sehr mangelhafte Verfassung, in verschiedenen Stükken einer gänzlichen Reform, und jene allgemeinen Vorschriften einer nähern Bestimmung bedürfen, wenn auch hierunter der Endzweck eines vollkommen ordentlichen, regelmäßigen und prompten Betriebs der Geschäfte erreicht werden soll; so ist nöthig gefunden worden, die Landesjustizkollegia mit einem allgemeinen, vollständigen, und der gegenwärtigen Gerichtsverfassung überall angemessenen Kanzellei- und Registraturreglement zu versehen; in welchem nicht nur die äußere Einrichtung der Registraturen und Kanzelleien, so wie die Verrichtungen der dabei angesetzten Subalternen, und deren Vertheilung unter sie, genauer bestimmt; sondern auch der Gang der Sachen, und die Ordnung, wie die Registratur- und Kanzelleiverwandten selbige betreiben, einander dabei unterstützen, und sich zugleich gegenseitig kontrolliren müssen, umständlich vorgeschrieben werden soll.

Dieses Reglement setzt ein größeres Kollegium voraus, welches in seinem Departement alle die verschiedenen Arten der Angelegenheiten, die nach der Landesverfassung den Regierungen und Justizkollegien anvertraut zu seyn pflegen, wahrzunehmen hat. In so fern daher bei kleineren oder solchen Kollegien, die nur die eine und die andere Art dieser Geschäfte zu besorgen haben, Einschränkungen und Abkürzungen des hier vorgeschriebenen Modi procedendi, es sey in Rücksicht des Ganges der Sachen selbst, oder der Vereinigung mehrerer Subalternbedienungen in einer Person, Statt finden müssen, ist das Nöthige darüber, entweder schon in den bei den Justizvisitationen ertheilten besondern Anweisungen bestimmt, oder es wird solches, auf die nähere Anfrage und Anzeige solcher Kollegien, nach den Umständen und Verfassungen eines jeden derselben, bestimmt und festgesetzt werden.

Die allgemeinen Verordnungen dieses Reglements aber, die darin vorgeschriebene Art des Betriebs der Sachen in der Registratur und Kanzellei im Ganzen genommen, und die bei einem jeden Geschäfte wahrzunehmenden Obliegenheiten der dabei konkurrirenden Subalternen müssen bei allen Kollegien gleichförmig und mit pflichtmäßiger Genauigkeit beobachtet werden.

§. 1.

Die bei den Landesjustizkollegien angesetzten Subalternen sind:

1) der Kanzelleidirektor oder Protonotarius, welchem die Direktion in der Registratur und Kanzellei überhaupt obliegt;
2) die Sekretarien, deren Hauptverrichtung in dem Extendiren der bei dem Kollegio abgefaßten Dekrete besteht;
3) der Archivarius, welcher das Archiv, die

Lehns-, Hypotheken- und Generalregistratur zu bearbeiten hat;

4) der Ingrossator, welcher ihm dabei assistirt, und insonderheit die Hypothekenbücher unter seiner Aufsicht und Direktion führt;

5) der Ober- oder erste Registrator;

6) der Unter- oder zweite Registrator, welche zusammen die Prozeß-, Konkurs-, Kriminal-, Pupillen- und Konsistorial-, so wie einen gewissen Theil der Generalregistratur wahrzunehmen haben;

7) der Registraturschreiber oder Assistent, welcher ihnen dabei an die Hand gehen, und besonders das Aktenheften besorgen muß;

8) der Kanzelleiinspektor, welcher die Aufsicht über die unteren Kanzelleiverwandten in specie führt; die Sachen, welche geschrieben werden sollen, unter die Kanzellisten und Kopisten vertheilt, und die Siegelzettel besorgt;

9) die nach dem Umfange der Geschäfte bei einem Kollegio erforderliche Anzahl von Kanzellisten und Kopisten;

10) die Kassenbedienten; nämlich:
   a) der Sportulrendant,
   b) der Vorschußrendant,
   c) der Kontrolleur,

deren Pflichten und Verrichtungen in dem Sportulkassenreglement näher bestimmt sind;

11) der Kanzelleidiener und Botenmeister, welcher die Aufwartung bei dem Kollegio besorgt; die Geschäfte unter die Boten vertheilt, und die unmittelbare Aufsicht über selbige führt;

12) die Boten, welche zu Besorgung der Insinuationen und zu anderen vorkommenden Verschickungen gebraucht werden.

§. 2.

Alle diese Subalternen müssen sich täglich, die

Sonn- und Festtage allein ausgenommen, früh um Acht Uhr auf dem Kollegienhause in ihren angewiesenen Arbeitszimmern einfinden, und daselbst bis um Ein Uhr ihren Verrichtungen obliegen; auch dasjenige, womit sie des Vormittags nicht fertig werden können, Nachmittags nachholen.

§. 3.

Insonderheit müssen die Archiv- und Registraturbediente täglich bis um Ein Uhr Nachmittags, an Sessionstagen aber, wenn die Session noch länger dauert, bis zum Schlusse derselben gegenwärtig bleiben; sich des Nachmittags um Drei Uhr wieder auf der Registratur einfinden; und sie früheстens vor Sechs Uhr Abends nicht verlassen.

§. 4.

Derjenige Subaltern, welcher sich zu rechter Zeit nicht einfindet, oder früher, als es sich gebührt, von seiner Arbeit wieder abgeht, soll nach Beschaffenheit der Umstände, für jede versäumte Stunde 8 bis 16 Groschen Strafe entrichten.

§. 5.

Damit dieser Vorschrift desto zuverlässiger nachgelebt werde, soll der Kanzelleidirektor tägliche Präsenzlisten von sämmtlichen Subalternen führen; die Arbeitszimmer derselben, sowohl Vor- als Nachmittags fleißig besuchen; und die abwesend befundenen pflichtmäßig, ohne alle Nachsicht, bemerken.

§. 6.

Diese Präsenzlisten und Annotationen muß sich der Präsident wöchentlich wenigstens Einmal vorlegen lassen; die abwesend gebliebenen mit ihren Entschuldigungsursachen, die sie allemal auf Pflicht und Gewissen anzugeben haben, vernehmen; die verwirkten Strafen festsetzen, und solche zur Einziehung in dem Strafbuche notiren lassen.

§. 7.

Es soll dabei keine Entschuldigungsursach, als Krankheit oder andere dergleichen außerordentliche und unvermeidliche Ehehaften, zur Befreiung von der Strafe angenommen werden.

§. 8.

Wenn daher ein Subaltern durch dergleichen unvermeidlichen Anlaß an der Einfindung auf dem Kollegienhause, oder an Abwartung der vorgeschriebenen Arbeitsstunden verhindert wird, so muß er solches dem Präsidenten auf seine Pflicht durch ein kurzes Promemoria anzeigen oder anzeigen lassen; und der Präsident muß dieß Promemoria dem Kanzelleidirektor zustellen, welcher es so lange aufbewahrt, bis bei der nächsten Revision der Präsenzliste die Entschuldigungsursach näher geprüft, und allenfalls das Nöthige deshalb verfügt werden kann.

§. 9.

Wenn ein Sekretär mit seiner Arbeit des Vormittags völlig fertig geworden, und solches dem Präsidenten angezeigt hat; so soll ihm verstattet werden, des Nachmittags wegzubleiben, und andere, außer dem Expediren, ihm etwa aufgetragene Geschäfte zu besorgen.

§. 10.

Eben so soll der Kanzelleidirektor einem Kanzelleiverwandten, wenn er mit der ihm zugetheilten Arbeit völlig fertig ist, und sie richtig abgeliefert hat, erlauben können, die Kanzellei noch vor Ablauf der festgesetzten Arbeitsstunden zu verlassen; es wäre denn, daß in einem andern Departement noch Sachen, welche eine schleunige Ausfertigung erfordern, vorhanden wären.

§. 11.

Wenn wider Verhoffen irgend ein Subaltern sich beigehen lassen sollte, sein Außenbleiben oder früheres Weggehen mit falschen und unwahren Angaben zu entschuldigen, so soll er dafür das Erstemal mit dreifacher Strafe belegt, im Wiederholungsfall aber zur Kassation angezeigt werden.

§. 12.

Damit der Präsident versichert seyn könne, daß der Kanzelleidirektor seiner Schuldigkeit ein Genüge leiste; so muß er die Arbeitszimmer der Subalternen, auch außer den Sessionstagen, besonders des Nachmittags, von Zeit zu Zeit besuchen, und nachsehen, ob ein jeder auf seinen angewiesenen Posten befindlich sey, und seinen Verrichtungen gehörig obliege.

§. 13.

Diese seine Geschäfte kann und muß also ein jeder Subaltern auf dem Kollegienhause besorgen. Es soll daher weder den Sekretarien noch den Kanzelleiverwandten erlaubt seyn, sich Arbeit mit nach Hause zu nehmen; außerordentliche Fälle allein ausgenommen, wo es jedoch nicht anders, als mit Vorwissen und Genehmigung des Präsidenten, oder, so viel die Kanzelleiverwandten betrifft, des Kanzelleiinspektors geschehen kann.

§. 14.

Damit nun auch die Subalternen zu ihren verschiedenen Geschäften hinlänglichen Platz haben, ein jeder das Seinige mit Ruhe und Ordnung betreiben könne, und keiner den andern darin unterbrechen dürfe; so soll das bei einem jeden Kollegio vorhandene Lokale, so viel als möglich, folgendermaaßen eingerichtet und eingetheilt werden.

§. 15.

Es ist nämlich erforderlich:

1) ein Haupt-Registraturzimmer;
2) ein Gelaß zur Aufbewahrung der reponirten Akten;

3) ein Zimmer zum Archiv, der Lehns- und Hypothekenregistratur;
4) ein Expeditionszimmer für die Sekretarien;
5) eine Kanzelleistube;
6) eine Kassenstube;
7) ein Gelaß für den Kanzelleidiener, Botenmeister und Boten.

§. 16.

So viel es sich nur irgend thun läßt, muß das Lokale dergestalt eingerichtet werden, daß besonders die Hauptregistratur, das Expeditionszimmer und die Kanzellei, sowohl unter sich, als bei der Audienz oder dem Sessionszimmer des Kollegii, in der Nähe gelegen sind, und eine bequeme Kommunikation haben.

§. 17.

In das Haupt-Registraturzimmer gehören:
1) die kurrente Prozeß-,
2) die kurrente Konkursregistratur;
3) die neu reponirte Prozeß-,
4) die neu reponirte Konkursregistratur;
5) die kurrente Pupillen-,
6) die kurrente Konsistorial-,
7) die kurrente Kriminalregistratur;
8) die Registratur der in der Allgemeinen Gerichtsordnung Th. III. Tit. V. §. 47. No. 2, 3, 4. beschriebenen Generalien.

§. 18.

Jeder dieser Registraturen müssen besondere Repositoria angewiesen seyn, wo die dahin gehörigen Akten, in den nach den Buchstaben des Alphabets einzutheilenden Fächern, aufbewahrt werden.

§. 19.

Nur die neu reponirten Prozeß- und Konkurssachen sollen unmittelbar über den kurrenten, in eben dem Repositorio, und in der nämlichen Reihe des durchlaufenden Buchstabens, jedoch in besonderen Fächern, so lange asservirt werden, bis sie weiter reponirt werden können. Bei Kollegien nämlich, welche einen weitläufigen Jurisdiktionsbezirk haben, ist die reponirte Registratur in zwei Unterabtheilungen zu theilen. Zur neu reponirten Registratur gehören alsdann diejenigen Sachen, worin noch Exekution schwebt, oder wo seit der rechtskräftigen Entscheidung noch kein Jahr verlaufen ist. Ist die Exekution beendigt, oder das Jahr nach dem Judikato, ohne daß Exekution gesucht worden, verlaufen oder Zahlung angezeigt, so werden die Akten in die alt reponirte Registratur herüber genommen.

§. 20.

Außer obigen Hauptrepositorien müssen in dem Registraturzimmer noch gewisse Plätze bestimmt und angewiesen seyn, wo

a) die Akten, welche mit den Vorträgen zum Dekretiren ausgegeben, oder
b) zum Spruch an die Referenten befördert werden sollen, interimistisch niedergelegt;
c) die von anderen Kollegien und Gerichten bloß zur Aburtelung einkommenden, oder
d) die von den Untergerichten nicht zur weitern Verhandlung, sondern bloß ad inspiciendum vel adhibentum eingeschickten, und nach gemachtem Gebrauch sofort wiederum zu remittirenden Akten aufbewahrt;
e) Pieçen, die, ehe sie ad Acta kommen, einer Parthei, einem Justizkommissario oder irgend sonst jemandem vorzuzeigen sind, in der Zwischenzeit aufbewahrt;
f) die Akten, welche durch Einheftung der eingelegten Pieçen zu kompletiren sind, dem Aktenhefter hingegeben; endlich
g) die solchergestalt kompletirten und gehefteten

Akten von ihm, bis zur Reponirung in die gehörigen Fächer, wieder abgelegt werden können.

§. 21.

Das solchergestalt eingerichtete Haupt-Registraturzimmer ist der Aufenthalt der Registratoren und ihres Gehülfen, welche die darin befindlichen Registraturen gemeinschaftlich zu bearbeiten haben.

§. 22.

In dieser Registratur, und über die darin befindlichen Akten und Pieçen müssen folgende Bücher gehalten werden:

1) das kurrente Prozeßrepertorium;
2) — — Konkursrepertorium;
3) die Liste der neuen erst angemeldeten Klagen;
4) das Repertorium der reponirten Prozeß- und
5) — — — Konkurs-Akten;
6) — — — kurrenten und
7) — — — reponirten Pupillenakten;
8) das Repertorium der kurrenten und
9) — — — reponirten Kriminalakten;
10) das Repertorium der Konsistorial-, Kirchen- und Schulen-Akten;
11) vollständige Specifikationen der Generalakten;
12) die Tagezettel oder Journale über die einkommenden Sachen;
13) die Distributionsbücher der zum Spruch gelangenden Sachen;
14) das Annotationsbuch über die außerhalb des Memorialienvortrages und der Spruchdistribution ausgegebenen Akten.

§. 23.

Die Liste der neuen Klagen ist ein bloßes zur Nachricht des Präsidenten und des Registrators dienendes Verzeichniß, in welches eine neue Sache, sobald auf die geschehene Anmeldung die Aufnehmung der Klage verordnet ist, unter dem Namen des Klägers eingetragen, und dabei in der Folge nur bemerkt wird; ob und warum der Prozeß keinen Fortgang gehabt habe; oder ob, wann und unter welcher Nummer die Sache in die Prozeßliste übergetragen worden sey.

§. 24.

In diese Prozeßliste kommt nämlich die Sache, sobald auf die aufgenommene und eingereichte Klage ein Termin, es sey bloß zur Beantwortung oder zugleich zur Instruktion, anberaumt wird. Jede Sache erhält darin eine eigene Nummer und ein besonderes Folium; und die Eintragung geschieht nach dem Anfangsbuchstaben von dem Namen des Klägers in alphabetischer Ordnung. Die unter einerlei Buchstaben gehörigen Sachen werden durch fortlaufende Nummern unterschieden.

§. 25 a.

Es wird jedoch dabei, zur Ersparung des Raumes, nachgegeben, daß nicht eben für jede Sache, ohne Unterschied, ein ganzes Folium bestimmt werden dürfe; sondern es kann bei Sachen, wo voraus zu sehen ist, daß nicht viel darin kommen werde, z. B. bei Wechselsachen, ordinairen Ehescheidungsprozessen unter gemeinen Leuten, simplen Schuldklagen u. s. w., ein Folium auch für zwei oder drei dergleichen Prozesse bestimmt und eingetheilt werden; welches also dem vernünftigen Ermessen des Registrators, nach Beschaffenheit einer jeden einzutragenden Sache, überlassen bleibt.

§. 25 b.

Die Prozeßliste hat folgende Rubriken:

1) Nummer der Akten;
2) Namen der Partheien;

3) Namen des Decernenten;
4) Namen des Instruenten und der Assistenten;
5) Lage der Sache.

Jeder dieser Kolonnen ist ein proportionirlicher Raum, und also der größte für die fünfte Kolonne, zu bestimmen.

Die vier ersten Rubriken werden gleich bei der Uebertragung aus der Liste der neuen Klagen ausgefüllt; die fünfte hingegen muß der Registrator durch den ganzen Lauf des Prozesses, und während der ganzen Zeit, daß die Akten in der Registratur sind, fortführen.

Es muß darin vermerkt werden, auf welchen Tag der Beantwortungs- und Instruktionstermin stehe; wann die Akten dem Instruenten zugestellt worden; wann sie wieder zur Registratur zurückgekommen; wann sie zum Spruche vorgelegt sind; wann das Urtel publicirt ist; wann die Appellation angemeldet worden u. s. w.: dergestalt, daß jeder Schritt in dem ganzen Laufe der Sache, bis zur verfügten Reposition derselben, aus der Liste zu ersehen sey, und der Präsident dieselbe bei seiner Aktenrevision mit Zuverlässigkeit zum Grunde legen könne.

Mit dem letzten November jeden Jahres muß der Registrator die Prozeßlisten durchgehen, und alle darin noch kurrent bleibende Sachen in die Liste des folgendes Jahres, unter die gehörigen Buchstaben und Nummern übertragen.

§. 26.

Sobald eine Sache in das kurrente Prozeßrepertorium eingetragen wird, muß in den Akten ein unterwärts ungefähr eine Hand breit hervor ragender Zettel fest eingeheftet werden, auf welchem der Buchstabe und die Nummer, unter welchen die Akte im Repertorio eingetragen steht, nebst den Namen der Partheien verzeichnet wird, und welcher dazu dient, daß der Registrator die in den Fächern über einander liegenden Akten desto leichter auffinden kann.

§. 27.

Eben so muß das reponirte Repertorium über die Civilprozesse von dem zweiten Registrator gehalten werden.

Dieß Repertorium wird ebenfalls nach den Namen der Kläger in alphabetischer Ordnung geführt, und hat folgende Rubriken:

1) Nummer, welche unter jedem Buchstaben, von einem Jahre zum andern, beständig fortläuft;
2) Namen der Partheien;
3) Anzahl der Voluminum, welche zur Sache gehören.

§. 28.

Sobald in einer Sache die Reposition der Akten verordnet ist, als welches von dem Decernenten, sobald der Prozeß durch rechtskräftiges Erkenntniß, Vergleich, Entsagung oder gänzliche Advokation beendigt worden, geschehen; oder wenn dieser solches übersehen, von dem Präsidenten ex officio besorgt werden muß, wird die Sache in dem kurrenten Repertorio gelöscht, und dagegen in das reponirte eingetragen; auch die Akte selbst, in die dafür bestimmten Fächer, über den kurrenten, hinauf gelegt.

§. 29.

Zum Unterschied der kurrenten Akten von den reponirten, wird den letzteren ein blauer Zettel über den weißen, oder mit Herausnehmung desselben, eingeheftet, und auf solchem der Buchstabe nebst der Nummer des reponirten Repertorii verzeichnet.

§. 30. a.

Ueber die kurrenten Konkurs- und Liquidationsprozesse wird ein besonderes Repertorium gehalten, worin jedem derselben, nach Verhält-

niß

niß seines Umfangs, gewisse Folia angewiesen sind. Jeder Klasse von Generalakten wird ein besonderes Folium gewidmet, und darin

1) die Benennung des Konkurses, nach dem Namen des Gemeinschuldners;
2) der Name des Decernenten;
3) der Name des Instruenten, des Kurators und Kontradiktors;
4) die Lage der Sache, so weit sie in dieses Aktenstück gehört,

eingetragen; auch die letztgenannte Kolonne von dem Registrator, bis zum Ende des Konkurses, auf eben die Art, wie bei der Prozeßliste vorgeschrieben ist, ununterbrochen fortgeführt. Auf dem letzten Blatte werden die Special-Liquidationsakten, bloß mit Benennung der Liquidanten, hintereinander verzeichnet.

§. 30b.

Wenn wegen eines solchen Liquidanten ein Appellatorium entsteht, so wird das denselben betreffende Specialaktenstück aus der Konkurs- in die kurrente Prozeßregistratur herüber genommen; erhält in der Prozeßliste eine besondere Nummer und Folium; wird daselbst, bis zur rechtskräftigen Entscheidung, gleich jedem andern Civilprozesse behandelt; nach deren Erfolge aber wieder in die Konkursregistratur zurückgelegt.

§. 30c.

Wenn der Konkurs durch die Distribution der Masse beendigt ist, so werden die sämmtlichen Akten desselben in die reponirte Konkursregistratur gebracht, und daselbst in den nach dem Alphabet geordneten Fächern aufbewahrt. Das Repertorium über diese reponirte Konkursregistratur hat folgende Rubriken:

1) Nummer.
2) Name des Konkurses.
3) Anzahl der dazu gehörenden Aktenstücke.

§. 31.

Das kurrente Pupillenrepertorium hat der zweite Registrator nach alphabetischer Ordnung zu führen. Das Schema dazu hat folgende Rubriken:

1) Nummer.
2) Namen der Kuranden.
3) Namen des Vormundes.
4) Anzahl der Voluminum.
5) Lage der Sache.

§. 32.

Unter diese letztere Rubrik müssen alle erhebliche Vorfallenheiten, die sich in einer solchen Vormundschaftssache ereignen, von Zeit zu Zeit eingetragen werden: z. B. wann die Vormundschaft ihren Anfang genommen; wann der Kurator stipulirt hat; wann das Kuratorium expedirt worden; wann die Taufscheine, wann das Inventarium eingekommen; wann die Erbsonderung angelegt, wann solche approbirt worden; wann die erste, zweite, dritte Rechnung u. s. w. übergeben und abgenommen worden; wann die Generalverzicht geleistet, und das Absolutorium expedirt worden u. s. w.

§. 33.

Alles, was zu einer Vormundschaft gehört, es betreffe was es wolle, wird in ein Volumen zusammen geheftet, und keinesweges, wie bisher bei einigen Kollegien geschehen, von einer jeden einzelnen Angelegenheit ein besonderer Fascikul formirt. Doch muß, wenn ein dergleichen Volumen eine mäßige Stärke erlangt hat, alsdann mit einem schicklichen Zeitpunkte, z. B. mit einem neuen Jahre, einer neuen Rechnung u. s. w., ein zweites, drittes Volumen u. s. w. angefangen werden.

§. 34.

Nur die Vormundschafts- und etwa dazu gehörigen Wirthschaftsrechnungen, wenn solche weitläufig sind, werden mit den Belägen besonders asservirt; das Präsentationsmemorial aber, die Monita, das Abnahmeprotokoll, die Decharge u. s. w. müssen dennoch den Akten beigeheftet werden.

§. 35.

Den kurrenten Pupillenakten werden eben so, wie den Prozeßakten, weiße Zettel eingeheftet, und darauf der Name der Vormundschaft nebst der Nummer des Repertorii verzeichnet.

§. 36.

Wenn die Vormundschaft durch den Tod des Pflegebefohlenen, durch die Großjährigkeit desselben und die dem Kurator geleistete Generalverzicht, oder auf andere Art beendigt ist; so werden die Akten in dem kurrenten Repertorio gelöscht, und dagegen in das reponirte Repertorium übergetragen.

§. 37.

Dieses führt der erste Registrator nach alphabetischer Ordnung unter folgenden Rubriken:

a) Nummer;
b) Name der Vormundschaft;
c) Anzahl der Voluminum.

Uebrigens werden den reponirten Pupillen- eben so wie den Prozeßakten blaue Zettel, mit Bemerkung des Namens und der Nummer des reponirten Repertorii eingeheftet.

§. 38.

In Ansehung der kurrenten und reponirten Kriminalakten hat es bei den darüber jeden Orts bisher vorgeschriebenen Listen und Repertorien auch noch ferner, vor der Hand, sein Bewenden.

§. 39.

Ueber die Konsistorial-, Kirchen- und Schulenakten müssen von dem ersten Registrator vollständige

Verzeichnisse, ebenfalls in alphabetischer Ordnung, nach den Namen der Oerter, wo dergleichen Kirchen und Schulen sich befinden, gehalten werden.

§. 40.

Ein eben dergleichen vollständiges Verzeichniß ist auch über die zur Hauptregistratur gehörigen Generalakten von dem ersten Registrator zu halten, und nach Anweisung der Allgemeinen Gerichtsordnung Th. III. Tit. V. §. 47. Nr. 2. 3. 4. in drei Hauptsektionen einzutheilen.

§. 41.

Ueber die bei dem Kollegio einkommenden und zum Vortrag zu bringenden Sachen wird in der Hauptregistratur ein dreifaches Journal oder Tagezettel geführt, nämlich:

1) für die Prozessualia, wohin auch die Konkurs- und Kriminalsachen, ingleichen die in diese Registratur gehörigen Generalia eingetragen werden;
2) für die Pupillaria;
3) für die Konsistorialia.

§. 42.

Ein jedes von diesen Journalen oder Tagezetteln
A. wird nach dem sub A. beiliegenden Schema geführt. Die Eintragung geschieht nach fortlaufenden Nummern, entweder von einem Sessionstage zum andern, oder vom ersten jeden Monats bis zum letzten. Die Nummer wird auf der Eingabe selbst, entweder auf der Rück- oder auf der andern Seite, so daß dieselbe gleich in die Augen falle, verzeichnet. Die in den ersten Tagezettel gehörigen Stücke erhalten die Nummern ohne weitern Beisatz; denen aus den zweiten aber wird der Buchstabe P., so wie denen aus dem dritten der Buchstabe C. vorgesetzt, z. B. P. 1. C. 3. u. s. w.

§. 43.

Wie diese Tagezettel von beiden Registratoren gemeinschaftlich zu führen, und was bei der Eintragung zu beobachten, davon wird unten umständlich gehandelt werden.

§. 44.

Die Distributionsbücher führt der erste Registrator nach folgendem Schema:

1) Nummer, welche vom Anfange des Jahres bis zum Ende fortläuft;
2) Namen der Partheien;
3) Namen der Re- und Korreferenten;
4) Datum der Distribution;
5) Datum, wann die Re- und wann die Korrelation eingekommen;
6) Datum, wann die Sache verlesen und wann darüber konkludirt worden.

Die ersten zwei Kolonnen werden von dem Registrator, die letzten vier hingegen von dem Präsidenten eigenhändig ausgefüllt.

Das Distributionsbuch muß, außer den Sessionstagen, in der Registratur in einer verschlossenen Kapsel, wozu der Präsident einen, und der Registrator den andern Schlüssel hat, aufbewahrt, in jeder Session aber dem Präsidenten vorgelegt werden, damit derselbe die neu eingetragenen Sachen distribuiren, die abgelieferten Relationen bemerken, und die rückständigen bei den Referenten moniren könne.

Die Relationen selbst müssen bis zur Ablesung in einem besondern Schranke und Kasten, wozu der Präsident allein den Schlüssel hat, aufbewahrt werden.

§. 45.

Das Annotationsbuch über solche Akten, welche außer dem Memorialienvortrag und der Spruchdistribution zu irgend einem andern Behuf aus der Registratur gegeben werden, ist nach der Vorschrift der Gerichtsordnung a. a. O. §. 33. zu führen, und die daselbst erwähnten Verordnungen und Empfangscheine werden dabei als Beläge verwahrt, damit die Akten, wenn sie anderweit gebraucht oder ungebührlich zurückgehalten werden, auf den Grund dieser Beläge von den Empfängern abgefordert werden können.

§. 46.

Die Haltung dieses Buchs und die Ausgebung der Akten kommt dem ersten Registrator privative zu, dergestalt, daß weder der zweite Registrator, noch der Registraturschreiber, viel weniger irgend sonst jemand sich anmaßen darf, ohne des ersten Registrators Vorwissen Akten aus der Registratur zu verabfolgen oder an sich zu nehmen.

§. 47.

Nachdem in Vorstehendem von der Hauptregistratur, deren Einrichtung und den darin zu haltenden Büchern und Listen gehandelt worden; so ist nach Maaßgabe §. 15. oben, ferner zu bestimmen: wie die eigentliche reponirte Registratur eingerichtet seyn solle.

§. 48.

In dem für diese bestimmten Behältnisse sind aufzubewahren:

1) die alt reponirten Prozeß- und
2) Konkursakten in dem Sinne des §. 19. oben;
3) die reponirten Pupillen-,
4) die reponirten Kriminalakten; auch können
5) von den in die Hauptregistratur gehörigen Konsistorial- und Generalakten die älteren Volumina, die von keinem oftmaligen Gebrauch mehr sind, zur Ersparung des Raums, in diese reponirte Registratur untergebracht werden.

§. 49.

Jede dieser reponirten Registraturen muß ihre besonderen Repositoria haben, worin die dazu gehörigen Akten, in den nach alphabetischer Ordnung eingetheilten Fächern, asservirt sind.

§. 50.

Wie bei der Aktenreposition zu verfahren, und was über die reponirten Registraturen für Bücher und Listen zu halten sind, darüber ist das Nöthige bereits oben verordnet worden.

§. 51.

Zum Archiv, der Lehns- und Hypothekenregistratur gehören:

1) die in der Gerichtsordnung a. a. O. §. 47. No. 1. beschriebenen Acta generalia;
2) die das Lehns- und Hypothekenwesen der unter der Jurisdiktion des Kollegii unmittelbar stehenden Immobilium betreffenden Grundakta;
3) die Akten, welche über gerichtliche Aufnehmung, Niederlegung und Publikation der Testamente verhandelt sind;
4) die Akten, welche die vorkommenden, zum Lehns- und Hypothekenwesen nicht gehörigen Actus voluntariae jurisdictionis zum Gestande haben.

§. 52.

Die Hypothekenbücher selbst müssen, wo es irgend möglich, in besonderen feuerfesten Behältnissen aufbewahrt werden. Wo aber hierzu der Raum ermangelt, ist ihnen, in dem Archiv selbst, ein besonderer, dem Anlaufe nicht ausgesetzter Platz oder verschlossener Schrank anzuweisen.

§. 53.

Jeder der obgedachten vier Registraturen müssen

ihre besonderen Repositoria, mit einer zur ordentlichen Aufbewahrung der Akten hinreichenden Anzahl von Fächern, angewiesen seyn.

§. 54.

Auch in dem Archivzimmer sind gewisse Plätze auszumitteln, wo Akten und Eingaben, zu einer oder der andern, von den §. 20 a. d. e. f. g. recensirten Bestimmungen interimistisch asservirt werden können.

§. 55.

Das solchergestalt eingerichtete Archivzimmer ist der Aufenthalt und Arbeitsplatz des Archivarii und des ihm zugeordneten Ingrossators.

§. 56.

Ueber die darin enthaltenen Akten müssen folgende Bücher und Listen geführt werden:

1) ein Repertorium über die Generalakten;
2) ein Verzeichniß der Lehns- und Hypotheken-, ingleichen
3) der Testaments-, und
4) der die Actus voluntariae jurisdictionis betreffenden Akten;
5) ein Journal- oder Tagezettel;
6) ein Annotationsbuch.

§. 57.

Die Generalakten werden nach den Materien, der Anweisung der Gerichtsordnung a. a. O. §. 47. No. 1. gemäß, eingetheilt, und ein vollständiges Repertorium darüber unter fortlaufenden Nummern gehalten, in welchem zugleich die Anzahl der von einer jeden Materie vorhandenen Volum.inum, und welche Jahre jedes Volumen enthalte, bemerkt werden muß.

§. 58.

Die Hypothekenakten werden nach den Namen der Grundstücke, die sie betreffen, registrit; sie werden nach den Kreisen, Aemtern oder Distrikten, aus welchen das Departement besteht, eingetheilt; und über jeden Abschnitt werden die dahin gehörigen Akten, sowohl in der Registratur selbst, als im Repertorio, nach alphabetischer Ordnung rangirt.

§. 59.

Die Testamentsakten werden nach den Jahren eingetheilt, das Repertorium aber wird in alphabetischer Ordnung, nach dem Namen des Testators, gehalten.

§. 60.

Wegen der Actuum voluntariae jurisdictionis hat es bei den Anweisungen der Gerichtsordnung a. a. O. §. 50. sein Bewenden.

§. 61.

Das Journal oder den Tagezettel führt der Archivarius, nach eben dem oben sub A. vorgeschriebenen Schema. Er wird entweder nach Buchstaben, welche von einem Sessionstage zum andern fortlaufen, oder nach Nummern vom ersten bis zum letzten Monatstage, gehalten; doch muß letztern Falls den auf die Pieçe notirten Eintragungsnummern der Buchstabe A., z. B. A. 1. A. 2. u. s. w. vorgesetzt werden, um sie dadurch von den in die Hauptregistratur gehörigen Pieçen zu unterscheiden.

§. 62.

Von dem Annotationsbuche des Archivarii findet eben das Statt, was oben §. 45. wegen des in der Hauptregistratur zu führenden Annotationsbuches verordnet ist.

§. 63.

Das Expeditionszimmer für die Sekretarien muß hinlänglichen Raum enthalten, damit jeder derselben seinen besondern Arbeitstisch haben, außerdem aber noch eine lange Tafel, auf welche die Boten die aus der Session kommenden Akten und dekretirten Memorialien ablegen, angebracht werden könne.

§. 64.

In dem Sekretariat müssen gehalten werden:
1) ein Expeditionsbuch;
2) ein Kopirbuch;
3) ein Terminsbuch oder Gerichtskalender.

§. 65.

Das Expeditionsbuch wird nach dem Formular
B. sub B. geführt. Die Nummern desselben laufen vom ersten bis zum letzten Monatstage ununterbrochen fort, und werden auf die eingetragenen Koncepte verzeichnet.

§. 66.

In dieses Expeditionsbuch gehören alle und jede bei dem Kollegio vorkommende, und sowohl in als außer den Sessionen, auch von dem Präsidenten bei der Aktenrevision dekretirte Ausfertigungen, ohne Unterschied, ob sie Prozeß- oder andere Sachen betreffen; die Ausfertigungen der Urtel und Resolutionen, in allen Fällen, wo solche unter dem Siegel erfolgen müssen; ferner alle Vidimationen, alle Berichte, wenn solche gleich von einem Mitgliede des Kollegii in extenso abgefaßt worden; alle Requisitions-, Trans- und Remissionsschreiben an fremde Gerichte und Kollegia, und mit Einem Worte, alle Verordnungen, welche entweder von dem Präsidenten in mundo vollzogen werden, oder nach der Sportelordnung eine gewisse Taxe tragen.

§. 67.

Es sind also in dieses Expeditionsbuch auch solche Dekrete einzutragen, welche nach der Prozeßordnung zwar keiner förmlichen Ausfertigung bedürfen, sondern den Partheien nur brevi manu vorgelegt oder abschriftlich zugefertigt werden; wofür aber dennoch, außer den Schreibegebühren, noch etwas an Taxe zu entrichten ist. Doch wird bei deren Eintragung, neben der Nummer, durch ein gewisses Zeichen, nämlich br. m. (brevi manu) bemerkt, daß dabei keine schriftliche Ausfertigung Statt finde.

§. 68.

In das Kopirbuch, welches nach dem Schema sub C. geführt wird, gehören C.

a) diejenigen Urtel und Resolutionen, welche nicht unter dem Siegel ausgefertigt, sondern wovon nur simple Abschriften den Partheien oder den Assistenten gegeben werden;

b) alle und jede simple Abschriften von Dekreten, Eingaben, Protokollen oder was es sonst sey, welche an Assistenten, Partheien, Justizkommissarien oder andere, auf die Verordnung des Kollegii ertheilt werden, und welche weder Taxen noch Stempel tragen, noch auch zur Unterschrift des Präsidii gelangen, folglich zur Eintragung in das Expeditionsbuch nicht qualificirt sind.

§. 69.

Die Nummern in diesem Kopirbuche laufen eben so wie in dem Expeditionsbuche, vom ersten bis letzten jeden Monats fort, und werden auf der Pieçe, welche kopirt werden soll, verzeichnet.

§. 70.

Da das Expeditions- und Kopirbuch, wie die Folge noch näher zeigen wird, die Grundlage von aller Ordnung in der Kanzellei sind; so müssen die Sekretarien solche mit der größten Akkuratesse und Vollständigkeit führen, und kein in das eine oder das andere gehörige Stück uneingetragen passiren lassen. Sowohl die Decernenten, als insonderheit der Präsident, der Kanzelleidirektor und Inspektor, müssen darauf ein beständiges wachsames Augenmerk richten; und letzterer muß, wenn dergleichen mit der Eintragungsnummer nicht bezeichnete Pieçe zur Distribution unter die Kanzelleiverwandten in seine

Hände kommt, solche nicht eher mundiren oder abschreiben lassen, als bis sie zuvor gehörigen Orts eingetragen worden ist.

§. 71.

Insonderheit müssen auch die Instruenten die von ihnen auf die Instruktionsprotokolle zur weitern Einleitung der Sache abzufassenden Resolutionen, wovon den Assistenten, Mandatarien oder Partheien Abschriften gegeben werden sollen, zunächst an den Kanzleidirektor befördern, damit dieser die Eintragung in das Kopirbuch besorge, und die Piece sodann weiter an den Kanzelleiinspektor abgebe.

§. 72.

Was übrigens die Sekretarien bei den Eintragungen selbst in diese Bücher zu beobachten haben, davon soll unten umständlich gehandelt werden.

§. 73.

In den Gerichtskalender oder das Terminbuch werden alle Termine eingetragen, welche nicht vor einzelnen Mitgliedern des Kollegii, sondern vor dem versammelten Kollegio selbst anstehen; z. B. in causis voluntariae jurisdictionis, in Hypotheken- und Vormundschaftssachen, zur Leistung eines Homagialeides, zur Belehnung, zur Bestellung einer gerichtlichen Hypothek, zur gerichtlichen Vollziehung eines Kontrakts, zu Uebernehmung einer Vormundschaft. Ferner die gerichtlichen Licitations- und Auktionstermine. Vergl. Gerichtsordnung a. a. O. §. 16.

Instruktions- und andere in Processualibus anstehende Termine müssen aus den auf dem Tische des Kollegii befindlichen Instruktionslisten konstiren; und ein jeder, welcher dergleichen Termin abzuwarten hat, muß sich solchen selbst vermerken.

§. 74.

Obgedachte drei Bücher, nämlich das Expeditions-, Kopir- und Terminbuch, müssen jederzeit in dem Expeditionszimmer befindlich und zur Hand seyn. Kein Sekretarius darf dieselben mit nach Hause nehmen; noch dürfen sie in der Registratur, Kanzellei oder sonst irgendwo liegen bleiben.

§. 75.

Die Kanzelleistube muß für sämmtliche Kanzelleiverwandten hinlänglichen lichten Raum zur Verrichtung ihrer Arbeiten enthalten. Dem Kanzelleiinspektor muß darin ein Platz angewiesen seyn, auf welchem er von den übrigen abgesondert ist, jedoch dieselben völlig übersehen kann, und genugsamen Raum hat, um die von den Sekretarien an ihn gelangenden Pieçen, welche zum Mundiren und Abschreiben vertheilt werden sollen, von den schon gefertigten, an ihn abgelieferten, und nunmehr zur Unterschrift und Siegelung, oder sonst weiter zu befördernden Pieçen separiren zu können.

§. 76.

Der Kanzelleiinspektor führt

1) das Revisionsjournal nach dem Schema sub D. D.
2) die Distributionstabelle nach dem Schema sub E. E.

von welchen unten umständlicher gehandelt werden soll.

§. 77.

In der Kassenstube haben

1) der Sportulrendant,
2) der Vorschußrendant,
3) der Kontrolleur

ihren Aufenthalt.

Jeder von ihnen muß seinen besondern Arbeitstisch haben; auch muß ein Zähltisch vorhanden seyn, auf welchem die ein- oder auszuzahlenden Gelder übernommen werden können.

§. 78.

Jeder der beiden Rendanten hat in der Kassenstube seinen besondern wohl verschlossenen Kasten, zur Aufbewahrung der täglichen kurrenten Einnahme. Die Vorschuß- und Sportulkasse selbst aber befinden sich nicht in diesem Zimmer, sondern stehen im Depositalgewölbe.

§. 79.

Die bei der Sportul- und Vorschußkasse zu führenden Bücher sind in dem Reglement vom 20sten April 1782 umständlich beschrieben.

§. 80.

Das Zimmer für die Kanzelleidiener, Botenmeister und Boten muß so nahe als möglich bei der Audienz oder dem Sessionszimmer befindlich seyn. Mangelt es dazu an einem besondern Platze, so müssen diese Subalternen in dem Partheienzimmer sich aufhalten, worin jedoch solchen Falls dem Kanzelleidiener und Botenmeister besondere Tische und Verschläge zu ihren Geschäften und zur Asservation der durch ihre Hände gehenden Sachen anzuweisen sind.

§. 81.

Alle und jede vorstehend §. 1. benannte Subalternen werden nun zuvörderst auf die wegen ihrer Amtsführung in der Gerichtsordnung Th. III. Tit. V. enthaltenen allgemeinen Vorschriften hierdurch nochmals verwiesen.

§. 82.

Was ihre speciellen Verrichtungen betrifft, so beziehen sich solche hauptsächlich

I. auf diejenigen Sachen und Angelegenheiten, welche zum Memorialienvortrage bei dem Kollegio gehören;

II. auf die bei dem Kollegio zum Spruch vorzulegenden Sachen.

Von beiderlei Arten der Geschäfte sollen nunmehr über den Gang der Sachen und die Ordnung, nach welcher die Subalternen sie betreiben, sich dabei unterstützen und einander in die Hände arbeiten, auch sich zugleich gegenseitig kontrolliren müssen, umständliche Vorschriften ertheilt werden.

I.

Von den Geschäften, welche auf den Memorialienvortrag Beziehung haben.

§. 83.

Alle Berichte, Vorstellungen, Suppliken, Anschreiben und überhaupt alle und jede Pieçen, welche an das Kollegium zum Vortrag und zur Verfügung gelangen sollen, müssen entweder bei dem Präsidenten, oder in der Registratur, oder im Archiv abgegeben werden.

§. 84.

Kein Mitglied oder Subaltern des Kollegii muß sich also unterstehen, solche Sachen privatim an sich zu nehmen; sondern er muß diejenigen, welche dergleichen bei ihm abgeben wollen, an den Präsidenten oder in die Registratur sofort verweisen; und wenn ihm dennoch etwas von dieser Art über die Post oder sonst eingehändigt wird, solches unverzüglich an eine von den benannten Behörden abliefern.

§. 85.

Wenn Partheien etwas bei dem Kollegio zu suchen haben, und darüber zum Protokoll zu vernehmen sind; so muß jedes Mitglied oder Subaltern, an den sie sich zuerst wenden, dieselben auf das Kollegienhaus weisen, wo alle Tage Vor- und Nachmittags ein oder mehrere Referendarien gegenwärtig seyn, die Protokolle aufnehmen, und solche sodann an den Präsidenten unverzüglich befördern müssen.

§. 86.

Alle unter der Adresse des Kollegii mit der Post oder sonst versiegelt eingehende Sachen müssen zuerst dem Präsidenten zugestellt werden, welcher sie erbricht, präsentirt und sodann in die Registratur oder das Archiv, je nachdem sie in das eine oder das andere gehören, ohne den geringsten Aufenthalt befördert; wobei übrigens die Vorschriften des Sportulkassenreglements vom 20sten April 1782, §. 111. 112. zu beobachten sind.

§. 87.

Wenn eine Pieçe, welche in die Hauptregistratur gehört, aus Versehen im Archiv abgegeben wird, und so auch umgekehrt; so muß der Archivarius oder der Registrator für die Beförderung einer solchen Pieçe an den gehörigen Ort unverzüglich Sorge tragen.

§. 88.

Alle solchergestalt in die Hauptregistratur gelangende Sachen muß der erste Registrator in Empfang nehmen; das Präsentatum, in so fern solches nicht schon von dem Präsidenten geschehen ist, darauf vermerken; die Pieçe in dasjenige Journal oder Tagezettel, wohin sie nach Maaßgabe §. 41. gehört, sofort eintragen, und die Eintragungsnummer auf die Pieçe verzeichnen.

§. 89.

Sodann muß er mit Beihülfe des Registraturschreibers, die dazu gehörigen Akten aufsuchen; die Signatur derselben sowohl in der dazu bestimmten Kolonne des Tagezettels, als in margine des Exhibiti selbst notiren; und das Exhibitum nebst den

dazu

dazu gehörigen Akten, auf den nach Maaßgabe §. 20. litt. a. für dergleichen Distribuenda bestimmten Platz bereit legen.

§. 90.

Ist die vorkommende Pieçe eine neue Sache, in welcher noch kein Decernent bestellt ist, und hat auch der Präsident solchen, bei der von ihm geschehenen Präsentation des Exhibiti, noch nicht ernannt; so muß der Registrator eine solche Pieçe bei der Eintragung an der Stelle, wo sonst die Signatur der Akten vermerkt wird, mit N. S. (Neue Sache) bezeichnen, und sie dem Präsidenten zur ungesäumten Ernennung des Decernenten, sofort vorlegen.

§. 91.

Sind zwar Ante-Acta zu einer Pieçe vorhanden, sie befinden sich aber nicht in der Registratur; so muß der Registrator in den Büchern nachsehen, wo sie sind, und sie sofort noch herbei zu schaffen bemüht seyn. Kann er aber dieses in dem einen oder dem andern besondern Falle nicht bewerkstelligen, so muß der Mangel der Akten, sowohl in der kompetenten Kollonne des Journals, als auf der Pieçe selbst, mit D. A. (Defunt Acta) bemerkt werden.

§. 92.

Sind die beizulegenden Akten nicht komplet, sondern es mangelt dabei etwa noch eine in der Expedition oder sonst irgendwo befindliche Pieçe, welche nicht sofort herbeigeschafft werden kann; so muß der Registrator solches ebenfalls, zur Nachricht und Erinnerung für den Decernenten, auf dem Exhibito kürzlich notiren.

§. 93.

Am Abend eines jeden Tages muß der Registrator die an selbigem eingekommenen, bei der nächsten

Session in Vortrag zu bringenden Piecen nebst den dazu gehörigen Akten den Decernenten durch die Boten zuschicken, damit diese Zeit haben, sich auf die darunter befindlichen weitläufigen Vorträge gehörig zu präpariren.

§. 94.

Die Registraturbedienten müssen also die Registratur nie eher verlassen, als bis sämmtliche an demselben Tage eingekommene Piecen richtig eingetragen, die Akten dazu aufgesucht, und mit den Memorialien selbst an die Decernenten befördert sind.

§. 95.

Am letzten Abend vor jedem Sessionstage muß der Registraturschreiber die Abschriften der drei Tagezettel, von dem Schlusse der nächst vorhergehenden Distribution an, besorgen, und solche den folgenden Morgen dem Präsidenten vorlegen.

§. 96.

In diesen Abschriften muß jedoch die letzte Kolonne, nämlich:

wann die Piece wieder zur Registratur abgeliefert worden,

wegbleiben, und dagegen eine leere Kolonne gelassen werden, in welche der Präsident bei dem Vortrage das etwa Erforderliche notiren kann.

§. 97.

Alles, was vorstehend wegen Eintragung und Distribution der zur Hauptregistratur gehörigen Sachen verordnet ist, muß auch von dem Archivario, in Ansehung der Piecen seines Ressorts, beobachtet werden.

§. 98.

In der Session selbst ruft der Präsident die Vorträge nach den Nummern auf, und notirt in der §. 96. beschriebenen Kolonne bei einer jeden

Nummer: ob solche vorgetragen; ob eine schriftliche Expedition darauf verordnet; oder nur eine brevi manu bekannt zu machende Verfügung resolvirt; oder die Piece bloß ad Acta geschrieben; oder der Vortrag ad proximam ausgesetzt worden sey.

§. 99.

In der Regel müssen alle Memorialien und Exhibita von den Decernenten in der Session, für welche sie distribuirt sind, unfehlbar vorgetragen werden.

§. 100.

Sollte in dem einen oder dem andern besondern Falle es nicht möglich seyn, an einem Sessionstage mit dem Vortrage aller dazu distribuirten Sachen fertig zu werden; so muß dennoch der Präsident darauf halten, daß wenigstens sämmtliche Prozessualia vorkommen; und kann er allenfalls einige von den übrigen Sachen, z. B. weitläufige cum Actis erstattete Berichte von Untergerichten; Anfragen derselben; Visitationsakten und Bescheide; ingleichen andere weitläufige Generalia, entweder zur nächsten Session, oder auch zu einer noch in derselben Woche zu veranlassenden extraordinairen Zusammenkunft aussetzen.

§. 101.

Eben so müssen alle vorgetragene Sachen in der Regel auch am Sessionstage dekretirt seyn, und an die Sekretarien gelangen. Die Decernenten haben also, der Anweisung der Gerichtsordnung Th. III. Tit. III. §. 42. gemäß, die weitläufigeren Dekrete, nach vorhergänglicher Präparation, zu Hause zu entwerfen; damit sie dieselben nach gehaltenem Vortrage und erfolgter Genehmigung des Kollegii sofort weiter befördern können.

§. 102.

Wenn aber auch in dem einen oder dem andern

Falle der Decernent genöthigt wäre, eine vorgetragene Piece zur Abfassung eines sehr weitläufigen und wichtigen Dekrets, welches vielleicht wider seinen Antrag durch das Conclusum Collegii resolvirt worden, oder zur Entwerfung eines Berichts, wieder mit nach Hause zu nehmen; so müssen dennoch dergleichen Dekrete oder Berichte spätestens an dem nächstfolgenden Sessionstage an die Sekretarien abgeliefert werden.

§. 103.

Uebrigens müssen die Decernenten ihre Dekrete überhaupt, wenn solche nicht etwa nach bloßen Formularen zu expediren sind, so bestimmt und umständlich abfassen, daß die Sekretarien nicht nöthig haben, zum Behuf der Expedition Acta nachzusehen, oder etwas daraus in materialibus zu suppliren.

§. 104.

Die vorgetragenen und dekretirten Piecen nebst den dazu gehörigen Akten muß jeder Decernent vor sich hin auf den Tisch legen; von welchem sie successive, noch während der Session, durch die Kanzelleidiener und Boten abgeholt und in das Expeditionszimmer transportirt werden.

§. 105.

Nach geendigter Session, wenn das Kollegium auseinander gegangen ist, muß sich der Kanzelleidiener noch einmal in dem Sessionszimmer umsehen, ob irgend noch Akten oder Piecen liegen geblieben sind; deren Transportirung in das Expeditionszimmer er solchen Falls unverzüglich besorgen muß.

§. 106.

Wenn in dem §. 102. bemerkten außerordentlichen Falle der Decernent die vorgetragene Piece mit den Akten wieder mit nach Hause nimmt, so muß er an deren Stelle einen Zettel zur Registratur befördern, worauf verzeichnet ist, daß er die nach der Nummer des Tagezettels und nach dem Rubro zu bezeichnenden Akten noch an sich habe.

§. 107.

In der Regel also kommen sämmtliche, zu einer Session distribuirt gewesene Piecen und Akten noch an demselben Vormittage in das Expeditionszimmer, wo sie von den Boten auf der oben §. 63. beschriebenen Tafel abgelegt werden.

§. 108.

Die Sekretarien müssen also von Zeit zu Zeit, und so wie ihnen ein dergleichen Transport zugebracht wird, die darunter befindlichen dekretirten Piecen von den Akten separiren.

§. 109.

Was die Akten betrifft, so muß der Registrator solche aus dem Sekretarienzimmer in die Registratur abholen.

§. 110.

Sollte jedoch, der oben §. 103. vorgeschriebenen umständlichen Fassung der Dekrete ungeachtet, der Sekretarius in dem einen oder dem andern Falle Akten bei der Expedition zu adhibiren nöthig finden; so kann er solche zwar an sich behalten, muß sie aber auf seinen Arbeitstisch bei Seite legen, dergleichen Dekrete so viel als möglich noch an demselben Tage expediren, und sodann die Akten unverzüglich zur Registratur abliefern.

§. 111.

Die solchergestalt aus dem Memorialienvortrage zurückkommenden Akten muß der zweite Registrator in der Kolonne des Tagezettels, wo die Ausgebung eingetragen ist, mit dem Buchstaben R. abschreiben, und sie, mit Beihülfe des Registraturassistenten, sofort wiederum in die gehörigen Fächer legen.

§. 112.

Auch diejenigen Nummern, wovon zwar nicht die ausgegebenen Akten, aber doch die §. 106. beschriebenen Zettel zurückkommen, werden in dem Tagezettel abgeschrieben. Den Vermerk des Decernenten aber stellt der zweite Registrator dem ersten zu, welcher solchen in das §. 45. beschriebene Annotationsbuch einträgt.

§. 113.

Den folgenden Morgen nach jedem Sessionstage muß der zweite Registrator den Tagezettel revidiren und nachsehen, ob auch alle ausgegebene Akten als zurückgekommen notirt sind. Fehlen einige, so muß er sich zuvörderst in dem Expeditionszimmer erkundigen, ob etwa dieselben von einem Sekretario, zum Behuf einer abzufassenden Expedition, zurückbehalten worden, und solchen Falls deren baldige Ablieferung urgiren.

§. 114.

Ist aber das fehlende Aktenstück bei den Sekretarien nicht befindlich, so muß er dasselbe, nebst dem Namen des Decernenten, dem es distribuirt worden, auf einen Zettel setzen, und durch die Boten noch denselben Nachmittag einfordern lassen.

§. 115.

Die Decernenten müssen dergleichen Akten, wenn sie solche noch an sich haben, sofort verabfolgen, oder die Ursache, warum solches nicht geschehen könne, auf dem Zettel notiren; übrigens aber dem Boten seinen Gang ex propriis, mit 3 Sgr. für jedes Stück, bezahlen.

§. 116.

Wenn die solchergestalt eingeforderten Akten, oder an deren Stelle der Vermerk des Decernenten, daß er sie noch an sich habe, zur Registratur zurückkommen; so muß der zweite Registrator die Abschreibung im Tagezettel, und respective der erste Registrator die Eintragung in das Annotationsbuch, gehörig besorgen.

§. 117.

Was die nach Maaßgabe §. 108. aus der Session in das Expeditionszimmer gelangenden dekretirten Pieçen betrifft, so sind dieselben von dreifacher Art:

1) solche, die bloß ad Acta geschrieben sind, oder worauf bloß eine Vorlegung an eine Parthei, einen Justizkommissarius oder irgend jemand andern, ohne Ertheilung einer Abschrift, verordnet ist;
2) solche, worauf schriftlich zu expedirende Dekrete angegeben sind;
3) solche, von denen oder von dem darauf angegebenen Dekret bloß simple Abschriften gefertigt werden sollen.

Die Separation dieser dreifachen Art von Pieçen muß der Kanzelleidirektor oder der erste Sekretarius (nach Maaßgabe der verschiedenen Verfassung eines jeden Kollegii) besorgen.

§. 118.

Pieçen, die nur ad Acta geschrieben, oder bloß brevi manu vorzulegen sind, müssen, mit den Akten zugleich, sofort aus der Sekretarienstube in die Registratur kommen.

§. 119.

Der zweite Registrator notirt deren Empfang in der dafür bestimmten Kolonne des Tagezettels; trägt das etwa Erforderliche daraus in der Prozeßliste nach; legt jede Pieçe in die Akten, zu welchen sie gehört; sorgt dafür, daß solche von dem Aktenhefter unverzüglich und in gehöriger Ordnung eingeheftet werden, und läßt die solchergestalt klompletirten Akten wiederum in ihre Fächer reponiren.

§. 120.

Was insonderheit diejenigen Piecen betrifft, worauf eine Vorlegung verordnet ist; so müssen solche, so wie sie in die Registratur kommen, in die nach §. 20. litt. e. dazu bestimmten Fächer interimistisch niedergelegt werden; es muß aber auch der zweite Registrator die Vorlegung unverzüglich besorgen, oder durch die Kanzelleidiener, unter seiner unmittelbaren Direktion, besorgen lassen; und nach deren Erfolg diese Piecen auf vorbeschriebene Art gehörig ad Acta befördern.

§. 121.

Anlangend die Piecen der zweiten Art, worauf eine schriftliche Expedition verordnet ist; so müssen die Sekretarien selbige zu deren Fertigung, ein jeder in seinem Departement, unverzüglich an sich nehmen.

§. 122.

Es muß also einem jeden Sekretair sein bestimmtes Departement angewiesen seyn, in welchem er die vorkommenden Sachen zu bearbeiten hat. Ob diese Departementsvertheilung am füglichsten nach den verschiedenen Distrikten und Kreisen des Gerichtsbezirks, oder nach den Decernenten, oder auf eine andere Art zu reguliren sey, solches wird dem Ermessen des Präsidii bei einem jeden Kollegio anheim gestellt, und ist dabei nur darauf zu sehen, daß, so wie jede Sache ihren beständigen Decernenten; der sie vom Anfange bis zum Ende bearbeitet haben muß, also auch die Expeditionen in einer jeden Sache, so viel als möglich, immer von einem und eben demselben Sekretair angefertigt werden.

§. 123.

Diese Departementsvertheilung schließt jedoch die gegenseitige Verbindlichkeit der Sekretarien nicht aus, bei vorkommenden besonderen Fällen, wo in dem einen Departement außerordentlich viel, und in einem andern desto weniger Arbeit ist, sich unter einander zu assistiren; und es kommt dem Kanzelleidirektor oder Protonotario zu, die Ausgleichung unter ihnen in solchen Fällen zu veranstalten.

§. 124.

Die Sekretarien, ein jeder in seinem Departement, müssen unter den in einer Session abgefaßten Dekreten zuerst diejenigen, welche die kurrenten Prozesse betreffen, vornehmen, und deren Ausfertigung ganz vorzüglich beschleunigen.

§. 125.

Es müssen also die an einem Sessionstage abgefaßten Dekrete bis zum nächst folgenden, so viel als möglich, expedirt und zur Kanzellei abgeliefert seyn; in Ansehung der eigentlichen Prozessualien aber muß solches ganz unfehlbar geschehen; und unter diesen müssen hinwiederum diejenigen Dekrete, welche mit Cito bemerkt, oder wodurch Termine anberaumt sind, zuerst vorgenommen werden.

§. 126.

Um die Sekretarien hierzu desto gewisser in Stand zu setzen, soll denselben erlaubt seyn, sich gedruckter Formulare, in Fällen, wo dergleichen Statt finden können, zu bedienen.

§. 127.

Was die Sekretarien bei Abfassung der Expeditionen selbst zu beobachten haben, ist in der Gerichtsordnung Th. III. Tit. V. §. 8. u. f. umständlich verordnet.

§. 128.

Wenn eine Expedition fertig ist, so muß der Sekretair, nach der Vorschrift §. 13. a. a. O., unter dem Dekret bemerken: wann er solches erhalten hat, und wann es von ihm expedirt worden ist.

§. 129.

Sodann muß er auf der unbeschriebenen Hälfte

der ersten Seite des halbgebrochenen Bogens, gleich unter der Adresse, nicht nur die Taxe und den zum Mundo zu nehmenden Stempel, sondern auch die dafür in der Kanzellei anzusetzenden Schreibegebühren auswerfen.

§. 130.

Denn damit alle Mißbräuche und Exaktionen bei den Schreibegebühren künftig vermieden werden, so wird hierdurch allgemein festgesetzt, was bisher schon bei einigen Kollegien üblich gewesen, daß nämlich die Sekretarien, bei einer jeden Ausfertigung, den Betrag der Bogen, sowohl von dem Mundo als den Beilagen, nach Maaßgabe der Stärke derselben, und nach vernünftigem Ermessen arbitriren; darnach aber den Betrag der Kopialien, welche die Kanzellei dafür nehmen kann, bestimmen, und auf dem Koncepte der Ausfertigung vermerken sollen.

§. 131.

Da aus dem Expeditionsbuche, wie unten näher vorkommen soll, der Siegelzettel abgeschrieben wird, dieser aber dem Sportulrendanten zur Anweisung dient: welcher Parthei er die ausgeworfenen Gebühren auf ihre Rechnung setzen soll; so müssen die Sekretarien den Namen des Extrahenten, welcher nach ihrer Meinung die Gebühren zu entrichten hat, am Rande des Koncepts ebenfalls auswerfen; damit die Decernenten bei der Revision nachsehen können: ob auch der Ansatz der Kosten wirklich für denjenigen, dem deren Bezahlung zunächst obliegt, geschehen sey. Da auch bei Verfügungen, welche, ohne besonderes Ansuchen der einen oder der andern Parthei, von dem Richter ex officio erlassen werden, der Kostenvorschuß beiden Theilen zur Hälfte obliegt; so müssen die Sekretarien darauf, bei dem Ansatz der Expeditionsgebühren, aufmerksam achten; und daher, wenn in Armensachen dergleichen Verfügungen ex officio ergehen, für die vermögende Parthei nur die Hälfte der vorgeschriebenen Taxen, Kopialien ꝛc. ansetzen.

§. 132.

Ist der Expedient zweifelhaft: wem die Gebühren anzusetzen sind, so muß er, durch eine auf der Seite des Koncepts beigefügte Anfrage, zur nähern Bestimmung des Decernenten submittiren.

§. 133.

Ist eine Sache kostenfrei, so muß diese ihre Qualität mit kurzen Worten, z. B. Fiskale, Armensache ꝛc., am Rande des Koncepts, da, wo sonst die Taxe verzeichnet wird, ausgeworfen werden.

§. 134.

Jeder Sekretarius muß jeden Vor- und Nachmittag, wenn er mit seinem Penso der zu expedirenden Sachen fertig ist, oder auch nach Verlauf der gesetzten Arbeitsstunden, ehe er das Kollegienhaus verläßt, zuvörderst die von ihm gefertigten Koncepte in das oben §. 65. beschriebene Expeditionsbuch eintragen, und die fortlaufende Nummer desselben auf dem Koncepte bemerken.

§. 135.

In den außerordentlichen Fällen, wo, nach Maaßgabe §. 13. supra, einem Sekretario seine Arbeit zu Hause zu verrichten, nachgegeben ist, muß derselbe einen seiner Kollegen substituiren, an welchen er die von ihm gefertigten Koncepte, zur Eintragung in das Expeditionsbuch, adressiren könne.

§. 136.

Die solchergestalt an einem Vor- oder Nachmittag expedirten und eingetragenen Koncepte müssen hiernächst unverzüglich zur Revision an die Decernenten befördert werden.

§. 137.

Die Besorgung dieses Geschäfts liegt an einigen

Orten den Sekretarien, so wie an anderen dem Kanzelleidiener ob; und kann es darunter bei der eingeführten Verfassung eines jeden Kollegii auch noch ferner sein Bewenden haben.

§. 138.

Bei großen Kollegien aber, wo die Zahl der Expeditionen sehr beträchtlich ist, und die Decernenten zerstreut und von einander entfernt wohnen, müssen zwar die Sekretarien, die schon während der Session von ihnen extendirten Dekreten, den etwa auf dem Kollegienhause noch anwesenden Decernenten zur Revision sofort vorlegen; in Ansehung der übrigen aber, welche den Decernenten nach Hause geschickt werden müssen, gehört dieses Geschäft zur Besorgung des Kanzellei-Inspektors.

§. 139.

Der Kanzelleiinspektor übernimmt also, jeden Vor- und Nachmittag, die fertig gewordenen Koncepte in der Sekretarienstube, nach den Nummern des Expeditionsbuches.

§. 140.

Sodann legt er diejenigen, welche noch nicht revidirt sind, so wie sie an jeden Decernenten kommen sollen, in einen besondern Umschlagsbogen oder Tasche zusammen, und notirt die Nummern derselben, in dem oben §. 76. beschriebenen Revisionsjournal.

§. 141.

In dieß Revisionsjournal werden, wie auch das Schema selbst zeigt, nur die Nummern, welche an jeden Decernenten kommen, hinter einander eingeschrieben, ohne sich übrigens um den Inhalt zu bekümmern; da die Absicht bloß ist, zu wissen, was für Nummern jeder Decernent erhalten hat, und darnach deren Zurücklieferung zu kontrolliren und zu betreiben.

§. 142.

Die solchergestalt zusammengelegten Koncepte stellt der Kanzelleiinspektor dem Botenmeister zu, welcher das Herumtragen derselben, bei den Decernenten, durch die Boten besorgen muß.

§. 143.

Zu dem Ende muß er unter den Boten eine gewisse Eintheilung machen, und jedem von ihnen gewisse Decernenten anweisen, bei welchen sie die Revidenda unverzüglich herumtragen; deren Revision, wenn sie sogleich geschehen kann, abwarten; sonst sie zur bestimmten Stunde wieder abholen, und ihm, zur weitern Ablieferung an den Kanzelleinspektor, einhändigen müssen.

§. 144.

Jeder Decernent ist schuldig, die ihm zugeschickten Koncepte unverzüglich zu revidiren, und sie entweder dem darauf wartenden Boten also gleich wieder mitzugeben, oder demselben eine Stunde zu deren Abholung zu bestimmen. Diejenigen, welche darunter säumig sind, müssen von dem Präsidenten zu ihrer Pflicht nachdrücklich angehalten werden, und dem Boten die wiederholten vergeblichen Gänge bezahlen.

§. 145.

Der Decernent muß bei seinem Namenszeichen, welches er zum Beweise der geschehenen Revision beisetzt, zugleich das Datum derselben richtig bemerken.

§. 146.

Wenn eine Expedition ganz wegfällt, weil etwa der Extrahent sein Gesuch zurückgenommen hat, oder weil das Dekret nicht schriftlich hat extendirt, sondern nur brevi manu vorgelegt werden sollen, oder aus anderen Ursachen; so muß dennoch der Decernent das Koncept nicht zurück behalten; sondern das Cessat nebst der Ursach am Rande kürzlich bemerken, und es ohne Unterzeichnung remittiren.

§. 147.

Wenn der Decernent nöthig findet, eine Expedition zurück zu behalten, um entweder Acta deshalb nochmals nachzusehen, oder die Sache, wegen eines ihm etwa noch beigefallenen Bedenkens, dem Kollegio anderweit vorzutragen; so muß er, statt des Koncepts, einen Zettel mit dem Vermerk: daß er diese Nummer zurückbehalten habe, beilegen.

§. 148.

Die von der Revision zurückkommenden Koncepte muß der Botenmeister an den Kanzelleiinspektor abliefern; welcher sie mit dem Revisionsjournale vergleicht, und die richtig befundenen Nummern in letzterm ausstreicht.

§. 149.

Fehlt zwar eine Nummer, es findet sich aber statt deren der §. 147. beschriebene Zettel; so läßt der Kanzelleiinspektor diese Nummer offen, und wartet bis zum nächsten Sessionstage, an welchem er, wenn das Stück auch bis dahin noch nicht zurück gekommen ist, dem Präsidenten davon Anzeige macht.

§. 150.

Ist aber auch statt der fehlenden Nummer kein Zettel eingelegt, so muß der Kanzelleiinspektor solche Nummer auf einem weißen Bogen notiren, und sie dem Decernenten unverzüglich abfordern lassen: dieser aber muß den Boten für den Gang bezahlen, und die Ursach des Zurückbleibens auf dem Zettel anzeigen.

§. 151.

Die mit einem Cessat zurück gekommenen Koncepte und die statt der zurück behaltenen eingelegten Zettel muß der Kanzelleiinspektor bis zum nächsten

Abschlusse des Siegelzettels zu demjenigen Behufe asserviren, welcher unten §. 169 u. f. näher angezeigt werden soll.

§. 152.

Die solchergestalt revidirten Koncepte werden alsdann an Orten, wo solches bisher schon üblich gewesen, dem Präsidenten zur Superrevision vorgelegt.

§. 153.

An Orten, wo bisher keine Superrevision Statt gefunden hat, und auch besonderer Umstände wegen nicht wohl einzuführen steht, kann solche zwar auch künftig unterbleiben; es müssen aber alsdann nicht nur die Decernenten doppelten Fleiß und Aufmerksamkeit auf die Revision wenden, sondern es müssen auch die Präsidenten bei der Unterschrift, vornehmlich die wichtigeren Munda, und wo das Conclusum Collegii wider den Antrag des Decernenten ausgefallen ist, von Zeit zu Zeit nachlesen: ob auch die Ausfertigung, sowohl dem Inhalte als der Fassung nach, gehörig eingerichtet sey; und, im Fall solches nicht wäre, die Ausfertigung unvollzogen zur weitern Verfügung zurück behalten.

§. 154.

Nach erfolgter Re- und respective Superrevision muß der Kanzelleiinspektor die Koncepte unverzüglich zum Mundiren befördern.

§. 155.

Die Kanzellei eines jeden Kollegii muß mit einer solchen Anzahl von Kanzellisten und vereideten Kopisten besetzt seyn, welche hinreichend sind, die nach dem ordinairen und gewöhnlichen Laufe der Geschäfte, von einem Siegelungstage zum andern, vorkommenden Schreibereien prompt zu bestreiten und fertig zu schaffen.

§. 156.

Unter diese muß der Kanzelleiinspektor die Koncepte, ohne Unterschied, ob sie Gebühren tragen oder nicht, nach der Bogen- und Seitenzahl, in gleiche Portionen distribuiren; dabei auf die zu kommunicirenden Beilagen, und auf die in den meisten Fällen mit dem Mundo zugleich zu fertigende Abschrift desselben für den Extrahenten, Rücksicht nehmen; und niemandem zu Klagen über Begünstigungen oder Prägravationen Anlaß geben. Wo der Kanzelleiinspektor zugleich das Officium eines Kanzellisten mit bekleidet, muß er bei dieser Distribution sich ebenfalls seine Portion, gleich den Uebrigen, zutheilen.

§. 157.

Die Distribution geschieht nach einer Tabelle, wovon das Schema bereits oben §. 76. vorgekommen ist. Die Koncepte werden darin bloß nach den Nummern, wie auch das Schema zeigt, ohne weitere Benennung der Art der Expedition oder des Extrahenten, eingetragen; weil dieses, wenn man es ja einmal zu wissen nöthig hätte, aus dem Expeditionsbuche, worauf die Tabelle sich bezieht, jederzeit leicht ersehen werden kann.

§. 158.

Es ist auch nicht nöthig, daß stets alle Nummern, die einem Kanzelleiverwandten zugetheilt worden sind, ausgeschrieben werden; sondern wenn einer eine Reihe von Nummern erhält, so ist es genug, wenn von einer solchen Reihe nur der Terminus a quo und ad quem notirt wird; wie solches aus dem Schema deutlicher zu ersehen ist.

§. 159.

Dem Kanzelleiinspektor liegt ob, darauf zu halten, daß Stille und Ordnung in der Kanzellei herr-

sche;

sche; daß die Kanzelleiverwandten ihren Verrichtungen fleißig und ununterbrochen obliegen; daß sie die Sachen richtig, korrekt und gut schreiben; daß alle Abschriften und Kommunikanda den Mundis gehörig eingelegt; und daß die distribuirten Nummern an ihn prompt und richtig abgeliefert werden.

§. 160.

Es versteht sich von selbst, daß Koncepte, welche mit Cito bezeichnet sind, oder worin Termine in Processualibus angesetzt werden, und die also nothwendig bald und zeitig vor den Terminen, zur Wissenschaft der Partheien gelangen sollen, auch in der Kanzellei, allenfalls außer der Ordnung, schleunigst gefördert werden müssen. Es muß also der Kanzelleiinspektor auf dergleichen, vorzügliche Beschleunigung erfordernde Koncepte ein besonderes Augenmerk richten.

§. 161.

Wenn der Kanzellist oder Kopist ein Mundum fertig gemacht hat, so verzeichnet er unten am Rande des Koncepts das Datum, wann solches von ihm mundirt worden ist; so wie unten am Fuße des Mundi, wo die Gebühren ausgeworfen werden, und auswendig auf der Adresse die Nummer, welche dem Koncepte im Expeditionsbuche beigelegt ist.

§. 162.

Jeder Kanzelleiverwandter muß die ihm zugetheilten Schreibereien schlechterdings von einem Siegelungstage bis zum andern völlig fertig schaffen und zu rechter Zeit abliefern. Wenn ein Kanzellist mit der auf ihn distribuirten Portion fertig zu werden sich nicht getraut, so muß er dasjenige, was er nicht selbst schreiben kann, einem der Kopisten, welcher solches übernehmen will, und es außer seiner eigenen Portion fertig zu schaffen im Stande ist, sofort abgeben, und sich wegen der Bezahlung dafür mit ihm vergleichen; auch solches dem Kanzelleiinspektor anzeigen. Dagegen soll künftig weder einem Kanzellisten noch Kopisten erlaubt seyn, sich bei seinen Schreibereien anderer, zur Kanzlei nicht gehöriger, noch dabei angestellter und vereideter Privatassistenten zu bedienen.

§. 163.

Die Ablieferung an den Kanzelleiinspektor geschieht nach der Distributionstabelle, in welcher er die richtig abgelieferten Nummern ausstreicht.

§. 164.

Wird eine Nummer in ihrer Ordnung nicht abgeliefert, so erkundigt er sich nach der Ursach des Zurückbleibens; urgirt deren Nachbringung; und läßt, so lange diese noch nicht geschehen ist, die restirende Nummer, allenfalls mit Bemerkung der Ursach, in seiner Tabelle offen.

§. 165.

Fehlt eine solche Nummer in einer ganzen nach §. 158. nur in folle eingetragenen Reihe, so wird zwar die ganze Reihe als abgeliefert gelöscht; die fehlende Nummer aber wird unter dem Namen der Restanten besonders notirt, wo sie so lange offen bleibt, bis sie wirklich abgeliefert worden ist.

§. 166.

Die gefertigten Munda müssen hiernächst von dem Kanzelleiinspektor zur Unterschrift und Siegelung befördert werden. Die Unterschrift geschieht von dem Präsidio, nach der Ordnung des von dem Kanzelleiinspektor zu besorgenden Siegelzettels. Dieser Siegelzettel, dessen Schema sich bei dem Sportulkassenreglement sub B. befindet, ist, in Ansehung der sieben ersten Kolonnen, eine bloße Abschrift von dem Expeditionsbuche der Sekretarien, welche der Kanzelleiinspektor am Abend jeden Tages besorgen muß, ohne sich dabei der geringsten Abänderung, Einschaltung oder Weglassung anzumaaßen.

Die Rubrik: Postporto, ist für dasjenige bestimmt, welches von abgehenden Sachen aus der Sportulkasse vorgeschossen wird.

Die letzte Rubrik: Pagina des Kontobuchs, ist bloß dem Sportulrendanten gewidmet, welcher davon den in dem Kassenreglement näher vorgeschriebenen Gebrauch macht.

Bei Kollegien, wo auch die Botengebühren durch die Rechnung laufen, wird für selbige eine besondere Kolonne, zwischen der 8ten und 9ten, unter dem Titel: Botengebühren, eingeschaltet.

§. 167.

Des Vormittags eines jeden Siegelungstages legt der Kanzelleiinspektor sämmtliche fertig gewordene Munda, nach der Folgeordnung der Nummern, zusammen; läßt sie in der Expeditionsstube von den Sekretarien kontrasigniren, und den Siegelzettel, seiner Uebereinstimmung halber mit dem Expeditionsbuche, von dem Kanzelleidirektor oder Protonotario attestiren; separirt von den Mundis die Koncepte mit ihren Originaleinlagen, und befördert sodann am folgenden Nachmittage sämmtliche Munda nebst dem Originalsiegelzettel, durch den Kanzelleidiener oder Botenmeister, zur Unterschrift des Präsidii und zur wirklichen Siegelung.

§. 168.

Der Regel nach müssen alle Munda, von einem Siegelungstage zum andern, nach den Nummern des Expeditionsbuches und des daraus abgeschriebenen Siegelzettels, gefertigt werden; und der Kanzelleiinspektor muß mit äußerster Sorgfalt darauf sehen, daß keine derselben zurückbleibe.

§. 169.

Da aber dennoch Fälle vorkommen können, wo

1) die Kanzellei mit der einen oder der andern Nummer, weil sie zu spät zur Distribution gekommen, oder wegen Weitläufigkeit der Beilagen, oder um anderer dergleichen unvermeidlicher Hindernisse willen, nicht fertig werden können; oder wo

2) eine schon in das Expeditionsbuch eingetragene Ausfertigung, weil der Extrahent sein Gesuch zurücknimmt, oder aus anderen Ursachen, gänzlich wegfällt; oder

3) der Decernent die Expedition zum nochmaligen Vortrage bei dem Kollegio zurückbehalten hat; oder endlich

4) die für eine solche Ausfertigung angesetzten Gebühren bei der Revision gestrichen worden sind;

so ist es in dergleichen Fällen folgendermaaßen zu halten.

§. 170.

Kommt eine Nummer um deßwillen nicht zur Unterschrift und Siegelung, weil sie in der Kanzellei nicht fertig geschafft werden können; so notirt der Kanzelleiinspektor solche, nebst der Ursach des Zurückbleibens, auf einen besondern Zettel, welcher in dem Siegelzettel, dergestalt, daß er ohne Verletzung desselben wieder herausgenommen werden kann, befestigt wird; z. B.

No. 39. der Weitläufigkeit wegen.

§. 171.

Eben so wird es gehalten, wenn eine Nummer um deßwillen, weil sie der Decernent bei der Revision zum anderweitigen Vortrage zurückbehalten, nicht hat mundirt und zur Siegelung gebracht werden können; z. B.

No. 19. ist noch bei dem Decernenten.

§. 172.

Alle dergleichen bloß zurückgebliebene Nummern

müssen, bis zum nächsten Siegelungstage, ohnfehlbar herbeigeschaff und dem Präsidio mit dem neuen Siegelzettel, und zwar zu allererst zur Unterschrift vorgelegt werden.

§. 173.

Das Präsidium muß also sorgfältig darauf sehen, daß solche nicht länger zurückbleiben, und sich zu dem Ende, an jedem Siegelungstage, zugleich den vorigen Restenvermerk mit vorlegen lassen. Finden sich die darin als rückständig notirten Nummern nunmehr nachgebracht, so muß er solche in dem Vermerk ausstreichen; sonst aber die unverzügliche Nachbringung mit gehörigem Ernste betreiben.

§. 174.

Kommt eine im Siegelzettel stehende Nummer um deßwillen nicht mit zur Unterschrift, weil das Dekret, wegen vorzüglicher Beschleunigung, zwischen den Siegelungstagen ausgefertigt und vollzogen worden; so wird solches auf dem oben beschriebenen Vermerke ungefähr mit den Worten notirt:

No. 1. ist schon unterschrieben.

§. 175.

Bleibt aber eine Nummer um deßwillen zurück, weil sie gänzlich wegfällt, so wird solche auf dem Siegelzettel selbst, hinter dem Abschlusse, nebst der Ursach, warum sie cessirt, abgeschrieben; auch zugleich die wegfallende Taxe ꝛc. ꝛc. von dem summarischen Betrage der verschiedenen Kolonnen des Siegelzettels wiederum abgezogen; ungefähr auf folgende Weise:

Fällt weg

No. 18. : : : : : : : : :

weil renuncirt worden

oder:

No. 27. : : : : : : : : :

soll nur brevi manu insinuirt werden.

§. 176.

Eben so wird, wenn bei der Revision eine Taxe gestrichen worden, der Betrag derselben am Schlusse des Siegelzettels von dem summarischen Betrage desselben abgeschrieben; z. B.

No. 20. cessirt die Taxe . . . . .

§. 177.

Sollte es sich auch zutragen, daß eine schon mundirte Ausfertigung, nach dem Befinden des Präsidii, noch bei der Unterschrift, aus der einen oder der andern Ursache wegfallen müßte; oder die dafür angesetzten Gebühren gestrichen würden: so muß der Präsident dergleichen Abänderung unter dem Siegelzettel eigenhändig vermerken.

§. 178.

Wird aber übrigens der Siegelzettel, nach dessen Ordnung die Unterschrift geschieht, richtig befunden, so attestirt der Präsident solches durch seine Namenszeichnung; und alsdann wird die Siegelung wie gewöhnlich besorgt.

§. 179.

Die gesiegelten Munda werden, nebst dem von dem Präsidenten attestirten Siegelzettel, an den Kanzleiinspektor zurückgeliefert; welcher die Stücke nachzählt, und wenn er findet, daß etwas mangelt, unverzüglich Erkundigung einzieht, wo solches geblieben sey; auch nicht eher ruhet, als bis das Fehlende zurückgebracht, und der Siegelzettel berichtigt worden ist.

§. 180.

Sodann separirt er diejenigen Siegelstücke, welche dem Botenmeister, von denen, welche dem Sportulrendanten zugestellt, und von diesem bis zur Auslösung asservirt werden.

§. 181.

Wenn unter ersteren einige sind, welche mit der

Post abgehen und frankirt werden müssen; so läßt er sich den Betrag des Porto von dem Botenmeister anzeigen, und notirt solchen in der dafür bestimmten Kolonne des Siegelzettels.

§. 182.

Sind unter den dem Botenmeister zugestellten Siegelstücken einige befindlich, wovon ein Documentum insinuationis zu den Akten kommen muß, z. B. alle in Processualibus ergehende Citationen an Partheien oder Zeugen; so muß der Kanzelleinspektor solches auf die Außenseite des gesiegelten Mundi mit D. I. bemerken, damit der Botenmeister den Boten, welcher die Insinuation besorgen soll, instruiren könne, daß er die geschehene Insinuation unter der, bei einer jeden solchen Ausfertigung ihm besonders zuzustellenden Abschrift gehörig attestiren lasse, oder auf seinen geleisteten Eid selbst bezeuge.

§. 183.

Alle dergleichen Documenta insinuationis muß der Botenmeister von den Boten einsammeln, und sie dem ersten Registrator, zur weitern Beförderung zu den Akten, zustellen.

§. 184.

Uebrigens muß der Botenmeister sämmtliche, über die Post oder unmittelbar zu insinuirende Verordnungen, unter die Boten so viel als möglich gleich vertheilen; und sich vor allen unbilligen Prägravationen oder Begünstigungen sorgfältig hüten.

§. 185.

Mit jedem Boten muß er ein besonderes Insinuationsbuch halten, in welchem er die jeden Tag demselben zugestellten Nummern nebst dem Namen derjenigen, dem die Insinuation geschehen soll, einschreibt. Der Bote aber muß nach geschehener Bestellung solches, und an wen das Stück abgegeben worden, in eben diesem Buche entweder selbst notiren, oder, wenn er nicht schreiben kann, durch den Botenmeister notiren lassen.

§. 186.

Diejenigen Siegelstücke, welche von den Partheien sofort auszulösen sind, muß der Kanzelleiinspektor dem Sportulrendanten abliefern, und demselben zugleich den Originalsiegelzettel einhändigen.

§. 187.

Anlangend die Koncepte der zur Siegelung beförderten Mundorum, so legt der Kanzelleiinspektor solche nach den Nummern zusammen, und liefert sie von einem Siegelungstage zum andern an den zweiten Registrator ab.

§. 188.

Diese Ablieferung geschieht solchergestalt nach der Folgeordnung der Nummern des Expeditionsbuches; und es bedarf darüber keines besondern Vermerks. Wenn aber in der Reihe der Nummern die eine oder die andere noch zurückbleiben müßte, so wird dergleichen fehlende Nummer in einem besondern Ablieferungsbuche, welches der zweite Registrator in seiner Verwahrung hat, von dem Kanzelleiinspektor notirt; und erst alsdann, wenn die Ablieferung wirklich erfolgt, von ihm wieder ausgestrichen.

§. 189.

Der zweite Registrator trägt aus diesen Koncepten und deren Einlagen das etwa Nöthige in den Prozeßlisten nach; schreibt die zurückgekommenen Piecen in der kompetenten Kolonne des Tagezettels ab; legt die Koncepte und Einlagen in gehöriger Ordnung zu den Akten; und sorgt, nach der Anweisung des §. 119., für deren Einheftung.

§. 190.

Der erste Registrator muß ernstlich darauf halten: daß der Aktenhefter seine Arbeit unverzüglich besorge, und nichts liegen lasse; auch die Ordnung, in welcher die Piecen eingeheftet werden sollen, nicht konfundire; und daß die solchergestalt komplettirten Akten sofort wiederum in ihre gehörigen Fächer reponirt werden.

§. 191.

Auch muß er alle Sonnabende die Tagezettel der nächst vorhergehenden Woche revidiren; über diejenigen Nummern, wo die Piecen noch nicht abgeschrieben, und also über die Zeit zurückgeblieben sind, einen Restenzettel anfertigen, und selbigen dem Präsidio zur weitern Recherche, wo die Sache liege? und zur erforderlichen Verfügung deshalb, zustellen; überhaupt aber nicht eher ruhen, als bis seine Registratur, sowohl in Ansehung der Akten, als der zum Vortrage ausgegebenen Piecen, völlig in Ordnung ist.

§. 192.

Es ist nunmehr noch die dritte Art von dekretirten Memorialien übrig, welche, nach Maaßgabe §. 117., aus der Session in das Sekretarienzimmer gelangen; nämlich diejenigen, von welchen, oder den darauf angegebenen Dekreten, bloß simple Abschriften ertheilt werden sollen.

§. 193.

Ist auf eine Piece zugleich eine schriftlich zu expedirende Verfügung und die Ertheilung einer simplen Abschrift, oder nur eine brevi manu oder in simpler Abschrift zu insinuirende Verordnung dekretirt; so wird selbige wie eine jede andere Piece der zweiten Gattung behandelt. Der Sekretarius fertigt also die Expedition an; notirt darunter, zur Nachricht des Kanzelleiinspektors, was für eine simple Abschrift außerdem gegeben werden solle; und reflektirt auf die davon fallenden Kopialien bei der Bestimmung der Schreibegebühren überhaupt. Eine solche Piece nimmt alsdann den gewöhnlichen Weg durch das Expeditionsbuch und den Siegelzettel. Der Kanzellelinspektor richtet sich, bei der Distribution und Einsammlung der gefertigten Abschriften, nach den obigen Anweisungen, und liefert zuletzt die Pieçe, gleich allen übrigen, an den zweiten Registrator zurück.

Wenn der zweite Registrator findet, daß bei einer solchen schriftlichen Expedition noch etwas, so einer Parthei, einem Justizkommissario, Assistenten rc rc., durch solche Vorlegung (ohne Ertheilung einer Abschrift) bekannt gemacht werden sollen, dekretirt ist; so muß er diese Vorlegung, noch ehe das Koncept zu den Akten gebracht wird, der Vorschrift §. 120 u. f. gemäß, besorgen.

§. 194.

Ist hingegen auf eine Pieçe gar keine schriftliche Ausfertigung dekretirt, sondern soll dieselbe, oder das darauf angegebene Dekret, bloß in simpler Abschrift jemandem zugestellt werden; so qualificirt sie sich nicht zur Eintragung in das Expeditionsbuch, und aus diesem in den Siegelzettel; sondern sie gehört bloß in das §. 68. beschriebene Kopirbuch.

§. 195.

Jeder Sekretarius muß also bei dem §. 117. beschriebenen Aussuchen, die Pieçen dieser Art, welche in sein Departement gehören, an sich nehmen; die davon zu entrichtenden Kopialien taxiren, und am Rande der Pieçe auswerfen; die Pieçe selbst in das Kopirbuch eintragen, und die fortlaufende Nummer desselben darauf vermerken.

§. 196.

Sodann müssen die Sekretarien diese Pieçen nach der fortlaufenden Nummer des Kopirbuches an den Kanzelleiinspektor befördern, welcher sie in seine Distributionstabelle sub E. unter der dazu bestimmten Kolonne einträgt; unter die Kanzellisten und Kopisten, eben so wie die Koncepte der schriftlichen Expeditionen, in gleichen Portionen distribuirt; die gefertigten Abschriften von ihnen einsammelt; unter einer jeden Kopie den Namen desjenigen, dem sie eingehändigt werden soll, vermerkt; solche dem Botenmeister zur weitern Besorguug zustellt; die Pieçen selbst aber, nach den Nummern des Kopierbuches, an den zweiten Registrator abliefert.

§. 197.

Dieser verfährt damit, wie mit den aus der Expedition zurückkommenden Koncepten; trägt daraus das Nöthige in den Prozeßlisten nach; schreibt die Pieçen in dem Tagezettel ab; und sorgt dafür, daß solche gehörig zu den Akten gebracht werden.

§. 198.

Am Ende jeden Monats muß der Kanzelleinspektor eine Abschrift dieses Kopirbuchs besorgen, solche von dem Kanzelleidirektor attestiren lassen, und sie alsdann dem Sportulrendanten zustellen; welcher daraus das Nöthige in die Kontobücher der Partheien überträgt.

§. 199.

Es entsteht also hieraus eine neue Rubrik in der Sportulkasseneinnahme, welche in dem Reglement vom 20sten April 1782 noch nicht enthalten, und daher zwischen der **XI** und **XII**. Rubrik einzuschalten ist. Die nach vorstehendem Paragraphen dem Rendanten zuzustellenden Extrakte des Kopirbuchs belehren denselben, was unter diesem Titel monatlich einkommen solle.

§. 200.

Uebrigens wird hier noch angemerkt, daß bei allen drei Arten der aus dem Memorialienvortrage kommenden Pieçen, in Ansehung ihrer Behandlung in der Expedition und Kanzellei, gar kein Unterschied Statt finde: ob dergleichen Pieçe in die Hauptregistratur oder in das Archiv gehöre; nur daß der Kanzelleiinspektor die Stücke der letztern Art, die er an dem auf der Pieçe bemerkten Eintragungszeichen leicht unterscheiden kann, an den Archivarius abliefern, und dieser dabei, mit Assistenz des Ingrossators, alles das beobachten muß, was im Vorstehenden den Hauptregistratur-Bedienten vorgeschrieben worden ist.

II.

Von den Geschäften der Subalternen bei den zum Spruch gelangenden Sachen.

§. 201.

Die zweite Art von Hauptverrichtungen der Subalternen, welche nach Maaßgabe §. 82. nunmehr abzuhandeln ist, kommt bei denjenigen Sachen vor, die zum Spruch bei dem Kollegio gelangen.

§. 202.

Sobald in einer Sache die Vorlegung der Akten zum Spruch verordnet ist, muß der zweite Registrator, dem dergleichen Dekret allemal zuerst in die Hände fällt, für die Kompletirung der Akten unverzüglich sorgen, und solche sodann, nebst dem Dekret, dem ersten Registrator zustellen.

§. 203.

Dieser verrichtet eben so ungesäumt die Eintragung der Akten in das §. 44. umständlich beschriebene Distributionsbuch, und legt die Akten in das oben §. 20. litt. b. dafür bestimmte Fach bereit.

§. 204.

Es versteht sich von selbst, daß bei Kollegien, die aus mehr als Einem Senate bestehen, für jeden Senat ein besonderes Distributionsbuch zu halten sey; auch kann bei solchen Kollegien zwischen den Kolonnen 2 und 3 noch eine Kolonne, unter der Rubrik: Anzahl der Voluminum, eingeschaltet werden, in der die Registratur diese Anzahl, ingleichen die etwa mitgegebenen Acta adhibenta zu notiren hat.

§. 205.

Der Präsident muß in jeder Woche einen ihm bequemen Tag, jedoch ein= für allemal, aussetzen, an welchem ihm der erste Registrator das Distributionsbuch mit den Akten vorlegen soll. Es muß also die Distribution wöchentlich einmal ganz unfehlbar erfolgen.

§. 206.

Noch an dem nämlichen Tage wo distribuirt worden, oder spätestens den folgenden Vormittag, muß der erste Registrator auf jedes Stück Akten einen Zettel befestigen, worauf die Nummer des Distributionsbuchs, der Name des ernannten Referenten, wie auch des Korreferenten, wenn einer bestellt worden, ingleichen das Datum Distributionis, bemerkt ist. Alsdann muß er die für jeden Referenten bestimmten Akten zusammen packen, versiegeln und solchergestalt an die Behörde unverzüglich befördern lassen.

§. 207.

Der Referent ist schuldig, wenn die Relation fertig ist, und von ihm dem Präsidio übergeben wird, zu gleicher Zeit die Akten wiederum zur Registratur abliefern zu lassen. Ist aber ein Korreferent bestellt, so muß er diesem Acta zuschicken, und der Korreferent muß hiernächst, nach verfertigter und präsentirter Korrelation, die Ablieferung der Akten zur Registratur besorgen.

§. 208.

Der erste Registrator übernimmt dergleichen zurückkommende Akten, löscht sie in dem Destributionsbuche unter der §. 204. bemerkten Kolonne, und reponirt sie sofort wiederum in die gehörigen Fächer.

§. 209.

Nach jeder Session muß der erste Registrator das Distributionsbuch nachsehen: ob etwa, nach dem in der kompetenten Kolonne gemachten Vermerk des

Präsidenten, Re- oder Korrelationen eingekommen sind, von welchen er Acta noch nicht zurück erhalten hat. Findet er dergleichen, so muß er die Akten dem säumigen Re- oder Korreferenten, welcher dem Boten den Gang bezahlen muß, unverzüglich abfordern lassen.

§. 210.

Wenn die Relation abgelesen werden soll, und der Registrator zu solchem Behuf Acta in das Sessionszimmer verabfolgt hat; so müssen selbige, nach geschehener Verlesung, entweder sofort zur Registratur remittirt werden, oder wenigstens auf dem Tische liegen bleiben, damit sie der Registrator, nach geschlossener Versammlung, daselbst wiederum abholen könne.

§. 211.

Findet der Referent nöthig, die Akten zur Abfassung des Urtels wieder mit nach Hause zu nehmen; so muß er an deren Stelle eben einen solchen Zettel, als §. 106. beschrieben ist, zurück, und dem Registrator einhändigen lassen.

§. 212.

Der erste Registrator sorgt also dafür, daß die zum Ablesen gebrauchten Akten, nach geendigter Zusammenkunft des Kollegii oder Senats, wieder in die Registratur geschafft, und gehörigen Orts reponirt werden. Die ex §. anteced. an ihn gelangenden Zettel aber vermerkt er in dem Annotationsbuche.

§. 213.

Alle bei dem Kollegio abgefaßte Urtel und Resolutionen werden, nach der Anweisung des Sportulkassenreglements §. 18. u. f., in die Urtelsbücher eingetragen.

§. 214.

Nach einer jeden Zusammenkunft des Kollegii muß sich der Kanzelleidirektor oder Protonotarius, in das (oder die) Sessionszimmer verfügen, und daselbst die eingetragenen Urtel und Resolutionen, die er auf dem Rathstische findet, nach der Anweisung der Bücher kolligiren.

§. 215.

Sodann separirt er

1) diejenigen, welche unter dem großen Siegel des Kollegii expedirt;
2) diejenigen, welche bloß in simpler Abschrift den Partheien und Assistenten kommunicirt werden sollen.

§. 216.

Die von der ersten Art trägt er sofort in das Expeditionsbuch ein, notirt die fortlaufende Nummer desselben, den Betrag der Taxe für die Ausfertigung des Stempels und der in der Kanzellei anzusetzenden Schreibegebühren, auf dem Originale; und stellt solches alsdann dem Kanzelleiinspektor, zur weitern Besorgung, zu.

§. 217.

Ist auf dergleichen Urtel oder Resolution zugleich ein Remissoriale an ein fremdes Kollegium dekretirt, so muß er solches, nach dem dazu vorhandenen Formular expediren; in das Expeditionsbuch, jedoch, wie sich von selbst versteht, unter einer besondern Nummer, eintragen; und es dem Kanzelleiinspektor, mit dem Originalurtel zugleich, zustellen.

§. 218.

Da solchergestalt die unter dem Siegel zu expedirenden Urtel und Resolutionen in das Expeditionsbuch, und aus diesem in den Siegelzettel kommen; so nehmen sie in der Kanzellei eben den Weg, wie jede andere schriftliche Expedition, und werden gleichmäßig, bis zur Ablieferung in die Registratur, kontrollirt.

§. 219.

Wenn von dergleichen Urteln ꝛc., außer der Expedition unter dem Siegel, noch simple Abschriften für die Assistenten oder Partheien zu machen sind; so muß der Kanzelleidirektor, bei Taxirung der Kopialien, darauf Rücksicht nehmen; und ob, auch wie viel dergleichen simple Abschriften gemacht werden sollen, auf dem Originale notiren. Dergleichen Abschriften werden alsdann in der Kanzellei eben so behandelt, wie die Beilagen oder Kommunikanda eines andern Dekrets.

§. 220.

Sentenzen und Resolutionen der zweiten Art, die zur Ausfertigung nicht qualificirt sind, trägt der Kanzelleidirektor in das Kopirbuch ein, und übergiebt sie alsdann, nach den Nummern dieses Buches, dem Kanzelleiinspektor.

§. 221.

Der Kanzelleiinspektor trägt solche, gleich anderen durch das Kopirbuch an ihn gelangenden Piecen, in seine Distributionstabelle unter die dafür bestimmte Kolonne ein; vertheilt sie unter die Kanzelleiverwandten; sammelt sie von selbigen darnach wieder ein; vermerkt auf die Abschriften die Namen derjenigen, welchen sie zuzustellen sind; behändigt solche dem Botenmeister zur weitern Besorgung; versieht die Originalien mit den erforderlichen gehörig überschriebenen Stempelbogen; und liefert sie zuletzt, nebst anderen auf das Kopirbuch sich beziehenden Piecen, nach den Nummern dieses Buchs, an den Registrator ab.

§. 222.

Dieser trägt das Erforderliche in den Prozeßlisten nach, und sorgt dafür, daß solche unverzüglich zu den gehörigen Akten geheftet werden.

§. 223.

Am Ende jeden Monats besorgt der Kanzelleinspektor, nach der Anweisung des Sportulkassenreglements

ments §. 46., vollständige Extrakte aus jedem Urtelsbuche, nach dem daselbst vorgeschriebenen Formular sub C.; läßt solche von dem Kanzelleidirektor, der Uebereinstimmung mit den Büchern halber, attestiren; und behändigt sie alsdann dem Sportulrendanten als Einnahmebeläge und zur Uebertragung in die Kontobücher.

§. 224.

Dieß Formular sub C. ändert sich jedoch nach der gegenwärtigen Anweisung darin, daß die neunte Kolonne: Kopialien, gänzlich wegfällt. Denn da die Schreibegebühren von den Urteln und Resolutionen entweder in das Expeditions- oder Kopirbuch kommen, und auf diese Art dem Rendanten zur Einziehung bekannt werden, so bedarf es ferner nicht deren Eintragung in das Urtelsbuch.

§. 225.

Damit auch der hierdurch vorgeschriebene Gang der Geschäfte nicht unterbrochen werden möge, so soll künftig, in einer Sentenz oder Resolution, niemals zugleich eine schriftlich zu expedirende Verfügung angegeben werden; sondern wenn das Kollegium, auf den Grund des abgefaßten Urtels oder Resoluti, zugleich eine gewisse anderweitige Verfügung zu erlassen nöthig findet, so muß der Referent solche auf einen besondern Bogen dekretiren, und an den expedirenden Sekretarius befördern; von welchem sie alsdann, durch das Expeditionsbuch und den Siegelzettel, den gewöhnlichen Weg nimmt.

III.

Von verschiedenen anderen Geschäften der Subalternen.

§. 226.

Unter diesem Abschnitt soll noch gehandelt werden:

1) von der Berechnung des bei einem Kollegio verbrauchten Stempelpapiers;
2) von der Berechnung und Vertheilung der Schreibegebühren unter die Kanzelleiverwandten;
3) von der dem Kanzelleidirektor über die sämmtlichen Subalternen obliegenden Aufsicht.

§. 227.

Stempelpapier wird bei einem Kollegio gebraucht:
a) zu den schriftlichen Ausfertigungen;
b) zu den Informations-, ingleichen zu den Instruktions- und Inrotulationsprotokollen;
c) zu den ad Acta kommenden Sentenzen und Vergleichen;
d) bei vorfallenden Kommissionen.

§. 228.

Alle diese Stempelbogen muß der Kanzelleinspektor liefern und berechnen; und außer ihm soll sich, um Konfusionen zu vermeiden, niemand weiter in dieses Geschäft mischen. Dagegen erhält er die von der Stempelkammer für den Debit bewilligte gewöhnliche Prämie.

§. 229.

Er allein liefert also auch die Stempelbogen an diejenigen, welche davon Gebrauch zu machen haben; muß aber zugleich in einer besonders zu haltenden Designation den Betrag der extradirten Stempel, wann und zu welchem Behufe sie gegeben worden, vermerken.

§. 230.

In Ansehung derjenigen Stempel, welche zu den schriftlichen Ausfertigungen, und also in den Siegelzettel kommen, oder den Sentenzen umgeschlagen, oder bei Kommissionen gebraucht werden, geschieht dieser Vermerk bloß mit Beziehung auf die

Nummer des Expeditions-, Kommissions oder Urtelsbuchs, z. B.:

Nr. 27. E. - - - 4 Gr.
Nr. 11. U. - - - 1 Gr.

§. 231.

Was aber diejenigen Stempel betrifft, welche zu den Informations-, ingleichen zu den Instruktions- und Inrotulationsprotokollen genommen werden; so muß der Kanzelleinspektor solche in seine Stempeldesignation etwas bestimmter eintragen, und den Vermerk z. B. dahin fassen:

Zum Instruktionsprotokoll N. c. N. - 8 Gr.

Auch muß er, da dieses die einzige Art der Stempel ist, die zwar in folle, unter den Instruktionsgebühren, nach §. 25. des Sportulkassenreglements, aber nicht specifice, durch die Einnahmebeläge des Rendanten kontrollirt wird, sich über die dem Instruenten verabfolgten Stempel jedesmal einen Schein von selbigem ertheilen lassen.

§. 232.

Am Ende jeden Monats muß er dem Rendanten die Stempeldesignation zustellen, welcher solche mit seinen Einnahmebelägen, nämlich den Siegelzetteln, den Extrakten des Kommissions-, Urtels- und Kopirbuchs; in Ansehung der Instruktions- und Informationsstempel aber mit den producirten Scheinen vergleicht, und, nach befundener Richtigkeit, dem Kanzelleiinspektor den Betrag der Designation aus der Sportulkasse berichtigt. S. das Sportulkassenreglement §. 101.

§. 233.

Die Berechnung und Vertheilung der Schreibegebühren unter die Kanzelleiverwandten (§. 226.) gehört ebenfalls zu dem Amte des Kanzelleiinspektors.

§ 234.

Es ist nämlich bereits oben §. 156 u. f. 196. 221. verordnet, daß alle Schreibereien, ohne Unterschied und Ausnahme, sie mögen schriftliche Expeditionen, Decreta brevi manu, simple Abschriften, Urtel und Resolutionen, oder Berichte, Deduktionen und Anzeigen der Assistenten betreffen; sie mögen Gebühren tragen oder nicht, und sie mögen im Expeditions- oder Kopirbuche eingetragen seyn, unter die wirklich angesetzten Kanzellisten und Kopisten, nach der Zahl der Bogen, in gleiche Portionen distribuirt werden; und daß ein jeder Kanzelleiverwandter seine Portion, von einem Siegelungstage zum andern, schlechterdings abliefern; auch daß derjenige, welcher dieselbe nicht bestreiten kann, das Fehlende auf seine Kosten durch einen andern vereideten Kopisten schreiben lassen müsse.

§. 235.

Am Ende jeden Monats werden die sämmtlichen, in dem Laufe desselben verdienten Kopialien, aus dem Expeditions- und dem Kopirbuche, in welchem sie nunmehr vollständig eingetragen sind, zusammen addirt, und in so viel gleiche Portionen gesetzt, als wirkliche Kanzelleiverwandten, an Kanzellisten und Kopisten, vorhanden sind.

Jeder Kanzellist erhält davon eine ganze, und jeder Kopist eine halbe Portion: die zweite Hälfte von den Portionen der Kopisten aber bleibt in der Sportulkasse.

§. 236.

Nach diesen Principien fertigt also der Kanzelleiinspektor monatlich die Repartition der Schreibegebühren an, und stellt sie dem Sportulrendanten zu; welcher den dabei zum Fuß angenommenen summarischen Betrag der nach den Siegelzetteln und dem Kopirbuche in diesem Monate einkommen sollenden Schreibegebühren mit diesen seinen Einnahmebelägen vergleicht, und, nach richtigem Befunde, die Zahlung, nach der Repartition, an die darin benannten Empfänger leistet.

§. 237.

Diese monatlichen Repartitionen und die darauf notirten Quittungen der Empfänger sind also die Beläge, womit der Rendant, nach §. 102. des Sportulkassenreglements, diesen Ausgabetitel in seiner Rechnung justificiren muß.

§. 238.

Damit nun aber auch alle Vorschriften dieses Registratur- und Kanzelleireglements mit der erforderlichen Akkuratesse und Promptitude durchgehends beobachtet werden mögen, so ist bereits oben §. 1. dem Kanzelleidirektor die Aufsicht über sämmtliche Subalternen als seine Hauptobliegenheit angewiesen worden.

§. 239.

Der Kanzelleidirektor muß also zuvörderst die Registratur fleißig visitiren und nachsehen, ob die Akten in gehöriger Ordnung gehalten, und in den kompetenten Fächern aufbewahrt; für deren Ergänzung von einem Sessionstage zum andern unablässig gesorgt; die Rotuli bei den Akten beständig fortgetragen; die Tagezettel ordentlich und vorschriftsmäßig geführt, und die Sachen so, wie sie zur Registratur gelangen, darin prompt eingetragen; die ausgegebenen und wieder einkommenden Pieçen und Akten richtig abgeschrieben; die etwa zurückbleibenden fleißig monirt; die Prozeßlisten und übrigen Repertoria ununterbrochen fortgeführt; und überhaupt die Anweisungen der Allgemeinen Gerichtsordnung, so wie des gegenwärtigen Reglements, von den Registraturbedienten gehörig befolgt werden.

§. 240.

Er muß ferner auf das Betragen der Sekretarien in ihrem Amte fleißig Acht haben; die Expeditions und Kopirbücher zum öftern nachsehen, und sich daraus überzeugen, ob auch dieselben mit der vorgeschriebenen Ordnung und Akkuratesse geführt, und die Expeditionen prompt gefördert werden; er selbst aber muß dabei, in seiner Qualität als Sekretarius, den Uebrigen mit gutem Exempel vorgehen.

§. 241.

Auch den Kanzelleiinspektor muß er unter beständiger Aufsicht halten, und Acht geben, ob derselbe bei Distribution der Koncepte, Einsammlung der Mundorum, Beförderung derselben zur Unterschrift und Siegelung, und bei Ablieferung der Koncepte zur Registratur, mit pflichtmäßiger Akkuratesse, Fleiß und Betriebsamkeit zu Werke gehe; auch daß durch Unordnung, Faulheit oder Gewinnsucht der Kanzelleiverwandten, die Ausfertigungen nicht ungebührlich verzögert werden, oder gar liegen bleiben.

§. 242.

Was dem Kanzelleidirektor in Ansehung der zu führenden Präsenztabelle obliege, ist bereits oben §. 5 u. f. vorgeschrieben.

§. 243.

Wenn der Kanzelleidirektor in dem einen oder andern Fache Unordnungen wahrnimmt, so muß er selbige mit Nachdruck abstellen; wenn es aber Sachen von Wichtigkeit betrifft, davon dem Präsidenten auf seine Pflicht und bei eigener Vertretung, ohne Rückhalt und Schonung zur Remedur unverzüglich Anzeige machen.

§. 244.

Hierdurch wird jedoch der Präsident von der ihm obliegenden Oberaufsicht über die sämmtlichen Subalternen keinesweges dispensirt, sondern er ist schuldig, wenigstens Einmal in jeder Woche, die Registraturen und die Kanzellei selbst zu visitiren, und genau nachzusehen, ob auch alles in gehöriger Ordnung, den Vorschriften gemäß, betrieben werde; allermaazen, so wie Se. Königliche Majestät eine ordentliche und prompte Verwaltung des Justizwesens überhaupt, von Höchstdero Großkanzler fordern, also dieser sich an die Präsidenten der Kollegien deshalb hauptsächlich halten, folglich auch von ihnen die Vertretung der unter den Subalternen einreißenden Unordnungen fordern wird.

Es müssen sich also sämmtliche Landesjustizkollegia und deren Präsidenten, vornehmlich aber sämmtliche Registratur und Kanzelleibediente, auch übrige Subalternen, nach den Vorschriften des gegenwärtigen Reglements pflichtmäßig achten. Damit man versichert seyn könne, daß sie sich diese Vorschriften genau bekannt gemacht haben, so muß jedem Sekretär, Registratur- und Kanzelleibedienten, wenn er zu einem solchen Amte befördert werden soll, aufgegeben werden, einen Extrakt der ihm dabei nach dieser Vorschrift obliegenden Verrichtungen, und was er bei jeder derselben zu beobachten habe, anzufertigen und einzureichen. Diese Extrakte muß der Präsident nachsehen und beurtheilen, ob der Koncipient die ihn betreffenden Stellen und Anweisungen vollständig excerpirt und richtig gefaßt habe. Wo er Mißverständnisse wahrnimmt, muß er selbige rektificiren; und es soll schließlich niemand künftig als Registraturbedienter, Kanzellist oder Kopist angenommen und vorgeschlagen werden, der nicht zuvörderst aus dem gegenwärtigen Reglement gehörig geprüft worden, und durch dergleichen vollständig und richtig angefertigten Extrakt gezeigt hat, daß er sich den Inhalt desselben bekannt und geläufig gemacht habe.

A.

Schema zum Tagezettel.

No. und Vermerk der ausgegebenen Akten	Praesentatum.	Inhalt.	Decernens.	Stempel Thl.	Gr	Pf.	Verm ob u. w die P zurück komm
		d. 1. Dec. 1815.					
1. D. A.	28. Nov.	Anmeldung zur Klage in Causa Scholz c. Lorenz.	Cajus	—	—	6	A.d.5.
2. A 17. 1. Vol. R.	eod.	Anzeige des Titius ad Causam Aaron c Schwarz.	Mevius	—	1	—	A. d.
3. 1 Vol Requ Act. R.	eod.	Anschreiben der Preußischen Regierung ad Causam Samuel c. Martin.	Sempron.	Pauper			A. eod

B.

Schema des Expeditionsbuches.

Datum Decreti.	Extrahent.	Inhalt. 1815.	Taxa.			Stempel.			Kopialien.		
			Thl.	Gr	Pf.	Thl	Gr	Pf.	Thl	Gr	Pf.
1. Dec.	Lorenz	d. 1. Dec. Citatio an den Scholz ad Caus. c. Lorenz.	1	—	—	—	6	—	—	4	—

C.
Schema des Kopirbuches.

No. Extrahent.	Inhalt.	Schreibgebühren. Rthlr.	Gr	Pf.	S…
1) Mevius	Abschrift des Instruktions-Protokolls in Causa Mevius c. Titium . .	—	6	—	—
2) Titius .	Duplikat eben desselben	—	6	—	—
3) Aaron .	Copia sententiae Aaron c. Isaac.	—	2	—	—
4) Isaac .	Duplikat davon	—	2	—	—
5) Scholz	Decret br. m. auf die Anzeige des Sempronius in Causa Scholz c. Marcus	—	2	—	—

D.

Schema zum Revisionsjournal.

. November.	
. G. Rath. N.	No.
. G. Rath N. N.	No.

E.

S c h e m a
zur Distributionstabelle des Kanzelleiinspcktors

Datum distributionis und Namen der Kanzelleiverwandten.	Aus dem Siegelzettel.	Aus dem Kopirbu
d. 1. Decemb. Kanzellist N.	No. 1 — 10. 17. 18. 25.	No. 3. 6. 8.
Kanzellist N.		

Register

zur

allgemeinen Gerichtsordnung

für die

Preußischen Staaten.

Neue Auflage.

Berlin, 1822
bei G. Reimer.

Register zur Gerichtsordnung.

Die Römische Zahl kündigt den Theil, die erste Deutsche den Titel; R. u. C. R. das dem dritten Theile der allgemeinen Gerichtsordnung angehängte allgemeine Registratur- und Canzelleireglement an. Die Zahl, welche das § Zeichen vor sich hat, bedarf keiner Erklärung. An Stellen, wo schon die Folge der Zahlen es zu erkennen giebt, daß von einem und ebendemselben Theile oder Titel die Rede ist, hat man ein Ibidem oder Ebend. für entbehrlich gehalten. Die in [ ] eingeklammerten Zahlen sind die Paragraphen des Anhanges vom 4ten Februar 1815. Jeder so citirte Paragraph des Anhanges ist bei dem unmittelbar zuletzt vorher genannten Paragraphen der Allgemeinen Gerichtsordnung zu finden. Ist Paragraph der Gerichtsordnung und Paragraph des Anhanges dicht neben einander citirt, so steht die Sache nur in dem des Anhanges; steht ein U. dazwischen, so ist sie in beiden zu finden.

A.

Allodium, dessen Absonderung vom Lehn oder Fideicommiß, s. Auseinandersetzung.

Altentheil, die darin wohnenden Personen sind nicht als Mitglieder der Gemeine anzusehen, ihren Aussagen für die Gemeine jedoch nicht volle Beweiskraft beizulegen, I. 10. §. 228. n. 10. Die Aussetzung des Altentheils gehört vor den persönlichen Richter. II. 1. §. 6.

Amortisation verlorner Instrumente, s. Aufgebot. Der Pfandbriefe, s. diese. Der Seehandlungsactien, s. Actien.

Amt, die Uebernehmung desselben an einem gewissen Orte begründet einen Wohnsitz, I. 2. §. 11.

Amtsbehörde, derselben ist Nachricht zu ertheilen 1) wenn ein Officiant zum Personalarrest gebracht wird, I. 24. §. 145. sqq. desgleichen I. 29. §. 75. und 35. §. 44. [257]. 2) wenn dessen Vermögen inventirt werden soll, 50. §. 215. 3) wenn einer ihrer Officianten vor Gericht geladen wird, 7. §. 1. [52]. 4) wenn gegen einen solchen eine fiskalische Untersuchung eingeleitet werden soll, 35. §. 34. [252]. 5) bei Regreß- und Injurienklagen in Amtssachen gegen solche, und bei Geldforderungen, die gegen ihre Cassenofficianten eingeklagt werden, 6. §. 8. [49].

Amtsschriften und Geräthschaften sind von der Einlassung in den Concurs frei, I. 50. §. 295.

Amtsverschwiegenheit, s. Instruent, Räthe bei den Landesjustizkollegien.

Anerkenntniß, gerichtliches; kann auch von einem Gerichtsdeputirten aufgenommen werden, I. 10. §. 125. [78].

Anmeldung der Klage, von wem und wie sie geschehen könne, I. 4. §. 1. was sie enthalten müsse, §. 2. zur Aufnahme derselben, wobei es der Zuziehung eines Protokollführers nicht bedarf, soll an jedem Vormittage eine Gerichtsperson an der Gerichtsstelle bereit sein, §. 3. s. übrigens: Bevollmächtigter, auch Referendarius. Was nach aufgenommenem Klageanmeldungsprotokoll von der aufnehmenden Gerichtsperson zu beobachten, §. 4. und was darauf von dem Gerichte zu verfügen, §. 5. sqq. worauf der Decernent bei dem Vortrage einer schriftlich angemeldeten Klage vorzüglich Rücksicht nehmen, und was darauf verordnet werden müsse, §. 13. sqq. darauf kann, wenn sie vollständig ist, eben so, wie auf ein eigentliches Klageprotokoll verfügt werden, §. 22. sqq. s. auch Aufnehmung der Klage.

Annahme an Kindes Statt muß von dem Obergerichte der Provinz bestätigt werden, II. 1. §. 7.

Annullirte Geschäfte, Soluta aus denselben sind von der Einlassung in den Concurs frei, I. 50. §. 291.

Antichretischer Pfandvertrag, Verfahren bei Aufnehmung desselben, II. 3. §. 14.

Appanagen, der Prinzen des Königlichen Hauses, genießen die Kostenfreiheit, I. 23. §. 46. [146].

Appellation, in welchem Falle es derselben nicht bedürfe. s. Declaration. Wann sie Statt findet, s. Appellation ist unzulässig. Wirkung derselben, wenn über mehrere Punkte erkannt und nicht über alle appellirt ist, I. 14. §. 10. soll zwischen den prozeßführenden Parteien keine gemeinschaftliche Rechtswohlthat sein, §. 11. indessen kann der Appellat unter gewissen Umständen die anfänglich unterlassene Appellation vor dem Schlusse der Sache in zweiter Instanz noch nachholen, §. 12. Wirkung derselben bei mehrern Litisconsorten, §. 13. sqq. Anmeldung und Einleitung derselben, §. 16. 1) wenn die gegenwärtige Partei mit einem Assistenten versehen ist, §. 17. sqq. binnen welcher Frist der Appellationsbericht in diesem Falle eingereicht werden müsse, §. 21. s. auch Appellationsbericht, Appellationsfrist, Manualacten. 2) wenn sie mit keinem Rechtsbeistande versehen ist, §. 27. sqq. 3) wenn eine abwesende Partei a) einen Rechtsbeistand hat, §. 30. sqq. Bestimmung der Appellationsfrist in diesem Falle, §. 31. und Restitution gegen die Versäumung derselben, s. Appellationsfrist, Restitution. b) wenn sie mit keinem Rechtsbeistande versehen ist, §. 37. in welchem Falle von Seiten des Beklagten nicht ein Restitutionsgesuch, sondern Appellation gegen ein Contumacialerkenntniß angebracht werden müsse, s. Contumacialerkenntniß. Dagegen muß der Kläger jedesmal die Appellation einwenden, wenn er sich dabei nicht beruhigen will, §. 79. Verfahren, wenn beide Theile appelliren, §. 62. [122]. Verweisung zur besondern Verhandlung, wann bei der Instruction in der Appellationsinstanz Gegenforderungen angewendet sind, §. 75. [128]. die Appellation eines Ausländers, der die Bestellung der Caution wegen der Prozeßkosten verweigert, muß, bis diese berichtigt ist, suspendirt werden, 21. §. 13.

S. übrigens: Appellation in Bagatellsachen, Appellation bei Untergerichten, Appellationsbericht, Appellationsfrist, Appellationsinstanz, Classificationsurtel im Concursprozeß, Classificationsurtel im Liquidationsprozeß, Rechtsmittel, Weitere Vertheidigung.

Appellation ist unzulässig 1) wenn summa appellabilis nicht vorhanden; und diese ist bei Obergerichten über 50, bei Untergerichten über 20 Rthlr., I. 14. §. 3. [108]. auch, wenn in einem Prozesse mehrere Forderungen aus einem Hauptgeschäfte nur zusammen diese Summe ausmachen, [109]. 2) wenn eine Partei bloß durch den Kostenpunkt beschwert zu sein glaubt, und die Kosten nicht über 30 Rthlr. betragen, vergl. §. 3. n. 2. [110]. 31. §. 18. [215]; 3) wenn auf eine durch die Gerichtsordnung bestimmte Geld- oder Gefängnißstrafe erkannt; s. auch Milderungsgesuch. 4) wenn eine Partei für unfähig erkannt worden, einen nothwendigen Eid zu schwören; s. auch Vertheidigung (Rechtsmittel der weitern). 5) wenn die

Beschwer-

Beschwerden bloß Incidentpunkte betreffen, I. 14. §. 3. oder wenn die Appellation gegen eine ganz unzweifelhafte Entscheidung und zum Verschleif der Sache eingewendet ist, §. 4. [111]. 6) im Possessorio summariissimo, 31. §. 18. 7) im Diffamationsprozeß, wenn bloß darüber erkannt worden, ob die Diffamation für bescheinigt, oder ob sie für nicht bescheinigt anzunehmen, 32. §§. 16. 17. 8) Bei Verbal- oder leichten Realinjurien a) unter Leuten gemeinen Standes, 34. §. 4. b) unter Personen des mittlern oder höhern Bürgerstandes, wenn nur auf 50 Rthlr. Geld- oder 4 Wochen Gefängnißstrafe erkannt worden, §. 15. 9) in fiscalischen Untersuchungen a) von Seiten des Denunciaten, wie ad 8. b. 35. §. 87. b) von Seiten des Denuncianten, §. 97. Ausnahme §. 98. (ad 8. u. 9. s. auch Milderungsgesuch). 10) bei Wahn- und Blödsinnigkeitserklärungen, von Seiten der mit ihrem Antrage darauf abgewiesenen Verwandten, 38. §. 8. 11) wenn gegen den Widerspruch der Verwandten auf die Aufhebung der Prodigalitätserklärung, §. 43. 12) wenn bei Auseinandersetzung der Lehns- und Allodialerben auf ein Interimisticum erkannt, 46. §. 32. 13) wenn ein Erbe des beneficii legis et inventarii in contumaciam für verlustig erklärt worden, in welchem Falle er jedoch binnen 10 Tagen moram purgiren kann, 51. §. 16. 14) gegen einen Adjudicationsbescheid, 52. §. 60. Derjenigen Partei, welche glaubt, daß ihre Appellation widerrechtlich als unzulässig verworfen worden, steht der Recurs offen, 14. §. 4. b.

Anmerkung. Wegen derjenigen Fälle, wo kein Erkenntniß, sondern nur eine Resolution oder ein Decret erfolgt, wogegen kein Rechtsmittel Statt findet, s. Resolution.

Appellation hat nur effectum devolutivum 1) wenn jemand Alimente zu geben verurtheilt worden, I. 14. §. 6. n. 1. u. [112]. 2) wenn Gefahr beim Verzuge ist, §. 6. sqq. besonders in welchen Fällen bei Prozessen zwischen Herrschaften und Gesinde, §. 6. n. 2. [113]. 3) wenn jemand mit einem Einwande gegen die verhängte Execution abgewiesen worden, 24. §. 40. 4) in Wechselsachen, in Ansehung des Beklagten, 27. §. 33. 5) im Executivprozeß in Ansehung des Beklagten, 28. §. 5. 6) in Arrestsachen, der Arrest mag nun in dem ersten Erkenntniß für gerechtfertigt geachtet, oder auf dessen Aufhebung erkannt worden sein, 29. §. 60. s. auch Appellationsfrist. 7) bei Prodigalitätserklärungen, in Ansehung des Provokaten, 33. §. 25. Ausnahme, §. 30. 8) bei Miethssachen, 44. §. 63. nicht aber bei Pachtsachen, 44. §. 41. [299]. 9) im Specialmoratorio, a) wenn bloß die Versagung des Indults den Gegenstand der Appellationsbeschwerden ausmacht 47. §. 29. b) wenn auf den Antrag des Gläubigers der Schuldner des Indults verlustig erklärt worden, §. 42. 15) im Generalmoratorio a) wenn der Schuldner unter Festsetzung gewisser die Sicherheit der Gläubiger beabsichtigender Modalitäten dazu verstattet, §. 88.

b) wen

b) wenn er mit dem Indultgesuch gänzlich abgewiesen worden, I, 47. §. 89. 16) bei Gesuchen um Verstattung zur Rechtswohlthat der Cession, 48. §. 26. sqq. und 17) der Competenz, 49. §. 19.

S. übrigens: Erkenntniß erster Instanz gilt während der übrigen als Interimisticum, auch: Resolutio.

Appellation in Bagatellsachen, 1) bei Obergerichten, I. 26. §. 9. sqq. 2) bei Untergerichten, §. 21. sqq.

Appellation bei Untergerichten, 1) der ersten Classe, I. 25. §. 21. sqq. von Anmeldung derselben, §. 23. von der weitern Instruction und in wiefern dieselbe bei den Untergerichten erfolgt, §. 24. 25. oder bei dem Obergerichte geschieht, §. 26. sqq. u. [181]. Verfahren bei dem Obergerichte, a) wenn das Appellatorium von dem Untergericht instruirt worden, §. 29. b) wenn es bei dem Obergericht instruirt werden soll, §. 32. sqq. 2) Von Appellationen gegen die Erkenntnisse der Untergerichte zweiter Classe, §. 67. sqq. Anmeldung und Aufnehmung derselben, §§. 72. 73. Einsendung der Acten an das Obergericht, § 74. weiteres Verfahren bei dem Obergerichte, §. 75. sqq. s. auch Deduction.

Appellationsbericht, Verfügung darauf, 1) wenn keine Nova in facto vorkommen, I. 14. §. 38. sqq. §. 43. [116]. s. auch Inrotulation, Ordnungsstrafe, Schlußbericht; und der an dem Sitze des Gerichts sich aufhaltende Appellat die Instruction erster Instanz selbst und allein abgewartet hat, §. 47. wenn in diesem Falle der Appellat abwesend ist, §. 48. 2) Verfügung darauf, wenn er neue Thatsachen oder Beweismittel enthält, §. 49. sqq. Verfahren, wenn beide Theile appelliren, §. 62. [122]. s. auch Appellationsinstanz, Instructionstermin, Instruent.

Appellationsdeductionen, s. Deduction.

Appellationsfrist läuft zehn Tage lang von der Publikation des Urtels angerechnet, I. 14. §. 21. Berechnung derselben bei einer abwesenden Partei, §. 31. in wiefern gegen die versäumte Appellationsfrist Restitution Statt finde, §. 34. u. [114 — 116]. s. auch Restitution. In Arrestsachen, wo die Arrestsache nicht mit der Hauptsache zugleich verhandelt worden, muß die Appellation binnen drei Tagen angezeigt werden, 29. §. 68. u. [200]. in Mercantilprozessen binnen vier und zwanzig Stunden, 30. §. 31. in fiscalischen Civilprozessen von Seiten des Fiscals binnen acht Wochen, 34. §. 22. in Bausachen binnen drei Tagen, 42. §. 38.

Appellationsinstanz, wenn in derselben der Appellat sich eines beharrlichen Ungehorsams wegen der Einlassung auf die neuen Thatsachen schuldig macht, werden diese in contumaciam für eingeräumt geachtet, I. 14. §. 55. hat der Appellant nur neue Beweismittel angeführt, so wird in diesem Falle in contumaciam mit deren Aufnahme verfahren, §. 56. Kosten der Appellationsinstanz, 23. §. 6. sqq. Verweisung zur besondern Verhandlung, wenn bei der In-

Instruction in der Appellationsinstanz Gegenforderungen angemeldet sind, I. 14. §. 75. [128].

S. übrigens: Deduction, Inrotulation, Instruent, Ordnungsstrafe, Sachverständiger, *Status causae et controversiae*, Urtelsverfasser, Verlegung der Termine.

Archivarius bei einem Landesjustizcollegium muß in Ansehung seines Ressorts die Vorschriften für die Hauptregistratur befolgen, R. u. C. R. §. 97. s. auch Registrator, Registratur.

Armenanstalten, genießen die Kostenfreiheit, I. 23. §. 46. [145].

Armenrecht, davon handelt I. 23. § 30. sqq. wer darauf Anspruch machen könne, §. 31. was nachgewiesen werden müsse, §. 32. weiteres Verfahren, §. 33. Formel des Armeneides, §. 34. Wirkung des Armenrechts, §. 35. u. [140]. §. 36. [141, 142]. die Zulassung dazu soll der andern Partei auf keine Weise lästig werden, §. 36. davon können, wenn Ein Litisconsorte dasselbe erhalten hat, die übrigen keinen Vortheil ziehen §. 38. befreit nicht von dem Ersatz der Kosten an den Gegentheil in Fällen, wo derselbe gesetzlich ist, §. 39. in wiefern die zum Armenrechte verstattete Partei die Kosten nachzahlen und die Stempel nachbringen müsse, §. 40. Strafe der ungebührlichen Anmaßung desselben, §. 41. vom Armenrecht in Injurienprozessen, 34. §. 32. [237]. das Armenrecht befreit in Concursen nur unter Bewilligung sämmtlicher übrigen Interessenten von dem Beitrage zu den Communkosten, 50. §. 535.

Arme Parteien, sollen durch die Referendarien vernommen werden, s. Referendarien.

Arrest, davon handelt I. 29. (vom Arrest an Personen, s. Personalarrest.) Begriff und Eintheilung, §. 1. ist nur gegen den Schuldner selbst, nicht gegen den, der bloß seine Stelle vertritt, zuläßig, §. 2. gegen welche Personen Arrestschlag Statt finde oder nicht, §. 3. sqq. s. auch Activcapitalien, Bürge, Ehefrau, Erbe, Gemeine, Grundstücke, Handlungsgesellschafter. Welche Sachen mit Arrest belegt werden können oder nicht, §. 13. sqq. 24. §. 106. [160 — 170]. I. 29. §. 22. [197]. s. auch Accise- und Zollbediente, Actien, Alimente, Banke, Besoldung, Churmärkische Landschaft, Competenz, Execution, Feuersocietäts- und Bauhülfsgelder, Früchte, Materialien, Pension, Postwesen, Seehandlungsgesellschaft, Verderben (demselben unterworfene Sachen). Vorsicht bei Anlegung des Arrests, §. 28. allgemeine Erfordernisse zu einem Arrestschlage, §. 29. A) Anbringung schleuniger Arrestgesuche, §. 30. Begründung derselben, §. 31. sqq. s. auch Caution. Verfügung darauf, §. 35. weiteres Verfahren, §. 36. sqq. Einleitung der Hauptsache 1) wenn der arrestirende Richter zugleich in der Hauptsache competent ist, §. 42. 2) wenn ein anderer der competente Richter in der Hauptsache ist, §. 43. sqq. (auch I. 2. §. 118.) B) Begründung eines gewöhnlichen Arrestgesuchs, §. 47. sqq. besonders

gegen

gegen Ausländer, I. 29. §. 48. [198]. Verfügung darauf, §. 51. sqq. Wird im Hauptturtel der Arrest für zulässig erklärt, so muß er sofort angelegt werden, §. 52. [199]. s. auch Deposition; ferneres Verfahren 1) bei Realarresten, §. 56. sqq. a) wenn der Arrest durch ein rechtskräftiges Erkenntniß schlechterdings aufgehoben ist, §. 62. b) wenn vor Entscheidung der Hauptsache die Relaxation des Arrests gesucht wird, §. 63. sqq. Eine Verlängerung der, zur Anzeige der Appellationsbeschwerden festgesetzten, dreitägigen Frist findet nie Statt, §. 68. [200]. s. auch Appellation hat nur Effectum devolutivum, Erkenntniß, Revision ist unzulässig. 2) Verfahren bei Personalarresten, §. 70. sqq. s. auch Alimentation, Amtsbehörde, Auswärtiges Departement, Personalarrest. Wirkung des Arrests, §. 80. sqq. von Arresten der Fremden gegen Fremde, §. 88. sqq. Wider regirende deutsche Fürsten, wider abgetheilte Fürsten aus den Häusern der regierenden deutschen Fürsten, und wider fremde, am hiesigen Hofe accreditirte Gesandten und Geschäftsträger, in sofern letztere nicht der hiesigen Gerichtsbarkeit unterworfen geblieben sind, findet kein Arrest Statt, §. 76, 88 — 90. [201]. wohl aber gegen andre Fürsten, und gegen fremde durchreisende Gesandten und Hof-, Kriegs- und Staatsbedienten; jedoch mit welcher Maßgabe, [202, 203]. Verfahren, wenn die Qualität solcher durchreisenden Personen nicht bekannt oder zweifelhaft ist, [204]. Gegen andre Fremden ist der Arrest zulässig; doch mit welcher Maßgabe, wenn sie von angesehenem Range sind, [205]. Verfahren gegen Fremde bei der Arrestlegung, [206]. besonders wegen der ihnen zu machenden Eröffnung, daß Caution sie vom Arrest befreie, [207, 203]. Verfahren wegen Bestellung, Annahme und Zulässigkeit dieser Caution, [209 — 211]. Verfahren über die Zulässigkeit der Aufhebung eines wider Fremde verhängten Arrests, [212]. Ein Gläubiger des Erben kann die Verhängung des Arrests in dem seinem Schuldner zugefallenen Nachlaß suchen, II. 5. §. 12.

S. übrigens: Offner Arrest.

Arzt erhält den einjährigen Rückstand seines Jahrgehalts in der zweiten Classe, I. 50. §. 371. n. 2. steht in Ansehung der Beschlagnahme seiner Einkünfte den Civilbeamten nicht gleich, 24. §. 106 — 108. [161]. s. Execution.

Assecuranzgesellschaft, Actien derselben, s. Actien.

Assecuranzprämien, in wiefern sie in der zweiten oder in der vierten Classe angesetzt werden, I. 50. §. 384. desgl. §. 427.

Assecuranzstreitigkeiten sollen in erster Instanz vor Schiedsrichtern verhandelt und entschieden werden, I. 30. §. 48. Verfahren dabei, §. 49. sqq. Revision ist dabei unzulässig, §. 59. [213]. s. auch Revision, Schiedsrichter.

Assessoren können bei den Landesjustizcollegien angestellt werden; sie haben aber nur in den ihnen zum Decretiren und Referiren zugeschriebenen Sachen ein volles Votum, III. 3. §. 62. s. auch Bevollmächtigter, Gerichtsbeisitzer.

Assistent, denselben kann die Partei selbst wählen, oder dessen Zuordnung nachsuchen, I. 3. §. 14. dessen Pflichten, §. 15. sqq. in wiefern er sich durch Vollmacht legitimiren müsse, §. 20. welche Gerichtspersonen nicht Assistenten seyn können, § 22. [45]. als Assistenten müssen auch, neben den Rechtsbeiständen, andere Personen, in welche die Partei ihr Vertrauen setzt, zugelassen werden, §. 21. eines Rechtsbeistandes kann der Denunciat in fiscalischen Untersuchungen sich bei den Verhandlungen über den status causae et controversiae bedienen, 35. §. 59. die Zuziehung der Rechtsbeistände bei Localcommissionen in Dienststreitigkeiten ist in der Regel nicht erforderlich, 41. §. 35. Pflichten der Mitglieder eines Justizcollegii, wenn sie als Assistenten zugeordnet werden, III. 3. § 21.

S. übrigens: Auditeur, Zeugenabhörung.

Attest eines Landescollegii, Magistrats oder Gerichts ist ein Documentum publicum *extrajudiciale*, I. 10. §. 127. u. [79]. s. auch Kirchenbuch.

Auction, Verfahren dabei, wenn dieselbe abgepfändete Mobilien zum Gegenstande hat, I. 24. §. 78. sqq. s. auch Getreide. Auction der Mobilien in Concursen, 50. §. 227. sqq. s. auch Gold und Silber, Kostbarkeiten, Schiffe. Die gelöseten Gelder müssen in das Depositum abgeliefert werden, §. 231. Sie darf nie an Sonn- und Festtagen abgehalten werden. II. 2 §. 11. [420].

Auditeur kann zwar als Rechtsbeistand gegenwärtiger, nicht aber als Bevollmächtigter abwesender Parteien zugelassen werden, I. 3 §. 22.

Aufgebot eines Fideikommißkapitals oder Lehnstammes, I. 51. §. 52. liegender Gründe oder einzelner darauf eingetragener Forderungen, §. 99. sqq. 1) vom Aufgebot der Grundstücke gegen unbekannte Realprätendenten, §. 100. sqq. wer dasselbe ausbringen könne, s. *Successor singularis.* Den bekannten Realprätendenten wird der anstehende Termin bloß zu ihrer Nachricht bekannt gemacht, §. 102. Das Aufgebot erstreckt sich auch auf unbekannte, d. h. nicht eingetragene Gerechtigkeiten und Servituten, §. 103. a) Bestimmung des Termins, §. 123. b) Verfahren in demselben, §. 104. Abfassung des Präclusionsurtels, §. 105. s. auch Präclusionsurtel bei Aufgeboten. Die Kosten des Aufgebots trägt in der Regel der Verkäufer, §. 108. 2) Aufgebot eingetragener Posten, deren Inhaber unbekannt sind, §. 110. sqq. u. [383]. 3) verlorner Instrumente, §. 115. sqq. u. [384]. §. 116. u. [387]. davon soll dem Haupt-Bankodirectorium jedesmal von Amtswegen Nachricht gegeben werden, §. 117. welches überhaupt bei dem Aufgebot eines jeden billet au porteur geschehen muß, §. 144. s. auch Manifestationseid a) Aufgebot der Pfandbriefe, s. Pfandbriefe; b) der Seehandlungs-Actien s. Actien und Seehandlungs-Actien, bei bloßen Zinscoupons von Pfandbriefen ist kein Aufgebot erforderlich, I. 51. §. 137. Verfahren beim Aufgebot: c) von Privaturkunden, §. 115. [385]. d) von auf jeden Inhaber zahlbaren Wechseln [386]. e) von verloren gegangenen Obligationen der Bank, Seehandlungssocietät, Hauptnutzholz- und Hauptbrennholzadministration und überhaupt aller öffentlichen Anstalten, §. 120. [388].

S. übrigens: Baugläubiger unbekannte, Cassengläubiger unbekannte, Contravenienten unbekannte, Edictalvorladung unbekannter Prätendenten, Erbesinteressenten unbekannte, Gesammthändler und Agnaten, Handlungsgläubiger unbekannte, Societätsgläubiger unbekannte.

Aufnehmung der Klage, wenn in dem dazu anstehenden Termin der Kläger nicht erscheint, so muß die Klageanmeldung reponirt werden, I. 4. §. 20 wie dabei zu verfahren, 5. §. 1. sqq. dazu muß über folgende Punkte Information eingezogen werden: 1) über den Gerichtsstand, 2) über eine etwanige Rechtshängigkeit, 3) über das Objekt der Klage, 4) über die dabei zum Grunde liegenden Thatsachen, 5) über das Gesuch des Klägers, 6) über den Legitimationspunkt, 7) über die etwa vorhandenen mehrern Theilnehmer a) von Seiten des Klägers, b) von Seiten des Beklagten, 8) wegen eines etwa vorhandenen auctoris, 9) über die etwanige exceptionem plus petitionis tempore, oder 10) excussionis et ordinis, 11) wegen der Cautionsbestellung, 12) über die Beweismittel, 13) über die vermuthlichen Einwendungen des Beklagten, 5. §. 4. sqq. die Aufnehmung der Klage soll erst nach eingezogener vollständiger Information erfolgen, §. 10. in wiefern das Informationsprotokoll zugleich die Stelle der Klage vertreten könne, §. 14 in welchen Fällen aus dem Informationsprotokoll ein besonderes Klageprotokoll gezogen werden müsse, §. 15.

S. übrigens: Information, Klage.

Augenschein, Einnehmung desselben, Fälle, in welchen dieselbe geschehen muß, I. 10. §. 380. 381. in wiefern dieselbe von dem Deputirten des Gerichts oder von einem auswärtigen Commissarius vorzunehmen, §. 382. in wiefern Sachverständige dabei zuzuziehen, §. 383. und welche Personen dazu zu bestellen, §. 384. dazu müssen die Parteien und Zeugen, so wie alle, die bei der Sache interessirt sind, vorgeladen werden, §. 385. 386. Verfahren bei der Einnehmung des Augenscheins selbst, §. 387. sqq. insbesondere, wenn sich dabei ein Unterschied zwischen dem über den Befund der Sachverständigen aufgenommenen Protokoll und den Aussagen der Zeugen äußert, §. 396.

Auscultator, dessen Bestellung, III. 4. §. 1. sqq. Jeder Rechtskandidat muß sich, wenn er zur Prüfung gelassen sein will, über die Vollendung seines dreijährigen akademischen Cursus ausweisen, §. 1. [448]. und ein lateinisches Curriculum vitae anfertigen, [449]. Prüfung §. 3 — 6. [450]. Beschäftigungen, §. 6. sqq. [451]. Prüfung

Partei zum Armenrecht verstattet worden. I. 23. §. 36. u. [141, 142].

Auspfändung begründet, wenn sie vor ausgebrochenem Concurse ausgebracht worden, einen Platz in der fünften Classe, I. 50. §. 447. S. übrigens Execution.

Außenbleiben, Folge desselben für die außenbleibenden Parteien, s. Aufnehmung der Klage, Beklagter, Contumacialerkenntniß, Instructionstermin, Vorladung.

Auswärtiges Departement, demselben muß Anzeige geschehen 1) wenn Personen, die zu einer Gesandtschaft gehören, verklagt oder zu Zeugen vorgeschlagen werden, I. 1. §. 63. 64. s. auch Gesandtschaft, Klage, Zeuge. 2) Wenn gegen den Consul einer auswärtigen Nation Personalarrest verhängt werden soll, §. 65. 3) wenn jemand, der zu einer fremden Gesandtschaft gehört, in Rücksicht hiesiger unbeweglicher Besitzungen belangt, jedoch keine eigentliche Realklage angestellt wird, §. 66. 4) wenn ein ausländisches Gericht die Insinuation verweigert, 7. §. 11. s. auch Insinuation. 5) wenn gegen einen Fremden von einigem Range Personalarrest verhängt worden, 29. §. 76. 6) wenn Grenzstreitigkeiten eine Landesgrenze mit betreffen, 42. §. 33.

B.

Bäcker, Schlächter, Schneider und Schuster werden mit ihren Forderungen aus den letzten sechs Monaten vor eröffnetem Concurs in der zweiten Classe angesetzt; jedoch die Schneider nur in Ansehung der Alltagskleidungsstücke, I. 50. §. 376.

Bagatellsachen, dabei findet keine Cautionsbestellung Statt, I. 21. §. 2. von dem Verfahren in Bagatellsachen 1) bei Obergerichten, 26. §. 1. sqq. Begriff, §. 1 — 3. Regel von dem Verfahren dabei, §. 4. besondere Bestimmungen, §. 5. 6. 2) von Bagatellsachen bei Untergerichten, a) unter 10 Thalern, §. 15. sqq. b) von 10 bis 50 Thalern. S. auch Appellation bei Untergerichten, Erkenntniß, Recurs.

Bank, in welcher Art die bei derselben zinsbar belegten Gelder mit Arrest belegt werden können, I. 29. §. 19. hat fiscalische Rechte, 50. §. 361. deren sie sich jedoch in Ansehung ihrer kaufmännischen Geschäfte begeben, §. 401. Verfahren bei der Aufbietung verloren gegangener Bankobligationen, s. Aufgebot.

Bankerutier, vorsätzlicher, kann nicht als Beweiszeuge gelten, I. 10. §. 230. n. 15.

Bankerutierprozeß soll denjenigen Schuldnern gemacht werden, welche sich zur Rechtswohlthat der Competenz nicht qualificiren können, I. 48. §. 45. Ob derselbe wider den Gemeinschuldner zu eröffnen, muß jedesmal bei Eröffnung des Concurses geprüft werden. I. 50. §. 4. [313].

Bankodirectorium, s. Aufgebot verlorner Instrumente.

Bauergüter, eigenthümliche, von einiger Beträchtlichkeit, werden nach dem wahren Ertrage taxirt, bei andern findet keine Ertragstaxe Statt, II. 6. §. 14. s. auch Landgüter, Laßgüter, Taxe.

Bauglaubiger, in wiefern sie in der vierten oder in der sechsten Classe angesetzt werden, I. 50. §. 424. und §. 426. auf die Vorladung unbekannter Bauglaubiger kann Fiscus antragen, wenn Baue auf königliche oder andere öffentliche Rechnung geführt worden, 51. §. 169. sqq.

Bausachen, davon handelt I. 42. §. 34. sqq. deren vorzügliche Beschleunigung, §. 35 — 37. s. auch Deduction. Rechtsmittel, §. 38. sqq. s. auch Appellationsfrist, Erkenntniß, Revision. Das abgekürzte Verfahren in Bausachen findet nur dann Anwendung, wenn von einem schon angefangenen streitigen Bau die Rede ist, §. 42.

S. übrigens: Augenschein, Riß, Sachverständiger.

Beamte, königliche, s. Eximirte, auch Amtsbehörde, u. Regierungsofficianten.

Beantwortung der Klage, bei der Aufnehmung der Information dazu ist auf folgende Punkte vorzüglich Rücksicht zu nehmen: 1) auf die dem Beklagten etwan zustehenden vorläufigen Einwendungen, s. Aufnehmung der Klage. 2) auf den Grund der Klage, 3) auf die Beweismittel, 4) auf die Ausstellungen gegen die Beweismittel des Klägers, 5) auf die peremtorischen Einwendungen, 6) auf die vermuthlichen Erwiederungen des Klägers, auf die etwan zu veranlassende Adcitation, 8) auf die Gegenforderungen, 9) auf die dem Beklagten zu machenden Vorhaltungen. I. 9. §. 1. sqq. die bei Einziehung derselben sich ergebenden vorläufigen Anstände müssen gehoben werden, §. 12. ferneres Verfahren, je nachdem der Termin entweder bloß zur Beantwortung der Klage, oder zugleich zur Instruction der Sache angestanden hat, §. 13 — 15 und §. 17 — 23. die Beantwortung der Klage darf nicht schriftlich eingereicht werden, §. 15. eine jede muß 1) die Thatsache, 2) die Einwendungen des Beklagten, 3) die ihm etwan zu Statten kommenden Rechtsausflüchte, 4) einen der Sache und der Absicht des Beklagten gemäßen Antrag enthalten, §. 16. wenn es nach Aufnehmung derselben nur noch auf die Ergänzung bloßer Nebenumstände ankömmt, so muß zugleich mit Anberaumung eines Instructionstermins verfahren werden, §. 24.

S. auch Instructionstermin, Rechtsausflüchte.

Bedingungsweise überlassene Sachen werden, wenn die Bedingung eintritt, in der ersten Classe zurückgegeben. Doch muß, wenn dieses Vorzugsrecht Statt finden soll, in Ansehung der Immobilien diese Einschränkung im Hypothekenbuche vermerkt sein, I. 50. §. 335.

Beglau=

Beglaubigung, s. Grundstücke, Verträge.

Begnadigung, s. Ehrlosigkeit.

Begräbnißkosten, was darunter zu rechnen, und auf wie hoch sie einen Platz in der zweiten Classe erhalten, I 50. §. 363. 364. wenn ein Dritter das Begräbniß besorgt hat, so erhält er das in dieser Classe anzusetzende Quantum, muß jedoch dafür denen, die Arbeiten dabei geleistet, oder Sachen dazu geliefert haben, gerecht werden, §. 365. die Creditmasse ist nicht schuldig für die Beerdigung eines nach eröffnetem Concurse verstorbenen Gemeinschuldners, seiner Ehefrau, Kinder oder Anverwandtin zu sorgen, § 366. die Begräbnißkosten werden, in sofern sie mehr als das in der zweiten Classe stattfindende Quantum betragen, post omnes locirt, §. 478. s. auch Trauerkosten.

Behandlung der Gläubiger, Begriff, I 49. §. 1. Privatbehandlung, §. 2. gerichtliche, §. 3. sqq. Verfahren dabei, §. 7. a) wenn sämmtliche Gläubiger über die Annahme der Behandlungsvorschläge einig sind, §. 8. b) wenn sich unter den Gläubigern ein Widerspruch findet, als in welchem Falle Concurs eröffnet werden muß, §. 9. Ausnahme, §. 10. sqq. Behandlung der Gläubiger in Concursen, s. Sühneversuch in Concursen.

Behörde, s. Amtsbehörde.

Beklagter wird, wenn er im Instruktionstermin nicht erscheint, in contumaciam verurtheilt, I. 8. § 9 sqq. s. auch Contumacialerkenntniß. Verfahren, wenn derselbe sich in dem Termin zur Aufnahme der Beantwortung der Klage oder zu Instruction der Sache meldet, §. 13. und entweder die Klage ganz, §. 14 - 16. oder zum Theil einräumt, §§. 17, 18. oder derselben widerspricht, § 19. s. auch Beantwortung der Klage, oder auch Verlegung des Termins nachsucht, s. Verlegung der Termine, in wiefern er durch Litisdenunciation ex nexu komme, s. Litisdenunciation.

Belag, s. Rechnungsbelag.

Belehrung der Parteien bei Handlungen freiwilliger Gerichtsbarkeit muß der Richter in jedem Falle vornehmen, wenn er mit Parteien zu thun hat, welche der Rechte unkundig und in Geschäften nicht erfahren sind, II. 2. §. 31.

Beneficialerbe, dessen Rechte und Verbindlichkeiten im erbschaftlichen Liquidationsprozeß, s. Erbschaftlicher Liquidationsprozeß.

Beneficium cessionis bonorum, s. Cession Rechtswohlthat derselben.

Beneficium competentiae, s. Competenz Rechtswohlthat derselben.

Bereiter, die bei Ritterakademien angestellten, deren Gerichtsstand, s. Eximirte. Der Bereiter bei den Regimentern, s. Feldstallmeister und Bereiter.

Bergantheile. Verfahren bei Subhastation derselben I. 52. §. 65. [410].

Berggläubiger, s. Bergwerkseigenthum.

Bergwerke. Vorschriften bei der Verlautbarung der über ihre Veräußerung geschlossenen Verträge II. 3. [425].

Bergwerkseigenthum, wie weit dasselbe dem Arrestschlage unterworfen, I. 29. §. 27 von dem Verfahren bei Concursen darüber handelt I. 50. §. 672. sqq. der ordentliche Richter des Concurses kann sich einer Direction der dadurch constituirten Specialmasse nicht anmaßen, §. 672. 673. Verfahren, je nachdem das Bergwerkseigenthum in- oder außerhalb derjenigen Provinz liegt, wo das Gericht des Hauptconcurses sich befindet, I. 50. §. 674. sqq. das Connotations- und Verificationsverfahren, die Abfassung der Classificationssentenz, die Administration des Bergwerkseigenthums rc. gehört lediglich vor das Berggericht, §. 676. sqq. s. auch Curator und Contradictor. Was von dem Bergtheile nach Befriedigung der Berggläubiger übrig bleibt, wächst der gemeinen Masse zu, §. 679. wogegen auch die Berggläubiger sich in subsidium an diese halten können, 680.

Berlin, die Gerichtsbarkeit über das Gesinde der daselbst wohnenden Eximirten ist dem Gesindeamte übertragen, I. 2. §. 101.

Bescheid, s. Erkenntniß.

Beschlag, s. Arrest, Execution.

Beschleunigung der Prozesse, allgemeine dahin abzweckende Vorschriften, I. 8. §. 33. sqq. Obliegenheiten der Justizcommissarien dabei, §. 36. imgleichen der auswärtigen Commissarien, §. 37.

Beschwerden gegen Landesjustizcollegia, wie es mit deren Untersuchung zu halten. III. 1. §. 13. sqq. gegen Untergerichte, 2. §. 35. 36. und 8. §. 15. sqq. Beschwerden dürfen in rechtskräftig abgeurtelten Rechtssachen nicht angebracht werden, III. 1. §. 13. [439]. Verfahren wegen Bestrafung von Winkelconsulenten, §. 14. [440]. Vorschriften für die Bittsteller. [441]. Strafen des unnützen und ungegründeten Beschwerdeführens. §. 15. [442, 443]. S. übrigens: Justizvisitation, Landesjustizcollegium, Recurs, Strafe.

Besitzstand, s. *Possessorium summarissimum.*

Besoldungen, bei Klagen darauf findet keine Cautionsforderung Statt, I. 21. §. 2. in wiefern Besoldungen und Pensionen von dem Gläubiger zum Gegenstande seiner Befriedigung in Vorschlag gebracht werden können, 24. §. 106. sqq. in wiefern dieselben dem Arrestschlage unterworfen seien oder nicht, s. Accise- und Zollbediente, Seehandlungsgesellschaft, Wittwenverpflegungsanstalt. Die Besoldung und Emolumente der Staats- und anderer öffentlichen Bedienten können, wenn sie auch von dem Arrestschlage nicht ganz befreit sind, doch nur zur Hälfte mit Arrest belegt werden, 29. §. 23. Nur die Hälfte dessen, was über 400 Rthlr. geht, kann mit Beschlag belegt werden bei Gehalten, 24. §. 106 — 108. [150, 161]. bei Pensionen die Hälfte des über 200 Rthlr. Gehenden, [162]. Grund-

calischen Untersuchungen, I. 35. §. 47 muß im Concursprozeß von dem abwesenden Gläubiger bestellt werden, 50. §. 97. kann in der Sache seines Machtgebers zwar nicht als Beweiszeuge gelten, wohl aber der nähern Erkundigung wegen abgehört werden, 10. §. 230. Bevollmächtigter zum Schwörensehn, s. Zeugeneid.

S. übrigens: Auditeur, Generalbevollmächtigter, Justizcommissarius, Nullitätsklage, Verlegung der Termine, Vorladung.

Bevormundung bei Prozessen muß von der vormundschaftlichen Behörde geschehen, I. 1. §. 10. ist diese ein ausländisches Gericht, so bleibt der Betrieb derselben den Interessenten überlassen, §. 11. und der Prozeß ruht, bis sie erfolgt ist; doch kann auch in schleunigen Fällen ein Interimscurator zugeordnet werden, §. 12. s. auch Ehescheidungsprozeß.

Bewegliche Sachen, s. Mobilien.

Beweis, wie derselbe bei Aufnehmung der Klage vorzubereiten, I. 5. §. 5. und bei Aufnehmung der Beantwortung der Klage, 9. §§. 4. 5. wenn die Erheblichkeit oder Unerheblichkeit desselben von einem zweifelhaften Gesetze abhängt, muß bei der Gesetzcommission angefragt werden, 10. §. 52. muß auch über den Inhalt eines fremden Landgesetzes aufgenommen werden, §. 53. desgleichen über das Dasein eines dem Gerichte unbekannten Statutes, §. 54. und der Gewohnheitsrechte, §. 55. desselben bedürfen notorische Thatsachen nicht, §. 56. s. übrigens *status causae et controversiae*. Vom Beweise durch Einnehmung des Augenscheins, s. Augenschein, — durch den Eid, s. Eid, — durch Urkunden, s. Urkunde, — durch Zeugen, s. Zeuge, — durch Zugeständniß, s. Zugeständniß. Eine förmliche Beweisaufnahme findet bei Prozessen, deren Gegenstand die nachgesuchte Entsetzung eines Vormundes ist, nicht Statt. 39. 17.

Beweis zum ewigen Gedächtniß, davon handelt I. 33. in welchen Fällen dieser Beweis, welcher sowohl durch Zeugen als durch Ocularinspection geführt werden kann, Statt finde, §. 1. Verfahren dabei, § 2. A) wenn die Hauptklage noch erst angestellt werden soll. §. 3. gegen wen der Antrag Statt finde, §. 4. Begründung desselben, §§. 5. 6. wenn derselbe ungegründet befunden wird, muß der Provocant durch ein Decret abgewiesen, §. 7. sonst wegen Aufnahme desselben das Nöthige verfügt werden, § 8. Verfahren wenn 1) die Aufnehmung des Beweises von dem instruirenden Richter erfolgen kann, § 9. sqq. der Provocat muß zu einem vor Aufnehmung des Beweises anzusetzenden Termin zur Ablegung seiner Erklärung vorgeladen werden, §§. 10. 11. Verfahren, wenn derselbe sich nicht meldet, §. 12. wenn er sich meldet, §. 13. und entweder das von dem Provocanten vorgetragene Factum eingesteht (als in welchem Falle es der Beweisaufnahme nicht bedarf,) §. 14. oder die Thatsache leugnet, §. 15. mit den Einwendungen gegen das Factum selbst, oder gegen die vorläufige Beweisaufnahme muß der Provocat zwar gehört,

hört, aber kein Prozeß darüber gestattet werden, I. 33. §. 16. Verfahren, wenn der Provocat bei der Species facti des Provocanten etwas zu erinnern hat, §. 17. oder gegen die Qualität der Beweismittel Einwendungen macht, §. 19. über die Verwerfungsursachen findet auch hier kein besonderes Erkenntniß Statt, §. 19. Verfahren, wenn 2) die Aufnehmung des Beweises auswärts erfolgen muß, §. 20. Verfahren in dringenden Fällen, §§. 21. 22. in wiefern ein jeder Richter, in dessen Gerichtsbezirk der Zeuge betroffen wird, dessen Abhörung zum ewigen Gedächtniß verfügen könne, §. 22. B) Verfahren, wenn der Hauptprozeß schon anhängig ist, §. 23 — 25. Vorschriften für die Aufnahme der Beweismittel selbst, §§. 26. 27. die Aufnahme des Beweises zum ewigen Gedächtniß geschieht allemal auf Kosten des Provocanten, §. 28. welcher Gebrauch von den darüber aufgenommenen Protocollen bei Erörterung der Hauptsache zu machen, §. 29.

Beweiskraft der Hausbücher, s. Hausbuch; der Kerbstöcke, s. Kerbstock; der Matrikeln, s. Matrikel; der Privaturkunden, s. Urkunde, der Quitungen und Beläge, s. Quitung, Rechnungsbelag; der Urbarien, s. Dienstregister; der Zinsregister, s. Zinsregister.

Beweismittel, welche eine Thatsache vollständig nachweisen, I. 13. §. 10. in welchem Fall eine Thatsache nicht für vollkommen erwiesen anzunehmen, §. 11. von Widersprüchen unter den Beweismitteln, §. 12. a) zwischen Documenten, 10. §. 392. und 13. §. 13. sqq. b) zwischen Zeugen, 10. § 393. und 13. §§ 16. 17. c) zwischen Documenten und Zeugen, 10. §§. 394. 395. und 13. § 18. sqq. d) bei Eideszuschiebungen, ebend. §. 21. e) bei Ocularinspectionen, 10. §. 396. und 13. §. 22. von Unzulänglichkeit der Beweismittel, §. 24. s. auch Nothwendiger Eid. Wenn die Instruction derselben ganz fruchtlos gewesen, muß diejenige Partei, welcher rechtliche Vermuthungen zu Statten kommen, ein obsiegliches Urtel erhalten, 13. §§. 27. 28. sollte ein nicht zu hebender Widerspruch in den Beweismitteln obwalten, so findet eine Theilung des Objecti litis Statt, §§. 29. 30. Aufnahme neuer Beweismittel, s. Appellationsinstanz, in wiefern dieselbe noch in der dritten Instanz zulässig sei, 15. §. 11. sqq. deren Instruction soll allemal mit darauf gerichtet werden: warum diese Beweismittel erst in dritter Instanz angegeben worden, §. 15.

Beweiszeuge, s. Zeuge.

Beistand, s. Assistent.

Billet au porteur, s. Aufgebot.

Bischof, s. Eximirte.

Bittweise überlassene Sachen, welche nicht verbrauchbar sind, werden in der ersten Classe zurückgegeben, I. 50. §. 297. wenn sie aber nicht mehr in Natur vorhanden sind, deren Werth in der sechsten Classe angesetzt, §. 436. s. auch *Fungibilis res.*

Blinde können in Ansehung solcher Gegenstände, zu deren Kenntniß der Sinn des Gesichts erfordert wird, kein Zeugniß ablegen, I. 10. §. 227. n. 2. Blinde und Taubstumme, deren Verträge können vor jedem Gerichte vollzogen werden, II. 1. §. 9. Verfahren, wenn ein Blinder einen Vertrag schließen will, 3. §. 8. I. 10. §. 19. [73].

Blödsinnige können vor Gericht nicht zugelassen werden, I. 1. §. 3. auch kein Zeugniß ablegen, 10. §. 227. n. 1. deren Vorzugsrecht in dem Vermögen ihrer Vormünder, s. Vormund.

Blödsinnigkeitserklärung, s. Wahn- und Blödsinnigkeitserklärung.

Bösliche Verlassung, wie die deshalb angestellte Ehescheidungsklage zu instruiren, I. 40. §. 58. sqq. s. auch Edictalvorladung.

Bonitirung und Vermessung bei Gemeinheitsauseinandersetzungen davon handelt I. 43. § 20. sqq.

Boten, deren Bestellung, III. 6. §§. 86. 87. Obliegenheiten, §. 88. sqq. Verpflichtung, §. 92. § 71. [459].

Botenmeister und Canzleidiener, dessen Bestellung, III. 5. §§. 72. 73. Obliegenheiten, §. 74. sqq. besonders bei Vertheilung der zu insinuirenden Verordnungen unter die Boten, R. u. C. R. §. 182. sqq. Verpflichtung, III. 5. §. 82. §. 71. [459].

Braut, was sie ihrem Bräutigam vorgeschossen oder anvertrauet hat, gehört in die sechste Classe, wenn der Concurs vor der Hochzeit eröffnet worden I. 50. §. 469.

Brautgeschenke oder Morgengaben kann die Ehefrau als ihr Eigenthum in der ersten Classe vindiciren, I. 50. §. 313.

Brennholzadministration hat fiscalische Rechte, I. 50. §. 351. Von Aufbietung verloren gegangener Obligationen derselben, s. Aufgebot.

Brodkorn, s. Saat-, Brod- und Futtergetreide.

Bücher brauchen bei Inventuren nicht taxirt zu werden, II. 5. §. 49.

Bürge haftet für den durch ein juramentum in litem gegen den Hauptschuldner ausgemittelten Betrag, I. 22. §. 15. in wiefern gegen ihn Arrestschlag Statt finde, 29. §§. 8. 9. oder ihm ein dem Hauptschuldner ertheilter Indult zu Statten komme, 47. §§. 114. 115.

Bürgschaft kann bei Indultgesuchen durch hinlänglich angesessene Leute bestellt werden, I. 47. §. 22. der Frauenspersonen kann vor jedem gehörig besetzten Gerichte vorgenommen werden, II. 1. §. 9. Verfahren bei Aufnehmung der Bürgschaften, 3. §. 16. a) insbesondere, wenn eine Ehefrau sich für ihren Ehemann verbürgt, §. 16. b) s. auch Eheleute.

C.

Cämmerei, s. Casse.

Calumniae juramentum kann der Dritte, welcher ediren soll, von dem Editionsforderer verlangen, I. 10. §. 102. muß derjenige ableisten, der den Beweis durch Vergleichung der Handschrift führen will, §. 150. s. auch Vergleichung der Handschrift. Kann derjenigen Partei abgefordert werden, welche auswärtige an entlegenen Orten befindliche Zeugen vorschlägt, wenn sie einigen Verdacht, daß es ohne Noth geschehe, gegen sich hat, §. 174. muß auch derjenige ableisten, welcher auf die Abhörung eines sich auf Reisen befindenden Zeugen besteht, dessen Zurückkunft sich nicht bestimmen läßt, §. 226. b) von diesem Eide überhaupt handelt I. 22. §. 37. sqq. dessen Zweck §. 37. in welchen Fällen derselbe Statt finde, §. 38. in der Regel ist nur der Richter befugt, diesen Eid zu fordern, §. 39. Verfahren, wenn die Partei sich nicht freiwillig zur Ableistung dieses Eides versteht. §. 40. in diesem Fall muß, wenn der Decernent findet, daß die Partei der Chicane wirklich verdächtig sei, ihr der Eid durch eine Resolution auferlegt werden, §. 41. Wirkung der nicht erfolgenden Ableistung dieses Eides, §. 42. dieser Zwischenpunkt muß die Instruction der Hauptsache niemals aufhalten, §. 43. diejenige Partei, welche den Eid abgeleistet hat, und in der Folge dennoch der Chicane überführt wird, soll gleich einem Meineidigen bestraft werden, §. 44. wenn eine Partei in Meßsachen Beweismittel in Vorschlag bringt, deren Aufnehmung mit beträchtlichem Zeitverlust verknüpft sein würde, so muß derselben das juramentum calumniae abgenommen werden, 30. §. 26.

Cammergericht, s. Oberkriegscollegium.

Cancellei, Beschaffenheit der Stube dazu, R. u. C. R. §. 75.

Cancelleidiener, s. Botenmeister.

Cancelleidirector oder Pronotarius, demselben liegt die Direction in der Registratur und Cancellei überhaupt ob, R. u. C. R. §. 1. n. 1. muß tägliche Präsenzlisten von sämmtlichen Subalternen führen, §. 5. in wiefern derselbe einem Cancelleiverwandten erlauben könne, die Cancellei noch vor Ablauf der Arbeitsstunden zu verlassen, §. 10. muß die Ausgleichung der Arbeit unter den Secretarien besorgen, §. 123. dessen Amt in Ansehung der vorgetragenen Spruchsachen, §. 214. sqq. hat die Aufsicht über sämmtliche Subalternen, §. 238. muß die Registratur fleißig visitiren, §. 239. auf das Betragen der Secretarien Acht haben, §. 240. den Cancelleiinspector unter beständiger Aufsicht halten, §. 241. dessen Obliegenheit, wenn er Unordnungen bemerkt, §. 243. s. auch Präsident.

Cancelleiinspector, dessen Platz in der Cancelleistube, R. u. C. R. §. 75. dessen Amt §. 76. besonders in Ansehung der zu revidirenden und revidirten Expeditionen, §. 138. sqq. s. auch Expedition

Cassen-

Cassenbediente, Vorrechte des Fiscus in ihrem Vermögen, s. Fiscus, auch Sportelcassenbediente.

Cassengläubiger, unbekannte Gläubiger einer öffentlichen mit fiscalischen Rechten versehenen Casse können öffentlich vorgeladen werden, I. 51. §§. 171. d. 171. e. Vorladung unbekannter Gläubiger der Depositencassen, §. 171. b. [391, 392]. der militärischen Cassen [393].

Caution, muß bei Arrestgesuchen in schleunigen Fällen bestellt werden, I. 29. §§. 31. 32. von dieser Cautionsbestellung ist nur der Fiscus frei, §. 33. in wiefern Kirchen, Schulen rc. davon frei sind, §. 34. derselben bedarf es bei ordentlichen und gewöhnlichen Arresten nicht, §. 51. wie es zu halten, wenn der Arrestat die Relaxation des Arrestes gegen Cautionsbestellung nachsucht, §. 59. sqq. Verfahren, wenn Fremde, gegen welche Arrest gelegt ist, Caution für die Forderung des Arrestlegers bestellen wollen, §. 76. [207 — 211]. s. auch Appellation hat nur *effectum devolutivum*, Arrest, Revision ist unzuläßig. Von welchen Personen sie, wenn sie als Bevollmächtigte zugelassen werden wollen, zu bestellen, 3. §. 26. s. auch Bevollmächtigter. In der Regel kann jeder Beklagte von dem Kläger wegen der Prozeßkosten Cautionsbestellung fordern, 21. §. 1. Arten der Prozesse, in welchen keine Cautionsforderung Statt findet, und Personen, welche von der Cautionsbestellung befreit sind, §. 2. s. auch Alimente, Bagatellsachen, Besoldung, Concursprozeß, Deputat, Ehescheidungsprozeß, Executionsprozeß, Fiscus, Grundstücke, (damit angesessene Leute,) Judicat, (Klagen daraus,) Lohn, Magisträte, Mercantilsachen, Spoliensachen, Stadtgemeine, Stiftungen, Milde. Die Dispensation des Einen Mitklägers kömmt dem andern nicht zu Statten, §. 2. s. auch Kostenpunct. Zu welcher Zeit die Cautionsforderung angebracht werden müsse, §. 4. Verfahren, §. 5. sqq. wenn die Verbindlichkeit zur Cautionsbestellung und das Quantum der Caution streitig ist, so wird das Erforderliche durch ein Decret festgesetzt, gegen welches keine Appellation Statt findet, §. 8. die Cautionsbestellung kann nachgefordert werden, wenn die Gründe, aus welchen der Kläger bei dem Anfange des Prozesses von derselben befreit war, sich in der Folge verändern, §. 9. zu deren Bestellung muß der dem richterlichen Befehle keine Folge leistende Kläger mittelst Execution angehalten werden, §. 10. ist diese fruchtlos, so muß der Kläger auf ausdrückliches Verlangen des Beklagten den Cautionseid leisten, §. 11. oder die Reposition der Acten gewärtigen, §. 12. von Cautionsbestellung der Ausländer, §. 13. s. auch Appellation. Andere Prozeßcautionen, als die cautiones de judicio sisti, imgleichen pro reconventione bleiben abgeschafft. Die Caution de lite prosequenda bei Litisdenunciationen soll nur in dem Tit. 20. §. 20. angegebenen Falle nach richterlichem Ermessen zulässig sein, §. 14 Cautionsforderungen, die selbst Gegenstände eines Prozesses sein können, z. B. cautio fidei-

com-

commissaria, usufructuaria, damni infecti etc. müssen besonders instruirt werden, §. 15. wenn der Gemeinschuldner von der Cautionsbestellung dispensirt worden, so werden die zu erstattenden Kosten in der fünften Classe angesetzt, I. 50. §. 446.

S. übrigens: Kosten, Zuschlag.

Cautionseid, dessen Formel, I. 21. §. 11. zu dessen Ableistung soll ein Ausländer nicht verstattet werden, §. 13.

Chef der Justiz, s. Justizdepartement.

Certificat über Wechselfähigkeit, s. Wechselfähigkeit.

Certioration, s. Belehrung der Parteien.

Cession, bei einer dadurch erworbenen Forderung finden in Ansehung der Eideszuschiebung die Vorschriften von der Litisdenunciation Anwendung, I. 10. §. 279. Verfahren bei Reconventionen, wenn das Geschäft, aus welchem Forderung und Gegenforderung entspringt, zwischen dem Beklagten und einem Dritten vorgefallen ist, und dieser sein Recht an den Kläger cedirt hat, 19. §§. 7. 8. gegen einen Kläger, der als Cessionarius eines Dritten klagt, kann der Beklagte wegen Forderungen, die ihm gegen den Cedenten, aus einem andern Geschäft zustehen, nur unter gewissen Einschränkungen die Reconvention anstellen, §. 19. in welchen Fällen es in Concursen keiner ausdrücklichen Abtretung der Rechte des bezahlten ursprünglichen Gläubigers des Gemeinschuldners bedürfe, um in dessen Stelle zu treten, 50. §. 161.

Cession, Rechtswohlthat derselben, Begriff und Zweck, I. 48. §. 1. sqq. Erfordernisse, §. 4. sqq. Anbringung des Gesuchs, §. 8. Aufnehmung desselben, §. 9. sqq. Verfügung darauf, §. 12. sqq. s. auch Manualacten, Resolution, Wechselgläubiger. Instruction, §. 18. sqq. s. auch Deduction. Erkenntniß, §. 22. sqq. s. auch Publication der Urtel. Rechtsmittel, §. 26. sqq. s. auch Appellation hat nur *effectum devolutivum*, Personalarrest, Revision. Kosten, §. 30. dieser Rechtswohlthat kann nicht im voraus entsagt werden, §. 31. Wirkung der Cession, §. 32. in welchen Fällen die Gläubiger auf die Wiederaufhebung dieser Rechtswohlthat antragen können, §. 33. sie schützt nicht gegen neue Schulden, §§. 34. 35. in wiefern dieselbe noch bei der Execution entgegen gesetzt werden könne, §. 36. was Rechtens sei 1) wenn der Schuldner zu bessern Vermögensumständen gelangt, §. 37. sqq. 2) wenn er sich zu der Rechtswohlthat der Cession nicht qualificirt, §. 45. s. auch Bankerutierprozeß. Von Cessionsgesuchen gegen einzelne Gläubiger, §. 46. sqq. wenn ein Schuldner zur Rechtswohlthat der Cession verstattet zu werden verlangt, muß der Concurs von Amtswegen eröffnet werden, 50. §. 4. n. 1. einem zur Rechtswohlthat der Cession qualificirten Gemeinschuldner ist bis zum Verkauf des Hauses oder Landgutes die Wohnung zu verstatten, §. 266.

S. übrigens: Observation, Personalarrest.

Chargés d'affaires auswärtige, sind der hiesigen Gerichtsbarkeit nicht unterworfen, I. 2. §. 26.

Charte, s. Karte.

Chicane, s. *calumniae juramentum.*

Chirurgen, s. Compagniechirurgen, Regimentschirurgus.

Churmärkische Landschaft, in wiefern die bei derselben belegten Gelder im Wege des Arrests in Beschlag genommen werden können, I. 29. §. 19.

Citation, s. Vorladung, auch Edictalvorladung.

Civilbeamte. Von der Execution gegen sie, und von den ihnen zu machenden Gehaltsabzügen, s. Besoldungen, Execution.

Civilgerichte dürfen sich in alle zur Militärgerichtsbarkeit gehörigen Angelegenheiten nicht mischen, I 2. §. 52. s. auch Oberkriegscollegium. Sie üben jetzt die bürgerliche Gerichtsbarkeit über die Militärpersonen aus, §. 48. sqq. [12]. s Militärpersonen. Ueber fremde Militärpersonen haben sie auch die Gerichtsbarkeit in Criminal- und Injuriensachen, §. 60. [22]. Müssen den Militärgerichten von jeder gegen Militärpersonen, die in bürgerliche Zünfte aufgenommen worden, angestellten Klage Nachricht geben, §. 82. e. s. auch Execution, Militärpersonen. Den Civilgerichten des Orts sind die in Garnison zurückbleibenden Ehefrauen der Unterofficiers und Soldaten, wenn die Regimenter ins Feld gehen, unterworfen, §. 38. Wann sie wider Militärpersonen und Beurlaubte die fiscalische Untersuchung führen können, 35. §. 34. [244, 245].

Uebrigens s. Generalauditoriat, Militärgerichte, Militärpersonen, Regimentsgerichte.

Classification der Gläubiger geschieht in sieben Classen, I. 50. §. 267. wie es mit den, vor Publication der Allgemeinen Gerichtsordnung entsprungenen, Forderungen zu halten, [352]. welche Gläubiger von der Einlassung in den Concurs frei sind, s. Einlassung in den Concurs.

Gläubiger der ersten Classe, §. 295. sqq. ihnen werden die vindicirten Sachen angewiesen, §. 355.

S. übrigens: Bedingungsweise überlassene Sachen, Bittweise überlassene Sachen, Commissionsgüter, Credit, Depositum, Diebstahl, Ehefrau des Gemeinschuldners, Fabrikant, Feuersocietäts- und Bauhülfsgelder, Fideicommiß, Geliehene Sachen, Grundstücke, Hofwehr, Kinder, Lehn, Miethe, Pfand, Saat-, Brod- und Futtergetreide, Rettungsinstitut, Standesmäßiger Unterhalt.

Gläubiger der zweiten Classe, ebend. §. 365. sqq. folgen in der daselbst festgesetzten Ordnung auf einander, §. 385, und mit welcher Rücksicht auf zufolge der Indultgesetze seit 1807 verspätete Einforderung, §. 356. sqq. [357].

S. übrigens: Arzt, Assecuranz-Prämien, Bäcker rc. Begräb-

welche post omnes locirt werden, erhalten ihre Befriedigung in tributum, I. 50. §§. 473. 474. 482. Besondere Privilegia einzelner Gläubiger, 483 — 485. Von Ueberschüssen der Masse, §. 486. Die Vorschriften der Classificationsordnung sollen auf andere bloß ähnliche Forderungen nicht ausgedehnt werden, §. 488.

Classification der Berggläubiger wird nach dem allgemeinen Landrechte bestimmt, I 50. §. 677.

Classification der Schiffsgläubiger, I. 50. §. 685. sqq. s. auch Schiffsgläubiger.

Classificationsurtel im Concursprozeß, Präclusion der nicht erschienenen Gläubiger, I. 50. §. 143 — 145. s. auch Präclusion. Einer Aushängung dieses Urtels am Ort des Gerichts bedarf es nicht, §. 143. [328]. Vorbehalt wegen der zum Concurs nicht gehörenden Ansprüche, §. 146. s. auch Einlassung in den Concurs. Erwähnung der Communkosten, § 147. Locirung der Gläubiger, §. 148. s. auch Classification der Gläubiger. Bestimmung wegen der Richtigkeit der Forderungen, § 149. wegen der Zinsen, §. 150 — 152. besonders wegen der, seit 1807 vermöge erlassener Indultgesetze aufgeschwollenen, Zinsen, §. 151. [329]. s. auch Zinsen. Wegen der Kosten, §. 153. u. [330]. wegen bloß temporeller Präftationen, §. 154. wegen noch nicht fälliger Forderungen, §. 155. wegen der Compensation in Concursen, §. 156. s. auch Compensation in Concursen. Vom jure subintrandi, §. 161. u. [331]. s. auch Cession, Gläubiger. Vom Retorsionsrechte, §. 162. Fassung des Erkenntnisses, §. 163. Locirung mehrerer Forderungen Eines Gläubigers, §. 164. Abweisung ungegründeter Ansprüche, §. 165. Publication des Classificationsurtels, §. 166 u. [332]. s. auch Publication des Urtels. Restitutionsgesuche, §. 167. s. auch Restitution. Kosten dieser Restitution, §. 168. die Appellation gegen ein Classificationsurtel steht sowohl dem Contradictor als den Gläubigern offen, §. 169. aber nicht dem Gemeinschuldner, [333]. in wiefern dem Contradictor, §. 170. sqq. in wiefern einem Gläubiger, § 174. sqq. und zwar, wenn die Appellation A) seine eigene Forderung a) in Ansehung der Richtigkeit und des Betrags derselben betrifft, §. 175. oder b) die Priorität der Forderung, §. 176. oder auch beides zugleich (§§. 175. 176.) Gegenstand der Appellation ist, §. 177 B) wenn die Appellation die Forderung eines Mitgläubigers betrifft, §. 178. in diesem Falle kömmt die Wirkung eines günstigen Appellationserkenntnisses sämmtlichen Gläubigern, die ein Interesse dabei haben, zu Statten, §§. 179. 180. doch müssen diese zu den durch eine solche für sie günstigen Appellation verursachten Kosten beitragen, §. 181. Termin zur Regulirung der Appellationen, §. 182. sqq. Instruction, §. 188. sqq. Revision, §. 192. Kosten, §. 193. dessen Abfassung in Ansehung der Berggläubiger, s. Bergwerkseigenthum.

Classifications-Urtel im Liquidations-Prozeß,

in wiefern dagegen nur das Th. I. Tit. 14. Abschn. 3. verordnete Rechtsmittel, oder die förmliche Appellation Statt finde, I. 51. §§. 30. 31. dadurch wird in der Regel der Liquidationsprozeß geendigt, §. 32.

Collegiatstift, s. Eximirte.

Collision der Beweismittel, s. Widerspruch der Beweismittel, auch Beweismittel.

Coloniegerichte des Wohnortes, darunter stehen die Mitglieder der Französischen und Pfälzer Colonie, I. 2. §. 30. und zwar ohne anderweitige Rücksicht, §. 31. deren Gerichtsbarkeit sind die Grundstücke der Coloniemitglieder unterworfen, §. 32. sind nur auf diejenigen Oerter und Distrikte, für welche sie ausdrücklich bestellt worden, eingeschränkt, §. 33. in wiefern Fremde sich denselben unterwerfen können, §§. 35. 36. in wiefern ein Mitglied der Pfälzer Colonie sich einem Französischen Coloniegerichte unterwerfen könne, §. 37. dieser Gerichtsstand ist gänzlich aufgehoben, §. 30. [9].

Commandeur eines Regiments, dessen Gerichtsstand, s. Generalauditoriat.

Commercienrath, s. Exemtion.

Commissarien in den Landarmen- und Invalidenhäusern sind eximirt, I. 2. §. 73. [23].

Commissarii perpetui der Landesjustizcollegien, in wiefern sie bei Sterbefällen die Versiegelung veranlassen müssen, s. Versiegelung.

Commissarius, in welchen Fällen die Instruction der Sache einem Auswärtigen aufzutragen, I. 3. §. 7. wie derselbe zur Betriebsamkeit zu ermuntern, s. Ordnungsstrafe. In wiefern die vom Commissarius des Realrichters aufgenommenen Verträge über Immobilien keiner besondern Verlautbarung bedürfen, II. 1. §. 3. I. n. 1. [414].

Anmerkung. Uebrigens s. die einzelnen Theile und Gattungen des Prozesses und anderer gerichtlichen Geschäfte.

Commissionsgüter, dem Gemeinschuldner in Commission gegebene Effekten oder Waaren werden in der ersten Classe vindicirt, I. 50. §§. 300. 301. auch die von demselben commissionsweise für bereits angewiesene Gelder erkauften Waaren, §. 302 — 304.

Commodatum, s. Geliehene Sachen.

Commune, s. Gemeine.

Communio bonorum, s. Gütergemeinschaft.

Communkosten im Concurs, was darunter zu verstehen, I. 50. §. 530. u. [371 — 373] werden post omnes locirt, §. 477. a. s. auch Classificationsurtel. Wer von den Beiträgen dazu befreit sei, §. 531. sqq. u. [374]. s. auch Armenrecht, Eigenthumsforderung, Fiscus, Pfandrecht, Soldaten. Wenn die gemeine Masse zur Tragung der Communkosten nicht hinreichen sollte, muß der Ausfall aus der Immobiliarmasse getragen werden, §. 536. Was sonst dabei zu bemerken, §. 511. [370].

Com-

Compagnie, Vorschüsse zur Uebernehmung derselben, welche auf die Gewehrgelder eingetragen worden, haben das aus dieser Eintragung entstehende, sonst aber kein besonderes Vorzugsrecht, I. 50. §. 387.

Compagniechirurgen. Sie stehn unter dem Untergerichte der Garnisonstadt, I. 2. §. 48. sqq. [13]. s. Militärpersonen. Sie genießen nicht die Kostenfreiheit, I. 23. §. 42. [143].

Comparatio literarum, s. Vergleichung der Handschriften.

Compensation in Concursen, muß der Gläubiger sich bei einem credito puro gegen ein debitum in diem gefallen lassen, I. 50. §. 158. s. auch Zinsen, findet bei einem debito puro des Gläubigers gegen dessen creditum in diem unter Vergütigung der Zinsen bis zum Verfalltage an die Masse ebenfalls Statt, §. 159. in welchen Fällen dieselbe nicht zulässig sei, §. 160.

Compensation der Kosten, s. Kosten.

Compensationsrecht befreit von der Einlassung in den Concurs, I. 50. §. 288.

Competentes Gericht, s. Gehöriges Gericht.

Competenz, Rechtswohlthat derselben, davon handelt I. 49. §. 14. sqq. Begriff derselben, §. 14. was dazu zu rechnen, §. 16. welche Personen zur Aussetzung derselben verbunden, §. 16. s. auch Eheleute, Geschwister, Gläubiger, Handlungsgesellschafter, Schenkung, Schwiegerkinder, Stiefältern. Fälle, in denen sie nicht gegeben werden darf, §. 17. Verfahren über die Aussetzung derselben, §. 18. Erkenntniß und Rechtsmittel, §. 19. s. auch Appellation hat nur *effectum devolutivum*, Revision hat nur *effectum devolutivum*. Vertheilung des Competenzquanti unter mehrere Gläubiger, §§. 20. 21. wann die Competenz aufhöre, §. 22. sqq. von der Competenz solcher Gemeinschuldner, deren Vermögen in Renten, Besoldungen, Pensionen rc. besteht, §§. 27. 28. in welchen Fällen solche Gemeinschuldner die Aussetzung einer Competenz nicht verlangen können, §. 29. einer Wittwe, die aus der Ehestiftung Leibgedinge rc. zu fordern hat, muß auch von ihren eignen Gläubigern die Competenz gelassen werden, §. 30. diese Art der Competenz (§. 27. sqq.) kann auch solchen Schuldnern, die sich zur Rechtswohlthat der Cession nicht qualificiren, nicht versagt werden, §. 31. und ist sogleich nach eröffnetem Concurse zu reguliren, §. 32. Verfahren, wenn in diesem Falle Streit darüber entsteht, wie viel dem Gemeinschuldner an Competenz auszusetzen sei, §. 33. Für die Auszahlung des Competenzquanti muß das Gericht sorgen, §. 34. daraus müssen die Kosten der Krankheit des Gemeinschuldners während des Concurses bestritten werden, §. 369. kann nicht mit Arrest belegt werden, I. 29. §. 21.

Concursmasse, s. Activmasse, Gemeinmasse, Immobiliarmasse, Passivmasse, Specialmasse.

Concursprozeß, davon handelt I. 50. Begriff, §. 1. Erfordernisse der Concurseröffnung, §§. 2. 3. Fälle, in welchen dieselbe wegen notorischer Unzulänglichkeit von Amtswegen erfolgen muß, §. 4. s. auch Cession, Erbschaft, Gemeinschuldner. Ausnahme, §. 4. [311, 312]. §. 5. sqq. §. 5. (a) [315] s. auch Eheleute. Fälle, wo sie nur auf den Antrag der Gläubiger erfolgen kann, §§ 9. 10. Beim Vortrag über die Eröffnung des Concurses muß geprüft werden, ob Grund zur Eröffnung der Untersuchung wegen Bankeruts vorhanden sei, §. 4. [313]. Verfahren, wenn die Sufficienz nur scheinbar ist, §. 4. n. 1. [314]. Vorladung und Verwarnung bei der Concurseröffnung, wenn keine Edictalvorladungen ergehn, §. 6. [316]. Verfahren, wenn Erben und der überlebende Ehegatte der Erbschaft entsagt haben, §. 8. [317]. Verfahren dabei, §. 11. sqq. s. auch Deduction. Rechtsmittel, §. 19. sqq. s. auch Revision ist unzuläßig. Zeitpunkt des eröffneten Concurses, §. 22. sqq. dessen Gerichtsstand, §. 25. sqq. s. auch Gerichtsstand des Concurses. Fortsetzung schon eingeleiteter Specialprozesse, §. 27. [318], und Wechselprozesse, [319]. Wirkung der Concurseröffnung, §. 33. Wann die Concurseröffnung wieder zurückgenommen werden kann, §. 33. [320]. wie weit Dispositionen des Gemeinschuldners nach eröffnetem Concurse zulässig sind, §. 34. sqq. besonders in Ansehung der Verträge, §§. 39. 40. und in Ansehung einer ihm zugefallenen Erbschaft, oder eines andern Rechts, §. 41. s. auch Erbschaft. Wie weit des Gemeinschuldners Dispositionen vor eröffnetem Concurse gültig sind, §§ 42. 43. a) in Ansehung eines Gläubigers, §. 44. sqq. Wann die Gläubiger ein, vor der Concurseröffnung ergangenes, rechtskräftiges Erkenntniß als nichtig anfechten können, §. 46. [321]. b) in Ansehung eines Dritten, §. 48. sqq. s. auch Schenkung. Wirkung der Concurseröffnung in Ansehung einzelner Gläubiger, §. 60. in Ansehung persönlicher Verbindlichkeiten des Gemeinschuldners, §§. 61. 62. Einrichtung der Acten, §. 93. Bestellung des Decernenten, §§. 94 95. des Instruenten, 96. Bevollmächtigte der Gläubiger, s. auch Bevollmächtigte.

S. übrigens: Activmasse, Auction, Classification der Gläubiger, Classificationsurtel, Communkosten, Compensation in Concursen, Competenz, Rechtswohlthat derselben, Creditmasse, Creditsysteme, Curator und Contradictor, Distributionsplan, Distributionsurtel, Einlassung in den Concurs, Gemeinmasse, Gemeinschuldner, Gläubiger, Gold und Silber, Immission, Immobiliarmasse, Inrotulation, Interimisticum, Inventur in Concursen, Kaufmannshandlung, Kostbarkeiten, Landgut, Liquidationstermin, in Concursen, Liquidations-Verfahren in Concursen, Manifestationseid, Offner Arrest, Präclusion, Publication der Urtel, Restitution, Retorsionsrecht, Schiffe, Sequestration, Städtisches Grundstück, Subhastation, Sühneversuch

versuch in Concursen, Untergerichte, Verificationstermin, Versiegelung, Vertheilung der Masse, Vorladung im Concursprozeß, Wohnung, Zinsen.

Von dem Verfahren im Concursprozeß, wenn der Gemeinschuldner unter andern Gerichten in- oder außerhalb Landes Vermögen besitzt, handelt I. 50. §. 647. sqq. A) wenn derselbe unter mehrern inländischen Gerichtsbarkeiten Vermögen besitzt, §§. 647. 648. besonders, wenn es Immobilien sind, § 649 wie in diesem Falle I) bei der Vorladung der Gläubiger zu verfahren, §. 650. sqq. II) bei der Administration, a) wenn dieselbe der Landschaft oder Creditdirection gebührt, §. 656. b) wenn das Grundstück nicht von dieser Qualität ist, §. 657. sqq. B) Verfahren wenn ein auswärtiger Gemeinschuldner innerhalb Landes, §. 663. sqq. §. 666. [378, 379]. oder C) ein hiesiger Gemeinschuldner außerhalb Landes Vermögen besitzt, §. 670. sqq. wobei jedoch (ad B und C) auf die etwanigen Verträge und Observanzen zwischen den hiesigen und auswärtigen Staaten sorgfältige Rücksicht zu nehmen, §. 668. 670. und, wenn sich dabei einiges Bedenken findet, Bericht zu erstatten, §. 669. §. 666. [378, 379]. s. übrigens Gerichtsstand des Concurses. Der Concursprozeß wird durch das rechtskräftige Distributionsurtel geendigt, §. 560. unter welchen Einschränkungen derjenige, über dessen Vermögen Concurs eröffnet worden, als Beweiszeuge abgehört werden könne, 10. §. 233. in wiefern es darin einer Cautionsbestellung bedürfe, 21. §. 2. wie es dabei mit Eidesdelationen zu halten, 10 §. 280. sqq. s. auch Curator und Contradictor, Gemeinschuldner, Gläubiger. Von Vollmachten im Concursprozeß, 3. §. 33. s. auch Vollmacht.

Concursprozeß über Bergtheile, s. Bergwerkseigenthum.

— — — über Militärpersonen, s. Militärpersonen.

— — — über Schiffe, s. Schiffseigenthum.

— — — Eröffnung desselben im erbschaftlichen Liquidationsprozeß, s. Erbschaftlicher Liquidationsprozeß.

Conduitenliste muß der Präsident über das Betragen aller ihm untergebenen Justizbedienten halten, III. 2. §. 13 auf den Grund dieser Liste sollen denjenigen Räthen, die sich vortheilhaft ausgezeichnet haben, verhältnißmäßige Prämien angewiesen werden, §. 14.

Confirmation, s. Bestätigung.

Confiscationsprozeß, davon handelt I. 36. wo derselbe anzustellen, §. 4. u. [266]. durch wen, § 5. u. [267]. wie die Klage zu begründen, §. 6. u. [268] unter welchen Umständen die Absicht, sich dem Kriegsdienste zu entziehen, vermuthet werde, §. 7. sqq. oder der Confiscationsprozeß entweder gar nicht, oder doch nicht als gegen einen ausgetretenen Cantonisten Statt finde, §. 18. sqq.

gung der Antwort auf die Klage nicht Statt, I. 14. §. 74. in wiefern der Beklagte gegen ein Contumacialerkenntniß nicht die Restitution nachsuchen könne, sondern appelliren müsse, §. 78. dagegen muß der Kläger, wenn er sich dabei nicht beruhigen will, jedesmal appelliren, §. 79. Wann gegen ein Contumacialerkenntniß appellirt werden müsse; wann auf nachgesuchte Restitution die Instruction in erster Instanz erfolge, §. 75. 77. [125 — 127]. von Contumacialerkenntnissen bei Untergerichten, 25. §. 43. vom Contumacialverfahren und von Contumacialerkenntnissen in Wechselsachen, 27. §. 17 — 19. gegen ein solches Erkenntniß in Wechselsachen findet keine Restitution, sondern nur die Appellation Statt, §. 19. von Abfassung desselben in Mercantilsachen, 30. §. 20. das Rechtsmittel dagegen muß in dieser Art des Prozesses binnen 24 Stunden nach Zufertigung des Bescheides angemeldet werden, §. 21. Verfahren, wenn gegen ein Contumacialerkenntniß in Injuriensachen ein Milderungsgesuch angebracht worden, 34. §. 13 — 16. [230]. Von Rechtsmitteln gegen ein Contumacialerkenntniß in schleunigen Miethssachen, 44. §. 63. [303].

Uebrigens s. die besondern Gattungen des Prozesses, z. B. Confiscationsprozeß, Diffamationsprozeß, Fiscalische Untersuchungen rc. auch Restitution, Strafe.

Convention. Der Richter der Convention muß zur Vollstrekkung der Execution des in der Reconvention gegebenen Erkenntnisses den ordentlichen Richter des Wiederbeklagten requiriren, I. 24. §. 27. [151]. Uebrigens s. Gerichtsstand, Klage, Reconvention.

Conventual ist eximirt, I. 2. §. 45.

Corporationen und Gesellschaften, welche in der Regel als eine moralische Person zu betrachten sind, können gleich einzelnen Personen klagen und belangt werden, I. 1. §. 33. wie es mit Eidesdelationen an sie zu halten, 10. §. 270. sqq.

S. übrigens: Stiftungen milde.

Correcturen der Documente, s. Urkunde.

Correferent muß in sehr weitläufigen und wichtigen Sachen dem Referenten beigegeben werden, I. 13. §. 1. ist in der dritten Instanz jedesmal zu bestellen, 16. §. 7.

S. übrigens: Referent.

Cössäthen, wie es zu halten, wenn sie oder Hüfner, Handfröhner, Dreschgärtner, Inlieger und andere Personen, die keine Gemeine ausmachen, vorgeladen werden, I. 7. §. 30. oder einen Eid schwören sollen, 10. §. 273.

Credit, dem Gemeinschuldner auf Credit gegebene Waaren, können in der Regel nicht in der ersten Classe vindicirt werden, I. 50. §. 306. sqq. in wiefern Waaren für creditirt zu achten, §. 309. b.

Creditdirection, s. Creditsysteme.

Creditmasse, wer mit derselben contrahirt hat, ist von der Einlassung in den Concurs frei, I. 50. §. 269. der Creditmasse genießt in dem Vermögen ihrer Curatoren, wegen der von ihnen ge-

machten

machten Defecte, das Vorrecht der fünften Classe, I. 50. §. 442. von Ueberschüssen der Masse, §. 486.

S. übrigens: Concursmasse.

Creditsysteme, sind von der Einlassung in den Concurs befreit, I. 50. §. 287. Behandlung der Gläubiger in Concursen durch sie, §. 625. der Betrieb dieser Angelegenheit gehört für den Syndicus des Creditsystems, § 626. im Termin zur Vorlegung des Vergleichsplans wird aber ein Deputirter des Creditsystems zugezogen, welcher nicht als Partei, sondern als Gehülfe des Gerichtsdeputirten, anzusehen ist, §. 627. für diese Verhandlung mit dem Creditsysteme dürfen keine Sporteln angesetzt werden, §. 628.

S. übrigens: Churmärkische Landschaft, Concursprozeß, Edictalvorladung, Eximirte, Landgut, Pfandbriefe, Taxe, Zinsen.

Creiscasse, s. Casse, Lasten und Abgaben.

Cumulation der Klagen findet Statt, in sofern mehrere Forderungen an einen Beklagten für einerlei Gerichtsstand und zu einerlei Art des Prozesses gehören, I. 6. §. 24. dabei ist jeder Punkt in einem besondern Protocoll zu verhandeln, §. 25. auch müssen die Klagepunkte so geordnet werden, wie sie unter einander in näherer oder entfernterer Verbindung stehen, §. 26.

S. übrigens: Diffamation, *Petitorium* und *Possessorium*, Restitution.

Curatela sexus, s. Geschlechtsvormundschaft.

Curator eines Abwesenden, s. Todeserklärung.

Uebrigens: Vormund.

Curator sexus, s. Geschlechtsvormund.

Curator und Contradictor, A) im Concursprozeß, von dessen Bestellung und Obliegenheiten handelt I. 50 §. 64. sqq. von Bestellung des Interimscurators, §. 64. Verpflichtung, §. 65. die Bestellung des eigentlichen Curators und Contradictors erfolgt erst im Liquidationstermin, §§. 66. 67. s. auch Liquidationstermin. Bestallung, §. 68. in wiefern diese Functionen Einem oder mehrern Subjecten aufzutragen, §. 69 sqq. Amt des Contradictors, §. 72. des Curators, §. 73. sqq. Rücksprache mit den Gläubigern, §. 77. sqq. Einziehung der Gelder in das gerichtliche Depositum, §. 86. sqq. Rechnungslegung, §§. 90. 91. Honorarium, §. 92. wie der Contradictor sich zum Liquidationstermine vorbereiten müsse, § 115. und §. 223. er muß in demselben die Edictalcitationen, imgleichen die Zeitungen und Intelligenzblätter zu den Acten geben, §. 116. dessen Amt im Verificationstermin, §. 124. sqq. desgl. §. 132. nur zwischen ihm und den Schuldnern oder Gläubigern der Masse finden wechselseitige Eidesdelationen Statt, 10. §. 281. und er darf die ihm angetragenen Eide, in sofern sie nicht seine eignen Handlungen betreffen, nur de ignorantia ableisten, §. 183. s. auch Verificationstermin. Der Curator muß, sobald er ordentlich bestellt worden,

den, die weitern Verfügungen wegen Constituirung der Activmasse ungesäumt nachsuchen, I. 50. §§. 211. 212. auch für den Verkauf dem Verderben unterworfener oder unnütze Kosten verursachender Effecten, imgleichen für die Entlassung nicht nothwendiger Domestiken sorgen, §. 213 s. auch Activmasse, und auf den Grund des eingekommenen Inventarii die Betreibung der Activmasse ferner besorgen, §. 226. sqq. s. auch Gold und Silber, Kostbarkeiten, Schiffe. Dessen Obliegenheiten in Ansehung der ausstehenden Activcapitalien, §. 233. sqq. soll über die deshalb schwebenden Prozesse monatlich ungefordert Bericht erstatten, §. 237. dessen Pflicht 1) in Ansehung der zur Masse gehörigen Kaufmannshandlungen, §§. 238. 239. 2 der Besoldungen und Pensionen, §. 240. 3) der sequestrirten Güter, §. 248. 4) der Veräußerung der Grundstücke, § 261. 5) der Auseinandersetzung zwischen den Gläubigern eines Gemeinschuldners und den Interessenten eines von ihm besessenen Lehns oder Fideicommisses, §. 331. s. auch Liquidationsverfahren. 6) der laufenden Lasten und Abgaben, ebend. §. 1073. Rechte der Creditmasse in dessen Vermögen, s. Creditmasse. Bei welchen kleinen Concursen es keines Curators und Contradictors bedürfe, s. Untergerichte, dessen Amt, wenn der Gemeinschuldner unter fremden Gerichten Vermögen besitzt, ebend. §. 648. sqq. muß von dem Berggerichte bestellt werden, wenn ein Bergantheil zu dem Vermögen des Gemeinschuldners gehört, §. 676. dessen Obliegenheit bei Vertheilung I) der Immobilliarmasse, ebend. §. 504. und §. 518. II) der Gemeinmasse, § 529. sqq. durch das rechtskräftige Distributionserkenntniß wird der Curator seines Amts entlassen, §. 560. muß auch in dem Falle bestellt werden, wenn Vergleichsvorschläge zur Behandlung der Gläubiger in Concursfällen geschehen, §. 596. in wiefern derselbe bei Sühneversuchen in Concursen zuzuziehen, §. 608. derselbe muß B) im erbschaftlichen Liquidationsprozesse bestellt werden 1) wenn die Unzulänglichkeit klar ist, als in welchem Falle der Erbe mit Bewilligung der Gläubiger die Curatel übernehmen kann, 51 §. 66. 2) wenn die Unzulänglichkeit zwar nicht klar ist, der Erbe aber sich der Administration der Masse begiebt, §. 74. Obliegenheiten des Curators in diesem Falle, §§. 75. 76.

S. übrigens: Concursprozeß.

D.

Darlehn, ein dem Gemeinschuldner zu seiner Unterstützung ausdrücklich ohne Zinsen überlassenes, wird in der sechsten Classe angesetzt, I. 60. §. 457. Darlehne, welche aus Militärkassen zur Anschaffung der Equipage einem Officier gesetzmäßig gegeben sind, haben vor allen andern Forderungen im Concurs ein Vorrecht, §. 268. [353].

Darlehnsinstrument, s. Schuldinstrument.

Darlehnsvertrag, Verfahren bei Aufnehmung desselben, II. 3. §. 13.

Decernent hat folgende allgemeine Pflichten: er muß vor allen Dingen die ihm zugestellten Memorialien, Protocolle und Anzeigen fleißig lesen, mit den vorhergegangenen Verhandlungen vergleichen und sie nach den Vorschriften der Gesetze prüfen, III. 3. §§. 42. 43. der Vortrag selbst muß kurz, jedoch vollständig, §. 33. das Decret deutlich, vollständig und mit Gründen gerechtfertiget sein, auch in der Regel vor der Session entworfen werden, §. 44. er darf in der Regel keine ihm zugeschriebene Sache bis zu einer der künftigen Sessionen liegen lassen, §. 45. desgl. R. u. C. R. §. 99. sqq. was er in dem außerordentlichen Falle, wenn er die vorgetragene Piece nebst den Acten wieder mit nach Hause nimmt, zu beobachten habe, R. u. C. R. §§. 106. 115. 116. dessen Obliegenheit bei Revision der Expeditionen, ebend. §. 144. sqq. wenn eine Expedition ganz wegfällt, §. 146. wenn er nöthig findet, eine Expedition zurück zu behalten, §. 147. was derselbe 1) bei dem Vortrage der Klagen und Beantwortungen, 2) bei der Anberaumung der Instructionstermine, 3) bei Anfragen und Anzeigen des Instruenten, III. 3. §. 46. 4) bei Beschwerden über Untergerichte, §. 37. sqq. zu beobachten habe, s. auch Justizvisitation, dessen Pflicht bei Ausfertigung der Protocolle über Handlungen freiwilliger Gerichtsbarkeit, s. Ausfertigung Protocoll.

Uebrigens s. die einzelnen Theile und Gattungen des Prozesses.

Declarationsgesuch in Ansehung eines Urtels, in welchen Fällen dasselbe zureiche, ohne daß es einer Appellation bedarf, und Verfahren, wenn ein solches Gesuch angebracht wird, I. 14. §. 1. von Declarationsgesuchen gegen Revisionserkenntnisse, 16. §. 26. sqq.

Declaratio pro mortuo, s. Todeserklärung.

Decret, wie dasselbe beschaffen sein müsse, s. Decernent. In welchen Fällen es keines Erkenntnisses, sondern nur eines Decrets oder einer Resolution bedürfe, s. Resolution.

Deduction ist kein wesentliches Stück des Prozesses, I. 12. §. 11. wird dem Gegner mittelst Abschrift des Decrets zugefertigt, [98]. soll in der Regel im Schlußtermine mündlich zu Protocoll gegeben werden, in wichtigen Sachen kann die Partei eine schriftliche Deduction von einem selbstgewählten Rechtsgelehrten anfertigen, jedoch muß sie solche von einem bei dem Gerichte, wo der Prozeß schwebt, angesetzten Justizcommissarius unterschreiben lassen, §. 12. wozu eine Frist von acht Tagen bis höchstens sechs Wochen verstattet werden soll, §. 14. die Frist zu deren Beibringung ist in erster Instanz präclusivisch, und es findet kein Schriftwechsel Statt, §. 15. Verfahren, wenn eine Partei, nachdem sie mit der Deduction einmal präcludirt worden, solche noch einreicht, [99]. in der zweiten Instanz ist sie nicht präclusivisch und es wird gegendeducirt, 14. §. 62. ist präclusivisch,

visch, [118]. Wann Nachfrist zu bewilligen, [119]. Wenn die Deduction zu spät einkommt, muß sie nachgeschickt werden, [120]. darf jedoch die Abürtelung nicht aufhalten, [121]. Es kann bei Untergerichten der zweiten Classe die Frist zur Einbringung der Gegendeduction, wenn in der zweiten Instanz keine neue Instruction vorkömmt, höchstens nur einmal verlängert werden, I. 25. §. 80. in der dritten Instanz ist sie wieder präclusivisch, jedoch findet Schriftwechsel Statt, 15. §. 6. Anweisung zur Anfertigung derselben, 12. §. 16 — 18. Auf ganz neue Thatsachen oder Beweismittel, die erst in der Deduction vorkommen, soll für diese Instanz in der Regel keine Rücksicht [illegible] werden, 10. §. 3. desgl. 12. §. 19. wegen der Ausnahme, s. Neue Thatsachen. Die schriftliche Deduction ist A) geradehin unzulässig 1) in Bagatellsachen, 26. §. 5. n. 6. 2) im Wechselprozeß, 27. §. 30. 3) im Executivprozeß, 28. §. 5. 4) in Arrestsachen, wenn darüber zu erkennen ist, ob vor Entscheidung der Hauptsache die nachgesuchte Relaxation des Arrestes Statt finde, 29. §. 65. 5) in Possessorio summariissimo, 31. §. 16. 6) im Diffamationsprozeß, 32. §. 15. und 19. 7) im Provocationsprozeß, ebend. §. 34. 8) in Injuriensachen bei Verbal- oder leichten Realinjurien unter Leuten gemeinen Standes, 34. §. 2. 3. 9) gegen die Defension des Denunciaten in fiscalischen Untersuchungen, 35. §. 92. (die Deduction ist dann zulässig, wenn die fiscalische Behörde glaubt, daß zu gelinde erkannt worden, § 93. muß aber lediglich aus den Acten der ersten Instanz genommen sein, §. 99.) 10) bei Prodigalitätserklärungen, 38. §. 23. 11) in Bausachen, in erster und zweiter Instanz, 42. § 35 — 38. (in der dritten Instanz ist sie zulässig, §. 41.) 12) in Gemeinheitsaufhebungssachen, bei Streitigkeiten über den Separationsplan, in erster Instanz, 43. §. 38. 13) in Pachtsachen, a) wenn auf Exmission des Pächters geklagt wird, in erster Instanz, 44. §. 39. b) wegen Wiedereinsetzung eigenmächtig exmittirter Pächter, §. 44. 14) in Miethesachen, §§. 62. 64. 15) in Generalmoratoriensachen, in erster Instanz, 47. §. 83. 16) bei Cessionsgesuchen, 48. §. 21. 17) bei Prozessen über die Frage: ob Concurs zu eröffnen sei, 50. §. 18. B) die Deduction ist nur unter gewissen Einschränkungen zulässig, 1) im eigentlichen Merkantilprozeß, wo die Vorlegung der Acten durch die Einbringung der Deductionen höchstens nicht über drei Tage aufgehalten werden darf, 30. §. 28. 2) in erster Instanz, in Unterthanenprozessen, bei eigentlichen Dienststreitigkeiten, 31. §. 39. u. 4. und §§. 44. 45. (in den beiden folgenden Instanzen ist sie, wie in andern ordinären Prozessen zulässig, §. 65.) 3) in Gemeinheitsaufhebungssachen, wenn die dabei streitigen Präjudicialpunkte nur die Theilnehmungsrechte zum Gegenstande haben, 53. §. 16. und §. 19. 4) in Pachtsachen, wegen Pachtgelderberechnungsstreitigkeiten, in erster und zweiter Instanz, 44. §. 8. und 13. (in Revisorio wird es wie im gewöhnlichen Prozesse gehalten, §. 14.) 5) bei Rechnungssachen im Defectatorio,

rio, in erster Instanz, I. 45. §. 20. (in den beiden folgenden Instanzen finden die allgemeinen Vorschriften Anwendung, §. 24.)

Defectatorium, s. Rechnungssachen.

Defension in fiscalischen Untersuchungen, davon handelt I. 35. §. 66 — 68. desgl. §. 91 und §. 95. s. auch Weitere Vertheidigung. Wann die Regierungen darüber durch Resolutionen entscheiden, und Verfahren dabei, s. Fiscalische Untersuchung.

Defraudation öffentlicher Cassen und Gefälle, deshalb findet fiscalische Untersuchung Statt, I. 35. §. 34. n. 2. eines Privatzolles, wie weit dadurch ein Gerichtsstand begründet werde, s. Gerichtsstand.

Delegation der Gerichtsbarkeit des Obergerichts über niedere Königliche Bediente an die gewöhnlichen Ortsgerichte ist erlaubt, I. 2. §. 58. s. auch Forstbediente, geringere, und Postillons. Ist auch in Ansehung der niedern Dienstboten der Prinzen und Prinzessinnen und anderer Eximirten zuläßig, §. 101. s. auch Berlin, mit Ausnahme der Königlichen Hofdienerschaft, mit Einschluß der Kammerdiener, Kastellane, Hofgärtner, Stallmeister rc. §. 101. [29].

Denunciant und Denunciat, s. Assistent, Appellation ist unzuläßig, Fiscalische Untersuchung, Injuriensachen.

Departement der auswärtigen Angelegenheiten, s. Auswärtiges Departement.

Depositalinteressenten, unbekannte, deren Vorladung, s. Edictalvorladung.

Deposition der Valute im Wechselprozeß muß von Seiten des Beklagten geschehen, wenn derselbe nicht persönlich gegenwärtig gewesen und sich nicht binnen 24 Stunden zur Ableistung eines de- oder referirten Eides meldet, I. 27. §. 28. in wiefern dadurch die Wechselexecution abgewendet werde, §. 61. oder die Execution im Executivprozeß, 28. §. 9. muß in Ansehung des Schuldinstruments erfolgen, wenn ein ausstehendes Activcapital verkümmert worden, 29. §. 64. befreiet unter gewissen Umständen von der Einlassung in den Concurs, 50. §. 292. Von gerichtlicher Deposition der Testamente, s. Testament.

Depositum, ein noch in Natur vorhandenes wird in der ersten Classe vindicirt, welches jedoch in Ansehung deponirter Gelder Einschränkungen leidet, I. 50. §. 296. ist das Depositum nicht mehr in Natur vorhanden, so wird der Werth in der sechsten Classe vergütet, §. 456. s. auch *Fungibilis res.* Diejenigen, welche die Auslieferung oder Herbeischaffung desselben von dem Gemeinschuldner, in sofern er zur Verwaltung gerichtlicher Depositen in Königlichen Gerichten bestellt war, werden in der zweiten, und wenn die Gelder, ohne in das gerichtliche Depositum gekommen zu sein, von ihm vergriffen worden, in der vierten Classe angesetzt, ebend. §. 398. war der Gemeinschuldner, Gerichtsherr oder Gerichtshalter bei Privatgerichten, so erfolgt die Ansetzung nach Verschiedenheit der §. 398. bemerkten

merkten Fälle in der vierten oder in der sechsten Classe, I. 50. §. 423.

Deputat, bei Klagen darauf findet wegen der Kosten keine Cautionsforderung Statt, I. 21 § 2.

S. übrigens: Dienstboten, Kirchenbediente, Schulbediente.

Deputation einzelner Gerichtspersonen geschieht in der Regel — und wo nicht für gewisse Arten von Handlungen beständige Deputationen ernannt werden — nur für einen gewissen bestimmten Fall, II. 2. §. 3. s. auch Gerichtsperson.

Deputatus, s. Instruent.

Deserteur, wie lange die zurückgebliebene Ehefrau desselben den eximirten Gerichtsstand des Mannes beibehalte, imgleichen welchem Gerichte die Verwaltung ihres Vermögens obliege, I. 2. §. 89. ist zur Ableistung eines nothwendigen Eides nicht unfähig, 13. §. 26. der Confiscationsprozeß gegen denselben muß bei den Kriegsgerichten instruirt werden, 36. §. 46. dabei bleibt es auch noch jetzt, [279]. jedoch nicht in Ansehung der entwichenen Packknechte, in Ansehung deren der Confiscationsprozeß vor die Gerichte ihres Geburts- oder Wohnorts gehört, [280].

Desertio malitiosa, s. Ehescheidung.

Deservit der Justizcommissarien und Notarien, s. Justizcommissarius.

Deterioration, s. Melioration.

Dictiren und Recessiren der Justizcommissarien, s. Recessiren.

Diebstahl, Effecten die dadurch oder auf andere unerlaubte Art in des Gemeinschuldners Gewahrsam gekommen, werden in der ersten Classe vindicirt, I. 50 §. 299. sind sie aber nicht mehr in Natur vorhanden, deren Werth in der sechsten Classe angesetzt, §. 456. s. auch *Fungibilis res*.

Dienste, wie es mit Leistung derselben während eines darüber schwebenden Prozesses zu halten, I. 41. §. 58. sqq. von Klagen auf Erlaß derselben, §. 66 u. d. f. insbesondere 1) auf temporellen Erlaß, §§ 67. 68. u. [296]. 2) auf fortwährenden Erlaß, §. 69. Begründung der Unmöglichkeitsklage, §. 70 — 72. Aufnehmung der Klage, §. 73. Verordnung darauf, §§. 74. 75. Instruction, §. 76. sqq. Erkenntniß, §. 84. Wirkung desselben, §§. 85. 86.

Dienstboten sind den ordentlichen Gerichten der Herrschaft unterworfen, wodurch jedoch die persönlichen Rechte des Geburtsortes nicht verändert werden, I. 2. §. 13. u. §. 100. [28]. s. auch Berlin, Delegation, Execution, Eximirte, Gerichtsstand der Eltern, Hausofficianten, Wirthschaftsbediente. Auch die Kinder der Unterofficiers und Soldaten stehen unter dem Gerichtsstande ihrer Dienstherrschaft, §. 97. Dienstboten können in Sachen ihrer Herrschaft zwar als Beweiszeugen angehört werden, ihre Aussage hat jedoch nur unter gewissen Einschränkungen volle Glaubwürdigkeit, 10. §. 233. n. 5.

findet, I. 32. §. 29. Verfahren, wenn die Diffamation selbst keiner Bescheinigung bedarf, §. 30. in wiefern der Diffamat mit seiner Provocation zugleich einen Injurienprozeß cumuliren könne. §. 31. Verfahren in diesem Falle, §§. 32. 33.

Diffession, wer seine Unterschrift anerkennen muß, kann zur eidlichen Diffession des Inhalts, wenn derselbe auch von einer andern Hand geschrieben wäre, nicht verstattet werden, I. 10. §. 136. Die Diffession eines Instruments, dessen Unterschrift gerichtlich anerkannt worden, findet nicht Statt, II. 3. §. 26. Wie es zu halten, wenn der Producent den Producten zur eidlichen Diffession der von einem Dritten angeblich ausgestellten Urkunde nicht verstatten will, I. 10. §§. 139. 140. Verfahren bei der durch Curatoren oder Vormünder zu leistenden Recognition oder Diffession, §. 141 — 143. Wenn ein Instrument endlich diffitirt worden, so kann dagegen in eben dem Prozesse kein Beweis der Richtigkeit der Unterschrift von Seiten des Producenten weiter Statt finden, §. 144. Beweis gegen die angebotene Diffession, §. 145. sqq. Strafe des Producten, wegen versuchten Meineides, wenn die Richtigkeit des abgeleugneten Documents durch Zeugenaussagen vollständig erwiesen wird, §. 148.

S. übrigens: *Possessorium summariissimum*, Urkunde, Vergleichung der Handschrift, Wechselprozeß.

Diffessionseid, dessen Inhalt, I. 10. §. 134. insbesondere, wenn der Product eine von einem Dritten, der ihn durch seine Handlungen hat verbinden können, ausgestellte Urkunde nicht anerkennt, §. 138. wenn ein Curator oder Vormund ihn ableisten soll, §. 141.

S. übrigens: Wechselprozeß.

Dimidiatum dominium, s. Getheiltes Eigenthum.

Dimission, was dieselbe in Ansehung des Gerichtsstandes wirke, s. Exemtion.

Director eines Landesjustizcollegii, s. Präsident, des Notariencollegii, s. Notariencollegium.

Distribution, s. Vertheilung der Masse.

Distributionsbuch, s. Registratur.

Distributionsplan, Vorschriften zur Anfertigung desselben A) in Ansehung der Immobiliarmasse, I. 50. §. 506. sqq. B) in Ansehung der gemeinen Masse, §. 541. sqq. §. 551. [375].

Distributionsurtel, von dessen Abfassung, I. 50. §. 558. dagegen stehen die gewöhnlichen Rechtsmittel offen; wenn aber ein Gläubiger bei der Einwendung der Rechtsmittel dagegen unterliegt, so bleibt den andern Gläubigern wegen der für die Zwischenzeit entbehrten Zinsen der Regreß an den unterliegenden Gläubiger vorbehalten, §. 559. dadurch wird der Concurs geendigt, §. 560.

Doctor ist eximirt, I. 2. §. 74. s. auch Akademisches Gericht.

Docu-

E.

wenn der Beklagte nicht erscheint, I. 7. §. 16. in welchem Falle die Edictalvorladung zurück zu nehmen, §. 17. derselben bedarf es nicht, wenn eine Partei, erst während des Prozesses ihren Wohnort dergestalt verändert, daß man sie nicht finden kann, § 36. ist gewöhnlich nur einfach auszufertigen, §. 42. wie es mit Einrückung derselben in den Zeitungen und Intelligenzblättern zu halten, §. 43 sqq. Besondere Vorschriften über Aushängung und Einrückung von Edictalvorladungen, §§. 42. 43. [59]. Unter einem Monat wird hierbei der gewöhnliche Kalendermonat verstanden, [60]. Die Ladung behält ihre rechtliche Wirkung, wenn das an der Gerichtsstelle ausgehängte Exemplar auch abhanden gekommen wäre, §. 47. a auch ist es hinreichend, wenn nur von der ersten Einrückung bis zu dem Termin der volle gesetzliche Zwischenraum eintritt, §. 47. b. Wann eine Wiederholung der Edictalvorladung nothwendig ist, [61]. Auch in fiscalischen Untersuchungen muß die Edictalvorladung eines Denuncirten, dessen Aufenthalt unbekannt ist, erfolgen, ohne daß es dabei von Seiten des Denuncianten des I. 7. §. 16. vorgeschriebenen Eides bedarf, 35. §. 66. Von der Edictalvorladung ausgetretener Cantonisten im Confiscationsprozeß, 36. § 35. Von Vorladung der Ausgetretenen, welche sich befinden in Rußland, §. 32. [273]. in Nordamerika oder England, §. 33. [274] Von Vorladung mehrerer Ausgetretenen zusammen, §. 35. [275]. der Verschollenen, 37. §. 6 — 8 und in wiefern dabei mehrere Vorladungen in Einem Prozesse zusammen gezogen werden können, §§. 14. 15. bei Ehescheidungsklagen ex capite malitiosae desertionis, 40. §. 60. dabei bedarf es keiner Edictalvorladung, sondern die gewöhnliche Vorladung ist zureichend, wenn ein Ehegatte wegen eines solchen Verbrechens, das an sich einen Grund zur Ehescheidung hält, zu einer Criminalstrafe wirklich verurtheilt worden, und sich dieser Strafe durch die Flucht entzogen hat, 40. §. 63. jedoch muß auch in diesem Falle die Edictalvorladung erfolgen, wenn der klagende Theil die Ehescheidungsstrafe fordert, §. 64. besonders, wenn der Beklagte wegen eines Verbrechens flüchtig geworden ist, §§. 63. 64. [295]. findet in Generalmoratoriensachen nur dann Statt, wenn der Provocant und die Gläubiger einig sind, 47. §. 66. und in welcher Art, [307]. der Gläubiger im Concursprozeß, dabei muß ein Real- oder Pfandgläubiger, dessen Aufenthalt nur unbekannt ist, namentlich mit vorgeladen werden, 50. §. 106. Die Bestimmung des Termins, die Anzahl der Vorladungen und der Art ihrer Bekanntmachung hängt von dem ungefähren Betragen der Activmasse ab, §. 107. sqq. §. 107. [325]. §. 108. [326]. §. 109. [327]. Edictalvorladung des Gemeinschuldners im Concursprozeß, §. 114. in wiefern es bei Concursen über Bergtheile keiner besondern von Seiten der Berggerichte bedürfe, §. 674. Der Gläubiger im Liquidationsprozeß, 51. §. 16. sqq. insbesondere im erbschaftlichen, §. 85. Es bedarf keiner nochmaligen Edictalvorladung, wenn der erbschaftliche Liquidations- in einen Concursprozeß verwan-

verwandelt wird, I. 51. §. 86. s. auch Vorladung der Erbschaftsgläubiger. Edictalvorladung unbekannter Realprätendenten, welche Warnung derselben beizufügen, §. 102 unbekannter Inhaber eingetragener Posten, §. 112. sqq. bei dem Aufgebot verlorner Obligationen öffentlicher Anstalten überhaupt, §. 120. [388]: in wiefern sie bei dem Aufgebot verlorner Pfandbriefe nothwendig sei, §. 126. sie geschieht von der Landschafts- oder Creditdirection auf Kosten des Extrahenten, §. 127. Edictalvorladung bei dem Aufgebot der durch Beschädigung ganz oder zum Theil unkenntlich gewordenen Pfandbriefe, §. 132. sqq. §. 137. [389]. unbekannter Erben, §. 145. sqq. §. 146. [390]. wohin die Warnung wegen des Nichterscheinens zu richten, §. 162. s. auch Erbschaftsinteressenten, unbekannte, in wiefern die Edictalvorladung gewisser Erbschaftsinteressenten zum Behuf der Legitimation eines Erbschaftskäufers, des Cessionarii einer erbschaftlichen Activforderung, oder dessen, der eine solche Forderung an einen Erben bezahlt hat, Statt finde, §. 155. Edictalvorladung unbekannter Agnaten oder Gesammthändler zur Abgebung gewisser Erklärungen, §§. 157. 158. unbekannter Handlungs- und Societätsgläubiger, §. 159. sqq. Warnung, die derselben beizufügen, §. 166. unbekannter Bau- und Cassengläubiger, §. 169. sqq. unbekannter Depositalinteressenten, §. 171. b. [391, 392]. unbekannter Gläubiger militärischer Cassen, [393]. unbekannter Gläubiger eines Verschwenders, §. 172. sqq. Warnung, §. 174. unbekannter Contravenienten, §. 179. sqq. §. 181. [394]. unbekannter Schiffsgläubiger bei Subhastationen der Schiffe, s. Schiffe. Von Edictalvorladungen bei Subhastationen überhaupt, s. Subhastationsprozeß.

Edition der Urkunden, die bei einem Dritten befindlich sein sollen, findet Statt, I. 10. §. 91. unter den zu edirenden Urkunden ist auch die Privatcorrespondenz, jedoch nur die unter den Parteien selbst zu verstehen, §. 92. a. Erfordernisse zur Begründung eines Editionsgesuchs, §. 92. b. in wiefern dasselbe zu einem besondern Prozeß verwiesen werden müsse, §. 93. Eine jede Partei muß die Edition leisten, oder den Editionseid schwören, §. 94. Verfahren, wenn die Edition von einer Partei gefordert wird, an welche die Briefschaften erst aus den Händen eines Dritten gediehen sind, §. 95. oder, wenn sie von einer bevormundeten Person §. 96. oder von einem Collegium oder einer Corporation gefordert wird; §. 97. oder wenn die Partei behauptet, daß in der von ihr zu edirenden Urkunde nichts zur Sache gehöriges enthalten sei, §§. 98. 99. Wenn eine Partei die Edition, sowohl als die Ableistung des Editionseides verweigert, so muß die Urkunde in contumaciam für edirt und recognoscirt geachtet werden, §. 100. Auch ein Dritter muß die Edition leisten, §. 101. was der Editionsucher in diesem Falle nachzuweisen habe, und der Dritte von ihm verlangen könne, §. 102. s. auch *Calumniae juramentum*. Der Dritte kann seine Angabe, daß allen

allen Fällen post omnes angesetzt, I. 50. §. 439. s. auch Eingebrachtes der Ehefrau.

Uebrigens: Begräbnißkosten, Medicinalkosten.

Ehefrau, geschiedene, deren Gerichtsstand, I. 2. §. 91. wodurch sie sich ihr Vorzugsrecht im Concurse erhalten könne, §. 415. wird, wenn sie diese Vorkehrungen nicht getroffen hat, in der fünften Classe angesetzt, §. 432.

Ehefrau eines Unterofficiers oder Soldaten, deren Gerichtsstand, s. Civilgerichte.

Ehegatte, s. Eheleute.

Ehegelöbniß, wo die Klage auf Vollziehung oder Aufhebung desselben angestellt werden müsse, I. 40. §. 1. worauf das Gericht dabei vorzüglich seine Erkundigung zu richten habe, §§. 2. 3. Wenn dabei keine Gefahr im Verzuge vorhanden ist, muß die Sache im Wege des ordentlichen Prozesses eingeleitet, §. 4. jedoch zur Vermeidung eines doppelten Prozesses die Instruction mit auf die eventuelle Abfindung des unschuldigen Theils gerichtet werden, §. 5. Ist hingegen Gefahr im Verzuge, so muß der Richter verfügen, daß bis nach ausgemachter Sache die Proclamation und Copulation ausgesetzt bleibe, §. 6. dabei ist dem implorirenden Theile die Strafe ungegründeter Einsprüche zu Gemüthe zu führen, §. 7. Vernehmung des beklagten Theiles, §. 8. Die Absicht des anzusetzenden Termins ist vorzüglich ein Versuch der Sühne und die Regulirung ein o Interimistici, §. 9. Verfahren, wenn in diesem Termin der die Vollziehung des Ehegelöbnisses weigernde Theil bei seiner Weigerung beharret, §. 10. Instruction der Hauptsache, §. 11. und der etwanigen Nebenpunkte, z. B. wegen Entjungferung, Alimentirung eines unehelichen Kindes 2c., §. 12. Von Klagen ad supleudum consensum, §. 13. sqq. s. auch Ehesachen. Ehegelöbnisse können, in sofern das Aufgebot noch nicht erfolgt ist, gerichtlich oder vor einem Justizcommissarius und Notarius errichtet werden, II. 1. §. 10. n. 4.

S. übrigens: Ehescheidungsprozeß, Verlobte.

Eheleute, in wiefern beide bei Verträgen über Receptitien oder Eingebrachtes der Ehefrau zugezogen werden müssen, I. 1. §. 19. können nicht als Beweiszeugen aufgestellt werden, 10. §. 228. n 6. welches auch von Ehegatten der Mitglieder einer Gemeine, in sofern sie für die Gemeine zeugen sollen, gilt, ebend. n. 10. sollen zur Ablegung eines Zeugnisses gegen einander niemals gezwungen werden, §. 229. s. auch Verlobte. Besondere Vorschriften, welche in Ansehung katholischer Eheleute beim Ehescheidungsprozeß zu beobachten sind, 40. §. 20. [287]. §. 43. [292]. Die Eheleute sind einander zur Competenz verbunden, 49. §. 16. n. 4. wenn nach dem Tode eines Ehegatten der andere in dem Besitz des von demselben zurückgelassenen Vermögens bleibt, ist mit der Eröffnung des Concurses von Amtswegen nicht zu verfahren, 50. §. 8. wie jedoch zu verfahren, wenn dieser Ehegatte und auch die übrigen Erben der Erbschaft ent-

entsagen, [317]. deren Verträge über Gütergemeinschaft, s. Gütergemeinschaft, deren Verträge in stehender Ehe, wodurch die Ehefrau dem Manne, oder zu dessen Besten einem Dritten verbindlich gemacht werden soll, können vor jedem Gerichte errichtet werden, II. 1. §. 8. Eheberedungen vor vollzogener Ehe können gerichtlich oder vor einem Justizcommissarius und Notarius vorgenommen werden, §. 10. n. 5. s. auch Erbschatz, Erbvertrag, Gütergemeinschaft, Verwandte.

Ehemann, wie es zu halten, wenn derselbe seinen Beitritt zu Prozessen über das Eingebrachte seiner Ehefrau versagt, I. 1. §. 21. in wiefern derselbe gerichtliche Verhandlungen darüber ohne Zuziehung der Ehefrau betreiben könne, §. 22. s. auch Eheleute, Gütergemeinschaft.

Ehepacten, Verfahren bei Aufnehmung derselben, II. 5. §. 18. S. übrigens: Eheleute.

Ehesachen, gehören in der Regel vor das Obergericht der Provinz, I. 2. §. 123. gehören, so wie auch die Sponsalien, jederzeit vor die ordentlichen persönlichen Gerichte des Ehemannes, §. 128. [37]. 40 §. 22. [288]. In wiefern eine inländische Ehefrau gegen ihren ins Ausland zurückgegangenen Ehemann bei hiesigen Gerichten nicht zulässig ist, 2. §. 129. [38]. Von Klagen ad supplendum consensum, 40. §. 13. sqq. was zur Begründung einer solchen Klage bescheinigt werden müsse, §. 13. ferneres Verfahren, §. 14. wie und worüber der Deputirte diejenige Person, auf deren Ehelichung geklagt worden, vernehmen müsse, §. 15. Wenn das Kind sich die Weigerung der Eltern gefallen läßt, wird der Kläger durch ein bloßes Decret abgewiesen, §. 16. Verfahren, wenn das Kind mit dem Kläger einverstanden ist, §. 17. sqq. Während des Prozesses dürfen die Eltern nicht zur Vereitelung der Rechte des Klägers über ihr Kind disponiren, §. 19.

S. übrigens: Ehegelöbniß, Ehescheidungsprozeß.

Ehescheidungsprozeß, darin ist keine Cautionsforderung wegen der Kosten zuläßig, I. 21. §. 2. davon überhaupt handelt I. 40. §. 20. sqq. Besondere Vorhaltungen, welche katholischen Eheleuten bei Anbringung ihrer Ehescheidungsklagen gemacht werden müssen, [287]. Einleitung der Sache, §. 21. 1) bei Untergerichten, §§. 22. 23. Vom Gerichtsstande, s. bei Ehesachen. Sühneversuch mit Zuziehung eines Geistlichen, §. 24. sqq. dazu müssen beide Theile schlechterdings persönlich erscheinen, und nöthigenfalls realiter vorgeladen werden, §. 25. Der Sühneversuch kann auch dem Seelsorger der Parteien in seiner Behausung aufgetragen, oder die Parteien an ihn verwiesen werden, §. 26. u. [289]. in welchem Falle derselbe auch ohne Zuziehung eines Geistlichen anzustellen, §. 27. oder derselbe gar nicht Statt finde, 40. §. 28. was der Richter dabei zugleich zu erforschen suchen müsse, §. 29. Ehestörern muß er nicht nur nachdrückliche Schranken setzen, sondern auch zur fiscalischen Untersuchung bei der Behörde davon Anzeige thun, I. 40. §. 30. Verweisung der Ehescheidungsklagen zum Prozeß, wenn der Sühneversuch fruchtlos ist, §. 31. Bevormundung der Kinder, §. 32. wann diese nur nöthig ist, [290]. Verfügung des Ober- oder Ehegerichts, §. 33. es muß eine offenbare unstatthafte Klage durch ein Decret abweisen, §. 34. sonst mit Instruction der Sache verfahren, §. 35. Vorschriften, 2) wenn das competente Ehegericht zugleich der ordentliche persönliche Richter des Mannes ist, §. 36. sqq. Worauf bei Ernennung des Commissarii zur Anstellung des vorläufigen Sühneversuchs vorzüglich Rücksicht zu nehmen, §. 37. und was derselbe dabei zu beobachten habe, §§. 38. 39. In welchem Falle auf den fruchtlos abgelaufenen Sühneversuch die Trennung der Ehe durch Erkenntniß sofort und ohne weitere Instruction erfolgen könne, §. 40. Was in der Regel auf den Bericht des Commissarii, daß der Sühneversuch fruchtlos gewesen, verfügt werden müsse, §. 41. Der zugleich zu ernennende Vormund muß bei der ganzen Instruction zugezogen werden, §. 42. Bei der Instruction ist mit besonderer Vorsicht zu verfahren, §. 43. besonders wegen Wahrnehmung der Gerechtsame der allgemeinen Wittwencasse, [291]. und bei Katholiken wegen ganz von aller Gegenwart Anderer abgeschiedenen Instruirens, [292]. Bei der Wiederholung des Sühneversuchs, nach regulirtem Status causae et controversiae bedarf es der Zuziehung eines Geistlichen nicht, §. 44. Erkenntniß, §. 45. sqq. s. auch Publication des Urtels. In dem Erkenntniß soll wegen der Ehescheidungsstrafe und wegen Erziehung der Kinder das Erforderliche mit festgesetzt werden, §. 51. wobei die Ehescheidungsstrafe ganz bestimmt festzusetzen ist, [293]. jedoch ist die Auseinandersetzung wegen des Vermögens mit dem Ehescheidungsprozeß in der Regel nicht zu vermengen, §. 52. Von den bei Ehescheidungsprozessen vorkommenden Incidentpuncten, s. Interimisticum. Von Ehescheidungsklagen wegen böslicher Verlassung, §. 58. sqq. Was der klagende Theil beschwören müsse, wenn der Vorgeladene nicht erscheint, §. 61. Trennung der Ehe durch Erkenntniß und Publication desselben durch öffentlichen Anschlag, §. 62. besonders von der Vorladung eines flüchtig gewordenen Verbrechers, §§. 63. 64. [295]. s. auch Edictalvorladung.

Uebrigens: Ausländer.

Ehestiftungen. Bei deren Aufnehmung ist ein Protocollführer nothwendig, wenn dabei etwas über die künftige Erbfolge festgesetzt wird, II. 2. §§. 16. 17. [421].

Ehrbarkeit, Fragen, wodurch dieselbe beleidigt wird, braucht der Zeuge nicht zu beantworten, I. 10. §. 180. n. 4. ist in der Abfassung der Eidesnorm bei nothwendigen Eiden nicht zu verletzen, §. 304. [89].

Ehrenrechte, d. h. solche, welche keinen wirklichen Ertrag gewähren, z. B. Kirchlehn oder Patronatrecht, sollen bei Subhastationstionstaxen dem Capitale der Taxe nach einem landüblichen Satze beigefügt werden, I. 62. §. 16.

Ehrloses Geschäft, wer dasselbe betreibt, kann nicht als Beweiszeuge zugelassen werden, I. 10. §. 230. n. 14.

Ehrlosigkeit durch begangene Verbrechen macht zur Ablegung eines Zeugnisses unfähig, wobei die erfolgte Begnadigung an sich keinen Unterschied bewirkt, I. 10. §. 227.

Eid, davon überhaupt handelt I. 10. §. 245. sqq. Begriff, §. 245. Eintheilung, §§. 246. 247. außergerichtliche Versprechungseide sollen Privatpersonen einander nicht abfordern, §. 248. Von Eiden in Prozessen und deren Eintheilung, §§. 249. 250. In welchem Falle der Richter den Bestärkungseid von einer Partei fordern könne, §. 251. s. auch *Calumniae juramentum*, Erfüllungseid, *Juramentum in litem*, *Juramentum noviter repertorum*, Manifestationseid, Nothwendiger Eid, Reinigungseid. Der Eid ist in Injuriensachen als ein zulässiges Beweismittel nicht anzusehn, 34. §. 13 — 16. [232]. Von deferirten Eiden, 10. §. 252. Den Parteien steht es in der Regel frei, sich der Eidesdelation zu bedienen, §. 252. selbst dann, wenn andere Beweismittel zur Hand wären, §. 253. jedoch müssen in diesem Falle der deferirenden Partei die Bedenklichkeiten und rechtlichen Folgen der Eidesdelation vorgestellt werden, §. 254. Verfahren, wenn der andere Theil statt des ihm zugeschobenen Eides sich auf anderweitige Beweismittel beruft, §. 255. s. auch Kosten. Wer den Eid deferiren könne, §. 256. sqq. dazu sind alle diejenigen berechtigt, welche gehörig zur Sache legitimirt sind, §. 256. auch ein Bevollmächtigter ist dazu berechtigt, §. 257. in wiefern Vormünder und Vorsteher milder Stiftungen dazu keiner besondern Genehmigung bedürfen, §. 258. fiscalische Bediente müssen dazu die ausdrückliche Genehmigung der Behörde beibringen, §. 259. Wem der Eid deferirt werden könne, §. 260. sqq. s. auch Cession, Corporation, Cossäthen, Curator und Contradictor, Fiscal, Gemeinschuldner, Gläubiger, Litisconsorte, Milde Stiftungen, Minderjährige, Pflegbefohlne, Vormund. Zur Ableistung eines deferirten Eides ist ohne Unterschied ein jeder zu verstatten, wenn er auch unfähig wäre, einen nothwendigen Eid zu schwören, §. 284. Wer einen angenommenen Eid erlassen oder für geschworen annehmen könne, §. 285. dessen Zuschiebung muß in der Regel gleich bei Aufnehmung der Klage und deren Beantwortung angezeigt werden, §. 286. doch findet dieselbe unter gewissen Umständen noch im Instructionstermin Statt, §. 287. wie es damit zu halten, wenn bereits andere Beweismittel aufgenommen worden, §. 288. Die Eidesdelation findet auch in zweiter Instanz noch Statt, wenn der Richter erster Instanz die zu erweisenden Thatsachen bloß für gar nicht, oder nicht vollständig erwiesen angenommen hat, §. 289. a) kann in den folgenden Instanzen demjenigen nicht weiter geschehen, der sich in einer in erster Instanz für vollständig erwiesen angenommenen

menen Thatsache gegründet hat, I. 10. §. 289. b) Wenn eine Thatsache aus mehrern Umständen zusammengesetzt ist, so kann über einige derselben der Eid deferirt, über andere der Beweis durch Zeugen oder Urkunden geführt werden, §. 290. Wie es mit der Annahme oder Zurückschiebung des Eides zu halten, §. 291. s. auch Fiskus, Milde Stiftungen, Vormund, besonders im Wechselprozeß, 27. §. 28. s. auch Bevollmächtigter. Wie es zu halten, wenn von mehrern Litisconsorten einige den zugeschobenen Eid ableisten, andere ihn zurückschieben wollen, §. 293. dessen Zurückschiebung ist nach erfolgter Annahme in der Regel nicht mehr erlaubt, §. 294. die Annahme oder Zurückschiebung muß geschehen, wenn nach regulirtem Statu causae et controversiae die Beweismittel mit den Parteien durchgegangen werden, §. 295. Ueber die Annahme eines zurückgeschobenen Eides findet keine Bedenkzeit Statt, §. 296. Derjenige, welcher seine Erklärung darüber, ob er einen Eid ableisten wolle oder nicht, abzugeben weigert, wird in jedem Falle pro jurare nolente geachtet, §. 297. Ein zugeschobener Eid kann in der Regel nach erfolgter Annahme nicht mehr widerrufen werden, §. 298. s. auch Strafe. Ausnahme §. 301 — 303. s. auch Erbe, wie bei Normirung desselben zu verfahren, §. 304. wobei jeder unanständige Ausdruck, welcher die Ehrbarkeit beleidigt, oder zum Gespött Anlaß giebt, vermieden werden muß, [89]. in welchen Fällen mit der Ableistung desselben zu verfahren, oder dieselbe auszusetzen, § 305. — 308. Eigenmächtige Abänderungen, willkührliche Auslegung der Eidesformel, oder reservationes mentales sind dem Schwörenden nicht erlaubt, §. 309. Der Eid kann noch im Schwörungstermin auf eine mindere als die zu erhärtende Summe gerichtet werden, § 310. wohin derselbe zu richten, wenn jemand ein gewisses Quantum schuldig zu sein, ablehnen soll, §. 311. a) Bei mehrern zusammen genommen eine gewisse rechtliche Folge begründenden Thatsachen, von welchen einige zugestanden worden, ist die eidliche Ablehnung der übrigen zulässig, §. 311. b) Von dem Eide de ignorantia, §§. 312. 313. Von Eiden bei Litisdenunciationen, 17. §. 25. Verfahren bei der Ableistung des Eides im Allgemeinen, 10. §. 314. sqq. imgleichen §. 368. sqq. u. [92 — 98]. Von der Verwarnung vor dem Meineide, §. 363. in wiefern dabei ein Geistlicher zuzuziehen sei, §. 369. Die Eide müssen in der Regel an der ordentlichen Gerichtsstelle, §. 370.; in Gegenwart der Rechtsbeistände und des andern Theiles, §. 371.; aber nicht unter dem Geräusche der Parteien abgenommen werden, §. 372. Wie es zu halten, wenn auswärts wohnende Parteien Eide ableisten sollen, §§. 373. 374. S. übrigens: Griechen, Juden, Mahometaner. Von der Ableistung des Eides im Wechselprozeß, 27. §. 22. s. auch Bevollmächtigter, Deposition, Wechselprozeß, und im Executivprozeß, 28. §. 4. u. 6. Folgen der unterlassenen Ableistung desselben, §§. 375. 376. dessen Wirkung muß im Urtel, und wenn er durch dasselbe erst erkannt wird, auf beide Fälle, wenn

wenn er geschworen, und wenn er nicht geschworen werden sollte, festgesetzt werden, I. 10. §. 377 ist für geschworen zu achten, wenn der unbedingte Acceptant vor Ableistung desselben verstirbt, §. 378. s. auch Nothwendiger Eid. Bei Rechnungsabnahmen soll die eidliche Bestärkung der Rechnung bis zum Schlusse der Rechnungsabnahme ausgesetzt werden, 45. §. 25.

S. übrigens: *Calumniae juramentum*, Diffession, Editionseid, Erfüllungseid, Erlassung des Eides, *Iuramentum in litem*, *Juramentum noviter repertorum*. Manifestationseid, Meineid, Nothwendiger Eid, *Perhorrescentiae juramentum*, Reinigungseid, Restitution, Vorhaltung, Zeugeneid.

Eid und Pflicht, in wiefern die darin stehenden Personen bei Ablegung eines Zeugnisses nur auf ihren Amtseid verwiesen werden dürfen, I. 10. §. 203. n. 2. in wiefern sie als Sachverständige ihr Gutachten beschwören müssen, §. 203. n. 4. [84].

Eigenthumsforderung, was im Erkenntnisse festzusetzen, wenn auf Vindication geklagt worden, I. 23. §. 63. Verfahren, wenn bei oder nach der Auspfändung sich jemand meldet, welcher behauptet, daß die gepfändete Sache nicht dem Schuldner, sondern ihm zugehöre, 24. §§. 75 — 77. wenn dies bei Inventuren in Concursen geschieht, 50. §. 219 — 221. Diejenigen Gläubiger, welche Eigenthumsansprüche haben, werden in der ersten Classe angesetzt, §. 296. sqq. s. Classification der Gläubiger, und sind nicht schuldig, auf irgend eine Distribution zu warten, 50. §. 527. oder zu den Communkosten beizutragen, §. 528.

Eingebrachtes der Ehefrau, in wiefern es in der vierten Classe anzusetzen, I. 50. §. 406. sqq. §. 410. [363]. oder dies Vorzugsrecht verloren gehe, §. 412. und die Gebührnisse der Ehefrau erst post omnes angesetzt werden, §. 480. die Ehefrau kann ihr Vorzugsrecht in der vierten Classe cediren, §. 413. die Cessionarien oder Descendenten einer verstorbenen Ehefrau haben jederzeit den Vorzug vor einer nachherigen Gattin des Gemeinschuldners, §. 414. wenn jene mit andern zu dieser Classe gehörigen Gläubigern concurriren, so wird der erstern Vorzugsrecht vom Hochzeitstage an gerechnet; es sei denn, daß das Vermögen erweislich später inferirt worden, §. 416.

S. übrigens: Ehefrau des Gemeinschuldners, Ehefrau geschiedene, Gütergemeinschaft, Hypothekenbuch.

Einkindschaft, ein Vertrag darüber kann vor jedem Gerichte errichtet werden, II. 1. §. 9.

Einlassung in den Concurs, davon sind frei: 1) Darlehne, welche einem Officier aus den Militärcassen zur Anschaffung der Equipage gegeben worden, I. 50. §. 268. [353]. 2) diejenigen, welche mit der Masse contrahirt haben, §. 269. 3) die laufenden öffentlichen und gemeinen Lasten, ohne Unterschied, ob selbige an Königliche oder Creis- und Cämmereicassen zu entrichten sind, §§. 270.

271. s. auch Feuersocietätsbeiträge, Kirchenbediente, Schulbediente. 4) diejenigen, welche ein Separationsrecht haben, I. 50. §. 272. sqq. s. auch Separationsrecht, Specialmasse. 5) Die Creditsysteme und Pfandbriefeinhaber, §. 287. 6) diejenigen, welche ein Compensationsrecht haben, §. 288. 7) Socii, wegen der Societätsschulden, §. 289 — 291. 8) gewisse Arten von Depositis, §. 292. s. auch Deposition, welche Bewandniß es auch in Ansehung der in separato gegen die Masse geltend gemachten Gegenforderungen und Einwendungen hat, §. 293. 9) Soluta aus annullirten Geschäften, §. 294. 10) Amtsschriften und Geräthschaften, §. 295.

S. auch Erbverpächter.

Einseitige gerichtliche Handlungen unter Lebendigen, z. B. Entsagungen, Quittungen etc. bei deren Aufnehmung finden eben die Vorschriften Statt, wie bei Aufnehmung der Verträge, II. 3. §. 25.

Einspruch, s. Ehegelöbniß.

Eintragung in das Hypothekenbuch bewirkt einen Platz in der dritten Classe, I. 50. §. 387. sqq. s. auch Hypothekenbuch.

Einwendungen, von den noch bei der Execution zulässigen, I. 24. §. 55. sqq. §. 36. [152]. s. auch Appellation hat nur *effectum devolutivum*. Aufnehmung der Klage, Beantwortung der Klage, Entsagung der Einwendungen und Rechtswohlthaten, *Exceptio litis finitae*, *Exceptio veritatis*, Execution, Rechtsausflüchte, Resolution, Strafe, Verlegung des Termins.

Eltern, in wiefern deren Hausbücher Beweiskraft haben, I. 10. §. 162. In wiefern sie als Beweiszeugen aufgestellt werden können, §. 228. n. 1. sollen zur Ablegung eines Zeugnisses gegen ihre Kinder niemals gezwungen werden, §. 229.

Enrollirte, s. Regimentsgerichte.

Entlassung, s. Dienstentlassung.

Entsagung der Einwendungen und Rechtswohlthaten, deren Wirkungen muß der Richter den Parteien bekannt machen, II. 2. §. 32. mit unwirksamen sollen Urkunden nicht überladen werden, §. 52. Entsagung der Rechtswohlthat der Cession ist ungültig, I. 48. §. 31. In wiefern dies bei dem Moratorio der Fall sei, 47. §. 110.

Entsagung der Klage, s. Litisrenunciation. In Injuriensachen, I. 34. §. 13 — 16. [227].

Entsiegelung, s. Wiederaufsiegelung.

Entschädigungsklage, in wiefern sie in Criminalfällen in dem ordentlichen persönlichen Gerichtsstande des Beschädigers angestellt werden müsse, I. 2. §. 178.

Entscheidungsgründe sollen niemals die Kraft eines Urtels

tels haben, I. 13. §. 38. der Beifügung derselben bedarf es bei Revisionserkenntnissen nicht, 15. §. 22.

Equipage, die hiezu einem Officier mit Consens des Chefs gegebenen Vorschüsse werden in der vierten Classe angesetzt, I. 50. §. 387. in wiefern sie das Vorzugsrecht vor allen andern Forderungen im Concurs haben, §. 268. [353]. Sie haben auch bei im Wege der Execution vorfallenden Gehaltsabzügen den Vorzug vor andern Gläubigern, 24. §. 106 — 108. [166]. s. Execution. Verfahren, wenn sich bei Versiegelung des Nachlasses Equipagestücken vorfinden, II. 5. §. 17. [435]. s. auch Compagnie.

Erbe, welche Klagen auf denselben übergehen, und in wiefern mehrere Miterben zusammen oder einzeln klagen oder belangt werden können, I. 1. §. 38. wie lange derselbe in dem Gerichtsstande der Erbschaft belangt werden könne, 2. §. 122. sqq. s. auch Gerichtsstand. In wiefern mehrere Erben auch dann, wenn der Gerichtsstand der liegenden Erbschaft nicht mehr Statt findet, um eine Vervielfältigung der Prozesse zu verhüten, angewiesen werden können, bei einem und ebendemselben Gerichte Recht zu nehmen, §. 140. Wie der Erbe sich zu legitimiren habe, wenn er eine Klage anstellen will, §. 4. n. 6. Von Insinuationen an Erben, 7. § 32. sqq. s. auch Insinuation, deren Rechte und Verbindlichkeiten in Ansehung der dem Erblasser angetragenen, zurückgeschobenen oder durch Erkenntniß auferlegten Eide, 10. §§. 378. 379. s. auch Nothwendiger Eid. Wie es in Ansehung der Erben bei Litisreassumtionen zu halten, s. Litisreassumtion. Erben sind nur verbunden, einen nothwendigen Eid über Facta ihres Erblassers de ignorantia abzuschwören, 22. §§. 6. 7. Auch gegen die Erben des Beschädigers findet das juramentum in litem Statt, §. 14. in wiefern derselbe zur Ableistung des Manifestationseides verbunden, §. 29. n. 5. muß die gegen den Erblasser ergangenen Urtel auch gegen sich gelten lassen, 24. §. 6. s. auch Execution. Nur gegen denjenigen Erben, der die Erbschaft ohne Vorbehalt angetreten hat, findet Arrestschlag wegen der Schulden des Erblassers Statt; doch findet auf die zum Nachlaß gehörigen Effecten der Realarrest in jedem Falle Statt, in welchem der Arrestschlag gegen den Erblasser zulässig gewesen wäre, 29. §. 6. auch wegen der eigenen Schulden des Erben findet ein Arrest auf die zum Nachlaß gehörenden Stücke Statt, §. 7. s. auch Separationsrecht. Bei Todeserklärungen muß auch der vermuthlich nächste Erbe, wenn er nicht selbst die Vorladung ausgebracht hat, mit vorgeladen werden, 37. §. 8. von Streitigkeiten unter Erben, wegen der Theilung des Nachlasses, s. Erbsonderungen, ihnen kömmt das dem Erblasser ertheilte Moratorium nicht zu Statten, 47. §. 113. in wiefern der Einwand der Cession dem Erben eines alten Gläubigers entgegen gesetzt werden könne, 48. §. 36. Unter welchen Bedingungen ein Erbe, auf dessen ererbtes Grundstück seine Qualität als Beneficialerbe eingetragen worden, nach Verlauf eines Jahres auf die Löschung

dieser

dieser Einschränkung antragen könne, I. 60. §. 280. Rechte des Erben der Ehefrau eines Gemeinschuldners, s. Ehefrau des Gemeinschuldners. Von Alimenten, die ein Erbe dem andern zu entrichten hat, s. Alimente. Rechte und Obliegenheiten des Erben im erbschaftlichen Liquidationsprozeß, s. Erbschaftlicher Liquidationsprozeß, Erbschaftlicher Liquidationstermin. Wenn der Erbe unter die Classe der gemeinen in Geschäften unerfahrnen Leute gehört, müssen demselben die gesetzlichen Vorschriften wegen der mit oder ohne Vorbehalt anzutretenden Erbschaft bekannt gemacht und deutlich erklärt werden, II. 6. §. 2. s. auch Versiegelung des Nachlasses.

Uebrigens: Hypothekenbuch.

Erben unbekannte, deren Vorladung, s. Edictalvorladung.

Erbgelder, die ein Erbe dem andern heraus zu zahlen verbunden, werden, in Ermangelung besserer Sicherheit, in der sechsten Classe angesetzt, I. 50. §. 459.

Erbpacht, von wem Prozesse über eine in Erbpacht oder zum Nießbrauch eingeräumte Sache zu betreiben, I. 1. §. 32. a. Die Austhuung eines Grundstückes in Erbpacht oder Erbzins muß vor dem Richter der Sache vollzogen werden, II. 1. §. 3. n. 2. b.

S. übrigens: Erbverpächter, Erbzinsherr.

Erbrezeß, s. Erbsonderungen und Auseinandersetzungen.

Erbschaft, Gerichtsstand derselben, s. Gerichtsstand. Inwiefern bei Erbschaften die Klage über den Besitz von der über das Erbrecht selbst getrennt werden könne, I. 6. §. 28. derselben oder einem andern Rechte kann der Gemeinschuldner nach eröffnetem Concurse wider den Willen der Gläubiger nicht entsagen, 50. §. 41. Verfahren, wenn dieselbe als herrnlos vom Fiscus in Anspruch genommen wird, 51. §. 166.

S. übrigens: Nachlaß, Separationsrecht, Specialmasse.

Erbschaftsgläubiger, denselben steht in Concursen das Separationsrecht wegen der dem Gemeinschuldner zugefallenen Erbschaft zu, I. 50. §. 272. sqq. müssen, so wie die Legatarien, wenn die Erbschaft zu ihrer Befriedigung zureicht, ohne Rücksicht auf die Qualität ihrer Forderungen vollständig aus demselben befriedigt werden, §. 277. wie es zu halten, wenn sie ihr Separationsrecht durch Novation oder sonst verloren haben, §. 253.

S. übrigens: Erbschaftlicher Liquidationsprozeß, Execution, Separationsrecht, Vorladung der Erbschaftsgläubiger.

Erbschaftsinteressenten unbekannte, deren Vorladung, s. Edictalvorladung. Verfahren, wenn in dem anberaumten Termine niemand erscheint, I. 51. §. 153. Vorschriften für den Fall, wenn der den Nachlaß in Anspruch nehmende Erbe zur Zeit des Erbanfalles näher oder gleich nahe Miterben gehabt hat, enthält das allgemeine Landrecht, (Th. I. Tit. IX. §. 471. sqq.) §. 154.

Erb=

Erbschaftskauf kann vor jedem gehörig besetzten Gerichte geschlossen werden, II. 1. §. 9. n. 2.

Erbschaftlicher Liquidationsprozeß, davon handelt I. 51. §. 63. sqq. Zweck desselben, §. 53. wer darauf antragen könne, §. 69. sqq. was die Eröffnung desselben wirke, §. 61. Vorlegung eines Inventarii durch den Erben der darauf antragen will, §§. 62. 63. I) Wenn aus diesem Inventarium die Unzulänglichkeit klar ist, wird Concurs eröffnet, §. 65. wobei die Gläubiger dem Erben die Curatel über die Masse auftragen können, §. 65. wie der Tag des eröffneten Concurses in diesem Fall zu bestimmen, §. 66. Unterschied zwischen einem Beneficialerben und demjenigen, welcher der Erbschaft entsagt hat, §. 67. II) Verfahren, wenn die Unzulänglichkeit nicht klar ist, §. 68. A) in Ansehung der Activmasse, als deren Besitz und Verwaltung in der Regel dem Erben verbleibt, §. 69. wo auch dem Beneficialerben nothdürftiger Unterhalt zugestanden werden kann, und er wie ein redlicher Besitzer zu betrachten ist, [381]. Ausnahme, §. 70. sqq. s. auch Interimisticum, Resolution. In wiefern der Erbe sich der Administration begeben könne, §. 73. wo alsdann die Bestellung eines Curators und Contradictors, und das Verfahren zur Feststellung der Masse, wie im Concurs erfolgt, §. 74. und in wiefern dabei ein offner Arrest zu erlassen, [382]. s. auch Curator und Contradictor. Wozu der Erbe in diesem Fall verbunden sei, §§. 75. 76. In wiefern nach abgehaltenem Liquidationstermin die Lage der Sache sich ändern könne, §. 77. a) wenn der Beneficialerbe sich zum Erben ohne Vorbehalt erklärt, §§. 78. 79. s. auch Resolution. b) wenn er erklärt, daß er die Administration fortsetzen, jedoch Beneficialerbe bleiben wolle, §. 80. Rechte der Gläubiger in diesen beiden Fällen, §. 81. c) wenn er noch im Liquidationstermin sich erklärt, den Nachlaß an die Gläubiger zur gerichtlichen Administration und Vertheilung überlassen zu wollen, §. 82. Verfahren und Rechte des Erben in diesem Falle, §. 83. B) Ausmittelung der Passivmasse, § 84. Vorladung der Gläubiger, §. 85. sqq. s. auch Vorladung. Bis zum Liquidationstermin müssen die Specialprozesse fortgesetzt werden, §. 88. s. auch Erbschaftlicher Liquidationstermin, Kosten, Vertheilung der Masse. Ein erbschaftlicher Liquidationsprozeß ist es nicht, wenn ein Erbe ohne Vorbehalt die Erbschaftsgläubiger bloß deshalb vorladen läßt, um sie desto geschwinder zusammen zu bringen, §. 98. s. auch Execution, Vorladung der Erbschaftsgläubiger.

Erbschaftlicher Liquidationstermin muß auch dem Erben bekannt gemacht werden, I. 51. §. 87. Verfahren im Termin selbst und Abweichungen des erbschaftlichen Liquidations- vom Concursprozeß, §. 89. s. auch Zinsen.

Erbschatz, dessen Bestellung in Grundstücken oder Capitalien kann vor jedem Gerichte geschehen, II. 1. §. 9. n. 9.

Erbsonderungen und Auseinandersetzungen, davon

davon handelt I. 46. verschiedene mögliche Fälle, in denen wegen Auseinandersetzung Streit entstehen kann, §. 1. A) Erbschaftliche Prozesse, und zwar 1) über das Erbrecht oder über die Erbquote, §. 2. bis diese Präjudicialpunkte entschieden sind, können die Parteien auf interimistische Verfügungen zur Sicherstellung ihrer eventuellen Ansprüche antragen, §. 3. Befugnisse desjenigen, der ohne Widerspruch Miterbe ist, dem aber nur eine geringere als die verlangte Erbquote zugestanden wird, eventuelle Ausmittelung seines Antheils auf beide Fälle zu verlangen, §. 4. welche beiderlei Anträge (§ 3. u. 4.) jedoch mit der Instruction der Hauptsache nicht zu vermengen sind, §. 5. wie es zu halten, wenn zugleich das Erbrecht selbst und die eventuelle Quote bestritten wird, §. 6. Wenn unstreitige Erben über den Besitzer der Erbschaft sich beschweren, daß er ihnen Inventarium und Administrationsrechnung vorenthalte, so bedarf es keines förmlichen Prozesses, §. 7. s. auch Execution, *Juramentum in litem*, 2) Prozesse über die Erbtheilung, §. 8. sqq. wobei die zur immerwährenden Fortsetzung einer Fabrikanstalt gegebenen Fonds nie zur Erbtheilung kommen können, §. 8. [305]. Einleitung, §§. 9. 10. was das Gericht zugleich bei Bekanntmachung des Termins zur Erleichterung der Instruction von Amtswegen zu verfügen habe, §. 10. Verfahren im Termin, §. 11. sqq. wie der Erbrezeß einzurichten, wenn in der Hauptsache ein gütliches Abkommen zu Stande kömmt, und nur einige Nebenpunkte streitig bleiben, §. 14. Wenn die Parteien nicht zu vereinigen sind, muß bis zur Entscheidung ein Interimisticum regulirt werden, §. 15. weitere Instruction, §. 16. sqq. die Art derselben richtet sich in Ansehung der verschiedenen Punkte nach der Natur des Objects, §. 17. Verfahren, wenn in Ansehung der meisten und wichtigsten Punkte Localcommission erforderlich ist, §. 18. wenn es nur bei minder wichtigen Punkten darauf ankömmt, §. 19. wie es in Ansehung der bei der Instruction vorkommenden Präjudicialpunkte zu halten, §. 20. Beschluß der Sache, §. 21. Erkenntniß, §. 22. Rechtsmittel, §§. 23. 24. Errichtung des Erbrezesses, §. 25. u. 8. [305]. In wiefern ein Justizcommissarius und Notarius öffentliche Urkunden über Erbsonderungen aufnehmen könne, III. 7. §. 71. B) von Auseinandersetzungen zwischen Lehns- und Fideicommißfolgern und Allodialerben, 46. §. 26. sqq. s. auch Appellation ist unzulässig, Interimisticum, Lehn. C) Gemeinheitstheilungen, §. 33. s. Auseinandersetzung der Gemeinheiten. D) Auseinandersetzung der Handlungsgesellschaften, §. 34. sqq. Die hier ertheilten Anweisungen setzen wichtige und verwickelte Streitpunkte unter Handlungsgesellschaftern voraus. Bei Sachen von geringerer Erheblichkeit finden die allgemeinen Grundsätze Anwendung, §. 40. s. auch Sachverständige.

Erbverpächter, in wieweit derselbe sich nicht in den Concurs einzulassen brauche, oder in der zweiten oder auch erst in der siebenten Classe angesetzt werde, I. 50. §. 382. b.

Ewiges Gedächtniß, s. Beweis zum ewigen Gedächtniß.

Examen, s. Auscultator, Referendarius.

Exceptiones juris, s. Einwendungen, Eximirte, Rechtsausflüchte.

Exceptio litis finitae, davon handelt I. 10. §. 60. sqq. geschiehet entweder unter Bestreitung des Klagegrundes, also nur eventualiter, oder der Klagegrund wird eingeräumt, und nur der Antrag des Klägers durch diese Einwendung abgelehnt, §. 60. im letztern Falle macht der Einwand allein den Gegenstand der Instruction aus, §. 61. was im erstern Falle zu erwägen, §. 62. a) Verfahren, wenn die Instruction der Hauptsache und die des Einwands in Rücksicht der Zeit und Kosten ungefähr in gleichem Verhältnisse stehen, §. 63. b) wenn nur die Hauptsache leicht auszumitteln ist, §§. 64. 65. Wirkung der Appellation in diesem Falle, §. 66. s. auch Resolution. c) wenn nur die Erörterung des Einwandes kurz ist, §. 68. Wirkung der angewandten Rechtsmittel je nachdem der Einwand für gegründet anerkannt oder verworfen worden, §. 69. sqq. Von der Instruction des Einwandes ist ein besonderes Actenstück anzulegen, §. 77. und die Verhandlungen darüber sind vorzüglich zu beschleunigen, §. 78. a. In wiefern auf einen in dem vorläufigen Verfahren verworfenen Einwand in der Folge noch Rücksicht genommen werden könne, §. 78. b.

Exceptio litis ingressum impediens, dabei finden die wegen der Exceptionis litis finitae ertheilten Anweisungen Anwendung, I. 10. §§. 79. 80.

Exceptio deficientis legitimationis ad causam, s. Legitimationspunkt.

Exceptio veritatis bei Injurienprozessen, I. 34. §. 10. sqq. §. 13 — 16. [228].

Execution, von Nachsuchung und Verfügung derselben handelt I. 24. sie muß von demjenigen Gerichte verfügt werden, welches in erster Instanz erkannt hat, §. 1. Das Executionsgesuch findet Statt, sobald das Urtel rechtskräftig geworden ist, §. 2. Wenn von dieser Zeit an ein ganzes Jahr verstrichen ist, ohne daß die Execution nachgesucht worden, muß von neuem ex judicato geklagt werden, §. 3. ausgenommen, wenn ein bedeutendes Hinderniß gegen die Realisirung der Execution nachgewiesen worden, [148]. Auch aus einem Contumacialbescheide, einem durch Resolution bestätigten gerichtlichen Anerkenntnisse der Schuld und aus einem gerichtlichen Vergleich kann innerhalb Jahresfrist Execution nachgesucht werden, §. 4. In wiefern der eingewendeten Appellation ungeachtet mit der Execution verfahren werden müsse, 14. §. 6. sqq. s. auch Appellation hat nur *effectum devolutivum*. Wenn in einem Urtel mehrere separirte Punkte entschieden sind, und es wird nur wegen einiger davon appellirt, so muß in Ansehung der übrigen das Urtel vollstreckt werden, §. 10. Gegen

wen

wen das Executionsgesuch Statt finde, I. 24. §. 6. in wiefern gegen Erben, §. 6. gegen den Successorem singularem, §. 7. gegen Bürgen, §. 8. gegen den Inhaber einer rei litigiosae, §. 9. gegen einen falschen Bevollmächtigten, §. 10. gegen den, welcher sich liti offerirt, §. 11. gegen Vormünder und Curatoren, §. 12. gegen Litisconsorten, §. 13. gegen eine hereditatem jacentem, §. 14. Nähere Bestimmungen wegen der Execution gegen Erben, §. 15. sqq. wenn der Erbe der Verlassenschaft entsagt, §. 16. wenn er sich, Erbe sein zu wollen, ohne Vorbehalt erklärt, §. 17. als in welchem Falle er sich selbst durch die Zusammenberufung der Erbschaftsgläubiger gegen die Execution nicht schützen kann, 51. §. 98. wenn er sich entweder gar nicht, oder unter der Wohlthat des Inventarii erklärt hat, 24. §. 18. wenn er noch vor der rechtskräftigen Entscheidung des Prozesses zur Erbschaft gekommen ist, §. 19. was der Beneficialerbe zu beobachten habe, §. 20. Executionen finden von Amtswegen nicht Statt, §. 21. wie ein Executionsgesuch beschaffen sein müsse, §. 22. insbesondere wenn ein Prozeß mehrere Punkte, Forderungen und Gegenforderungen, oder eine förmliche Rechnungssache betroffen hat, §. 23. Wenn das Executionsgesuch die gehörigen Erfordernisse hat, muß die Execution sofort verfügt werden, ohne daß es einer Erklärung des Gegentheils darüber bedarf, §. 24. in wiefern während der Gerichtsferien Execution Statt finde oder nicht, §. 25. s. auch Gerichtsferien. In wiefern der Richter Executionen unmittelbar, §. 26. oder durch Requisition vollstrecken müsse, §. 27. s. auch Regimentsgerichte, wohin besonders bei Militärpersonen die Requisition der Militärgerichte oder beziehungsweise des Generalauditoriats, und bei Gensdarmen die Requisition des Oberbrigadiers der Provinz gehört, §. 26. [149]. Dasselbe findet in Absicht der Ehefrauen, der Kinder und des Gesindes der Militärpersonen Statt, wenn sie sich bei diesen am Garnisonort befinden, [150]. In wiefern jedoch die Civilgerichte die gegen inactive Militärpersonen abgefaßten Urtel selbst vollstrecken können, 2. §. 48. sqq. [18]. Die Execution des in der Reconvention gegebenen Erkenntnisses kann der Richter der Convention nicht unmittelbar, sondern nur mittelst Requisition des ordentlichen Richters des Wiederbeklagten vollstrecken, 24. §. 27. [151]. Das requirirte inländische Gericht muß unweigerlich mit der Vollstreckung der Execution verfahren, auch den Schuldner mit seinen etwanigen Einwendungen lediglich an das requirirende Gericht verweisen, §. 28. Verfahren, wenn die requirirte Behörde des requirirenden Gerichts ein Bedenken bei der Vollstreckung der Execution findet, §. 29. oder wenn bei der von einem ausländischen Gerichte geschehenen Requisition sich ein Anstand ereignet, §. 30. Von Erlassung des Executionsbefehls und des Monitorii an den Exequendum, §. 31. sqq. In wiefern der Extrahent der Execution dem Schuldner wegen Schimpf, Schaden und Kosten verhaftet bleibe, oder dieser, der geleisteten Befriedigung ungeachtet, die Kosten der angefangenen

fangenen Execution tragen müsse, I. 24. §. 34. Von den in der Execution zulässigen Einwendungen, §. 35. sqq. die Zeit der Entstehung dieser Einwendungen macht keinen Unterschied, §. 36. [152]. wenn dergleichen Einwendungen nur einigermaßen bescheinigt sind, muß die Execution sogleich ausgesetzt, und ein möglichst naher Termin zur Instruction des Einwandes anberaumt werden, § 38. Verfahren in diesem Termine, dessen Prorogation dem Provocanten unter keinerlei Vorwand gestattet werden darf, §. 39. weitere Verfügung, je nachdem der Einwand gegründet befunden wird oder nicht, §. 40. s. auch Appellation hat nur *Effectum devolutivum*, Resolution, Strafe, insbesondere, wenn der Einwand nur einen oder etliche von mehrern Punkten zum Gegenstande hat, §. 41. Unter dem Vorwande eines gegenwärtigen Zahlungsunvermögens soll die Execution nicht aufgehalten oder abgewendet werden, §. 42. Niemand soll gegen dieselbe bei dem Könige oder dem Ministerium Beschwerde führen, §. 43. Pflicht der Gerichte, wenn dennoch die Execution durch eine Cabinetsordre oder durch ein Hofrescript suspendirt würde, §. 44. Von Vollstreckung der Execution, §. 45. sqq. Verfahren bei Executionen gegen moralische Personen, §. 45. [153]. gegen eine große Menschenmenge, §. 150. [179]. Allgemeine Vorschriften für die Executoren, §. 45 — 47. Verfahren I) bei Executionibus ad faciendum, §. 48. sqq. Von der Festsetzung der dazu erforderlichen Kosten, §. 49. [154]. II) bei Executionen auf Unterlassung, §. 54. III) auf Herausgabe einer beweglichen Sache, §. 65. sqq. IV) auf Räumung einer unbeweglichen, §. 53. sqq. V) auf Zahlung einer Geldsumme, §§. 62. 63. s. auch Executor. A) Personalexecution, und zwar 1) Einlegung des Executors, §. 64. sqq. 2) Pfändung der beweglichen Sachen, §. 68. sqq. In wiefern das Mobiliare der Officiere der Execution nicht unterworfen ist, §. 70. [155]. und in wiefern auch nicht bei den Civilbeamten, §. 70. [156]. Ausnahmen wegen Schulden aus unerlaubten Handlungen, §. 70. [157]. Verfahren bei Executionen gegen Waarenlager und Fabrikvorräthe, §. 71. [158]. wie es zu halten, wenn dabei Eigenthumsansprüche angemeldet werden, §. 75. sqq. 3) Auction, §. 78. sqq. s. auch Auction, besondere Vorschriften von Pfändung bei Getraide, §§. 93. 94. bei Kunst- und Handwerksgeräthschaften, §§. 95. 96. Verfahren, wenn Künstler und Handwerker die ihnen gesetzten Zahlungstermine nicht halten, und Abzüge von ihrem Verdienst nicht hinreichen, §§. 95. 96. [159]. bei Wirthschaftsinventariis, §. 97. sqq. 4) Beschlagnehmung der Activcapitalien, §. 101. sqq. Besoldung und Pensionen, §§. 106. 107. findet in Ansehung der Officianten der Accise- und Zolladministration nicht Statt, §. 108. geändert, I. 29. §. 22 — 25. [197]. s. auch Pension, Seehandlungsgesellschaft, Wittwenverpflegungs-Anstalt. Beschlag auf Besoldungen und Emolumente der Civilbeamten trifft nur die Hälfte des über 400 Rthlr. Gehenden, 24. §. 106 — 108. [160].

Welche

Moratorium nachgesucht worden, muß die Execution bis zum Austrag der Sache ausgesetzt, I. 47. §. 63. jedoch nach Ablauf des Specialindults sowohl, als des Generalindults sofort damit verfahren werden ohne daß es einer neuen Klage bedarf, §. 45. desgleichen §. 112. Die Anbringung eines zulässigen Moratoriengesuchs hebt die Execution auf, nicht aber das Verfahren wegen der Sicherstellung, 47. §. 11. [306]. Weiteres Verfahren hierbei, §. 63. [308, 309]. §. 35 — 62. [310].

Executivprozeß, davon handelt I. 28. derselbe findet nur wegen Forderungen Statt, die in Geldsummen oder andern bestimmten Quantitäten verbrauchbarer Sachen bestehen, §. 1. Aus was für Instrumenten executivisch geklagt werden könne, §. 2. §. 1. [189, 190]. §. 2. n. 1. [191]. §. 2. n. 7. [192]. Bei der Anmeldung der Klage und Instruction der Sache finden die Vorschriften des Wechselprozesses unter gewissen Ausnahmen Anwendung, §§. 3. 4. u. [193]. s. auch Eid, Kosten, Vorladung, Wechselprozeß. In wiefern die executivische Klage noch vor der Verfallzeit Statt finde, §. 4. n. 1. u. [194]. Wegen des Erkenntnisses und der Rechtsmittel dagegen finden ebenfalls die Vorschriften des Wechselprozesses Anwendung, s. auch Appellation hat nur *effectum devolutivum*, Revision hat nur *effectum devolutivum*, §§. 5. 6. Execution, §. 7. sqq. dabei ist die Person des Schuldners nur in subsidium anzugreifen, §. 8. Von derselben befreiet in der Regel nur die Deposition des erkannten Liquidi, §. 9. wenn jedoch der Beklagte unter Anführung erheblicher wiewohl nicht sofort liquid zu machender Einwendungen sich zur anderweitigen annehmlichen Sicherstellung erbietet, so soll der Richter auf die wirkliche Bestellung der erbotenen Sicherheit erkennen, §. 10. gegen welches Erkenntniß dem Kläger die gewöhnlichen Rechtsmittel offen sind, §. 11. Verfahren, wenn der Beklagte die Schuld selbst eingesteht, und nur wegen verlangter Zahlungsnachsicht Sicherheit offerirt, §. 12. Wegen der Separatverhandlungen über die illiquiden Einwendungen des Beklagten finden die Vorschriften des Wechselprozesses Anwendung, §. 13. Der Executivprozeß findet auch bei Klagen ex judicato Statt, §. 14. [195]. s. auch Judicat. Desgleichen bei Klagen wegen rückständiger Hypothekzinsen, §. 15. [196]. s. auch Hypothekenzinsen, auch bei Capitalsaufkündigungen, wenn der Gläubiger sich durch das angebrachte Gesuch ein rechtskräftiges Urtel, oder ein gerichtliches Anerkenntniß verschaffen will, §. 16. Im Executivprozeß findet keine Cautionsforderung wegen der Prozeßkosten Statt, I. 21. §. 2.

Executor, von dem Amte derselben und der Landreuter handelt III. 5. §. 93. sqq. Dessen Ansetzung, §. 93. in wiefern derselbe zur Bestellung einer Caution anzuhalten, §. 95. Wie es, wenn er keine Caution bestellt hat, mit Erhebung der durch ihn beizutreibenden Gelder zu halten, I. 24. §. 66. s. auch Strafe. Obliegenheiten desselben, III. 5. §. 96. sqq. s. auch Execution, Personalarrest, Wechselexecution, wie Beschwerden gegen denselben zu untersuchen und

und dessen Vergehungen zu ahnden, III. 6. §. 104. Eid desselben, §. 105. §§. 71. 105. [459]. In wiefern Insinuationen durch den Executor geschehen müssen, I. 7. §. 39. oder Personen, welche die Ablegung eines Zeugnisses verweigern, durch denselben abgeholt werden sollen, 10. §. 183. s. auch Realvorladung, oder in fiscalischen Untersuchungen der Defensor zur Einreichung der Defension durch Einlegung des Executors anzuhalten, 35. §. 67.

Exemtion, Begriff derselben, I. 2. §§. 43. 44. darauf können Studenten nach geendigten Studien keinen Anspruch machen, auch ein Eximirter kann davon keinen Gebrauch machen, in sofern er bürgerliche Gewerbe treibt, §. 78. wird durch den bloßen Titel eines Commercien- oder geheimen Commercienraths, so lange der damit begnadigte die Handlung fortsetzt, nicht bewirkt, §. 80. geht durch Dienstentlassung mit Beibehaltung des Charakters nicht verloren, §. 83. s. auch Referendarius, wohl aber durch Cassation, §. 86. Die Exemtion der Ehefrauen niederer Königlicher Bedienten geht mit dem Tode der Ehemänner verloren, s. auch Deserteur, Wittwe, der Kinder, dauert nur so lange bis sie auf eine oder die andere Art in einen andern Gerichtsstand übergehen, §. 98. der Königlichen und prinzlichen Livreebedienten und aller nicht charakterisirter Officianten hört nach erfolgter Dienstentlassung auf, §. 102.

Eximirte, zu denselben gehören Fürsten, Grafen, Freiherren, Edelleute, I. 2. §. 42. vergl. Fürstliche Personen; folgende Geistliche: Aebte und Aebtissinnen, Bischöfe, Canonici, Conventualen beiderlei Geschlechts, Domherren, Erzpriester, Officialen, Pfarrer und Prediger, ohne Unterschied der Religionspartei, Prälaten, Präpositi, Prioren und Priorinnen, Pröbste, Superintendenten, Vicarien, ingleichen die Vorgesetzten und Lehrer akademischer und anderer Gymnasien und hohen Schulen, §. 45. u. [11]. Ausnahme, §. 46. s. auch Magistrat. Zu den Eximirten gehören auch alle Königliche Civilbeamte, §. 53. und auf dem platten Lande lebende Justitiarien, [21]. desgleichen Königliche Generalpächter, §. 64. auch Justizcommissarien und Notarien, §. 55. s. auch Gerichtsstand und Justizcommissarius, imgleichen die Subalternen der Landschaftlichen Institute, §. 57. die wirklichen oder Titularbediente auswärtiger Staaten, §. 60. Fremde Militärpersonen stehn in jeder Hinsicht unter den Civilgerichten, und sind, wenn sie Officiere sind, eximirt, [22]. Ausnahme, §. 61. Eximirt sind alle Officiere und Unterstabsbedienten, deren Frauen und Familien, §. 48. sqq. [12]. Die Ausnahmen wegen des Gerichtsstandes in Untersuchungs- und Injuriensachen, s. Militärgerichte. Nicht eximirte, folglich der Gerichtsbarkeit der Garnisonstadt unterworfene, Militärpersonen, s. Militärpersonen. Auch die Mitglieder und Officianten der Akademie der Wissenschaften und Künste, die bei Ritterakademien angestellten Stallmeister und Bereiter, die zum Königlichen Theater oder zur Capelle gehörenden Personen, und die Mitglieder des Nationaltheaters sind eximirt, §. 73. imgleichen diejenigen, welche akademische Würden erlangt haben, I. 2. §. 74. auch die Professoren als Königliche Bediente, §. 75. s. auch Akademisches Gericht, und wegen des Gerichtsstandes der zu den Universitäten gehörigen Personen, §. 76. [24]. Auch sind eximirt die Inspectoren, Commissarien und Controlleurs in den Landarmen- und Invalidenhäusern, §. 73. [23]. Von allen Eximirten gilt die Vermuthung, daß sie unter dem Obergerichte der Provinz stehen, §. 77. die in Städten wohnen, sind den Polizeieinrichtungen und Strafen unterworfen, §. 79. Bei den Kindern der Eximirten, finden die allgemeinen Vorschriften von dem Gerichtsstande der Kinder Anwendung, §. 95. s. auch Gerichtsstand der Eltern. Prinzliche Räthe, imgleichen ihre und anderer Eximirten Hausofficianten und Dienstboten haben mit der Herrschaft Einen Gerichtsstand, §. 100. s. auch Berlin, Delegation, Exemtion. Zu den Eximirten gehören auch gewisse moralische Personen, als: Kollegiatstifter, Domcapitel, Gerichte und Stadtgemeinen der Immediatstädte, Klöster und Magistrate, §. 103.

Exmission der Pächter, von Prozessen darüber handelt I. 44. §. 36. sqq. Bei der Localuntersuchung des Antrags darauf muß jedesmal ein Wirthschaftsverständiger mit zugezogen werden, §. 38. Verfahren im Termine, s. auch Deduction, Verlegung des Termins, bei Publication des Erkenntnisses, §. 40. Rechtsmittel, §. 41 — 43. s. auch Interimisticum, Revision. Klagen eines Pächters über eigenmächtige Exmission und auf Wiedereinsetzung sind als Spoliensachen zu betrachten, §. 44. finden jedoch nur binnen sechs Monaten nach erfolgter Exmission Statt, §. 45.

Exmission des Schuldners im Concurs, I. 50. §. 266. [351].

Exmission der Unterthanen, davon handelt I. 41. §. 87. sqq. sie muß nie ohne Erkenntniß verhängt werden, §. 88. die Instruction gehört vor die Ortsgerichte, §. 89. Rechtsmittel, §. 90. sqq. s. auch Interimisticum, Revision ist unzulässig.

Expedition, Beschaffenheit des Zimmers für dieselbe, R. u. C. R. §. 63. Welche Bücher in dem Secretariat zu halten, §. 64. Beschaffenheit und Zweck des Expeditionsbuchs, §. 65. sqq. des Copierbuchs, §. 68. Beide Bücher müssen mit der größten Genauigkeit geführt werden, §. 70. sqq. Bestimmung des Gerichtskalenders, §. 73. Diese drei Bücher müssen beständig in dem Expeditionszimmer zur Hand sein, §. 74. Eintheilung der in das Expeditionszimmer gelangenden decretirten Piecen, §. 117. sqq. Die an Einem Tage angefertigten Expeditionen müssen unverzüglich zur Revision befördert werden, §. 136. sqq. s. auch Canzelleiinspector, Secretarius.

F.

Fabrik, den Unternehmern der zur Unterhaltung des Potsdammischen Waisenhauses gewidmeten Fabriken, imgleichen der Gold- und Silbermanufactur gebührt das Vorzugsrecht der fünften Classe, I. 50. §. 445. Die zur immerwährenden Fortsetzung einer Fabrikanstalt gegebenen Fonds können niemals zur Erbtheilung kommen, sondern fallen demjenigen Erben zu, welcher die Fortsetzung der Fabrik unternimmt, 46. §. 8. [305].

Fabrikant, die demselben von den Unternehmern der Fabriken vorgeschossenen Materialien werden in der ersten Classe vindicirt, wenn sie noch in Natur vorhanden sind, I. 50. §. 336 — 338. s. auch Materialien. Gleiches Vorrecht hat auch der Fabrikenunterstützungsfond, §. 339 — 341. und das Rettungsinstitut in Berlin, §. 337. [354]. §. 338. [355, 356]. imgleichen genießen es die Unternehmer der Tuch- und Wollfabriken, § 342. jedoch alle diese nur dann, wenn die Lieferung innerhalb Jahresfrist von der Eröffnung des Concurses an zurückgerechnet, geschehen ist, §. 341. in Ermangelung dieses Vorzugsrechts findet nur ein Platz in der sechsten Classe Statt, §. 469. Wie es mit der Administration ihrer Fabriken zu halten, wenn sie in Concurs gerathen, s. Activmasse.

Fabrikvorräthe. Von der Execution in dieselben, I. 24. §. 71. [158]. s. Execution.

Facta, s. Thatsachen.

Facti species, s. *Species facti*.

Fähigkeit des Handelnden, die gesetzliche, muß auch bei Handlungen der freiwilligen Gerichtsbarkeit geprüft, und jedes dabei obwaltende Bedenken gehoben werden, II. 2. §§ 25. 26. Verfahren dabei in schleunigen Fällen, §. 27.

Fahnschmidt steht unter den Regimentsgerichten, I. 2. §. 48. steht unter dem Untergerichte der Garnisonstadt, [13]. s. Militärpersonen.

Falsches Zeugniß, wer desselben überführt wird, kann nicht Zeuge sein, I. 10. §. 227. s. auch Meineid.

Familien der Militärpersonen; ihre Gerichtsstand, Militärpersonen. Von der Execution gegen sie, I. 24. §. 26 [160].

Familiengeheimnisse, deren Bekanntwerdung der Ehre, dem guten Namen oder dem Credit der Parteien nachtheilig werden könnte, deren Angebung darf der Instruent, besonders in Ehescheidungssachen, ohne Noth denselben nicht anmuthen, I. 40. §. 43. überhaupt soll er nur dann, und zwar mit möglichster Schonung, davon Gebrauch machen, wenn deren Bekanntwerdung zur Darstellung der Wahrheit unumgänglich nothwendig ist, III. 3. §. 40. s. auch Geheimniß.

Familienstiftung und beständige Fideicommisse, in so-

fern

fern diese nicht Grundstücke betreffen, sind vor dem persönlichen Richter zu vollziehen, II. 1. §. 6. n. 2. s. auch Fideicommiß.

Feindschaft, wer, notorisch, mit Einer Partei darin lebt, kann zwar als Beweiszeuge abgehöret werden, seine Aussage hat aber keine volle Glaubwürdigkeit, I. 10. §. 233.

Feldinventarium, s. Wirthschaftsinventarium.

Feldjäger, reitende, s. Militärpersonen.

Feldküster, — prediger, — scherer, — stallmeister,	stehen unter den Regimentsgerichten, I. 23. §. 48. Abänderungen dieses Grundsatzes, s. Eximirte, Militärpersonen, Oberofficiere, Unterstab.

Feldmesser, in wiefern derselbe bei Einnehmung des Augenscheins zuzuziehen, I. 10. §. 384. in wiefern insbesondere bei Localinstructionen in Unterthanenprozessen, 41. §. 34. in Gränzsachen, 42, §. 9. und wie er dabei verfahren müsse, §. 14. s. auch Karte. Wenn in der Appellationsinstanz behauptet wird, daß die Karte unrichtig sei, ist der neuen Localcommission ein anderer Feldmesser beizuordnen, jedoch der vorige jedesmal mit zuzuziehen, damit er den neuen Feldmesser bei seiner Operation controllire, §. 28. Zuziehung des Feldmessers bei Gemeinheitstheilungen, 43. §. 21. sqq. derselbe muß von der Separationscommission mit einer schriftlichen Anweisung versehen werden, §. 23. welche er, so wie im übrigen das Provinzialfeldmesserreglement, genau zu befolgen hat, §. 24. auch muß er ein Gutachten abgeben: wie die Separation am zweckmäßigsten regulirt werden könne, §. 25.

S. übrigens: Karte, Riß, Sachverständige.

Feldwebel, sind nicht eximirt, I. 2. §. 48. sqq. [13]. s. Eximirte, Militärpersonen.

Ferien, s. Gerichtsferien.

Festtage, s. Sonn- und Festtage.

Feudi separatio ab allodio, s. Auseinandersetzung ꝛc., auch Lehn.

Feuersocietätsbeiträge, die laufenden sind von der Einlassung in den Concurs frei, I. 50. §. 280. seit zwei Jahren rückständige erhalten ihren Platz in der zweiten Classe, §. 359. auch ältere, in sofern sie durch die ergangenen neuern Indultgesetze veranlaßt sind, §. 366. sqq. [357]. Die innerhalb der letzten zwei Jahre vor Eröffnung des Concurses ausgeschriebenen Feuersocietätsbeiträge werden aus den laufenden Einkünften bezahlt, §. 600. [369]. Sonst aber werden die mehr als zweijährigen in der vierten Classe locirt, §. 404.

Feuersocietäts- und Bauhülfsgelder, wer darauf Arrest nachsuchen könne, I. 20. §. 18. noch vorhandene können nicht zur Concursmasse gezogen, sondern sie müssen ihrer Bestimmung gemäß verwendet werden, 50. §. 336.

Feuer-

Feuerwerker sind nicht eximirt, I. 2. §. 48. sqq. [13]. s. Eximirte, Militärpersonen.

Feyertage, s. Sonn- und Festtage, der Juden, I. 10. §. 319 — 21. u. §. 320. [90].

Fideicommiß, welches Grundstücke betrifft, muß vor dem Richter der Sache verlautbaret werden, II. 1. §. 6. n. 3. s. auch Familienstiftungen, dessen Absonderung vom Allodium, s. Auseinandersetzung rc., Lehn oder Fideicommiß.

Fideicommißcapitel, dessen Aufgebot, s. Aufgebot.

Fiscal, von dessen Vollmacht im Allgemeinen, I. 3. §. 60. muß, um einen Eid zu deferiren, die ausdrückliche Genehmigung der Behörde beibringen, 10. §. 269. darf einen ihm zugeschobenen Eid nur de ignorantia ableisten, §. 296. dessen Bestallung, III. 6. §§. 1. 2. Obliegenheiten, §. 3. sqq. besonders als Wächter der Gesetze, §§. 6. 7. muß auf das Betragen sämmtlicher Justizbedienten in ihrem Amte ein wachsames Auge haben, §§. 8. 9. bei den Untersuchungen pflichtmäßig verfahren, §. 10. und die ihm etwan ertheilten besondern Instructionen befolgen, §. 11. Belohnung desselben, §. 16. u. [460]. s. auch Quote. Verpflichtung, §. 17. u. [461].

Uebrigens s. Confiscationsprozeß, Fiscalischer Civilprozeß, Fiscalische Untersuchung, Generalfiscal, Invalidencassenfiscal, Prodigalitätserklärung.

Fiscalisches Amt, demselben muß von der verfügten Vorladung eines Verschollenen und dem anstehenden Termine Nachricht gegeben werden, I. 37. §. 7.

Fiscalischer Civilprozeß, davon handelt I. 35. §. 1 — 33. derselbe muß gleich andern Prozessen verhandelt und instruirt werden, §. 1. die Regierungen sind befugt, solche Prozesse ohne weitere Anfrage anhängig zu machen, §. 1 — 3. [238]. die Fiscale haben dabei die Obliegenheiten der Justizcommissarien als Bevollmächtigte, §. 2. wie der Fiscal sich legitimiren müsse, §. 3. s. auch Forstprozeß. er muß für die Herbeischaffung der erforderlichen Information sorgen, §. 4. indem das Gericht sich deshalb lediglich an ihn hält, §. 5. und vollständige Manualacten halten, §. 6. wegen bloß persönlicher, und in der Regel auch wegen Amtsverhinderungen sind ihm keine Dilations- oder Prorogationsgesuche zu gestatten, §. 7. was zu beobachten, wenn er sich zu einer ihm aufgetragenen Untersuchung außerhalb des Sitzes des Gerichts, wegen obwaltender Gefahr im Verzuge schleunig entfernen muß, §. 8. s. auch Verlegung des Termins, welche Sache der andern vorgehen müsse, wenn mehrere fiscalische Termine in Collision kommen, §. 9. Der Fiscal muß allen Verhandlungen vom Anfange der Instruction bis zum Ende beiwohnen, §. 10. s. auch Localinstruction. Pflichten der Cammer und anderer Finanzbehörden, §. 11. sqq. Sie müssen den Fiscal bei dem Betriebe des Prozesses dirigiren, §. 11. Von besondern Rechten der Regierungen bei fiscalischen Civilprozessen, [239]. Das Justizcollegium muß daher der Behörde

hörde von einer gegen sie angestellten Klage sogleich unentgeltlich Nachricht geben, I. 35. §. 12. so auch von Klagen gegen den Postfiscus dem Generalpostamt, [240]. Obliegenheit der Kammern rc., wenn diese Nachricht einkömmt, §. 13. sqq. Sie sollen, auch bei ihrem Collegio, von einem jeden solcher Prozesse ein besonderes Actenstück anlegen, §. 17. Auch in dieser Gattung der Prozesse soll die Sache nicht übereilt, oder wesentliche Rechte bloßen Förmlichkeiten aufgeopfert werden, §. 18. Die Justizcollegien und deren Präsidenten sollen auf den Betrieb der fiscalischen Prozesse ein ganz genaues Augenmerk richten, §. 19. s. auch Justizdepartement. Die gesetzlichen Vorschriften wegen des Contumacialverfahrens finden auch gegen den Fiscus Anwendung, §. 20. wenn es aber auch noch nicht dahin gekommen wäre, müssen die säumigen fiscalischen Behörden dem Gegner die verursachten unnützen Kosten oder Schäden erstatten, §. 21. Anweisungen wegen der Appellations- und Revisionsfristen, §. 22. s. auch Appellationsfrist, Revision, wegen entstehender Jurisdictionsstreitigkeiten, §. 23. wegen des possessorii summariissimi, §. 24. wegen anderer fiscalischen Privilegien im Prozesse, §. 25. wegen der Kosten, §. 26. sqq. u. [241]. s. auch Fiscus, wegen der Execution, §. 33. u. [242]. s. auch Justizdepartement.

Fiscalische Rechte, s. Bank, Brennholzadministration, Nutzholzadministration, Prinzliche Gesammtkammer, Seehandlungsgesellschaft.

Fiscalische Untersuchung, davon handelt I. 35. §. 34. sqq. Dergleichen Untersuchungen finden Statt: bei geringern Verbrechen, 2) bei Defraudationen, 3) bei Widersetzlichkeiten gegen Königliche Bediente, 4) bei der dritten Classe der Injuriensachen, 5) bei Vergehungen Königlicher Bedienten, wenn die darauf bestimmte Strafe die Dienstentsetzung nicht übersteigt, §. 1. findet auch gegen Leute Statt, die durch unerlaubte Kunstgriffe die Gemüther der Eheleute gegen einander aufbringen, 40. §. 30. in wiefern gegen einen Vormund, 39. §. 22. In wiefern die Regierungen bei Contraventionen und Defraudationen durch Resolute entscheiden, von welchen aber auf rechtliches Gehör und Entscheidung angetragen werden kann, 35 §. 34. [243, 254]. Verfahren bei Contraventionen und Defraudationen der Militärpersonen, [244]. und der Beurlaubten, [245]. Verfahren der Obergerichte, wenn die Finanzbehörde die summarische Untersuchung gegen einen verhafteten Defraudanten verzögert, [246]. Wann die Provocation auf rechtliches Gehör nicht Statt findet, [247]. Vom Gerichtsstande bei Vergehungen gegen Hoheitsrechte, Landespolizeiverordnungen, und bei Dienstvergehen, bei Vergehen gegen die Localpolizei, [248]. bei Untersuchungen wegen verbotenen Spiels, [249]. Wann die Untergerichte über Defraudationen erkennen, [250, 251]. Verfahren bei Untersuchungen gegen Regierungsofficianten, [252]. Wann und wie bei den Obergerichten ein abgekürztes Verfahren in fiscalischen Untersuchungs-

men, I. 35. §. 76. wenn die ordentliche Strafe eine Geldstrafe ist, §. 77. besonders in Accise- und Zollsachen, §. 78. wenn die ordentliche Strafe eine Leibesstrafe ist, §. 79. In wiefern der Richter die Gattung der Strafe ändern, z. B. statt Gefängniß- auf Geldstrafe, oder umgekehrt, erkennen könne, §. 80. Kosten, §. 81. sqq. §. 82. [259 — 263]. s. auch Kosten. Publication des Urtels, §. 86. u. [264, 266]. Rechtsmittel für den Denunciaten, §. 87. s. auch Appellation ist unzuläßig, Milderungsgesuch, Revision ist anzuläßig, Vertheidigung (Rechtsmittel der weitern). Rechte der fiscalischen Behörde, wenn sie das Erkenntniß für zu gelinde hält, §. 98. 99. Während dieser zweiten Instanz muß das Urtel, so weit es zu Gunsten des Denunciaten ausgefallen ist, vollzogen werden, §. 100. Dem Denunciaten stehet, wenn in dieser zweiten Instanz das Erkenntniß zu seinem Nachtheile geändert wird, ein Milderungsgesuch oder das Rechtsmittel der weitern Vertheidigung (wie gegen das erste Erkenntniß) offen, §. 101. Bei dem, was in zweiter Instanz zu Gunsten des Denunciaten erkannt wird, hat es lediglich sein Bewenden, §. 102. s. auch Kosten. Ausnahme in Accise- und Zollsachen, bei Untersuchungen wegen Holzdevastation ꝛc., §. 103. Wie es wegen der Rechtsmittel zu halten, wenn die Untersuchung, wie z. B. bei Jagd- oder Forstcontraventionen, zugleich auf den verursachten Schaden gerichtet gewesen, §. 104. Vollstreckung des Urtels, §§. 105 106.

S. übrigens: Generalfiscal.

Fiscus hat als Kläger, Beklagter, Intervenient oder Litisdenunciat einen privilegirten Gerichtsstand, I. 2. §. 126. wenn er hingegen nur einer Partei beisteht, oder auf den Ausgang eines Prozesses Acht giebt, so wird dadurch der Gerichtsstand nicht verändert, §. 127. Der privilegirte Gerichtsstand des Fiscus findet nur Statt: a) wenn die Sache bei einem Streite zwischen Privatpersonen solchen haben würde, §. 126. [35]. b) wenn der Gegenstand des Streits unter unmittelbarer Verwaltung der Regierung steht, [35]. c) wenn die Regierungen während unvollendeter neuer Einrichtung der Untergerichte und Polizeibehörden es für nöthig achten, der Beihülfe der Justizbeamten zur Einziehung der Information und der Assistenz derselben bei Führung des Prozesses selbst sich zu bedienen, und alsdann auf Exemtion antragen, [36]. d) in Confiscationsprozessen, I. 36. §. 4. [266]. mit Ausnahme der Deserteurs, §. 46. [279]. und der entwichenen Packknechte, [280]. s. Deserteur, Packknechte. Er wird durch die Regierungspräsidien vorgeladen, I. 7. §. 28. [57]. Dessen Rechte, wenn ein Urtel deshalb als nichtig angefochten wird, weil ein mit gar keiner Gerichtsbarkeit versehener Richter den Prozeß instruirt und entschieden hat, 16. §. 7. derselbe ist von der Cautionsbestellung wegen der Prozeßkosten frei, 21. §. 2. auch bei nothwendigen Subhastationen, wenn er dem Zuschlag widerspricht, 52. §. 33. die Kostenfreiheit kömmt ihm nur in Ansehung des Gerichts, nicht

nicht in Ansehung des Gegentheils zu Statten, I. 35. §. 26. welche Behörden und Anstalten gleich ihm diese Kostenfreiheit genießen, 23. §. 46. [145]. welche Kosten derselbe, wenn er in den Kostenersatz verurtheilt wird, dem Gegner erstatten müsse, 35. §. 27. die Instructions- und Urtelsgebühren sind in einem solchen Falle gänzlich niederzuschlagen, §. 28. in wiefern ein fiscalischer oder anderer Finanzbedienter sämmtliche nach §. 27. zu erstattende Kosten, auch die Instructions- und Urtelsgebühren aus eignen Mitteln entrichten müsse, §. 29. welche Vorschrift jedoch auf die Räthe und Decernenten bei den Kammern 2c. nicht auszudehnen ist, §. 30. Wegen der von dem Fiscus dem Gegentheil zu erstattenden Kosten hält dieser sich an die Finanzbehörde, §. 31. Die Regierungshauptcasse macht Namens des Fiscus die Ansprüche im Confiscationsprozeß, 36. §. 6. [267]. s. überhaupt Confiscationsprozeß. Besonders, wegen der Kosten, welche dem Fiscus dabei zur Last fallen, §. 39. [276 — 278]. Von den Beiträgen zu den Communkosten in Concursen ist der Fiscus befreit, 50. §. 531. Gerichtsgebühren, welche sich auf die Hebung desselben beziehen, müssen niedergeschlagen werden, §. 532. auch dann, wenn er mit seiner Forderung die ganze Masse wegnimmt, §. 533. In wiefern ihm diese Befreiung in Ansehung der durch Cession erworbenen Forderungen zu Statten komme, §. 534. dessen bloße Assistenz befreit die damit begünstigte Privatpartei nicht von den Kosten, 23. §. 46. dessen Rechte sollen auch bei Todeserklärungen wahrgenommen werden, 37. §. 7. s. auch Fiscalisches Amt, wegen zweijähriger Abgabenrückstände wird derselbe in der zweiten Classe angesetzt, 50. §. 356. und wegen älterer, in sofern sie durch die ergangenen neuern Indultgesetze veranlaßt sind, [357]. dieses Vorrecht der zweiten Classe hat derselbe in Ansehung aller mit fiscalischen Rechten versehenen Anstalten in dem Vermögen der Cassenbedienten, §§. 360. 361. dies Vorrecht findet nicht mehr Statt, §. 393. n. 4. [361]. s. auch Bank, Brennholzadministration, Nutzholzadministration, Prinzliche Gesammtcammer, Seehandlungsgesellschaft, in Ansehung seiner mit keinem vorzüglichern Rechte versehenen Anforderungen erhält er einen Platz in der vierten Classe, 60. §. 395. sqq. Hieher gehören: 1) die mehr als zweijährigen Abgabenrückstände, §. 396. welche indeß in die zweite Classe gehören, in sofern sie durch die ergangenen neuern Indultgesetze veranlaßt sind, §. 356. sqq. [357]. 2) was derselbe aus einer ihm bestellten, aber nicht besonders versicherten Caution zu fordern hat, §. 397. 3) die einem Officianten, der kein Cassenbedienter ist, anvertrauten Gelder, §. 398. 4) Forderung aus einer von dem Gemeinschuldner übernommenen Pachtung, §. 399. überhaupt 5) alle Forderungen, die dem Fiscus aus irgend einem Rechtsgrunde zustehen, §. 400. s. auch Casse. Anweisungen für den Fall, wenn Fiscus eine Erbschaft als herrenlos in Anspruch nimmt, 51. §. 156. Fiscus, und wer mit demselben gleiche Rechte hat, kann die Aufforderung unbekannter

der Parteien, Decernent, Dolmetscher, Entsagungen, Fähigkeit des Handelnden, Identität der Personen, Legitimationspunct, Protocoll, Punctation, Zulässigkeit der Handlung.

Fremder, in wiefern derselbe bei den Gerichten seines Aufenthaltsorts belangt werden könne, I. 2. §§ 26. 27. in wiefern bei dem dinglichen Gerichtsstande, wenn er in hiesigen Landen Grundstücke besitzt, §. 114. u. [34]. s. auch Eximirte. Ein Durchreisender hat keinen ordentlichen persönlichen Gerichtsstand in hiesigen Landen, §. 28. bei welchen Gerichten derselbe zu belangen, wenn der Gerichtsstand gegen ihn durch Arrestanlegung oder auf andere Art begründet ist, §. 29. Auch Injurien begründen einen Gerichtsstand desselben, §. 28. [8]. Fremde Militärpersonen stehen in jeder Hinsicht unter den Civilgerichten, und, wenn sie Officiere sind, unter dem Obergerichte der Provinz, §. 60. [22]. Wann Fremde in Injuriensachen durch Edictalcitation vorzuladen sind, 7. §. 12. [53]. Vom Verfahren bei Anlegung eines Arrests durch hiesige Unterthanen wider regierende und andere Fürsten und andere fremde Personen, 29. §. 43. [198]. §. 76. [201 — 212]. s. übrigens Arrest. Personalarrest gegen denselben, s. Auswärtiges Departement. Von Arresten der Fremden gegen Fremde, 29. §. 88. sqq.

S. übrigens: Ausländer.

Fremdes Eigenthum, mit wem Prozesse über ein darauf zustehendes dingliches Recht zu verhandeln, I. 1. §. 32. b.

Fremdes Landesgesetz, über dessen Inhalt muß Beweis aufgenommen werden, I. 10. §. 53.

Früchte und Nutzungen gewisser Sachen, auf deren Herausgabe geklagt worden, deshalb muß im Erkenntnisse das Nöthige mit festgesetzt werden, I. 23. §§. 63. 64. in wiefern noch nicht eingeerntete Früchte Gegenstand des Arrestschlages seien, 29. §. 13.

Fürstliche Personen sind eximirt, I. 2. §. 42. Regierende deutsche und abgetheilte Fürsten aus regierenden deutschen Häusern sind, wenn sie ihren beständigen Aufenthalt in hiesigen Landen nehmen, der Gerichtsbarkeit der hiesigen Gerichtshöfe unterworfen, [10]. Verfahren, wenn sie einen Eid ableisten sollen, 10. §. 293. n. 1. Arrest findet gegen deutsche regierende und abgetheilte Fürsten nicht Statt, 29. §. 76. [201]. wohl aber gegen andere Fürsten, [202].

Fuhrleute, ihr Vorzugsrecht in Concursen, s. Frachtgelder.

Fungibilis res, die dem Gemeinschuldner in Verwahrung gegeben worden, deren Werth wird in der siebenten Classe angesetzt, I. 50. §. 456. s. auch Bittweise überlassene Sachen, Depositum, Diebstahl, Geliehene Sachen, Pfand.

Futura res, s. Künftige Sachen.

G.

Garnison, s. Civilgerichte.

Garnisonstadt. Ihre Untergerichte üben die bürgerliche Gerichtsbarkeit über die nicht eximirten Militärpersonen aus, I. 2. §. 48. sqq. [13].

Gastwirthe. Deren Vorzugsrecht in der zweiten Classe beim Concurs, I. 50. §. 382. a. [359]. s. Verpächter.

Gebühren, s. Gerichtsgebühren.

Geburtshelfer, s. Hebammen und Geburtshelfer.

Geburtsort, Rechte desselben, s. Dienstboten.

Gefahr und Nutzung des erstandenen Grundstücks fallen vom Tage des publicirten Adjudicationsbescheides in der Regel dem Käufer anheim, I. 51. §. 61.

Gegenforderungen und illiquide Einwendungen müssen im Wechsel- und Executivprozeß ad separatum verwiesen werden, s. Executivprozeß, Wechselprozeß. Verfahren bei der Anmeldung von Gegenforderungen während der Instruction des Appellatoriums, I. 14. §. 75. u. 77. [128]. In wiefern dergleichen Gegenforderungen von der Einlassung in den Concurs befreien, s. Deposition.

S. übrigens: Reconvention.

Gegenvermächtniß, s. *Lucra nuptialia.*

Gehalt, s. Besoldung, Pension.

Geheimer Justizrath, unter demselben stehen die Prinzen und Prinzessinnen vom Königlichen Hause, I. 2. §. 41. und die Königlichen Gesandten ꝛc. an auswärtigen Höfen, §. 71. s. auch Gerichtsstand.

Geheimniß, in wiefern ein Zeuge dessen Entdeckung verweigern könne, I. 10. §. 180. n. 5.

S. übrigens: Familiengeheimnisse.

Gehör, rechtliches. Provocation auf dasselbe, s. Provocation.

Gehöriges Gericht, an dasselbe sind die Parteien auch bei Handlungen freiwilliger Gerichtsbarkeit, in Fällen, wo die Competenz des Gerichts erforderlich ist, (s. Dienstregister, Erbpacht oder Erbzins, Fideicommiß, Grundstücke, Pfandrecht, Verjährung, Verträge) zu verweisen.

Geistliche Güter, s. Gerichtsstand.

Geistlicher, dessen Gerichtsstand, s. Eximirte. In wiefern derselbe bei Eidesleistung zuzuziehen, I. 10. §. 369. und den Ehescheidungen, s. Ehescheidungsprozeß.

S. übrigens: Prediger.

Gelder, bei dem Gemeinschuldner deponirte, s. Deposition.

Geliehene nicht verbrauchbare Sachen werden, wenn sie noch in Natur vorhanden sind, in der ersten Classe vindicirt, I. 50. §. 297. sonst wird deren Werth in der sechsten Classe angesetzt, §. 466.

S. übrigens: *Fungibilis res.*

Geldstrafen, von dem Gemeinschuldner zu entrichtende werden post omnes locirt, I. 50. §. 476. u. [367].

S. übrigens: Ordnungsstrafen, Strafen.

Gemeine Soldaten, s. Soldaten.

Gemeinen aller Art können sich durch ihren Syndicus vertreten lassen, I. 3 §. 39 von den Vollmachten derselben, s. Vollmacht. Wie es mit Insinuationen an sie zu halten, 7. §. 29. imgleichen mit der von ihnen verlangten Edition, 10. §. 97. In wiefern Mitglieder derselben Beweiszeugen sein können, §. 228. n. 10. s. auch Altentheil, Cossäthen. Wie es zu halten, wenn Gemeinen Eide ableisten sollen, §. 270. sqq. gegen Mitglieder derselben findet wegen der Schulden der Gemeine kein Arrestschlag Statt, wenn sie sich nicht solidarisch verpflichtet haben, 29. §. 4.

S. übrigens: Corporation, Dorfgemeine, Hausleute, Moralische Personen, Perhorrescenz des Richters, Stadtgemeine.

Gemeine Leute, wie bei Insinuation an sie zu verfahren, I. 7. §§. 24. 38. sind mit Zugeständnissen bei der Instruction nicht zu übereilen, sondern ihnen die Folgen derselben wohl vorzuhalten, 10. §. 26. desgleichen 25. §. 65.

S. übrigens: Belehrung der Parteien, Zugeständniß.

Gemeine Masse, was dazu gehöre, I. 50. §. 624. wer daraus zu befriedigen, §§. 625. 626.

S. übrigens: Bergwerkseigenthum, Distributionsplan, Pfandgläubiger, Schiffsgläubiger.

Gemeinheitsaufhebung, s. Auseinandersetzung der Gemeinheiten, auch Hypothekenbuch.

Gemeinschaft der Güter, s. Gütergemeinschaft.

Gemeinschuldner, demselben kann in Concursen kein Eid deferirt, wohl aber kann er zum Zeugen vorgeschlagen werden, I. 10. §. 280. Wenn derselbe zur Rechtswohlthat der Cession gelassen zu werden verlangt, ist das Unvermögen notorisch und der Concurs muß von Amtswegen eröffnet werden, 50. §. 4. n. 1. wobei es nie auf die scheinbare Sufficienz, sondern auf die Möglichkeit der Befriedigung der Gläubiger ankommt, [314]. in wiefern dies geschehen müsse, wenn der Gemeinschuldner ausgetreten ist, n. 4. Wie weit dessen Dispositionen vor oder nach eröffnetem Concurs gültig seien, s. Concurs, Schenkung. Dessen Vorladung, s. Vorladung. Er darf gegen Erkenntnisse, welche die Concursmasse betreffen, seiner Seits ein Rechtsmittel nicht einwenden, 50. §. 169. [333]. In welchem Falle demselben die Wohnung in einem zur Concursmasse gehörenden Hause

Hause zu verstatten, s. Cession, Rechtswohlthat derselben. Ein förmlicher Prozeß über die von den Gläubigern verlangte Exmission desselben findet nicht Statt, I. 50. §. 266. [351]. Privilegium desjenigen Gläubigers, der den flüchtigen Gemeinschuldner zur gefänglichen Haft bringt, §§. 484. 485. s. auch Gläubiger. In wiefern derselbe im Liquidationsprozeß an die Stelle des Curators trete, 51. §. 35.

S. übrigens: Bankerutierprozeß, Begräbnißkosten, Capitalsaufkündigungen, Erbschaft, Gerichtsstand des Concurses, Grundstücke, Manifestationseid, Mobiliarvermögen, Schenkungen.

General steht unter dem Generalauditoriat, I. 2. §. 50.

Generalauditoriat oder Gouvernementsgerichte, bei denselben müssen Generale und Regimentscommandeurs, die zum Generalstabe gehörigen Personen, die bei der geheimen Kriegscanzelei angestellten Bedienten, und alle diejenigen, welche zum Militäretat überhaupt (nicht zu einzelnen Regimentern) gehören, belangt werden, I. 2. §. 50. Mit demselben muß Rücksprache genommen werden, wenn der Gerichtsstand mehrerer Beklagten, die theils unter Civil-, theils unter Militärgerichten stehen, bestimmt werden soll, §. 139.

S. übrigens: Civilgerichte, Militärgerichte, Regimentsgerichte.

Generalbevollmächtigter. Er ist zur Vollziehung gerichtlicher Handlungen ohne den Beistand eines Justizcommissarius befugt, III. 7. §. 13. [463]. s. übrigens, Bevollmächtigter.

Generalfiscal steht unter der Aufsicht des Landesjustizcollegii des Departements, III. 6. §. 12. ist schuldig die ihm untergebenen Fiscale in beständiger Aufsicht zu halten, §. 13. muß, auch seiner Seits, als Wächter der Gesetze handeln, §. 14. ist nicht schuldig, selbst Untersuchungen zu übernehmen, §. 16. Die Untersuchung wegen verbotenen Spiels gehört nicht mehr vor das Generalfiscalat, sondern vor die ordentlichen Gerichte des Denunciaten, I. 35. §. 34. [249].

Generalmoratorium, s. Moratorium.

Generalpächter, Königlicher, in wiefern derselbe eximirt sei, I. 2. §. 48.

Generalpostamt. Dieses muß von Prozessen gegen den Postfiscus unmittelbar benachrichtigt werden, I. 35. §. 12. [240]. Es muß von Erkenntnissen in Postcontraventionssachen, welche auf Geldstrafe gehn, benachrichtigt werden, §. 86. [265].

Generalstab, die dazu gehörenden Personen stehen unter dem Generalauditoriat, I. 2. §. 50.

Generalvollmacht muß bei jeder einzelnen Sache in Abschrift eingereicht werden, und den Auftrag zu Handlungen, welche Specialvollmacht erfordern, ausdrücklich enthalten, I. 3. §. 32.

Gen-

Gendarmerie. Auf sie finden alle, in Absicht des Gerichtsstandes der Militärpersonen ertheilten, Vorschriften Anwendung. I. 2. §. 48. sqq. [20]. s. Militärpersonen. Die Civilgerichte dürfen nicht unmittelbar gegen sie die Execution vollstrecken, sondern müssen deshalb den Oberbrigadier der Provinz requiriren, 24. §. 26. [149]. s. übrigens Execution.

Gerade und Mußtheil, die dazu gehörigen Stücke kann die Ehefrau des Gemeinschuldners nicht vindiciren, I. 50. §. 316.

Gerechtigkeiten, Verfahren bei deren Subhastation, I. 52. §. 65. und Abschätzung, II. 6. §. 17.

S. auch Ehrenrechte.

Gericht, welche Handlungen zwar vor Gericht, aber von einem jeden gehörig besetzten vorgenommen werden können, II. 1. §. 9. s. auch Blinde, Bürgschaft, Eheleute (Verträge zwischen denselben,) Einkindschaft, Erbschaftskauf, Erbschatz, Erbvertrag, Künftige Sachen, Schenkung, Schiffsurkunden, Testamente. Welche Handlungen entweder vor Gericht oder vor einem Justizcommissarius als Notarius vollzogen werden können, §. 10.

S. übrigens: Freiwillige Gerichtsbarkeit, Gehöriges Gericht, Gerichtsperson, Justizcommissarius als Notarius, Obergericht, Persönlicher Richter, Verträge.

Gerichte der Immediatstädte sind eximirt, I. 2. §. 103. s. auch Gerichtsstand.

Gerichtsbarkeit, der hiesigen sind auswärtige Gesandte ꝛc. und die zu ihrem Gefolge gehörenden Personen nicht unterworfen, I. 2. §§. 62. 67. in wiefern dies von den Ehefrauen der Personen ihres Gefolges, §. 68. und von den Wittwen der Gesandten selbst gelte, §. 93. s. auch Wittwen. Gerichtsbarkeit über die Dienstboten der Eximirten, s. Delegation, auch Berlin.

Uebrigens s. Civilgerichte, Coloniegerichte, Eximirte, Jurisdictionsstreitigkeiten, Militärgerichte, Vormundschaftliche Collegien.

Gerichtsbarkeit, freiwillige, s. Freiwillige Gerichtsbarkeit.

Gerichtsbote hat die Vermuthung der von ihm gehörig besorgten Insinuation für sich, I. 7. §. 40.

Uebrigens s. Bote, Botenmeister, Insinuation, Realvorladung.

Gerichtsferien, Zeit derselben, III. 1. §. 51. während derselben können in der Regel keine Prozeßtermine, welche die Parteien selbst abzuwarten haben, anberaumt und keine Execution vollstreckt werden, §. 52. ausgenommen in Wechsel-, Aliment-, Arrest- und andern Sachen, wo Gefahr bei dem Verzuge obwaltet, §. 53. wenn aus Versehn ein Termin auf einen Tag in den Gerichtsferien anberaumt ist, so ist deswegen das Verfahren nicht ungültig, §. 52. [444]. auch außer diesen Fällen findet während der Ferien die Execution Statt, 1) wenn der Zahlungstermin in die Zeit der Ferien fällt,

fällt, 2) wenn der Wohlthat der Ferien entsagt, 3) wenn die Execution vor Anfang der Ferien wirklich eingelegt worden, I. 24. §. 25. Vorzüglich während derselben müssen die Untergerichte revidirt werden, III. 8. §. 20.

S. übrigens: Sessionstag.

Gerichtsgebühren, in wieweit rückständige in der sechsten, I. 50. §. 465. oder in der siebenten Classe locirt werden, §. 466. s. auch Justizcommissarius, in wiefern deren Ansetzung nicht Statt finde, oder dieselben niederzuschlagen, s. Armenrecht, Creditsysteme, Fiscus, Gesetzcommission, Kosten, Protocollführer, Resolution, Soldaten.

Gerichtshalter sind, auch wenn sie auf dem platten Lande leben, eximirt, I. 2. §. 53. [21]. in wiefern die Einlassung vor demselben verweigert werden könne, s. Perhorrescenz des Richters, dessen Gehalt wird in Ansehung eines einjährigen Rückstandes in der zweiten Classe angesetzt, 50. §. 571. n. 1. in wiefern ohne dessen Zuziehung Handlungen der freiwilligen Gerichtsbarkeit vorgenommen werden können, s. Freiwillige Gerichtsbarkeit.

Uebrigens s. Depositum.

Gerichtsherr, s. Depositum, Freiwillige Gerichtsbarkeit, Injuriensachen.

Gerichtsperson, in wiefern einzelne Gerichtspersonen ohne Auftrag des Gerichts gerichtliche Handlungen vornehmen können, II. 2. §. 2. sqq. s. auch Deputation. Der Zuziehung einer zweiten vereideten Gerichtsperson zur Führung des Protocolls bedarf es zur Gültigkeit der Verhandlung bei Prozessen nicht. Einl. §. 40. [2]. I. 25. §. 50. [184]. Doch ist dies bei Gemeinheitsauseinandersetzungssachen zulässig, 43. §. 31. [297]. Ist eine solche dennoch ohne gesetzliche Nothwendigkeit zugezogen, so können den Parteien keine besondere Diäten oder Gebühren dafür angesetzt werden, 10. §. 19. [66]. Der Zuziehung eines Protocollführers bei nichtprozessualischen Sachen bedarf es nur bei der Aufnahme von Testamenten, Erbverträgen, solchen Ehestiftungen, in welchen die künftige Erbfolge bestimmt wird, und überhaupt aller letztwilligen Dispositionen, II. 2. §§. 16. 17. [421]. Bei größern Gerichten wird die Anwesenheit von wenigstens zwei Gerichtspersonen erfordert, §. 13. kleinere müssen wenigstens aus einer Gerichts- und einer zum Protocoll verpflichteten Person bestehen, §. 14. sqq. s. auch Actuarius, Gerichtsschöppen oder Beisitzer, Protocollführer. Verfahren, wenn die Gerichtsperson der Sprache der Parteien nicht kundig ist, §. 37. s. auch Dolmetscher.

Gerichtsschöppen oder Beisitzer, von deren Bestellung bei Untergerichten der zweiten Classe, I. 25. §. 51. sqq. in dieser Qualität können in Ermangelung anderer qualificirter Subjecte Wirthschaftsbeamte und Schulmeister zugelassen werden, §. 53. Eid der Gerichtsschöppen, §. 55. In Ermangelung des zweiten Gerichtsrichtsmannes kann ein bloßer Zeuge zugezogen werden, I. 2. § 54. welcher in der Regel nicht vereidet, sondern nur zur Aufmerksamkeit auf die Verhandlungen angewiesen wird, §. 56.

Gerichtsstand, davon handelt I. 2. Begriff des ordentlichen Gerichtsstandes, §. 2. des persönlichen, §. 3. des dinglichen, §§. 4. 5. s. auch Vermuthung, des besondern Gerichtsstandes der Sache (Fori specialis causae,) §. 6. In welchen Fällen ein außerordentlicher Gerichtsstand Statt finde, §. 7. In der Regel ist ein Jeder dem ordentlichen persönlichen Gerichtsstande unterworfen, §. 8. welcher durch einen festen Wohnsitz begründet wird, §. 9. der Pächter, §. 12. [5, 6]. der Gutsbesitzer, §. 109. [33]. In wiefern ein doppelter persönlicher Statt finde, §. 15. Der Gerichtsstand des Wohnorts verändert sich zugleich mit dem Wohnorte, §. 16. der Eltern (Forum originis) behält Jemand, so lange er noch keinen eignen Wohnsitz genommen hat, §. 17. und wird durch den Wohnsitz des Vaters begründet, §. 18. in wiefern diese Vorschrift von Auscultatoren und Referendarien gilt, [7]. s. auch Eximirte, Unterthänige Landbewohner, die Mutter hat ein Kind, dessen Vater unbekannt, oder das nicht aus einer Ehe zur rechten Hand erzeugt ist, §. 21. imgleichen §. 99. Gerichtsstand eines Vagabunden, s. Vagabunde, der Fremden, s. Fremder, der Coloniegerichtsmitglieder, s. Coloniegerichte, der den Mitgliedern der Französischen und Pfälzercolonie bisher bewilligte besondere Gerichtsstand findet nicht ferner Statt, §. 30. [9]. der Verbrecher, s. Verbrecher, der Juden, s. Juden, der Handlungsgesellschafter richtet sich nach dem in der Firma zuerst genannten, §. 38. Der Dingliche wird durch Aufnahme eines Miteigenthümers, der mit dem bisherigen Besitzer nicht von Einer Nation ist, nicht geändert, §. 38. Gerichtsstand der Militärpersonen, s. Militärgerichte, Militärpersonen, Königlicher Bedienten niedern Ranges, s. Delegation, Forstbediente, Nachlaß, und Postillons. Königlicher Titularbedienten, die einen auswärtigen Wohnsitz haben, §. 59. hiesiger Unterthanen, denen erlaubt worden ist, ein Creditiv von einem fremden Hofe anzunehmen, §. 69. Königlicher Gesandten an auswärtigen Höfen, §§. 71. 72. s. auch Geheimer Justizrath. Der bloß temporelle academische wirkt keine Veränderung in den die Person und den Nachlaß eines Studirenden angehenden Rechten, §. 76. s. auch Academisches Gericht, Studenten, entlassener Militärpersonen, s. Militärpersonen geschiedener Ehefrauen, §. 94. der Dorfgemeinen, s. Patrimonialgerichte. Der privilegirte der Personarum miserabilium fällt künftig weg, §. 106. der dingliche erstreckt sich auf alle unbewegliche Sachen, §. 107. er fällt bei den Militärgerichten weg, und ist auf die ordentliche bürgerliche Gerichtsbarkeit, vor welche andere Grundstücke gleicher Art der Provinz oder des Orts gehören, übergegangen, §. 105. [31]. vermöge desselben stehen alle geistliche ritterfreie, imgleichen die Grundstücke der Universitäten und anderer gelehrten Schulen unter dem Obergerichte, I. 2. §. 108. in wiefern die jedesmaligen Eigenthümer solcher Grundstücke, §. 109. Gerichtsstand der hiesigen Gesandten auswärtiger Höfe, s. Gerichtsbarkeit, und ihrer Wittwen, s. Wittwe. Wie Ausnahmen von den Regeln des Dinglichen begründet werden müssen, §. 110. In dem Gerichtsstande der Sache können bloß persönliche Klagen nicht angestellt werden, §. 111. Ausnahme, §. 112 — 114. s. auch Ausländer, Landsassiat. In wiefern dem Kläger die Wahl zwischen dem persönlichen und dinglichen Gerichtsstande zustehe, §. 115. oder in Ansehung beweglicher Sachen ein dinglicher Gerichtsstand Statt finde, §. 116. s. auch Arrest, Ausländer. Wie weit der Gerichtsstand durch Defraudation eines Privatzolles, oder durch Pfändung begründet werde, §. 120. b. einer Erbschaft ist an dem letzten persönlichen Gerichtsstande des Erblassers, §. 121. wie lange der Erbe von den Erbschaftsgläubigern in diesem Gerichtsstande belangt werden könne, §. 122. oder Ansprüche wegen eines Erbrechts in demselben angebracht werden können, §. 125. des Fiscus, s. Fiscus, die den Landespolizei- und Finanzbehörden sonst übertragen gewesene Rechtspflege ist an die gewöhnlichen Gerichte übergegangen, §. 130. [39]. in welchen einzelnen Fällen der außerordentliche Statt finde, §. 131. sqq. insbesondere 1) wenn die Gerichtsbarkeit zwischen zweien Gerichten streitig ist, §. 131. sqq. s. auch Jurisdictionsstreitigkeiten, wo die Sache bis nach Schlichtung dieses Streits zu verhandeln, §§. 132. 133. s. auch Justizdepartement. 2) wenn gegen mehrere Personen wegen derselben Anforderung Klage erhoben werden soll, §. 136. sqq. s. auch Generalauditoriat, Justizdepartement, insbesondere, wenn gegen mehrere Erben nach getheilter Erbschaft aus einem Anspruche an den Erblasser geklagt werden soll, §. 140. 3) wenn das gehörige Gericht promte und unparteiische Rechtspflege verweigert, §. 142. 4) wegen gegründeten Verdachts gegen die Unbefangenheit des gehörigen Richters, §. 143. sqq. u. [40]. s. auch Perhorrescenz, *Perhorrescentiae juramentum.* 5) wegen des unter einem Gerichtsstande geschlossenen Vertrags, §. 148. sqq. 6) wegen der unter einem Gerichtsstande geführten Verwaltung. 7) wegen nothwendiger und 8) wegen freiwilliger Prorogation des Gerichtsstandes, §. 159. sqq.

S. übrigens: Arrest, Ausländer, Civilgerichte, Cumulation der Klagen, Delegation, Deserteur, Dienstboten, Ehefrau, Entschädigung (wo in Criminalfällen die Klage darauf anzustellen,) Exemtion, Eximirte, Fiscus, Fremder, Generalauditoriat, Gerichtsbarkeit, Gesandtschaft fremde, Gewerke, Gilden, Grundstück, Kinder, Militärgerichte, Militärpersonen, Nachlaß, Prävention, Prorogation, Reconvention, Schiedsrichter, Soldaten, Universitäten, Verträge, Wittwe.

Gerichtsstand des Concurses ist der persönliche des Gemeinschuldners, I. 50. §§. 25. 26. dahin müssen alle Specialprozesse

prozesse, diejenigen, welchen ein Forum speciale causae angewiesen ist, allein ausgenommen, verwiesen werden, I. 50. §. 27. sqq. Ausnahmen §. 27. [318, 319]. alle zur Constituirung der Activmasse nöthigen Verfügungen sind bei dem Richter des Concurses nachzusuchen, §. 51. Wenn der Gemeinschuldner unter mehreren inländischen Gerichten Vermögen besitzt, so muß der Concurs da, wo er seinen ordentlichen persönlichen Gerichtsstand hat, eröffnet werden, §. 647. wird dagegen über das Vermögen eines Auswärtigen, der in hiesigen Landen Vermögen besitzt, bei seinem auswärtigen persönlichen Gerichtsstande Concurs eröffnet, so muß von dem diesseitigen Gerichte, unter welchem sich das Vermögen befindet, ein gleiches geschehen, §. 663. sqq. welche Vorschrift auch dann Anwendung findet, wenn ein hiesiger Gemeinschuldner außerhalb Vermögen besitzt, und das ausländische Gericht Specialconcurs eröffnen will, §. 670. §. 666. [378, 379].

S. übrigens: Concursprozeß.

Gerichtstag, s. Sessionstag.

Gesammtcammer, Prinzliche, s. Prinzliche Gesammtcammer.

Gesammthänder und Agnaten müssen im Liquidationsprozeß zugezogen werden, wenn ein Lehngut der Gegenstand desselben ist, I. 51. §. 49. Aufforderung unbekannter zur Abgebung gewisser Erklärungen, §§. 157. 158.

Gesandtschaft fremde, gegen Personen, die dazu gehören, kann bei den hiesigen Gerichten keine Klage angenommen werden, I. 2. §. 63. in sofern sie in hiesigen Landen Grundstücke besitzen, finden die Verordnungen vom dinglichen Gerichtsstande Anwendung, §. 66. Arreste gegen sie finden nicht Statt, 29. §. 76. [201]. wohl aber gegen das zu einem dritten Staat durchreisende Gesandtschaftspersonal, [202]. s. Arrest, s. auch Auswärtiges Departement, Klage.

Geschenk, s. Schenkung, auch Bestechung.

Geschiedene Ehefrau, s. Ehefrau geschiedene.

Geschlechtsvormund, in welchen Fällen eine Ehefrau in denjenigen Provinzen, in welchen die Geschlechtsvormundschaft für jetzt noch beibehalten wird, desselben bedürfe, I. 1. §. 24. s. auch Ehefrau, wie es mit dessen Zuziehung bei Handlungen unverheiratheter Frauenzimmer zu halten, §. 26. s. auch Frauenzimmer, desselben bedarf eine Frau als Vormünderin nie, §. 27. in wiefern derselbe, außer seinem Curatorium, eine Vollmacht beibringen müsse, §. 29.

S. übrigens: Frauenzimmer, Vollmacht.

Geschlechtsvormundschaft, wo dieselbe eingeführt ist, wird die Vorladung dennoch nur an die beklagte Frauensperson allein gerichtet, I. 7. §. 3.

Geschwister können nicht als Beweiszeugen aufgestellt, wohl aber der nähern Erkundigung wegen abgehört, I. 10. §. 228. n. 4. In der Regel auch zu Ablegung eines Zeugnisses gegen ihre Verwandten

nicht

Gewohn-

Gerichtsstand, in wiefern gegen denselben der Arrestschlag Statt finde, I. 29. §. 3. Die wegen ihrer Auseinandersetzung ertheilten besondern Anweisungen setzen verwickelte und wichtige Streitfragen voraus; wenn diese nicht vorkommen, finden die allgemeinen Grundsätze Anwendung, 46. §. 40. in wiefern einer dem andern zur Aussetzung der Competenz verbunden sei, 49. §. 16, n. 6. oder derselbe unbekannte Societätsgläubiger vorladen lassen könne, 51. §. 162. sqq.

Handlungsgläubiger, unbekannte, Aufgebot derselben, I. 51. §. 159. sqq. muß bei dem persönlichen Richter des Prinzipals der Handlung nachgesucht werden, §. 160.

S. übrigens: Societätsgläubiger.

Handlungsprozeß. In Prozessen zwischen Kaufleuten, welche Handlungsgeschäfte überhaupt zum Gegenstande haben, findet der Regel nach keine besondere Verfahrungsart Statt, I. 30. §. 1. wo indessen besondere Handlungsgerichte sind, hat es bei den ihnen ertheilten Instructionen sein Bewenden, §. 2.

S. übrigens: Assecuranzstreitigkeiten, Mercantilsachen.

Handwerker erhalten ihr Lehrgeld für die Kinder des Gemeinschuldners aus dem letzten Jahre vor eröffnetem Concurse in der ersten Classe, I. 50. §. 375. Von der Execution gegen sie, und dabei Statt findenden besondern Vorschriften, 24. §§. 95. 96. [169]. s. Execution. Die zu ihrem Gewerbe erforderlichen Geräthe und Sachen darf der Vermiether nicht zurückhalten, 44. §. 60. [302].

S. übrigens: Bäcker, Schlächter, Schneider und Schuster.

Handwerksgeräthschaften, s. Kunst- und Handwerksgeräthschaften.

Handschrift, Vergleichung derselben, s. Vergleichung der Handschriften.

Uebrigens s. Schuldschein.

Hauptbrennholz- und Hauptnutzholzadministration. Verfahren bei der Aufbietung verloren gegangener Obligationen derselben, s. Aufgebot.

Hausbücher der Eltern, deren Beweiskraft, I. 10. §. 162.

Hausleute sind zwar nicht als Mitglieder einer Gemeine anzusehen, jedoch ihren Aussagen für die Gemeinen nicht voller Glauben beizumessen, I. 10. §. 228. n. 10.

Hausofficianten der Eximirten, s. Eximirte, Königliche und Prinzliche, s. Exemtion, deren Vorzugsrecht in Concursen, s. Dienstboten. Hausofficianten der Gutsherrschaft stehen in der Regel unter den Patrimonialgerichten derselben, I. 2. §. 100. [28]. können zwar in Prozessen desjenigen, in dessen Dienste sie sich wirklich noch befinden, als Beweiszeugen abgehört werden, ihre Aussage hat aber keine volle Glaubwürdigkeit, 10. §. 233.

Hebammen und Geburtshelfer, deren Gebühren haben mit den Medicinalkosten gleiche Rechte, I. 50. §. 368. s. Medicinalkosten.

Hebun-

Verhandlungen eingelassen hat, wenn die Eigenschaft desselben als Beneficialerbe nicht eingetragen war, I. 50. §. 281. in dasselbe eingetragene Grundstücke kann die Ehefrau des Gemeinschuldners nur dann vindiciren, wenn sie unter einem rechtsbeständigen Besitztitel auf ihren Namen eingetragen stehen, §. 320. Steht das Grundstück auf den Namen des Mannes allein eingetragen, so findet die Vindication in keinem Falle Statt, §. 321. ist der Besitztitel auf beide Eheleute eingetragen, so wird angenommen, daß die Hälfte des Erwerbungswerthes aus dem Vermögen der Frau bezahlt worden, §. 322. Der Ehemann kann in diesem Falle (§. 322) ohne Einwilligung der Ehefrau deren Hälfte den Gläubigern nicht verpflichten, §. 323. Alles auf seiner Hälfte Eingetragene geht ohne Einschränkung den Forderungen der Ehefrau vor, §. 324. Die Vermuthung (§. 322.) gilt nur dann, wenn aus dem Hypothekenbuche nicht hervorgeht, wieviel aus dem Vermögen jedes Ehegatten bezahlt worden, §. 325. s. auch Grundstücke, Gütergemeinschaft. Die in das Hypothekenbuch eingetragenen Forderungen erhalten einen Platz in der dritten Classe, 50. §. 387. ohne Rücksicht auf General- oder Specialhypothek, auf Immission oder Vorbehalt des Eigenthums, §. 388. Umfang dieses Vorzugrechts, §. 389. s. auch Wirthschaftsinventarium. Classification der Forderungen, wenn mehrere Grundstücke zur Masse gehören, §. 391. Wenn das Kaufgeld zur Befriedigung der eingetragenen Gläubiger nicht zureicht, wird das Fehlende in der sechsten Classe angesetzt, §. 392. desgleichen §§. 452. 453. Welche Forderungen der zweiten Classe in dem Werthe des Grundstücks dem eingetragenen vorgehen, §. 393. s. auch Cassendefecte, Dienstboten, Feuersocietätsbeiträge, Fiscus, Pflüger- und Drescherlohn. An Orten, wo keine Hypothekenbücher eingerichtet sind, findet keine dritte Classe Statt, §. 394. Strafe der Justizofficianten, welche bei Punctationen oder Verträgen über die Veräußerung von Grundstükken zugezogen sind, und nicht dafür sorgen, daß das abgeschlossene Geschäft binnen 14 Tagen nach der Naturalübergabe bei der Hypothekenbehörde angezeigt werde, II. 3. [426].

S. übrigens: Bedingungsweise überlassene Sachen, Grundstücke, Protestation, Verträge.

Hypothekenbuchsbehörde, welche Handlungen von derselben bestätigt werden müssen, s. Grundstücke. Verbindlichkeit derselben, amortisirte Pfandbriefe zu löschen, I. 51. §. 139.

Hypothekenzinsen, bei Klagen wegen rückständiger, findet der Executivprozeß Statt, I. 28. §. 15. u. [196].

J.

Jacens hereditas, deren Curator kann zur Befriedigung der Erbschaftsgläubiger eben so als ein Beneficialerbe durch Execution angehalten werden, I. 24. §. 14.

Jahr=

ertheilt ist, [48]. s. auch Manualacten. Die bei Aufnehmung derselben bemerkten Anstände müssen dem Gerichte zur weitern Verfügung besonders angezeigt werden, I. 5. §. 11. zur Beantwortung der Klage, s. Beantwortung der Klage.

Injuriensachen, davon handelt I. 34. In denselben haben noch die Militärgerichte Gerichtsbarkeit über Militärpersonen, s. Militärpersonen. Jedoch stehen fremde Militärpersonen unter den Civilgerichten, 2. §. 60. [22]. — Bei den Injuriensachen sind fünf verschiedene Fälle zu unterscheiden, §. 1. Verfahren I) bei Verbal- oder leichten Realinjurien unter Leuten gemeinen Standes, §. 2. sqq. s. auch Appellation ist unzulässig, Milderungsgesuch, Resolution. II) bei dergleichen Injurien unter Personen des mittlern oder höhern Bürgerstandes, §. 8. sqq. In wiefern, wenn exceptio veritatis entgegen gesetzt wird, eine Untersuchung gegen den Denuncianten Statt finde, §. 10. Wenn diese verhängt wird, muß der Injurienprozeß so lange ausgesetzt werden, bis in der Untersuchungssache rechtskräftig erkannt ist, §. 11. Verfahren, wenn nicht Verwundungen, oder gröbliche Beleidigungen vornehmer Personen erfolgt sind, 34. §. 1 — 11. [216]. Gegen Urtel bis auf 5 Thaler Geld- oder 24 Stunden Gefängnißstrafe findet kein Rechtsmittel Statt, [217]. von da an bis zu 50 Thaler Geld- oder 4 Wochen Gefängnißstrafe nur ein Milderungsgesuch, [218, 219]. erst bei höherer Strafe das Rechtsmittel der weiteren Vertheidigung, [220]. In beiden Fällen steht dem Gegner das Recht, binnen kurzer präclusivischer Frist eine Gegenausführung einzureichen, zu, [221]. Verfahren, wenn zweifelhaft ist, zu welcher Classe des Bügerstandes beide streitende Theile gehören, [222]. In wiefern das Gericht sich auf eine Erörterung der Wahrheit des Vorwurfs nicht einzulassen habe, §. 12. in dem Erkenntniß ist sowohl die Privat- als öffentliche Genugthuung zu bestimmen, §. 13. Rechtsmittel in diesem Falle, §§. 14. 15. s. auch Appellation ist unzulässig, Milderungsgesuch, Revision ist unzulässig, Weitere Vertheidigung. Verfahren über Einwendung des Rechtsmittels von Seiten des Klägers, §. 13 — 16. [223, 224]. In wiefern der in erster Instanz Freigesprochene, welcher in zweiter Instanz verurtheilt worden, oder der, dessen Strafe in zweiter Instanz geschärft worden, auf nochmalige weitere Entscheidung antragen kann, [225]. Zulässigkeit der Appellation und Revision wegen mit der Injurienklage zugleich eingeklagten Schadens, [226]. Wann der Injurienklage entsagt werden kann, [227]. Verfahren wegen der exceptio veritatis, [228]. Privatgenugthuung fällt weg, [229]. Von Instruction der Entschuldigungsgründe, wenn gegen ein Contumacialerkenntniß ein Milderungsgesuch angebracht worden, [230]. Von dem Beweise, und daß dieser nicht durch das abgekürzte Verfahren in seiner Beschaffenheit leide, [231]. Daß der Eid nicht Beweismittel sei, [232]. Dem Denuncianten steht gegen das Straferkenntniß kein Rechtsmittel, sondern nur der Recurs offen, §§. 16. 17.

s. auch

f. auch Recurs, Resolution. In welchem Falle das von des fiscalischen Bedienten über die Beschwerde des Denunciaten zu erfordernde Gutachten (§. 16.) dem Denuncianten zur schriftlichen Vertheidigung zuzufertigen; imgleichen welche Rechtsmittel demselben gegen ein hierauf erfolgendes härteres Erkenntniß offen stehen, I. 34. §. 18. Auf neue von dem Denuncianten angebrachte Thatsachen oder Beweismittel wird im Injurienprozeß keine Rücksicht genommen. Wenn sie indessen eine förmliche Untersuchung begründen würden, so muß diese in erster Instanz veranlaßt werden, §. 19. Bei dieser und der ersten Classe der Injurienprozesse kann die Klage zugleich auf Entschädigung gerichtet werden, §. 20. III) Verfahren bei Verbal- oder leichten Realinjurien unter erschwerenden Umständen, oder unter Personen höhern Standes, §. 21. sqq. Das Erkenntniß muß ebenfalls auf öffentliche und auf Privatgenugthuung so wie auf Schadensersatz gerichtet werden, §. 23. Wegen der Rechtsmittel dagegen finden die obigen Vorschriften Anwendung, §. 24. IV) Verfahren bei schweren Realinjurien, oder bei andern unter erschwerenden Umständen verübten Injurien unter Personen des Adels oder Officierstandes, §. 26. V) bei Injurien der Civilpersonen gegen Militärpersonen, §. 26. sqq. Die Ausnahmen von den Regeln des Gerichtsstandes in Ansehung der gegen Militärpersonen ausgeübten Beleidigungen finden nicht mehr Statt; doch ist in wechselseitigen Injuriensachen die gegen die Militärperson erkannte Strafe nicht eher zu vollstrecken, als bis auch über die Verschuldung der Civilperson vom Civilgerichte erkannt worden ist, [233]. Verfahren, wenn ein Officier wegen Injurien klagt, [234]. wenn gegen Personen vom Hofstaat geklagt wird, [235]. Wann gegen einen Regierungsofficianten wegen von ihm im Amte begangener Injurien geklagt werden kann, [236]. Die Instruction soll in diesem Falle auf den Antrag des Beleidigten jedesmal bei dem Obergerichte geführt werden, §. 27. In wiefern, wenn die Sache bei einem Untergerichte instruirt worden, von demselben auch das Erkenntniß abgefaßt werden könne, §. 28. Obige Vorschriften finden auch auf Unterofficiers und gemeine Soldaten Anwendung, §. 29. in wiefern dieses in Ansehung der Beurlaubten und Freiwächter eine Ausnahme leide, §. 30. Bei Realinjurien gegen einen Officier müssen die Obergerichte das Erkenntniß nebst den Acten in jedem Falle an das Criminaldepartement des Justizministerii zur Bestättigung einsenden, §. 31. Die Kosten in Injuriensachen dürfen, den vierten Fall ausgenommen, von der Gerichtsobrigkeit nicht in subsidium getragen werden, §. 32. Was von den Kosten in Prozessen überhaupt, und vom Armenrecht gilt, findet auch in Injurienprozessen Anwendung, [237]. Wann die Gebühren für einen Bevollmächtigten in Injuriensachen nicht erstattet werden, 23. §. 25. n. 9. 10. [139]. Gegen einen Zeugen findet wegen seines Zeugnisses keine Injurienklage Statt, 10. §. 243. In Injuriensachen soll allemal die Abhörung der

meh-

mehrern Zeugen über drei, welche von ebenderselben Thatsache aussagen sollen, auf Kosten des Producenten, welcher darauf besteht, erfolgen, I. 23. §. 23. n. 4. S. auch Diffamation

Inlieger sind nicht als Mitglieder der Gemeine anzusehen, jedoch ihren Aussagen für die Gemeine kein voller Glauben beizumessen, I. 10. §. 228. n. 10.

Inrotulation, Verfahren dabei, I. 12. §§. 9. 10. derselben bedarf es in der Appellationsinstanz nicht, wenn keine neue Instruction vorgefallen ist, 14. §. 46. auch nicht in der dritten Instanz, 15. §. 6. sie ist in dritter Instanz jederzeit erforderlich; Verfahren dabei, [132]. Von der Inrotulation im Concursprozeß, 50. §. 140. sqq. dazu ist nur der Contradictor vorzuladen, welcher dem Bevollmächtigten der Gläubiger davon Nachricht geben muß, §. 141. bis zu diesem Termin können noch Forderungen nachliquidirt werden, §. 142.

Insinuation, davon handelt I. 7. §. 4. sqq. Von Insinuationen durch Requisition, §. 4. sqq. Verfahren, wenn ein inländisches Ober- oder Untergericht dieselbe verweigert, §. 9. s. auch Justizdepartement. Folgen dieser Verweigerung für das verweigernde Gericht, §. 10. s. auch Kosten, Strafe. Verfahren, wenn ein ausländisches Gericht die Insinuation verweigert, §. 11. s. auch Auswärtiges Departement, Notarius, in wiefern, wenn sie in Injuriensachen gegen Fremde nicht erfolgen kann, Edictalvorladung erfolgt, §. 12. [53]. in wiefern sie dem Extrahenten überlassen werden könne, §. 19. wo und an wen sie geschehen müsse, §. 20. sqq. s. auch Miether, Pächter, Verwalter, soll in der Regel nicht an Sonn- und Festtagen geschehen, §. 23. Insinuation an einfältige und gemeine Leute müssen durch Commissarien geschehen, §. 24. welche Art der Insinuation den Gerichten auch in andern Fällen frei steht, §. 25. Zur Bescheinigung derselben ist ein bloßer Postschein von dem Orte des Abgangs nicht hinreichend, §. 26. Von Insinuationen: a) an hohe Standespersonen, §. 27. b) an Aemter, §. 28. c) an moralische Personen, §. 29. d) an Hüfner, Cossäthen ꝛc. und andere, die nicht für eine Gemeine zu achten sind, §. 30. e) an mehrere Beklagte, 7. §. 31. f) an mehrere Erben, §. 32. g) wenn die Erben unbekannt sind, §. 33. a. h) an Vormünder, §. 33. b. i) an Erben, wenn der Prozeß schon im Gange ist, §. 35. k) an Parteien, die während des Prozesses sich entfernen, §. 36. s. auch Edictalvorladung. l) an Militärpersonen, s. Vorladung. m) durch die Post, §. 26. u. [56]. Die Annahme der zu insinuirenden Verordnung darf unter dem Vorwande der nicht gehörig beobachteten Curialien nicht verweigert werden, §. 37. sqq. s. auch Executor, Strafe, Vermuthung. Die Wirkungen der gehörig insinuirten Vorladung sind folgende: a) wird dadurch eine Prävention begründet, b) entsteht dadurch die Rechtshängigkeit; c) wird die in Anspruch genommene Sache dadurch streitig, d) wird der in Anspruch genommene in den

den Fall der Zögerung versetzt, I. 7. §. 48. Diese Wirkungen fallen weg: 1) wenn derjenige, welcher die Vorladung ausgewirkt hat, den Prozeß nicht fortsetzt, 2) wenn der Vorgeladene die Incompetenz des Richters nachweiset, §. 49 Die Wirkungen der Insinuation, in Ansehung der Verjährung, §. 50. oder in Ansehung solcher Klagen, die von einem Erben oder gegen einen Erben sonst nicht angestellt werden können, sind im allgemeinen Landrechte bestimmt, §. 51.

S. übrigens: Wechselprozeß.

Inspectoren in den Landarmen- und Invalidenhäusern sind eximirt, I. 2. §. 73. [23].

Instanz. In wiefern die Uebergehung der Appellations-, oder der Appellations- und Revisionsinstanz den Parteien frei zu lassen, I. 12. §. 20. [100].

Instruction der Sache, davon handelt I. 10. §. 1. sqq. Bestimmung des Instructionstermins, §. 1. Allgemeine Obliegenheiten des Instruenten, §. 2. besonders in Ansehung der während der Instruction bis zum Schluß derselben, oder erst in der Deduction vorkommenden neuen Thatsachen, §§. 3. 4. s. auch Deduction. Einschränkung der Befugniß der Parteien in Anbringung neuer Thatsachen, §. 5. a. und des Richters bei den deshalb ex officio anzustellenden Nachforschungen, §. 6. b. s. auch Neue Thatsachen. Der Instruent sorgt von Amtswegen für den ununterbrochenen Betrieb der Instruction, §. 6. sqq. Wenn dieselbe im ersten Termin nicht geschlossen werden kann, so muß er damit in der Regel denselben Nachmittag oder doch am nächstfolgenden Tage fortfahren, §. 8. Ein Decret, wodurch eine Verlegung des Termins bewilligt wird, muß dem Instruenten an demselben Sessionstage vorgezeigt, und von diesem sogleich der neue Termin mit den Assistenten oder Bevollmächtigten verabredet werden, §. 9. Von Unterbrechungen und Verzögerungen durch Schuld der Parteien, §§. 10. 11. oder der Justizkommissarien, §. 12. sqq. s. auch Kosten, Ordnungsstrafen. Die Instruction darf in der Regel nicht durch Vorträge im versammelten Collegio unterbrochen werden, sondern der Instruent muß alle Verfügungen selbst durch eine Resolution festsetzen, §. 16. Ausnahmen, §§. 17. 18. s. auch Instruent. Bei der Instruction muß in der Regel eine zweite zum Protocoll vereidete Gerichtsperson zugezogen werden, §. 19. ist nicht nöthig, Einl. §. 40. [2]. daher auch für einen solchen Protocollführer den Parteien keine Gebühren oder Diäten angesetzt werden dürfen, wenn er dennoch ohne gesetzliche Nothwendigkeit zugezogen wird, §. 19. [66]. s. auch Gerichtsbeisitzer, Protocollführer. Vernehmung der Parteien, §. 20. nähere Vernehmung des Klägers über die Beantwortung der Klage, §. 21. Bei dessen Vernehmung soll der Beklagte, und umgekehrt, nicht zugegen sein, §. 22. Nach geschlossener Vernehmung des Klägers über die Beantwortung der Klage nimmt derselbe seinen Abtritt, und der Beklagte wird vernommen, §. 23. Zusammenstellung der Parteien, §. 24. Der Instruent ist an diese

Vor-

Vorschriften (§§. 21. 23. 24.) keinesweges gebunden, I. 10. §. 35. s. auch Förmlichkeiten. Vorsichtsregeln in Ansehung der Geständnisse der Parteien, §. 26. s. auch Gemeine Leute. Vom Widerruf geschehener Angaben und Zugeständnisse, §§. 27. a. 27. b. s. auch Zugeständniß. Regulirung des Status causae et controversiae, §. 27. c. sqq. s. auch *Status causae et controversiae*, desgl. Fremdes Landesgesetz, Gewohnheitsrechte, Notorische Thatsachen, Resolution, Urkunde. Zuziehung der Sachverständigen bei Instructionen, §. 69. I. 9. 38. [64, 65.] I. 10. §. 384. [97]. s. auch Sachverständige. Von Exceptionibus litis finitae, § 60. sqq. s. auch *Exceptio litis finitae*. Von Exceptionibus litis ingressum impedientibus, §§. 79. 80. Exceptio deficientis legitimationis ad causam, §. 81. a. Andere Präjudicialpuncte, §. 81. b. s. auch Präjudicialpunct. Von der Instruction des Appellatorii, 14. §. 57. sqq. dabei müssen alle vorstehende Vorschriften beobachtet werden, §. 57. s. auch Sachverständiger, *Status causae et controversiae*. Was Statt finde, wenn die Instruction in der Revisionsinstanz mangelhaft befunden wird, 15. §§. 8. 9. s. auch Resolution. Instruction bei fiscalischen Civilprozessen, s. Fiscalischer Civilprozeß.

S. übrigens: Gerichtsferien, Localinstruction; imgleichen die einzelnen Theile der Instruction, z. B. die verschiedenen Arten der Beweisaufnahme, durch Eid, Urkunden, Zeugen, Zugeständniß; auch die besondern Gattungen des Prozesses.

Instructionsliste. Zweck und Beschaffenheit derselben, III. 2. §. 24. sqq. in dieselbe muß der Decernent jede neue Klage kurz doch verständlich eintragen, §§. 27. 28. sie muß von dem Instruenten richtig fortgeführt werden, §. 29. auch 3. §. 38. mit einem Register versehen sein, 2. §. 30. von dem Präsidenten fleißig nachgesehen, §. 31. und am Schlusse jedes halben Jahres müssen Extracte daraus angefertigt werden, §. 32. Zweck dieser Vorschriften, §§. 33. 34.

Instructionstermin, wie derselbe anzusetzen, wie die Parteien dazu vorzuladen und was ihnen dabei aufzugeben, I. 9. §. 25. sqq. s. auch Persönliches Erscheinen der Parteien, Sessionstag, Termin, Vorladung, wie die Sache dazu von Gerichtswegen vorzubereiten, §. 36. in wiefern Zeugen und Sachverständige dazu mit vorzuladen, §§. 37. 38. s. auch Sachverständige, Zeugen, wie weit derselbe hinauszusetzen, §. 40. Prorogation desselben, s. Verletzung des Termins. Zweck desselben, 10. §. 1. s. Instruction der Sache.

Instruent, von dessen Pflichten handelt III. 3. §. 22. sqq. er muß den Hauptzweck der Prozeßordnung: daß nämlich die Wahrheit auf dem kürzesten Wege ausgemittelt werde, stets vor Augen haben, §. 1. bei der Vernehmung der Parteien sich aller Geduld und Sanftmuth befleißigen, §. 23. sich vor allen Suggestionen hüten, §. 24. den

Par-

terimistische Verfügungen, wenn auf Prodigalitätserklärung angetragen worden, I. 38. §. 21. In wiefern bei einem Antrage auf Entsetzung eines Vormundes, und welche interimistische Verfügungen zu treffen, 39. §. 19. Wie das Interimisticum in Sponsaliensachen, wenn Einspruch gethan worden, zu reguliren, 40. §. 9. Gegenstand des Interimistici in Ehescheidungsprozessen, §. 53. welches in einem Separatprotocoll verhandelt werden muß, §. 54. Weiteres Verfahren, je nachdem der Richter in der Ehescheidungssache zugleich der unmittelbare persönliche Gerichtsstand der Parteien ist, oder nicht, §. 55 — 57. u. 66. [294]. s. auch Resolution. Von dem Interimisticum bei Dienststreitigkeiten wegen der während des Prozesses zu leistenden Dienste, 41. §. 58. sqq. s. auch Resolution. Von dem Interimisticum in Gränzsachen, 42. §§. 19. 20. imgleichen §. 26. und 29. in Pacht- und Miethsachen, 44. §. 22. bei erbschaftlichen Prozessen, 1) über das Erbrecht und die Erbquote, 46. §. 3 — 5. In welchen Fällen bei Prozessen 2) über die Erbtheilung ein Interimisticum zu reguliren, §. 15. bei Auseinandersetzungen zwischen Lehns- und Fideicommißfolgern und Allodialerben, 46. §. 27. sqq. In welchen Fällen und wie dasselbe in Generalmoratoriensachen zu reguliren, 47. §. 72 — 74. und bei Behandlung der Gläubiger im Concursprozeß, 50. §. 597. desgleichen im erbschaftlichen Liquidationsprozeß, wenn der Gläubiger dem Erben die fernere Administration nicht überlassen wollen, §. 71.

S. übrigens: Erkenntniß erster Instanz gilt als Interimisticum.

Interimscurator, s. Bevormundung, Curator und Contradictor.

Intervention, davon handelt I. 18. ist entweder principalis oder accessoria, §. 2. Interventio principalis ist ein ganz besonderer Prozeß, 17. §§. 3. 4 wodurch die Instruction der Hauptsache und die Vollstreckung des in derselben ergangenen Urtels nicht aufgehalten werden kann, §. 5. In wiefern, um eine Vervielfältigung der Prozesse zu vermeiden, der Intervenient angewiesen werden könne, mit derjenigen Partei, mit welcher seine Rechte am meisten übereinkommen, gemeinschaftliche Sache zu machen, und in wiefern, wenn mehrere über die Ausübung eines Retractrechts auf ein Grundstück streiten, das streitige Vorzugsrecht nach Art eines Prioritätsverfahrens erörtert und entschieden werden müsse, §. 6. Verfahren bei der Interventione accessoria, §. 7. sqq. Der Intervenient muß den Prozeß in der Lage annehmen, in welcher er sich zur Zeit der angebrachten Intervention befindet, §. 10. Nach rechtskräftig entschiedener Hauptsache kann auf eine interventionem accessoriam keine Rücksicht mehr genommen werden, §. 11. Kosten der Intervention, 23. §. 18.

Invaliden, in wiefern sie den Regimentsgerichten unterworfen, I. 2. §. 49.

[105]. Von dem Verfahren bei Ableistung ihrer Eide überhaupt handelt I. 10. §. 317. sqq. sollen an ihren Feier-, Sabbath- und Bußtagen mit Eidesleistungen verschont werden, §. 319 — 321. u. 302. [90]. deren Weiber können nicht zur Zeit ihrer monatlichen Reinigung, §§. 347. 348. wohl aber zur Zeit ihrer Schwangerschaft, § 349 Kindbetterinnen erst nach erfolgter Reinigung schwören: außer der Ehe geschwängerte sich aber der Ableistung eines Eides in der Synagoge nicht entziehen, §. 350. Bei den Eidesleistungen der Jüdinnen bedarf es der Anlegung des Gebetmantels und der Gebetschnur nicht, §. 329. [91]. Die Glaubwürdigkeit des Zeugnisses einer Jüdin soll lediglich nach den allgemeinen Gesetzen beurtheilet werden, §. 351. In schweren Criminalsachen soll kein Jude oder Jüdin zur Ablegung eines Zeugnisses gezwungen werden, §. 352. auch freiwillige Aussagen jüdischer Zeugen können in solchen Fällen niemals einen vollen Beweis ausmachen, §. 353. Bei geringern Verbrechen ist das Zeugniß eines Juden zulässig und glaubwürdig, §. 364. In Prozessen zwischen Juden und Christen ist den letztern vorzüglich ein nothwendiger Eid abzufordern, in sofern nicht überwiegende Gründe vorhanden sind, dem Juden größere Glaubwürdigkeit als dem Christen beizulegen, 13. §. 24.

Judicat, dessen Wirkung, I. 16. §. 1. In welchen Fällen ein Urtel niemals in die Rechtskraft übergehe, §. 2. s. auch Nullitätsklage, oder Restitution gegen ein rechtskräftiges Urtel Statt finde, §. 12. sqq. s. auch Restitution. Ex judicato muß derjenige von neuem klagen, der von dem Tage der beschrittenen Rechtskraft angerechnet ein volles Jahr verstreichen lassen, ohne Execution nachzusuchen, 24. §. 3. Von der Wirkung eines Judicati gegen einen Dritten, §. 5. sqq. s. auch Execution. Bei Klagen ex judicato findet der Executivprozeß Statt; jedoch nur binnen fünf Jahren nach ergangenem Judicat, 28. §. 14. diese Frist läuft vom Tage des Judicats an, [195]. Bei Klagen ex judicato kann keine Cautionsbestellung gefordert werden, 21. §. 2.

Jura cessa, s. Cession.

Jura honorifica, s. Ehrenrechte.

Juramentum, s. Eid.

Juramentum calumniae, s. *Calumniae juramentum.*

Juramentum in litem, davon handelt I. 22. §. 9. sqq. In welchen Fällen dieser Eid und die Zulassung zu demselben Statt finde, §. 10. sqq. gegen wen derselbe zulässig sei, §. 13. sqq. findet auch gegen die Erben des Beschädigers, §. 14. imgleichen gegen den Bürgen Statt, §. 15. dazu werden alle diejenigen verstattet, von welchen andere nothwendige Eide geleistet werden können. In wiefern derjenige, welcher unfähig ist, einen nothwendigen Eid abzuleisten, zum juramento in litem verstattet werden könne, §. 16. dessen Zurückschiebung oder Vertretung des Gewissens mit Beweis findet nicht Statt, §. 17. Verfahren, wenn auf diesen Eid gleich zu Anfange

des

des Prozesses angetragen wird, I. 9. §§. 18. 19. wenn es darauf erst bei der Execution aufkömmt, §. 20. In diesem Falle muß der Richter zur Instruction der Sache einen Präjudicialtermin anberaumen, §. 21. dessen Prorogation nicht Statt findet, §. 22. Ausnahme, wenn das geforderte Interesse mehr als 100 Thaler beträgt, und einer weitläufigen Erörterung bedarf, §. 23. Worauf die Instruction bei Bestimmung des durch ein juramentum in litem zu erhärtenden Werths jedesmal zu richten, §. 24. Ein höheres, als das im Erkenntnisse festgesetzte, Quantum darf nie beschworen werden, §. 25. Wider ein juramentum in litem findet der Beweis der Verletzung oder des Meineides nicht Statt, §. 26. Was Rechtens, wenn nach abgeleistetem Eide die Sache selbst zurückgegeben werden kann, §. 27. In wiefern der Erbe gegen den Besitzer der Erbschaft zu dem juramento in litem zu verstatten, 46. §. 7.

Juramentum manifestationis, s. Manifestationseid.

Juramentum noviter repertorum, wohin dasselbe zu richten, I. 16. §. 17. n. 3. s. auch Restitution.

Juramentum perhorrescentiae, s. *Perhorrescentiae juramentum.*

Jurisdiction, s. Gerichtsbarkeit.

Jurisdictionscommission entscheidet Jurisdictionsstreitigkeiten zwischen Landesjustizcollegien und Kriegs- und Domänenkammern, I. 2. §. 134. Eine Entscheidung derselben muß erfordert werden, wenn das Gesuch des Fiscus um Annulirung eines rechtskräftigen Urtels wegen behaupteter Incompetenz an sich zwar zulässig, die behauptete Incompetenz aber zweifelhaft ist, 16. §. 7. Die den Landespolizei- und Finanzbehörden sonst übertragen gewesene Rechtspflege ist an die gewöhnlichen Gerichte übergegangen, 2. §. 130. [39].

Jurisdictionsstreitigkeiten, wo der Prozeß während derselben zu verhandeln, I. 2. §§. 132. 133. s. auch Gerichtsstand, außerordentlicher. Verfahren, wenn sie erst nach beantworteter Klage entstehen, §. 135. Verfahren dabei in fiscalischen Civilprozessen, 35. §. 23. insbesondere wenn ein Possessorium summariissimum vom Fiscus oder gegen denselben angestellt wird, §. 24.

S. übrigens: Justizdepartement.

Justitiariate darf ein Justizcommissarius nicht annehmen, III. 7. §. 68. [469]. In wiefern sie ein Referendarius annehmen kann, 4. §. 32. [455].

Justitiarius, s. Gerichtshalter.

Justitium, davon handelt I. 20. §. 8. sqq. s. auch Krieg. Von Suspension der Prozesse eines Abwesenden, §. 13. sqq.

Justizbediente, s. Justizvisitation, Räthe, Untergerichte.

Justizcollegia, s. Landesjustizcollegia, Untergerichte.

Justizcommissarius ist eximirt, muß sich jedoch den Ordnungsnungsstrafen und Executionen der Untergerichte, bei denen er arbeitet, in Dienstsachen unterwerfen, I. 2. §. 66. Wie derselbe sich als Bevollmächtigter der Parteien zu legitimiren habe, s. Vollmacht, wenn er nicht die gehörigen Vollmachtsstempel zu den Acten bringt, hat er zehn Thaler Strafe verwirkt, III. §. 37. muß als Bevollmächtigter oder Assistent für die Herbeischaffung einer hinlänglichen Information sorgen, §. 72. s. auch Information, nicht anders als gehörig vorbereitet in den Terminen erscheinen, §. 73. und 10. §. 12. s. auch Kosten, Strafe, wenn er die erforderlichen Nachrichten von den Parteien nicht erhalten kann, dem Collegium vor dem Termin unter Beilegung der Manualacten davon Anzeige machen, I. 3. §. 74. ist als Bevollmächtigter oder Assistent bei allen Instructionsverhandlungen, also auch bei den Zeugenverhören zuzulassen, §. 75. desgleichen 10. §. 189. es ist ihm aber kein Dictiren oder Recessiren zu gestatten, doch darf er seine eigentliche Meinung als Nachtrag zum Protocoll dictiren, 3. §. 76. muß gehörige Manualacten halten, §. 77. s. auch Manualacten. Dessen Prorogationsgesuche sollen vorzüglich sorgfältig geprüft werden, 8. §§. 28. 29. s. auch Beschleunigung der Prozesse, Manualacten, Ordnungsstrafen, Verlegung der Termine, in welchem Falle er die Kosten eines vereitelten Termins ganz oder zur Hälfte tragen müsse, 10. §§. 13. 14. ist schuldig, sich an jedem Sessionstage zu einer gewissen Stunde an der gewöhnlichen Gerichtsstelle einzufinden, 13. §. 47. soll Defensionen in fiscalischen Untersuchungen übernehmen, 35. §. 68. dessen rückständige Gebühren werden in der sechsten Classe angesetzt, 50. §. 467. Vom Urlaubsgesuch eines, als Mitglied eines Criminalcollegiums angestellten, Justizcommissarius, III. 3. §. 9. [446]. Von dem Amte eines Justizcommissarii handelt III. 7. dessen Bestimmung, §. 1. sqq. er ist als wirklicher Staatsdiener anzusehn, §. 3. [462]. an welchem Orte und wie viel derselben an Einem Orte anzustellen, §. 5. ist in Ansehung der Prozeßpraxis auf dasjenige Gericht, den Ort oder District, wo er angesetzt worden, eingeschränkt, §§. 6. 7. Collegia der Justizcommissarien, §. 8. Die Function eines Justizcommissarii und die eines Notarii darf nicht nothwendig verbunden sein, §. 9. Kein Justizcommissarius soll ohne Genehmigung des Landesjustizcollegii Nebenbedienungen annehmen, §. 10. Erfordernisse zur Anstellung eines Justizcommissarii, §§. 12. 13. Prüfung, §. 14. §. 13. [463]. Bestellung, §§. 15. 16. Die Verrichtungen des Justizcommissarii sind vierfacher Art, §. 17. Allgemeine Obliegenheiten desselben, §§. 18. 19. Er soll sich die Vorschriften der Gesetze genau bekannt machen, §. 20. Die von ihm begangenen Illegalitäten sollen mit Geldbuße und im Wiederholungsfall mit Dienstentlassung bestraft werden; auch soll er verbunden sein, den aus etwaigen von ihm begangenen Nullitäten erwachsenden Schaden zu erstatten, §§. 21. 22. muß sich einer gewissenhaften Redlichkeit befleißigen, §. 23. Von Auszeichnungen und Belohnungen der Justizcommissarien, [464]. Vergehungen gegen diese

Haupt-

Hauptpflicht sollen auf das strengste bestraft werden, III. 7. §. 24. Er soll bereitwillig sein, dem Publicum mit seinem Amte zu dienen, §. 25. welches jedoch dann eine Ausnahme leidet a) wenn dessen Dienst zu einer unrechtmäßigen Handlung verlangt werden sollte, b) wenn er in Prozessen von dem Ungrunde der Forderung oder Weigerung überzeugt ist, c) wenn er mit Amtsgeschäften bereits überladen ist, d) wenn ein Geschäft zwischen zwei Parteien abzuthun ist, die dabei ein gegen einander laufendes Interesse haben, und er der Einen Partei bereits bedient ist, so muß er von der andern, wenn sie sich ebenfalls an ihn wenden sollte, keinen Auftrag in dieser Sache annehmen oder ihr Rath geben, §. 26. Besondere Pflichten des Justizcommissarii I) als Consulent, §. 27. II) als Bevollmächtigter und Rechtsbeistand in Angelegenheiten, welche keinen Prozeß betreffen, §. 28. welche Angelegenheiten vorzüglich dahin gehören, §. 29. In allen solchen Fällen dürfen die Parteien sich keines andern, als des Beistandes durch einen bei dem Gerichte angestellten Justizcommissarii bedienen, gewisse Depositalangelegenheiten allein ausgenommen, §. 30. Zu den Verrichtungen desselben als eines Bevollmächtigten der Parteien gehört die Besorgung aller Handlungen der nicht streitigen Gerichtsbarkeit, §. 32. sqq. Generalbevollmächtigte bedürfen nicht des Beistandes eines Justizcommissarius zur Vollziehung gerichtlicher Handlungen, §. 35. [465]. Derselbe kann als Curator eines Abwesenden, imgleichen als Curator in litem gebraucht werden, §. 36. Volljährige Erben können sich seiner zur Aufnehmung eines Inventarii bedienen, §. 37. welches Geschäft ihm auch von den Gerichten übertragen werden kann, II. 6. §. 43. Auch kann man durch ihn letztwillige Dispositionen aufsetzen lassen, III. 7. §. 38. Strafe desselben, wenn er in Sachen, wo er zugezogen worden, dafür zu sorgen unterläßt, daß eine Veräußerung eines Grundstücks der Hypothekenbehörde angezeigt werde, II. 3. [426]. III) Obliegenheiten des Justizcommissarii als eines Bevollmächtigten und Assistenten in Prozessen, III. 7. §. 39. sqq. u. [466]. Strafe desselben, wenn er die Instructionen vernachlässigt, §. 42. Alle Deductionen I. 12. §. 12. und Vorstellungen müssen von einem Justizcommissarius unterschrieben und legalisirt sein, und widrigenfalls nicht angenommen werden, III. 1. §. 29. In Unterthanenprozessen können Justizcommissarien als Bevollmächtigte nicht zugelassen werden, wohl aber als Assistent der Parteien, welche persönlich erscheinen müssen, I. 41. §. 20. Die Justizcommissarien sollen sich derjenigen Parteien, welche gegründete Beschwerde über Gerichte führen, ohne alle Menschenfurcht und Ansehen der Person annehmen, III. 1. §. 16. Inwiefern die Gebühren und Auslagen des Justizcommissarius als eines Bevollmächtigten der Partei von dem in die Erstattung der Kosten verurtheilten Gegner ebenfalls zu erstatten, I. 23. §. 15. n. 9. In allen größern Orten soll an gewöhnlicher Gerichtsstelle ein Verzeichniß aller im Departement angestellten Justizcommissarien, nebst Bestimmung

mung ihrer Wohnungen ausgehängt werden, I. 23. §. 94. Gebühren des Justizcommissarii, §§. 116. 117 Verpflichtung, §. 118. u. [471]. Welche Gebühren der Justizcommissarius als Bevollmächtigter liquidiren kann, §. 25. welche in seiner eignen Sache, §. 25. n. 9. 10. [137]. welche Kosten andre Rechtsverständige, die nicht Justizcommissarien sind liquidiren können, [138]. s. übrigens: Assistent, Bevollmächtigter, Deduction, Information, Manualacten, Ordnungsstrafen, Strafen, Vollmacht. IV) Justizcommissarius als Notarius, dessen Amt, III. 7. §. 45. sqq. Welche Handlungen vor denselben oder vor jedem gehörig besetzten Gerichte vollzogen werden können, §. 46. auch II. 1. §. 10. s. übrigens: Ehegelöbniß, Eheleute, Ehepacten, Pachtcontract, Schuldinstrument, Urkunden, Verträge. Der Justizcommissarius concurrirt dabei in dreifacher Rücksicht, III. 7. § 47. 1) bei Aufnehmung der Handlung, §. 48. als wobei es, in sofern keine des Schreibens unerfahrne Partei interessirt, der Zuziehung eines Protocollführers nicht bedarf, §. 49. Von den Pflichten desselben, wenn er bei Veräußerungen von Grundstücken zugezogen wird, s. Hypothekenbuchsbehörde. 2) Amt des Justizcommissarius Notarii bei Ausfertigung des Instruments, §. 50. 3) bei Vollziehung desselben, §. 51. a) wenn es gerichtlich bestätigt werden §. 52. sqq. s. auch Bestätigung, Vollmacht, oder b) als ein Documentum publicum extrajudiciale gelten soll, §. 62. sqq. §. 63. [467]. s. auch Instrumentszeugen. Das gehörig vollzogene Instrument muß vor der Aushändigung an die Interessenten dem Director des Notariencollegii (s. dieses) zur Revision vorgelegt werden, §. 68. u. [468]. Ein nach diesen Vorschriften (§. 63 — 68.) eingerichtetes Instrument gilt als ein Documentum publicum extrajudicale, §. 69. auch I. 10. §. 130. Wie viel Exemplare von dem Instrument anzufertigen, III. 7. §. 70. Justitiariate anzunehmen ist den Justizcommissarien nicht erlaubt, §. 68. [469]. In wiefern der Justizcommissarius als Notarius über Erbsonderungen öffentliche Urkunden aufnehmen könne, §. 71. An Orten, wo kein Notariencollegium etablirt ist, müssen die Contrahenten sich an das Gericht wenden, oder sich die Einsendung des Instruments an den Director zur Revision gefallen lassen, §. 72. Von Actibus unilateralibus, §§. 73. 74. s. auch Vollmacht. Aufnehmung der Recognitionsatteste, §. 75. sqq. Von Wechselprotesten, §. 78. Von Vidimationen und Renovationen der Instrumente, §. 79. sqq. In welchen Fällen der Justizcommissarius als Notarius sich mit Zeugenabhörungen befassen könne, §. 82. sqq. Von Siegelungen und Inventuren, §. 88. Von andern gerichtlichen Aufträgen, §. 89. Aus Schuldinstrumenten, die vor einem Justizcommissarius als Notarius vorschriftsmäßig (§. 63 — 68.) errichtet und vollzogen, desgleichen aus solchen, deren Inhalt und Unterschrift vor demselben anerkannt und von ihm bescheinigt worden ist, findet der Executivprozeß Statt, I. 28. §. 2. n. 2, 3.

n. 2. 3. Forderungen aus dergleichen Darlehns- oder Schuldinstrumenten werden in der sechsten Classe angesetzt, I. 50. §. 472.

S. übrigens: Notariencollegium.

Justizdepartement, demselben muß Anzeige geschehen wenn zwei Untergerichte verschiedener Provinzen, oder zwei Obergerichte über die Gerichtsbarkeit streiten, I. 2 § 133. wenn der Gerichtsstand mehrerer Mitbeklagten, die bei verschiedenen Ober- und Untergerichten verschiedener Provinzen belangt werden müßten, bestimmt werden soll, §. 138. Wenn ein Obergericht die Verfügung der Insinuation verweigert, muß nach Hofe berichtet werden, 7. §. 9. desgleichen alsdann, wenn der Gegenstand einer auswärtigen Zeugenvernehmung so beschaffen ist, daß daraus Collisionen zwischen dem hiesigen und einem fremden Staate entstehen könnten, 10. §. 225. a. Wenn bei Executionen sich wegen der Competenz des requirirenden Gerichts oder sonst bei der Sache selbst ein Anstand ereignet, muß von dem Landesjustizcollegium bei dem Ministerium angefragt werden, 24. §. 30. wenn durch eine Cabinetsordre oder durch ein Hofrescript eine Execution suspendirt oder aufgehoben würde, müssen die Gerichte zwar Folge leisten, zugleich aber ungesäumt an das Ministerium von der wahren Lage der Sache berichten, §. 44. Wenn in fiscalischen Civilprozessen die Finanzbehörde zur Verzögerung der Sache Anlaß geben sollte, muß darüber an den Chef der Justiz, 35. §. 19. und §. 21. desgleichen an das Justizministerium berichtet werden, wenn eine obere Finanzbehörde der Vollstreckung der gegen den Fiscus ergangenen Urtel Hindernisse in den Weg legen sollte, §. 33. In welchem Falle bei Prozessen über die Entsetzung eines Vormundes dem Chef der Justiz zur Bestimmung des Collegii, bei welchem die Verhandlung erfolgen soll, Anzeige geschehen müsse, 39. §. 24. Die Legitimation unehelicher Kinder, imgleichen die Majorennitätserklärung ist bei Hofe nachzusuchen, II. 1 §. 8. Beschwerden gegen ein Obergericht sind bei dem Justizdepartement anzubringen, III. 1. §. 13. und §. 16. Ueber Beschwerden gegen einzelne Räthe und Subalternen muß der Präsident an den Chef der Justiz berichten, §. 20. und §. 39. desgleichen 2. §. 10. auch 3. §. 60. Beschwerden in Amtssachen gegen ganze Collegia oder deren Präsidenten müssen bei dem Chef der Justiz angebracht werden, 1. §. 22. Wenn der an ausländische Gerichte wegen Untersagung des Verkehrs eines dortigen Winkelconsulenten mit hiesigen Unterthanen erlassenen Requisition kein Genüge geschieht, ist an das Justizdepartement zur weitern Rücksprache mit dem auswärtigen Departement zu berichten, §. 34. Die Conduitenlisten müssen zu Ende jedes Jahres an den Chef der Justiz eingesendet werden, 2. §. 13. desgleichen die Prozeßlisten, §. 34. Ohne Genehmigung des Chefs der Justiz dürfen die Räthe nicht auf längere Zeit als von einer Session zur andern verreisen, §. 39. desgleichen 3. §. 9. oder Nebenbedingungen annehmen, §. 19. Wenn ein Rath auf eine längere Zeit verhindert werden sollte, sein Amt zu versehen, muß dann sofort

an

an den Chef der Justiz berichtet werden, III. 2. §. 40. Der Approbation von Hofe bedarf es fernerhin nicht zur Ansetzung eines Auscultators, 4. §. 6. ist aber zu Ansetzung eines Referendarii erforderlich, §§. 10. 11. Der Präsident muß ein Zeugniß über das Benehmen eines Referendarii, der sich dem großen Examen unterwerfen will, nebst Acten, worin derselbe als Instruent gearbeitet hat, an den Chef der Justiz einsenden, §. 25. bei welchem der Candidat sich persönlich zu melden hat, § 26. Von dem Ausfall des großen Examens muß an den Chef der Justiz Bericht erstattet werden, §. 28. Die Fiscale müssen dem Chef der Justiz ohne Rückhalt Anzeige machen, wenn sie Dienstvergehungen der höhern Justizbedienten wahrnehmen, 6. §. 8. Wenn ein Justizcommissarius sich pflichtwidrig beträgt, soll an den Chef der Justiz gutachtlich berichtet werden, 7. §. 24. desgleichen 42. Ein Justizvisitationsbescheid ist nach Hofe zur Genehmigung einzusenden, 8. §. 39.

Justizvisitation bei Untergerichten, wem dieselbe zu übertragen, je nachdem das Untergericht zur ersten oder zur zweiten Classe gehört, III. 8. §. 17. ist entweder eine ordentliche oder eine außerordentliche, §. 18. A) Für die ordentlichen sollen beständige Revisoren ernannt, und diese in denjenigen Sachen, welche die ihnen angewiesenen Untergerichte betreffen, zu Decernenten bestellt werden, §. 19. Diese Revisoren müssen die ihrer besondern Aufsicht anvertrauten Untergerichte jährlich wenigstens einmal besuchen, und dazu vorzüglich die Zeit der Gerichtsferien wählen, §. 20. dabei ihr erstes Geschäft sein lassen, die Depositalschlüssel abzufordern, §. 21. Sodann müssen sie den Sessionen beiwohnen, §. 22. sich alle gangbaren Prozeß-, Concurs- und die wichtigern Vormundschaftsacten, auch das Hypothekenbuch, vorlegen lassen, §§. 23. 24. die bei ihnen etwa angebrachten Beschwerden gegen das Untergericht hören, §. 25. und nach beendigter Revision Bericht erstatten, §. 26. B) Außerordentliche Justizvisitationen sind bei solchen Untergerichten zu veranlassen, gegen welche häufige Beschwerden einkommen, §. 27. auch 2. §. 35. Wie dergleichen Justizvisitationen den Untergerichten und den Gerichtseingesessenen anzukündigen, §. 28. Der Commissarius muß sich dabei vorzüglich mit der Verfassung des Gerichts bekannt machen, §. 29. Den Sessionen und Instructionen fleißig beiwohnen, §. 30. sämmtliche gangbare Acten revidiren, §. 31. Die Verwaltung des Depositi untersuchen, §. 32. das Hypothekenbuch und die dazu gehörigen Acten in Augenschein nehmen, §. 33. die Verfassung der Registratur und Canzellei untersuchen, §. 34. die Beschwerden der Supplicanten erörtern, §. 35. und auf die Beobachtung der Sporteltaxe aufmerksam sein, §. 36. Verfahren des Commissarii, wenn er entdecken sollte, daß ein Mitglied des Collegii sich zur Cassation qualificirt, §. 37. Nach geendigter Visitation muß Bericht erstattet und der Entwurf eines Visitationsbescheides beigefügt werden, §. 39. welcher nach geschehenem Vortrage zur Genehmigung nach Hofe einzusenden ist, unter

unterworfen, als sie noch keinen besondern Wohnsitz genommen haben, I. 2. §. 17. und wird durch den Wohnsitz des Vaters begründet §. 18. s. auch Eximirte, Unterthänige Landbewohner. Dem Gerichtsstande der Mutter ist ein Kind, dessen Vater unbekannt, oder das nicht aus einer Ehe zur rechten Hand erzeugt ist, unterworfen, §. 21. imgleichen §. 99. Kinder der Militärpersonen sind dem Gerichtsstande des Vaters, §. 96. die der Unterofficiers und Soldaten jedoch dem Gerichtsstande ihrer Meister oder Dienstherrschaft unterworfen, §. 97. Von Bevormundung der Kinder im Ehescheidungsprozeß, s. Ehescheidungsprozeß. In wiefern Kinder ihr Eigenthum in der ersten Classe vindiciren können, 50. §. 327. insbesondere auf welcherlei Geschenke sich dieses ihr Vindicationsrecht erstrecke, §. 328. Sie treten im Concurse jedesmal an die Stelle ihrer verstorbenen Mutter (der Ehefrau des Gemeinschuldners) in Ansehung des ihr gebührenden Vorzugsrechts der vierten Classe, §. 413. s. auch Erbe, fordern den Ersatz ihres Eigenthums, wenn es zur Zeit des eröffneten Concurses nicht mehr vorhanden gewesen, in der vierten Classe, §§. 417. 418. worunter jedoch ein Geldfideicommiß nicht zu rechnen, §. 419. Die Legitimation unehelicher Kinder muß bei Hofe ausgefertigt werden, II. 1. §. 8.

S. übrigens: Alimente, Begräbnißkosten, Ehescheidungsprozeß, Exemtion, Eximirte, Medicinalkosten, Stiefkinder, Unterthänige Landbewohner, Väterliche Gewalt, Vormund.

Kirchen, s. Milde Stiftungen, auch Caution.

Kirchenbediente, niedere, sind nicht eximirt, I. 2. §. 47. Was dieselben an laufenden Zehnten oder sonstigem Deputat zu fordern haben, ist von der Einlassung in den Concurs frei, 50. §. 270. Die zweijährigen Rückstände solcher Forderungen werden in der zweiten, § 357. die mehr als zweijährigen in der vierten Classe angesetzt, §. 404.

S. übrigens: Schulbediente.

Kirchenbuch, ein Attest aus demselben ist ein Documentum publicum extrajudiciale, I. 10. §. 128.

Kirchenknechte sind nicht eximirt, I. 2. §. 47.

Kirchlehn, s. Ehrenrechte.

Kläger, wer in dieser Qualität vor Gericht erscheinen könne, s. Klage. Verfahren, wenn derselbe im angesetzten Termin zur Aufnahme der Klage, I. 4. §. 20. oder im Instructionstermin nicht erscheint, 9 §. 42. sqq. auch 26. §. 18 — 20. s. auch Litisreassumtion, Ordnungsstrafen. Wie es zu halten, wenn er dem Prozesse entsagt, §. 21. s. auch Litisrenunciation.

Klage kann jeder, der sich und seinem Vermögen vorzustehen fähig ist, anstellen, I. 1. §. 1. kann von einem jeden gegen einen jeden Unterthanen des Staats ohne Unterschied des Standes angestellt werden, §. 2. auch von und gegen alle Corporationen, die als eine morali-

moralische Person betrachtet werden, I. 1. §. 33. Klagen und belangt werden, können in Einem Prozesse mehrere Personen nicht, es sei denn, daß sie den Rechten nach für Eine Person zu achten, §. 35. oder Mitberechtigte und Mitverpflichtete wären, §. 36. Welche Klagen auf die Erben übergehen, bestimmt das Landrecht, §. 38. Was derjenige erwägen müsse, der klagen oder auf eine Klage sich einlassen will, §. 39. Jede Klage ist bei dem gehörigen Gerichte zu verhandeln, 2. §. 1. Gegen Personen, die zu einer auswärtigen Gesandtschaft gehören, kann bei hiesigen Gerichten nicht geklagt werden. Verfahren, wenn eine solche Klage angebracht wird, §. 63. In wiefern die Entschädigungsklage mit dem Verbrechen zugleich bei dem Criminalgerichte untersucht oder bei dem persönlichen Gerichtsstande des Beschädigers angestellt werden müssen, §. 178. Eine schriftliche Klage ist zulässig, §. 16. Inhalt einer jeden Klage, §. 17. Specielle Erfordernisse derselben: 1) bei Erzählung der Thatsachen, §. 18 2) bei Formirung des Antrags, §. 19. Dabei ist auf die genera et formulas actionum keine ängstliche Rücksicht zu nehmen, 5. §. 20. In wie weit und wie lange eine Aenderung des Antrags der Klage zulässig sei, §. 21 — 23. Was auf die Klage zu verordnen, wenn vorläufige Anstände zu heben sind, 6. §. 3. sqq. Eine offenbar unzulässige kann durch eine Resolution zurückgewiesen werden, §. 7. Verordnung auf die Klage, wenn vorläufige Verfügungen an den Beklagten oder an einen Dritten erforderlich sind, §. 8. besonders, in welchen Fällen der Regierung eigends Nachricht von Regreß- und Injurienklagen gegen ihre Officianten, und der Generaldirection der Königlichen Schauspiele von Klagen gegen Personen der Königlichen Schauspiele und Kapelle zu geben ist, §. 8. [49]. wenn dieselbe gehörig substantiirt ist, §§. 10. 11. und sogleich ein Instructionstermin angesetzt werden kann, §§. 12. 13. imgleichen §. 16 — 18. oder zuvörderst ein Termin bloß zur Beantwortung der Klage bestimmt wird, §§ 14. 15. Wenn die Klage durch einen Bevollmächtigten des Beklagten überall eingeräumt wird, so muß der Bevollmächtigte nicht nur überhaupt mit Vollmacht legitimirt sein, sondern es muß auch sein Auftrag zu einer solchen Erklärung entweder aus der Vollmacht selbst, oder aus Briefen, Instructionen rc., welche zu den Acten zu geben sind, hinlänglich erhellen, 8. §. 14. Hierauf wird eine Resolution abgefaßt, §. 15. aus welcher, wie aus einem Erkenntnisse, Execution nachgesucht werden kann. Bloße schriftliche Privaterklärungen einer Partei sind aber zur Abfassung einer solchen Resolution nicht hinreichend, §. 16. Wird die Klage nur zum Theil eingeräumt, so erfolgt eben so, als wenn derselben durchgehends widersprochen wird, Instruction der Sache, §§. 17. 18.

S. übrigens: Anmeldung der Klage, Aufnehmung der Klage, Cumulation der Klage; imgleichen die einzelnen Gattungen des Prozesses.

Klageanmeldungsstube, s. Referendarius.

Kloster ist eximirt, I. 2. §. 103. S. übrigens: Milde Stiftungen.

Kostbarkeiten und Juwelen, die nicht zum täglichen Gebrauch desjenigen bestimmt sind, auf dessen Prodigalitätserklärung angetragen worden, können ihm schon während der Instruction abgefordert und in gerichtliche Verwahrung genommen werden, I. 38. §. 21. Juwelen, rare Schildereien, Kunststücke und seltene Münzen müssen, wenn jede dieser Rubriken wenigstens 500 Rthlr. hoch gewürdigt worden ist, nicht verauctionirt, sondern subhastirt werden, 50. §. 228. Kostbarkeiten gehören nicht zum standesmäßigen Unterhalt der Ehefrau eines Gemeinschuldners, §. 315. s. auch Standesmäßiger Unterhalt.

Kostgeld der Dienstboten, s. Lohn der Dienstboten.

Kosten, davon überhaupt handelt I 23. deshalb soll im Erkenntnisse das Erforderliche mit festgesetzt werden, §. 1. auch 13. §. 41. Verfahren dabei, wenn eine Partei das Armenrecht genießt, §. 1. [134]. deren Compensation soll in erster Instanz in der Regel nicht Statt finden, §. 2. ausgenommen: 1) wenn der Kläger mehr gefordert hat als ihm zuerkannt wird, und der Gegenstand dieser Pluspetition nicht ganz unbedeutend ist; 2) wenn bei einigen Puncten für den Kläger, bei andern für den Beklagten erkannt wird, wobei die Kosten nicht immer zur Hälfte getragen, sondern nach Verhältniß der Wichtigkeit der zu- oder aberkannten Forderungen vertheilt werden müssen; 3) wenn die Thatsache, aus welcher Jemand verurtheilt oder abgewiesen wird, nicht seine eigne, sondern die Handlung eines Dritten betrifft, und er sich von der Richtigkeit derselben erweislich nicht eher als bei der Untersuchung überzeugen konnte; 4) wenn auf einen nothwendigen Eid erkannt wird, es sei denn, daß a) ein Kaufmann die Richtigkeit seiner Handlungsbücher beschwöre, oder b) der Gegentheil von dem Grunde oder Ungrunde der zu beschwörenden Thatsache aus eigner Wissenschaft unterrichtet sein könne; 5) wenn eine Entscheidung der Gesetzcommission hat eingeholt werden müssen, §. 6. Wirkung der Kostencompensation, und wie die Berechnung anzulegen, §. 4. besonders, wenn beide Theile appellirt oder revidirt haben, [135]. In welchen Fällen der obsiegende Theil die Kosten erstatten müsse, §. 5. s. auch Sühne. Kosten der Appellationsinstanz, wenn das erste Erkenntniß ganz oder zum Theil bestätigt, §. 6. wenn es auf den Grund einer neuen Untersuchung abgeändert wird, §§. 7. 8. In wiefern die Kostencompensation erfolge, wenn das Urtel auf den Grund neuer von dem Appellaten zur Unterstützung des vorigen Urtels beigebrachter Thatsachen oder Beweismittel bestätigt wird, §. 9. Kosten der Revisionsinstanz, §. 10. Kostenvertheilung bei wechselseitigen Appellationen oder Revisionen, §. 11. Kosten einer neuen Untersuchung in der Revisionsinstanz, §. 12. auch 15. §. 16. In wiefern bei Nullitätsklagen die Kosten von dem Imploranten, von dem Imploraten oder

von

von einem Dritten, z. B. von dem Richter, welcher die Nullität begangen hat, getragen werden müssen, I. 23. §. 13. auch §. 6. Von Kosten bei Restitutionsgesuchen, §. 14. insbesondere ex capite minorennitatis, §. 15. In allen Fällen, wo die Nullitätsklage durchgesetzt oder Restitution erhalten wird, muß in dem neuen Haupturtel in Ansehung der Kosten des vorigen Prozesses das Nöthige mit festgesetzt werden, §. 16. Von Kosten bei Litisdenunciationen, §. 17. bei Interventionen, §. 18. bei der Nomination, §. 19. bei Litisrenunciationen, §. 20. bei Vergleichen, §. 21. u. [136]. Wenn der Kostenpunct in einem Urtel gänzlich übergangen worden, muß Declaration nachgesucht werden, §. 22. Die Kosten der Hauptsache müssen von denjenigen, welche wegen gewisser bei dieser Gelegenheit eingetretenen Nebenumstände erwachsen sind, sorgfältig unterschieden werden; zu diesen letztern gehören 1) Contumacialkosten, welche der Verurtheilte oder Abgewiesene, auch wenn es der Fiscus ist (35 §. 20.) in jedem Falle allein tragen muß; 2) Kosten eines vereitelten Termins, (s. auch I. 8. §. 8. und §. 21. auch 10. §. 10.) 3) Kosten der Untersuchung eines von dem Instruenten und den Assistenten, auch durch das Erkenntniß, unerheblich befundenen Umstandes; 4) Kosten der ohne Noth verlangten Abhörung mehrerer als dreier Zeugen über eine und ebendieselbe Thatsache; als welche unnöthige Kosten der Producent nicht erstattet verlangen kann, s. auch Injuriensachen. 5) Kosten der ohne rechtlichen Grund veranlaßten Untesuchung sogenannter Incidentpuncte, welche der Extrahent allein tragen muß, §. 23. wohin auch die durch ungegründete Einwendungen gegen die Person der Zeugen, oder dadurch, daß Jemand wissentlich verwerfliche Zeugen in Vorschlag bringt, aufgelaufenen Kosten gehören, 10. §§. 236. 237. 6) die durch ohne Grund verweigertes persönliches Erscheinen verursachten Kosten, §. 24. oder 7) wenn Jemand durch den Widerruf eines Geständnisses die Instruction verzögert, 10. §. 27. b. oder auch 8) statt eines ihm über einen Umstand, von welchem er aus eigner Wissenschaft unterrichtet sein kann, zugeschobenen Eides die Aufnehmung anderer Beweismittel verlangt, 10. §. 255. Weche Kosten unter diejenigen zu rechnen, von denen im gegenwärtigen Titel (23.) die Rede ist, 23. §. 25. welche Gebühren und Kosten Justizcommissarien in ihrer eignen Sache fordern können, §. 25. n. 9. 10. [137]. welche Kosten andre Rechtsverständige, die nicht Justizcommissarien sind, liquidiren können, [138]. Wann in Injuriensachen keine Kosten für einen Bevollmächtigten ersetzt werden, [139]. Verfahren bei Liquidirung und Festsetzung der Kosten, §§. 26. 27. Die Festsetzung erfolgt durch ein bloßes Decret, gegen welches nur der Recurs Statt findet, §. 28. In wiefern mehrere in den Kostenersatz verurtheilte Litisconsorten dem Gegner pro rata oder in solidum zur Erstattung verbunden, §. 29. Von Armenrecht, §. 30. sqq. s. auch Armenrecht. In wiefern Unterofficiers und Soldaten auch die bei dem Kriegswesen verpflichteten niedern Beamten und Knechte,

reitende

reitende Feldjäger, Beurlaubte und Krümper, imgleichen die Ehefrauen und Kinder dieser Personen gleich den Armen die Sportelfreiheit genießen, I. 23. §. 42. sqq. §. 42. [143]. § 43. [144]. jedoch nicht Compagniechirurgen, §. 42. [143]. Sportelfreiheit des Fiscus, und der ihm gleichgesetzten Behörden und Anstalten, s. Fiscus. Sportelfreiheit der Prinzen des Königlichen Hauses, auch in ihren Appanagen, §. 46. [146]. Welche Partei die Kosten der Verfügungen vorschießen müsse, §. 47. u. [147]. insbesondere bei Editionen der Urkunden, je nachdem sie von einer Partei verlangt, oder von Amtswegen verfügt wird, 10. §. 109. und bei Executionen, deren Kosten der Gläubiger als Extrahent vorschießen muß, 24. §. 100. Ein einheimisches Gericht, welches die Insinuation einer Verordnung zur Ungebühr versagt, muß sämmtliche dadurch verursachte Kosten erstatten, 7. §. 10. In welchem Falle der Justizcommissarius die Kosten des vereitelten Termins ganz, 10. §. 13. oder zur Hälfte tragen müsse, §. 14. Einem Zeugen, der bei einem Untergerichte die in der Folge von dem Obergerichte nothwendig befundene Beantwortung einer Frage verweigert, sollen alle durch diese Weigerung verursachten Kosten zur Last fallen, §. 181. Die Wiederholung eines Zeugenverhörs muß unter gewissen Umständen auf Kosten des vorigen Instruenten, §. 210. oder desjenigen geschehen, durch dessen Unachtsamkeit das aufgenommene Protocoll weggekommen ist, §. 211. In wiefern wegen des Kostenpuncts die Appellation Statt finde, 14. §. 3. n. 2. oder wegen der Prozeßkosten Cautionsbestellung gefordert werden könne, s. Caution. Wie es in Ansehung der Kosten des Appellatorii zu halten, wenn ein Litisconsorte der Appellation erst nach eröffnetem Appellationserkenntniß beitritt, 14. §. 14. a. In wiefern der Extrahent oder der Schuldner die Kosten der angefangenen Execution tragen müsse, wenn vor Vollstreckung derselben die Bezahlung erfolgt, 24. §. 33. Von den Kosten der Execution, §. 49. [154]. und für die Alimentation des verhafteten Schuldners, und die Verhaftung selbst, §. 154. [176, 177]. Wie es mit den Kosten des Recurses zu halten, 25. §. 18. Wegen der Kosten in Untergerichtsprozessen, hat es bei den Vorschriften des 23sten Titels sein Bewenden, §. 44. Wer ausdrücklich verlangt, daß in einer Obergerichtsbagatellsache von dem gewöhnlichen Appellationsrichter erkannt werde, muß die Transmissionskosten allein tragen, 26. §. 14. Wer in der Possessoriensache in die Kosten verurtheilt worden, kann die Vergütung derselben, auch wenn er in der Hauptsache obsiegt, nicht verlangen, 31. §. 19. jedoch findet dabei Appellation wegen des Kostenpuncts Statt, §. 18. [215]. In wiefern im Diffamationsprozeß der Provocant die Kosten tragen müsse, 32. §§. 10. 13. 16. oder deren Erstattung von dem Provocanten im Hauptprozeß fordern könne, §. 12. Die Aufnehmung des Beweises zum ewigen Gedächtniß geschieht auf Kosten des Provocanten, der jedoch im Hauptprozeß deren Erstattung verlangen kann, 33. §. 38.

In

In wiefern in Injuriensachen die Kosten von der Gerichtsherrschaft in subsidum getragen werden müsse, I. 34. §. 32. In Ansehung der Kosten gilt bei Injurienprozessen alles, was in Prozessen überhaupt gilt, [237]. Für die Mittheilung einer Klage gegen den Fiscus an die Finanzbehörde dürfen keine Kosten angesetzt werden, 35. §. 12. Die fiscalische Behörde muß dem Gegentheil die durch Verzögerung verursachten mehrern Kosten und Schäden erstatten, §. 21. s. übrigens: Fiscus. Die Kosten einer fiscalischen Untersuchung fallen dem Denunciaten zur Last, wenn er verurtheilt oder auch nur ab instantia losgesprochen worden, §. 82. Von den Kosten in fiscalischen Untersuchungen, s. Fiscalische Untersuchung. Dem Denuncianten, wenn das Gegentheil der Denunciation ausgemittelt worden, §. 83. sie werden niedergeschlagen, wenn der Denunciat den gegen ihn streitenden Verdacht hinlänglich abgelehnt hat, §. 84. §. 82. [259]. Subsidiarisch verhaftet sind für die fiscalischen Untersuchungskosten die Magistrate und Gutsherrschaften niemals, [262]. Der Denunciat muß bloß die baaren Auslagen erstatten, wenn die Lossprechung nur Folge eines während der Untersuchung ausgemittelten Einwandes ist, §. 85. Wenn auf die Appellation der fiscalischen Behörde das lossprechende Erkenntniß bestätigt wird, muß dem Denunciaten zu den ihm verursachten Kosten mit Nachdruck verholfen werden, §. 102. Welche Kosten dem Fiscus im Confiscationsprozeß zur Last fallen, 36. §. 39. u. [276 — 278]. Von Locirung der Untersuchungskosten im Concurs, s. Untersuchungskosten. Die Kosten der Instruction des Moratoriengesuchs muß der Schuldner in der Regel allein tragen, 47. § 36. und §. 95. Für die Instruction eines Cessionsgesuchs können auf den Theil des Gemeinschuldners keine Kosten angesetzt werden. Die auf den Theil der Gläubiger fallenden sind aus der Masse zu nehmen, es sei denn, daß sie durch ungegründet befundenen Widerspruch einzelner Gläubiger aufgelaufen wären, 48. §. 30. Von Kosten im Concursprozeß überhaupt, § 153. u. [330]. auch §. 193. s. übrigens: Communkosten. Die nachliquidirenden Gläubiger müssen die durch diese Verzögerung auflaufenden Kosten allein tragen, 50. §. 141. auch §. 168. In wiefern die nicht appellirenden Mitgläubiger zu den Kosten der Appellation eines Gläubigers beitragen müssen, 50. §. 181. Die Kosten der Deposition muß derjenige, der mit seinen Gegenforderungen und Einwendungen ad separatum verwiesen worden, allein tragen, §. 292. s. auch Deposition. Welche Kosten die dazu berechtigten Salarienkassen in der vierten Classe fordern können, und welche in der siebenten, §. 402. [362]. Welche Kosten in Concursfällen bei Vertheilung der Revenüen eines jeden Jahres vorweg abzuziehen oder nicht, §. 496. 497. Von Communkosten, §. 53 sqq. s. Communkosten, Fiscus. Die Kosten der von Einem Gläubiger gegen den andern eingewendeten Rechtsmittel gehen die Masse nichts an, §. 530. Die eingetragenen Gläubiger müssen die Ausfertigungs- und

Eintragungskosten allein übernehmen, wenn ihre Schuldinstrumente im Hypothekenbuche auf Pfandbriefe umgeschrieben werden, I. 50. §. 629. s. auch Pfandbriefe. Von Kosten des Liquidationsprozesses 1) wenn das Grundstück oder dessen Kaufgeld offenbar hinreichend ist, 51. §. 33. 2) wenn die Kaufgeldermasse nicht hinreicht, §. 47. Von Kosten des erbschaftlichen Liquidationsprozesses, §. 95. des Aufgebots I) der Grundstücke gegen unbekannte Realprätendenten, §. 108. II) eingetragener Posten, deren Inhaber unbekannt sind, §. 114. III) verlorner Pfandbriefe, wenn der etwanige Inhaber derselben edictaliter vorgeladen werden muß, §. 127. Von Kosten der Justizvisitationen, III. 8. §. 40.

S. übrigens: Communkosten, Gerichtsgebühren.

Kostenersatz, s. Kosten, auch Armenrecht.

Kostenfreiheit der Armen, s. Armenrecht. Der Unterofficiers und Soldaten, reitenden Feldjäger, Beurlaubten, Krümper, und der Ehefrauen aller dieser Personen, I. 23. §. 42. sqq. u. [143]. §. 43. [144]. auch in fiscalischen Untersuchungen, 35. §. 82. [260]. s. auch Kosten des Fiscus, und der ihm gleichgesetzten Anstalten und Behörden, s. Fiscus, der Prinzen des Königlichen Hauses, auch in ihren Appanagen, 23. §. 46. [146].

Kostenpunct, in Ansehung desselben soll angenommen werden, daß die Parteien sich ihres sonstigen ordentlichen Gerichtsstandes begeben haben, I. 21. §. 3.

Kostenvorschuß, was dabei zu beobachten, I. 23. §. 47. u. [147]. s. auch Kosten.

Kostenvorstand, s. Caution.

Kranke und Wöchnerinnen, auf Betten, worin solche liegen, soll die Auspfändung sich nicht erstrecken, I. 24. §. 71.

Krieg, wie es bei dessen Ausbruch mit den Militärprozessen zu halten, I. 20. §. 8. sqq. In wiefern desselben gegen eine in Kriegsdiensten abwesende Person nicht in contumaciam verfahren werden könne, §. 9. Wozu der Kläger berechtigt sei, wenn der Abwesende Beklagtens Stelle vertritt, §. 10. s. auch Protestation. Wegen Forderungen, die vor dem Kriege entstanden sind, können gegen die im Felde abwesenden Personen keine Klagen angenommen werden, oder Edictalvorladungen mit der Wirkung der Präclusion ergehen, §. 11. welches aber geschehen kann, wenn der Krieg noch nicht wirklich ausgebrochen ist, sondern nur noch Rüstungen und Anstalten obwalten, auch die Truppen zwar bereits ausgerückt sind, aber noch nicht in Cantonirungen oder Gränzlagern stehen, §. 12.

Kriegscanzellei, geheime, die dabei angestellten Bedienten stehen unter dem Generalauditoriat, I. 2. §. 50.

Kriegscollegium, s. Oberkriegscollegium.

Kriegsgerichte, s. Generalauditoriat, Militärgerichte, Regimentsgerichte.

Kriegs- und Domänencammern, Streitigkeiten zwischen

schen denselben und den Landesjustizcollegien wegen der Gerichtsbarkeit entscheidet die Jurisdictionscommission, I. 2. §. 134. haben keine Jurisdiction mehr, §. 130. [39]. s. überhaupt Regierungen.

Krümper, s. Militärpersonen.

Künftige Sachen, Verträge über deren Verkauf können vor jedem Gerichte errichtet werden, II. 1. §. 9.

Küster ist nicht eximirt, I. 2. §. 47. Feldküster stehen unter den Untergerichten der Garnisonstadt, §. 48. sqq. [13]. s. Militärpersonen.

Kunst- und Handwerksgeräthschaften, die Auspfändung soll sich auf unentbehrliche nicht erstrecken, I. 24. §. 71. Verfahren, wenn kein anderes Executionsobject vorhanden ist, §§. 95. 96. besondre Vorschriften, [159]. In wiefern dieselben nicht mit Arrest belegt werden können, 29. §. 16. Sie dürfen vom Vermiether nicht zurückgehalten werden, 44. §. 60. [302].

Kunststücke, s. Kostbarkeiten.

Kunstverständige, s. Sachverständige.

Kunstwörter müssen bei Abfassung und Ausfertigung der Urkunden möglichst vermieden werden, II. 2. §. 51.

L.

Läsion, s. Verletzung.

Landbewohner, s. Unterthänige Landbewohner.

Landesgränze, Verfahren, wenn ein Gränzstreit dieselbe mit betrifft, I. 42. §. 33. s. auch Auswärtiges Departement.

Landesjustizcollegia, davon überhaupt handelt III. 1. Aus was für Personen dieselben bestehen, §. 1. Bestimmung derselben, §. 2. 1) Extrajudicialia, §. 3. 2) Aufsicht über die Untergerichte, §. 4. s. auch Justizvisitation, Untergerichte. 3) Jurisdictio contentiosa, §. 6. Pflichten der Justizcollegien, §§. 6. 8. Rechte und Autorität derselben, §§. 9. 10. Aufsicht über dieselben, §. 11. Untersuchung der gegen sie einkommenden Beschwerden, §. 12. sqq. Die Justizcommissarien, imgleichen alle Landesjustizcollegien und Gerichte sollen sich derjenigen Parteien, welche gegründete Beschwerden gegen andere Gerichte haben, ohne Ansehen der Person annehmen, §. 16. s. auch Justizcommissarius, Justizdepartement. Von Beschwerden gegen Militärgerichte, §. 18. (auch I. 2. §. 52.) s. übrigens Civilgerichte, Oberkriegscollegium. Von persönlichen Anschuldigungen, §. 19. gegen einzelne Mitglieder, §§. 20. 21. gegen das ganze Collegium oder den Präsidenten, §. 22. Strafen pflichtwidriger Justizbedienten, § 23. sqq. erdichteter Beschwerden und Beleidigungen der Justizcollegien, §. 28. sqq. u. §. 15. [442, 443]. und der Verfasser solcher Schriften, §. 14. [440]. s. auch Strafen. Verfahren der Justizcollegien, wenn sie von Winkelschriftstellern außerhalb

Landes

Land-

Ver-

Weiteres Verfahren, 1) wenn das Grundstück oder dessen Kaufgeld offenbar hinreichend ist, I. 51. §. 23. sqq. Abfassung des Classificationsurtels, §. 25. Präclusion und Wirkung derselben, §§. 26. 27. Rechtsmittel dagegen, §§. 30. 31. Durch das Prioritätsurtel wird in der Regel der Liquidationsprozeß beendigt, §. 32. Die Kosten eines solchen Liquidationsprozesses muß der Gemeinschuldner allein tragen, §. 33. Wenn 2) die Zulänglichkeit ungewiß, oder die Unzulänglichkeit klar ist, finden die Vorschriften des Tit. 50. §. 129 — 142. Anwendung, §. 34. Der Gemeinschuldner tritt dabei in die Stelle des Curators, §. 35. Es wird ein Prioritätsurtel abgefaßt, §. 36. Fassung und Wirkung der Präclusion, §. 37. Was in einem solchen Falle wegen der Zinsen Rechtens sei, §. 38. sqq. s. auch Zinsen. Wer im Liquidationsprozeß mit seiner Forderung ausfällt, kann sich an die Person und das übrige Vermögen des Gemeinschuldners halten, §. 48. Zuziehung der Agnaten und Gesammthänder bei dem Liquidationsprozeß über ein Lehngut, §. 49. Der eigentliche Liquidationsprozeß findet hauptsächlich zum Besten der nicht eingetragenen Gläubiger Statt, §. 50. ist über bewegliche Sachen oder Activcapitalien nicht zulässig, wohl aber ein Prioritätsverfahren, § 51. in wiefern die solchergestalt sich meldenden Gläubiger ausgeschlossen werden, [380]. Ausnahme in Ansehung eines Lehnstammes oder Fideicommißcapitals, aus dessen Zinsen mehrere Gläubiger befriedigt sein wollen, §. 52.

Liquidationsprozeß, erbschaftlicher, s. Erbschaftlicher Liquidationsprozeß.

Liquidationstermin im Concursprozeß ist, wenn die Activmasse nach einem ungefähren Ueberschlage über 1000 Thaler beträgt, I. 50. §. 109. oder sich nicht bestimmen läßt, ob sie 1000 Thaler übersteige oder nicht; auf drei Monate, §. 112. wenn sie nur 1000 Thaler oder weniger beträgt, §. 110. oder nicht bestimmt werden kann, ob sie 200 Thaler übersteige oder nicht, auf neun Wochen, §. 112. und wenn sie nur 200 Thaler oder weniger beträgt, auf sechs Wochen hinauszusetzen, §. 111. Bei Bestimmung der Höhe der Masse wird Gold mit 5 Procent Aufgeld zu Courant gerechnet, §. 107. [325]. Wie bei Grundstücken der Hypothekenschein zum Grunde zu legen, §. 108. [326]. Zu demselben muß auch der Gemeinschuldner mit vorgeladen werden, §. 114. Vorbereitung des Contradictors zum Liquidationstermin, §. 115. In demselben müssen zuvörderst die Edictalvorladungen, Zeitungen und Intelligenzblätter, imgleichen die Vorladung der bekannten Gläubiger zu den Acten gebracht, §. 117. und die Forderungen unter fortlaufenden Nummern zum Connotationsprotocoll verzeichnet werden, §. 117. Was diese Connotation enthalten müsse, §. 118. Ferner muß den Gläubigern ihre Erklärung über die Beibehaltung oder Abschaffung des bisherigen Interimscurators und Contradictors abgefordert, §. 66. und wenn sie sich darüber nicht vereinigen können, nach der Mehrheit der liquidirten

For-

Forderungen, oder wenn diese nicht so leicht auszumitteln wäre, nach dem Ermessen des Collegii gewählt werden, I. 50. §. 67.

S. übrigens: Verificationstermin.

Liquidationstermin im Liquidationsprozeß, bei Bestimmung desselben sind die Vorschriften des Tit. 60. §. 101. sqq. zu beobachten, I. 51. §. 17. derselbe ist auch dem Käufer des etwa schon verkauften Grundstücks bekannt zu machen, §. 20.

Liquidationsverfahren im Concursprozeß, dazu gehört die Auseinandersetzung zwischen dem Lehns- oder Fideicommißfolger und den Gläubigern des bisherigen Besitzers nicht, I. 50. §. 531. Abschluß des Liquidationsverfahrens, §. 137 — 139.

Liquidum, wie solches bei Streitigkeiten über Pachtgelderberechnungen im Erkenntniß festzusetzen, I. 44. §. 9. insbesondere wie es vorläufig bei illiquiden Compensationsforderungen des Pächters zu reguliren, § 16. sqq. s. auch Interimisticum, Resolution. Festsetzung desselben bei Rechnungsabnahmen, 45. §. 12. Wie dieselbe im Defectatorio durch das Erkenntniß geschehen müsse, §. 21. Dessen Constituirung gehört nicht für das den Concurs dirigirende Gericht, wenn der Gemeinschuldner einer öffentlichen Casse, bei welcher er als verrechneter Diener oder Beamter angesetzt gewesen, etwas schuldig geblieben ist, sondern vor die Amtsbehörde, 60. §. 134.

Litigiosa res wird eine in Anspruch genommene Sache durch die gehörig erfolgte Insinuation der Vorladung des Beklagten, I. 7. §. 48. lit. c.

Litisconsorten, in wiefern dieselben als Zeugen abgehört werden können, I. 10. §. 86. In wiefern der Eidesantrag an alle gerichtet werden müsse, oder der Deferent den Eid von einigen derselben im Namen der übrigen verlangen könne, §. 269. Wirkung der Appellation Eines Litisconsorten in Ansetzung der nicht appellirenden, 14. §§. 13. 14 u. 14. b. s. auch Classificationsurtel, Kosten. Die Dispensation Eines Litisconsorten von der Cautionsbestellung in Prozessen kömmt den andern nicht zu Statten, 21. §. 2. In wiefern Litisconsorten in solidum oder nur pro rata zum Kostenersatz verbunden, 23. §. 29. Das Einem derselben zugestandene Armenrecht kann den übrigen nicht zu Statten kommen, §. 38.

Litisdenunciation, Adcitation und Nomination, davon handelt I 17. Von Adcitationen und Litisdenunciationen überhaupt, §. 2 — 4. Von Adcitationen, die durch den Richter von Amtswegen geschehen, §. 5. Absicht einer solchen Adcitation, §. 6. in welchem Falle die Adcitation in eine wirkliche Litisdenunciation übergehe, §. 7. Von Adcitationen und Litisdenunciationen der Parteien, §§. 8 9. Rechtliche Folgen der unterlassenen Litisdenunciation, §. 10. Die Nothwendigkeit der Litisdenunciation fällt nur dann weg, wenn der Vormann derselben durch einen Vertrag ausdrücklich entsagt hat, §. 11. Bedeutungen, welche die Instruenten deshalb den mit keinem Rechtsbeistande versehenen Parteien zu machen haben, §. 12. Die Litisdenunciation

nunciation kann schriftlich oder mündlich in einem Separatprotocoll erfolgen, I. 17. §. 13. In wiefern die Partei noch bis zum Schluß der Sache mit der Litisdenunciation zu hören, §. 14. muß in zweiter Instanz, wenn sie einen Regreß begründen soll, spätestens sogleich bei Anmeldung der Appellation geschehen. Rechte des Appellaten, wenn der Litisdenunciat neue Thatsachen oder Beweismittel anführt, §. 15. Verfügung auf eine Litisdenunciation, §. 16. In wiefern der Abschluß der Instruction in der Hauptsache so lange auszusetzen, bis der Litisdenunciat seine Nothdurft beobachtet hat, §§. 17. 18. Rechtliche Folgen, wenn der Litisdenunciat auf die ihm gehörig insinuirte Litisdenunciation — deren Wiederholung es in keinem Falle bedarf — sich nicht meldet, §. 19. Was Rechtens sei, wenn der Litisdenunciant überführt werden kann, den Litisdenunciaten von der Anmeldung bei dem Richter abgehalten zu haben, §. 20. Weiteres Verfahren, wenn der Litisdenunciat sich meldet, §. 21. und a) dem Litisdenuncianten nicht assistiren will, §. 22. in welchem Falle die Regreßklage gegen ihn sogleich angestellt werden kann, §. 23. oder b) wenn er ihm assistiren will, §. 24. Bei der Instruction der Sache stellt in diesem Falle der Litisdenunciat mit dem Adcitanten eine Person vor. Es kann aber keiner von Beiden wider den Willen des Andern Eide deferiren, §. 25. Wie es mit Ableistung der dem Denuncianten und Denunciaten zu- oder zurückgeschobenen Eide zu halten, und in wiefern dem Denuncianten, wenn der Denunciat bereits geschworen hat, noch ein Eid de ignorantia abgefordert werden könne, §. 26. Folgen der von dem Denuncianten nicht geschehenen Ableistung eines de- oder referirten oder eines nothwendigen Eides, §. 27. In wiefern der Beklagte durch die Litisdenunciation ex nexu komme, §. 28 — 30. Der Litisdenunciat kann für sich allein Rechtsmittel einwenden, deren glücklicher Erfolg auch dem Denuncianten zu Statten kömmt, §. 31. Wie es zu halten, wenn der Adcitat oder Denunciat sich erst während der Instruction in erster oder gar erst in der zweiten Instanz meldet und neue Umstände und Beweismittel angiebt. Das Anmelden desselben erst in der Revisionsinstanz verdient gar keine Rücksicht, §. 32. In wiefern die Execution unmittelbar gegen den Litisdenunciaten nachgesucht werden könne, §. 33. Von Nominationen, §. 34. sqq. s. auch Nomination.

Litispendenz wird durch die geschehene Insinuation einer Vorladung bewirkt, I. 7. §. 48. lit. b.

Litisreassumtion, s. Reassumtion.

Litisrenunciation, in wiefern der Kläger, der dem Prozesse entsagt, von dem Beklagten angehalten werden könne, denselben fortzusetzen, oder den eingeklagten Anspruch ausdrücklich aufzugeben, I. 20. §. 21. Kosten bei der Litisrenunciation, 23. §. 17. Litisrenunciation bei Injuriensachen, 34. §. 13 — 16. [227].

Livree der Dienstboten, s. Lohn der Dienstboten.

Livreebedienten der Eximirten stehen unter den Gerichten ihrer Herrschaft, I. 2. §. 100. s. auch Exemtion.

Localinstruction an dem Wohnorte der Parteien, in wiefern dieselbe zu verfügen, wenn die Parteien nicht persönlich an dem Orte des Gerichts erscheinen können, I. 3. §. 7. Wie dabei mit Vernehmung der Parteien in re praesenti, 10. §. 387. mit Zuziehung der Sachverständigen, § 388. und mit Abhörung der Zeugen zu verfahren, §. 389. Wenn sie in fiscalischen Civilprozessen verfügt wird, muß der Fiscal derselben in der Regel persönlich beiwohnen, 35. §. 10. In wiefern, wenn nur einzelne Unterthanen mit ihrer Herrschaft in Streit verwickelt sind, eine Localinstruction erforderlich sei, 40. §. 3. in wiefern überhaupt in Unterthanenprozessen, §. 31. welche, wenn sie nöthig befunden wird, in der Regel dem Gerichtsdeputirten, §. 32. und nur bei Sachen von geringerer Wichtigkeit einem auswärtigen Commissarius aufgetragen werden soll, §. 33. wobei die Zuziehung der Rechtsbeistände in der Regel nicht erforderlich ist, §. 35. Verfahren bei der Localinstruction selbst, §. 37. sqq. s. auch Deduction, Sachverständige, Zeugenabhörung. Wenn in zweiter Instanz eine anderweitige Localinstruction nöthig ist, sollen dazu andere Commissarien ernannt werden, §. 61. (auch 42. §. 28 imgleichen 43. §. 41.) In Klagen auf Erlaß der Dienste, 41. §. 68. [296]. In Gränzsachen wird sogleich Localinstruction verfügt, 42. §. 8. s. übrigens Gränzsachen. In wiefern bei Gemeinheitsaufhebungssachen die Präjudicialpuncte durch Localinstruction zu erörtern, 43. §. 13. In wiefern dieselbe 1) bei Streitigkeiten über Pachtgelderberechnungen, 44. §. 6. 2) bei Remissionsforderungen, §. 26. sqq. und §. 31. 3) bei Exmissionsgesuchen, §. 38. 4) bei Klagen des Pächters wegen eigenmächtiger Exmission, §. 44. (conf. I. 21. §. 7.) 5) bei Streitigkeiten über Meliorationen und Deteriorationen, wenn die Rückgewähr schon geschehen ist, §. 47. 6) wie sie bei dem Antrage auf gerichtliche Rückgewähr zu verfügen, §. 48. oder bei Streitigkeiten über die Erbtheilung, 46 §§. 18. 19.

S. übrigens: Feldmesser, Karte, Sachverständige.

Lohn oder Deputat, bei Klagen darauf findet keine Cautionsforderung wegen der Prozeßkosten Statt, I. 21. §. 2. n. 1.

Lohn der Dienstboten, demselben soll bei Ansetzung in der zweiten Classe das bedungene Kostgeld oder Deputat, die versprochene Livree, und das als Lohn angewiesene vom Gemeinschuldner vorenthaltene Stamm- und Schießgeld gleich geachtet werden, I. 50. §. 370.

S. übrigens: Dienstboten.

Lotterieentrepreneur genießt in Ansehung der den Collecteurs zur Last fallenden Defecte das Vorzugsrecht der fünften Classe, I. 50. §. 441.

Lucra nuptialia, die der Ehefrau des Gemeinschuldners durch

mals

mals ein Beweis der Schuld hergenommen werden, I. 22. §. 35. Die in einer solchen Rechnung aufgeführten Gläubiger können ihre Ansprüche dadurch nur in sofern begründen, als sie gegen den Ableister des Eides selbst gerichtet sind, §. 36. Die eidliche Bestärkung einer Rechnung soll bis zum Schlusse der Rechnungsabnahme ausgesetzt werden, 45. §. 26. Wohin der Manifestationseid von demjenigen, der zur Rechtswohlthat der Cession verstattet sein will, auf Verlangen der Gläubiger abgeleistet werden müsse, 48. §. 43. Im Concursprozeß muß derselbe bei Gelegenheit der Inventur dem Gemeinschuldner und seinen Angehörigen abgenommen werden, 50. §. 217. Wohin derselbe bei dem Aufgebot verlorner Instrumente von dem Extrahenten abzuleisten, 51. §. 118. In wiefern derselbe einem Inventurcommissarius abgefordert werden könne, II. 5. §. 56.

Manualacten müssen von allen Bevollmächtigten oder Assistenten ohne Unterschied gehalten werden, I. 3. §. 77. auch von Fiscalen in fiscalischen Civilprozessen, 35. §. 6. In welchem Falle eine beglaubte Abschrift des Protocolls über die von einer Gemeine ausgestellte Vollmacht bei den Manualacten des Rechtsbeistandes oder Bevollmächtigten der Gemeine aufzubewahren, § 42. Sie müssen dem Gerichte vorgelegt werden, wenn angezeigt wird, daß die zur Information erforderlichen Nachrichten von der Partei noch nicht eingegangen, §. 74. (auch 20. §. 9. imgleichen 25. §. 79.) Das Separatprotocoll oder die Resolution über die dem Kläger geschehenen Remonstrationen muß nicht zu den gerichtlichen, sondern zu seines Assistenten oder Bevollmächtigten Manualacten kommen, 5. §. 14. Eben so ist in Ansehung des Beklagten zu verfahren, 9. § 11. Wird ein besonderes Klageprotocoll aufgenommen, so ist das Informationsprotocoll ebenfalls zu den Manualacten zurückzugeben, 6. §. 15. welches in diesem Falle auch bei der Beantwortung der Klage geschieht, 9. §. 15. Einer schriftlichen Klage müssen die Manualacten beigelegt werden, 5. §. 16. und der Decernent muß diese Klagen mit den Manualacten und der Information sorgfältig vergleichen, 6. §. 2. Die Manualacten müssen ferner dem Gerichte vorgelegt werden, wenn der Justizcommissarius als Bevollmächtigter Verlegung des Termins nachsucht, 8. §. 28. und sind in diesem Falle mit vorzüglicher Sorgfalt zu prüfen, 9. §. 47. müssen, wann die gerichtlichen Acten zum Spruch vorgelegt werden sollen, versiegelt in der Registratur abgegeben werden, 12. §. 21. imgleichen bei Einreichung des Appellationsgerichts, 14. §. 21. In wiefern dieselben bei Versendung der Gerichtsacten an einen auswärtigen Richter beizufügen, 15. §. 6. Auch einem Berichte, wodurch der Justizcommissarius als Bevollmächtigter einer Partei den Recurs an das Obergericht gegen den von einem Untergerichte aufgenommenen Status causae et controversiae nimmt, müssen die Manualacten beigelegt werden, 25. §. 14. imgleichen dem durch einen Justizcommissarius als Consulenten einer Partei eingereichten schriftlichen Moratoriengesuche, 47. §. 63. oder dem Gesuche um

Mennoniten, wie es zu halten, wenn sie oder andere, nach deren Grundsätzen Eidesleistungen unzulässig sind, etwas bekräftigen sollen, I. 10. §. 203. n. 5.

Mercantilprozeß, davon handelt I. 30. §. 9. sqq. findet nur über Geschäfte Statt, welche auf Messen und Märkten von den daselbst sich einfindenden Fremden unter sich, oder mit einheimischen Kaufleuten verhandelt worden, §. 9. Dazu soll an allen Orten, wo Messen und stark besuchte Märkte eingeführt sind, eine eigne Deputation niedergesetzt werden, §. 10. bei welcher alle dergleichen Prozesse, in sofern ein auswärtiger Kaufmann dabei als Kläger, Beklagter oder Adcitat interessirt ist, instruirt werden sollen, §. 11. Die Instruction geschieht in der Regel vor der versammelten Deputation, §. 12. Abkürzung des Verfahrens dabei, §. 14. bei Aufnehmung der Klage, §. 14. bei der Vorladung, §§. 15. 16. Ansetzung des Termins, §. 17. In wiefern dessen Verlegung Statt finde, §. 18. Den Termin muß der Beklagte schlechterdings persönlich abwarten, wenn er den Markt persönlich besucht hat, §. 19. Wegen der Contumacien, §. 20. Gegen den Contumacialbescheid muß binnen 24 Stunden das Restitutionsgesuch angemeldet werden, §. 21. Verfahren bei der Instruction selbst, §. 22 — 24. besonders bei Aufnehmung der Beweismittel, §. 25. wenn eine Partei solche beibringt, deren Aufnehmung mit Zeitverlust verknüpft sein würde, §. 26. s. auch *Calumniae juramentum.* Vorschriften wegen der Sühnsvorschläge, §. 27. wegen der Deductionen, §. 28. s. auch Deduction, wegen Beschleunigung des Erkenntnisses, §. 29. wegen der Rechtsmittel, §. 30. sqq. welche binnen 24 Stunden angemeldet werden müssen, §. 31. Die Instruction des Appellatorii gehört in der Regel vor den Richter in erster Instanz, §. 32. Ausnahme, §. 33. Verfahren bei der Instruction des Appellatorii, §. 34. sqq. Die Abfassung des Appellationserkenntnisses muß von dem Obergerichte vorzüglich beschleunigt werden, §. 41. Publication desselben, §. 42. Die Revision muß ebenfalls binnen 24 Stunden angemeldet werden, §. 43. In wiefern der Mercantilprozeß auch außer den Meß- und Marktzeiten Anwendung finde, §. 44. Verfahren in solchen Fällen, §. 45 — 47.

S. übrigens: Assecuranzstreitigkeiten, Handlungsprozeß.

Meßsachen, s. Mercantilprozeß.

Miethe. Dem Gemeinschuldner zur Miethe überlassene Sachen werden in der ersten Classe vindicirt, I. 50. §. 297. S. auch Moratorium, Pacht, Verpächter und Vermiether.

Miether eines Hauses ist nicht schuldig, Insinuationen an den Eigenthümer des Hauses anzunehmen, I. 7. §. 22.

Miethssachen, davon handelt I. 44. §. 59. sqq. s. auch Appellation hat nur *effectum devolutivum*, Retentionsrecht. Dem Künstler und Handwerker sind keine, zur Ausübung seines Gewerbes

werbes erforderlichen Geräthe und Sachen zurückzubehalten, I. 44. §. 60. [302]. Von der Zulässigkeit eines Rechtsmittels gegen ein Contumacialerkenntniß in schleunigen Miethssachen, §. 63. [303]. Von Zulässigkeit der Revision in Miethssachen, [304].

Milderungsgesuch, nur dieses, nicht die Appellation findet Statt, wenn Jemand in eine durch die Prozeßordnung bestimmte Geld- oder Gefängnißstrafe verurtheilt worden, und muß binnen vier Wochen nach erfolgter Publication des Erkenntnisses angebracht werden, I. 14. §. 3. n. 3. Die Verfügung auf das, gegen ein bei den Civilgerichten ergangenes Erkenntniß wider inactive Militärpersonen angebrachte Milderungsgesuch, verbleibt dem Landesjustizcollegium der Provinz, 2. §. 48. sqq [18]. findet in Injuriensachen Statt: 1 bei Verbal- oder leichten Realinjurien unter Leuten gemeinen Standes, wenn die erkannte Strafe einen vier und zwanzigstündigen Arrest übersteigt, 34. §. 4. und muß spätestens acht Tage nach der Publication des Urtels angebracht werden, §. 5. 2) bei Verbal- oder leichten Realinjurien ohne erschwerende Umstände unter Personen des mittlern oder höhern Bürgerstandes, wenn die erkannte Strafe 4 Wochen Gefangenschaft, oder 50 Rthlr. nicht übersteigt; binnen 10 Tagen, §. 15. eben so 3) bei Verbal- oder leichten Realinjurien unter erschwerenden Umständen, oder unter Personen hohen Standes, §. 24. in wiefern diese Vorschriften dahin geändert sind, daß über 5 und bis 60 Rthlr. Geldstrafe, und über 24 Stunden und bis 4 Wochen Gefängnißstrafe Gegenstand eines Milderungsgesuchs in Injuriensachen sind, §. 1 — 11. [217 — 220]. Verfahren, wenn das Milderungsgesuch gegen ein Contumacialerkenntniß angebracht worden, §. 13 — 16. [230]. in fiscalischen Untersuchungen, 1) wenn die Strafe vierwöchentliche Gefangenschaft oder 50 Rthlr. nicht übersteigt, 35. §. 87. auch §. 101. 2) von Seiten des Denuncianten, wenn derselbe in die Kosten verurtheilt worden, §. 97.

S. übrigens: Recurs, Weitere Vertheidigung.

Milde Stiftungen, in deren Namen müssen die Vorsteher derselben vor Gericht erscheinen, I. 3. §. 10. an welche auch ein Eidesantrag zu richten ist, 10. §. 267. die, um einen de ignorantia ihnen zugeschobenen Eid zurückschieben zu können, die ausdrückliche Genehmigung ihrer Behörde nachweisen müssen, §. 292. n. 2. Milde Stiftungen können gleich den Minderjährigen Restitution nachsuchen, 16. §. 14. Milde Stiftungen sind von der Cautionsbestellung wegen der Prozeßkosten frei, 21. §. 2. Wie es mit der Execution zu halten, wenn Jemand als Vorsteher milder Stiftungen verurtheilt worden, 24. §. 12. Unvermögende milde Stiftungen sind von der Cautionsbestellung in schleunigen Arrestfällen frei, 29. §. 34. Sie werden mit ihren Forderungen an den Gemeinschuldner aus der demselben überlassen gewesenen Verwaltung oder Aufbewahrung ihrer Gelder oder anderer Vermögensstücke in der vierten, 50. §. 403. und

mit

mit denen ex contractu in Ermangelung besserer Sicherheit in der fünften Classe angesetzt, I. 50. §. 444.

Militärische Hülfe bei Executionen, s. Execution.

Militärgerichte, in alle dahin gehörige Rechtsangelegenheiten dürfen sich die Civilgerichte nicht weiter mischen, als durch eine Verwendung für ihre Gerichtseingesessenen bei dem Oberkriegscollegio, I. 3. §. 62. Der Militärgerichtsstand in allen Angelegenheiten der bürgerlichen Gerichtsbarkeit ist aufgehoben, 2. §. 48. sqq. [12]. Bloß in allen Angelegenheiten, wobei es auf Untersuchung und Bestrafung ankommt, und in Injuriensachen wird der Militärgerichtsstand beibehalten, [15]. in wiefern auch dieser Militärgerichtsstand durch Entlassung ohne Pension aufgehoben wird, [16]. welche Ausnahme auch hier körperliche Züchtigung und Ehrenstrafen machen, [18]. in wiefern Civilgerichte Untersuchungen wider beurlaubte Militärpersonen führen müssen, [17]. Ehefrauen, Familien und Gesinde der Militärpersonen nehmen an diesem Militärgerichtsstande nicht Theil, [19]. Von der Aufhebung der dinglichen Militärgerichtsbarkeit, §. 108 [52]. Von der Vorladung der Militärpersonen vor die Civilgerichte, s. Vorladung. In wiefern der Confiscationsprozeß von denselben instruirt werden müsse, 36. §. 46. u. [279, 280]. s. auch Deserteur, Packknechte. Die Militärgerichte können sich die Eröffnung eines Particularconcurs- oder Liquidationsprozesses über den vorhandenen Militärnachlaß nicht anmaßen, 50. §. 691. Wozu sie in einem solchen Falle berechtigt seien, §§. 692. 693. Welche Forderungen bei den Militärgerichten erörtert und festgesetzt werden müssen, und wie dabei weiter zu verfahren, §. 694. sqq. In wiefern diese Vorschriften modificirt sind, s. zu Anfang dieses Artikels.

S. übrigens: Eximirte, Generalauditoriat, Militärpersonen, Regimentsgerichte, Testament.

Militärpersonen. Ihnen ist auch die Gendarmerie überall gleich zu achten, I. 2. §. 48. sqq [20]. In wiefern Militärpersonen, welche Grundstücke besitzen, der Civilgerichtsbarkeit unterworfen seien, §. 81. sind, auch wegen der ihr bürgerliches Gewerbe betreffenden Rechtsangelegenheiten dem Militärgerichtsstande unterworfen, §. 82. a. es sei denn, daß sie mit Genehmigung ihres Chefs in eine bürgerliche Zunft aufgenommen worden, § 82. b. s. auch Civilgerichte, Execution. Entlassene treten unter die Civilgerichtsbarkeit zurück, §. 84. s. auch Ausländer. Fremde Militärpersonen, s. Fremde. Gerichtsstand ihrer Wittwen, §. 92. Dieser Militärgerichtsstand in allen Angelegenheiten der bürgerlichen Gerichtsbarkeit ist aufgehoben, §. 48. sqq. [12]. Oberofficiere und Unterstab stehen unter den Obergerichten, [12]. Feldwebel, Wachtmeister, Feuerwerker, Portd'epeefähnriche, Unterofficiere und Gemeine, Compagniechirurgen, Stallmeister, Küster, Fahnschmiede 2c. unter den Untergerichten; und in wiefern diese die Untergerichte der Garnison-

Garnisonstadt sind oder nicht, [13]. Der Militärgerichtsstand erstreckt sich nur auf Criminal- und Injuriensachen noch, [15]. aber auch nur in Ansehung der Männer, nicht der Frauen oder Familien derselben, [14]. obgleich diese gleichen bürgerlichen Gerichtsstand mit jenen haben, [12, 13]. in wiefern durch Entlassung auch dieser Militärgerichtsstand aufhört, [16]. aber nicht bei Beurlaubten, [17]. inactive Soldaten oder Krümper, und auf unbestimmte Zeit beurlaubte Unterofficiere und Soldaten von der Landwehr stehen stets, mit Ausnahme der Dienstsachen, körperlichen Züchtigungen, Ehrenstrafen und Gefängniß über 14 Tage, unter den Civilgerichten, [18]. in wiefern auch bei Beurlaubten dieser Militärgerichtsstand wegfällt, [14]. Kostenfreiheit der Unterofficiere, Soldaten, reitenden Feldjäger, Beurlaubten, Krümper, 23. §. 42. u. [153]. und der Ehefrauen derselben, §. 43. u. [144]. Wegen der Execution gegen Militärpersonen müssen die Civilgerichte immer die Militärgerichte requiriren, 24. §. 26. [149]. welches auch in Ansehung der Ehefrauen, Kinder und des Gesindes gilt, [150]. Verfahren bei wechselseitigen Injurien zwischen Militär- und Civilpersonen, s. Injuriensachen. Wann Civilbehörden gegen Militärpersonen und Beurlaubte eine fiscalische Untersuchung einleiten können, 35. §. 34. [244, 245]. s. auch Fiscalische Untersuchung. Vom Confiscationsprozeß gegen Militärpersonen, s. Confiscationsprozeß, Deserteur, Fiscus, Packknechte. Von Testamenten der Militärpersonen, s. Testament. Von Versiegelung ihres Nachlasses, s. Versiegelung, Wiederaufsiegelung. Concurse über den Nachlaß der verstorbenen Wittwen, davon handelt I. 50. §. 690. sqq. gehören bloß vor die Civilgerichte, §. 691. s. auch Militärgerichte. Welche Stücke die Militärgerichte bei der Entsiegelung an sich nehmen können, §. 692. Was von den im Nachlaß gefundenen baaren Geldern zurück zu behalten, §. 693. Forderungen, welche 1) aus dem Dienst entstehen, 2) consentirte Schulden, 3) Militärbegräbnißkosten, das Arztlohn, und der Lohn der Dienstboten (und zwar die ad 3, im Felde schlechterdings, in Garnison in sofern sie liquid sind,) müssen bei den Militärgerichten erörtert und festgesetzt werden, §. 694 und §. 700. Ueber alle diese Forderungen müssen die Militärgerichte ein Verzeichniß anfertigen, §. 695. und den Civilgerichten ein beglaubtes Duplicat davon zustellen, §. 696. Verfahren, wenn im Nachlasse hinreichendes baares Geld zur Berichtigung dieser Forderungen vorhanden ist, §§. 697. 698. wenn das baare Geld nicht zureicht, §. 699. Die Civilgerichte haben also mit dergleichen Forderungen nichts zu thun, §. 700. In wiefern die Civilgerichte solchen Forderungen ihren Ort in dem Prioritätsurtel anzuweisen haben, §. 701. Obliegenheit der Militärgerichte bei der ihnen nachgelassenen Liquidation, §. 702. In wiefern die andern Gläubiger ihres Regresses an die Militärbehörde verlustig werden, §. 703. Verfahren, wenn ein bei den Militärgerichten übergangener Gläubiger sich im Connotationstermin bei den Civilgerichten angiebt, I. 50. §. 704. Den Militärgerichten muß sogleich nach dem Connotationstermin angezeigt werden, ob dergleichen übergangene Forderungen eingekommen sind, §. 705 Dagegen dürfen die in der Liquidation der Militärgerichte aufgeführten Forderungen außerdem bei dem Concurse nie angemeldet werden, wenn auch das den Regimentsgerichten zu übersendende Geld (§. 697 — 699.) nicht zureichen sollte. Verfahren der Civilgerichte im Falle einer solchen Unzulänglichkeit, §. 706. Civil= und Militärgerichte müssen sich wechselseitig in dasjenige, was nach diesen Vorschriften nicht zu ihrem Ressort gehört, nicht einmischen, §. 707.

S. übrigens: Compagnie, Equipage, Generalauditoriat, Injuriensachen, Inventur, Pension, Regimentsgerichte, Soldaten, Versiegelung.

Militärprozesse, in welchem Falle deren Suspension Statt finde, und was dabei zu beobachten, I. 20. §. 9—12. s. auch Krieg.

Minderjährige und Verschwender können unter dem Beitritt ihrer Vormünder selbst vor Gericht erscheinen, I. 1. §. 4. Minderjährigen, welche das 18te Jahr bereits zurückgelegt haben, kann ein Eid deferirt, 10. §. 263. und wenn sie diesem Zeitpuncte nahe sind, die Aussetzung des Eides bis nach zurückgelegtem 18ten Jahre verlangt werden, §. 264. s. übrigens Pflegbefohlne, Verschwender, Vormund. Auch gegen sie findet der Confiscationsprozeß Statt, 36. §. 6. [268]. In wiefern Minderjährige und die mit ihnen gleiche Rechte habenden Personen das Vorzugsrecht der vierten Classe genießen, 50. §§. 421. 422.

S. übrigens: Pflegbefohlne, Unmündige.

Minderjährigkeit. In wiefern binnen vier Jahren von dem Tage an, da ein Urtel publicirt, oder eine Verfügung erlassen worden, dagegen die Restitution ex capite minorennitatis Statt finde, I. 16. §. 13. sqq. s. auch Restitution.

Miserabiles personae, deren bisheriger privilegirter Gerichtsstand ist abgeschafft, I. 2. §. 106.

Mitberechtigte und Mitverpflichtete, in wiefern deren Forderungen, oder die Ansprüche an sie zu besondern Prozessen zu verweisen, I. 1. §. 37. s. auch Klage. In wiefern sie aus Forderungen und Schulden des gemeinschaftlichen Erblassers zusammen oder einzeln klagen und belangt werden können, §. 38.

Mobiliar. Von der Execution in dasselbe, s. Execution.

Mobilien darf der zum Moratorio verstattete Schuldner nicht veräußern, I. 47. §. 67. Von deren gerichtlicher Versteigerung in Concursfällen, 50. §. 227. sqq. s. auch Gold und Silber, Kostbarkeiten, Schiffe. Prioritätsverfahren darüber, 51. §. 51. In wiefern dieselben nicht zu verauctioniren, sondern zu subhastiren, s. Subhastationsprozeß. Verfahren bei Abschätzung derselben, II. 6. §. 19.

Mora. Durch die geschehene Insinuation wird der in Anspruch genommene in den Fall der Zögerung versezt, I. 7. §. 48. litt. d.

Moralische Personen, in wiefern zu Prozessen und andern gerichtlichen Verhandlungen derselben höhere Autorisation erforderlich sei, I. 1. §. 34. Zu Prozessen, welche Stadtgemeinen führen, bedarf es der Genehmigung der Regierung nicht; in wiefern aber die Genehmigung der Gutsherrschaft bei Prozessen der Dorfgemeinen nothwendig ist, [4]. welche derselben eximirt seien, 2. §. 103. Derjenigen derselben, welche unter mittel- oder unmittelbarer Verwaltung der Regierungen stehen, können deshalb auf einen eximirten Gerichtsstand keinen Anspruch machen, [30]. Wegen der Magistrate und Stadtgemeinen, s. Magistrate, Stadtgemeinen. Von Executionen gegen Stadt- und Dorfgemeinen, oder gegen eine ganze Classe von Mitgliedern derselben; auch gegen Institute, die moralische Personen sind, 24. §. 45. [153]. In wiefern bei der Execution gegen eine Menge von Menschen militärische Hülfe anzuwenden und zu verlangen ist, §. 150. [179]. s. auch Execution.

Moratoriensachen, davon handelt I. 47. Zweck des Moratorii, §. 1. Es findet nur gegen Geldzahlungen Statt, §. 2. Allgemeine Erfordernisse, §. 3. Ein entwichener Schuldner soll nicht eher als nach seiner Rückkehr damit gehört werden, §. 5. Eintheilung des Moratorii, §. 6. Von der Instruction des Specialmoratorii, §. 7. sqq. Der Antrag darauf muß spätestens am Schlusse der Instruction geschehen, §§. 7. 8. (auch 11. §. 5.) und findet nach geschlossener Instruction der ersten Instanz, oder gar nach rechtskräftig entschiedener Hauptsache nicht mehr Statt, §. 9. (auch 24. §. 42.) Absonderung der Verhandlungen darüber von der Hauptsache, §. 10. Aufnehmung der Provocation, §. 11. Die Anbringung eines zulässigen Moratoriengesuchs hebt die Execution, nicht aber das Verfahren wegen Sicherstellung, auf, [306]. Instruction, §§. 12. 13. in Ansehung der Vermögenszulänglichkeit, §. 14. Prüfung der Sicherheit, §. 15. a) bei Grundstücken, §. 16 — 18. b) bei jährlichen Hebungen, §. 19. c) bei Activcapitalien, §. 20. d) bei beweglichen Pfändern, §. 21. e) bei Bürgen, §. 22. Ein inländischer Gläubiger ist nicht verbunden eine ihm außerhalb der Königlichen Lande angewiesene Sicherheit anzunehmen, §. 23. Erkenntniß, §. 24. Der Specialindult wird in der Regel nur auf Ein Jahr zugestanden, §. 25. Gegen das Erkenntniß steht die Appellation offen; die Revision ist unzulässig, §. 26. s. auch Appellation hat nur *effectum devolutivum*. Instruction des Appellatorii, §§. 30. 31. Vorkehrungen gegen den Mißbrauch des Moratorii, §. 32. sqq. Kosten, §. 36. Wirkung des Specialindults, §. 37. Die Zinsen müssen während desselben vierteljährig entrichtet werden, §. 38. Wiederaufhebung des Indults, §. 39. wenn der Schuldner die Zinszahlungstermine nicht gehörig inne hält, §. 40. s. auch Revolution, oder der Gläubiger behauptet, daß keine hinlängliche Sicherheit mehr vorhanden sei, I. 47.

I. 47. §§. 41. 42. s. auch Appellation hat nur *effectum devolutivum:* Wie weit der Indult gegen den Gläubiger des Gläubigers gelte, §§. 43. 44. Nach Ablauf der Indultzeit soll sogleich mit der Execution verfahren werden, §. 45. Von der Instruction des Generalmoratorii, §. 46. sqq. Anbringung der Provocation, §. 46. Aufnehmung derselben, §. 47. Das von dem Gemeinschuldner übergebene Vermögens-, imgleichen dessen Schuldenverzeichniß muß mit demselben durchgegangen werden, §§. 48. 49. Verfahren in Ansehung streitiger Schuldposten, §. 50. Obliegenheit des Instruenten, wenn er den Provocanten nicht zum Moratorio qualificirt findet, §. 51. wenn er ihn dazu qualificirt findet, §. 52. Das Moratoriengesuch kann durch einen Justizcommissarius schriftlich, unter Beilegung der Manualacten angebracht werden, §. 53. Verordnung darauf, §. 54. sqq. In wiefern Edictalvorladung der Gläubiger Statt finde, § 56. und mit welchen Förmlichkeiten und Fristen, [307]. Unter welcher Verwarnung die Gläubiger vorzuladen, §. 57. Sie müssen sich, in sofern sie einerlei Rechte haben, über einen gemeinschaftlichen Bevollmächtigten vereinigen, §. 58. Bestimmung des Termins, §. 59. Insinuation der Vorladungen, §§ 60. 61. Was in der Zwischenzeit wegen der Specialprozesse, Executionen rc. Statt finde, §. 62—64. besonders wegen der schon eingeleiteten Subhastationen, §. 63. [308]. und wegen der currenten Zinsen und zweijährigen Rückstände derselben, [309]. Der Gemeinschuldner darf keinem Gläubiger vor dem andern Zahlung leisten, §. 64. Was das Gericht thun müsse, um dergleichen Gratificationen zu verhüten, §. 65. s. auch Protestation. In wiefern ein Moratorium gegen die Execution der Wechseljudicate schütze, §. 66. Wie es während der Verhandlungen über das Moratoriengesuch mit der Vermögensadministration zu halten, §§. 67. 68. s. auch Capitalsaufkündigung, Schenkung, besonders, wenn der Gemeinschuldner ein Kaufmann ist, §. 69. Was der Gemeinschuldner zu beobachten habe, wenn er eine der ihm in der Regel untersagten Dispositionen nothwendig oder zuträglich findet, §. 70. und sämmtliche Gläubiger hierunter mit ihm einig sind, §. 71. Befugniß der Gläubiger, wenn sie es bedenklich finden, dem Gemeinschuldner die freie Disposition über sein Vermögen bis zur völligen Entscheidung über das Moratoriengesuch zu überlassen, §. 72. In einem solchen Falle soll ein Interimisticum regulirt, und wenn darüber keine gütliche Vereinigung Statt findet, durch eine bloße Resolution festgesetzt werden, §. 73. Die Bestimmung der Maßregeln zur Sicherstellung der Gläubiger bleibt in diesem Falle dem Gerichte anheimgestellt, §. 74. Verhandlungen im Termine zur Instruction des Moratorii, §. 75. 76. wenn ein gütliches Abkommen zu Stande gebracht wird, §. 77. wenn sämmtliche oder einige Gläubiger dem Moratoriengesuche widersprechen, §. 78. sqq. Wo bloß davon die Frage ist: ob dem Gemeinschuldner, welcher Hinlänglichkeit seines Vermögens- und Sicherheit seiner Gläubiger behauptet, eine Zahlungsnachsicht zu Statten komme, soll die

Stimmen-

Stimmenmehrheit nichts entscheiden, sondern lediglich darauf gesehen werden, ob die gesetzmäßigen Erfordernisse des Moratorii vorhanden sind, I. 47. §. 79. 80. Nähere Bestimmungen zur Instruction des Generalmoratorii, wenn 1) über den Werth eines Grundstücks, 2) der Buchschulden, oder 3) der Waarenlager eines Kaufmanns, und 4) der Mobilien des Gemeinschuldners in sofern derselbe diese Dinge als Sicherheitsobjecte in Vorschlag bringt, oder wenn 5) über die den Gläubigern dafür, daß die Vermögenssubstanz während der Indultjahre nicht vermindert, und die Zinszahlung gehörig erfolgen solle, zu bestellende Sicherheit gestritten wird, §. 81. Streitigkeiten über die Richtigkeit oder den Betrag der Forderungen einzelner Gläubiger sind mit der Instruction der Moratoriensache nicht zu vermengen, §. 82. Erkenntniß, §§. 83. 84. s. auch Deduction. Das Generalmoratorium soll höchstens auf drei Jahre, vom Tage der Rechtskraft an, zugestanden werden, §. 85. Rechtsmittel, §. 86. sqq. s. auch Appellation hat nur *effectum devolutivum*. Wenn der Gemeinschuldner mit seinem Moratoriengesuche gänzlich abgewiesen worden, sind die bisher gehemmt gewesenen Executionen wieder gegen ihn fortzusetzen, §. 89. wobei diejenigen Gläubiger, deren Forderungen noch nicht zur Execution stehen, sich als Intervenienten melden, und bis nach rechtskräftiger Entscheidung der Sache auf Deposition des beigetriebenen Geldes antragen können, §. 90. Instruction des Appellatorii, §§. 91. 92. Erkenntniß, §. 93. Revision ist unzulässig, §. 94. Kosten der Instruction des Generalindults, §. 95. Wenn derselbe rechtskräftig für unzulässig erkannt worden, können die Gläubiger auf Concurseröffnung antragen, §. 96. Das Moratorium schützt nicht 1) gegen gemeine Lasten und Abgaben, 2) gegen die Forderungen einer öffentlichen Casse, 3) gegen laufende Zinsen und die zweijährigen Rückstände derselben, 4) gegen laufende jährliche Renten, Canons rc. 5) gegen laufende Alimente, 6) gegen laufende Miethen und Pachte, 7) gegen laufendes Gesindelohn und Deputat auch Erziehungskosten der Kinder, 8) wenn Jemand anvertrautes Gut nicht in Natur zurückgeben kann, 9) gegen Wechsel, §. 97. Forderungen dieser Art kommen also bei Beurtheilung der von dem Gemeinschuldner zu bestellenden Sicherheit nicht in Betrachtung, §. 98. Was Rechtens sei, wenn der Gemeinschuldner bereits zu einem Specialindult verstattet gewesen, §. 99. In wiefern der Rechtswohlthat des Indults entsagt werden könne, §. 100. Was Rechtens sei, a) wegen verschwiegener Schulden, §. 101 — 103. In wiefern dieses bewirke, daß der Gemeinschuldner des Moratorii verlustig erklärt werden müsse, welches ohne prozessualisches Verfahren durch eine bloße Resolution geschieht, §. 103. b) Gegen neue Schulden schützt das Moratorium ebenfalls nicht, §. 104. Was Rechtens sei, wenn dergleichen Schulden eingeklagt werden, §. 105. im Fall der Gemeinschuldner ein Kaufmann ist, §. 106. wenn er kein Kaufmann ist, §§. 107. 108. Diese Vorschriften, (§. 102 — 108.) gelten nur während der Indultfrist, §. 109.

Wieder-

[470]. Dessen Amt besteht 1) in der Aufsicht über die zu dem Collegio gehörenden Personen, III. 7. §. 106. 2) in der Revision der Instrumente, §. 107. s. auch Justizcommissarius als Notarius. 3) in der Anweisung unvermögender oder keine Bekanntschaft habender Parteien an denjenigen Notarius, welchen die Reihe trifft, §. 108. 4) in der Ertheilung seines Rathes und Gutachtens an die Notarien, §. 109. 5) ist er auch befugt, Conferenzen anzusetzen, §. 110. 6) liegt ihm die Aufsicht über die Registratur ob, §. 111. Emolumente, §. 112. Stellvertretung, wenn er verhindert ist, sein Amt zu verwalten, §§. 113. 114. Bei jedem Notariencollegio soll ein gemeinschaftlicher Cancellist bestellt werden, §. 115.

Notarius ist nicht eximirt, I. 2. §. 66. In welchen Fällen eine Insinuation durch ihn geschehen könne, 7. §. 11. In wiefern einem Zeugenabhörungscommissarius ein Notarius zuzugeben, 10. §. 220. In wiefern derselbe Versiegelungen vornehmen dürfe, II. 5. §. 20.

S. übrigens: Justizcommissarius als Notarius.

Notorietät der Thatsachen, wie sie beschaffen sein müsse, um den Beweis entbehrlich zu machen, I. 10. §. 56.

Nothwendiger Eid, davon überhaupt handelt I. 22. kann in der Regel nicht zurückgeschoben werden, §. 1. ausgenommen ein nothwendiger Eid de ignorantia, §. 8. Dahin gehört der Erfüllungs- und der Reinigungseid, §§. 2. 3. und setzt allemal, ehe er geschworen werden kann, ein Erkenntniß voraus, §. 4. in welchem dessen Wirkung auf beide Fälle, wenn er geschworen, und wenn er nicht geschworen wird, festzusetzen ist, 10. §. 377. wogegen aber die Appellation eingewendet werden kann, 22. §. 5. wie über nothwendige Eide die Erkenntnisse abzufassen, 10. §. 329. [95]. In wiefern derselbe für geschworen anzunehmen, §. 379. In welchen Fällen derselbe Statt finde, und was bei Bestimmung desselben zu beobachten, 13. §. 24 sqq. u §. 24. [105]. Dazu sind diejenigen nicht zu verstatten, welche nach 10. §. 227. als Zeugen nicht vereidet werden können; indessen ist ein Deserteur, welcher Pardon erhalten hat, desselben nicht unfähig, 13. §. 25. Erben dürfen einen nothwendigen Eid nur de ignorantia ableisten, 22. §. 6. Wie es zu halten, wenn Jemand, vor Ableistung eines nothwendigen Eides de veritate, unter Umständen stirbt (10. §. 379.), unter welchen dieser Eid noch nicht für geschworen angenommen werden kann, §. 7. Zur Ableistung eines nothwendigen Eides ist derjenige, in soweit der Eid zu seinem Vortheile gereicht, unfähig, der sich des frevelhaften Leugnens oder vorsätzlicher Unwahrheiten vor Gericht schuldig gemacht, 23. §. 52. n. 5 s. auch Schwarzes Register, imgleichen derjenige, der durch Bestechungen eine ungerechte Verfügung erhalten hat, und dessen Unterhändler, III. 1 §. 27.

S. übrigens: *Calumniae juramentum, Juramentum in litem*, Manifestationseid, Reinigungseid.

Nova,

Nova, s. Neue Thatsachen und Beweismittel.

Novorum juramentum, s. *Juramentum noviter repertorum.*

Novation, deren Wirkung in Ansehung des Separationsrechts der Erbschaftsgläubiger in Concursen, I. 50. §. 283. s. auch Erbschaftsgläubiger.

Nullität eines Geschäfts ist im zweifelhaften Falle nicht anzunehmen, II. 1. §. 11. desgleichen 2. §. 4. Die Nichtigkeit oder Gültigkeit eines Geschäfts ist weder von dem Orte, wo, noch von der Zeit, zu welcher es vollzogen worden, abhängig, 2. §§. 10. 11. s. auch Sonn- und Festtage. Nullität eines Urtels, oder wegen unterlassener Zuziehung eines Protocollführers, s. Nullitätsklage, eines schiedsrichterlichen Ausspruchs, s. Schiedsrichterlicher Ausspruch.

Nullitätsklage gegen ein rechtskräftiges Urtel, davon handelt I. 16. findet Statt: 1) wenn eine Partei bloß auf den Grund eines falschen Documents, oder lediglich nach den Aussagen bestochener Zeugen verurtheilt oder abgewiesen worden. — Welche Zeugen für bestochene zu halten. — Den falschen Urkunden sind auch Karten und Vermessungsregister gleich zu achten. — Der Provocant muß die Falschheit der Urkunden oder die Corruption der Zeugen selbst nachweisen können. — Wer nicht die Unrichtigkeit der Urkunde, sondern nur behauptet, daß dieselbe zu einem andern Geschäfte gehöre, kann keine Nullitätsklage anstellen; wohl aber derjenige, der eine Verwechselung der Urkunden nachzuweisen vermag. 2) findet die Nullitätsklage Statt, wenn in erster und zweiter Instanz gegen ein klares in dem Landrechte oder in den Provinzialgesetzbüchern enthaltenes Gesetz erkannt worden, wenn Jemand, der mit keiner Jurisdiction versehen, oder doch zur Justizverwaltung nicht gehörig bestellt ist, erkannt hat, 4) wenn Jemand, der nicht ohne Vormund, Curator oder Beistand vor Gericht handeln kann, ohne denselben zugelassen worden, 5) wenn Jemand durch einen falschen Bevollmächtigten vertreten, 6) wenn gegen Jemand, dem eine Vorladung nicht insinuirt ist, in contumaciam erkannt worden, §. 2. Verfahren bei angestellten Nullitätsklagen, §. 3. sqq. Die Instruction hat bloß die vorgegebene Nullität, keinesweges aber die Hauptsache zum Gegenstande, §. 5. Gegen das Erkenntniß stehen die gewöhnlichen Rechtsmittel offen, §. 6. Verfahren, wenn insbesondere die Nullitätsklage, §. 1. n. 3. angestellt, und zwar wenn behauptet wird, daß der Richter mit keiner Jurisdiction versehen, oder zur Justiz nicht gehörig verpflichtet gewesen, in welchem Falle die Klage bei dem Landesjustizcollegio angebracht werden muß. Verfahren, wenn die Nullität auf die Incompetenz des Richters gegründet wird, je nachdem Privatparteien mit einander streiten, (welche ein bereits rechtskräftiges Urtel unter diesem Vorwande nicht anfechten können,) oder Fiscus unter den streitenden Parteien ist, welcher, wenn die Sache durch alle Instanzen entschieden

ist,

ist, sich dabei beruhigen muß, wenn aber noch eine Instanz übrig ist, auf Entscheidung in derselben von der competenten Behörde antragen kann. Wie diese zu verfahren habe. Fiscus muß ein solches Gesuch binnen der vierjährigen Restitutionsfrist (§ 14.) und zwar bei demjenigen Departement des Staatsrathes anbringen, welchem der Richter in seinem Amte unterworfen ist. Wenn die Incompetenz zweifelhaft ist, muß die Jurisdictionscommission entscheiden; ist sie als entschieden anzusehen, so werden die Acten dem competenten Gerichte sofort zur Instruction der noch übrigen Instanz ausgeliefert, bei welcher der Gegentheil des Imploranten seine Gerechtsame auch in Ansehung der Nullität wahrnehmen kann, I. 16. §. 7. S. 426 — 429. Folgen der Nullität eines Urtels, §. 8. welche sich jedoch nicht weiter als bis auf den Zeitpunct der begangenen Nullität zurück erstrecken, §. 9. Wie lange die Nullitätsklage Statt finde. So lange die Nullität noch nicht rechtskräftig feststeht, soll das angefochtene Urtel zur Execution gebracht werden, es sei denn, daß der angeblich Bevollmächtigte gar keine Vollmacht gehabt habe, §. 10. In wiefern sie mit andern ordentlichen Rechtsmitteln cumulirt werden können, §. 11. Von Kosten der Nullitätsklage, 23. §. 13. Aus der unterlassenen Zuziehung eines Protocollführers in Fällen, wo dieselbe gesetzlich nothwendig ist, folgt die Nullität der Verhandlung, 25. §. 60. Der Appellationsrichter ist aber weder befugt noch schuldig, deshalb die Instruction der vorigen Instanz von Amtswegen als nichtig zu verwerfen, §. 61. Die Nullitätsklage wegen unterlassener Zuziehung eines Protocollführers muß, bei Verlust derselben, binnen 6 Wochen nach publicirtem Erkenntniß bei der dem erkennenden Richter vorgesetzten Behörde angebracht werden, §. 62. a. Wann die Gläubiger ein, vor der Concurseröffnung ergangenes, rechtskräftiges Erkenntniß als nichtig anfechten können, 50. §. 46. [321].

Nutzholzadministration hat fiscalische Rechte, I. 50. §. 361. Von Aufbietung verloren gegangener Obligationen derselben, s. Aufgebot.

Nutzung, s. Gefahr und Nutzung, auch Früchte.

O.

Oberbrigadier der Provinz bei der Gendarmerie. Ihn müssen die Civilgerichte wegen Vollstreckung der Execution gegen einen Gendarmen requiriren, I. 24. §. 26. [149]. s. Execution.

Oberförsterwittwe, s. Wittwe.

Obergericht der Provinz, in wiefern bei Jurisdictionsstreitigkeiten die Hauptsache vor demselben verhandelt werden müsse, I. 2. §. 132. Verfahren, wenn zwei Obergerichte über die Jurisdiction streiten, §. 133. s. auch Justizdepartement. Die Instruction der Injurienklage einer Militärperson gegen Jemanden aus dem

Civil=

Civilstande soll, wenn der Beleidigte darauf anträgt, von dem Obergerichte der Provinz geführt, I. 34. §. 27. oder wenn dieses auch nicht geschehen wäre, doch von demselben erkannt werden; es sei denn, daß der Beleidigte ausdrücklich Verzicht darauf gethan hätte, §. 28. s. Eximirte, Militärpersonen. In wiefern Obergerichte die fiscalische Untersuchung einleiten, wenn gegen die, von den Regierungen in Contraventions- und Defraudationssachen abgefaßten, Resolutionen auf rechtliches Gehör und Erkenntniß angetragen wird, 35. §. 34. [243, 254]. Wann sie gegen Militärpersonen und Beurlaubte eine fiscalische Untersuchung einleiten können, [244, 245]. Wann sie, bei Verzögerung der summarischen Untersuchung bei den Regierungen, auf Abgabe der Acten dringen können, [246]. Welche fiskalische Untersuchungen vor sie allein gehören, [248]. Wann sie in fiskalische Untersuchungen ein abgekürztes Verfahren zu beobachten haben, und welches, [253]. Von dem Obergerichte der Provinz müssen 1) Verträge über eine Ehe zur linken Hand, 2) über eine Annahme an Kindesstatt bestätigt werden, II. 1. §. 7.

S. übrigens: Landesjustizcollegia, Recurs.

Oberkriegscollegium, dessen Mitglieder und Subalternen stehen, wenn sie nicht Officiere bei der Armee sind, unter dem Cammergericht, I. 2. §. 51. bei demselben dürfen Civilgerichte sich für ihre Gerichtseingesessenen bei verzögerter oder verweigerter Militärjustiz verwenden, §. 62. Demselben ist zugleich mit der Einsendung des confiscirten Vermögens an die Invalidencasse davon, daß dieses geschehen, Nachricht zu geben, 36. §. 39.

Ober- und Unterofficiere stehen unter den Regimentsgerichten, I. 2. §. 48. Oberofficiere, ihre Frauen und Familien haben ihren persönlichen Gerichtsstand in allen Angelegenheiten der bürgerlichen Gerichtsbarkeit (wegen des Gerichtsstandes in Untersuchungs- und Injuriensachen, s. Militärgerichte) bei dem Obergerichte der Provinz, [12]. Pensionirte Officiere sind den im Dienst befindlichen gleich zu achten, [15]. und nur die wirkliche, ohne Pensionirung erfolgte, Dienstentlassung hebt auch den Militärgerichtsstand in Untersuchungs- und Injuriensachen auf, [16]. Von rechtskräftigen Erkenntnissen in Schuldsachen wider Officiere ist dem Chef derselben Nachricht zu geben, 13. §. 58. [107]. Verfahren, wenn sie wegen Injurienklagen, 34. §. 26. sqq. [234]. Von der Execution gegen sie, 24. §. 70. [155, 157]. §. 106 — 108. [165 — 170]. s. Execution. Von der Siegelung ihres Nachlasses, s. Versiegelung, s. auch Soldaten, Unterstab. Uebrigens s. Equipagegelder, Injuriensachen, Pension.

Obervormundschaft. Wann sie den Ober-, und wann sie den Untergerichten zusteht, I. 2. §. 95. [27].

Obligationen öffentlicher Anstalten. Von deren Aufbietung, s. Aufgebot.

Obmann, in wiefern derselbe bei einem Compromiß auf schieds- richter-

richterlichen Ausspruch von den Parteien gewählt werden müsse, I. 2. §. 170.

Observanz, s. Gewohnheitsrechte.

Observation des im Wege der Execution zum Personalarrest zu bringenden Schuldners findet so lange Statt, bis dessen Amtsbehörde (s. diese) wegen Versehung seines Dienstes die nöthigen Vorkehrungen getroffen hat, I. 24. §. 145. des Wechselschuldners, 20. §. 45. findet nicht mehr Statt, [187]. In wiefern dieselbe in fiscalischen Untersuchungen gegen den Denunciaten zu verfügen, 35. §. 44. Sie findet während der Instruction des von dem Gemeinschuldner angebrachten Cessionsgesuchs Statt, 48. §. 13. muß jedoch, wenn für seine Person hinlängliche Sicherheit bestellt wird, aufgehoben werden, § 14.

Ocularinspection, s. Augenschein, Einnehmung desselben.

Officialen sind eximirt, I. 2. §. 45.

Officiant, s Amtsbehörde, Beamte, Regierungsofficianten. In wiefern die Protocolle eines vereideten, der keine Gerichtsperson ist, in Amtsangelegenheiten aufgenommen, als Documenta publica extrajudicialia gelten, I. 10. §. 129.

Officiere, s. Ober- und Unterofficiere.

Officium Fisci, s. Fiscalisches Amt.

Offner Arrest in Concursen, wie und unter welcher Bedrohung derselbe zu erlassen, I. 50. §. 206. Wie derselbe bekannt zu machen, §. 207. u. [310]. Wirkung desselben, §. 209. 210. Wann solcher im erbschaftlichen Liquidationsprozeß zu erlassen, 31. §. 74. [382].

Ordnungsstrafen, denen des Untergerichts muß der Justizcommissarius als Bevollmächtigter oder Assistent einer Partei sich unterwerfen, I. 2. §. 55. findet Statt 1) wenn die Frist zur Ergänzung einer mangelhaften Information nicht inne gehalten wird, 6. §. 5. 2) wenn eine Partei die ihr aufgegebene Bescheinigung der Hinderungsursachen, um derentwillen sie Verlegung eines Termins nachgesucht hat, nicht bescheinigen kann, 8. §. 24. 3) wenn eine Partei in Ertheilung der Information an ihren Bevollmächtigten saumselig ist, §. 29. 4) wenn auswärtige Commissarien die Ausrichtung ihres Auftrages verschleppen, §. 37. 5) wenn der Kläger oder der Beklagte, nachdem bereits die Einlassung erfolgt ist, außen bleibt, 9. §. 44. 6) wenn eine Partei noch im Schlußtermine neue Thatsachen oder Beweismittel anbringt, 12. §. 7. 7) wenn ein Justizcommissarius oder ein anderer Assistent den Appellations- oder Schlußbericht nicht binnen der bestimmten Frist einbringt, welche Strafe so lange verdoppelt wird, bis entweder die Schrift einkömmt, oder derselben mit Genehmigung der Partei ausdrücklich entsagt wird, 14. §. 43. In welchem Falle eine Erlassung dieser Strafe Statt finde, §. 44. 8) In eben dieser Art (§§. 43. 44.) findet eine Ordnungsnungsstrafe Statt, wenn in zweiter Instanz die Deduction oder Gegendeduction nicht binnen der geordneten Frist einkömmt, I. 14. §. 62. 9) wenn ein Unterrichter die Aufnehmung der Klagen und die rechtlichen Verfügungen darauf verzögert, 26. §. 47. 10) wenn der fiscalische Bediente im fiscalischen Civilprozeß sich einer Vernachlässigung schuldig macht, 35. §. 19. 11) wenn der Justizcommissarius als Defensor in fiscalischen Untersuchungen die Defension nicht zur gehörigen Zeit einreicht, §. 67. 12) wenn Mitglieder oder Subalterne des Collegii, imgleichen die Referendarien und Auscultatoren ohne gegründete Entschuldigung von einer Session zurückbleiben, oder sich dabei zu spät einfinden, III. 1. §. 39. 13) wenn diese Personen überhaupt ihre Pflicht vernachlässigen, 2. §. 11.

S. übrigens: Strafen.

Orginis forum, s. Gerichtsstand der Eltern.

Ort, wo eine Handlung freiwilliger Gerichtsbarkeit vorgenommen worden, macht in Ansehung ihrer Gültigkeit keinen Unterschied, II. 2. §. 9.

P.

Pacht, s. Miethe.

Pachtcontract, den ein Gemeinschuldner als Pächter geschlossen, kann nach eröffnetem Concurse nur dann fortgesetzt werden, wenn die Gläubiger und der Verpächter darüber einig sind, I. 50. §. 62. In wiefern derselbe vor einem Justizcommissarius als Notarius oder gerichtlich vollzogen werden müsse, II. 1. §. 10. n. 3. Verfahren bei Aufnehmung desselben, 3 §. 12.

S. übrigens: Verpachtung.

Pachtsachen, davon handelt I. 44. Verschiedene Arten der Pachtstreitigkeiten, §§. 1. 2. als: I) über Pachtgelderberechnungen, Klage und Beantwortung, §. 3. Instruction, §. 4. sqq. Erkenntniß, §. 9. Rechtsmittel, §. 10. sqq. s. auch Erkenntniß erster Instanz gilt als Interimisticum, Revision hat nur *effectum devolutivum*. Besondere Vorschriften wegen des Verfahrens, a) bei illiquiden Compensationsforderungen des Pächters, §. 16. sqq. Der in diesem Falle anzusetzende Termin zur Anlegung eines vorläufigen Liquidi kann auf einseitiges Gesuch des Pächters nicht prorogirt werden, §. 17. Was der Instruent in diesem Termin zu beobachten habe, §. 18. sqq. Wenn kein Vergleich unter den Parteien zu Stande kömmt, so muß das Liquidum durch eine vorläufige Resolution festgesetzt werden, §. 21. welche als Interimisticum gilt, bis das eigentliche Liquidum in dem Urtel festgesetzt wird, und gegen welche Resolution kein Rechtsmittel Statt findet, §. 22. Ein solches interimistisches Liquidum macht in der Hauptsache kein Präjudiz, §. 23. Verfahren b) bei Remissionsfällen, §. 24. Vorläufige Untersuchung dabei, §. 26 → 28.

Fälle,

Fälle, wenn der Grund und der Betrag der Remission zugleich, I. 44. §. 29. sqq. oder wenn nur der Grund der Remissionsforderung vorweg instruirt wird, §. 33. sqq. Besondere Anweisungen wegen Abfassung der Erkenntnisse, §. 35. s. übrigens: Remission. II) Von Prozessen über Exmission der Pächter, §. 36. sqq. Verfahren in dem deshalb anzusetzenden Termine, welcher auf einseitiges Gesuch des beklagten Pächters nicht prorogirt worden, §. 39. s. auch Deduction. Publication des Erkenntnisses, §. 40. Appellation, und in wiefern, wenn dieselbe auch von dem Pächter eingewendet worden, dennoch mit der Exmission zu verfahren, §§. 41. 42. Die Appellation hat hier immer effectum suspensivum, §. 41. [299]. In wiefern die Revision Statt finde, §. 43. III) Von Prozessen wegen verlangter Wiedereinsetzung eigenmächtig exmittirter Pächter, §. 44. Dergleichen Klage eines entsetzten Pächters auf Wiedereinräumung der Pacht findet nur binnen sechs Monaten, späterhin nur eine Entschädigungsklage Statt, §. 45. IV) Von Prozessen bei Gelegenheit der Rückgewähr, §. 46. 1) wenn nach schon geschehener Rückgewähr über die dabei entstandenen Differenzien, z. B. über Meliorations- und Deteriorationsforderungen ꝛc. zu erkennen ist, §. 47. 2) wenn die Rückgewähr selbst gerichtlich geschehen soll, §. 48. sqq. Besonders wegen der Meliorations- und Deteriorationsforderungen, §. 54. 3) wenn der Pächter ein Retentionsrecht ausüben, §. 55. und welches Verfahren dann wegen der Räumung zu beobachten, [300, 301]. oder 4) der Verpächter dasselbe geltend machen will, §. 66 — 68.

S. übrigens: Miethssachen.

Pächter ganzer Landgüter sind schuldig, Insinuationen an den Verpächter anzunehmen, I. 7. §. 22. In wiefern Königliche Pächter eximirt seien, 2. §. 64. Gerichtsstand andrer Pächter, §. 12. [5, 6].

S. übrigens: Landgut, Remissionsfälle, Wirthschaftsinventarium.

Packknechte. In Ansehung entwichener Packknechte gehört der Confiscationsprozeß vor die Gerichte ihres Geburts- oder Wohnorts. I. 36. §. 46. [280].

Paraphernalien der Ehefrau, wie dieselben im Concurs zu lociren, I. 50. §. 406. s. auch Eingebrachtes der Ehefrau.

Parere, einseitig eingeholtes, in wiefern dasselbe in Handlungsprozessen Rücksicht verdiene, I. 30. §. 8.

Parteien, deren persönliches Erscheinen, s. Persönliches Erscheinen der Parteien.

Passivmasse, von deren Constituirung handelt I. 50. Abschn. II. S. übrigens: Classificationsurtel, Communkosten, Compensation in Concursen, Concursprozeß, Creditmasse, Curator und Contradictor, Edictalvorladung, Erbschaftlicher Liquidationsprozeß, Gemeinschuldner, Gläubiger, Kosten, Liquidationsverfahren, Abschluß desselben, Liquidationsprozeß, Restitution, Revision.

Patent,

desgleichen I. 14. §§. 46. 47. Das persönliche Erscheinen ist in Mercantilprozessen nothwendig, 30. §. 19.

Person, moralische, s. Moralische Personen.

Personae miserabiles, s. *Miserabiles personae.*

Personalarrest gegen Consuls fremder Nationen, die in hiesigen Landen keine kaufmännischen Gewerbe treiben, findet ohne Rückfrage an das auswärtige Departement nicht Statt, I. 2. §. 65. Von der Verfügung desselben gegen einen Officianten muß dessen Amtsbehörde Nachricht gegeben werden, 24. §. 145. (auch 29. §. 75.) findet gegen Civilbeamte nicht Statt, 24. §. 142. [174]. In wiefern der Wechselschuldner gleich nach publicirtem Urtel im Personalarreste behalten werden könne, 27. §. 45. oder der Personalarrest nicht Statt finde, §. 46. Von der Verpflegung des zum Personalarrest gebrachten Schuldners, je nachdem der Arrest vor, 29. §. 77 — 79. oder nach rechtskräftig entschiedener Hauptsache verfügt worden, 24. §. 143. u. §. 141. [173]. Der Gläubiger muß den Schuldner alimentiren, §. 143. [175]. auch noch andere Kosten für ihn tragen, [177]. aber die Familie des Schuldners hat darauf nicht Anspruch, [176]. Wann dieser Personalarrest aufhört, §. 146. [178]. In wiefern in fiscalischen Untersuchungen die persönliche Arretirung des Denunciaten Statt finde, 35. §. 44. Besondere Vorschriften, §. 40. [255]. §. 44. [257]. In wiefern während der Instruction eines Cessionsgesuchs gegen den Schuldner kein Personalarrest verhängt werden solle, 48. §§. 2. 3. und 13. In wiefern der darin befangene Schuldner nach Ablauf eines Jahres auf Entlassung aus demselben antragen könne, §. 146. welche Entlassung jedoch bei Wechselarresten nicht Statt findet, §. 147.

S. übrigens: Observation.

Personalgläubiger, Rechte derselben bei Vertheilung der Masse, I. 50. §. 524. sqq. Wenn sie sich bei dem Liquidationsprozeß über ein Grundstück melden, müssen sie, der Regel nach, an die Person des Gemeinschuldners und an sein übriges Vermögen verwiesen werden, 51. §. 8. Sie können jedoch dasjenige, was nach Abfindung der Realprätendenten übrig bleibt, mit Arrest belegen, §. 9. und diesen Arrest bei dem persönlichen Richter des Gemeinschuldners, an welchen der etwanige Ueberschuß der Masse abzuliefern ist, rechtfertigen, §. 10.

Pertinenzstücke eines Grundstückes, in wiefern sie von dem Richter, unter dessen Jurisdiction sie gehören, I. 50. §. 661. oder von dem Richter des Concurses, unter dessen Gerichtsbarkeit das Hauptgut belegen ist, zu subhastiren, §. 662.

Petitorium und Possessorium soll, das Possessorium *summariissimum* allein ausgenommen, in Einem Prozesse untersucht werden, I. 5. §. 27. In wiefern bei Erbschaften die Klage auf Besitznehmung von dem Prozesse über das Erbrecht selbst getrennt werden könne, §. 28.

Pfälzer

stantischer Prediger an Orten, wo den Magistraten Consistorialrechte verliehen sind, eine Ausnahme leidet, I. 2. §. 46.

Pflegbefohlene werden in Ansehung aller dem Gemeinschuldner aus der geführten Vormundschaft zur Last fallenden Defecte in der vierten Classe angesetzt, I. 50. §. 421. was bei der freiwilligen Subhastation ihrer Güter zu beobachten, 52. §. 74.

S. übrigens: Abwesender, Blödsinnige, Majorennitätserklärung, Minderjährige, Verschwender, Vormund.

Pflüger- und Drescherlohn wird in der zweiten Classe angesetzt, in sofern dessen Forderung aus dem letzten Jahre vor eröffnetem Concurse herrührt, I. 50. §. 374. in wiefern auch, wenn es aus frühern Zeiten herrührt, §. 356. sqq. [357].

Police, aus derselben findet die executivische Klage auf Bezahlung der darin versprochenen Assecuranzprämie Statt, I. 28. §. 2. n. 6. s. auch Prämie.

Polizeieinrichtungen, denselben müssen auch die Eximirten sich unterwerfen, I. 2. §. 79.

Polizeimagistrate. In wiefern das die Execution dirigirende Gericht bei der gegen einen Künstler oder Professionisten verfügten Auspfändung mit dem Polizeimagistrate des Ortes Rücksprache halten müsse, I. 24. §. 95. in kleinen Städten, die mit keiner Justizperson versehen sind, von demselben gilt in Ansehung der Handlungen freiwilliger Gerichtsbarkeit eben dasjenige, was bei Dorfgerichten (s. diese) verordnet ist, II. 2. §. 9. s. auch Stadtsecretarius. Mitglieder derselben können, in Städten, wo keine eigene Gerichte sind Verlassenschaftsinventarien aufnehmen, 5. §. 43.

Polizeirathmänner können bei Magistraten die Stelle der Gerichtsbeisitzer vertreten, I. 25. §. 52.

Pommersche Pfandbriefe, während der Zwischenzeit bis zur erfolgenden Amortisation derselben können die Zinsen derselben auf die Coupons oder Zinsscheine von dem Inhaber erhoben werden, welches auch bei Märkischen Pfandbriefen der Fall ist, I. 51. §. 131.

Portd'epeefähnriche sind nicht eximirt, I. 2. §. 48. sqq. [13]. s. Eximirte, Militärpersonen.

Porto, Post-, s. Auslagen.

Possessorium summariissimum und Spoliensachen, davon handelt I. 31. Wenn dasselbe Statt finde, §. 1. Aufnehmung der Klage, §. 2 — 4. Verordnung auf die Klage, §. 5. Anberaumung des Termins, §§. 6. 7. Wozu der Beklagte dabei anzuweisen, §§. 8. 9. Die vom Kläger benannten Zeugen müssen zum Instructionstermin ebenfalls mit vorgeladen werden, §. 10. Contumacialverfahren, §. 11. Instruction, §. 12. sqq. In diesem Prozesse findet die Editionsforderung von einem Dritten, imgleichen gegen die erbetene Diffession einer Urkunde Beweis durch Zeugen oder durch Vergleichung der Handschrift nicht Statt; auch werden über die gegen

die

gangen wird, abzumachen, I. 13. §. 36. In wiefern, wenn sowohl der Grund als der Betrag einer Forderung instruirt worden, dennoch bloß über den Grund, als Präjudicialfragen zu erkennen, §. 40. s. auch Remissionsfälle. Von Erörterung derselben bei Auseinandersetzung der Gemeinheiten, 43. §. 11. sqq. 1) wenn davon die Frage: ob getheilt werden soll, abhängt, §§. 12. 13. 2) wenn sie nur die Subrepartition betreffen, §. 14. sqq. s. auch Publication des Urtels.

S. übrigens: *Exceptio litis finitae*, Incidentpuncte, Legitimationspunct.

Prälat ist eximirt, I. 2. §. 46.

Prämie aus einer Assecuranzpolice, auf deren Bezahlung kann processu executivo geklagt werden, I. 28. §. 2. n. 6. In wiefern sie in der zweiten oder in der vierten Classe angesetzt werde, 50. §. 384. desgleichen §. 427.

Präpositus ist eximirt, I. 2. §. 45.

Präsenztabelle muß bei den Justizcollegien gehalten werden, III. 1. §. 40.

Präsident eines Landesjustizcollegii, von dessen Amte handelt III. 2. dessen Bestellung, §. 1. Pflichten, §. 2. 1) bei Vertheilung der Geschäfte, §. 3. wobei er zwar die möglichste Gleichheit beobachten, jedoch auf die persönlichen Umstände und Talente der Arbeiter Rücksicht nehmen, §. 4. also diese kennen zu lernen sich angelegen sein lassen soll, §. 5. 2) Aufsicht über die Mitglieder und Subalternen, §. 6. sqq. in Ansehung ihrer Amtsführung, III. 2. §. 6. ihres Privatlebens, §. 7. Was der Präsident zu beobachten habe, wenn Mitglieder des Collegii über Privatangelegenheiten unter einander selbst in Streit gerathen, §. 8. Wenn Mitglieder oder Subalternen sich in einen übertriebenen Aufwand einlassen, §. 9. oder ihre Pflichten verletzen; welche Grade der Correction in diesem Falle zu beobachten, §§. 10. 11. Wenn allen oder doch mehrern Mitgliedern des Collegii öffentliche Vorhaltung geschehen müßte, sollen die Referendarien ihren Abtritt nehmen, §. 12. Conduitenlisten, §§. 13. 14. s. auch Conduitenliste. 3) Direction in den Sessionen und bei dem Votiren, §§. 15. 16. (auch R. u. C. R. §. 98.) Wie weit der Präsident ohne das Collegium etwas verfügen könne, §. 17 — 19. Vollziehung der Ausfertigungen, §. 20. Der Präsident muß die Superrevision der Expeditionen, an Orten, wo solche bisher üblich gewesen, übernehmen, R. u. C. R. §§. 152. 153. Subordinationsverhältnisse, III. 2. §§. 21. 22. 4) Sorge für den ununterbrochenen Betrieb der Geschäfte, §. 23. Instructionslisten, §. 24. sqq. s. auch Instructionsliste. Distributionsbuch, R. u. C. R. §. 205. 5) Aufsicht über die Untergerichte, III. 2. §§. 35. 36. s. auch Justizvisitation. 6) über Registratur und Cancellei, §. 37. (auch R. u. C. R. §. 6. §. 12. und §. 244.) Dispensation des Präsidenten von Bearbeitung einzelner Sachen, §. 38. Urlaubsgesuche, §. 39. Stellvertretung, §§. 40. 41.

Von

Privat-

Professoren stehen unter dem academischen Gerichte, I. 2. §. 75.

Promissorium juramentum, s. Versprechungseid.

Prorogation des Gerichtsstandes, davon handelt I. 2. §. 159. sqq. findet nicht Statt, 1) wenn die Sache vor ein forum speciale causae gehört, 2) wenn sie durch Landesgesetze, wie z. B. zwischen Französischen und Deutschen, Militär- und Civilgerichten, Justiz- und Cammercollegien ausdrücklich untersagt wird, §. 161. Erfordernisse zur Begründung derselben, §§. 162. 163. Der Mangel dieser Erfordernisse bewirkt zwar keine Nullität, macht aber das Gericht wegen des Eingriffs in fremde Jurisdiction verantwortlich, §§. 164. 165.

Prorogation der Termine, s. Verlegung der Termine.

Protestation kann zur Deckung des Klägers auf die Güter eines in wirklichen Kriegsdiensten abwesenden Beklagten im Hypothekenbuche eingetragen werden, I. 20. §. 10. desgleichen auf die Güter desjenigen, gegen welchen ein Antrag auf Prodigalitätserklärung eingekommen ist, 38. §. 21. auch auf die Grundstücke oder bei den eingetragenen Activforderungen desjenigen Gemeinschuldners, der die Verstattung zum Generalmoratorio nachgesucht hat, 47. §. 65. oder über dessen Vermögen auf Concurseröffnung angetragen worden, während der Verhandlung über die Frage: ob der Antrag statthaft sei oder nicht, 50. §. 20.

Protocoll, welches zwar keine Gerichtsperson, aber ein anderer in Eid und Pflicht stehender Officiant aufgenommen, in wiefern es als Documentum publicum extrajudiciale gelte, I. 10. §. 129. Wie bei Niederschreibung, Vorlesung, und Unterschreibung oder Unterzeichnung desselben zu verfahren, 25. §. 63. sqq. Wie es bei Personen, welche nicht schreiben oder Geschriebenes lesen können, wegen Zuziehung eines Beistandes zu halten, §. 19. [68, 69, 70]. wie dann, wann von mehrern Litisconsorten nur Einer schreiben kann, [71]. wie, wenn die Person bloß ihren Namen schreiben kann, [72]. Verfahren bei Verhandlungen mit Tauben, Stummen, Taubstummen und Blinden, II. 3. § 4 — 8. I. 10. §. 19. [73]. s. Blinde, Stumme, Taube, Taubstumme, Verträge. Verfahren, wenn die Parteien die Unterschrift des Protocolls verweigern, [74]. Verfahren bei Verhandlungen mit Personen, die der deutschen Sprache nicht mächtig sind, [75]. s. Dollmetscher, Nebenprotocoll. Folgen der unterlassenen Vorlesung des Protocolls, II. 2. §. 44. [423]. S. auch überhaupt Unterschrift. — Verfahren bei Handlungen der freiwilligen Gerichtsbarkeit, II. 2. §. 44. sqq. muß der Instruent in Gegenwart der Parteien dem Protocollführer laut in die Feder dictiren, III. 3. §. 31. Bestandtheile eines Protocolls über Handlungen der freiwilligen Gerichtsbarkeit, II. 2. §. 43. Bei welchen Handlungen es der Vorlesung, imgleichen der Unterschrift des Protocolls

colls von Seiten der Gerichtspersonen oder der Justizcommissarien nicht bedürfe, II. 2. §. 48. Wie bei der Ausfertigung desselben zu verfahren, §§. 49. 50. Einrichtung und Abschließung eines Protocolls über Zeugenabhörungen, I. 10 §§. 205. 206. Protocoll eines Justizcommissarius als Notarius, III. 7. §§. 48. 49.

Protocollführer, dessen Zuziehung bei Instructionsterminen ist nothwendig, I. 10. §. 19. Auch bei kleinern Untergerichten muß derselbe, oder es müssen statt seiner zwei Gerichtsbeisitzer zugezogen werden, 25. §§. 49. 50. s. auch Gerichtsperson, Gerichtsschöppen, Polizeirathmänner. In welchen Fällen es der Protocollführer oder Gerichtsbeisitzer nicht bedürfe, §. 67 — 59. auch II. 2. §§. 19. 20. welches insbesondere der Fall ist bei Aufnehmung der Klaganmeldungen, I. 4. § 3. bei bloßen Vidimationen, II. 3. §. 27. bei Aufnehmung gerichtlicher Taxen, 4. §. 3. bei den von Justizcommissarien als Notarien aufzunehmenden Protocollen, III. 7. §. 49. Rechtliche Folgen der unterbliebenen Zuziehung eines Protocollführers in Fällen, wo dieselbe erforderlich ist, §. 60. sqq. s. auch Nullitätsklage. Der Zuziehung einer zweiten vereideten Gerichtsperson zur Führung des Protocolls bedarf es jetzt zur Gültigkeit der Verhandlung bei Prozessen nicht, Einl. § 40. [2]. I. 10. §. 19. [66]. 25. §. 50. [184]. Doch ist dies bei Gemeinheitsauseinandersetzungssachen zulässig, 43. § 31. 36. [297]. Ist ein Protocollführer ohne gesetzliche Nothwendigkeit zugezogen, so können dafür den Parteien keine Kosten zur Last fallen, 10. §. 19. [66]. Er ist auch bei Verhandlungen mit Tauben, Stummen, Taubstummen und Blinden nicht nöthig, [73]. s. Blinde, Stumme, Tauber, Taubstummer. Auch nicht bei Anerkenntnissen, § 125. [78]. Wohl aber bei Testamenten, letztwilligen Dispositionen, Erbverträgen und solchen Ehestiftungen, in welchen die künftige Erbfolge bestimmt wird, II. 2. §§. 16. 17. [421].

Protonotarius, s. Cancelleidirector.

Provocation auf rechtliches Gehör und Erkenntniß gegen die, von den Regierungen in fiscalische Untersuchungen abgefaßte, Resolutionen, I. 35. §. 34. [243, 254]. s. Fiscalische Untersuchung, Regierungen. Wann sie nicht Statt findet, [247].

Provocationsprozeß, davon überhaupt handelt I. 32. im eigentlichen Verstande, dabei findet — jedoch mit gewissen Abweichungen — das Verfahren des Diffamationsprozesses Statt, I. 32. §§. 34. 35.

S. übrigens: Diffamationsprozeß.

Prozesse, allgemeine Vorschriften zu deren Beschleunigung, I. 8. §. 33. sqq. sollen binnen Jahresfrist beendigt werden, §. 35.

Prozeßliste, in diese kömmt die Sache, sobald auf die vollständige Klage ein Termin angesetzt wird, R. u. C. R. §. 24. darin darf nicht eben für jede Sache ein ganzes Blatt bestimmt werden, §. 25. a. Rubriken derselben, §. 25. b.

Prozeß=

Prozeßordnung, von deren Zweck handelt die Einleitung, auch III. 3. §. 22.

Prozeßschäden, was darunter zu verstehen, I. 23. §. 59. S. übrigens: Schäden.

Prüfung der Candidaten zur Auscultatur, III. 4. §. 3 — 5. §. 1. [448, 449]. §. 3. [450]. darüber darf nicht weiter nach Hofe berichtet werden, sondern das Landesjustizcollegium kann die Ansetzung und Verpflichtung nach erfolgter Prüfung selbst verfügen, §. 6. Prüfung zum Referendariat, §. 9. sqq. Vorbereitung und Prüfung zu Rathsstellen, §. 21. sqq. insbesondere von den Probeinstructionen, §. 21. [452, 453]. §. 22. [454]. Wer das Referendariatsexamen mit Beifall ausgestanden hat, bedarf wegen seiner Qualification zu einer ordinären Untergerichtsbedienung keiner nochmaligen Prüfung; zu Stellen bei Mediatregierungen oder sehr bedeutenden Stadtgerichten soll indessen eine nochmalige, nach §§. 27. 28. einzurichtende Prüfung erfolgen, welche aber nicht nothwendig von der Immediat-Examinationscommission vorgenommen werden darf, sondern auch dem Landesjustizcollegio der Provinz aufgetragen werden kann, §. 34. vergleiche III. 8. §. 10. [472]. Prüfung zum Justizcommissariat, 7. §. 14. §. 13. [463].

Publication der Testamente, s. Testament.

Publication der Urtel, davon handelt I. 13. §. 44. sqq. geschieht am nächsten Gerichtstage nach Abfassung des Urtels, §. 46. Dazu bedarf es keiner besondern Vorladung der Assistenten und Bevollmächtigten, in sofern diese zur Zahl der bei dem Gerichte angestellten Justizcommissarien gehören, §. 47. s. auch Bevollmächtigter, Justizcommissarius, erfolgt in zweiter Instanz bei demjenigen Gerichte, bei welchem die Instruction geschehen ist, 14. §§. 67. 68. in fiscalischen Untersuchungssachen, 35. §. 86. u. [264, 265]. In wiefern und wie lange dieselbe in Ehescheidungssachen ausgesetzt werden könne, 40. §. 45. sqq. Wie dabei in Unterthanenprozessen zu verfahren, 41. §§. 47. 48. und bei Gemeinheitsaufhebungsprozessen, 43. §. 16 — 18. In wiefern dieselbe bei Cessionsgesuchen auszusetzen, 48. §. 22 — 24. oder damit sogleich nach Abfassung des Erkenntnisses zu verfahren, 48. §. 25. Wie mit Publication des Classificationsurtels in Concursen zu verfahren, 50. §. 166. u. [332]. Die Publication der Urtel soll während der Gerichtsferien nicht geschehen, III. 1. §. 52.

Punctation oder einen andern vorläufigen Aufsatz der Parteien über Handlungen der freiwilligen Gerichtsbarkeit muß der Richter bei Aufnehmung des Protocolls umständlich mit ihnen durchgehen, II. 2. §. 36.

Pupillen, s. Pflegbefohlne.

Purgatorium, s. Reinigungseid.

Q.

R.

der Räthe 1) als Assistenten, 2) als Instruenten, 3) als Decernenten, 4) als Referenten, III. 3. §. 20. sqq. Sie sollen, während die Relationen abgelesen werden, sich mit andern Gegenständen und Geschäften nicht zerstreuen, §. 53. s. übrigens Decernent, Instruent, Referent. Deren Verpflichtung, §. 63. u. [447]. Alle Königliche wirkliche oder Titular-Räthe sind eximirt, I. 2. §. 53.

S. übrigens: Assessoren, Conduitenliste, Justizvisitation, Landesjustizcollegia, Präsident, Prinzliche Räthe.

Räumung bei Pachten, s. Pachtsachen.

Rasende, Wahn- und Blödsinnige sind zur Ablegung eines Zeugnisses ganz unfähig, welches jedoch in Ansehung derjenigen, die nur zuweilen des Gebrauchs ihres Verstandes beraubt sind, einige Ausnahme leidet, I. 10. §. 227. n. 1.

Realgläubiger, unter den im Concursprozeß mit vorzuladenden sind diejenigen nicht zu verstehen, welche von der Einlassung in den Concurs frei sind; diesen ist der angesetzte Liquidationstermin bloß nachrichtlich bekannt zu machen, I. 50. §. 102. deren nochmaliger Vorladung bedarf es nicht, wenn der Liquidationsprozeß über ein Grundstück des Gemeinschuldners auf den Antrag der Personalgläubiger in einen Concursprozeß verwandelt worden, §. 103. Wenn deren Aufenthalt unbekannt ist, müssen sie in der Edictalvorladung namentlich mit vorgeladen werden, §. 105. Auch Realgläubiger können im Concurse nur zweijährige Zinsenrückstände in der Classe des Capitals fordern, es sei denn, daß sie die ältern Rückstände besonders eintragen lassen, in welchem Falle diese in der dritten Classe angesetzt werden, §. 151. In Ansehung der eingetragenen wird der Zinsenlauf im Concurse nicht unterbrochen, §. 152. Die eingetragenen Realgläubiger werden in der dritten Classe angesetzt, §. 387. sqq. s. auch Hypothekenbuch. Rechte der Realgläubiger bei Vertheilung der Masse, s. Vertheilung der Masse. Bei einem Liquidationsprozeß über ein Grundstück, ist nur die Zusammenberufung der Realgläubiger erforderlich, 51. §. 8.

Realprätendenten, unbekannte, deren Aufgebot, s. Aufgebot, Edictalvorladung. Die bekannten dürfen nicht besonders vorgeladen werden, I. 51. §. 102.

Realrecht auf fremdes Eigenthum, Prozesse darüber s. Fremdes Eigenthum.

Realrichter, s. Grundstücke, Verträge.

Realvorladung findet in causis civilibus nur dann Statt, wenn ohne die vorgeladene Person mit Verhandlung der Sache selbst in contumaciam nicht verfahren werden kann, I. 7. §. 18. In wiefern dieselbe im Ehescheidungsprozeß Statt finde, 40. §. 25.

Reassumtion des Prozesses, wie dabei zu verfahren, wenn eine Partei während des Laufes des Prozesses verstirbt, I. 20. §. 1. sqq. insbesondere, wenn dieses vor vollständig eingezogener Information, §. 2. oder kurz vor oder bald nach der Publication des

Erkennt-

Erkenntnisses erster oder zweiter Instanz geschieht, I. 20. §. 3. Verfahren, wenn sich während dieser Zeit kein Erbe gemeldet hat, §. 4. wenn über eine gewisse individuelle Sache gestritten wird, die nach dem Tode des bisherigen Besitzers einem Dritten, welcher nicht zugleich dessen Erbe wird, anheim fällt, §. 5. Pflicht des Assistenten oder Bevollmächtigten dem Gerichte das Absterben der Partei, sobald es zu seiner Wissenschaft gelangt, anzuzeigen, §. 6. Was das Gericht zu beobachten habe, wenn eine solche Anzeige einkömmt, §. 7.

Receptitien der Ehefrau des Gemeinschuldners, erhalten, in sofern sie demselben nicht zinsbar überlassen worden, einen Platz in der fünften Classe, I. 50. §. 433.

Recessiren und dictiren soll den Justizcommissarien als Bevollmächtigten oder Assistenten nicht gestattet werden; sie dürfen jedoch, wenn sie glauben sollten, daß der Instruent ihre Meinung nicht getroffen habe, dem Protocollführer Nachträge dictiren, I. 3. §. 76.

Rechnungsbelag, dessen Beweiskraft, I. 10. §. 160. s. auch Quittung.

Rechnungssachen, davon handelt I. 45. Verschiedene Arten der Rechnungsstreitigkeiten, §. 1. 1) wenn über die Schuldigkeit zur Rechnungslegung, oder 2) über den Terminum a quo et ad quem, §§. 2. 3. oder 3) über Zögerung der Rechnungslegung gestritten wird, §. 4. Von eigentlichen Rechnungsprozessen, §. 5. Verfahren bei der Rechnungsabnahme, §. 6. sqq. Defectatorium, §. 15. sqq. Instruction desselben, §§. 18. 19. Deductionen finden nicht Statt, §. 20. Erkenntniß, §. 21. Rechtsmittel, §. 22 — 24. Die eidliche Bestärkung der Rechnung in Fällen, wo der Rechnungsleger dazu verpflichtet ist, so bis zum Schlusse der Rechnungsabnahme ausgesetzt werden, §. 25. Verfahren, wenn die Parteien nur wegen einzelner Puncte streitig sind, §. 26.

Rechtsausflüchte, in wie weit der Instruent und der Urtelsverfasser darauf von Amtswegen Rücksicht nehmen müsse, I. 9. §. 11. III. 3. §. 30.

Rechtsbeistand, s. Assistent, auch Auditeur.

Rechtsmittel der weiteren Vertheidigung, s. Weitere Vertheidigung.

Rechtswohlthat des Moratorii, derselben können nur Kaufleute, oder diejenigen, welche sonst ein bürgerliches Gewerbe im Großen treiben, entsagen, I. 47. §. 110. der Cession des Vermögens kann nicht entsagt werden, 48. §. 31. aber wohl der Rechtswohlthat der Competenz, 49. §. 17. c.

Recognition. Verfahren bei gerichtlich, II. 3. §. 26. u. [427]. oder vor Justizcommissarien als Notarien erfolgenden bloßen Anerkennungen der Unterschriften, III. 7. §. 75 — 77.

S. übrigens: Diffession, Urkunde, Verträge.

Reconvention, davon handelt I. 19. Von Ausführung der Gegenforderungen ohne besondere Wiederklage, §. 1. sqq. Verfahren, wenn

wenn die Gegenforderung nicht nur aus demselben Geschäft, wie die Forderung des Klägers entsprungen, sondern sich auch mit selbiger zu einerlei Art des Prozesses qualificirt, I. 19. §. 5. sqq. insbesondere, wenn sich bei Abfassung des Erkenntnisses findet, daß der Beklagte durch seine Gegenforderung wider den Kläger mehr als dieser wider ihn ausgeführt habe, §. 6. Es macht in Ansehung des Verfahrens keinen Unterschied, wenn gleich der Kläger sein Recht durch Cession erhalten hat, §. 7. doch soll dem Beklagten freistehen, den Cedenten mit vorladen zu lassen, welcher sich, ohne Rücksicht auf seinen sonstigen Gerichtsstand einlassen muß. §. 8. Die eigentliche Reconvention, wenn nämlich Forderung und Gegenforderung aus einem verschiedenen Geschäfte entspringen, kann nie in einem und ebendemselben Prozesse mit der Convention verhandelt werden, §. 9. Ausgenommen, wenn Parteien mit einander in fortlaufendem Verkehr gestanden haben, §. 10. Außer diesem Falle muß Forderung und Gegenforderung in besondern Protocollen verhandelt, §. 11. und die letztere überall als ein besonderer Prozeß betrachtet, §. 12. auch die Executionen der einen dadurch, daß die andere Sache noch nicht entschieden ist, nicht aufgehalten werden, §. 13. In wieweit Reconventio Reconventionis zulässig sei, §. 14. Es ändert in der Behandlung der Reconvention nichts, wenn der Kläger sich, nachdem dieselbe bereits aufgenommen worden, der Convention begiebt, §. 15. Die Reconvention muß, um die Einlassung des Klägers bei demselben Gerichte, bei welchem er geklagt hat, zu begründen, spätstens im Instructionstermin angemeldet werden, §. 16. In welchen Fällen auch unter dieser Voraussetzung die Prorogation des Gerichtsstandes nicht Statt finden solle, §. 17. In allen Fällen, da die Reconvention zulässig sein soll, muß der Kläger in eben der Qualität, in welcher er geklagt hat, wiederum belangt werden, §. 18. In wiefern der Beklagte gegen den Cessionarius eines Dritten wegen Forderungen, die ihm gegen diesen Dritten, als Cedenten, aus einem andern Geschäfte zustehen, die Reconvention anstellen können, §. 19. Alle Verfügungen darüber, ob die Reconvention in Einem Prozesse mit der Convention zu entscheiden, oder zu einem besondern Prozesse zu verweisen, werden in der Regel durch ein bloßes Decret erlassen: sollte jedoch die Erörterung dieser Frage eine nähere Untersuchung erfordern, so muß dieselbe, wie bei dilatorischen Einwendungen, zur Instruction der Hauptsache verwiesen werden, §. 20. Die Execution des, in der Reconvention gegebenen, Erkenntnisses kann der Richter der Convention nicht unmittelbar, sondern nur mittelst Requisition des ordentlichen Richters des Wiederbeklagten vollstrecken, 24. §. 27. [151]. s. auch Execution.

Recurs an die höhere Behörde steht den Parteien offen, wenn das Object keine Appellation gestattet, I. 14. §. 3. n. 2. auch 26. §. 18. wegen verworfener Appellation muß binnen vier Wochen von Bekanntmachung des Verwerfungsdecrets an gerechnet, genommen werden, 14. §. 4. b. Von dem Recurs der Parteien an das Obergericht

ritter Eide erbieten; andere hingegen die Eidesleistung verweigern, oder den Eid zurückschieben wollen, I. 13. §. 21. 5) bei Oculatinspectionen, §. 22. Was der Referent bei Bestimmung nothwendiger Eide zu beobachten habe, §. 23. sqq. s. auch Eid, Juden, Nothwendiger Eid, Reinigungseid. Wenn die Instruction der Beweismittel ganz fruchtlos gewesen, geben die rechtlichen Vermuthungen den Ausschlag, §§. 27. 28. Fälle, wo eine Theilung des Objecti litis Statt findet, §§. 29. 30. Pflicht des Referenten, wenn ihm aus der entwickelten Thatsache Rechtsausflüchte zu folgen scheinen, 9. §. 11. auch III. 3. §. 36. Was derselbe bei Anwendung oder Erklärung der Gesetze zu beobachten habe, §. 31. sqq. s. auch Gesetzcommission. In dem Urtel muß derselbe zuvörderst die bei der Sache sich findenden Präjudicial- und Incidentpuncte abmachen, sodann zur Entscheidung der Hauptsache übergehen, und jedem einzelnen Punct die Gründe beifügen, I. 9. §. 36. auch, bei Forderungen und Gegenforderungen, nach erfolgter Aburtelung aller einzelner Posten den Saldo, wie viel nämlich ein Theil dem andern herauszugeben oder gut zu schreiben hat, allenfalls mit Zuziehung eines Calculators berechnen, und im Urtel festsetzen, §. 38. Die Entscheidungen und deren Gründe muß derselbe sorgfältig von einander absondern, da die letztern nie die Kraft eines Urtels haben sollen, §. 38. Sind Eide zu schwören, so muß das Erkenntniß auf beide Fälle, wenn nämlich der Eid geschworen wird oder nicht, gerichtet werden, §. 39. Was der Referent zu beobachten habe, wenn sowohl der Grund als der Betrag der Forderung bestritten, der letztere mit instruirt worden, aber in dem Urtel schon der Grund der Forderung verworfen, also die Präjudicalfrage zum Nachtheil des Klägers entschieden werden muß, § 40. Auch in Ansehung der Kosten, Entschädigung und Strafen hat der Referent das Nöthige mit festzusetzen, §. 41. Derselbe muß sich bei Abfassung der Erkenntnisse und Entscheidungsgründe der möglichsten Deutlichkeit und Präcision befleißigen, §. 42. In der Regel muß der ganze Proceß nach allen seinen Gegenständen durch das erfolgende Urtel definitive entschieden werden; ausgenommen, wenn Präjudicialfragen bei der Sache zum Grunde liegen, §. 43. Von dem Amte der Räthe als Referenten, III. 3. §. 51. sqq. In wichtigen Sachen müssen die Relationen, der Regel nach, schriftlich abgefaßt werden. Was der Referent bei dem mündlichen Vortrage zu beobachten habe, §§. 53. 54. Ob eine Sache mündlich vorgetragen, oder schriftlich darin referirt werden solle, hängt lediglich von der Bestimmung des Präsidenten ab, §. 55. Bei Collegiis, welche mit Geschäften überhäuft sind, kann dem Correferenten, der in der Regel auch eine vollständige Relation abfassen muß, in erster und zweiter, niemals aber in dritter Instanz, nachgegeben werden, ein bloßes schriftliches Votum mit Zweifels- und Entscheidungsgründen auszuarbeiten, §. 56. Der Re- und Correferent müssen einander die Relationen nicht mittheilen, ausgenommen, wenn Referendarien und Auscultatoren

Spruch-

Spruchsachen zur Uebung zugeschrieben werden, III. 3. §. 57. Pflicht des Referenten bei Relationen aus Untergerichtsacten, §. 59. Derselbe muß die ihm zugeschriebenen Acten unverzüglich bearbeiten, §. 60. und nach übergebener Relation die Acten zur Registratur abliefern, R. u. C. R. §. 207. Was zu beobachten, wenn er nöthig findet, die Acten zur Abfassung des Urtels wieder mit nach Hause zu nehmen, §. 211. Anweisungen für die Referenten bei Abfassung des Appellationserkenntnisses, I. 14. §. 63. sqq. In der Appellationsinstanz sollen in der Regel, §. 66. in der dritten Instanz allemal zwei Referenten bestellt werden, 15. §. 7. Was diese zu beobachten haben, wenn die Instruction mangelhaft befunden wird, §§. 8. 9. Von Novis in Revisorio, §. 10. sqq. s. auch Revision.

Refügies, deren Gerichtsstand, s. Coloniegerichte.

Regierungen, ehemals Kriegs- und Domänencammern. — Wann sie Namens des Fiscus bei Ober- und wann bei Untergerichten klagen müssen, I. 2. §. 126. [35, 36]. s. Fiscus. Die ihnen sonst übertragen gewesene Rechtspflege ist an die gewöhnlichen Gerichte übergegangen, §. 130. [39]. Sie müssen benachrichtigt werden, von Regreß- und Injurienklagen, welche wider ihnen untergeordnete Officianten als aus deren Amte veranlaßt angebracht werden, und von Geldforderungen, die wider Kassenbediente ihres Ressorts eingeklagt werden, 6. §. 8. [49]. auch von Vorladungen ihrer Officianten vor Gericht, 7. §. 1. [52]. von einer gegen solche einzuleitenden fiscalischen Untersuchung, 35. §. 34. [252]. von einer wider solche zu verhängenden persönlichen Verhaftung, 35. §. 44. [257]. auch, wenn Nachlaß oder Vermögen von solchen versiegelt wird, damit sie auch da, wo ihnen gehörige Acten zu vermuthen sind, ihr Siegel anlegen können, II. 5. §. 16. [433]. Verfahren bei der Wiederaufsiegelung in diesem Falle, §. 37. sqq. [436]. — Durch ihr Präsidium ist der Fiscus vorzuladen, I. 7. §. 28. [57]. Von der Execution gegen ein unter ihnen stehendes Institut, 24. §. 45. [153]. Vom Conferiren der Gerichte mit ihnen, wenn gegen eine große Menschenmenge Execution zu vollstrecken ist, oder wenn bei Vollstreckung der Execution militärische Hülfe erforderlich scheint, §. 150. [179]. — In wiefern sie fiscalische Civilprozesse anstellen, oder sich auf solche einlassen können, 35. §. 1 — 3. [238]. Welche Rechte sie in Ansehung der Instruction und des Erkenntnisses in solchen Prozessen haben, §. 11. [239]. Welche außergerichtliche Kosten sie dabei liquidiren können, §. 26. [241]. — In wiefern sie in fiscalischen Untersuchungssachen durch Resolutionen entscheiden, von denen aber Antrag auf rechtliches Gehör Statt findet, §. 34. [242]. Wann diese Provocation auf rechtliches Gehör nicht Statt findet; wann diese Entscheidung durch eine Resolution nicht Statt findet, [243]. Folgen des Antrages auf rechtliches Gehör, [243, 254]. In wiefern Civilbehörden gegen Militärpersonen die fiscalische Untersuchung einleiten können, [244, 245]. in wiefern die Obergerichte auf Beschleunigung

der

der fiscalischen Untersuchung gegen einen Verhafteten dringen können, [246]. — Bei Confiscationsprozessen werden die Ansprüche auf das Vermögen des Ausgetretenen Namens der Regierungshauptkasse der Provinz geltend gemacht, I. 36. §. 5. [267]. §. 23. [270]. Die Gerichte müssen die in Erfahrung gebrachte Austretung den Regierungen von Amtswegen bekannt machen, §. 29 [271].

Regierungsofficianten. Verfahren, wenn gegen sie wegen im Amte ausgeübter Injurien geklagt wird, I. 34. § 26. sqq. [236]. wenn gegen sie eine fiscalische Untersuchung eingeleitet werden soll, 35. §. 34. [252]; wenn sie dabei zum persönlichen Arrest gebracht werden sollen, §. 44. [257]. Verfahren bei Versiegelung ihres Nachlasses oder Vermögens, II. 6. §. 16. [433]; bei Wiederaufsiegelung desselben, §. 37. sqq. [436].

Regimentschef muß bei dem Generalauditoriat oder den Gouvernementsgerichten belangt werden, I. 2. §. 50.

Regimentschirurgus, — — quartiermeister stehen unter den Regimentsgerichten, I. 2. §. 48. sind eximirt, s. Eximirte, Militärpersonen, Unterstab.

Regimentsgerichte, darunter stehen die Ober- und Unterofficiere und Soldaten, imgleichen die zum Unterstabe gehörigen Personen, I. 2. §. 48. ferner die bereits ausgehobenen Enrollirten, imgleichen die niedern Kriegsbeamten, so wie die Invaliden, in sofern sie ihren Regimentern noch obligat bleiben, §. 49. In wiefern diese Militärgerichtsbarkeit aufgehoben ist, s. Militärgerichte, Militärpersonen. Von der Execution des Judicis rei sitae in ein Grundstück einer Militärperson muß derselben durch die Regimentsgerichte besondere Bekanntmachung geschehen, 24. §. 26. u. [149].

S. übrigens: Militärgerichte.

Registrator, dessen Bestellung, III. 5. §§. 23. 24. allgemeine Pflichten, §. 25. bei einkommenden Sachen, §. 27. sqq. desgl. R. u. C. R. §. 87. sqq. bei deren Vertheilung unter die Decernenten, III. 5. §. 30. bei Einsammlung der decretirten Stücke, §. 31. dessen Obliegenheit in Ansehung der Spruchsachen, §. 32. imgleichen R. u. C. R. §. 200. sqq. bei Verwahrung und Vervollständigung der Acten, III. 5. §. 33. sqq. Er muß nämlich die Acten nach dem Vortrage aus der Expedition abholen, R. u. C. R. §. 109. es sei denn, daß der Secretarius dieselben bei der Expedition nöthig hätte, §. 110. Dessen Obliegenheiten in Ansehung der zur Registratur kommenden Concepte, §. 189. Er muß den Actenhefter zur Thätigkeit anhalten, §. 190. auch alle Sonnabend die Tagezettel der vergangenen Woche revidiren, §. 191. Verpflichtung des Registrators, III. 5. §. 55. sqq. u. §. 55. sqq. [458].

Registratur, Eintheilung derselben, III. 5. §. 37. sqq. 1) Prozeßregistratur, §. 39. sqq. Zweck der Liste der neuen Klagen, R. u. C. R. §. 23. Was geschehen müsse, sobald eine Sache in das currente Prozeßrepertorium eingetragen wird, §. 26. Von dem re-

wenn

wenn der Kläger in dem Termine zur Aufnehmung der Klage ausbleibt, I. 4. §. 20. Ist dieses im Instructionstermin der Fall, so wird mit der Reposition der Acten verfahren, 9. §. 42. auch 20. §. 19 Nach publicirtem Revisionserkenntniß müssen die Acten sofort von Amtswegen reponirt werden, es sei denn, daß darin auf Ableistung eines Eides oder Befolgung einer andern Auflage gesprochen worden, 15. §. 25.

Requisition. Von Vorladungen durch Requisition, I. 7. §. 4 sqq. s. auch Insinuation. Verfahren, wenn ein einheimisches Gericht der Requisition keine Folge leistet, §§ 9. 10. wenn dies von einem ausländischen Gerichte geschieht, §. 11. Wie die Requisition zu erlassen, wenn ein Dritter, welcher eine Urkunde ediren soll, unter einem ausländischen Gerichte steht, 10. §. 107. Von Zeugenvorladungen durch Requisition, §. 175. sqq. insbesondere, wenn die Zeugen einfältige und gemeine Leute sind, §. 178. Von Zeugenabhörungen durch Requisition, §. 217. sqq. insbesondere fremder und ausländischer Gerichte, §. 223. Verfahren, wenn sie dieser Requisition kein Genüge leisten wollen, §. 225. a. Verfahren, wenn hiesige Gerichte von ausländischen um Zeugenabhörungen requirirt werden, §. 225. b. Von Eidesabnahmen durch Requisition, §. 373. 374. Von Vollstreckung der Execution durch Requisition, 24. §. 27. sqq. besonders bei Execution gegen Militärpersonen, Gendarmen, §. 26. [149]. und deren Ehefrauen, Kinder und Gesinde, [150]. und bei Executionen in Reconventionssachen, §. 27. [151]. Jeder Requisition dieser Art Genüge zu leisten, soll kein inländisches Gericht unter irgend einem Vorwande verweigern, § 28. was jedoch einige Einschränkung leidet, wenn das requirirte Gericht die vorgesetzte Behörde des requirirenden ist, und bei der Vollstreckung der Execution ein Bedenken findet, §. 29. Verfahren, wenn inländische Gerichte von ausländischen um Vollstreckung der Execution requirirt werden, §. 30. Von Requisitionen an den Arrest verhängenden Richter durch den Richter der Hauptsache, 29. §. 44. Verfahren, wenn ein Personalarrest auf Requisition eines andern Gerichts angelegt worden, §. 73. Von Vorladungen eines Soldaten, als Zeugen in fiscalischen Untersuchungen, durch Requisition des Compagniechefs, Commandanten oder Commandeurs, 35. §. 62. Von Requisitionen, wenn der Gemeinschuldner unter einem andern als dem den Concurs dirigirenden Gerichte Guter besitzt, 50. §. 649. sqq insbesondere wegen Vorladung der Gläubiger, § 650. Administration, §. 656. sqq. Subhastation des Grundstückes, §. 659. sqq. Der Requisition eines ausländischen Gerichts, um Eröffnung des Concurses über einen hiesigen Landeseinwohner nachzukommen, sind die hiesigen Gerichte weder schuldig noch befugt, §. 671. Von Requisitionen an Berggerichte um Eröffnung eines Specialconcurses über das Bergwerkseigenthum, §. 673. sqq. ingleichen an See- und Handlungsgerichte wegen eines Concurses über Schiffe, §. 682.

Res

Res fungibilis, s. *Fungibilis res.*

Reservatio dominii, s. Vorbehalt des Eigenthums.

Reservationes mentales darf der Schwörende sich nicht erlauben, I. 10. §. 309.

Residenten auswärtiger Mächte sind der hiesigen Gerichtsbarkeit nicht unterworfen, I. 2. §. 62.

Resolution. Es bedarf keines Erkenntnisses, sondern nur einer Resolution oder eines Decrets, wogegen keine Appellation Statt findet, in folgenden Fällen: wenn der Kläger bedeutet werden soll, daß der Gerichtsstand gegen den Beklagten nicht begründet ist, I. 4. §. 15. bei Zurückweisung offenbar unstatthafter Klagen, 6. §. 7. insbesondere bei offenbar ungegründeten Ehescheidungsklagen, 40. §. 34. oder Cessionsgesuchen, 48. §. 12. wenn der Beklagte die Klage durchgehends einräumt, 8. §. 15. wenn, wegen Ausbleibens des Klägers, die Reposition der Acten verfügt wird, 9. §. 42. wenn die Instruction eines erst in der Deduction angeführten Umstandes, in Fällen, wo sie zulässig ist, von dem Richter verordnet wird, 10. §. 3. wenn, nach regulirtem Statu causae et controversiae von dem Collegio beschlossen wird, was durch Beweis auszumitteln sei oder nicht, § 57. wenn in Ansehung des Editionspunctes etwas verfügt wird, §. 108. wenn ein Urtel nach geschehener Ableistung des darin festgesetzten Eides purificirt werden soll, 10. § 377. wenn der Richter die Ergänzung der mangelhaft befundenen Instruction verfügt, 13. §. 4. auch 14. §§. 63. 64. imgleichen 15. §. 8 wenn Declaration eines Urtels nachgesucht worden, 14. §. 1. wenn festgesetzt werden soll, ob die Reconvention in foro conventionis Statt finde oder nicht, 19. §. 20. wenn die Verbindlichkeit zur Cautionsbestellung wegen der Prozeßkosten und der Betrag dieser Caution zu bestimmen ist, 21. §. 8. wenn Jemand die Ableistung des Juramenti calumniae verweigert, in welchem Falle dieser Eid durch eine Resolution, nebst der Wirkung auf den Fall, wenn er nicht geschworen würde, festzusetzen ist, 22. §. 41. Die Festsetzung der einen Partei von deren Gegner zu erstattenden Kosten geschieht durch ein bloßes Decret, 23. §. 28. Eine weitere Instruction zur Ausmittelung eines in der Execution angebrachten Einwandes wird durch eine bloße Resolution verfügt, 24. §. 40. In wiefern in Arrestsachen eine bloße Resolution oder Decret Statt finde, 29. §§. 39. 51. 77. oder im Diffamationsprozeß, 32. §§. 10. 12. Wenn ein Gesuch um Aufnehmung des Beweises zum ewigen Gedächtniß unstatthaft befunden wird, muß die Abweisung durch ein bloßes Decret erfolgen, §. 7. Auf ein in Injuriensachen angebrachtes Milderungsgesuch muß das Erforderliche durch eine Resolution festgesetzt werden, 34. §. 7. desgleichen wenn der Antrag des Denuncianten auf eine höhere als die erkannte Strafe unzulässig befunden wird, 54. §. 17. Von den Resolutionen, welche, auf vorhergegangene summarische Untersuchung, in fiscalischen Contraventions- und Defrau-

Defraudationssachen von den Regierungen abgefaßt werden, s. Fiscalische Untersuchung, Regierungen. Die Prodigalitätserklärung wird, wenn der Provocat sie sich gefallen läßt, durch eine Resolution festgesetzt, I. 38. §. 18. auch eben so wieder aufgehoben, wenn die Verwandten und das vormundschaftliche Gericht über die erfolgte Besserung des Verschwenders einig sind, §. 37. Sind sie darüber einig, daß dieses nicht der Fall sei, so geschieht die Abweisung ebenfalls durch ein Decret, §. 38. In vormundschaftlichen Prozessen findet eine bloße Resolution Statt, I) bei dem Verfahren über die causas excusationis eines Vormundes, 39. §. 3 — 5. gegen welche Resolution binnen 3 Tagen der Recurs offen steht, §. 6 — 7. auf welchen das Erforderliche abermals durch eine Resolution festgesetzt wird, bei welcher es sein Bewenden haben muß, §. 8. Eben diese Vorschriften finden Anwendung II) wenn mehrere über die Vormundschaft streiten, §. 11. imgleichen III) bei Entsetzung eines Vormundes, §§. 18. 19. Die Festsetzung des Interimistici in Sponsaliensachen bei gethanem Einspruch geschieht durch ein Decret, 40. §. 11. auch die Abweisung des auf Vollziehung der Ehe klagenden, wenn das Kind die Weigerung der Eltern sich gefallen läßt, §. 16. In Fällen, wo die Publication des Ehescheidungserkenntnisses auszusetzen ist, wird durch eine vorläufige Resolution festgesetzt, wie es inzwischen mit der Verpflegung der Ehegattin und der Kinder gehalten werden solle, §. 46. Das Interimisticum in Ehescheidungssachen ist durch ein bloßes Decret festzusetzen, §. 56. und bleibt bis zur rechtskräftigen Entscheidung des Prozesses in Kraft, [294]. In wiefern in Unterthanenprozessen die Vergütung der während des Prozesses geleisteten Dienste, durch eine bloße Resolution oder durch Erkenntniß festgesetzt werde, 41. §§. 60. 61. In welchen Fällen bei Pacht- und Miethssachen eine vorläufige Resolution Statt finde, 44. §§. 21. 22. In welchem Falle der Schuldner des Moratorii durch eine bloße Resolution für verlustig zu erklären, 47. §§. 40. und 103. Das Interimisticum wegen der Vermögensadministration während der Instruction des Generalmoratorii wird durch eine bloße Resolution festgesetzt, §. 73. In wiefern der Concurs durch ein Decret zu eröffnen, 50. §. 16. und der erbschaftliche Liquidationsprozeß durch eine bloße Resolution beendigt werde, 51. §. 79.

Restitution gegen einen Contumacialbescheid muß binnen 10 Tagen nachgesucht werden, I. 14. §. 70. was dabei bescheinigt werden müsse, §. 71. Bei Objecten, wegen welcher eine Appellation nicht zulässig ist, behält der Contumacialbescheid seine unumstößliche Kraft, wenn in dem Restitutionsgesuche nicht zugleich erhebliche Hinderungsursachen angegeben und bescheinigt worden sind, §. 73. [124]. Das darauf erfolgende Urtel ist für das erste zu achten, und also von dem Richter, dem solches in erster Instanz zukömmt, abzufassen, §. 76. In wieweit bei der Instruction der Hauptsache die Gründe des Restitutionsgesuchs zugleich mit zu untersuchen, §. 77. In wie fern auf Restitutionsstitutionsgesuche Instruction in erster oder zweiter Instanz erfolgt, und wenn nur Appellation gegen einen Contumacialbescheid Statt findet, §. 75. [125 — 127]. s. übrigens Contumacialerkenntniß. Gegen die verabsäumte Appellationsfrist findet eine Restitution Statt, wenn die Partei persönliche Ehehaften, wodurch sie abgehalten worden, ihre Erklärung binnen der bestimmten Zeit abzugeben, bescheinigt, §. 34. u. [114, 115]. Von der Restitution gegen ein rechtskräftiges Urtel handelt, 16. §. 12. sqq. I) Wenn Jemand in einem während seiner Minderjährigkeit oder während der aus einem andern Grunde über ihn angeordneten Vormundschaft durch seinen Vormund oder Curator, oder unter dessen Beistande geführten Prozesse verkürzt zu sein behauptet, so muß er die Restitution innerhalb vier Jahren, von dem Tage angerechnet, da das Urtel oder die Verfügung, gegen welche Restitutionsgesuch gerichtet ist, publicirt oder erlassen werden, nachsuchen, §. 13. Diese Rechtswohlthat kömmt in eben der Art auch dem Fiscus, den Kirchen und milden Stiftungen, und überhaupt allen denjenigen zu Statten, welche die Rechte der Minderjährigen haben, §. 14. Die Untersuchung des Grundes der Restitution muß mit der Instruction der Hauptsache zugleich erfolgen, §. 15. Durch diese Restitution wird das Urtel oder die Verfügung nur insoweit aufgehoben, als der Implorant dadurch verletzt ist, §. 16. II) Erfordernisse zur Begründung eines Restitutionsgesuchs *ex documentis noviter repertis*, §. 17. Ein solches Gesuch muß spätstens innerhalb acht Wochen von dem Tage der Auffindung solcher neuen Urkunden angerechnet, bei dem Richter des vorigen Prozesses angebracht werden, §. 18. Das Restitutionsgesuch ist überhaupt nur innerhalb zehn Jahren vom Tage des publicirten rechtskräftigen Urtels zulässig, es sei denn, daß der Implorant erweislich durch seinen Gegner oder einen Dritten an der frühern Auffindung der Urkunden verhindert worden, §. 19. Die Instruction muß sowohl auf die Gründe der Restitution als auf den Inhalt und die Beweiskraft der neuen Urkunden gerichtet werden, §. 20. In wiefern auf die Ableistung des juramenti noviter repertorum zu erkennen, §. 21. In welchem Falle der Implorant dem Gegner alle Kosten des vorigen Prozesses erstatten müsse, und dieser (der Gegner) bis zum Instructionstermine in der Restitutionssache sich aller Vortheile eines redlichen Besitzers zu erfreuen habe, §. 22. s. auch Strafe. Dies Restitutionsgesuch findet nicht bloß zur Begründung neuer, sondern auch solcher Thatsachen Statt, die in dem ersten Prozesse schon vorgekommen, aber in Ermangelung anderer Beweismittel nicht hinlänglich ins Licht gesetzt werden können, §. 23. es sei denn, daß eine solche Thatsache von dem Gegner durch einen de veritate geschworenen Eid bekräftigt worden, in welchem Falle dagegen keine Restitution, sondern nur der Beweis des Meineides, Statt findet, §. 24. Bei der Instruction eines solchen Restitutionsgesuchs kann auch der Gegner zur Unterstützung des vorigen Urtels neue Beweismittel beibringen, §. 25. Die Restitution wegen neu aufgefungefundener Zeugen muß, wenn sie zulässig ist, innerhalb acht Wochen, von der Zeit angerechnet, da der Implorant von dem Aufenthalte der Zeugen Wissenschaft erlangt hat, oder wo ihm bekannt geworden ist, daß deren Abhörung nunmehr erfolgen könne, bei demjenigen Gerichte nachgesucht werden, wo die Instanz, in welcher der Implorant die Zeugen zuerst namhaft gemacht hat, instruirt worden ist, I. 16. §. 26. Diesem Gerichte gebührt auch die Abfassung des Erkenntnisses; und es ist auch eine solche Restitution auf einen zehnjährigen Zeitraum eingeschränkt §. 27. Durch Restitutionsgesuche kann, so wenig als durch Nullitätsklagen (s. diese) die Vollstreckung der vorigen Urtel aufgehalten werden, §. 28. Strafe desjenigen, der ohne hinlänglichen Grund ein Judicat anficht oder Restitution nachsucht, §. 29. Von den Kosten der Restitutionsgesuche, 23. §. 14 — 16. s. auch Kosten. Von Restitution gegen Contumacialerkenntnisse in schleunigen Miethsachen, 44. §. 63. [303]. Von der Restitution der im Classificationsurtel bei Concursprozessen präcludirten Gläubiger, 50. §. 167. deren Kosten der nachliquidirende Gläubiger, wenn er nicht nachweisen kann, ohne seine Schuld verhindert worden zu sein, allemal allein tragen muß, §. 168. Von der Restitution der im Liquidationsprozeß präcludirten Gläubiger, 51. §. 30. imgleichen bei dem Aufgebote der Grundstücke, §. 106.

Retentionsrecht, wenn dasselbe von einem Verpächter oder Vermiether ausgeübt wird, findet der Arrestschlag auch gegen denjenigen Statt, der innerhalb Landes mit Grundstücken angesessen ist, I. 29. §. 10. n. 2. Verfahren, wenn der Pächter unter dem Vorwande desselben die Räumung des gepachteten Grundstückes verweigert, 44. §. 55. wenn der Verpächter vor geschehener Rückgewähr zur Landwirthschaft gehörende Effecten des Pächters zurückhalten, §. 56. wenn er sein Zurückbehaltungsrecht vor erfolgender Rückgewähr an Habseligkeiten des Pächters, die nicht zur Wirthschaft gehören, ausüben wird, §. 57. wenn das von dem Verpächter behauptete Zurückbehaltungsrecht erst bei der Rückgewähr zur Sprache kömmt, §. 58. Verfahren, wenn bei Miethsstreitigkeiten die Frage mit vorkömmt: in wiefern der Vermiether sich eines Retentionsrechtes auf die eingebrachten Mobilien des Miethers anmaßen könne, §. 60. welches sich jedoch nicht auf Kunst- und Handwerksgeräthschaften und auf die zum Betriebe dieser Gewerbe erforderlichen Sachen, auch überhaupt nur auf so viel, als zur Deckung der rückständigen Miethe erforderlich ist, erstrecken darf, [302]. Auf den Grund eines bloßen Retentionsrechts kann der Allodialerbe die Räumung des Lehn- oder Fideicommißgrundstückes in der Regel nie verweigern, 46. §. 31. Verfahren bei Auseinandersetzungen zwischen Allodialerben und Lehn- oder Fideicommißfolgern, wo nach Provincialgesetzen den erstern ein solches Retentionsrecht noch wirklich beigelegt ist, §. 32.

Retorsionsrecht, dessen Wirkung bei dem Arrestschlage, I. 29. §. 87. n. 1. Darauf sollen die Gerichte bei Concursen, besonsonders in Ansehung der Priorität ausländischer Forderungen gehörige Rücksicht nehmen, I. 50. §. 162.

Retractrecht auf ein Grundstück, wenn mehrere zu gleicher Zeit dasselbe ausüben wollen, und sowohl mit dem Besitzer darüber: ob der Retract überhaupt Statt finde? als unter sich darüber: wer von ihnen zu dessen Ausübung vorzüglich berechtigt sei? streiten, kann der Richter diese mehrern Interessenten, in sofern besonders der Anspruch derselben auf einerlei Fundamente beruhet, anweisen, gegen den Besitzer in Einem Prozesse gemeinschaftliche Sache zu machen, I. 18. §. 6.

Rettungsinstitut in Berlin, genießt die Kostenfreiheit, I. 23. §. 46. [145]. und im Concurs das Vorrecht der ersten Classe bei Vorschüssen an Fabricanten, 50. §. 337. [354]. §. 338. [355, 356].

Revision, davon handelt I. 15. Verfahren bei Anmeldung derselben, §§. 4. 5. Die Beschwerden müssen deutlich und bestimmt angezeigt, und eine bloß in allgemeinen Ausdrücken gefaßte Angabe in den Revisionsanmeldungen nicht zugelassen werden, §. 5. Verfahren in Revisorio. — Die Fristen zur Einreichung der Deduction und Gegendeduction sind, wie in erster Instanz, präclusivisch. Von zu gebender Nachfrist gegen die versäumte Revision, §. 5. [131]. — Eine förmliche Inrotulation ist zwar nicht erforderlich; doch muß in Sachen, wozu viele Adhibenda gehören, ein Protocoll aufgenommen werden, in welchem bestimmt anzugeben ist, was für Acten oder Beilagen an den Revisionsrichter versendet werden sollen. Dabei muß erwogen werden, in wiefern die Beifügung der Manualacten erforderlich sein könne, §. 6. Die Acteninrotulation ist in dritter Instanz jederzeit erforderlich; und wie dabei zu verfahren, [132]. In dritter Instanz müssen allemal ein Referent und Correferent, und, wenn diese auf die Abänderung zweier übereinstimmender Erkenntnisse antragen, das Collegium auch den Antrag erheblich findet, zwei andere Referenten bestellt, sodann aber muß das Erkenntniß nach der Stimmenmehrheit abgefaßt werden, wobei die Stimme des Chefs des Collegii für die Abänderung der vorigen Urtel keinen Ausschlag giebt, §. 7. Verfahren bei Abänderung zweier gleichlautender Erkenntnisse, §§. 22. 23. [133]. Wenn der Revisionsrichter die Instruction mangelhaft findet, so muß wegen Ergänzung derselben das Nöthige durch eine Resolution festgesetzt, §. 8. und wenn dies nur bei Nebenpuncten oder bei einigen von mehrern Puncten der Fall wäre, in Ansehung der Hauptsache oder der übrigen Puncte sogleich definitive erkannt werden, §. 9. Auf neue Thatsachen oder Beweismittel, die in den beiden ersten Instanzen gar nicht vorgekommen sind, darf der Revisionsrichter keine Entscheidung gründen, §. 10. Einschränkungen dieser Regel, §. 11. sqq. 1) wenn der Richter die in erster Instanz unerörtert gebliebenen Thatsachen erheblich findet, §. 12. 2) wenn zur Unterstützung einer an sich erheblichen, bereits in den vorigen Instanstanzen vorgekommenen Thatsache neue Beweismittel angeführt worden, I. 15. §. 13 – 15. In wiefern insbesondere, wenn neue Zeugen vorgeschlagen, oder neue Urkunden der Revisionsdeduction beigelegt werden, und in den vorigen Instanzen schon eine Beweisesaufnahme erfolgt ist, darauf Rücksicht zu nehmen sei oder nicht, §. 14. Wird die Instruction der neuen Beweismittel verfügt, so muß diese zugleich darauf gerichtet werden: woher es komme, daß diese Beweismittel erst in dritter Instanz angegeben worden? Durch das Resultat dieser Untersuchung wird die größere oder geringere Glaubwürdigkeit der neuen Beweismittel, der Kostenersatz- und Entschädigungspunct wegen des Verzuges, imgleichen die etwanige Strafe wegen muthwilliger Verschleppung oder Chicanen bestimmt, §. 15. die Untersuchung eines erst in der Revisionsinstanz angebrachten neuen Umstandes geschieht allemal auf Kosten des Imploranten, 23. §. 12. 3) Wenn eine ganz neue Thatsache angeführt und darauf ein von dem bisherigen ganz verschiedener Klagegrund gebauet wird, so ist bloß nach Lage der bisher verhandelten Acten zu erkennen, und der neue Klaggrund zur besondern Ausführung zu verweisen, 15. §. 16. 4) Auf solche neue Thatsachen, die bloß zur Unterstützung eines an sich unverändert bleibenden Klagegrundes angeführt werden, §. 17. desgleichen 4) auf neue Einwendungen des Beklagten, die auf Thatsachen beruhen, ist gar keine Rücksicht zu nehmen, es wäre denn, daß die Einwendungen zu denjenigen gehören, die sogar noch bei der Execution (I. 24. §. 36.) angebracht werden können, welche sodann zur Verhandlung in erster Instanz zurückgewiesen werden müssen, §. 18. Verfahren bei der durch den Revisionsrichter verfügten neuen Instruction, §. 19. Unerheblich befundene neue Thatsachen oder Beweismittel müssen in dem Urtel ausdrücklich verworfen, §. 20. und auf solche, die bloß in einer unter die Mitglieder des Revisionsgerichts vertheilten Specie facti angeführt worden, muß nie Rücksicht genommen werden, §. 21. Bei Revisionserkenntnissen bedarf es nicht der Beifügung der Entscheidungsgründe, §. 22. Der Revisionsrichter soll aber, besonders, wenn er zwei gleichförmige Erkenntnisse abändern zu müssen glaubt, mit vorzüglicher Sorgfalt zu Werke gehen, §. 23. Verfahren bei Abänderung zweier gleichlautenden Erkenntnisse, §. 22. [133]. Publication der Revisionserkenntnisse bei dem instruirenden Gerichte, §. 24. und Reposition der Acten, §. 25. s. auch Reposition. Gesuche um Declaration eines Revisionserkenntnisses müssen innerhalb vier Wochen bei dem instruirenden Richter angebracht werden, §. 26. welcher, nach angestellter Prüfung des Gesuchs, den Imploranten entweder über den Ungrund desselben zu bescheiden, §. 27. oder ihn darüber näher zu Protocoll zu vernehmen, und die Acten an den Revisionsrichter einzusenden hat, §. 28. Von Kosten der Revisionsinstanz, 23. §. 10 — 12. insbesondere, wenn dieselbe von beiden Theilen ergriffen worden, §. 11. Von Revisionen in Untergerichtssachen, und in welchem Falle die Instruction des Rechtsmittels bei dem Untergerichte erfolgen müsse;

müsse; auch: wie es mit Einsendung der Acten zum Spruch zu halten, I. 25. §. 30. und wie bei der Rücksendung zur Publication, [182]. In welchem Falle das Revisorium bei dem Obergerichte zu instruiren, §. 42. und §. 82. In Mercantilprozessen muß die Revision innerhalb 24 Stunden nach Publication des Appellationserkenntnisses angemeldet werden, 30. §. 43. Zur Anmeldung derselben in fiscalischen Civilprozessen wird für die Finanzbehörden diesseits der Weser und Weichsel eine vierwöchentliche, für die entferntern eine sechswöchentliche Frist bestimmt, 35. §. 22. In der Revisionsinstanz findet keine Litisdenunciation mehr Statt, 17. §. 15. auch kann wenn der Litisdenunciat sich erst in dieser Instanz zur Unterstützung oder Vertheidigung des Litisdenuncianten meldet, darauf nicht weiter geachtet werden, §. 32.

Revision ist unzulässig, A) überhaupt, wenn bei einer Obergerichtssache, in sofern die beiden ersten Erkenntnisse verschiedenen Inhalts sind, das Object nicht hundert Thaler; oder in sofern die beiden ersten Erkenntnisse gleichlautend sind, nicht zweihundert Thaler; und bei einer Untergerichtssache, ohne Unterschied ob die vorigen Erkenntnisse gleichlautend seien oder nicht, weniger als hundert Thaler beträgt, I. 15. §. 2. auch 25. §. 31. Revision findet nur Statt: a) wenn in erster Instanz bei einem Untergerichte erkannt worden, und der Gegenstand der Beschwerde zweihundert Thaler oder mehr beträgt; b) wenn in erster Instanz bei einem Obergerichte erkannt ist, und der Gegenstand der Beschwerde vierhundert Thaler oder mehr ausmacht; c) wenn in Rechtssachen, welche in erster Instanz bei einem Obergerichte anhängig gewesen, der Gegenstand der Revision zwar nur zweihundert Thaler ausmacht, jedoch die beiden ersten Erkenntnisse bei demselben verschiedenen Inhalts sind, §. 2. [129]. Auch mehrere Summen, welche aus demselben Hauptgeschäfte eingeklagt sind, machen zusammen eine revisible Summe aus, [130]. B) insbesondere 1) in Arrestsachen, 29. §. 61. und §. 68. 2) in Assecuranzprozessen, 30. §. 56. u. [213]. 3) im Diffamationsprozeß, selbst in dem Falle, wenn die Verbindlichkeit des Provocaten zur Anstellung der Klage der Gegenstand des Streites ist, 32. §. 22. auch in Ansehung eines Erkenntnisses, wodurch die dem Provocaten angedrohte Präclusion realisirt wird, §. 27. 4) in Injuriensachen, 34. §. 14. und §. 24. 5) in fiscalischen Untersuchungen, 35. §. 103. wegen der Ausnahmen, s. Accise- und Zollsachen, Holzdevastation. 6) wenn ein Antrag auf Prodigalitätserklärung, 38. §. 33. oder ein Gesuch um Wiederaufhebung derselben durch zwei gleichlautende Erkenntnisse verworfen worden, §. 44. 7) in Exmissionsprozessen, wenn zwei auf Exmission erkennende Urtel vorhanden sind, und der Unterthan nicht Eigenthümer ist, 41. §. 92. 8) bei Klagen auf Exmission eines Pächters, es sei denn, daß entweder der Kläger ganz abgewiesen, oder auf die völlige Exmission des Beklagten erkannt worden wäre, 44. §. 43.

aber

aber wohl unter gewissen Einschränkungen, in Miethsachen, I. 44. §. 63. [304]. 9) in Moratoriensachen, 47. §. 26. und §. 96. 10) wenn darüber gestritten wird: ob Concurs zu eröffnen sei oder nicht, 50. §. 19.

Revision hat nur effectum devolutivum. A) in allen denjenigen Fällen, in welchen die Appellation nur effectum devolutivum hat, I. 15. §. 1. s. auch Appellation hat nur *effectum devolutivum*. B) insbesondere wenn über einen schon angefangenen Bau gestritten wird, und nicht auf Cassation des vor dem Anfange des Prozesses schon angefangenen Theils des streitigen Baues erkannt worden ist, 42. §. 40.

Revision der Expeditionen, s. Decernent. Superrevision derselben, s. Präsident.

Revision der Taxe, s. Taxe.

Richter der Sache, s. Gerichtsbarkeit, Grundstücke, Verträge.

Riß oder ungefähre Zeichnung muß in Baustreitigkeiten angefertigt werden, I. 42. §. 35. s. auch Karte.

Ritteracademieen, die dabei angestellten Stallmeister und Bereiter sind eximirt, I. 2. §. 73.

Ritterschaftliche Creditsysteme, s. Creditsysteme.

Rittergüter stehen unter der Gerichtsbarkeit der Landesjustizcollegien, I. 2. §. 108.

Rückstände. Sofern die mehr- als zweijährigen Rückstände der Zinsen der Gläubiger in der zweiten Classe des Concurses durch neuere ergangene Indultgesetze veranlaßt sind, genießen sie das Vorzugsrecht des Capitals, I. 50. §. 356. sqq. [357]. s. übrigens Zinsen.

S.

Saat-, Brod- und Futtergetreide an Unterthanen in dem letzten Wirthschaftsjahre vor eröffnetem Concurs von Domainenbeamten, Pächtern, Verwaltern rc. vorgeschossenes noch in der Natur vorhandenes, kann in der ersten Classe vindicirt werden, I. 50. §§. 345. 346. Aeltere Rückstände werden in der vierten Classe angesetzt, §. 347. In welchem Falle sich das Vorzugsrecht der ersten Classe länger als bis zur nächsten Ernte nach geleistetem Vorschuß erstrecke, §. 348. Was einem in Natur geleisteten Vorschuß in Ansehung der Priorität gleich geachtet werden solle, §. 349. Baares Geld, welches zum Ankauf von Saat-, Brod- und Futtergetreide vorgeschossen worden, wird in der vierten Classe angesetzt, §. 350. Was zum Beweise der Richtigkeit und der Priorität der Forderung für hinreichend geachtet werden solle, §. 351. Vorschüsse von Fremden aus eigener Bewegung geleistet, werden in der vierten Classe an-

angesetzt, I. 60. §. 352. es sei denn, daß die Gutsherrschaft, der Beamte ꝛc. ausdrücklich seine Einwilligung dazu ertheilt, und erweislich für die Verwendung (nach §. 349.) gesorgt habe, §. 353.

Sachverständige sind den Instruenten im Instructionstermine beizugeben, wenn es auf Kenntniß und Uebung in einer gewissen Kunst oder Wissenschaft ankömmt, I. 9. §. 38. welches Verfahren hierbei zu beobachten, [64]. und von wem die Auswahl derselben abhange, [65]. 10 §. 384. [97]. müssen von den Instruenten über ihr Gutachten umständlich zu Protocoll vernommen, und, wenn sie zur Abgebung eines schriftlichen Gutachtens verstattet zu werden verlangen, von dem Instruenten dazu mit einer bestimmten Instruction versehen werden. Das Gutachten selbst ist demnächst den Parteien zur Abgebung ihrer Erklärung darüber vorzulegen, 10. §. 59. Von Zuziehung der Sachverständigen bei Vergleichung der Handschriften, §. 151. sqq. u. [80]. s. auch Schreibmeister, Vergleichung der Handschriften. Bei Prüfung der Handlungsbücher, §. 165. Wie die Sachverständigen zu vereidigen, §. 202. (auch §. 388.) Wenn sie ein für allemal vereidigt sind, ist die Wiederholung des Eides in einzelnen Fällen nicht erforderlich §. 203. n. 4. sonst aber müssen selbst öffentliche Beamte ihr Gutachten beschwören, [84]. Bei Einnehmung des Augenscheins müssen, wo es erforderlich ist, Sachverständige zugezogen werden, §. 383. Welche Personen dazu zu ernennen, §. 384. u. §. 38. [64, 55]. 10. §. 384. [97]. Der Gegenstand ihres Gutachtens ist ihnen gehörig anzuweisen, und sie müssen, wenn ihrer mehrere sind, ihr Gutachten, Jeder besonders, abgeben, auch, wo es nöthig ist, eine Zeichnung anfertigen, §. 388. Wenn bei der Instruction des Appellatorii neue Sachverständige zugezogen werden, sind diese nicht bloß mit ihrem Gutachten zu hören, sondern auch, wenn das Resultat desselben anders ausfällt, als das der in erster Instanz zugezogenen Sachverständigen, zu einer bestimmten Angabe dessen, was sie an der Richtigkeit desselben auszusetzen haben, anzuhalten. Auch können in bedenklichen Fällen die Sachverständigen beider Instanzen confrontirt werden. Der Urtelsverfasser hat sodann zu beurtheilen, welche von den verschiedenen Angaben der Sachverständigen den Vorzug verdienen, und er kann, wenn es zu einem solchen bestimmten Urtheile an Datis fehlt, von Amtswegen einen dritten Sachverständigen ernennen, dessen Gutachten unter den abweichenden Meinungen den Ausschlag giebt, 14. §. 60. Diese Confrontation, imgleichen die Beurtheilung von Seiten des Urtelsverfassers: ob ein dritter Sachverständiger zu ernennen sein möchte, soll besonders in Bausachen geschehen, 42. §. 39. Von Zuziehung der Sachverständigen bei Handlungsprozessen, 30. §. 3. sqq. besonders in der Appellationsinstanz, §§. 7. 8. In wiefern der Inquirent in fiscalischen Untersuchungen das Gutachten eines Sachverständigen einziehen müsse, 35. §. 72. Von Zuziehung derselben bei Dienststreitigkeiten, 41. §. 34. In wiefern der Commissarius die Assistenz derselben

selben unmittelbar requiriren könne und müsse, I. 41. §. 40. a. Von Zuziehung derselben in Gränzsachen, 42. §§. 9. 13. 14. 16. 17. 21. besonders in der Appellationsinstanz, §. 28. s. übrigens Feldmesser, Karte, in Bausachen, §. 35. in der Appellationsinstanz, §. 39. bei Auseinandersetzung der Gemeinheiten, bei der Vermessung und Bonitirung, §. 21. sqq. s. auch Feldmesser, Karte, Taxator. Zur Instruction des Appellatorii muß eine andere aus Sach- und Rechtsverständigen bestehende Commission ernannt werden, §. 41. In wiefern Sachverständige bei Streitigkeiten über Pachtgelderberechnungen, 44. §§. 7. 13. Remissionsfälle, §. 27. bei Exmissionsprozessen, §. 39. und bei Prozessen, welche die Rückgewähr betreffen, zuzuziehen, §§. 49. 50. Zuziehung eines Calculators, 45. §§. 7. 12. oder eines andern Sachverständigen bei Rechnungsabnahmen, §. 17. bei Erbtheilungsprozessen, 46. §. 18. bei Auseinandersetzungen zwischen Lehns- oder Fideicommißinteressenten und Allodialerben, §. 28. Bei Auseinandersetzung kaufmännischer Societäten muß gleich von Anfange an dem Instruenten ein Sachverständiger als Concommissarius beigegeben werden. §. 36. n. 1. dessen Obliegenheiten, Ebend. n. 2 — 4. und §. 37. Bei solchen Auseinandersetzungen von geringerer Erheblichkeit, oder wenn die Interessenten in der Hauptsache einig sind, und nur wegen specieller Posten auf richterliche Entscheidung antragen, wird nur bei der Instruction ein Sachverständiger (der Vorschrift des Tit. 30. §. 3. sqq. gemäß) zugezogen, §. 40. In wiefern bei Concursen dem Hauptcurator sachkundige Assistenten als Nebencuratoren zuzuordnen, 50. §. 71. oder bei Abschluß der Handlungsbücher in Concursen Sachverständige zuzuziehen, §. 216.

S. übrigens: Dolmetscher, Feldmesser, Karte, Localinstruction, Riß, Taxe, Taxator.

Salariencasse, s. Sportelcasse.

Salarium, s. Besoldung.

Schadloshaltung, s. Entschädigungsklage.

Schäden, wegen Ersatz derselben muß im Erkenntniß das Nöthige mit festgesetzt werden, I. 13. §. 41. Wie es zu halten, wenn in Injuriensachen zugleich mit darauf geklagt worden, 34. §. 13 — 16. [226]. Was unter Prozeßschäden zu verstehen, 23. §. 59.

Schande, seine eigne, oder seiner nahen Anverwandten Schande zu bekennen, kann keinem Zeugen angemuthet werden, I. 10. §. 180.

Schauspieler, s. Nationaltheater, Oper.

Schenkung kann kein Gemeinschuldner während der Verhandlung über sein Moratoriengesuch machen, I. 47. §. 67. Derjenige, welcher aus einer gültigen Schenkung etwas zu fordern hat, ist dem Gemeinschuldner zur Aussetzung einer Competenz verbunden, 49. §. 16. n. 6. Wie es in Ansehung des den Gläubigern zustehenden Widerrufs einer von dem Gemeinschuldner vor der Concurseröffnung gemachten Schenkung zu halten, 50. §. 48. sqq. Was einer solchen widerruflichen

ruflichen Schenkung in diesem Sinne gleich zu achten, I. 50. §§. 60. 61. Die Bezahlung einer Ehesteuer oder einer Ausstattung, es sei für Kinder oder für Fremde, ist dafür nicht zu achten, §. 52. Schenkungen, welche der Ehefrau des Gemeinschuldners von demselben während der Ehe gemacht worden, sind schlechthin widerruflich, §. 314. s. übrigens Brautgeschenke. Geschenke, welche die Kinder des Gemeinschuldners von ihren Pathen oder von andern als dem Gemeinschuldner erhalten haben, können sie in der ersten Classe vindiciren, §. 327. In wiefern ihnen die von dem Gemeinschuldner, ihrem Vater, gegebenen Geschenke verbleiben, §. 328. Diejenigen, welche aus einer bloßen Freigebigkeit des Gemeinschuldners Alimente, §. 463. überhaupt alle diejenigen, welche von demselben Geschenke, oder sonst etwas aus dessen Freigebigkeit zu fordern haben, gelangen erst nach Befriedigung aller Gläubiger der sieben Classen zur Perception, §. 479. Verfahren bei Aufnehmung der Schenkungsverträge, II. 3. §. 17.

Schiedsrichter, in wiefern denselben durch Compromiß der Parteien die Entscheidung eines Rechtsstreits unterworfen werden könne, I. 2. §§. 167. 168. Welche Personen zu Schiedsrichtern gewählt werden können, §. 169. sie dürfen nicht im Auslande wohnen, [41]. In welchem Falle die Parteien, oder die Schiedsrichter selbst, einen Obmann wählen müssen, §. 170. (auch 30. §. 53.) Die Schiedsrichter müssen bei Erörterung und Entscheidung die Vorschriften der Landesgesetze befolgen, 2. §. 171. In welchen Fällen deren Ausspruch nichtig sei, §. 172. In wiefern es bei dem schiedsrichterlichen Ausspruche lediglich sein Bewenden haben müsse, §. 173. oder dagegen, binnen zehn Tagen, der Recurs an den ordentlichen Richter frei stehe, §. 174. welcher, je nachdem der Ausspruch nichtig befunden wird oder nicht, in erster oder in zweiter Instanz erkennen muß, §. 175. Die Execution eines schiedsrichterlichen Ausspruchs muß allemal bei dem gehörigen Richter nachgesucht werden, §. 176. auch 30. §. 54. Assecuranzstreitigkeiten sollen in erster Instanz, wenn ein oder beide Parteien nicht auf die Entscheidung vor dem ordentlichen Richter antragen, vor Schiedsrichtern verhandelt und entschieden werden, §. 48. welche von den Parteien gewählt werden müssen, und worunter allemal ein Rechtsgelehrter befindlich sein soll, §. 49. Diese Schiedsrichter müssen die Sache mit Zuziehung eines vereideten Dispacheurs, wenn sie keinen Vergleich zu Stande bringen können, gehörig instruiren, und sodann erkennen, §. 50 — 52. auch nöthigenfalls einen Obmann wählen, §. 53. Die Instruction des Appellatorii gegen einen schiedsrichterlichen Ausspruch in Assecuranzstreitigkeiten gehört vor den ordentlichen Appellationsrichter, §. 65. Revision ist nicht zulässig, §. 56.

Schiffe müssen in dem Falle subhastirt werden, wenn deren Taxe mit Inbegriff der Takelage wenigstens 500 Thaler beträgt, I. 50. §. 230. Von der Subhastation der Schiffe, 52. §. 65. [409].

[409]. I. 50. §§. 230. 231. [341 — 347]. wohin See- und Stromschiffe gehören, [347]. Von den Fristen und der Jahreszeit dieser Subhastation, [341]. Wo während dieser Zeit das Schiff bleibt, [342]. Von den erforderlichen Patenten, [343]. und Bekanntmachungen, [344]. Anfang der Subhastationsfrist, [345]. Vorladung der unbekannten Schiffsgläubiger, [346]. Von Concursen über Seeschiffe handelt I. 50. §. 681. sqq. In wiefern dergleichen Schiffseigenthum zur allgemeinen Concursmasse zu ziehen, oder bei dem See- und Handlungsgerichte ein besonderer Concurs darüber zu eröffnen sei, §. 681. Verfahren im erstern, §. 682. und im letztern Falle, in welchem ebenfalls von dem Schiffseigenthum eine besondere Masse formirt werden muß, §. 683. Was zu dem Schiffseigenthum gehöre, §. 684. Classification der Schiffsgläubiger, §. 685. — 687. Was nach ihrer vollständigen Befriedigung etwa übrig bleibt, wird zur gemeinen Masse gezogen, §. 688. In wiefern aus dieser die ausfallenden Schiffsgläubiger ihre Befriedigung suchen können, §. 689. Schiffe können niemals an ihrem Ertrage, sondern nur nach dem Werthe der darin befindlichen Materialien abgeschätzt werden, II. 6. §. 18.

S. übrigens: Schiffsurkunden.

Schiffer, s. Frachtgelder.

Schiffseigenthum, s. Schiffe.

Schiffsgläubiger, s. Schiffe.

Schiffsurkunden, die Ausfertigung derselben gehört, an Orten, wo Seegerichte sind, vor diese; an andern können sie vor jedem Gerichte oder vor einem Justizcommissarius als Notarius vollzogen werden, II. 1. § 5.

Schildereien rare, s. Kunststücke.

Schlächter werden in Ansehung der dem Gemeinschuldner und seiner Familie in den letzten sechs Monaten vor eröffnetem Concurse verabfolgten Bedürfnisse in der zweiten Classe angesetzt, I. 50. §. 376. b.

Schlesische Pfandbriefe, wie es bis zur erfolgenden Amortisation der verloren gegangenen oder vernichteten gehalten werden solle, I. 51. §. 131.

Schlußbericht des Appellaten über den keine Nova enthaltenden Appellationsbericht, muß mit dem Ablaufe der zur Abstattung desselben zu bestimmenden Frist von dessen Assistenten, wenn er auch von seiner Partei während dieser Frist keine besondere Instruction erhalten hätte, dennoch übergeben, I. 14. §§. 39. 40, und es darf die Vorlegung der Acten zum Spruch durch etwanige in demselben enthaltene Nova nicht aufgehalten werden, §. 41. Die Frist zur Einreichung des Schlußberichts ist nicht präclusivisch, sondern der säumige Assistent wird so lange durch Ordnungsstrafen dazu angehalten, bis entweder der Bericht einkömmt, oder demselben mit Genehmigung der Partei ausdrücklich entsagt wird, §. 43. Nur gehörig bescheinigte Krank-

Krankheit des Assistenten bewirkt eine Erlassung dieser Strafe, I. 24. §. 44. Wenn der Appellant bloß auf die Acten submittirt, bedarf es keines Schlußberichts, §. 45. Der Appellat kann, wenn er die Instruction der ersten Instanz selbst abgewartet hat, vor oder spätstens in dem zu seiner Erklärung über den Appellationsbericht anzusetzenden Termin einen Schlußbericht einreichen, §. 47. Dem abwesenden Appellaten muß von Amtswegen ein Bevollmächtigter bestellt werden, §. 48.

Schlußtermin, davon handelt I. 12. In welchen Fällen derselbe nöthig sei oder nicht, §. 1 — 3. Diesen Termin brauchen die Parteien nie persönlich abzuwarten, §. 4. Verhandlungen in demselben, §. 5. Neue Beweismittel oder neue das Hauptfactum unterstützende Thatsachen können in diesem Termine angeführt werden, § 6. Was in Ansehung der durch eine solche Verspätung verursachten Kosten und der Strafe für die Zögerung Rechtens sei, §. 7. Wenn dadurch eine fortgesetzte Instruction und zweiter Schlußtermin nöthig wird, so kann in diesem ebendieselbe Partei nicht abermals neue Thatsachen oder Beweismittel anführen, §. 8. Von dem Schlußtermin in fiscalischen Untersuchungen, 35. §§. 69. 70.

S. übrigens: Deduction, Inrotulation, Sühneversuch.

Schmuck und Geschmeide, s. Standesmäßiger Unterhalt.

Schneider wird in Ansehung der Forderung für die dem Gemeinschuldner und seiner Familie in den letzten sechs Monaten vor eröffnetem Concurs gelieferten Alltagskleidungsstücke in der zweiten Classe angesetzt, I. 50. §. 376.

Schöppen, s. Gerichtsschöppen.

Schreibmeister, wie dieselben zur Vergleichung der Handschriften zu vereiden, I. 10. §. 152. u. §. 151. [80].

S. übrigens: Vergleichung der Handschriften.

Schulbediente, was dieselben an laufenden Zehnten oder sonstigem Deputat zu fordern haben, ist von der Einlassung in den Concurs frei, I. 50. §. 270. Zweijährige Rückstände werden in der zweiten, §. 357. ältere in der vierten Classe angesetzt, §. 404. in wiefern jedoch auch diese in der zweiten, §. 356. [357]. Das Schulgeld für des Gemeinschuldners Kinder aus dem letzten Jahre vor eröffnetem Concurse wird in der zweiten Classe locirt, §. 375.

S. übrigens: Honorarium (für den Unterricht in Wissenschaften und Künsten rc.)

Schulden. Von Execution wegen Schulden aus unerlaubten Handlungen, I. 24. §. 70. [157]. §. 106 — 108. [169]. s. Execution.

S. übrigens: Neue Schulden.

Schuldinstrument, welche Eigenschaften es haben müsse, um den Executivprozeß zu begründen, I. 28. §. 2. u. §. 1. [189, 190]. §. 2. n. 1. [191]. §. 2. n. 7. [192]. s. auch Justizcommistarius als Notarius, Privatinstrumente, Wechsel. Ein im Hypothekenbuche eingetragenes wird in der dritten Classe, I. 50. §. 387. ein nicht eingetragenes aber gerichtlich aufgenommenes oder bestätigtes, §§. 454. 455. desgleichen ein von einem Justizcommissarius als Notarius aufgenommenes und vollzogenes in der sechsten, §. 472. eine simple Schuldverschreibung in der siebenten Classe angesetzt, §. 474. ausgenommen ein in Wechselform ausgestelltes eines nicht wechselfähigen Schuldners, welches in die sechste Classe gehört, §. 471. [366]. s. Wechselgläubiger.

S. übrigens: Deposition (des Schuldinstruments).

Schuldner, s. Bankerutierprozeß, Gemeinschuldner.

Schulen, die Grundstücke der gelehrten sind der Gerichtsbarkeit der Landesjustizcollegien unterworfen, aber nicht die der gemeinen, I. 2. §. 108.

S. übrigens: Milde Stiftungen, Vollmacht.

Schulgeld, s. Schulbediente.

Schullehrer. In wie fern sie eximirt sind, und in wiefern die Gerichtsbarkeit über sie delegirt wird, I. 2. §. 45. [11].

Schulmeister und Lehrer in den sogenannten gemeinen Stadt- und Landschulen sind nicht eximirt, I. 2. §. 47. können, in Ermangelung anderer qualificirten Subjecte, als Gerichtsmänner zugelassen werden, 25. §. 53.

Schuster wird in Ansehung seiner Forderung für die dem Gemeinschuldner und seiner Familie in den letzten sechs Monaten vor eröffnetem Concurs gelieferten Bedürfnisse in der zweiten Classe angesetzt, I. 50. §. 376.

Schwarzes Register, unter dieser Benennung soll bei jedem Gerichte ein Verzeichniß derjenigen gehalten werden, welche sich durch frevelhaftes Betragen und Unwahrheiten vor Gericht vor Ableistung eines nothwendigen Eides unfähig gemacht haben, I. 23. §. 62. n. 5.

Schwiegereltern und Schwiegerkinder können als Beweiszeugen nicht aufgestellt, wohl aber, um von der Bewandniß der Sache nähere Erkundigung einzuziehen, vernommen werden, I. 10. §. 228. n. 3. Die Schwiegereltern des Gemeinschuldners sind denselben in Ansehung der versprochenen Mitgabe zur Aussetzung der Competenz verbunden, 49. §. 16. n. 2.

Secretariat, s. Expedition.

Secretarius, dessen Bestallung, III. 5. §§. 4. 5. Obliegenheiten, §. 6. bei dem Expediren, §. 7. sqq. Contrasigniren, §. 15. Haltung des Gerichtskalenders, §. 16. Depositalwesen, §. 17. Aufsicht über die Cancellei, §. 18. Allgemeine Pflichten, §. 19. sqq. Verpflichtung, §. 22. u. [457]. In wiefern er des Nachmittags von dem Collegienhause wegbleiben dürfe, R. u. C. R. § 9. f. auch Expedition. Er muß seine Expedienda unverzüglich an sich nehmen, §. 121. Einem jeden muß sein bestimmtes Departement angewiesen sein,

schaft zureichend, so müssen die Erbschaftsgläubiger und Legatarien, ohne Rücksicht auf die Qualität ihrer Forderungen, vollständig befriedigt werden. Was übrig bleibt, wächst der Concursmasse des Erben zu, I. 30. §. 277. Diejenigen, welche, bei der Unzulänglichkeit des Nachlasses, ausfallen, können sich an die Concursmasse des Erben halten, §. 278. In wiefern das Separationsrecht verloren gehe, §. 279. Was der Beneficialerbe beizubringen habe, wenn er nach erloschenem Separationsrechte die Löschung der auf seinem Grundstücke eingetragenen Qualität als Beneficialerbe nachsucht, §. 280. Wenn diese Eigenschaft im Hypothekenbuche nicht eingetragen ist, können die übrigen zur Separation berechtigten Gläubiger das vorzügliche Recht desjenigen, der sich mit dem Gemeinschuldner in gerichtliche Verhandlungen über das Grundstück eingelassen hat, nicht bestreiten, §. 281. Ausnahme, §. 282. Verlust des Separationsrechts durch Novation, §. 283. durch Nichtgebrauch, §. 284. In wiefern den eignen Gläubigern desjenigen Erben, der eine verschuldete Erbschaft ohne Vorbehalt angetreten hat, und dadurch außer Stand gekommen ist, seine eigenen und die Erbschaftsgläubiger vollständig zu befriedigen, das Separationsrecht zukomme, 50. §. 285. a. Die eignen Gläubiger eines Beneficialerben treten in Ansehung dieses Rechts ganz in die Stelle des Erben selbst, §. 285. b. Wie es in Absicht des Separationsrechts zu halten, wenn dem Gemeinschuldner nach eröffnetem Concurse eine Erbschaft zufällt, 50. §. 41.

Separatprotocoll muß allemal der Instruction des Legitimationspuncts gewidmet werden, I. 10. §. 81. a. imgleichen der Instruction der bei Gelegenheit des Beweises durch Urkunden vorkommenden, §. 156. oder der die Einwendungen über die Person der Zeugen betreffenden Nebenpuncte, §. 236. ist auch über die von einer Partei verlangte Adcitation oder Litisdenunciation aufzunehmen, 17. §. 13. und über eine in foro conventionis zu verhandelnde Reconvention, 19. §. 11. desgleichen über den Punct wegen der im Prozesse zu bestellenden Caution, 21. §. 7. auch über die bei Ehescheidungsprozessen, 40. §. 54. und Streitigkeiten über Gemeinheitstheilungen vorkommenden Nebenpuncte, 43. §. 14. Bei Concursen wird im Verificationstermine über die Forderungen eines jeden Liquidanten ein besonderes Protocoll aufgenommen, 50. §. 123.

Separatum in Wechselsachen, dessen Instruction muß bei Abfassung des Wechselerkenntnisses durch eine besondere Resolution verfügt, und damit sofort, auch während der Appellation oder Execution ununterbrochen verfahren werden, I. 27. §. 52. Die Separatinstruction gehört in der Regel, ohne Unterschied des sonstigen Gerichtsstandes des Wechselklägers, jetzt Beklagten, vor den Richter in der Wechselsache, §. 53. Bei dieser Instruction kann der Beklagte alle seine Einwendungen ausführen. — In Ansehung der Gegen- oder Compensationsforderungen findet nur dann ein Gleiches Statt,

wenn

wenn der Richter im Wechselprozesse zugleich des Wechselklägers ordentlicher Gerichtsstand ist, oder wenn die Gegenforderungen bereits im Wechselprozesse gerügt worden, I. 27. §. 54. Alle diese Vorschriften (§. 52. sqq.) finden auch bei den im Executivprozeß ad separatum verwiesenen Einwendungen oder Gegenforderungen Anwendung, 28. §. 13.

S. übrigens: Deposition, Einlassung in den Concurs.

Sequestration im Wege der Execution, davon handelt I. 24. §. 116. sqq. u. § 110 — 112. [171]. §. 128. [172]. §. 141. [173]. dabei kann dem Gläubiger die Führung der Wirthschaft aufgetragen werden, §. 120. Zur Sequestration städtischer Grundstücke ist ein Administrator zu bestellen, §. 121. und diesem das Grundstück von einem gerichtlichen Commissarius zu übergeben, §. 122. Bei der Uebergabe ist wegen der etwa nothwendig befundenen Reparatur das Erforderliche anzuordnen, §. 123. Der Administrator hat in Ansehung der Verwaltung alle Gerechtsame und Obliegenheiten eines wirklichen Eigenthümers, §. 124. Die Gerichte müssen ihn gegen alle Beeinträchtigungen von Seiten des Schuldners schützen. Dagegen kann, wenn er schlechte Wirthschaft führt, auf Bestellung eines andern Administrators angetragen werden, §. 125. Er muß gehörig Rechnung ablegen, §. 126. Bei der Sequestration unadeliger Landgüter sind eben diese Vorschriften zu befolgen, §. 127. Die Sequestration adeliger Landgüter wird den landschaftlichen Creditdirectionen — wo dergleichen bereits errichtet sind — überlassen, §. 128. Was von diesen Collegien zu beobachten, wenn die Güter verpachtet sind, §. 129. Was überhaupt Rechtens, wenn ein Gläubiger aus den Pacht- oder Miethgeldern seine Befriedigung sucht, der Pächter aber eine geschehene Vorausbezahlung nachweiset, 24. §. 30. Wenn der Schuldner das Gut selbst verwaltet hat, so müssen die landschaftlichen Collegia zuvörderst wegen Instandsetzung der Gebäude und des Inventarii die nöthigen Anstalten treffen, §. 131. und dabei die Interessenten zuziehen, §. 132. Bei Hauptveränderungen in der Administration ist mit demjenigen Landesjustizcollegium, welches die Sequestration verfügt hat, Rücksprache zu nehmen, §. 133. Gegen den landschaftlichen Commissarius, die Creditdirection selbst und deren Officianten kann der Regreß wegen vorschrifts- oder pflichtwidrigen Verfahrens bei diesem Landesjustizcollegio genommen werden, §. 134. Wie es mit den eingehenden reinen Einkünften zu halten, §. 135. Der Extrahent der Sequestration muß einen Hypothekenschein zu den Acten geben, und darauf antragen, daß den daraus zu ersehenden Realgläubigern von der verhängten Sequestration Nachricht gegeben werde. — Nachtheilige Folgen für den Extrahenten, wenn er dies unterläßt, §. 130. Nach aufgehobener Sequestration muß gerichtliche Rückgabe erfolgen, §. 137. Der angesetzte Sequester muß seine Administrationsrechnung bei den Creditdirectionen ablegen, §. 138. Wie es damit zu halten, wenn das Gut von dem die Sequestration dirigirenden

Colle-

Collegium selbst verpachtet worden, I. 24. §. 139. In Provinzen, wo keine Creditsysteme errichtet sind, muß die Sequestration eines adeligen Gutes von demjenigen Gerichte verhängt und dirigirt werden, unter dessen Realgerichtsbarkeit das Grundstück gehört, §. 140. Von Sequestration a) städtischer Grundstücke in Concursfällen, 50. §. 243. b) der Landgüter, §. 244. sqq. Wenn diese bisher schon unter Administration gewesen, so hat es dabei ferner bis zum Verkauf sein Bewenden, §. 245. Wenn der Schuldner das Gut bisher selbst verwaltet hat, so muß nach Vorschrift des Tit. 24. §. 127. sqq. die Sequestration verhängt werden, §. 246. Bei adeligen Gütern hat, jener Vorschrift gemäß, das den Concurs dirigirende Gericht mit der Administration selbst nichts zu thun, §. 247. Bei dem administrirenden Collegium muß der Curator die Rechte der Masse wahrnehmen. §. 248. In der Regel sollen in Concurs verfallende Güter nicht verpachtet werden, §. 249. Die Immission eines Gläubigers erreicht durch Concurseröffnung ihre Endschaft. Rechte des immittirt gewesenen Gläubigers in einem solchen Falle, §. 250. Verfahren, wenn das Gut zur Zeit der Concurseröffnung verpachtet ist, §. 251. sqq. Wenn in diesem Falle der Verkauf nicht Statt finden kann, müssen die Gläubiger den Pächter seine Zeit aussitzen lassen, §. 252. Hat der Verpächter sich gewisse Auszüge oder Vorbehalte bedungen, so kommen diese der Masse zu gute, §. 253. In welchem Falle der Widerruf des Pachtcontracts Statt finde, §. 254. Wenn das Gut verkauft werden kann, so steht die Verpachtung nicht im Wege, §. 255. Doch muß, wo möglich, der Subhastationstermin erst gegen den Ablauf der Pachtzeit eintreten, §. 256. Wenn aber der Pächter noch über Ein Jahr zu sitzen hätte, muß ihm die Aufkündigung geschehen, §. 257. Rechte des Pächters auf Schadloshaltung in diesem Falle, §. 258. Wie es im Concurse mit der Sequestration eines unveräußerlichen Grundstückes zu halten, auf dessen Einkünfte bei der Distribution der Masse gewisse Gläubiger angewiesen sind, §§. 578. 579. Wie es mit der Sequestration eines zwar veräußerlichen aber nicht an den Mann zu bringenden zu halten, §. 581. sqq. Verfahren in Ansehung der Administration in Concursfällen bei Untergerichten, §. 636. sqq. Verfahren bei der Administration eines zum Concurs gehörenden, unter einer andern Realjurisdiction belegenen Grundstückes, je nachdem dieselbe der Creditdirection gebühret, §. 656. oder nicht, §§. 657. 658. Die Sequestration des in Concurs verfallenen Bergwerkseigenthums kömmt dem Berggerichte, §. 678. die des Schiffseigenthums dem See- und Handlungsgerichte zu, wenn, nach der Verfassung der Provinz, bei demselben ein besonderer Concurs zu eröffnen ist, §. 681. Im erbschaftlichen Liquidationsprozeß bleibt der Beneficialerbe in der Regel Administrator des Nachlasses, 51. §. 69. sqq. In wiefern die Gläubiger demselben die Administration entziehen können, §§. 70. 71. In wiefern der Erbe sich der Admi-

nistration

nistration begeben könne, und wie es in diesem Falle zu halten, I. 51. §. 73. sqq.

S. übrigens: Curator und Contradictor, Immission.

Servituten, Verfahren, wenn sie bei Auseinandersetzung der Gemeinheiten aufgehoben werden sollen, I. 43. §. 47.

Sessionstage müssen ein für allemal fixirt sein, III. 1. §. 38. den Sessionen müssen alle Mitglieder und Subalternen, auch die Referendarien und Auscultatoren beiwohnen, §. 39. und müssen ordentliche Präsenztabellen gehalten werden, §. 40. Auf den Vormittag eines Sessionstages sind in der Regel keine Instructionstermine anzusetzen, §. 41. Die Sessionen sollen früh um 8 Uhr ihren Anfang nehmen, §. 42. In den Sessionen selbst werden I) die vom Hofe eingelaufenen Rescripte, welche Generalia betreffen, publicirt, §. 43. Sodann werden II) diejenigen Memorialien, welche Generalia oder nicht streitige Angelegenheiten zum Gegenstande haben, vorgetragen, §. 44. Dann werden III) diejenigen vorgelassen, welche in Sachen, die nicht zur streitigen Gerichtsbarkeit gehören, etwas vorzutragen haben, §. 45. Hierauf wird IV) mit dem Vortrage derjenigen Memorialien verfahren, welche ad jurisdictionem contentiosam gehören, § 46. Sodann werden V) wenn die Zeit noch zureicht, die Relationen abgelesen, §. 47. zu welchem Behuf bei Collegien, die aus mehrern Senaten bestehen, diese sich trennen müssen, §. 48. Ist die Zeit zum Ablesen der Relationen zu kurz, so müssen dazu außerordentliche Versammlungen angesetzt werden, §. 49. Abweichungen von den vorstehenden allgemeinen Vorschriften werden durch specielle Instructionen für jedes Collegium bestimmt, §. 50. Die ordentlichen Sessionen bleiben während der Gerichtsferien ausgesetzt, §. 51. Doch muß zur Bearbeitung derjenigen Angelegenheiten, welche keinen Aufschub leiden, ein Tag in der Woche bestimmt, und, wenn es nothwendig sein sollte, noch eine außerordentliche Versammlung angesetzt werden, §. 54. Der Vortrag eines Status causae et controversiae soll bei großen Collegien nicht an den Sessionstagen, sondern in den zu Ablesung der Relationen angesetzten Versammlungen geschehen, 10. §. 48.

Sexus curator, s. Geschlechtsvormund.

Sicherheit, wie dieselbe von dem Gemeinschuldner bei Indultgesuchen nachzuweisen, I. 47. §. 81. §. 14. sqq. s. übrigens Moratorium. In wiefern ein Gläubiger, welcher seinem Schuldner Nachsicht verstatten müssen, wenn er von seinen eignen Gläubigern gedrängt wird, diesen diejenige Caution zu ihrer Sicherheit anweisen könne, die ihm zu seiner eigenen von seinem Schuldner bestellt worden, §. 43. Auch die Verminderung der angewiesenen Sicherheit begründet eine Aufhebung des ertheilten Indults, §. 110.

Sicherstellung, s. Caution, Execution.

Siegel, Strafe der Verletzung gerichtlicher, II 5. §. 38.

Siegelung, s. Versiegelung.

Siegel-

Special

Specialprozesse. Wann solche nach eröffnetem Concurse zu sistiren oder fortzusetzen, I. 50. §. 27. u. [318].

Specialvollmacht muß derjenige beibringen, der für einen abwesenden Testator ein Testament zurücknehmen soll, II. 4. §. 9.

S. übrigens: Vollmacht.

Species facti muß bei Aufnehmung der Information bestimmt auseinander gesetzt werden, I. 5. §. 4. n. 4. desgleichen 9. §. 3. ist das erste Bestandtheil des Status causae et controversiae, 10. §. 28. n. 1. es bedarf ihrer nicht bei Bagatell-, Injurien-, Wechsel- und Executivprozeßsachen, in Prozessen über Störungen im Besitzstande und bei andern summarischen Prozeßarten, §. 27. c. sqq. [76]. 14. §§. 58. 59. [117]. Diese Species facti muß von dem Anfange des Geschäfts bis auf den Zeitpunct, wo der Prozeß entstanden ist, fortgeführt werden, 10. §. 29. Darin müssen die zur Sprache gekommenen Thatsachen, ohne Rücksicht auf die Stelle, wo ihrer zuerst erwähnt worden, in derjenigen natürlichen Ordnung, wie sie im Hergange des Geschäfts selbst auf einander gefolgt sind, vorgetragen; noch streitige Thatsachen dürfen in diese Geschichtserzählung nicht aufgenommen werden, §. 30. auch keine gelehrte Erörterungen, §. 31. Mit der Auseinandersetzung des Hauptfacti oder Geschäfts muß der Anfang gemacht werden. Wie es mit Nebenfactis zu halten, §. 32. Die Species facti muß den Parteien zu ihrer Erklärung vorgelegt, §. 33. und nöthigenfalls ergänzt oder abgeändert werden, §. 34. Wenn die Parteien darüber mit dem Instruenten einig sind, wird sie zu Protocoll niedergeschrieben, §. 35.

S. übrigens: *Status causae*, auch *Status causae et controversiae*.

Spiel verbotenes. Die fiscalische Untersuchung wegen desselben gehört nicht mehr vor das Generalfiscalat, sondern vor die ordentlichen Gerichte des Denunciaten, I. 35. §. 34. [249].

Spoliensachen, darin findet wegen der Prozeßkosten keine Cautionsforderung Statt, I. 21. §. 2. n. 7.

S. übrigens: *Possessorium summariissimum.*

Sponsalien- und Ehesachen, s. Ehegelöbniß, Ehesachen, Ehescheidungsprozeß.

Sportelcassen, Königliche gerichtliche haben im Concurse mit andern Königlichen Cassen gleiche Vorzugsrechte, nämlich in der vierten Classe, I. 50. §. 402. Doch stehen gerichtliche Salariencassen, wenn sie mit andern Königlichen Cassen oder den übrigen Gläubigern der vierten Classe concurriren, jedesmal nach. Unter sich gehen sie in tributum, ohne Rücksicht auf die Entstehungszeit ihrer Forderungen, §. 403. Besondere Regeln hierüber, §. 402. [362].

Sportelcassenbedienten, von deren Amte handelt das R. u. C. R. §. 77 — 79.

Sportelfreiheit, s. Kosten, Kostenfreiheit.

Sporteln, s. Gerichtsgebühren.

cies facti. Festsetzung der Streitpuncte, I. 10. §. 36. Die Species facti und die Festsetzung der streitigen Puncte muß von den Parteien unterschrieben werden, §. 37. Zweck der Aufnahme des Status causae et controversiae, welche in einem jeden Prozesse ein nothwendiges Erforderniß ist, §. 38. a. Doch sind die Vorschriften wegen der dabei zu beobachtenden Methode nur Anweisung für den Instruenten, an welche derselbe keineswegs schlechterdings gebunden ist, §. 38. b. Die Aufnahme des Status causae et controversiae muß entweder gleich im ersten Instructionstermine geschehen, oder ein neuer nicht leicht über acht Tage hinaus zu setzender Termin dazu anberaumt werden, §. 39. Wenn aus der Specie facti sich ergiebt, daß keine einer Beweisaufnahme bedürftige Thatsache vorhanden sind, wird die Sühne versucht, (s. Sühneversuch) und wenn diese nicht Statt findet, die Instruction geschlossen, §. 40. Sind noch streitige Thatsachen vorhanden, so muß, nach fruchtlos angestelltem Sühneversuch mit Auszeichnung derjenigen, über welche Beweis aufzunehmen ist, verfahren werden, §. 41. Dabei muß der Instruent mit reifer Beurtheilungskraft, und gründlicher Aeußerung und Anwendung seiner Rechtskenntniß zu Werke gehen, §. 42. auch dabei die Parteien und deren Assistenten überall zuziehen, §. 43. Wenn die Parteien darüber mit dem Instruenten einig sind, werden die durch Beweis auszumittelnden Puncte zu Protocoll bemerkt, und damit die Regulirung des Status causae et controversiae geschlossen, §. 44. Findet diese Vereinigung nicht Statt; so muß der Instruent die Sache dem Collegio zur Beurtheilung vorlegen, §. 45. Wenn derselbe sich dessen weigern sollte, so steht der Partei die unmittelbare schriftliche Anzeige an das Collegium offen, §. 46. Der Vortrag geschieht von dem ordentlichen Decernenten, §. 47. soll jedoch bei großen Collegien auf die zum Ablesen der Relationen bestimmten Tage oder Stunden verwiesen werden, §. 48. Bei welchem Collegium oder Senate die Sachen vorzutragen, und in welchen Fällen ein schriftlicher Vortrag zu gestatten, §. 49. Worauf es bei Abfassung des Schlusses darüber ankomme, §. 50. sqq. Wenn die Entscheidung der Frage: ob über eine streitige Thatsache Beweis aufzunehmen sei, von einer zweifelhaften Rechtsfrage abhängt, kann der Richter eine Entscheidung der Gesetzcommission einholen, §. 52. Die Anfragen bei der Gesetzcommission im Laufe des Prozesses fallen weg, [77]. In wiefern über fremde Landesgesetze, §. 53. Statuten, §. 54. oder Observanzen Beweis aufzunehmen, §. 55. Wie die Notorietät der Thatsache beschaffen sein müsse, um den Beweis entbehrlich zu machen, §. 56. Gegen den Schluß des Collegii darüber: was durch Beweis auszumitteln sei, findet keine Appellation Statt; indessen ist der Urtelsverfasser daran nicht schlechterdings gebunden, §. 57. Verfahren, wenn noch bei Regulirung des Status causae et controversiae sich findet, daß irgendwo eine zur Aufklärung der Sache nothwendige Urkunde vorhanden ist, §. 58. Auch in der Appellationsinstanz muß, wenn eine neue

In-

nungen anzunehmen sich weigert, I. 7. §. 37. oder das Insinuationsdocument nicht unterschreiben will, §. 38. oder den Insinuanten beleidigt, §. 59. Findet sich, daß dieser falsch berichtet hat, so soll er cassirt, und noch außerdem bestraft werden, §. 41. Von Strafen fahrlässiger Amtsverwaltung, 8. §. 31. Parteien, welche vorsätzlich eine Sache verschleppen oder die Wahrheit verdunkeln, sollen in 20, 60 bis 100 Thaler Geldbuße, oder in verhältnißmäßige Gefängnißstrafe verurtheilt werden, 10. §. 11. Strafe desjenigen, der ein Document diffitirt, wenn dessen Richtigkeit durch Zeugenaussagen vollständig erwiesen wird, §. 148. des Unterrichters, der aus Neugier oder gar aus unerlaubten Absichten in seinen Fragen bei Abhörung der Zeugen zu weit geht, §. 181. des Zeugen, der sich vor Gericht zu stellen, §. 183. oder Beantwortung der ihm vorgelegten Fragen, ohne Grund verweigert, §. 184. der Partei, welche wissentlich ganz verwerfliche Zeugen vorschlägt, §. 237. desjenigen, der statt eines ihm zugeschobenen Eides andere Beweismittel beibringt, wenn sich in der Folge ergiebt, daß das Gegentheil von demjenigen, was geschworen werden soll, durch die verfügte Aufnahme derselben gar nicht ausgemittelt worden, §. 299. Von der Strafe des Meineides befreiet eine eigenmächtige, den vorhergegangenen Verhandlungen nicht gemäße Auslegung des Eides keinesweges, §. 309. Die Strafen des Meineides müssen dem Schwörenden vor Ableistung des Eides ernstlich zu Gemüthe geführt werden, §. 368. auch §. 204. Gegen denjenigen Theil eines Erkenntnisses, wodurch eine Partei in eine durch die Prozeßordnung bestimmte Geld- oder Gefängnißstrafe verurtheilt worden, findet keine Appellation, sondern nur, nach Verschiedenheit der Umstände, ein Milderungsgesuch, 14. §. 3. n. 3. oder das Rechtsmittel der weitern Vertheidigung Statt, n. 4. Strafe der in contumaciam verurtheilten Partei, wenn bei eingewendetem Restitutionsgesuch, die zur Ablehnung des angeschuldigten Ungehorsams angeführten Umstände ungegründet befunden werden, §. 77. Derjenige, welcher aus Chicane erst in der dritten Instanz neue Thatsachen oder Beweismittel beibringt, soll bestraft werden, 15. §. 15. auch diejenige Partei, welche aus angeblich neu aufgefundenen Urkunden Restitution nachsucht, wenn ausgemittelt wird, daß sie diese Urkunden geflissentlich zurückgehalten hat, 16. §. 21. Strafe desjenigen, der ohne hinlänglichen Grund einen Judicat ansicht, §. 29. Wegen der Strafen muß im Erkenntniß das Nöthige mit festgesetzt werden, 23. §. 48. (auch 13. §. 41.) dahin gehören I) die Succumbenzgelder, §. 49. s. Succumbenzgelder. In wiefern, noch über die Succumbenzgelder, Strafe Statt finde, §. 50. II) die Strafe des muthwilligen Läugnens, der Verdrehung oder Zurückhaltung der Wahrheit, §. 61. sqq. s. auch Nothwendiger Eid, schwarzes Register. Diejenigen, welche die Parteien dazu verleiten, sollen bestraft werden, §. 65. a. III) Gehören auch dahin die Strafen des Betrugs, dessen eine Partei sich bei Gelegenheit des Geschäfts,

aus

aus welchem der Rechtsstreit entstanden ist, schuldig gemacht hat, I. 23. §§. 56. 57. Strafen der Chicane bei Executionen, 24. §. 40. und des Widerstandes gegen den Executor, §. 148. eines ungegründeten Recurses an das Obergericht, 25. §. 18. eines ohne Noth angebrachten Moratoriengesuchs, 47. §. 38. Die von dem Gemeinschuldner zu entrichtenden Geldstrafen werden in der siebenten Classe angesetzt, 50. §. 476. Die durch Accisedefraudation verwirkten Strafen werden nach der Zeit der hypothekarischen Eintragung in die dritte Classe locirt, §. 387. [360]. Aber die Accise- und Zollstrafen gehören post omnes, §. 476. [367]. Strafe der Verletzung gerichtlicher Siegel, II. 5. §. 38. des pflichtwidrigen Betragens der Justizbedienten, III. 1. §. 23. der Bestechung, §§. 25. 26. s. auch Nothwendiger Eid, des unbefugten Querulirens, §. 30 — 32. §. 15. [442, 443]. und Consulirens, §. 33. §. 14. [440]. Wie der Unterrichter zu bestrafen, wenn die gegen ihn eingekommenen Beschwerden gegründet befunden werden, 3. §. 49.

S. übrigens: Fiscalische Untersuchung, Injuriensachen, Ordnungsstrafen, Stempelstrafe.

Studenten stehen unter dem academischen Gerichte, können aber nach geendigten Studien auf keine Exemtion Anspruch machen, I. 2. §. 76.

Studiren, Vorschüsse dazu gehören in die sechste Classe, I. 50. §. 464.

S. übrigens: Honorarium, Schulgeld.

Stumme, in sofern sie als Zeugen abgehört werden können, müssen die Eidesformel in Gegenwart des Instruenten abschreiben und unterzeichnen, I. 10. §. 203. n. 6. In wiefern Stumme und Taube zugleich als Zeugen zulässig seien, §. 227 n. 4. Wenn Stumme Verträge schließen, müssen sie ihre Erklärungen eigenhändig in das Protocoll niederschreiben, II. 3. §. 5. I. 10. §. 19. [73].

Styl der Urkunden soll deutlich und bestimmt sein, ohne Neuerungen, ohne Künsteleien, lange und häufige Parenthesen, Pleonasmen und Wiederholung, II. 2. §. 51. Die Secretarien sollen sich eines guten, reinen und deutlichen Styls befleißigen, III. 6. §. 9.

Subalternen bei den Landesjustizcollegien, davon handelt III. 6. s. übrigens Cancelleidiener, Cancellist, Executor, Registrator, Secretarius. Wie vielerlei die bei den Landesjustizcollegien angesetzten Subalternen seien, R. u C. R. §. 1. müssen sich täglich Vor- und Nachmittags zu einer bestimmten Zeit in dem Collegienhause einfinden, §. 2. besonders die Archiv- und Registraturbedienten, §. 3. Strafe derjenigen Subalternen, welche dieser Vorschrift nicht nachkommen, §. 4. Es sollen deshalb von dem Cancelleidirector Präsenzlisten gehalten werden, §. 5. welche der Präsident sich wöchentlich Einmal vorlegen lassen muß, §. 6. Von der Strafe des Ausbleibens soll keine nachherige Entschuldigung befreien, §. 7. sondern es muß vorher eine Anzeige der, gehörig zu bescheinigenden,

Die

Die etwanigen speciellen Bedingungen des Verkaufs muß der Extrahent anzeigen, damit sie erforderlichen Falls in das Subhastationspatent eingerückt werden können, I. 52. §. 28. Inhalt des Subhastationspatents, §. 29. Subhastationsfristen und Bekanntmachung nach Verschiedenheit der Qualität und des Werthes der Grundstücke, §§. 30. u. [397 — 399]. 31. u. [400]. In wiefern auf die schon im ersten oder zweiten Termin einkommenden Gebote die Adjudication erfolgen könne, §. 32. Verfahren in Ansehung des peremtorischen Licitationstermins, §. 33. sqq. Der Licitationsactus muß jedesmal an ordentlicher Gerichtsstelle vor sich gehen, §. 34. Der letzte Termin ist, wenn die Subhastation im Wege der bloßen Execution erfolgt, den eingetragenen Gläubigern besonders bekannt zu machen, §. 35. u. [401 — 403]. Bei denjenigen Provinzialverfassungen, nach welchen die Subhastationen nicht von den Gerichten, sondern von eignen dazu autorisirten Personen vorgenommen werden, hat es fernerhin sein Bewenden, §. 36. Zur Abgebung der Gebote und zum Licitiren selbst ist der ganze Tag des letzten Termins bis Abends um 6 Uhr bestimmt. Nach Ablauf dieser Zeit können neue Gebote nur mit Bewilligung sämmtlicher Interessenten, den Meistbietenden mit eingeschlossen, zugelassen werden, §. 37. Der Meistbietende erlangt indessen hiedurch kein vollkommenes Recht auf den Zuschlag, §. 38. Womit die Licitationshandlung zu eröffnen, §. 39. Worauf der Gerichtsdeputirte bei Abgebung der Gebote sehen müsse, §. 40. Vernehmen der Interessenten über das Meistgebot, und in wiefern der Zuschlag erfolgen müsse oder nicht, §. 41. sqq. u. [404]. §. 42. [405]. Von der Caution, §. 44. u. [406]. s. auch Zuschlag. Von dem Adjudicationsbescheide, §§. 58. 59. Gegen denselben findet kein Rechtsmittel Statt, §. 60. auch nicht wegen in der Taxe übergangener Pertinenzien, [407]. Wirkung der Publication desselben in Ansehung des Käufers, §. 61. s. auch Gefahr und Nutzung. Wenn derselbe mit der Zahlung nicht inne hält, muß auf seine Gefahr und Kosten eine anderweitige Subhastation erfolgen, §. 62. doch treffen ihn in der Zwischenzeit die bei dem Grundstücke sich etwa ereignenden Unglücksfälle, §. 63. Rechte der Gläubiger gegen den Käufer, wenn sie von ihrer Befugniß zur anderweitigen Subhastation keinen Gebrauch machen wollen, §. 64. u. §. 62 — 64. [408]. Von der Subhastation der Mobilien und Gerechtigkeiten, §. 65. insbesondre der Schiffe, [409]. 60. §. 230. [341 — 347]. s. übrigens Schiffe. Subhastation der Bergantheile und Hüttenwerke, 52. §. 65. [410]. Von freiwilligen Subhastationen, §. 66. sqq. Aus welcherlei Ursachen sie Statt finden können, §. 66. Was dabei in Ansehung der Taxe, der Bestimmung und Bekanntmachung der Termine zu beobachten, §§. 67. 68. s. auch Taxe. Verfahren, wenn sich die Extrahenten über die Förmlichkeiten der freiwilligen Subhastation nicht vereinigen können, §. 69. Wie es in Ansehung des Zuschlags zu halten, §. 70. sqq. u. §. 73. [411]. s. auch Zuschlag.

Was

Was bei der freiwilligen Subhastation der Güter der Pflegbefohlnen zu bemerken, I. 52. §. 74.

Subintrandi jus in Concursen, s. Gläubiger.

Substitution bei Vollmachten, in wiefern dieselbe nur mit ausdrücklicher Genehmigung des Machtgebers, oder ohne dieselbe geschehen könne, I. 3. §§. 55. 66.

Successor singularis, wie sich derselbe in Ansehung der Litisreassumtion zu verhalten habe, I. 20. §. 6. In wiefern gegen denselben die Execution Statt finde, 24. §. 7. Nur von einem Successor singularis kann ein Aufgebot unbekannter Realprätendenten nachgesucht werden, 51. §. 100.

Succumbenzgelder, denselben ist im Erkenntnisse auf den Fall des Unvermögens der Partei ein verhältnißmäßiger Arrest oder Leibesstrafe zu substituiren. — In wiefern Succumbenzgelder in der zweiten Instanz dem Appellationsgerichte zufallen, oder zwischen diesem und dem Richter erster Instanz getheilt werden. — Sie finden nicht eher Statt, als bis das Appellationserkenntniß rechtskräftig, oder in dritter Instanz bestätigt ist. — In Ansehung der in dritter Instanz bleibt es bei den bisherigen Verfassungen, I. 24. §. 49.

Sühneversuch, davon handelt I. 11. wird ernstlich empfohlen, und muß während der ganzen Instruction, besonders aber nach regulirtem Statu causae et controversiae, oder wenn er auch alsdann fehlschlüge, nach aufgenommenen Beweismitteln (im Schlußtermine, I. 12. §. 5. n. 1.) angestellt werden, §. 1. Dabei sind beiden Theilen, unter Vorbehaltung der bis dahin entwickelten Lage der Sache, Vergleichsvorschläge zu thun, §. 2. Es ist ihnen aber auf einer Seite gegen ihre klaren etwa bereits ausgemittelten Rechte nichts anzumuthen, §. 3. Auf der andern Seite müssen den etwa gegen einander aufgebrachten Parteien die aus der Sache selbst hergenommenen Bewegungsgründe zum Vergleich nachdrücklich vorgestellt werden, §. 4. Wenn bei dieser Gelegenheit ein Schuldner die Schuld selbst eingesteht, aber Zahlungsnachsicht verlangt, ist sofort das Specialmoratorium zu instruiren, §. 5. Nach obigen Vorschriften müssen sich sämmtliche richterliche Personen, denen Prozeßinstructionen obliegen, ganz genau achten. Uebrigens findet unter dem Vorwande der Vergleichungs-Unterhandlungen die Verlegung der Termine nur dann Statt, wenn sie von beiden Theilen ausdrücklich nachgesucht worden, §. 6. Die bei den Vergleichs-Unterhandlungen mit gegenwärtigen Rechtsbeistände müssen den Instruenten controlliren, ihn aber auch in seinen Bemühungen möglichst unterstützen, §. 7. Wie bei Abschließung eines zu Stande gebrachten Vergleichs zu verfahren, §. 8. sqq. S. übrigens Vergleich. Vom Sühneversuch bei Untergerichten, 25. §. 19. in Arrestsachen, 29. §§. 38. 39. muß das Gericht sich in Mercantil-Prozessen vorzüglich angelegen sein lassen, 30. §. 27. imgleichen die Schiedsrichter bei Assecuranz-Streitigkeiten,

sich angelegen sein lassen, die Gläubiger in Güte zu vereinigen, I. 50. §. 619. und, da während der Behandlungstractaten die Instruction der einzelnen Liquidate ununterbrochen fortgeht, im Inrotulationstermine damit einen nochmaligen Versuch machen, §. 620. Ist diese Bemühung fruchtlos, so werden die Acten zur Abfassung des Classificationsurtels und zu Schlichtung des Streits über einzelne Posten (§. 618.) in Beziehung auf den Vergleich vorgelegt, §. 621. Dagegen finden die gegen ein Classificationsurtel überhaupt zulässigen Rechtsmittel Statt, §. 622. Während derselben dauert das nach §. 597. sqq. regulirte Interimisticum fort, §. 623. Verfahren, je nachdem auf diese Rechtsmittel der Vergleich entweder bestätigt oder verworfen wird, §. 624. Von Behandlungen durch die Creditdirectionen, §. 625. sqq. Der Betrieb der Sache gehört in diesem Falle vor den Syndicus des Instituts §. 626. Zu dem nach §. 600. anzusetzenden Termine wird als Gehülfe des Gerichtsdeputirten, ein Deputirter des Creditsystems zugezogen, §. 627. Für dergleichen Verhandlungen mit der Creditdirection dürfen keine Sporteln angesetzt werden, §. 628. In wieweit ein in Concurs gerathenes adeliges Gut noch während des Concurses mit Pfandbriefen belegt werden könne, §. 629.

Summa appellabilis und revisibilis, s. Appellation ist unzulässig, Revision ist unzulässig.

Summariissimum, s. *Possessorium summariissimum*.

Superintendent ist eximirt, I. 2. §. 45.

Superrevision der Expeditionen, s. Präsident.

Suppletorium, s. Nothwendiger Eid.

Suppliciren, s. Beschwerden.

Suspension der Prozesse, s. Abwesender Krieg.

T.

Tafelgelder. Sie sind der Execution nicht unterworfen. I. 24. §. 106 — 108. [167]. s. Execution.

Tageszettel, s. Registratur.

Tauber ist, in sofern er nicht lesen kann, zur Ablegung eines Zeugnisses ganz unfähig, I. 10. §. 227. n. 3. Was der Richter zu beobachten habe, wenn ein Tauber einen Vertrag schliessen will, II. 3. §. 4. u. I. 10. §. 19. [73].

Taubstummer, der nicht lesen und schreiben kann, ist unfähig ein Zeugniß abzulegen, I. 10. §. 227. n. 4. in wiefern derselbe Verträge schließen könne, und wie bei Aufnehmung derselben zu verfahren, II. 3. §§. 6. 7. u. I. 10. §. 19. [73].

Tauf- und Trauatteste auch Begräbnißscheine, aus den Kirchenbüchern ertheilt, sind Documenta publica extrajudicialia, I. 10. §. 123.

Taxatoren, wie es mit Zuziehung derselben zur Abschätzung oder

oder Bonitirung bei Gemeinheitsaufhebungen zu halten, I. 43. §. 22. desgleichen bei Remissionsfällen, 44. §. 27. Welche Eigenschaften sie habe. müssen, 52. §. 19. desgleichen II. 6. §§. 4. 5. Zahl derselben, §.

Taxe bei nothwendigen Subhastationen, davon handelt I. 52. §. 11. sqq. soll in Silbercourant aufgenommen werden, [395]. hat bloß die Belehrung der Kauflustigen zum Endzweck, und es findet daher keine Vertretung derselben Statt, §. 12. Was bei Veranlassung der Taxation zu beobachten, §. 13. muß, wenn von adeligen Gütern die Rede ist, dem landschaftlichen Collegio der Provinz aufgetragen werden, §. 14. gehört, in sofern keine Pfandbriefe auf den Gütern haften, vor die ordentlichen Gerichte, [396]. welches die Taxe dem auftragenden Gerichte einzusenden hat, §. 15. Unterschied zwischen einer von der Landschaft zum Behuf der Subhastation, und einer bloß zur Bestimmung des auf ein Gut zu gebenden Credits aufzunehmenden Taxe, §. 16. s. auch Ehrenrechte. Wo kein Creditsystem errichtet, oder wenn das Grundstück kein adeliges ist, muß das subhastirende Gericht die Taxe selbst aufnehmen, §. 17. Eigenschaften der zu diesem Behuf zu ernennenden Commissarien, §. 18. welche sich dabei geübter Taxatoren bedienen, §. 19. und die Taxordnung der Provinz befolgen müssen. Wo dergleichen etwa noch nicht vorhanden wäre, muß das Landesjustizcollegium der Provinz einen Entwurf dazu anfertigen und nach genommener Rücksprache mit der Kriegs- und Domänenkammer, binnen Jahresfrist, von Publication der revidirten Prozeßordnung angerechnet, zur Genehmigung einsenden, §. 20. In wieweit bei Aufnehmung der Taxe auf das Wirthschaftsinventarium Rücksicht zu nehmen, §. 21. Von der verordneten Aufnehmung der Taxe muß das Gericht dem Besitzer, wenn derselbe gegenwärtig ist, §. 23. imgleichen den auf dem Grundstücke eingetragenen Gläubigern Nachricht geben, §. 23. Wenn die Subhastation im Concurse erfolgt, braucht nur das Decret ihrem Bevollmächtigten vorgelegt werden, §. 24. Bis vier Wochen vor dem letzten Licitationstermine können Erinnerungen gegen die Taxe gemacht werden, §. 26. auch wenn dieselbe von einer Landschafts- oder Creditdirection aufgenommen worden, §. 27. Bloße Pertinenzstücke werden von dem Richter, unter welchen sie gehören, taxirt, §. 9. Auch bei freiwilligen Subhastationen muß eine gerichtliche Taxe zum Grunde gelegt, §. 67. statt derselben kann indessen eine bloße Beschreibung des Grundstücks dem Subhastationspatente beigefügt werden, §. 68. Bei der Inventur findet in Ansehung unbeweglicher Sachen niemals eine Taxe Statt, II. 5. §. 50. Zu welchem Behuf gerichtliche Taxen aufgenommen werden, 6. §. 1. Gegenstände derselben, §. 2 muß unter Direction einer Gerichtsperson aufgenommen werden, §. 3. Eigenschaften der Taxatoren, §§. 4. 5. Wie viele derselben zuzuziehen, §. 6. Bekanntmachung des Abschätzungstermins an Interessenten, §. 7. Verfahren bei Aufnehmung der Taxe selbst,

II. 6.

II. 6. §. 8. Erfordernisse des darüber aufzunehmenden Protocolls, §. 9. Aus demselben muß der Commissarius ein Taxationsinstrument entwerfen und dem Gerichte einreichen, §. 10. welches unter dem größern Insiegel ausgefertigt wird, §. 11. I) Adelige Güter sollen allemal nach dem wahren Ertrage taxirt werden. — Weiteres Verfahren dabei, §§. 12. u. [437]. 13. Von der Taxe II) nicht adeliger Landgüter, je nachdem sie des Besitzers freies Eigenthum sind, oder nicht, §. 14. u. [438]. III) Häuser in den Städten können nicht nach dem bloßen Ertrage gewürdigt werden. — Verfahren dabei, §. 15. IV) Von der Taxe anderer Grundstücke, §. 16. V) der Gerechtigkeit, §. 17. VI) der Schiffe, §. 18. VII) beweglicher Sachen, §. 19.

Termin, wie weit derselbe hinauszusetzen, wenn ein Vagabunde edictaliter vorgeladen werden soll, I. 7. §. 15. Die Bestimmung der Termine in Prozeßsachen soll nicht den Secretairen überlassen werden, 8. §. 1. Der Termin zur Beantwortung der Klage oder Instruction der Sache soll nicht leicht unter vier oder über acht Wochen, von dem Dato des Decrets gerechnet, angesetzt werden. Worauf dabei überhaupt Rücksicht zu nehmen, §. 2. Was dabei zu beobachten, wenn abzusehen ist, daß die Verhandlung der Sache mehrere Tage erfordern werde, §. 3. Die Termine müssen mit den Assistenten oder Bevollmächtigten der Parteien verabredet werden, §. 4. Wie es zu halten, wenn der Termin aus Versehen auf einen Sonn- oder Festtag angesetzt worden, §. 5. u. [62]. Auf Einen Tag sind nicht mehrere Termine vor Einem Deputirten anzusetzen, §. 6. Jeder Deputirte, Assistent oder Bevollmächtigte muß sich den angesetzten Termin gehörig bemerken, § 7. Daß eine Partei ungehorsam ausgeblieben sei, ist nur alsdann anzunehmen, wenn sie in einem Vormittagstermine bis 12 und in einem Nachmittagstermine bis 5 Uhr sich nicht gemeldet hat, §. 8. Ein Termin in Prozeßsachen soll während der Gerichtsferien nicht angesetzt werden, III. 1. §. 62. indeß macht ein Fehler dagegen die Verhandlung nicht ungültig, [444]. Wechsel-, Alimenten-, Arrest- und andere dergleichen Sachen, wo Gefahr im Verzuge obwaltet, ausgenommen, §. 63.

S. übrigens: Edictalvorladung, Instructionstermin, Licitationshandlung, Schlußtermin, Verlegung der Termine.

Termini technici, s. Kunstwörter.

Testament kann vor jedem gehörig besetzten Gerichte errichtet werden, II. 1. §. 9. wann vor Militärgerichten, 2. §. 7. [418]. Ein Protocollführer ist dabei stets nothwendig, §. 16. [421]. Verfahren bei der Aufnahme des Testaments oder Codicills eines Wenden, §. 37. sqq. [422]. Verfahren, wenn dasselbe I) mündlich A) vor dem versammelten Gericht, 4. §. 3. B) vor einer Deputation errichtet, §. 4. oder II) schriftlich A) dem Gerichte, §. 5. oder B) einer Deputation übergeben werden soll, §. 6. Bei Aufnehmung der Testamente von Personen, welche der deutschen Sprache

nich

U.

nochmals alles Ernstes zu versuchen, I. 41. §. 83. Erkenntniß, §. 84. Rechtsmittel, §. 85. Die Festsetzung des ersten Urtels gilt als Interimisticum, §. 86. a. Wo besondere Provinzialgesetze über die Befugniß der Unterthanen, Erlaß der Dienste zu fordern, vorhanden sein sollten, muß das Prozeßverfahren diesen Vorschriften gemäß eingerichtet werden, §. 86. b.

Unmündige werden vor Gericht weder als Kläger noch als Beklagte zugelassen, I. 1. § 3. können, weil sie zur Ableistung eines Eides unfähig sind, nicht als Beweiszeugen, wohl aber der Erkundigung wegen abgehört werden, 10. §. 230. n. 13.

S. übrigens: Kinder, Minderjährige.

Unterbediente, s. Subalternen, auch Delegation.

Untergerichte sind alle diejenigen, welche keine Landesjustizcollegia sind, I. 25. §. 1. Sie werden in zwei Classen getheilt, §. 3. imgleichen III. 8. §§. 1. 2. Allgemeine Regeln von dem Verfahren bei Untergerichten der ersten Classe, I. 25. §. 4. Nähere Bestimmung wegen Abkürzung der Fristen, §. 5. wegen Regulirung des Status causae et controversiae, §. 6. wenn die Beweisaufnahme von der Erklärung eines dunkeln Gesetzes abhängt, §. 7. sqq. s. auch Gesetzcommission, wenn es bloß auf Applicationem legis ad factum ankömmt, §. 12. wenn es an einer gesetzlichen Vorschrift zu ermangeln scheint, §. 13. Von dem Recurs der Parteien an das Obergericht über die nicht ihrer Meinung gemäß geschehene Festsetzung des Status causae et controversiae, §. 14. sqq. s. auch Kosten, Manualacten, Strafe. Was Untergerichte wegen Abfassung der Erkenntnisse und der Anfragen an die Gesetzcommission zu beobachten habe, §. 19. Wenn dieselben zu bemerken glauben, daß es an einem anwendbaren Gesetze fehle, müssen sie die etwan erforderliche Anfrage dem Obergerichte überlassen, §. 20. Von Appellationen, §. 21. sqq. s. auch Appellationen bei Untergerichten. Von Revisionen, §§. 30. 31. s. auch Revision. Von Contumacialbescheiden, §. 43. Von Kosten, §. 44. In sofern Magisträte zu den Untergerichten der ersten Classe gehören, soll — wo möglich — die Bearbeitung der Justizsachen von den übrigen Angelegenheiten abgesondert werden, III. 8. §. 3. Besetzung der Untergerichte, §. 4. allgemeine Obliegenheiten, §§. 5. 6. Von Untergerichten der ersten Classe, §§. 7. 8. Diese dürfen Auscultatoren und Referendarien nach vorgängiger Prüfung und Bestätigung des Obergerichts annehmen, §. 9. welche aber nur in Subalternenposten oder kleinen Untergerichtsbedienungen ihre Versorgung suchen können, §. 10. Von dem Verfahren bei Untergerichten der zweiten Classe, I. 25. §. 45. sqq. Allgemeine Anweisung, §. 45. besonders wegen Abkürzung der Fristen, wegen des persönlichen Erscheinens der Parteien, §§. 46. 47. s. auch Ordnungsstrafen. Wie es zu halten, wenn eine Partei abwesend ist, §. 48. Auch bei kleinen Untergerichten müssen Protocollführer, §§. 49. 50. s. auch Protocollführer, oder Gerichtsbeisitzer zugezogen werden, §. 51. Von Bestellung der letztern,

letztern, II. 25. §. 52. s. auch Gerichtsschöppen, Polizeirathmänner. In welchen Fällen es der Protocollführer oder Gerichtsbeisitzer nicht bedürfe, §. 57 — 59. Rechtliche Folgen der unterbliebenen Zuziehung des Protocollführers oder der Gerichtsbeisitzer, §. 60. sqq. s. auch Nullitätsklage. Wie bei Anführung der Protocolle selbst zu verfahren, § 63. sqq. s. auch Zugeständniß. Von Appellation gegen die Erkenntnisse der Untergerichte zweiter Classe, §. 67. sqq. s. auch Appellation bei Untergerichten, Deduction, Manualacten. Von Revisionen, §. 82. Sie müssen die fiscalische Untersuchung wegen verbotenen Spiels einleiten, wenn der Denunciat bei ihnen seinen ordentlichen Gerichtsstand hat, 35. §. 34. [249]. Wann sie in Defraudationssachen die fiscalische Untersuchung führen, [260]. Bei Untergerichten der zweiten Classe können nur Rechtscandidaten als Protocollführer angenommen, diese aber in der Folge bei Obergerichten sogleich als Referendarien angestellt werden, III. 8. §. 11. Besondere Obliegenheiten eines Unterrichters der zweiten Classe, §§. 12, 13. Von der Aufsicht über die Untergerichte und von dem Verfahren, wenn Beschwerden gegen sie einkommen, s. Decernent, Justizvisitation, Präsident.

Unterofficiers und gemeine Soldaten stehen unter den Regimentsgerichten, I. 2. §. 48. stehen unter dem Untergerichte der Garnisonstadt, [13]. s. Militärpersonen. Gerichtsstand ihrer Ehefrauen, §. 88. und Kinder, wenn diese bei Civilpersonen in Dienste oder auf ein Handwerk gegeben worden, §. 97. Von deren Kostenfreiheit, 23. §. 42. sqq. u. §. 42. [143]. §. 43. [144]. auch in fiscalischen Untersuchungen, 35. §. 82. [260]. Von Injuriensachen, wenn ein Unterofficier oder gemeiner Soldat, Kläger, und eine Civilperson Beklagter ist, 34. §. 29. s. auch Injuriensachen. Wie es in fiscalischen Untersuchungen mit Vorladung eines zum Zeugen vorgeschlagenen im wirklichen Dienste begriffenen Unterofficiers oder Soldaten zu halten, 35. §. 62.

S. übrigens: Militärpersonen.

Unterpfand, s. Pfand, Pfandgläubiger, Pfandrecht.

Unterricht in Wissenschaften und Künsten, das Honorarium dafür wird in der sechsten Classe angesetzt, I. 50. §. 464.

Unterschrift oder Unterzeichnung der Protocolle, wie dabei zu verfahren, I. 25. §. 63. sqq. desgl. II. 2. §. 44. Die Juden dürfen sich bei ihren Namensunterschriften nur deutscher oder lateinischer Schriftzüge bedienen, 10. §. 19. [67]. Wie es bei Personen, welche nicht schreiben oder Geschriebenes lesen können, wegen eines von ihnen zu wählenden Beistandes zu halten, [68, 69]. Wann der Richter diesen von Amtswegen zuordnen muß, [70]. Wenn unter mehrern Litisconsorten Einer schreiben und Geschriebenes lesen kann, [71]. Partaien, welche bloß ihren Namen schreiben können, sind denen, die gar nicht schreiben können, gleich zu achten, [72]. Wie es zu halten, wenn die Partei das aufgenommene Protocoll nicht unterschreiben will, [74].

Unterstab, die dazu gehörigen Personen stehen unter den Regimentsgerichten, I. 2. §. 48. stehn mit ihren Frauen und Familien unter der Gerichtsbarkeit des Obergerichts der Provinz, [12].

Untersuchung, summarische, welche den, von den Regierungen in fiscalischen Contraventions- und Defraudationssachen abzufassenden, Resolutionen vorausgeht, s. Fiscalische Untersuchung, Regierungen.

Untersuchungen, fiscalische, s. Fiscalische Untersuchungen.

Unterthänige Landbewohner, Gerichtsstand ihrer Kinder, I. 2. §. 18.

Unterthanen können in Sachen ihrer Gutsherrschaft zwar als Beweiszeugen abgehört werden, ihre Aussage hat aber keine volle Glaubwürdigkeit, I. 10. §. 233. Gerichtsstand der Landesunterthanen, s. Exemtion, Gerichtsbarkeit, Gerichtsstand. Verfahren gegen ausgetretene Unterthanen und Vasallen, s. Confiscationsprozeß, Vasallen und Unterthanen.

Uebrigens: Hofwehr, Patrimonialgerichte, Saat-, Brod- und Futtergetreide.

Unterthanenprozesse, davon handelt I. 41. Was hier unter Unterthanenprozessen verstanden werde, §. 1 — 3. I) Von eigentlichen Dienststreitigkeiten, §. 4. 1) wenn die Unterthanen Kläger sind, muß die Klage bei demjenigen Gerichte, unter dessen Jurisdiction das herrschaftliche Gut belegen ist, §. 5. durch zwei oder drei von den streitigen Prästationen aus eigner Kenntniß unterrichtete Deputirte angebracht werden, §§. 6. 7. Zur Instruction der Sache sind in Geschäften dieser Art schon geübte mit einigen Wirthschaftskenntnissen versehene Subjecte zu verordnen, §. 8. Obliegenheiten des Instruenten bei Aufnehmung der Klage, §. 9 sqq. Verordnung auf die Klage, je nachdem sich beim Vortrage findet, daß das Anbringen der Kläger an sich widerrechtlich und ungegründet, §. 12. oder daß die Klage noch nicht vollständig aufgenommen, §. 13 — 15. oder, daß dabei nichts Wesentliches mehr zu erinnern ist, §§. 16. 17. In weitläufigen Sachen ist ein besonderer Termin zur Beantwortung der Klage anzusetzen, §. 18. Verfahren in diesem Termine, §. 19. In solchen Prozessen können weder von Seiten der Herrschaften noch Unterthanen bloße Justizcommissarien als Bevollmächtigte, wohl aber können sie als Assistenten der persönlich erscheinenden Parteien zugelassen werden, §. 20. Der Termin zur Beantwortung der Klage steht bei dieser Gattung von Prozessen unter keinem besondern Präjudiz an. Doch muß — wenn er vereitelt wird — der Beklagte in jedem Falle die aus der Verzögerung der Sache entstehenden mehreren Kosten allein tragen, §. 21. 2) Verfahren, wenn die Herrschaft Kläger ist, welche sich nicht selbst Recht nehmen, sondern

dern dergleichen Streitigkeiten der Entscheidung des competenten Gerichts überlassen muß, I. 41. §. 22. Die Klage wird gegen einzelne Unterthanen bei den Gerichten der Herrschaft angestellt. Wie es zu halten, wenn die ganze Gemeine verklagt werden soll, §. 23. s. auch Patrimonialgerichte. Verfahren, wenn in diesem letztern Falle die Klage bei dem Landesjustizcollegio angestellt wird, §. 24. sqq. Dergleichen Unterthanensachen müssen in der Regel auf Localinstruction gerichtet werden, §. 31. Ernennung des Instruenten in der Person eines Mitgliedes des Collegii, welchem ein geübter Referendarius zuzugeben, §. 32. oder eines auswärtigen Rechtsverständigen als Commissarius, §. 33. Wenn Sachverständige dabei zuzuziehen, und dem Collegio keine dazu tauglichen Subjecte bekannt sind, muß die Kriegs- und Domänenkammer, dergleichen in Vorschlag zu bringen, requirirt werden, §. 34. In wiefern Rechtsbeistände bei dieser Localcommission zuzulassen, §. 35. Bekanntmachung des Termins, §. 36. Im Termin selbst muß zuvörderst der Legitimationspunct berichtigt, sodann müssen einige seit geraumer Zeit in der Gemeine angesessene Wirthe zu Deputirten der Gemeine gewählt, §. 37. und beide Theile abgesondert, über die einzelnen Klagepuncte vernommen werden, §. 38. Dabei sind die Vorschriften des Tit. 10. und Tit. 11., unter folgenden nähern Bestimmungen, zu beobachten: 1) bei Regulirung des Status causae et controversiae muß der Commissarius, da in der Regel keine Rechtsbeistände gegenwärtig sind, mit desto größerer Sorgfalt zu Werke gehen. 2) Die Abhörung der Zeugen geschieht nicht in Gegenwart der Parteien. Doch sind die Justizcommissarien, wenn dergleichen zugelassen worden, davon nicht auszuschließen. 3) Den Rechtspunct nimmt der Commissarius von Amtswegen wahr. 4) Schriftliche Deductionen finden in der Regel nicht Statt, §. 39. Sachverständige kann der Commissarius, wenn deren Zuziehung erst während der Instruction nothwendig werden sollte, unmittelbar requiriren, §. 40. a. auch Zeugen, die im Orte oder in der Nähe befindlich sind, unmittelbar vorladen, §. 40. b. Wenn ein Beweismittel an dem Orte der Commission nicht aufgenommen werden kann, muß deshalb bei dem Collegio die nöthige Verfügung nachgesucht werden, §. 41. Ueber die einzelnen streitigen Puncte sind besondere Protocolle, §. 42. außer diesen Specialprotocollen aber ist ein Generalprotocoll über die Eröffnung der Commission, Berichtigung des Legitimationspuncts, Versuch der Sühne rc. zu halten, §. 43. Einreichung und Vorlegung der Acten, §. 44. Wie es zu halten, wenn das Collegium Deductionen zuläßig findet, §. 45. Das Erkenntniß ist vorzüglich zu beschleunigen, §. 46. Wie es mit der Publication des Urtels, §§. 47. 48. mit der Anmeldung und Aufnehmung der Appellationsbeschwerden, §§. 49. 50. und mit der Instruction des Appellatorii zu halten, §. 51. sqq. In der zweiten und dritten Instanz sind Deductionen schlechthin zuläßig,

I. 41. § 55. Anmeldung der Revision, §. 56. Publication des Revisionsurtels, §. 57. Die streitigen Dienste sollen, in sofern sie gewöhnlich sind, oder bisher von den Unterthanen verrichtet worden, auch während des Prozesses geleistet werden, §. 58. Diese während des Prozesses zu leistenden Dienste müssen aber besonders verzeichnet oder auf einen Kerbstock eingeschnitten, §. 59. und wenn das Erkenntniß der Unterthanen hienächst von diesen Diensten entbindet, muß die Vergütung derselben durch eine bloße Resolution festgesetzt werden, §§. 60. 61. Entschädigung der Herrschaft, wenn Dienstleistungen, die ihr wirklich zukommen, von den Unterthanen beharrlich verweigert worden, §§. 62. 63. Dergleichen Anspruch der Herrschaft ist als ein besonderer Prozeß zu instruiren, §. 64. II) Von Klagen auf Erlaß der Dienste, §. 66. sqq. s. Unmöglichkeit der Dienste. III) Von Klagen auf Exmission der Unterthanen, §. 87. sqq. s. Exmission der Unterthanen.

Untheilbar, dafür ist eine Sache zu achten, wenn sie Einem von mehrern Interessenten nicht zu Statten kommen kann, ohne zugleich den übrigen gewährt zu werden, I. 5. §. 4. n. 7. S. 102.

Untreue, wer derselben gerichtlich überführt worden, kann nicht als Beweiszeuge, wohl aber der nähern Erkundigung wegen abgehört werden, I. 10. §. 230. n. 15.

Urbarium, s. Dienstregister.

Urkunden, wie es mit deren Beibringung bei Aufnehmung der Klage zu halten, I. 5. §. 5. oder wenn noch bei Regulirung des Status causae et controversiae sich findet, daß irgendwo ein wesentliches Document vorhanden sei, 10. §. 53. Von dem Beweise durch Urkunden überhaupt handelt, §. 89. sqq. Zu welcher Zeit die Urkunden vorgelegt werden müssen, §. 90. Von der Edition, §. 91. sqq. s. Edition der Urkunden. Alle Urkunden müssen im Originale producirt werden, §. 110. In welchem Falle es der Vorlegung der Originale nicht bedürfe, §. 111. Verfahren, wenn ein Producent das Document, weil es mehrere nicht zur Sache gehöriger Stellen enthält, vollständig zu den Acten zu geben, Bedenken trägt, §. 112. In welchen Fällen es der Herbeischaffung desjenigen Documents, auf welches die producirte Urkunde sich bezieht, nicht bedürfe, §. 113. Urkunden in fremden Sprachen müssen durch einen vereideten Dollmetscher übersetzt werden, §. 114. Ueber die Gültigkeit der Urkunden in Ansehung der Form entscheiden die Gesetze des Orts, wo sie verbindliche Kraft erhalten haben, §. 115. Gesetzliche Folgen ihrer Mängel, §. 116. Widersprüche und Unvollständigkeit des Inhalts, §. 117. Correcturen, Rasuren rc. §. 118. Zerrissene oder zerschnittene Urkunden, §. 119. Zur eidlichen Bestärkung der vorsätzlich abhanden gebrachten Urkunden soll der Gegner jederzeit zugelassen werden, §. 120. Verfälschung der Urkunden wird nicht vermuthet, §. 121. Verfahren, wenn eine Partei behauptet,

behauptet, daß die zur Unterstützung ihrer Gerechtsame diene de Urkunde durch Zufall oder unabwendbare Gewalt abhanden gekommen, oder unleserlich geworden, I. 10. §. 122. Was unter öffentlichen, und unter öffentlichen gerichtlichen Urkunden zu verstehen, §. 123. 1) Von gerichtlich aufgenommenen, §. 124. 2) anerkannten Urkunden, §. 125. Beiderlei Urkunden bedürfen hienächst keiner fernern Recognition, §. 126. 3) Von öffentlichen außergerichtlichen Urkunden, §. 127 — 130. u. §. 127. [79]. s. auch Attest, Justizcommissarius als Notarius, Protocoll. Dergleichen Urkunden bedürfen zwar ebenfalls keine Recognition, doch ist über deren Mangelhaftigkeit oder Unrichtigkeit Beweis zulässig, §. 131. Durch Zweifel gegen die Glaubwürdigkeit einer öffentlichen Urkunde geht das Recht der Partei, sich dieser Urkunde in der Folge auch für sich zu bedienen, nicht verloren, §. 132. Eine bloße Privaturkunde muß dem Gegner zur Recognition vorgelegt werden, §. 133. Von Diffession der Urkunden, §. 134. sqq. s. Diffession, Diffessionseid. Von der Vergleichung der Handschriften, §. 149. a. sqq. s. Schreibmeister, Vergleichung der Handschriften. In wiefern die Urkunden dem Producenten zurückzugeben, oder bis zum rechtskräftigen Urtel bei den Acten zu behalten, § 157. Von der Beweiskraft der Privaturkunden, 1) überhaupt, §§. 158. a. b. 2) solcher die aus Archiven ꝛc. producirt werden, §. 158. c. 3) der Urbarien, Zinsregister, Matrikeln ꝛc. §. 159. 4) der Quitungen und Belege, §§. 160. 161. 5) der Hausbücher, §. 162. 6) der Handlungsbücher, §. 163 — 165 — 168. s. Handlungsbücher. Verfahren, wenn 1) zwischen mehrern Urkunden ein Widerspruch vorhanden ist, §. 332. 2) wenn die Glaubwürdigkeit einer Urkunde durch Zeugen angefochten wird, §. 394. oder 3) aus den Zeugenaussagen das Gegentheil der Urkunde folgt, §. 395. Pflichten des Referenten in allen diesen Fällen, s. Referent. Von der Restitution wegen neu aufgefundener Urkunden, s. Restitution.

S. übrigens die einzelnen Arten der Verträge und Urkunden, besonders Grundstücke, Verträge.

Urlaub, s. Reiseerlaubniß.

Urtel, s. Erkenntniß, Declaration, rechtskräftiges, s. Judicat, Nullitätsklage, Restitution.

Urtelsverfasser, s. Referent.

V.

Väterliche Gewalt, in wiefern die darunter stehenden Personen allein, oder nur unter Beitritt des Vaters vor Gericht erscheinen können, I. 1. §. 13 — 15. Die persönlichen Rechte solcher Dienstboten, welche der väterlichen Gewalt noch unterworfen sind,

werden

tion Statt, wie aus einem rechtskräftigen Urtel, I. 11. §. 13 (auch 24. §. 4.) Rechtliche Folgen eines ohne Grund ausgeschlagenen Vergleichs, § 14. Kosten desselben, 23. §. 21. u. [136]. Vergleich über künftige Verpflegungsgelder, s. Alimente. Von Vergleich in Concursen, und überhaupt, s. Sühneversuch.

Vergleichung der Handschriften, wenn dieselbe Statt finden soll, muß das ganze Instrument von dem Aussteller ge- und unterschrieben, I. 10. §. 149. a. also nicht bloß von ihm unterschrieben sein. In wiefern, wenn der Namensunterschrift mehrere Worte beigefügt worden, die Vergleichung der Handschriften Statt finde, §. 149. b. Wer sich dieses Beweismittels bedienen will, muß zuvörderst das juramentum calumniae beschwören, §. 150. Wie bei der Vergleichung der Handschriften selbst zu verfahren, §. 151. sqq. u. [80]. s. auch Schreibmeister. Die Sachverständigen müssen, nach geschehener Vereidigung, wenn ihrer mehrere sind, jeder abgesondert von dem andern die Vergleichung anstellen, und sodann umständlich zu Protocoll vernommen werden, §. 153. Was der Instruent zu beobachten habe, wenn die Sachverständigen in ihrem Gutachten unter einander nicht einig sind, §. 154. Ob und in wiefern die Richtigkeit der Handschrift durch Vergleichung ganz oder zum Theil erwiesen sei, bleibt dem künftigen Erkenntniß vorbehalten, §. 155.

Verhaftung, s. Personalarrest.

Verhandlung, s. Protocoll.

Verjährung, wenn die Beweiskraft der Handlungsbücher dadurch erloschen ist, muß der ganze Grund der Klage durch andere Beweismittel, außer dem Handlungsbuche, dargethan werden, I. 10. §. 168. Wie Zeugen über die Verjährung abgehört werden sollen, §. 197. Wirkung derselben bei verlorenen Pfandbriefen, 51. §. 140. Verträge über die Verjährung müssen, in sofern sie Grundstücke betreffen, vor dem Richter der Sache vollzogen werden, II. 1. §. 3. n. 2. a.

Verificationstermin im Concursprozeß, Zweck desselben, I. 50. §. 119. In welchem Falle deren mehrere anzusetzen, §. 120. Was in demselben geschehen müsse, §§. 121. 122. Ueber jede Forderung wird ein besonderes Protocoll aufgenommen, §. 123. Verfahren, je nachdem der Contradictor die Forderung eingeräumt oder nicht, §. 125. Die Gläubiger können auch gegen die von dem Contradictor eingeräumten Posten Einwendungen machen, §§. 126. 127. Wie es mit der Instruction solcher Forderungen zu halten, in Ansehung welcher es ungewiß ist, ob sie zur Hebung kommen werden, §§ 129. 130. Instruction der streitig bleibenden Posten, §. 131. sqq. Inrotulation, §. 140 — 142. s. auch Inrotulation.

Verkauf künftiger Sachen, s. Künftige Sachen.

Verlassenschaftsinventur, Verfahren, wenn der Testator

stator bei der Auf- oder Annahme des Testaments dieselbe verbittet, II. 4. §. 7. In wiefern dieselbe auf den Antrag eines Erben, oder von Amtswegen zu verfügen, 6. §. 40. muß durch eine Gerichtsperson mit Zuziehung eines Protocollführers vorgenommen werden, §. 43. s. auch Dorfgerichte, Justizcommissarius, Polizeimagisträte. Wie bei der Inventur des Nachlasses der Militärpersonen zu verfahren, §. 44. wer dabei zuzuziehen, §§. 45. 46. Verfahren bei Inventuren überhaupt, §. 47. insbesondere bei Zubehörungen, §. 48. bei Häusern, Landgütern und andern unbeweglichen Sachen, §. 50. s. auch Taxe, bei Urkunden und Briefschaften, §. 51. bei den auf dem Nachlaß haftenden Schulden, §. 52. Erfordernisse des über die Inventur aufzunehmenden Protocolls, §. 54. Verfahren, wenn der Verstorbene an mehr als Einem Orte Vermögen zurückgelassen hat, §. 55. Folgen der Verabsäumung obiger Vorschriften für den Inventurcommissarius, §. 56.

S. übrigens: Inventur im Concursprozeß.

Verlautbarung, s. Grundstücke, Verträge.

Verlegung des Termins, wie und unter welchen Umständen dieselbe von dem Beklagten nachgesucht werden könne, I. 8. §. 20. sqq. s. auch Justizcommissarius, Ordnungsstrafen, wegen eines Hindernisses in der Person des Bevollmächtigten, §. 30. oder des Instruenten findet nicht Statt, §. 31. In welchen Fällen und unter welchen Bestimmungen Verlegung des Instructionstermins zulässig sei, §. 45. sqq. des Instructionstermins in zweiter Instanz auf den Antrag des Appellanten findet in der Regel nicht Statt, 14. §. 54. auf den Antrag des Appellanten, dabei finden die Vorschriften des Tit. 8. §. 20. sqq. Anwendung, §. 55. Eine Verlegung des zur Untersuchung der noch in der Execution gemachten Einwendungen angesetzten Termins findet auf den Antrag des Provocanten niemals Statt, 24. §. 39. Termine in Wechselsachen können nicht verlegt werden, 27. §. 16. welche Vorschrift auch im Executivprozeß Anwendung findet, 28. §. 4. In wiefern in Arrestsachen auf den Antrag des Klägers, 29 § 67. oder im Mercantilprozeß eine Verlegung des Instructionstermins Statt finde, 30 §. 18. Wegen bloß persönlicher, und in der Regel auch wegen Amtsverhinderungen, sind den Fiscalen in fiscalischen Civilprozessen keine Prorogationsgesuche zu gestatten, 35. §. 7. Wenn auf Einsetzung eines Vormundes geklagt worden, findet keine Verlegung des Termins Statt, 39. §. 15. Auch kann der Termin zur Anlegung eines vorläufigen Liquidi zwischen dem Verpächter und dem Pächter auf einseitiges Gesuch des letztern nicht verlegt werden, 44. §. 17. welches auch bei Klagen des Verpächters auf Exmission der Fall ist, §. 39.

Verletzung, deren Beweis soll gegen ein abgeleistetes Juramentum in litem nicht zugelassen werden, I. 22. §. 26.

Ver-

Verletzung gerichtlicher Siegel, s. Siegel.

Verlobte können zwar nicht als Beweiszeugen für einander aufgestellt, wohl aber der nähern Erkundigung wegen vernommen werden, I. 10. §. 228. n. 6.

Vermächtniß, welches der Gemeinschuldner ausgesetzt hat, wird post omnes locirt, I. 50. §. 481.

Vermessung und Bonitirung bei Auseinandersetzung der Gemeinheiten, davon handelt I. 43. §. 20. sqq. s. auch Feldmesser, Karte.

Vermessungsregister; wie es mit dessen Vorlegung bei Gemeinheitsauseinandersetzungen zu halten, I. 43. §§. 26. 27.

Vermiether, s. Verpächter.

Vermögen. Von den Ansprüchen des Fiscus an das Vermögen Ausgetretener, s. Confiscationsprozeß. Dies geht auch gegen Minderjährige, I. 36. §. 6. [268]. und gegen ausländisches Vermögen, §. 30. [272].

Vermuthung. Der für einen Ort oder District zunächst bestellte Richter hat die Vermuthung der dinglichen Gerichtsbarkeit über alle in diesem Orte oder Bezirke befindliche Sachen für sich, I. 2. §. 5. Von allen Eximirten gilt die Vermuthung, daß sie unter dem Obergerichte der Provinz stehen, §. 77. Der Gerichtsbote hat die Vermuthung der gehörig vorgenommenen Insinuation für sich, 7. §. 10. Die Vermuthung, wodurch der Irrthum ausgeschlossen wird, hat ein gerichtliches, wiewohl in einem andern Prozesse erfolgte Zugeständniß in einem höhern Grade für sich, als ein bloß außergerichtliches, 10. §. 88. b. Die Verfälschung einer Urkunde wird nicht vermuthet, §. 121. In wiefern durch bloße Abschriften gerichtlicher Urkunden eine rechtliche Vermuthung begründet worden, §. 124. Wenn die Instruction der Beweismittel ganz fruchtlos gewesen, müssen rechtliche Vermuthungen den Ausschlag geben, 13. §. 27. und wenn deren keine andere vorhanden sind, so gilt der Satz, daß keine Thatsache und keine Veränderung vermuthet wird, §. 28. daher auch nicht vermuthet wird, daß Jemand verheirathet gewesen sei, und Kinder erzeugt habe, [106].

Vernehmung der Zeugen, s. Zeugenabhörung.

Verordnung auf die Klage, s. Klage, auf die Beantwortung der Klage, s. Beantwortung der Klage.

Uebrigens: Insinuation, Vorladung.

Verpachtung der Güter soll in Concursfällen in der Regel nicht Statt finden, I. 50. §. 249. jedoch entscheidet die Mehrheit der Gläubiger darüber, [349]. In wiefern die Verpachtung der Landgüter vor Gericht oder vor einem Justizcommissarius als Notarius vollzogen werden müsse, II. 1. §. 10. n. 3.

S. übrigens: Sequestration.

Verpächter und Vermiether sind im Concurse in Ansetzung

sehung ihrer aus dem Pacht- oder Miethscontracte entspringenden Ansprüche an den Gemeinschuldner den Pfandgläubigern gleich zu achten und werden in der zweiten Classe angesetzt, I. 50. §. 382. a. Ihnen sind auch die Gastwirthe wegen Bezahlung für Quartier und Bewirthung gleich gesetzt, [359].

S. übrigens: Erbverpächter, Hofwehr.

Verpflegungsgelder, s. Alimente.

Verschollener, wenn derselbe belangt werden soll, ist die Klage gegen dessen Vormund zu richten, I. 1. §. 8. u. I. 37. §. 3. [282]. Von der Vorladung der Verschollenen zum Behuf der Todeserklärung handelt, 37. s. auch Abwesender, Edictalvorladung, Todeserklärung.

Verschreibung. So heißt ein einseitiges Instrument, I. 28. §. 1. [189].

Verschwender können unter Beitritt ihrer Vormünder vor Gericht erscheinen, I. 1. §. 4. sind zwar als Beweiszeugen zuzulassen, ihren Aussagen kann aber keine volle Glaubwürdigkeit beigelegt werden, 10. §. 233. n. 1. Die Eidesdelation muß an deren Vormünder gerichtet werden, §. 261. Von der Vorladung unbekannter Gläubiger eines Verschwenders handelt, 51. §. 172. sqq. Welche Wirkung die Vorladung haben könne, §. 173. Welcher Nachtheil den sich nicht meldenden Gläubigern bevorstehe, §. 174. Die Vorladung ergeht eigentlich nur an diejenigen Gläubiger, welche sich bisher noch nicht gemeldet haben, §. 175. Dem Curator steht jedoch frei, auch auf Vorladung der ihm bekannten Gläubiger anzutragen, zwischen welchen und dem Curator das Verfahren des Diffamationsprozesses Anwendung findet, mit dem Unterschiede, daß diese Provocation nicht in dem Gerichtsstande des Diffamenten, sondern bei dem ordentlichen Richter des Curanden angebracht werden muß, §. 176. Die Bekanntmachung der Edictalvorladung geschieht in der Regel mit der Bekanntmachung der Prodigalitätserklärung zugleich und in Einer Verordnung, §. 177. Verfahren im Termine, §. 178.

S. übrigens: Prodigalitätserklärung.

Versiegelung des Mobiliarvermögens muß sogleich erfolgen, wenn die Execution in das Vermögen des Wechselschuldners nachgesucht wird, I. 27. §. 47. wem dieselbe in Concursfällen aufzutragen, 50. §. 195. Was der Commissarius dabei zu beobachten habe, §. 196. besonders wenn der Gemeinschuldner ein Kaufmann oder Fabrikant ist, §. 197. Wann und wie in diesem Fall eine Administration einzuleiten, s. Activmasse. In diesem Falle sollen die zum Verkauf auf Messen oder Jahrmärkte gebrauchten Waaren nicht versiegelt werden, §. 198. Verfahren bei Versiegelung auf einem Landgute, §. 199. besonders wenn das Gut verpachtet ist, §. 200. In wieweit die Versiegelung auf einem schon unter Administration stehenden Gute Statt finde, §. 202. Was in dem Protocoll über die Versie-

Versiegelung enthalten sein müsse, I. 50. §. 203. Diejenigen, welche vor eröffnetem Concurse die Versiegelung oder Auspfändung des dem Gemeinschuldner zugehörigen Mobiliarvermögens extrahirt haben, werden in der fünften Classe angesetzt, §. 447. In welchen Fällen der Nachlaß eines Verstorbenen von Amtswegen versiegelt werden müsse, II. 5. §. 4. sqq. Was dabei zum gerichtlichen Depositum zu nehmen, §. 5. [432]. In wiefern die Versiegelung eines solchen Nachlasses Statt finde, in dessen Besitz sich bereits der Erbe befindet, §. 9. Was in diesem Falle zu beobachten, §. 10. In wiefern Erbschaftsgläubiger darauf antragen können, §. 11. Verfahren dabei, wenn mehrere Erben vorhanden sind, und die gesetzlichen Gründe zur Versiegelung nur gegen einige derselben eintreten, §. 13. Die Versiegelung kann in der Regel nur von dem persönlichen Richter des Erblassers verfügt werden, §. 14. Nähere Bestimmungen für den Fall, wenn das Gericht nicht an dem Wohnorte des Erblassers seinen Sitz hat, §. 15. Die Versiegelung muß in Ansehung des Nachlasses der Eximirten in Provinzen von beträchtlichem Umfange außerhalb desjenigen Ortes, wo das Obergericht seinen Sitz hat, in Fällen, wo sie von Amtswegen zu veranlassen ist, von den Commissariis perpetuis oder den Magisträten und Gerichten vorgenommen werden, §. 16. Besonderes Verfahren bei der Versiegelung des Vermögens oder Nachlasses eines Regierungsofficianten, [433]. In wiefern die Versiegelung des Nachlasses der Militärpersonen von den Kriegs- oder von den Civilgerichten zu veranlassen, §. 17. jetzt gebührt sie den Civilgerichten, unter welchen der Verstorbene bei seinem Tode gestanden hat, [434]. Von Ueberlieferung der Montirungs- und Equipagestücke eines verstorbenen Officiers an dessen Chef, [435]. Wie es dabei zu halten, wenn der Verstorbene sich im Felde oder auf Commando befand, §. 18. Rechte und Verbindlichkeiten des competenten Richters in Ansehung der Versiegelung und Entsiegelung, je nachdem die erstere von dem incompetenten Richter ohne gesetzlich gegründete Veranlassung, oder auf den Grund gesetzlicher Vorschriften (§§. 15. 16.) veranlaßt worden, §. 21. Die Versiegelung ist, wenn sie von Amtswegen Statt findet, ohne den mindesten Zeitverlust zu verfügen, §. 22. Wenn die Verbindlichkeit zur Anzeigung eines Todesfalles obliege, §. 23. Die Versiegelung kann durch Eine Gerichtsperson, jedoch mit Zuziehung der im Hause befindlichen Verwandten rc. geschehen, §. 24. Verfahren dabei, §. 25. besonders in Ansehung der außer der Sperre zu lassenden Sachen, §. 26. und in Ansehung solcher Sachen, die dem Verderben ausgesetzt sind, §. 27. Verfahren bei Versiegelungen auf einem Landgute, §. 28. Eine zum Nachlaß gehörende Kaufmannshandlung darf nicht versiegelt werden, §. 29. Wie es in Ansehung des Nachlasses der Professionisten und Handwerker, und anderer gewerbetreibender Personen, §. 30. imgleichen dann zu halten, wenn die Versiegelung bloß deshalb

verfügt

verfügt worden, weil der Verstorbene ein öffentlicher Bedienter war, II. 5. §. 31. Verfahren, wenn bei der Versiegelung Testamente oder Recognitionsscheine vorgefunden werden, §. 32. Erfordernisse des Protocolls über die Versiegelung in Nachlaßfällen, §. 33. Vorsichtsregeln bei Anlegung und Verwahrung der Siegel, §. 34. Wie es in der Zwischenzeit bis zur Wiederaufsiegelung zu halten, §. 35.

S. übrigens: Wiederaufsiegelung.

Versprechungseide außergerichtliche sollen Privatpersonen einander nicht abfordern, I. 10. §. 248.

Versuch der Güte, s. Sühneversuch.

Vertheidigung, weitere, s. Weitere Vertheidigung.

Vertheilung der Masse bei Concursen, davon handelt I. 50. §. 489. sqq. insbesondere von Vertheilung I) der Immobiliarmasse, §. 493. A) in Ansehung der Einkünfte, §. 494. Verfahren bei der Vertheilung derselben, §. 504. sqq. B) in Ansehung der Substanz, §. 509. sqq. §. 511. [370]. Verfahren dabei, §§. 518. 519. Entscheidung einiger besonderer dabei vorkommender Fälle, §. 520. sqq. II) Von Vertheilung der gemeinen Masse, und was zu derselben gehöre, §. 524. Aus derselben werden alle diejenigen Gläubiger befriedigt, welche nicht als Realgläubiger anzusehen sind, §§. 525. 526. §. 611. 527. [370]. s. auch Eigenthumsforderungen, Pfandgläubiger. Allgemeine Grundsätze bei Vertheilung der gemeinen Masse, §. 529. s. auch Communkosten. Von der Vertheilung selbst, A) wenn kein Grundstück zur Masse gehört, 1) vorläufige Vertheilung, §. 538. sqq. 2) Finaldistribution, §. 548. sqq. s. auch Activcapitalien, Distributionsplan, Distributionsurtel. B) wenn ein Grundstück zur Masse gehöret, und 1) dasselbe verkäuflich, §. 561. sqq. 2) wenn es an sich unverkäuflich, §. 567. sqq. 3) wenn es zwar verkäuflich ist, sich aber kein Käufer findet, §. 581. sqq. s. auch Subhastation.

Verträge, in wiefern der Gerichtsstand des geschlossenen Vertrages begründet, und was in Ansehung desselben Rechtens sei, I. 2. §. 148. sqq. Verträge des Gemeinschuldners vor eröffnetem Concurse, sind an und für sich gültig, 50. §. 42. Einschränkung, §. 43. sqq. a) in Ansehung eines Gläubigers, §. 44. sqq. b) in Ansehung eines Dritten, 1) wenn dabei eine Schenkung zum Grunde gelegen, §. 48. sqq. s. auch Schenkung. 2) wenn etwas an denselben auf den Grund eines lästigen Vertrages weggegeben oder veräußert worden, §. 53. je nachdem die Insolvenz des Gemeinschuldners dem fremden Contrahenten nicht bekannt gewesen, §. 54. oder derselbe darum gewußt hat, §. 55. sqq. Welche Verträge vor dem gehörigen Gerichte vollzogen werden müssen, II. 1. §. 3. In wiefern Verträge über Domänenpertinentien zu verlautbaren sind, §. 3. I. n. 1. [412]. In wiefern es der Verlautbarung nicht mehr bedarf, wenn Verträge über Immobilien aufgenommen sind bei dem

Gerichte

Gerichte der Sache, [413], oder vom Commissarius des Realrichters, [414]. Durch öffentliche Behörden ausgestellte und besiegelte Urkunden bedürfen dabei keiner gerichtlichen Beglaubigung, II. 1. §. 5. [415]. s. auch Dienstregister, Erbpacht, Grundstücke, Pfandrecht, Verjährung. Von Verträgen über das Eigenthum eines Seeschiffes, §. 5. Welche Verträge vor dem ordentlichen persönlichen Richter vollzogen werden müssen, §. 6. u. §. 6. n. 1. [416]. s. auch Alimente, Altentheil, Familienstiftungen, Gütergemeinschaft, Väterliche Gewalt, (Entlassung aus derselben) Wechselfähigkeit, (Ertheilung der Certificate darüber). Von dem Obergerichte der Provinz muß eine Ehe zur linken Hand, und eine Annahme an Kindesstatt bestätigt werden, §. 7. Die Legitimation unehelicher Kinder, imgleichen die Majorennitätserklärung ist in der Regel bei Hofe nachzusuchen, §. 8. Welche Verträge von jedem gehörig besetzten Gerichte vollzogen werden können, §. 9. s. auch Blinde, Bürgschaften, Eheleute, Einkindschaft, Erbschaftskauf, Erbschatz, Erbvertrag, Künftige Sachen, (Verkäufe derselben), Schenkungen, Stumme und Taube, Testamente. Vor Gericht oder vor einem Justizcommissarius als Notarius, müssen die Verträge derjenigen, welche nicht schreiben können, oder der Sprache, in welcher der Contract abgefaßt werden soll, nicht mächtig sind; ferner alle Urkunden, welche auch ohne vorhergegangene Recognition Beweiskraft haben sollen ꝛc. (s. auch Eheberedungen, Ehegelöbnisse, Schuldinstrumente, Verpachtung) vollzogen werden, §. 10. Was die unterlassene Befolgung dieser Vorschriften bewirke, §. 11. Die Art der Vollziehung aller übrigen Verträge hängt von den Contrahenten ab, §. 12. Von dem Verfahren bei Aufnehmung und Bestätigung der Verträge und anderer Verhandlungen unter Lebendigen, 3) besondre Vorschriften hierbei, wegen Veräußerung von Grundstücken der Stadtgemeinen, [424]. wegen Verträge über Grundstücke, bei welchen sich Bergwerke befinden, [425], wegen der Strafe der Justizofficianten, welche bei Verträgen über Grundstücke zugezogen sind, und nicht dafür sorgen, daß solche Verträge binnen 14 Tagen nach der Naturalübergabe der Hypothekenbehörde angezeigt werden, [426]. I) Aufnehmung der Verträge, §. 2. A) Was dabei zu beobachten, wenn einer der Contrahenten mit einem solchen Naturfehler behaftet ist, wodurch die Deutlichkeit und Gewißheit seiner Willensäußerung zweifelhaft bleiben könnte, 3. §. 3. insbesondere a) bei Tauben, §. 4. u. I. 10. §. 19. [73]. b) bei Stummen, II. 3. §§. 5. 6. u. I. 10. §. 19. [73]. c) bei Taubstummen, II. 3. §. 7. u. I. 10. §. 19. [73]. d) bei Blinden, II. 3 §. 8. u. I. 10. § 19. [73]. e) bei Leuten, die zuweilen ihres Verstandes nicht mächtig sind, II. 3. §. 9. B) was in Ansehung des Inhalts zu beobachten, §. 10. s. übrigens: Bürgschaft, Ehepacten, Gütergemeinschaft, Kaufcontract,

Pacht=

Pachtcontract, Pfandvertrag, Schenkung, Vollmacht. Verfahren bei Aufnehmung anderer Arten der Verträge, II. 3. §. 20. II) Confirmationen der Verträge, §. 21. a) wenn der Vertrag nur außergerichtlich, §. 22. b) wenn er gerichtlich geschlossen worden, §. 23. Wie viele Exemplare zu expediren sind, hängt von der Bestimmung der Parteien ab, §. 24. III) Einseitige actus inter vivos, §. 25, IV) Gerichtliche Recognitionen, §. 26. Wenn in dem, über die gerichtliche Recognition ausgefertigten, Attest keine Erwähnung von dem darüber besonders aufgenommenen Protocoll geschehen ist, so zieht dies gleichwohl die Nichtigkeit des Recognitionsacts nicht nach sich, [427]. V) Vidimationen, §§. 27. 28. VI) Renovationen, §. 29.

S. übrigens: Freiwillige Gerichtsbarkeit, (Handlungen derselben).

Vertretung des Gewissens durch Beweis, dadurch kann die Recognition oder Diffession einer Urkunde nicht abgelehnt werden, I. 10. §. 175. In wiefern sie gegen Eidesdelationen Statt finde, §. 255.

Verwalter und Administratoren, müssen Verordnungen an den Eigenthümer annehmen, I. 7. §. 22.

S. übrigens: Sequestrationen.

Verwandte eines abwesenden Cantonisten. Unter welchen Bedingungen sie die Todeserklärung desselben nachsuchen können, I. 36. §. 23. [270].

Verzichtleistung auf die, in Ansehung der Gehaltsabzüge im Wege der Execution den Beamten zugestandenen, Rechtswohlthaten ist unstatthaft, I. 24. §. 106 — 108. [163]. s. auch Execution.

Verzug, s. *Mora.*

Vicarius ist eximirt, I. 2. §. 45.

Vidimation, wie dabei zu verfahren, II. 3. §. 27. besonders wenn die vidimirte Abschrift die Stelle des Originals vertreten soll, §. 28.

Vieh- und Feldinventarium, s. Wirthschaftsinventarium.

Viehsterben, s. Remission.

Vindication, s. Eigenthumsforderung.

Vollmacht einer Frauensperson, in wiefern es dabei der Zuziehung eines Geschlechtsvormundes bedürfe oder nicht, I. 1. §§. 28, 29. In wiefern ein Assistent derselben bedürfe, 3. §. 20. Derselben bedarf es nicht für die einem Mandatarius von den Parteien etwa zugeordneten Personen, §. 24. Zu deren Beibringung ist eine verhältnißmäßige Frist zu bestimmen, §. 28. Wenn sie nicht beigebracht werden kann, ist die geschehene Verhandlung für nicht erfolgt zu achten, § 29. Was die Vollmacht enthalten müsse, §. 30. Wozu der Bevollmächtigte durch eine solche Vollmacht befugt und verbunden werde, §. 31. Umfang einer Vollmacht im Concursprozesse, §. 33. In wie-

wiefern es zur Widerklage keiner neuen Vollmacht bedürfe, I. 3 §. 34. Von der in Possessorio summariissimo kann in dem nachfolgenden Prozesse über die Hauptsache, kein Gebrauch gemacht werden, §. 35. Muß allemal schriftlich ertheilt werden, §. 36. und bei Vollmachten der Stadtverordneten muß ein Zeugniß des Magistrats hinzutreten, § 36. [46]. Dazu müssen die Parteien sich der gehörigen gedruckten Formulare bedienen, §. 37. s. auch Justizcommissarius. Erfordernisse der Vollmacht einer Stadt- oder Dorfgemeine, §. 40. sqq. u. [47] eines Collegii oder Magistrats, §. 44. einer geistlichen Gesellschaft, §§. 45 46. einer Kirche, Schule oder milden Stiftung, §§. 47. 48. s. auch Vorsteher der Gilden oder Gewerke, §. 49. für Fiscäle, §. 50. s. auch Fiscal, Fiscalischer Civilprozeß, welche Vormünder ausstellen, s. auch Vormund, § 51. sqq. Wie zu verfahren, wenn mangelhafte Vollmachten eingereicht werden, §. 54. Von Substitutionen, §§ 55. 56. Jede Vollmacht verliert durch den Tod des Bevollmächtigten ihre Kraft, § 57. Verfahren des Gerichts in diesem Falle, §. 58. Durch den Tod des Machtgebers wird die Vollmacht nicht aufgehoben. Was die Gerichte in diesem Falle zu beobachten haben, §. 59. sqq. Der Machtgeber kann die Vollmacht zu jeder Zeit widerrufen, §. 62. und der Bevollmächtigte aufkündigen, welches jedoch nicht zur Unzeit geschehen muß, §. 63. sqq. Die Verhältnisse zwischen dem Machtgeber und dem Bevollmächtigten werden, in sofern die Gerichtsordnung keine Auskunft darüber giebt, durch die Vorschriften des allgemeinen Landrechts bestimmt, §. 67. Falsche Vollmachten bewirken eine Nullität der ganzen Verhandlung, und der falsche Bevollmächtigte muß Schaden und Kosten erstatten, §. 68. wird auch wegen des dabei verübten Falsi bestraft, § 69. Eine jede Partei kann zwar darauf antragen, daß auf ihre Kosten die Vollmacht dem Aussteller zur Recognition vorgelegt werde, doch muß sie in der Zwischenzeit die Verhandlung mit dem Bevollmächtigten fortsetzen, §. 70. Verfahren bei Aufnehmung gerichtlicher, besonders Generalvollmachten, II. 3. §. 16. Zu einem Gesuch, um Zurückgabe eines Testaments, bedarf es nur einer gewöhnlichen, zur Zurücknahme selbst aber einer Specialvollmacht, 6. § 9. Eine Vollmacht, um bei der Confirmation eines Vertrages zugegen zu sein, muß vor einem Justizcommissarius als Notarius vollzogen werden, III. 7. §. 60.

S. übrigens: Bevollmächtigter, Justizcommissarius als Notarius.

Vollstreckung des Urtels, s. Execution.

Vorbehalt des Eigenthums, bewirkt in Concursen kein Vorzugsrecht, I. 50. §. 388.

Vorhaltung, bei Zeugeneiden, I. 10. §. 188. [81]. bei gerichtlichen Eiden, §. 3?. [96].

Vorladung oder andere gerichtliche Verordnungen, Erfordernisse

nisse derselben in Ansehung des Styls, I. 7. §. 1. sind, auch wenn sie an Partheien im Auslande erlassen werden, in deutscher Sprache abzufassen, [51]. an Regierungsofficianten oder der Regierung untergeordnete Beamten mit Benachrichtigung der unmittelbar vorgesetzten Behörde, [52]. an eine moralische Person wird nomine collectivo abgefaßt, §. 2. der unter Vormundschaft oder väterlicher Gewalt stehenden Personen, wird an den Vormund oder an den Vater gerichtet, §. 3. s. auch Geschlechtsvormundschaft. Von Insinuation der Vorladungen, und der Wirkung der gehörig insinuirten Vorladungen, s. Insinuation. Von Vorladung der Partheien zum Klagebeantwortungstermin, 6. §. 14. u. [50]. zum Instructionstermin, 9. §. 41. sqq. im Executivprozeß, 28. §. 4. [193]. Von Vorladungen Fremder in Injuriensachen, 7. §. 12. [53]. Von Vorladungen der Militärpersonen: a) bei Unterofficieren und gemeinen Soldaten durch den Compagnie- oder Escadronschef, §. 19. sqq. [54]. b) bei Officieren durch die Regiments-, Bataillons- oder andern Chefs, [55]. Vorladungen durch die Post, §. 26. [56]. Vorladung des Fiscus durch das Präsidium der Regierungen, §. 28. [57]. Vorladung der Seehandlungssocietät, §. 29. [58]. Von Vorladungen in fiscalischen Untersuchungssachen, 35. §. 34. [253]. §. 41. [256]. Von Vorladungen im Confiscationsprozeß, 36. §. 30. sqq. Termin zur Bekanntmachung, §. 31. wenn der Aufenthalt des Beklagten unbekannt ist, §. 32. wenn der bekannte Aufenthalt des Beklagten außer Deutschland, oder gar außerhalb Europa wäre, §. 33. Von Vorladungen Ausgetretener, die sich befinden in Rußland, §. 32. [273]. in Nordamerika oder in England, §. 33. [274]. Von Vorladung mehrerer Ausgetretener zusammen, §. 35. [275]. s. auch Cartellconvention. Von Vorladungen im Concursprozeß, 50. §. 98. sqq. u. §. 6. [316]. §. 100. [322]. §. 105. [323, 324]. durch specielle Verordnungen, §. 101. sqq. Edictalvorladung, §. 107. sqq. Vorladung des Gemeinschuldners, §. 114. des Contradictors und der Gläubiger in der Appellationsinstanz, §. 182. Vorladung der Gläubiger, wenn der Gemeinschuldner unter andern Gerichten Vermögen besitzt, §. 650. sqq. Von Vorladungen bei Subhastationen, s. Subhastationsprozeß. Präjudiz der Vorladung, wenn Urkunden renovirt werden sollen, II. 1. §. 29. S. 60. Die Vorladung zu einem Abschätzungstermin ist bloß monitoria, 6. §. 7. S. übrigens: Edictalvorladung, imgleichen die einzelnen Gattungen des Prozesses.

Vorläufige Vernehmung der Zeugen. Wann sie zur Begründung einer fiscalischen Untersuchung Statt findet, I. 35. §. 40. [255].

Vorlegung der Acten zum Spruch in erster Instanz, I. 12. §§. 20. 21. Wann dabei die Partheien die Uebergehung der zweiten, oder der zweiten und dritten Instanz verlangt haben. §. 20. [100].

[100]. s. Instanz. Wann Militärinstitute dabei schriftliche Gutachten vorbringen können, [101].

Vorlesung des Protocolls, s. Protocoll.

Vormund, welche Personen durch denselben vor Gericht vertreten werden müssen, I. 1. §. 9. s. auch Bevormundung. Wenn die Ehefrau den Beitritt ihres Ehemanns bedarf, muß, wenn dieser unter Vormundschaft steht, dessen Vormund zugezogen werden, §. 17. Von Vollmachten, die Vormünder oder Curatoren ausstellen, 3. §§. 51. 52. und wie sie sich, wenn sie selbst vor Gericht erscheinen, legitimiren müssen, §. 53. Von dem Vormunde kann der Editionseid gefordert werden, 10. §. 96. wohin Vormünder den Diffessionseid abzuleisten haben, §. 141. Wie zu verfahren, wenn der Vormund Anstand nimmt, den Eid abzuleisten, §. 142. oder wenn der Producent verlangt, daß der Pflegbefohlene den Eid selbst schwören solle, §. 143. Vormünder, die überhaupt zur Verhandlung der Sache autorisirt sind, bedürfen zu Eidesdelationen keiner besondern Genehmigung, §. 258. In wiefern, wenn eine Partei unter Vormundschaft steht, der Eidesantrag nur an den Vormund, oder an den Pflegbefohlenen gerichtet werden könne, §. 260. sqq. s. auch Minderjährige, Verschwender. Wer in einem während seiner Minderjährigkeit durch seinen Vormund oder Curator oder unter dessen Beistande geführten Prozesse, verkürzt zu sein glaubt, kann Restitution nachsuchen, 16. §. 12. n. 1. s. auch Restitution. Gegen den Vormund findet, wenn der Pflegbefohlene verurtheilt worden, keine Execution Statt, 24. §. 12. Wann gegen einen minderjährigen Ausgetretenen der Confiscationsprozeß eingeleitet wird, so muß außer dessen nächsten Verwandten auch der Vormund zugezogen werden, 36. §. 6. [268]. Rechte der Pflegbefohlenen in Ansehung ihrer Ansprüche an den Vormund, 50. §. 421. s. auch Pflegbefohlene.

Uebrigens s. Geschlechtsvormund.

Vormundschaft, Ober-. Wann sie den Ober-, und wann sie den Untergerichten zusteht, I. 2. §. 95. [27].

Vormundschaftliche Collegien können Handlungen der freiwilligen Gerichtsbarkeit, welche solche Personen und Sachen, die den Gegenstand ihres rechtlichen Wirkungskreises ausmachen, betreffen, rechtsgültig vornehmen, II. 2. §. 7. [417].

Vormundschaftlicher Prozeß, davon handelt I. 39. Verschiedene Fälle, die dabei vorkommen können, §. 1. I) Von dem Verfahren über die causas excusationis eines Vormundes, §. 2. Die Entscheidung erfolgt durch eine Resolution, §§. 3. 4. gegen welche spätstens binnen dreien Tagen die Beschwerde von dem Provocanten angemeldet, §. 5. und diese an das ordentliche Appellationsgericht eingesendet werden muß, §. 6. welches die Sache in der nächsten Session vorzunehmen, §. 8. und das Nöthige ebenfalls durch eine Resolution festzusetzen hat, §. 8. Vertretungsverbindlichkeit des Vormundes, wenn dessen Entschuldigungsursachen unerheblich befunden werden, I. 39. §. 9. Rechte desselben, die Wahrheit und Erheblichkeit seiner Entschuldigungsursachen im Wege des ordentlichen Prozesses nachzuweisen, wenn das hier vorgeschriebene schnelle Verfahren es ihm unmöglich gemacht haben sollte, §. 10. II) Wenn mehrere darüber streiten, wem die Vormundschaft gebühre, so wird die Sache ebenfalls durch eine Resolution entschieden, §. 11. gegen welche der §. 5 — 8. beschriebene Recurs offen steht, §. 12. III) Verfahren, wenn auf Entsetzung eines Vormundes angetragen wird, und wie ein solcher Antrag zu begründen, §. 13. Vernehmung des Vormundes darüber, §. 14. in einem Termine, dessen Verlegung nicht Statt findet, §. 15. Verfahren, 1) wenn der Vormund bei Gelegenheit dieser Vernehmung erklärt, daß er die Vormundschaft niederlegen wolle, §. 16. 2) wenn er seiner Entlassung widerspricht, §. 17. in welchem Falle das vormundschaftliche Collegium die Sache durch eine schleunig zu publicirende Resolution entscheiden muß, §. 18. Weiteres Verfahren, §. 19. insbesondere, wenn eine fiscalische oder Criminaluntersuchung gegen den removirten Vormund zu verhängen sein möchte, §. 21. sqq. IV) Wenn bei der Administrationsrechnung eines Vormundes Ausstellungen gemacht werden, erfolgt die Entscheidung ebenfalls durch eine Resolution. Verfahren, wenn der Vormund sich bei derselben nicht beruhigen will, §. 27.

Vorschüsse, welche, zum Besten der Masse, nach eröffnetem Concurse gethan worden, sind von der Einlassung in den Concurs frei, I. 50. § 269. Materialien, welche Fabrikanten ihren Arbeitern vorgeschossen haben, oder die daraus verfertigten Fabrikate, werden — gegen Vergütung des Arbeitslohns an die Masse — in der ersten Classe vindicirt, §. 337. u. [354]. §. 338. [355, 356]. auch die den Kaufleuten auf Credit gegebenen Waaren, §. 338. Ein gleiches Vorrecht hat der Fabrikantenunterstützungsfond, §. 339. sqq. auch jeder andere, der an Tuchmacher und Wollfabrikanten Materialien vorgeschossen hat, §. 342. sqq. imgleichen wer Vorschüsse an Unterthanen geleistet hat, §. 345 sqq. s. auch Saat-, Brot- und Futtergetreide. In der vierten Classe werden Vorschüsse an einen Officier zu seiner Equipage, §. 423. Vorschüße zum Aufbau oder zur Reparatur der Gebäude, §. 424. zur Ergänzung des Wirthschaftsinventarii, zum Retablissement der Unterthanen, zur Anschaffung des Saat-, Brod- und Futtergetreides, zur Abtragung der auf den Gütern haftenden Lasten und Abgaben, oder davon zu entrichtenden Brandschatzungen, §. 425. (wenn die Gebäude und Güter zur Zeit des ausgebrochenen Concurses noch in der Masse vorhanden sind; ist dieses nicht, so werden dergleichen Vorschüsse in der siebenten Classe angesetzt, §. 426.) in der sechsten Classe Vorschüsse zum Studiren, §. 464. und die den Fabrikanten gegebenen Vorschüsse, wenn das §. 337. bestimmte Vorzugsrecht nicht Anwendung findet,

findet, I. 60. §. 469. desgleichen Vorschüsse, die eine Braut ihrem Bräutigam gethan hat, angesetzt, §. 470.

Vorschuß der Kosten, s. Kosten.

Vorsteher der milden Stiftungen müssen die für diese auszustellenden Vollmachten unterschreiben, I. 3. §. 47. In wiefern sie dazu einer besondern Genehmigung bedürfen, und was die Stelle dieser Genehmigung vertrete, §. 48. In wiefern sie zu Eidesdelationen keiner besondern Genehmigung bedürfen, 10. §. 258. Gegen sie findet die Execution der in Ansehung der milden Stiftungen ergangenen Judicate nicht Statt, sondern nur in das Vermögen der milden Stiftungen selbst, 24. §. 12. Sie müssen in schleunigen Arrestfällen, wenn die milde Stiftung zur Cautionsbestellung unvermögend ist, dies auf ihre Pflicht an Eidesstatt versichern, 29. §. 34.

Vortrag, s. Decernent, Sessionstag.

Votum. Wie der Präsident bei Sammlung der Stimmen zu Werke gehen müsse, III. 2. §. 16. Die Stimme des Präsidenten giebt den Ausschlag, wenn von beiden Seiten die Zahl der Stimmen gleich ist, §. 17. (wegen der Ausnahme, s. Revision). Die Räthe sollen sich in ihren und der Ihrigen Angelegenheiten keiner Stimme anmaßen, 3. §. 12. sqq. Die Assessoren haben in den ihnen als Decernenten oder Referenten zugeschriebenen Sachen ein volles, in andern Sachen aber nur ein votum consultativum, §. 62.

W.

Waaren, welche dem Gemeinschuldner zum Verkauf in Commission gegeben worden, in wiefern sie, oder das dafür gelösete Geld in der ersten Classe vindicirt werden könne, I. 50. §§. 300. 301. in wiefern Waaren, zu deren Ankauf Jemand dem Gemeinschuldner den Auftrag und das dazu benöthigte Geld gegeben, §. 302. An wen der Gläubiger sich zu halten habe, wenn der Gemeinschuldner dergleichen Waaren, zu deren Einkauf ihm die benöthigten Fonds schon angewiesen waren, mit Zurückbehaltung dieser Fonds auf Credit gekauft hat, §. 303. Wozu die übrigen Gläubiger berechtigt seien, wenn der Besteller zur Bezahlung der für seine Rechnung eingekauften Waaren, keine Fonds angewiesen hat, §. 304. In wiefern dem Gemeinschuldner auf Credit gegebene Waaren in der ersten Classe vindicirt werden können, §. 305. Wie es zu halten, wenn die von dem Gemeinschuldner vor eröffnetem Concurse auf Credit bestellten Waaren erst nach Eröffnung desselben, §. 306. oder doch zu einer Zeit ankommen, wo der Gemeinschuldner sich schon für insolvent erklärt hat, §. 307. sqq. Unter welchen Umständen Waaren für creditirt zu achten, §. 309. b.

Waaren-

Concurseröffnung angetragen würde; in welchem Falle der Gläubiger durch diesen Beschlag, wenn der Concurs wirklich eröffnet wird, keine Priorität erlangt, I. 27. §. 49. Erfolgt der Antrag auf Concurseröffnung nach Ablauf dieser 24stündigen Frist, so erhält der Gläubiger seine Befriedigung in der fünften Classe, so weit der Werth der in Beschlag genommenen Effecten reicht, §. 60. Gegen die Wechselexecution kann der Schuldner sich nur durch Deposition schützen, §. 51.

Wechselfähigkeit, ein Certificat darüber muß von dem persönlichen Richter, II. 1. §. 6. n. 5. doch kann es in dem Falle von jedem Gerichte ertheilt werden, wenn der Implorant sich nicht an seinem gewöhnlichen Wohnorte aufhält, 3. §. 30. lit. d. Wie bei Ertheilung des Certificats zu verfahren, lit. a — c. Wie das über die ertheilten Certificate zu haltende Verzeichniß einzurichten, lit. e.

S. übrigens: Wechselprozeß.

Wechselgläubiger, Rechte desselben, wenn er mit der Wechselklage I. 27. §. 10. s. auch Wechselprozeß, oder mit der Wechselforderung, abgewiesen wird, §. 55. Rechte desselben während der Untersuchung eines Antrags auf die Verstattung zu Rechtswohlthat der Cession, 48. §§. 13. 14. s. auch Observation. Wechselgläubiger werden in der sechsten Classe angesetzt, 50. §. 472. Nach hiesigen Landesgesetzen verjährte Wechsel gehören in die siebente Classe, §. 471. [365]. Die in Wechselform ausgestellten Schulddocumente nicht wechselfähiger Personen gehören in die sechste Classe, [366].

S. übrigens: Wechselexecution.

Wechselprotest, bei dessen Aufnehmung müssen die Vorschriften des allgemeinen Landrechts beobachtet werden, III. 7. §. 78.

Wechselprozeß, davon handelt I. 27. Aus welchen Instrumenten derselbe Statt finde, §. 1. in wiefern aus Handlungsbillets, kaufmännischen Assignationen ꝛc. §. 2 Anmeldung der Klage, §. 3. wobei die Documente nebst den Beilagen im Original beigebracht werden müssen, widrigenfalls keine wechselmäßige Verfügung Statt findet, §. 4. Wie die Wechselfähigkeit nachzuweisen, §§. 5. 6. Beschleunigung der Verfügung, zur nähern Vernehmung des Klägers, über die mündlich zu Protocoll angemeldete Klage, §. 7. Verordnung auf die Klage, §. 8. durch eine Resolution, wenn der Wechselprozeß nicht begründet befunden worden, §. 9. gegen welche dem Kläger der Recurs oder die Ausführung der Wechselfähigkeit des Beklagten, in dem ihm nachgelassenen ordentlichen oder Executivprozeß offen steht, §. 10. Wohin die Vorladung des Beklagten zu richten, §. 11. Welcher Unterschied bei Bestimmung des Termins zwischen Kaufleuten, mit Certificaten Versehenen, und Besitzern

adeli-

adeliger Güter oder Generalpächtern zu machen, I. 27. §. 12. Die Vorladung wird mündlich, §. 13. oder schriftlich erlassen, je nachdem der Beklagte sich an dem Orte, wo das Gericht seinen Sitz hat, aufhält oder nicht, §. 14. Wo die Insinuationen gültig geschehen können, §. 15. Termine in Wechselsachen können, einen Fall ausgenommen, nicht prorogirt werden, §. 16. Contumacial-Verfahren, wenn der Beklagte nicht erscheint, und Beschleunigung des Erkenntnisses, §. 17. Publication, §. 18. Gegen ein solches Contumacialerkenntniß findet keine Restitution, sondern nur die Appellation Statt, §. 19. Instruction, wenn der Beklagte erscheint, §. 20. Von der Diffession, §. 21. insbesondere wenn der Beklagte durch einen Bevollmächtigten erscheint, der Diffessionseid also im Termine nicht abgenommen werden kann, und das Ausbleiben des Beklagten sich 1) in einer vor der geschehenen Insinuation unternommenen Reise, §. 22. 2) wenn es sich in einer — gehörig bescheinigten Krankheit gründet, §. 23. 3) wenn der Beklagte ohne alle scheinbare Ursache nicht persönlich erschienen ist, §. 24. Instruction der sofort liquid zu machenden Einwendungen, §. 25. sqq. Wie es zu halten, wenn der Beklagte sich der Eidesdelation bedient, je nachdem der Kläger in Person gegenwärtig ist oder nicht, §. 28. Illiquide Einwendungen verdienen im Wechselprozeß keine Rücksicht, §. 29. Im Schlußtermin müssen die Parteien zu Protocolle auf den nächsten Gerichtstag zur Publication des Urtels bestellt werden, §. 30. [185]. Abfassung und Publication des Erkenntnisses, §. 30. Appellation, §. 31. Worüber der Kläger appelliren könne, §. 32. Das Rechtsmittel hat in Ansehung des Beklagten nur effectum devolutivum; §. 33. und muß spätstens innerhalb zehen Tagen, §. 34. bei dem Gerichte erster Instanz angemeldet werden, §. 35. welches den Appellanten zu vernehmen, und sodann einen nicht leicht über 48 Stunden hinauszusetzenden Instructionstermin anzuberaumen hat, §. 36. Präjudiz für den in diesem Termine nicht erscheinenden Appellanten, §. 37. Verfahren, wenn derselbe erscheint, §§. 38. 39. In welchem Falle statt der Anmeldung der Appellation binnen der dazu bestimmten Frist, eine schriftliche Deduction und Gegendeduction Statt finde, §. 40. Was bei Einsendung der Acten an den Appellationsrichter zu beobachten, §. 41. Pflicht desselben, die Sache zu beschleunigen, §. 42. Wie er das Erkenntniß abfassen müsse, wenn er findet, daß kein wechselmäßiges Verfahren hätte Statt finden sollen, §. 43. Die Revision hat in Ansehung des Beklagten nur effectum devolutivum, §. 44. sogar, wenn das verurtheilende Urtel erster Instanz in der zweiten Instanz aufgehoben worden, [186]. Execution, §. 45. sqq. s. Wechselexecution. Vom Separato in Wechselsachen, §. 52. sqq. s. Separatum. Im Wechselprozeß findet keine Cautionsforderung wegen der Prozeßkosten Statt, 21 §. 2. n. 3. Wann nach eingeleitetem Concurse ein vorher entstandener Wechselprozeß fortzusetzen, I. 50.

I. 50. §. 27. [319]. Uebrigens s. Wechsel, Wechselfähigkeit, Wechselgläubiger.

Weitere Vertheidigung, Rechtsmittel derselben. Wonn es in Injuriensachen Statt findet, I. 34. §. 1 — 11. [220]. Verfahren dabei wegen der Gegenausführung des Gegners, [221]. Beschwerden des Klägers wegen zu gelinder Bestrafung oder Freisprechung des Beklagten, §. 13 - 16 [223, 224]. Wie es zu halten, wenn in zweiter Instanz ein härteres Urtel erfolgt, [225]. — Bei fiscalischen Untersuchungen, 35. §. 88. sqq.

Wenden. Verfahren bei der Aufnahme ihrer Testamente oder Codicille, II. 2. §. 37. sqq. [422].

Werkzeuge der Künstler, s. Kunst- und Handwerksgeräthschaften.

Widerklage, s. Reconvention. Vollmacht dazu, s. Vollmacht.

Widerruf eines Zugeständnisses oder einer Angabe, wie der Instruent sich zu verhalten habe, wenn derselbe erfolgt. Auf einen erst nach geschehener Regulirung des Status causae et controversiae erfolgenden Widerspruch soll für diese Instanz in der Regel keine Rücksicht genommen werden, I. 10. §. 27. Die durch den Widerruf verursachten Kosten und Schäden aus der Versäumniß, muß der Widerrufende in jedem Falle erstatten, §. 27. b. Diese Vorschriften finden auch bei Untergerichten Anwendung, 25. §. 62. b.

Widersetzlichkeit gegen den Executor, Strafe derselben, I. 24. §. 148. gegen Königl. Bediente in Ausübung ihrer Dienstpflichten, deshalb findet fiscalische Untersuchung Statt, 35. §. 34. n. 3. Wenn sie von einer großen Menschenmenge bei zu vollstreckender Execution zu vermuthen ist, so ist militärische Hülfe zuzuziehen; und wie dies geschehen muß, §. 150. [179].

Widerspruch der Beweismittel unter einander, davon handelt, I. 10. §. 391. sqq. Von dem Widerspruche zwischen Documenten, §. 392. zwischen Zeugen, §. 393. zwischen Zeugen und Documenten, wenn jene nämlich entweder die Glaubwürdigkeit des Documents anfechten, §. 394. oder aus ihren Aussagen das Gegentheil desjenigen folgt, was die Documente ergeben, §. 395. zwischen dem Befunde bei der Ocularinspection und den Aussagen der Zeugen, §. 396. Was der Urtelsverfasser zu thun habe, wenn dergleichen Widersprüche nicht haben gehoben werden können, 13. §. 12. sqq. s. Referent. Widersprüche in den Aussagen eines Zeugen, schwächen dessen Glaubwürdigkeit, §. 240. Wie es zu halten, wenn sich zwischen einem Zugeständniß und andern, von der Sache eingezogenen Nachrichten, ein Widerspruch findet, §. 88. b.

Wiederaufsiegelung in Nachlaßfällen ist in der Regel sobald zu verfügen, als sie von den Erben oder dem Verlassenschaftscurator nachgesucht wird, II. 5. §. 36. kann nur von dem persön-

lichen

lichen Richter des Verstorbenen verfügt werden, II. 5. §. 37. Verfahren bei Entsiegelung des Nachlasses eines der Regierung ganz oder zum Theil untergeordneten Officianten, [436]. Strafe eigenmächtiger Aufsiegelung, §. 38. Verfahren bei der Wiederaufsiegelung, §. 39.

Wiedereinlösung von Seiten des vorigen Besitzers, findet gegen einen Adjudicationsbescheid bei nothwendigen Subhastationen nicht Statt, I. 52. §. 60.

Wiedereinsetzung in den vorigen Stand, s. Restitution.

Willkürliche Gerichtsbarkeit, s. Freiwillige Gerichtsbarkeit.

Winkelschriftsteller, s. Landesjustizcollegia, Strafe.

Wirthschaftsbeamter, in wiefern er die Stelle eines Gerichtsschöppen vertreten könne, I. 25. §. 53.

Wirthschaftsbediente, deren Lohn nach gewissen Verhältnissen der geleisteten Arbeit bestimmt ist, werden in der zweiten Classe befriedigt, I. 50. §. 372. der Gutsherrschaften stehen unter den Patrimonialgerichten derselben, 2. §. 100. [28].

Wirthschaftsinventarium, in wiefern dasselbe Gegenstand der Execution sein könne, I. 24. §. 97. sqq. s. auch Hofwehr. Das den eingetragenen Gläubigern beigelegte Vorrecht der dritten Classe erstreckt sich auch auf das zum Gute gehörende Vieh- und Feldinventarium, 50. §. 389. In wiefern Vorschüsse und Lieferungen zur Ergänzung desselben in der vierten, §. 425. oder in der siebenten Classe angesetzt werden, §. 426. s. auch Vorschüsse.

Wissenschaften und Künste, das Honorarium für den Unterricht in denselben, wird in der sechsten Classe angesetzt, I. 50. §. 464.

Witthumsgeld, s. *Lucra nuptialia*.

Wittwe, behält den Gerichtsstand ihres Ehemannes, so lange sie den Wittwenstuhl nicht verändert, I. 2. §. 90. Ausnahmen in Ansehung der Wittwen der Oberförster und mit ihnen gleichen Rang habenden Forstbedienten, imgleichen der niedern Subalternen Königlicher Collegien, §. 91. Die Wittwen der Cancellisten behalten den Gerichtsstand ihrer Männer, [25]. s. auch Nachlaß. Die Wittwen der Militärpersonen stehen unter denjenigen Gerichten, welchen ihre Ehemänner nach erhaltener Dimission würden unterworfen gewesen sein, §. 92. der Gesandten rc. auswärtiger Höfe sind, wenn sie in hiesigen Landen bleiben wollen, der hiesigen Gerichtsbarkeit unterworfen, §. 93. In wiefern einer Wittwe auch von ihren eignen Gläubigern die Competenz gelassen werden müsse, 49. §. 30.

Wittwenverpflegungsanstalt, von welchen Gläubigern die aus der allgemeinen und Officierwittwencasse zu zahlenden Pensionen als Executionsobjecte in Vorschlag gebracht, I. 24. §. 109. oder mit Arrest belegt werden können, 29. §. 20. Welche

Wittwen-

Wittwenanstalten gleich dem Fiscus Kostenfreiheit genießen, I. 23. §. 46. [145]. Von Wahrnehmung der Rechte der Wittwencasse bei Ehescheidungen, 40. §. 43. [291].

Wöchnerinnen, s. Kranke.

Wohnsitz, dadurch wird der ordentliche persönliche Gerichtsstand bestimmt, I. 2. §. 9. was für eine stillschweigende Aeußerung, denselben an einem Orte nehmen zu wollen, geachtet werden müsse, §. 11. In wiefern er durch Uebernehmung einer Pacht begründet werde, §. 12. Woraus die Aufschlagung desselben nicht gefolgert werden könne, §. 14.

S. übrigens: Fremder, Gerichtsstand, Vagabunde.

Wohnung muß dem zur Rechtswohlthat der Cession qualificirten Gemeinschuldner bis zum Verkauf des Hauses oder Landguts verstattet werden, I. 50. §. 266.

3.

Zehend, s. Kirchenbediente, Schulbediente.

Zehrungskosten, s. Reisekosten.

Zeichnung, s. Karte, Riß.

Zeitungen und Intelligenzblätter. Wenn ein ausländisches Gericht die Insinuation verweigert, und diese auf keine andere Art bewirkt werden kann, muß die Vorladung in die Zeitungen der Provinz, in welcher das vorladende Gericht seinen Sitz hat, einmal eingerückt werden, I. 7. §. 11. In welchen Zeitungen und Intelligenzblättern eine Edictalvorladung bekannt zu machen, §§. 43. 44. Die Einrückung in die Zeitungen ist zur Gültigkeit nicht erforderlich, obgleich es dem Richter unbenommen bleibt, erforderlichen Falls auch diese zu veranlassen, §§. 42. 43. [69]. braucht nicht in die öffentlichen Blätter solcher fremden Lande, aus welchen dergleichen Vorladungen in hiesige Lande nicht eingeschickt zu werden pflegen, eingerückt zu werden, §. 45. In wiefern die Sorge für die Einrückung und für die Herbeischaffung der zu den Acten zu bringenden Exemplare, welche eigentlich dem Gerichte obliegt, dem Extrahenten überlassen werden könne, §. 46. Wie es zu halten, wenn etwas an der Bekanntmachung durch die Zeitungen und Intelligenzblätter ermangelt, 47. a. Es soll den Intelligenz- und Zeitungscomptoirs bestimmt angegeben werden, in welchen Wochen die jedesmalige Einrückung geschehen müsse, §. 47. b. Auctionen müssen durch die Zeitungen und Intelligenzblätter der Provinz bekannt gemacht werden, I. 24. §. 84. Die Edictalvorladung eines ausgetretenen Cantonisten braucht nur in den Zeitungen und öffentlichen Blättern der Provinz zu geschehen, 36. §. 35. In welche öffentliche Blätter und wie oft die Edictalvorladung eines Verschollenen, §. 6. n. 5. und 6. und die Bekanntmachung einer Prodigalitätserklärung einzurücken,

38. §. 34. Wie oft die Edictalvorladung der Gläubiger im Concursprozeß in die Zeitungen und Intelligenzblätter der Provinz einzurücken, 1) wenn die Masse über 1000 Thaler, 50. §. 109. wenn sie nur 1000 Thaler oder weniger, §. 110. wenn sie nur 200 Thaler oder weniger beträgt, §. 111. wenn der Betrag zweifelhaft ist, §. 112. wobei zu bemerken, daß, wenn in einer Provinz mehr als Eine Zeitung ausgegeben wird, die Einrückung in Eine hinreicht; und, wenn gar keine Zeitung in der Provinz herauskömmt, die Einrückung in die Zeitungen überhaupt, der Regel nach, nicht erforderlich ist, §. 109. S. 1020. in fin. Von Bekanntmachung des offenen Arrests durch die Zeitungen und Intelligenzblätter, §. 207. Der Einrückung in die Zeitungen bedarf es nicht, [340]. Bei Vorladung der Gläubiger im eigentlichen Liquidationsprozeß finden die obigen Vorschriften der Concursordnung Anwendung, 51. §. 17. auch im erbschaftlichen Liquidationsprozeß, §. 86. desgleichen bei dem Aufgebote liegender Gründe rc. §. 103. b. im Hypothekenbuche eingetragener Posten, §. 114. verlorner Instrumente, §. 117. bei Aufgeboten verloren gegangener Obligationen öffentlicher Anstalten muß jederzeit auch durch die Berliner Intelligenzblätter die Bekanntmachung erfolgen, §. 120. [388]. bei Vorladung unbekannter Erben, §. 151. und Agnaten, §. 167. und unbekannter Bau- oder Cassengläubiger, §. 171. a. Wie oft und in welchen Zeitungen und Intelligenzblättern das Aufgebot von Pfandbriefen, §. 127 und Seehandlungsactien bekannt zu machen, §. 142. Wonach die Zahl und Art der Bekanntmachung zu bestimmen, wenn unbekannte Handlungs- und Societätsgläubiger, §. 167. oder unbekannte Gläubiger eines Verschwenders vorgeladen werden sollen, §. 177. Bei Vorladung unbekannter Contravenienten finden die Vorschriften Th. I. Tit. 7. Anwendung, §. 179. Wie die Licitationstermine bei nothwendigen Subhastationen nach Verschiedenheit des Objects in den Zeitungen und Intelligenzblättern bekannt zu machen, 52. §. 30. u. [397 — 399]. besonders wenn die Subhastation fortgesetzt werden soll, I. 52. §. 55. bei anderweiter Subhastation, §. 62 — 64. [408]. imgleichen bei der Subhastation von Mobilien und Gerechtigkeiten, §. 66. insbesondre von Schiffen, §. 65. [409]. 50. §§. 230. 231. [341, 344 — 346]. von Hüttenwerken und Bergantheilen, §. 65. [410]. Bei freiwilligen Subhastationen finden, wenn die Extrahenten sich deshalb nicht besonders vereinigen, eben diese Vorschriften Anwendung, §. 67.

Zeugen, als solche können die zu einer auswärtigen Gesandtschaft gehörenden Personen nicht vorgeladen werden, I. 2. §. 64. deren Namen, Stand und Aufenthalt, auch von welchem Umstande jeder derselben Wissenschaft haben soll, muß bei Aufnehmung der Klage, 5. §. 5. und der Klagebeantwortung genau vermerkt werden, 9. §. 4. Deren Vorladung kann in wichtigen Sachen nicht leicht eher, als nach regulirtem Status causae et controversiae erfolgen, §. 37. (auch 10. §. 170.) Von Aufnehmung des Beweises durch Zeugen,

gen, handelt 10. §. 169. sqq. In welchem Falle dieselben schon zum Instructionstermine mit vorzuladen, §. 170. Was ihnen in der Vorladung über den Gegenstand ihrer Vernehmung bekannt zu machen, §. 171. Wohin die Zeugen vorzuladen, §. 172. Auf Zeugen, deren Aufenthalt unbekannt ist, kann nicht geachtet werden, §. 173. In wiefern einer Partei, wenn sie auswärtige Zeugen vorschlägt, das juramentum calumniae abgefordert werden könne, §. 174. Mehrere Zeugen werden durch eine Currende, die unter einer andern Gerichtsbarkeit stehen aber durch Requisition vorgeladen, §. 175 — 177. Wie es zu halten, wenn die vorzuladenden Zeugen einfältige und gemeine Leute sind, §. 178. Wer zur Abgebung eines Zeugnisses verbunden sei, §. 179. sqq. s. Zeugniß. Den Zeugen sollen ihre Reise-, Zehrungs- und Versäumnißkosten aus der Sportelcasse vorgeschossen werden, §. 187. Wie bei Vernehmung der Zeugen zu verfahren, §. 188 sqq. s. Zeugenabhörung. Vereidung der Zeugen, §. 202. und welche Personen von der Ableistung des Zeugeneides frei seien, §. 103. s. Zeugeneid. Als Zeugen sind I) ganz unfähig 1) Rasende, Wahn- und Blödsinnige. 2) Blinde, in Ansehung solcher Gegenstände, zu deren Kenntniß der Sinn des Gesichts erfordert wird. 3) Taube, in sofern sie nicht lesen. 4) Taube und Stumme zugleich, in sofern sie nicht lesen und schreiben können. 5) wer sich von einer Partei hat bestechen lassen, oder 6) eines Meineides überführt, oder 7) eines begangenen Verbrechens wegen für ehrlos erklärt worden ist, I. 10. §. 227. II) Folgende Personen können des Verhältnisses wegen, in welchem sie mit der Partei stehen, zwar nicht als Beweiszeugen, aber doch der nähern Erkundigung wegen, abgehört werden: 1) Eltern und andere Verwandte in aufsteigender Linie, jedoch mit einigen Ausnahmen. 2) Kinder oder andere Verwandte in absteigender Linie. 3) Stief- oder Schwiegereltern und Kinder. 4) Geschwister. 5) Verschwägerte. 6) Ehegatten oder öffentlich Verlobte. 7) Mitberechtigte und Mitverpflichtete. 8) Litisdenuncianten, Denunciaten oder Intervenienten. 9) Ueberhaupt alle, die ein Interesse bei der Sache haben. 10) Mitglieder einer in den Streit verwickelten Corporation, §. 228. s. auch Altentheil, Cossäten, Eheleute. (Eltern, Kinder und Ehegatten sollen niemals gezwungen werden, gegen einander zu zeugen, §. 229.) 11) Bevollmächtigte in der Sache ihrer Machtgeber. 12) Juden, in Sachen zwischen Christen und Juden, §. 230. n. 12. u. [88]. 13. §. 24. [105]. 13) Unmündige, weil sie noch mit keinem Eide belegt werden können. Minderjährige sind als Beweiszeugen zulässig. 14) Diejenigen, welche ein ehrloses Geschäft treiben, oder 15) einer Untreue, eines strafbaren Bankeruts überführt, oder 16) für unfähig erklärt worden, einen nothwendigen Eid zu schwören, I. 10. §. 230. Wie es zu halten, wenn der Fall eintritt, daß diese Personen von der streitigen Thatsache Kenntniß haben, §§. 231. 232. III) Folgende Personen sind zwar als Beweiszeugen zuzulassen, ihren Aussagen kann aber keine

volle

volle Glaubwürdigkeit beigelegt werden: 1) Verschwender, 2) diejenigen, welche, ohne Unglücksfälle nachweisen zu können, in Concurs verfallen sind, 3) welche mit einer Partei in notorischer Feindschaft, oder 4) in einem verdächtigen vertrauten Umgange leben. 5) Dienstboten, unter gewissen Ausnahmen. 6) Unterthanen, §. 233. In wiefern ein Litisconsorte als Zeuge abgehört werden könne, 10. §. 85. Verfahren über die Einwendungen gegen die Person der Zeugen, §. 234. worüber keine besondere Erkenntnisse oder Instanzen Statt finden, §. 235. Die Untersuchung solcher Nebenpuncte soll in besondern Protocollen verhandelt werden, §. 236. Strafe einer Partei, welche wissentlich ganz verwerfliche Zeugen in Vorschlag bringt, I. 10. §. 237. Bei Bestimmung der Glaubwürdigkeit eines Zeugen kömmt es darauf in der Regel nicht an, auf wessen Veranlassung er abgehört worden, §. 238. Wer für einen völlig glaubwürdigen Zeugen zu achten, §. 239. Widersprüche in der Aussage eines Zeugen, schwächen dessen Glaubwürdigkeit, §. 240. Wie zu verfahren, wenn ein Zeuge etwas von Hörensagen bekundet, §. 241. In wiefern seine Aussagen erheblich seien, wenn er bekundet, daß ihm von der Sache gar nichts bekannt sei, §. 242. Gegen einen Zeugen findet wegen seiner Aussage keine Injurienklage Statt, §. 243. Wie zu verfahren, wenn Zeugen unter einander sich widersprechen, §. 393. s. Zeugenabhörung; wenn Zeugen und Urkunden sich widersprechen, §§. 394. 395. oder sich ein Unterschied zwischen ihrer Aussage und dem Befunde bei der Ocularinspection ergiebt, §. 396. Von der Restitution wegen neu aufgefundener Zeugen, 16. §. 26. s. Restitution. In wiefern derjenige, der mehr als drei Zeugen über eine Thatsache abgehört wissen will, selbst wenn er obsiegt, doch nur in Ansehung von drei Zeugen, den Ersatz der Abhörungskosten fordern könne, 23. §. 23. n. 4. s. auch Injuriensachen. Von Zuziehung eines bloßen Zeugen bei gerichtlichen Verhandlungen in Ermangelung des zweiten Gerichtsbeisitzers, 25. §. 54. oder bei Testamentsaufnahmen statt des zweiten Dolmetschers, II. 2. §. 38. In wiefern in Bagatellsachen die Zeugen, der geschehenen Recusation ungeachtet, abzuhören, I. 26. §. 5. n. 5. Jeder Inquirent bei fiscalischen Untersuchungen, soll befugt sein, die an eben dem Orte sich aufhaltenden Zeugen unmittelbar vorzuladen, 35. §. 61. Wie es dabei zu halten, wenn der Zeuge ein dienstthuender Unterofficier oder Soldat ist, §. 62. S. übrigens; Instrumentszeugen.

Zeugenabhörung, dabei sollen die Justizcommissarien als Assistenten, I. 3. §. 18. und als Bevollmächtigte zugelassen werden, §. 75. auch 10. §. 189. und 220. und ist dabei, auch in fiscalischen Untersuchungen, auf Verlangen des Denunciaten, der rechtsverständige Beistand desselben zuzulassen, 35. §. 60. Die Assistenten oder Bevollmächtigten können dem Instruenten noch vor der Abhörung ein Promemoria zustellen, in welchem die Umstände bemerkt sind, auf welche bei der Vernehmung der Zeugen vorzüglich Acht zu geben.

Sie

Sie müssen den Instruenten bei der Abhörung zwar controlliren, demselben aber dabei nicht in die Rede fallen, I. 10. §. 198. und wenn der Instruent sich weigert, ihre Bemerkungen zu benutzen, oder sie wenigstens in das Protocoll aufzunehmen, dem Collegio sofort davon Anzeige machen, §. 199. In wiefern Zeugen in ihrer Behausung abzuhören, §. 182. s. auch Zeugniß. Wie bei Vernehmung der Zeugen zu verfahren, §. 183. sqq. Vermahnung, §. 188. und Vorhaltung, [81, 82]. Generalfragen, §. 190. Nach Beantwortung dieser Generalfragen muß der Instruent den Zeugen eine umständliche Erzählung der Thatsache abfordern, diese so getreu als möglich niederschreiben lassen, und sodann nach Anleitung dieser Erzählung besondere Fragestücke formiren, §. 191. Pflicht des Instruenten, wenn der Zeuge unverständlich, verworren und schwankend antwortet, §. 192. oder einen Umstand nicht zu wissen, oder vergessen zu haben vorgiebt, §. 193. Der Instruent muß ferner dahin sehen, daß der Zeuge nicht etwa seine Schlüsse und Folgerungen mit der Thatsache selbst verwechsele, §. 194. auch genau bemerken, wo der Zeuge stockt, §. 195. oder sich, bei Beantwortung der einzelnen Fragestücke, ein Widerspruch mit seiner allgemeinen Erzählung zeigt, §. 196. Worauf insbesondere dann zu sehen, wenn Zeugen über die Verjährung abgehört werden sollen, §. 197. Wie es bei Vorlesung der Zeugenaussagen zu halten, §. 200. besonders wenn dabei der Zeuge seine Aussagen ändert, §. 201. Von Einrichtung und Abschließung der Vernehmungsprotocolle, §. 203. u. [86]. Verschiedenen, mit einander in keiner Verbindung stehenden Gegenständen der Abhörung, müssen besondere Protocolle gewidmet werden, §. 206. Von der Confrontation der Zeugen unter sich, §. 207. mit den Parteien, §. 208. In wiefern die Wiederholung des Zeugenverhörs Statt finde, §§. 210. 211. Wie es zu halten, wenn ein schon abgehörter und vereideter Zeuge sich zur nochmaligen Abhörung aus eigner Bewegung meldet, §. 212. s. auch Zeugeneid. Wie bei Abhörung solcher Zeugen, welche der deutschen Sprache nicht mächtig sind, zu verfahren, §. 213 — 215. u. 213 [87]. s. auch Dolmetscher. Von Abhörung auswärtiger Zeugen durch Commissarien oder fremde Gerichte, §§. 216. 217. In diesem Falle muß der Instruent mit Zuziehung der Rechtsbeistände über diejenigen Thatsachen, welche der Zeuge bekunden soll, einen Statum causae entwerfen, §. 218. Wie es bei der auswärtigen Vereidigung zu halten, I. 10. §. 219. s. Zeugeneid. Es hängt von dem Ermessen des Gerichts ab, ob in wichtigen Fällen der auswärtigen Gerichtsperson ein zweiter Commissarius oder ein Notarius beizugeben, §. 220. oder der Instruent nebst den Rechtsbeiständen zur Abhörung des Zeugen an Ort und Stelle abzuordnen sei, §. 221. Der auswärtige Commissarius muß sich überall nach den obigen Vorschriften richten, §. 222. Wenn Zeugen bei einem ausländischen Gerichte abgehört werden sollen, muß demselben, außer dem Statu causae ein Extract aus dem Abschnitte der Gerichtsordnung: vom Beweise durch

Zeugen,

Zeugen, mitgetheilt werden, §. 223. Die einkommenden Protocolle über auswärtige Zeugenverhöre sind zuerst vorzutragen, sodann dem Instruenten vorzulegen, §. 224. a. Von Mittheilung der Protocolle über die Zeugenverhöre an die Parteien, §. 224. b. Von der Beschleunigung der Zeugenverhöre, §§. 225. a, 225. b. Wie es zu halten, wenn ein Zeugenverhör durch Krankheit eines Zeugen aufgehalten wird, §. 226. a. oder der vorgeschlagene Zeuge sich auf Reisen befindet, §. 226. b. s. auch *Calumniae juramentum*. In welchem Falle das Protocoll über die Zeugenabhörung versiegelt zu den Acten genommen werden müsse, §. 224. Wann in fiscalischen Untersuchungssachen die vorläufige Vernehmung der Zeugen zur Begründung der Untersuchung erforderlich ist, 35. §. 40. [255].

Zeugeneid, wohin derselbe, nach erfolgter Vorlesung der Aussagen, zu richten, besonders in dem Falle, wenn der Zeuge einige Umstände nach §. 180. zu verschweigen befugt gewesen ist. S. übrigens: Sachverständige, Taxator. Von der Ableistung des Zeugeneides sind folgende Personen frei: 1) Personen fürstlichen Standes, welchen die Eidesformel zur Unterschrift vorgelegt wird. 2) Personen, die in Eid und Pflicht stehen, in Sachen, die ihr Amt unmittelbar betreffen. 3) solche Sachverständige, die ein für allemal vereidet sind. 4) Mennoniten oder andere, nach deren Religionsgrundsätzen Eidesleistungen unzulässig sind, wenn sie dies, in sofern es nicht bei dem Gerichte notorisch ist, gehörig nachweisen. 5) Stumme, welche die Eidesformel abschreiben und unterzeichnen müssen. Bloße Gewissenszweifel geben kein Recht, die Ableistung des Eides zu verweigern. Es kann zwar Niemand zur Ableistung des Eides gezwungen werden; wer sie aber ohne Grund verweigert, gegen den wird eben so verfahren, wie gegen den, welcher sich der Ablegung des Zeugnisses gänzlich entziehen wollen, §. 203. Vor der Abnahme des Eides müssen die Zeugen nochmals ermahnet, §. 204. bei der Ableistung des Zeugeneides ist, wenn die Parteien ihr nicht in Person oder durch Bevollmächtigte beiwohnen, ihnen von Amtswegen ein Bevollmächtigter immer zu bestellen, [85]. bei der Vereidigung der Zeugen durch einen auswärtigen Commissarius müssen den nicht erscheinenden Parteien von Amtswegen Bevollmächtigte bestellt werden, §. 219. Ein schon abgehörter und vereideter Zeuge, der sich zur nochmaligen Abhörung aus eigner Bewegung meldet, muß nicht sogleich wieder mit dem Zeugeneide belegt, sondern die Bestimmung: ob es einer nochmaligen Vereidung bedürfe, dem Erkenntnisse überlassen werden, §. 212. Dadurch, daß ein abgehörter Zeuge vor Beendigung des ganzen Zeugenverhörs, und folglich auch vor Ableistung des Zeugeneides stirbt, verliert dessen Zeugniß nichts von seiner Beweiskraft, §. 209. Jüdische Zeugen brauchen in Sachen der Juden gegen Juden, keinen Zeugeneid abzuleisten, §. 343. Der Zeugeneid eines Juden kann an der gewöhnlichen Gerichtsstelle abgeleistet werden, §. 346. n. 1.
S. übrigens: Eid.

Zeugniß, dasselbe abzugeben ist ein Jeder ohne Unterschied des Standes schuldig, I. 10. §. 179. In welchen Fällen eine Ausnahme Statt finde, §. 180. Wie zu verfahren, wenn dasselbe verweigert wird, je nachdem die Sache bei einem Untergerichte oder bei einem Obergerichte schwebt, §. 181. Strafe desjenigen, der zur Ablegung des Zeugnisses vor Gericht zu erscheinen ohne gesetzmäßigen Grund sich weigert, §. 183. oder zwar erscheint, aber ohne Grund sein Zeugniß beharrlich verweigert, §. 184. Ein solcher Zeuge muß alle durch seinen Widerstand verursachte Kosten erstatten, §. 185. und, wenn er wirklich Mittel findet, sich der Abgebung seines Zeugnisses zu entziehen, so bleibt derjenigen Partei, welche dadurch leidet, der Regreß gegen ihn vorbehalten, §. 186.

Zinscoupon oder Zinsschein, dessen Aufgebot wird nicht erfordert, wenn der Pfandbrief selbst noch vorhanden ist, I. 51. §. 137.

Zinsen, ob dieselben von dem Kläger gefordert werden, darauf muß die Informationseinziehung mit gerichtet werden, I. 5. §. 4. n. 5. In wiefern dieselben bei Berechnung der appellabeln Summe mit in Anschlag zu bringen, 14. § 3. n. 1. Darauf muß der Richter, wo ein gesetzlicher Grund, sie zu fordern, obwaltet, von Amtswegen erkennen, 23. §. 58. Durch den Arrestschlag auf ein zinsbares Capital wird der Zinsenlauf nicht unterbrochen, 29. §. 63. auch nicht durch die Eröffnung des Liquidationsprozesses, 51. §. 7. und es müssen alle rückständige Zinsen mit dem Capitale zuerkannt werden, §. 39. auch §. 89. n. 5. Was in Ansehung der Zinsen im Liquidationsprozeß Rechtens, wenn die Kaufgelder zur Bezahlung des Capitals nicht zureichen, §. 40. sqq. Wenn in der Folge Concurs eröffnet wird, müssen die Gläubiger der drei ersten Classen mit ihren Forderungen mehr als zweijähriger Zinsenrückstände an den Richter des Concurses verwiesen werden, §. 44. sqq. Im erbschaftlichen Liquidationsprozeß muß der Erbe, so lange er in der Administration bleibt, den eingetragenen Gläubigern ihre laufenden Zinsen bezahlen, §. 76. Durch Concurseröffnung wird der Zinsenlauf unterbrochen, Pfand- und Hypothekengläubiger allein ausgenommen, 50. §. 152 auch §§. 158. 159. und es finden in der Classe des Capitals nur zweijährige Zinsenrückstände Statt, §. 150. welches auch in Ansehung der eingetragenen Forderungen gilt, §. 151. Ausnahme wegen der, vermöge ergangener Indultgesetze aufgeschwollenen, Zinsen, [309]. und in wiefern sie in der zweiten Classe locirt werden, §. 356. sqq. [357]. Die mehr als zweijährigen Zinsenrückstände werden post omnes locirt, §. 477. b. In wiefern bei der Compensation in Concursen Zinsen Statt finden, §§. 58. 69. s. auch Compensation in Concursen. Ein dem Gemeinschuldner zur Unterstützung in seinem Gewerbe ausdrücklich ohne Zinsen vorgeliehenes Capital wird in der sechsten Classe angesetzt, §. 457. Wie es bei Vertheilung der currenten Gutsrevenüen in Ansehung der laufenden Zinsen eingetragener Posten zu halten, §. 499. wenn sie zur Bezahlung der laufenden Zinsen zureichen, oder ein Ueberschuß vorhanden ist, §. 501. wenn sie nicht zureichen, §. 502. Gegen die laufenden Zinsen und zweijährigen Rückstände derselben schützt das Moratorium nicht, I. 47. §. 97. n. 3. §. 63. [309].

Zins- und Steuerregister, deren Beweiskraft, I. 10. §. 159.

Zögerung, s. *Mora.*

Zoll, s. Privatzoll.

Zollbediente, s. Accise- und Zollbediente.

— sachen, — — — — sachen.

Zünfte sind nicht eximirt, I. 2. §. 104. Wie die von ihnen auszustellenden Vollmachten eingerichtet werden müssen, 3. §. 49.

S. übrigens: Corporation, Gemeine, Moralische Person.

Zugeständniß, damit müssen die Parteien nicht übereilt, oder gar dazu verleitet werden, I. 10. §. 26. auch 26. §. 66. Vom Beweise durch Zugeständniß handelt §. 82. sqq. Wenn eine Thatsache bei der Instruction zugestanden worden, so bedarf es keiner Beweisesaufnahme, §. 82. wohl aber dann, wenn auf einer Seite behauptet, auf der andern geläugnet wird, daß ein Zugeständniß bei einer andern Gelegenheit erfolgt sei, § 83. Ob in diesem Falle die streitige Hauptsache oder die Thatsache des behaupteten Geständnisses, oder beide zugleich, zu untersuchen, hängt von dem Ermessen des Gerichts ab, §. 84. Wenn ein Geständniß erheblich sein soll, so muß der Gestehende zur alleinigen Verhandlung der Sache befugt sein, §. 85. Wie es zu halten, wenn von mehrern Litisconsorten nur einige eine Thatsache zugestehen, und in wiefern ein Litisconsorte als Zeuge abgehört

gehört werden könne, §. 86. Das Geständniß eines Bevollmächtigten ist eben so verbindlich, als wenn es vor dem Machtgeber selbst erfolgt wäre, §. 87. Die Annahme eines Geständnisses ist nicht erforderlich, §. 88. a. Von der Wirkung außergerichtlicher und gerichtlicher aber in einem andern Prozeß erfolgter Geständnisse, §. 88. b. s. auch Vermuthung.

Uebrigens: Widerruf eines Zugeständnisses.

Zulässigkeit und Legalität einer Handlung der freiwilligen Gerichtsbarkeit muß der Richter untersuchen, II. 2. §. 28—30.

Zulagen der Staabsofficiere. In wiefern sie bei der Execution durch Gehaltsabzüge nicht mit dem Abzug unterworfen sind, I. 24. §. 106 — 108. [167].

Zurückbehaltungsrecht, s. Retentionsrecht.

Zuschlag, die Summe, wofür und der Namen desjenigen, an welchen derselbe erfolgt ist, muß im Auctionsprotocoll genau bemerkt werden, I. 24. §. 87. Bei nothwendigen Subhastationen soll der Zuschlag durch solche Erinnerungen gegen die Taxe, welche Jemand erst im Licitationstermine anbringt, nicht aufgehalten werden, §. 26. Der Zuschlag kann im ersten oder zweiten Licitationstermine noch nicht erfolgen, es sei denn, daß alle Interessenten darüber einig wären, §. 32. Wenn ein nach Ablauf des Licitationstermins eingekommenes Gebot auch von den Interessenten zugelassen worden, so erhält der Meistbietende dadurch doch kein vollkommenes Recht auf den Zuschlag, §. 38. Wenn sämmtliche Kauflustige gehört worden, müssen die Interessenten vernommen werden, ob sie in den Zuschlag an den Meistbietenden willigen, §. 41. So lange der Adjudicationsbescheid noch nicht publicirt ist, können die Interessenten ein Mehrgebot annehmen, [404]. Der, welchem ein städtisches Grundstück zugeschlagen werden soll, muß das Bürgerrecht gewinnen, §. 42. [405]. Von der Caution dabei, §. 44. u. [406]. Der Zuschlag muß aber I) bei adeligen Gütern des Widerspruchs ungeachtet erfolgen, sobald das Gebot zwei Drittel der Taxe oder mehr beträgt, §. 46. Ausnahme, §. 47. findet unter zwei Drittel der Taxe ohne Einwilligung sämmtlicher Interessenten nicht Statt, §. 48. II) Bei einem nicht adeligen Gute muß der Zuschlag in der Regel geschehen, wenn das Gebot auch unter zwei Drittel der Taxe beträgt, §. 50. Ausnahme, §. 61 Selbst der Schuldner kann den Zuschlag aufhalten, wenn er pro quanto minori sofort einen tüchtigen Caventen bestellt, §. 62. Fiscus, wenn er demselben widerspricht, braucht keine Caution zu bestellen, §. 63. Der Zuschlag kann durch den Widerspruch der Interessenten nur einmal aufgehalten werden, 52. §. 54. S. übrigens: Adjudicationsbescheid, Gefahr, Reluition. III) Bei beweglichen Sachen und Gerechtigkeiten muß der Zuschlag im Termine schlechterdings für das höchste Gebot geschehen, §. 65. Bei freiwilligen Subhastationen kömmt es in Ansehung des Zuschlags lediglich auf die Vereinigung der Interessenten an, §. 70. Wenn diese sich nicht vereinigen können, finden die Vorschriften des allgemeinen Landrechts (I. 17. §. 10 sqq.) Anwendung, §. 71. Während dieses Streits haftet der Meistbietende nicht für sein Gebot, es bleiben ihm sogar seine Rechte gegen den ohne Grund Widersprechenden wegen des Interesse bei der Vereitelung des Zuschlags vorbehalten, I. 24. §. 72. In wiefern mit dem Zuschlage verfahren werden könne, wenn die freiwillige Subhastation in eine nothwendige verwandelt werden muß, §. 73. u. [411]. Der Zuschlag des Gutes eines Pflegbefohlnen kann, vor erfolgter Genehmigung des vormundschaftlichen Gerichts, nicht geschehen, §. 74. Wann in Moratoriensachen der Zuschlag suspendirt bleibt, 47. §. 63. [308].

FSC
www.fsc.org
MIX
Papier | Fördert
gute Waldnutzung
FSC® C083411

Kolibri 360 GmbH
Ferdinand-Jühlke-Straße 7
99095 Erfurt, Deutschland
produktsicherheit@kolibri360.de